SOBRE LA DEMOCRACIA.
Estudios

Allan R. Brewer-Carías

SOBRE LA DEMOCRACIA
Estudios

Colección Instituto de Derecho Público,
Universidad Central de Venezuela

Editorial Jurídica Venezolana

2019

Depósito Legal: DC2019001201
ISBN: 978-980-365-474-0

Editorial Jurídica Venezolana
Avda. Francisco Solano López, Torre Oasis, P.B., Local 4, Sabana Grande,
Apartado 17.598 – Caracas, 1015, Venezuela
Teléfono 762.25.53, 762.38.42. Fax. 763.5239
Email fejv@cantv.net
http://www.editorialjuridicavenezolana.com.ve

Impreso por: Lightning Source, an INGRAM Content company
para Editorial Jurídica Venezolana International Inc.
Panamá, República de Panamá.
Email: ejvinternational@gmail.com

Diagramación, composición y montaje
por: Francis Gil, en letra
Times New Roman 12, Sencillo, Mancha 18 x 11.5

Al profesor Dieter Nohlen, amigo de tantos años,
en reconocimiento por lo tanto que le ha dado al conocimiento y estudio de la democracia, del derecho constitucional y del derecho electoral en Iberoamérica.

CONTENIDO

SEGUNDA PARTE

LA DEMOCRACIA: SUS ELEMENTOS Y COMPONENTES ESENCIALES Y EL CONTROL DEL PODER

(New York, 2007)

TERCERA PARTE

ALGO SOBRE LAS NUEVAS TENDENCIAS DEL DERECHO CONSTITUCIONAL: EL RECONOCIMIENTO DEL DERECHO A LA CONSTITUCIÓN Y DEL DERECHO A LA DEMOCRACIA

(México, 2007)

CUARTA PARTE

DEMOCRATIZACIÓN, DESCENTRALIZACIÓN POLÍTICA Y REFORMA DEL ESTADO

DÉCIMA PARTE

LA PARTICIPACIÓN DEL JUEZ CONSTITUCIONAL EN LA DEMOLICIÓN DE LAS BASES CONSTITUCIONALES DE LA "DEMOCRACIA PARTICIPATIVA"

(Pazo de Mariñan 2004 – L'Aquila 2014 – Paris 2015, New York 2017)

DÉCIMA PRIMERA PARTE

NOTA DEL AUTOR

Este libro recoge una serie de estudios sobre la democracia que comencé a escribir a partir de 1999, cuando el discurso autoritario comenzó a aflorar en Venezuela a raíz de la elección de Hugo Chávez Frías como Presidente de la República, y del subsiguiente desarrollo del proceso constituyente venezolano de 1999, mediante el cual, y respondiendo a principios de un supuesto "nuevo constitucionalismo," se pretendió sustituir el principio de "democracia representativa" por el de "democracia participativa" y, así, en definitiva, eliminar el sufragio y la representación como base del funcionamiento del Estado democrático, tal como lo explico en la *Introducción* de este libro.

Ello se buscó, incluso, mediante su establecimiento en el propio texto constitucional, en las primeras propuestas que se formularon ante la Asamblea Nacional Constituyente de 1999 para la redacción de la norma en la materia, en la cual se buscó eliminar incluso la idea del sufragio para establecer una democracia supuestamente solo "participativa." Ello me motivó, como miembro independiente de dicha Asamblea Constituyente, a preparar el estudio sobre *la regulación del principio democrático representativo y participativo* que se incluye en la *Sección Primera* de la *Primera Parte* del libro. Por lo demás, esa incluso fue la propuesta del propio Hugo Chávez, cuando al discutirse el proyecto de la Carta Democrática Interamericana en la Tercera Cumbre de las Américas celebrada en Quebec del 20 al 22 de Abril de 2001, expresó su "reserva" respecto del mismo, rehusándose firmar la Declaración sobre el proyecto, alegando que con la Carta lo se buscaba era reforzar la "democracia representativa," como en efecto así era, proponiendo en cambio sustituir esta expresión por la de "democracia participativa."[1]

---

1 Ello lo justificó el mismo Chávez, unos días después, en la conmemoración de los 180 años de la Batalla de Carabobo, el 25 de abril de ese mismo año 2001, al argumentar que "*Nuestra democracia, nuestro modelo democrático aquí contenido no es de democracia representativa* y nosotros tenemos un compromiso y un juramento de cumplir y hacer cumplir esta Constitución, todo eso se lo expliqué incluso en privado a muchos presidentes del continente y lo expliqué a nombre del país y del pueblo venezolano en las plenarias que hubo y en las reuniones de presidentes..." Véase las referencias en Euclides Quevedo,

Ante ello, y coincidente con la discusión del proyecto de Carta Democrática Interamericana, centré mi Conferencia Inaugural dictada en la "XV Conferencia de la Asociación de Organismos Electorales de Centroamérica y del Caribe," en julio de 2001, sobre el tema de *la opción entre democracia y autoritarismo*, que también se publica como *Sección Segunda* de la *Primera Parte* del libro.

En la *Segunda Parte* del libro, y desarrollando precisamente el contenido de la Carta Democrática Interamericana, se publica el estudio sobre *la democracia: sus elementos y componentes esenciales*, redactado en 2007 a raíz de la propuesta de reforma constitucional que se formuló en Venezuela, en el cual hice especial énfasis en los principios de la separación orgánica de poderes, de la distribución territorial del poder, del sufragio y representatividad, del régimen plural de partidos, de la libertad de expresión, y del control del ejercicio del poder, que son los elementos o pilares esenciales de la democracia.

La *Tercera Parte* del libro la constituye el estudio sobre las *nuevas tendencias del derecho constitucional: el reconocimiento del derecho a la Constitución y del derecho a la democracia*, como derechos políticos colectivos de los ciudadanos, adicionales a los clásicos derechos políticos de ejercicio individual, el cual fue publicado en México en 2007.

La *Cuarta Parte* es el texto de un estudio en el cual hice énfasis en la relación entre *democratización, descentralización política y reforma del Estado*, que elaboré y presenté en sendos eventos académicos desarrollados en Antigua Guatemala y en Lima, en 2001, en el cual hago énfasis en que el tema del desarrollo de la participación política, tiene que tener como condición esencial la descentralización política del poder del Estado.

En la *Quinta Parte* del libro se recoge el texto de un estudio sobre *la democracia representativa y la falacia de la llamada "democracia participativa,"* preparado para la exposición que me correspondió hacer en 2010, en un Seminario sobre democracia y participación celebrado en Bogotá, y en el Congreso Iberoamericano de Derecho Electoral celebrado en Monterrey, México.

La *Sexta Parte* es el texto del estudio sobre *la necesaria revalorización de la democracia representativa ante los peligros del discurso autoritario sobre una supuesta "democracia participativa" sin representación*, presentado como ponencia al II Congreso Iberoamericano de Derecho Electoral celebrado en Bogotá en 2011.

En la *Séptima Parte* se recoge el texto del estudio sobre *participación y representación democrática en el gobierno municipal*, que fue la Ponencia que presenté ante el XXIX Congreso Iberoamericano de Municipios celebrado en Cádiz en 2012.

"Carta democrática y objeción de Hugo Chávez a la misma," en *aporrea.com*, 15/03/2017, en https://www.aporrea.org/actualidad/a242710.html.

En la *Octava Parte* se recoge el estudio sobre *inicio del proceso de la demolición del Estado de derecho y de destrucción de la democracia en Venezuela (1999-2009)* elaborado para el libro homenaje a mi amigo el profesor Dieter Nohlen, el cual tuvo su origen en una conferencia que dicté en 2009 en la Procuraduría General del Estado de Rio de Janeiro por invitación de mi recordado amigo, profesor Diogo de Figueiredo.

La *Novena Parte*, es el texto del estudio sobre *la participación de Juez Constitucional en el proceso de destrucción del principio democrático representativo,* elaborado en 2018, y que fue la base de mi presentación en las Jornadas sobre El papel de la Justicia Constitucional en los procesos de asentamiento del Estado democrático en Iberoamérica, celebradas en Madrid; y en el XII Congreso Nacional de Derecho Constitucional, celebrado en Trujillo, Perú, ambas en 2018.

La *Décima Parte* recoge un estudio elaborado en diferentes tiempos, sobre *la participación del Juez Constitucional en la demolición de las bases constitucionales de la "democracia participativa,"* que tuvo su origen en mi exposición en el III Foro Iberoamericano de Derecho Administrativo sobre participación Ciudadana y Administración, que se hizo en homenaje al recordado amigo, profesor José Luis Meilán, celebrado en La Coruña, en 2004; y cuyo texto lo fui actualizando posteriormente en L'Aquila 2014, Paris 2015 y New York 2017.

La *Décima Primera Parte* del libro es el estudio sobre *el dilema entre el derecho colectivo a la democracia y el derecho individual a la reelección presidencial en América Latina y el rol del Juez Constitucional,* preparado para la Obra Homenaje a mi amigo Magistrado Milton Ray Guevara, Presidente del Tribunal Constitucional de la República Dominicana, en 2019, y para la presentación en el Seminario del Trigésimo Aniversario de la creación de la Sala Constitucional de la Corte Suprema de Justicia de Costa Rica, San José, en septiembre de 2019.

La *Décima Segunda Parte* es el texto del estudio sobre *democracia, corrupción y transparencia* que sirvió de base para mi conferencia en el XIV Congreso Iberoamericano de Derecho Constitucional, celebrado en Buenos Aires en mayo de 2019.

En la *Décima Tercera Parte* se recoge el estudio sobre *el Informe Bachelet de 2019: desahucio al Régimen,* sobre *la masiva violación de los derechos humanos en Venezuela,* que es el trágico cuadro de lo que puede ocurrir cuando no hay democracia como régimen político, elaborado en 2019.

Y, por último, en la *Décima Cuarta Parte* del libro, se recoge, a modo de recapitulación, el estudio sobre *democracia, participación y descentralización en la consolidación del Estado democrático y social de derecho,* elaborado para ser publicado en el *Anuario Iberoamericano de Derecho Constitucional*, Fundación Konrad Adenauer, 2019, y también en otra obra homenaje al profesor Dieter Nohlen.

Todos estos estudios elaborados durante un largo período de veinte años (1999-2019), tienen como común denominador la defensa del principio de la democracia representativa frente al discurso autoritario de la supuesta "democracia participativa" inventada a partir del proceso constituyente efectuado en Venezuela en 1999, el cual luego se expandió hacia Ecuador y Bolivia bajo el influjo del llamado "nuevo constitucionalismo" promovido por algunos académicos españoles,[2] y que, definitiva, terminó provocando una monumental destrucción de las bases de la democracia y del Estado de derecho, además de propiciar la idea de la convocatoria de "asambleas constituyentes populares" sin respaldo constitucional, que minaron el principio de la supremacía constitucional.

Con base en ello fue que precisamente Hugo Chávez, en Venezuela, junto con sus cómplices en el fracasado de golpe de Estado militar que intentaron en 1992, procedieron a activar, por fuera de la Constitución, el proceso constituyente de 1999,[3] aprovechando la anuencia omisiva de la antigua Corte Suprema de Justicia que se abstuvo de decidir lo que en su momento se le había requerido interpretar,[4] permitiendo a los asaltantes tomar el poder mediante una Asamblea Constituyente, dando con ella un golpe de Estado

2 Véase entre otros, Francisco Palacios Romeo, *Nuevo constitucionalismo participativo en Latinoamérica. Una propuesta frente a la crisis del Behemoth Occidental*, Thomson-Reuters-Aranzadi, Navarra 2012, 255 pp.; y sus estudios: "La lucha por la Constitución: una dialéctica entre Agora y Fórum (con epítome sobre nuevo constitucionalismo latinoamericano)," en *Constitucionalismo crítico. Liber amicorum Carlos de Cabo Martín* (García Herrera, M., Asensi Sabater, J. y Balaguer Callejón, F., coordinadores.) 2ª edición, Tirant Lo Blanch, Valencia 2016, pp. 1315- 1366; "La reivindicación de la polis: crisis de la representación y nuevas estructuras constitucionales de deliberación y participación en Latinoamérica," en *Materiales sobre neoconstitucionalismo y nuevo constitucionalismo latinoamericano* (C. Storini y J. Alenza, directores), Thomson Reuters Aranzadi, Navarra 2012, pp. 147-241; "Quiebra del Estado social-aleatorio, constitucionalización material del Estado social y apertura de un nuevo sistema comunitario," en *Estudios sobre la Constitución de la República Bolivariana de Venezuela. X Aniversario* (F. Palacios y D. Velázquez, coordinadores), Procuraduría General de la República, Caracas 2009, pp. 87-138; y "La ruptura Constitucional del Estado precario: los derechos sociales en el nuevo constitucionalismo iberoamericano. La especificidad del modelo venezolano," en *Agora. Revista de Ciencias Sociales*, vol. 14 (monográfico), Fundación C.E.P.S., 2006, pp. 85-124.

3 Véase Allan R. Brewer-Carías, *Asamblea Constituyente y ordenamiento constitucional,* Serie Estudios Nº 53, Biblioteca de la Academia de Ciencias Políticas y Sociales, Caracas 1999, 328 pp.

4 Véase Allan R. Brewer-Carías, *Poder constituyente originario y Asamblea Nacional Constituyente (Comentarios sobre la interpretación jurisprudencial relativa a la naturaleza, la misión y los límites de la Asamblea Nacional Constituyente)*, Colección Estudios Jurídicos Nº 72, Editorial Jurídica Venezolana, Caracas 1999, 296 pp..

contra la Constitución,[5] e iniciar el mencionado proceso de destrucción del Estado democrático de derecho en Venezuela.

Todo ese proceso, como lo hemos explicado ampliamente,[6] sirvió para que se cometiera un gran fraude constitucional desarrollado de la mano de Hugo Chávez Frías en Venezuela, y luego, de Rafael Correa en Ecuador y de Evo Morales en Bolivia, una vez que fueron convencidos, primero, que por la vía de la convocatoria al margen de las Constituciones de "asambleas constituyentes transformadoras, directamente activadas por el pueblo"[7] era más fácil asaltar el poder impunemente, destruir el Estado de derecho, la separación de poderes y la democracia representativa que tanto les estorbaba; y segundo, que así podían introducir rápidamente los cambios políticos que estimaran necesarios con la engañosa propuesta de implantar una "democracia participativa," suplantando la democracia representativa, que en definitiva consistió en una "participación popular" controlada desde el centro del Poder, blandida en nombre de un llamado "Socialismo del Siglo XXI"[8] montado sobre unos Consejos Comunales[9] sin autonomía política

---

5 Véase Allan R. Brewer-Carías, *Golpe de Estado y proceso constituyente en Venezuela*, Universidad Nacional Autónoma de México 2002, 405 pp.

6 Véase Allan R. Brewer-Carías, *El "nuevo constitucionalismo latinoamericano" y la destrucción del Estado democrático por el Juez Constitucional. El caso de Venezuela,* Colección Biblioteca de Derecho Constitucional, Ediciones Olejnik, Santiago de Chile, Madrid, Buenos Aires, 2018.

7 Véase, por ejemplo, Roberto Viciano Pastor y Rubén Martínez Dalmau, "Los procesos constituyentes latinoamericanos y el nuevo paradigma constitucional," en *Revista del Instituto de Ciencias Jurídicas de Puebla, IUS*, N° 25, Verano 2010, Puebla, pp. 8-29. Los autores, en su análisis – que la Sra. Gutiérrez en su Tesis de Zaragoza sigue muy de cerca, en muchos casos, casi textualmente - , me ubican en el "sector más conservador de la doctrina," por considerar, como en efecto considero que "las asambleas constituyentes no están legitimadas para actuar contra la Constitución dada, con la que conviven" (Nota 16, p 15). Véase, en todo caso, sobre ello el ultimo de mis trabajos: Allan R. Brewer-Carías, *Usurpación Constituyente 1999, 2017. La historia se repite: unas veces como comedia y otras como tragedia,* Editorial Jurídica Venezolana, Caracas 2018.

8 Véase Manuel Rachadell, *Socialismo del Siglo XXI. Análisis de la reforma Constitucional propuesta por el Presidente Chávez en agosto de 2007*, Funeda, Editorial Jurídica Venezolana, Caracas 2007.

9 Véase, por ejemplo, Juan Carlos Monedero, "Hacia una filosofía política del socialismo en el Siglo XXI," en *Cuadernos del CENDES*, N° 68, Año 25, mayo-junio 2008, pp. 71-106; "La reinvención de la Venezuela revolucionaria y los fantasmas del pasado," en *Revista Comuna. Pensamiento Crítico en la Revolución*, núm. 1, Caracas, 2009; y "Socialismo y Consejos Comunales: La Filosofía Política del Socialismo en el Siglo XXI," en *Comuna. Pensamiento Crítico en la Revolución*, N° 4: Del Estado Heredado al Nuevo Estado, primer trimestre de 2011, pp. 97-142 en http://www.juancarlosmonedero.org/wp-content/uploads/2012/12/Socialismo-y-Consejos-Comunales-La-Filosof%C3-%ADa-Pol%C3%ADtica-del-Socialismo-en-el-Siglo-XXI.pdf

alguna, demoliendo toda forma de descentralización o distribución territorial del poder.

De eso se trató el "nuevo constitucionalismo" y el "Estado Comunal" que los citados académicos españoles vendieron en América Latina,[10] el cual por supuesto, nada tiene que ver con el contenido de los textos constitucionales sino con una práctica política basada en la mentira, diseñada para disfrazar regímenes autoritarios de "democracia participativa," todo lo cual en definitiva no pasó de ser pura charlatanería, que causó una debacle en el constitucionalismo de Venezuela y del Ecuador –del cual éste último ha comenzado a recuperarse (2018) –, y que en Bolivia a lo que ha conducido

---

10 Como lo destacó el profesor Pedro Salazar Ugarte, de la Universidad Nacional Autónoma de México, en la Crónica del viaje que hizo en diciembre de 2009 a Caracas, invitado por el Tribunal Supremo de Justicia para participar en el "*Congreso conmemorativo del X Aniversario de la Constitución de la República Bolivariana*," en el cual participó junto con Roberto Viciano Pastor, y Francisco Palacios Romeo (Véase la información sobre quienes participaron en el Congreso en "En el TSJ. Congreso sobre 10 años de la Constitución," en *CGR Revista*, Contraloría General de la República, Nº 160, 2010, en http://www.cgr.gob.ve/pdf/publicacion/cgrevista/cgr160.pdf), cuando al referirse a uno de ellos expresó: "el colega español al que he hecho más de una mención y que ha jugado un papel importante en la confección de las constituciones venezolana, ecuatoriana y boliviana. Su ponencia me pareció sólida. Y me resultó particularmente interesante porque, al ser un promotor del "nuevo constitucionalismo latinoamericano," delineó algunas de sus tesis principales: la importancia de las asambleas constituyentes populares; el peso de la fuerza democrática sobre las instituciones elitistas de garantía (cortes constitucionales); la participación ciudadana constante; el referéndum como instrumento de consulta de todas las reformas a la constitución; la iniciativa popular; el poder constituyente recogido en la propia constitución, básicamente. Al escucharlo me acordé de los dilemas que ocuparon mis reflexiones cuando escribí mi tesis de doctorado, precisamente sobre las tensiones entre el constitucionalismo y la democracia. Y no pude dejar de sorprenderme ante lo mucho que nos cuesta entender que el poder, en las manos de quien sea, si no se limita, se vuelve tiránico [...]. Me pregunto si es este caos que se inclina al precipicio lo que emociona a algunos intelectuales europeos que celebran la revolución bolivariana, denuncian con aburrimiento el *impasse* y la mediocridad intelectual en el que –según dicen– está atrapada la sociedad europea y declaman su encanto por Latinoamérica (*pero suelen tener un boleto de avión –de regreso a casa– en el bolsillo*). Yo, definitivamente, no encuentro en lo que veo el germen de una sociedad moderna, libre e igualitaria. Y me niego a claudicar ante la idea de que ésta es la igualdad y libertad que nos toca a los latinoamericanos: una seudomodernidad folklórica, *ad hoc* para los países del tercer mundo. La idea provinciana de que debemos encontrar nuestra identidad y destino sin mirar hacia otra parte siempre me ha parecido mediocre. Una cosa es aceptar la realidad y sentirse parte de ella y otra, muy distinta, conformarse con un estado de cosas en el que la marginalidad es destino." Véase Pedro Salazar Ugarte, "Chávez: "Los Tres Poderes soy yo" Notas de un constitucionalista perdido en Caracas," 1 de marzo de 2010, en *Nexos*, en https://www.nexos.com.mx/?p=13622.

es a la instalación de una especie de "nueva monarquía."[11] En Venezuela, a lo que condujo fue a la instalación de dictadura, la cual, incluso, a partir de 2017, pasó de ser una "dictadura judicial" que comandó el Juez Constitucional,[12] a ser una "dictadura constituyente" parcialmente comandada por una nueva Asamblea Constituyente instalada a partir de 2017, también avalada por el Juez Constitucional,[13] y en la cual éste parecía haber pasado a ser nada más que material de desecho.

En todo caso, todo ese proceso tuvo un origen montado sobre idea de la suplantación de la democracia representativa por una supuesta democracia participativa, originando un régimen constitucional que en definitiva fue establecido, como dijimos, para no ser cumplido, configurándose como una gran mentira desde su inicio,[14] en particular por lo que se refiere al establecimiento de un régimen político democrático representativo y participativo, que no ocurrió; al establecimiento de un Estado democrático de derecho y de justicia, fundamentado en el principio de la separación de poderes, lo cual no sucedió; a la consolidación de un Estado federal descentralizado, que al con-

---

11 Véase Allan R. Brewer-Carías, "Las nuevas "monarquías hereditarias" latinoamericanas, la democracia como disfraz y la reelección indefinida de los gobernantes. El caso de la sentencia 084 del Tribunal Constitucional Plurinacional de Bolivia de 28 de noviembre de 2017," 2 diciembre de 2017, en http://allanbrewercarias.net/site/wp-content/uploads/2017/12/180.-Brewer.doc-Sentencia-No.-84-Bolivia-y-las-nuevas-monarquias.pdf

12 Véase Allan R. Brewer-Carías, *La dictadura judicial y la perversión del Estado de derecho. El Juez Constitucional y la destrucción de la democracia en Venezuela* (Prólogo de Santiago Muñoz Machado), Ediciones El Cronista, Fundación Alfonso Martín Escudero, Editorial Iustel, Madrid 2017, 608 pp.; Carlos M. Ayala Corao a y Rafael J. Chavero Gazdik, *El libro negro del TSJ de Venezuela: Del secuestro de la democracia y la usurpación de la soberanía popular a la ruptura del orden constitucional (2015-2017)*, Editorial Jurídica Venezolana, Caracas 2017, 394 pp.; *Memorial de agravios 2016 del Poder Judicial. Una recopilación de más de 100 sentencias del TSJ,* 155 pp., investigación preparada por las ONGs: Acceso a la Justicia, Transparencia Venezuela, Sinergia, espacio público, Provea, IPSS, Invesp, en https://www.scribd.com/document/336-888955/Memorial-de-Agravios-del-Poder-Judicial-una-recopilacion-de-mas-de-100-sentencias-del-TSJ; y José Vicente Haro, "Las 111 decisiones inconstitucionales del TSJ ilegítimo desde el 6D-2015 contra la Asamblea Nacional, los partidos políticos, la soberanía popular y los DDHH," en *Buscando el Norte*, 10 de julio de 2017, en http://josevicenteharogarcia.blogspot.com/-2016/10/las-33-decisiones-del-tsj.html.

13 Véase Allan R. Brewer-Carías, *Usurpación Constituyente 1999, 2017. La historia se repite: unas veces como comedia y otras como tragedia,* Editorial Jurídica Venezolana, Caracas 2018.

14 Véase sobre esto Allan R. Brewer-Carías, *La mentira como política de Estado. Crónica* de *una crisis política permanente. Venezuela 1999-2015* (Prólogo de Manuel Rachadell), Colección Estudios Políticos, Nº 10, Editorial Jurídica Venezolana, Caracas 2015, 478 pp.

trario fue una forma estatal que se abandonó; y al establecimiento de un Estado social, que no pasó de ser una vana ilusión propagandista, habiendo solo adquirido la deformada faz de un Estado populista para en definitiva empobrecer y hacer dependiente de una burocracia gigante e ineficiente a las personas de menos recursos, que hoy ya son casi todos los habitantes del país, que sufren las mismas carestías.[15]

Como lo resumió en agosto de 2019, quien por diez años fue Ministro de Planificación del régimen y, por tanto, uno de los artífices de la catástrofe actual que afecta al país, que además ha colocado al propio régimen que él contribuyó a establecer es una fase de "agonía" – dijo –:

> "que perdura hasta nuestra actual situación a finales del año 2019, con la presencia de un desgobierno, a partir del cual la crisis de hegemonía se hace más que evidente, a través de una ingobernabilidad reinante y corrosiva, producto del ejercicio de una camarilla en el poder administrativo del Estado venezolano, que pretende continuar sin límites ni restricciones, como si fuese eterno, sostenido por una casta pretoriana, basada en sacarle el máximo partido personal, grupal, a la mermada renta de los hidrocarburos, a base de una creciente represión generalizada, junto a un proceso de prostitución institucional lacerante, acompañado de una anomia social, con una emigración masiva, constante, nunca vista en la historia republicana de Venezuela, y un nivel de pobreza generalizada en la mayoría de la población que depende de un ingreso salarial."[16]

Lo que le faltó para completar el cuadro, fue referirse a la trágica violación masiva de los derechos humanos cometida por el régimen, que Michelle Bachelet explicó con detalle en su *Informe* sobre Venezuela, rendido como Alta Comisionada de las Naciones Unidas sobre Derechos Humanos, en fecha 4 de julio de 2019.

El contenido de este libro, en todo caso, desde el punto de vista de quien escribe, viene a ser una especie de testimonio personal sobre un proceso que avizoré y alerté desde el inicio, y cuyos diversos pasos fui denunciando paulatina y permanentemente, en estudios y libros, así como en conferencias que fui dando, algunos de las cuales son las que se recogen en el mismo.

El Prólogo a esta edición lo ha aceptado escribir mi querida amiga Mariela Morales Antoniazzi, destacada investigadora en el *Max Planck Institute for Comparative Public Law and International Law* de Heidelberg, a quien conocí cuando, como Ministro para la Descentralización en 1993, yo iniciaba la cruzada por la descentralización política en Venezuela, y ella trabaja en

---

15 Ello ya lo habíamos advertido antes en Allan R. Brewer-Carías, *Reflexiones sobre el constitucionalismo en América*, Editorial Jurídica Venezolana, Caracas 2001.

16 Véase Jorge Giordani, "Crisis de hegemonía en Venezuela," en *aporrea.com*, 9 de agosto de 2019, en www.aporrea.org/actualidad/a281241.html.

el Estado Aragua, entidad que fue pionera en entender el proceso. Con el tiempo, Mariela asumió la tarea y responsabilidad de promover los estudios sobre la democracia y los derechos humanos en Iberoamérica, lo que ha hecho de manera inmejorable desde Alemania, donde tuvo la fortuna de poder asentarse con su familia. Es un honor para mí que haya escrito el Prólogo, lo cual le agradezco mucho.

Por último, debo indicar que la edición de este libro la he dedicado a mi querido amigo de tantos años, el profesor Dieter Nohlen, Profesor emérito de la Universidad de Heidelberg, cuyos alumnos, y entre ellos, Mariela Morales, fueron quienes promovieron la realización del *Coloquio Iberoamericano de Derecho Constitucional* en el *Max Planck Institute.* Nohlen, como es bien sabido y reconocido, ha sido uno de los pocos profesores alemanes que durante las décadas pasadas se han interesado por el derecho constitucional, el derecho electoral y la democracia en América Latina, donde tanto trabajó, y donde nos conocimos hace ya muchos años.

A lo largo de los años tuve el privilegio de haber compartido actividades académicas con Dieter Nohlen, además de en su ciudad base que es Heidelberg, entre otras, en San José de Costa Rica, en Montevideo, Uruguay, y en Puebla, México. Pero entre tantos Encuentros, como nota personal, la que siempre recuerdo con el mayor agrado fue el sorpresivo y casual encuentro que tuvimos, acompañados de nuestras respectivas esposas, en el propio Zócalo de la ciudad de Veracruz, en México, en noviembre de 2003, realizando cada uno por su lado una de las actividades más tradicionales de esa ciudad, que es el baile del danzón, esa extraordinaria música de esa parte de la costa mexicana que tanto expresa del Caribe. En los aledaños de la plaza incluso, oyendo la música, también llegamos a hablar de cuestiones académicas, ¡¡pero bien marginalmente!!

Dieter, al igual que yo, cumple 80 años en noviembre de este año, por lo que este libro lo termino, además, como un regalo de cumpleaños para ambos.

New York, agosto de 201

New York, agosto de 2019

PRÓLOGO

Por: **Mariela Morales Antoniazzi**
Max Planck Institute for Comparative Public Law and International Law,
Heidelberg

La presente obra titulada "Sobre la democracia. Estudios", compila diversos análisis de Allan Brewer Carías escritos entre 2001 y 2019, de manera que compendia casi dos décadas de trabajos de investigación destinados a reflejar la concepción del derecho público propuesta por el autor, omnicomprensiva de la realidad del autoritarismo venezolano, fusionando perspectivas conceptuales, jurisprudenciales y examen exhaustivo de sus implicaciones en los distintos acervos jurídicos (constitucional, internacional y administrativo, entre tantos otros). Los textos son la expresión de su singular dominio del derecho público en su integralidad. No cabe duda que el autor, consciente del abanico de los desafíos que emergen del contexto venezolano actual, logra su objetivo de aportar valiosas enseñanzas explicativas de las imbricaciones entre la vulneración de los elementos esenciales y los componentes fundamentales de la democracia y el desarrollo de lo que él denomina "la demolición de las bases constitucionales de la democracia representativa".

Prologar una obra de Allan Brewer Carías no es una tarea fácil, sino más bien muy difícil. Se trata de un académico e investigador que goza de reconocimiento universal, cuya obra escrita trascendió las fronteras nacionales y latinoamericanas desde los comienzos de su carrera. Pero no es tanto por la imposibilidad de dejar constancia de su papel protagónico en el constitucionalismo contemporáneo, recogido emblemáticamente en esta publicación, sino fundamentalmente por no poder prescindir de los sentimientos de profundo afecto que me unen al "Dr. Brewer", definido como *Maestro* de distintas generaciones de juristas a lo largo de toda su vida. Una vez más, preocupado por adaptarse a las exigencias dogmáticas de los tiempos contrarios a la democracia en Venezuela, ofrece un nutrido estudio, incluyendo el enfoque comparado y advirtiendo los riesgos en el espacio jurídico regional.

Con estricto rigor y a la luz de una reconstrucción histórica, Allan Brewer Carías va llevando al lector y lectora de la mano por las vertientes principales de la democracia y los supuestos dilemas entre representación y participación; los alcances de la separación de poderes y la distribución territorial del poder bajo las nociones de democratización, descentralización, municipalización; el vínculo entre democracia y derechos humanos, destacando las dimensiones del derecho a la democracia; así como marca las que podrían concebirse como "líneas rojas" transgredidas por el llamado discurso autoritario. El autor afirma categóricamente el rol que ha desempañado la justicia constitucional de Venezuela en la destrucción del principio democrático representativo, a la vez que asigna un particular significado a las "sustituciones" constitucionales en el ámbito electoral. Magistralmente, el autor alude a la necesidad de revisar el Estado constitucional *paralelo* gestado en Venezuela durante ya veinte años. Va advirtiendo que el tema de análisis no tiene solo un corte académico, sino que se pronuncia y engloba todos y cada uno de los efectos de la mencionada praxis autoritaria.

Este prólogo no pretende mostrar los cauces de esta reconstrucción, que se constata en el propio índice del libro. Mi propósito central consiste en subrayar cómo Allan Brewer Carías va delineando la narración del fenómeno de desconstitucionalización. En el núcleo de su argumentación está la relevancia de los elementos esenciales y los componentes fundamentales de la democracia, tal como se establecieron en la Carta Democrática Interamericana (CDI) en 2001, fecha de inicio de los trabajos contenidos en esta obra. Justamente mi comentario atiende a lo que describo como la "desinteramericanización" que ha ido de la mano de la desconstitucionalización.

He sostenido que el test democrático interamericano está expresamente tipificado en la interpretación conjunta de los elementos esenciales y los componentes fundamentales de la consolidación democrática, conforme a los Arts. 3 y 4 de la CDI.[1] La propia Carta de la Organización de Estados

1 En la Declaración de Santiago de 1959 se enunciaron algunos de los atributos de la democracia que perfilaban un nuevo alcance, entre ellos: (1) El principio del imperio de la ley debe ser asegurado mediante la independencia de los Poderes y la fiscalización de la legalidad de los actos del gobierno por órganos jurisdiccionales del Estado; (2) Los gobiernos de las Repúblicas Americanas deben surgir de elecciones libres; (3) La perpetuación en el poder, o el ejercicio de éste sin plazo determinado y con manifiesto propósito de perpetuación, son incompatibles con el ejercicio de la democracia; (4) Los gobiernos de los Estados Americanos deben mantener un régimen de libertad individual y de justicia social fundado en el respeto de los derechos fundamentales de la persona humana; (5) Los derechos humanos incorporados en la legislación de los Estados Americanos deben ser protegidos por medios judiciales eficaces; (6) El uso sistemático de la proscripción política es contrario al orden democrático americano; (7) La libertad de prensa, de la radio y la televisión, y en general la libertad de información y expresión son condiciones esenciales para la existencia de un régimen democrático; (...). Resolución XXVII de la Quinta Reunión Consultiva de los Ministros de Relaciones Exteriores, Acta Final, OEA/Ser.C/II.5, pp.

Americanos (OEA) en su preámbulo declara que la democracia representativa "es condición indispensable para la estabilidad, la paz y el desarrollo de la región" y a continuación reitera "dentro del marco de las instituciones democráticas".[2] La Corte Interamericana de Derechos Humanos (Corte IDH) ha estimado la democracia representativa como *"un 'principio' reafirmado por los Estados americanos en la Carta de la OEA, instrumento fundamental del Sistema Interamericano"*.[3]

Sobre estos cimientos, el Dr. Brewer alude a los elementos esenciales de la democracia representativa, entre otros, el respeto a los derechos humanos y las libertades fundamentales; el acceso al poder y su ejercicio con sujeción al Estado de derecho; la celebración de elecciones periódicas, libres, justas y basadas en el sufragio universal y secreto como expresión de la soberanía del pueblo; el régimen plural de partidos y organizaciones políticas; y la separación e independencia de los poderes públicos (Art. 3). Asimismo, se inspira en los componentes fundamentales del ejercicio de la democracia (Art. 4), como son la transparencia de las actividades gubernamentales, la probidad, la responsabilidad de los gobiernos en la gestión pública, el respeto por los derechos sociales y la libertad de expresión y de prensa.

Dichos elementos y componentes van acompañados de una condicionalidad dual entre democracia y derechos humanos según los Arts. 7 y 8 de la CDI. Efectivamente, el Art. 7 de la CDI regula que la democracia es indispensable para el ejercicio efectivo de las libertades fundamentales y los derechos humanos, en su carácter universal, indivisible e interdependiente, consagrados en las respectivas constituciones de los Estados y en los instrumentos interamericanos e internacionales de derechos humanos. Por su parte, el Art. 8 de la CDI establece en su párrafo segundo que los "Estados Miembros reafirman su intención de fortalecer el sistema interamericano de

---

4-6. Inspirados por una doctrina de la vida digna y produciendo una simbiosis con el diálogo entre la justicia constitucional transnacional y las nacionales, tuvieron lugar diversas reformas para avanzar hacia la protección y no solo la promoción de la democracia: Resolución 1080 (1991), Protocolo de Washington (1992), la Declaración de Nassau (1992), la Declaración de Managua (1993), la Declaración de Quebec (2000). Véase Mariela Morales Antoniazzi, Protección supranacional de la democracia en Suramérica: Un estudio sobre el acervo del *ius constitutionale commune*, UNAM, México, 2015.

2 A. F. Cooper/T. Legler, *Intervention without intervening the? The OAS. Defense and Promotion of Democracy in the Americas*, Basingstoke, 2006; T. D. Rudy, "A Quick Look at the Inter-American Democratic Charter of the OAS: What is it and is it "Legal"?", en *Syracuse Journal of International Law and Commerce*, 33 (2005) 1, pp. 237-248.

3 *Cfr.* "La Expresión 'Leyes' en el Artículo 30 de la Convención Americana sobre Derechos Humanos", *Opinión Consultiva OC-6/86* del 9 de mayo de 1986, párr. 34. La Corte Interamericana ha resaltado las referencias a la importancia de la democracia a través de su jurisprudencia. Paradigmática la decisión en el caso *Yatama* concerniente en sentido estricto a las elecciones.

protección de los derechos humanos para la consolidación de la democracia en el Hemisferio".

La llave se expresa en el denominado 'derecho humano a la democracia', estipulado en la Carta Democrática Interamericana, instrumento jurídico generado por el sistema interamericano para fortalecer la democracia y los derechos a ella vinculados. Esta concepción es consustancial a la defensa de la democracia y los derechos humanos, en función de las obligaciones convencionales asumidas por los países en el libre ejercicio de su propia soberanía".[4] Como derecho político, el derecho a la democracia se entiende como un derecho ciudadano a la existencia de un régimen político en el cual se garanticen los elementos esenciales y los componentes fundamentales que enumera la CDI. Aunque es cierto que la mayoría de esos elementos esenciales de la democracia se configuran en las Constituciones como derechos políticos individualizados, como el derecho a ejercer funciones públicas, el derecho al sufragio, o el derecho de asociación en partidos políticos, pero considerados en su conjunto, y destacándose en particular entre ellos el principio de la separación de poderes, se pueden interpretar como integrando un derecho a la democracia.[5] Como pone de relieve el autor, el "derecho a la democracia, por supuesto, solo puede configurarse en Estados democráticos de derecho, siendo inconcebible en los Estados con regímenes autoritarios donde precisamente los anteriormente mencionados elementos esenciales no pueden ser garantizados por la ausencia de controles respecto del ejercicio del poder, aun cuando pueda tratarse de Estados en los cuales, en fraude a la Constitución y a la propia democracia, los gobiernos puedan haber tenido su origen en algún ejercicio electoral".

Si en el ámbito político se observan diferencias entra las élites políticas y el consenso popular sobre los significados y las prácticas de la democracia,

---

4 Art. 1 de la CDI: Los pueblos de América tienen derecho a la democracia y sus gobiernos la obligación de promoverla y defenderla. Esta postura la asume en el voto concurrente del juez Diego García-Sayán, párr. 6 y 7. Corte IDH. *Caso Yatama vs. Nicaragua*, Excepciones Preliminares, Fondo, Reparaciones y Costas, Sentencia de 23 de junio de 2005, Serie C Nº 127.

5 A. R. Brewer-Carías, "El derecho administrativo y el derecho a la democracia: una nueva perspectiva para el necesario equilibrio entre los poderes de la Administración y los derechos del administrado", Video Conferencia en las Jornadas Académicas inaugurales del departamento de Derecho Administrativo, 2008, Facultad de Derecho, Universidad Externado de Colombia, Nueva York-Bogotá, 13 de febrero de 2008; P. Nikken, "La Cooperación Internacional para la promoción y Defensa de la Democracia", en *Agenda para la consolidación de la Democracia en América Latina,* San José de Costa Rica, IIDH/CAPEL, 1990, pp. 493-526; *Cfr.* también P. Carazo, "El sistema interamericano de derechos humanos: democracia y derechos humanos como factores integradores en Latinoamérica", en A. von Bogdandy, C. Landa/M. Morales Antoniazzi (eds.), *¿Integración Sudamericana a través del Derecho? Un análisis interdisciplinario y multifocal*, CEPC/Max-Planck-Institut für ausländisches öffentliches Recht und Völkerrecht, y en *Cuadernos y debates* 197, Madrid, 2009, pp. 231 y ss.

que obviamente dificultan la protección de la democracia en base a la condicionalidad supranacional de la Carta Democrática, es posible superar estas dificultades acudiendo a los estándares interamericanos que explican el alcance de la democracia más allá de las elecciones. Comparto con el autor de este libro que el caso de Venezuela ilustra claramente, casi como un caso "de laboratorio" y con un escrutinio focalizado en los indicadores determinados en los mencionados Art. 3 y 4 de la CDI, que tanto los informes de la Comisión Interamericana de Derechos Humanos (CIDH) como las sentencias de la Corte IDH denotan el incumplimiento del test democrático.

La literatura reciente alusiva a las líneas rojas respecto a los valores democráticos europeos advierte que la legitimidad de una visión global evaluativa se ve reforzada si se basa en diferentes fuentes e instituciones independientes con autoridad que dejan en evidencia la violación de dichos valores democráticos, especialmente cuando se trata de un déficit sistémico: cuantas más instituciones vean un problema sustancial, mayor será la evidencia de un déficit sistémico.[6]

A título ilustrativo, siguiendo un orden cronológico y solo para enfatizar la tesis que sostiene Allan Brewer Carías en torno al proceso de desconstitucionalización, me permito sistematizar algunos rasgos de la desinteramericanización progresiva ocurrida en Venezuela que reitera el perfil planteado por el autor en lo atinente a la deficiencia sistémica en cuanto a la democracia y el goce y disfrute de los derechos humanos. En este sentido, se observa que tanto los órganos del Sistema Interamericano de Derechos Humanos (Comisión y Corte), como los propios órganos de la OEA, la voz de su Secretario General Luis Almagro y de otras instituciones dotadas de autoridad global como la Comisión de Venecia[7] o la Comisión Internacional de Juristas,[8] convergen en la evaluación de la falta de institucionalidad democrática. En Venezuela, como lo ha "denunciado" el Dr. Brewer junto con la academia y ONGs venezolanas entre otras voces con autoridad,[9] ha sido la propia Sala Constitucional del Tribunal Supremo de Justicia la promotora de las "denun-

---

6 Armin von Bogdandy, Piotr Bogdanowicz, Iris Canor, Maciej Taborowski, Matthias Schmidt, "A potential constitutional moment for the European rule of law – The importance of red lines", en: *Common Market Law Review* 55/4, 963-996 (2018).

7 Opinión núm. 894/2017, Opinión sobre las cuestiones jurídicas planteadas por el Decreto núm. 2878 del 23 de mayo de 2017 del Presidente de la República sobre la convocatoria de elecciones a una Asamblea Nacional Constituyente, aprobado por la Comisión de Venecia en su 112ª Sesión Plenaria (Venecia, 6-7 de octubre de 2017).

8 Venezuela: Comisionado de la CIJ, Carlos Ayala, cuestiona el efecto de la denuncia de Venezuela de la Carta de la OEA, 11 de diciembre de 2018.

9 Ante la Comisión Interamericana de Derechos Humanos (CIDH), en fecha 4 de diciembre de 2018, se presentó el documento titulado "La invalidez e ineficacia de la denuncia por Venezuela de la carta de la OEA (y la Convención Americana sobre Derechos Humanos) y sus consecuencias en el derecho internacional".

cias" de la Convención Americana sobre Derechos Humanos (CADH) en 2012[10] y de la Carta de la OEA en 2017.[11] La denuncia de ambos instrumentos vulnera la Constitución en tanto son tratados relativos a derechos humanos que cuentan con jerarquía constitucional (Art. 23) y están amparados por las garantías de supremacía y rigidez constitucional, entre otras razones de la inconstitucionalidad.

Ahora bien, la desinteramericanización ha sido puesta de relieve por las órganos del SIDH. En el Informe de 2003 la CIDH destaca su preocupación con relación a la extrema polarización política y la violencia que caracteriza los enfrentamientos entre los manifestantes de distintos sectores, la falta de aplicación cabal de la Constitución, "especialmente para la designación de las máximas autoridades del Tribunal Supremo de Justicia y del Poder Ciudadano, la percepción de la falta de independencia de los poderes del Estado, la creciente concentración de poder en el Ejecutivo Nacional, la impune actuación de los grupos civiles armados y de los grupos de exterminio, la tortura como práctica en los centros de detención, la tendencia a la confrontación y descalificación de la oposición política tradicional por parte del Gobierno, los constantes ataques contra periodistas y medios de comunicación, la tendencia hacia una militarización de la administración pública mediante el rol cada vez más protagónico de las Fuerzas Armadas, la politización de los cuerpos policiales, la creciente radicalización de las posturas políticas en un contexto de gran descontento social ante la insatisfacción de las demandas sociales, las controversias con relación al ejercicio de los dere-

---

10 La denuncia, formulada mediante comunicación Nº 125 de 6 de septiembre de 2012 obedeció a los exhortos al Ejecutivo por la Sala Constitucional del TSJ. Véase Allan R. Brewer-Carías, "La interrelación entre los Tribunales Constitucionales de América Latina y la Corte Interamericana de Derechos Humanos, y la cuestión de la inejecutabilidad de sus decisiones en Venezuela", en Armin von Bogdandy, Flavia Piovesan y Mariela Morales Antoniazzi (Coordinadores), *Direitos Humanos, Democracia e Integraçao Jurídica na América do Sul*, Lumen Juris Editora, Rio de Janeiro 2010, pp. 661-70, y en *Anuario Iberoamericano de Justicia Constitucional*, Centro de Estudios Políticos y Constitucionales, Nº 13, Madrid 2009, pp. 99-136; Carlos Ayala Corao, "Inconstitucionalidad de la denuncia de la Convención Americana sobre Derechos Humanos por Venezuela", en *Estudios constitucionales*, Año 10, n. 2, 2012, pp. 654 y ss.

11 TSJ, Sala Constitucional, Sentencia No. 155, caso *diputado Héctor Rodríguez Castro vs Acuerdo AN* sobre reactivación de la Carta Democrática Interamericana, de 28 de marzo del 2017. Posterior aclaratoria Núm. 157, ordenando al Presidente de la República que procediera a "tomar las medidas internacionales que estime pertinentes", en vista del "reiterado comportamiento contrario al orden jurídico internacional" del Secretario de la OEA. La denuncia de la Carta de la OEA se ejecutó por el Presidente de la República Bolivariana de Venezuela mediante comunicación de fecha 27 de abril de 2017, consignada en fecha 28 de abril de 2017 por la Embajadora Interina de Venezuela ante la Organización de Estados Americanos ("OEA") ante el Secretario General de la OEA.

chos sindicales y el clima de marcada intolerancia política".[12] En el Informe de 2004 la CIDH ratifica su preocupación por las "las continuas expresiones de desconocimiento del sistema interamericano de protección de los derechos humanos emitidas por diversas autoridades del Estado" con base en el argumento de que se encuentran en contravención con "la soberanía nacional y responden a una concepción intervencionista de los órganos del sistema interamericano de derechos humanos que carece de todo fundamento legal".[13]

En el año 2005, la Comisión continuó estudiando la situación de Venezuela manifestando preocupación por la existencia de un ambiente hostil al disenso político, entre otros a través del despido laboral y la obstrucción de beneficios sociales.[14] Junto a ello, la censura y autocensura de medios de comunicación no parecen cónsonos con el sistema democrático, pues la Comisión denota la regulación arbitraria y la concesión discriminatoria de dinero y publicidad a favor de medios pro-gubernamentales.[15] En el Informe anual de 2006, el capítulo sobre Venezuela pone de relieve que "los derechos políticos [...] son por esencia derechos que propician el fortalecimiento de la democracia y el pluralismo político".[16] En dicho Informe la CIDH hace énfasis en cuestiones como la administración de justicia, la problemática del sicariato en Venezuela, la impunidad que rodea las denuncias sobre ejecuciones extrajudiciales a manos de funcionarios estatales, la precaria situación de los privados de la libertad, y el ambiente de presión política que estarían recibiendo diversos sectores de la sociedad civil, especialmente de aquellos que no muestran un alineamiento expreso a las consignas y objetivos del actual gobierno.[17]

---

12 CIDH, Informe sobre la situación de los derechos humanos en Venezuela, 2003, punto 55.

13 CIDH, Informe anual de derechos humanos 2004, OEA/Ser.L/V/II.122, Doc. 5 rev. 1, 23 febrero 2005, punto 145.

14 CIDH, Informe anual 2005, capítulo IV Desarrollo de los Derechos Humanos de la Región, OEA/Ser.L/V/II.124 Doc. 7, del 27 febrero 2006, punto 331.

15 CIDH, Informe anual 2005, *ibidem*, punto 369.

16 CIDH, Informe anual 2006, capítulo IV Desarrollo de los Derechos Humanos de la Región OEA/Ser.L/V/II.127, Doc. 4 rev. 1, 3 marzo 2007, punto 210. Sobre la necesidad del pluralismo político y la obligación de la jurisdicción constitucional de velar por su respeto y observancia, véase J. M. Casal, "Algunos cometidos de la Jurisdicción Constitucional en la Democracia", en *La Jurisdicción Constitucional, Democracia y Estado de Derecho*, Caracas: UCAB, Konrad Adenauer, UCCA y UCAT, 2005. Un análisis interesante sobre la relación entre Estado de Derecho, Democracia y Partidos Políticos, en: F. Navas Castillo, "Estado democrático y partidos políticos", en *Revista forense*, vol. 393, Rio de Janeiro, 2007, pp. 83-105.

17 CIDH, Informe anual 2006, *ibidem*, punto 140.

La CIDH decidió en su Informe de 2007 identificar a Venezuela, con fundamento en los criterios establecidos, como uno de los Estados miembros de la OEA cuyas prácticas en materia de derechos humanos merecen atención especial, valorando que la situación del país muestra la existencia de un ambiente hostil para el disenso político, la judicialización de la protesta social y el señalamiento u hostigamiento a organizaciones no gubernamentales o defensores de derechos humanos, lo que afecta gravemente el pleno goce y disfrute a los derechos protegidos por la Convención Americana.[18] En el informe de la CIDH sobre democracia y derechos humanos en Venezuela de 2009, este órgano deja constancia de la preocupación de que Venezuela aún no había cumplido a cabalidad la gran mayoría de las recomendaciones contenidas en su Informe sobre la Situación de los Derechos Humanos en Venezuela emitido en el año 2003.[19] Asimismo deja sentada la actitud general de rechazo hacia las recomendaciones de organismos internacionales de derechos humanos bajo el argumento de que contravienen la soberanía nacional.[20] Y agrega en dicho Informe que "la Comisión ha identificado que la intolerancia política, la falta de independencia de los poderes del Estado frente al ejecutivo, las restricciones a la libertad de expresión y a la protesta pacífica, la existencia de un ambiente hostil para el libre ejercicio de la participación política en disenso y para la actividad de monitoreo por parte de las organizaciones de derechos humanos, la inseguridad ciudadana, la violencia que afecta a las personas privadas de su libertad, a sindicalistas, a mujeres y a campesinos, y sobre todo la impunidad en la que se encuentran los casos de violaciones a los derechos humanos, son factores que limitan seriamente la vigencia de los derechos humanos en Venezuela. Con miras a consolidar el sistema democrático, el Estado debe aumentar sus esfuerzos para combatir estos desafíos y alcanzar una mejor y más efectiva protección de los derechos garantizados en la Convención Americana sobre Derechos Humanos".[21]

La CIDH decidió en su Informe de 2010 continuar identificando a Venezuela como uno de los Estados miembros de la OEA cuyas prácticas en materia de derechos humanos merecen atención especial y reitera, una vez más, instar al Estado a cumplir con las obligaciones internacionales adquiridas al ratificar la Convención Americana, insiste en su interés de realizar una visita al país, ofreciendo su colaboración y asesoría para apoyarle en esta tarea.[22] En 2017, en el Tercer Informe de País sobre Venezuela "Institucio-

---

18 CIDH, Informe anual 2007, capítulo IV Desarrollo de los Derechos Humanos de la Región, OEA/Ser.L/V/II.130, Doc. 22 rev. 1, 29 diciembre 2007, punto 222.

19 CIDH, Democracia y derechos humanos en Venezuela, OEA/Ser.L/V/II. Doc. 54, 30 diciembre 2009, Conclusiones, punto 1160.

20 *Ibidem*, punto 1161.

21 *Ibidem*, punto 1163.

22 CIDH, Informe anual 2010, capítulo IV Desarrollo de los Derechos Humanos de la Región, OEA/Ser.L/V/II.124 Doc. 5, corr. 1, 7 marzo 2011, punto 837.

nalidad democrática, Estado de derecho y derechos humanos en Venezuela", la CIDH analiza el impacto que ha tenido el profundo debilitamiento de la institucionalidad democrática sobre la vigencia de los derechos humanos. El informe está organizado en torno a cuatro ejes principales: i) institucionalidad democrática; ii) protesta social y libertad de expresión; iii) violencia y seguridad ciudadana; y iv) derechos económicos sociales, culturales y ambientales. Allan Brewer Carías destina parte de su investigación a la corrupción y la conceptualiza, en el marco general de la democracia constitucional, como uno de los tópicos más importantes del funcionamiento de los Estados en el mundo contemporáneo, "que los está corroyendo, como fenómeno que se origina entre muchos otros factores, por la falta de transparencia en su conducción, y que está afectando directamente la operatividad misma de los regímenes democráticos, cuyas bases se ven afectadas por la misma". Sobre la corrupción en Venezuela, en el Informe de la CIDH 2017, se "nota con suma preocupación que la información a su alcance da cuenta de la existencia de altos niveles de corrupción en Venezuela, que permean aún más la débil institucionalidad" y recoge, diversos reportes/denuncias, por ejemplo, de las organizaciones de la sociedad civil.[23]

Paralelamente, en ese Informe 2017, en materia de los derechos económicos, sociales, culturales y ambientales, se menciona la profunda preocupación por las denuncias relativas a hechos de corrupción que afectan gravemente el acceso y disfrute de los DESCA". La CIDH insiste en "que los Estados no pueden cumplir con sus obligaciones en materia de derechos humanos cuando existe una corrupción extendida"[24] y advierte que "la privación de derechos como la alimentación, la salud, la vivienda y la educación son algunas de las terribles consecuencias que produce la corrupción en los países latinoamericanos".[25] Además, la CIDH ratifica la relación perversa entre impunidad y corrupción en tanto la perpetúa, exhortando a la adopción de mecanismos efectivos para erradicarla. Como lo advierte, es relevante

---

23 El Informe de país cita a CEPAZ, [CEPAZ, Ruptura de la Institucionalidad Democrática en Venezuela 2017 - "Estocada a la Democracia", Aportes al Informe de país de la CIDH], pág. 81 y provea el desmantelamiento del Ministerio Público, 31 de julio de 2017. *Ibídem*, notas al pie 248 y 249.

24 La CIDH toma nota del derecho comparado y cita al Comité DESC, Examen de los informes presentados por los Estados partes de conformidad con los artículos 16 y 17 del Pacto, Observaciones finales, República de Moldova, E/C.12/1/ADD.91, 12 de diciembre de 2003, párr. 12; Comité de Derechos del Niño, Examen de los informes presentados por los Estados partes en virtud del artículo 44 de la Convención, Observaciones finales, República del Congo, CRC/C/COG/CO/1, 20 de octubre de 2006, párr. 14; y Relator Especial sobre la independencia de jueces y abogados, E/CN.4/2005/52/Add.4, párr. 96, *ibídem*, nota al pie 263.

25 *Ibídem*, pp. 224 y 225. La CIDH cita la declaración de apertura de la ACNUDH, Consejo de Derechos Humanos 36° período de sesiones: Declaración de apertura, 11 de septiembre de 2017. *Ibídem*, pp. 224-225.

"que el Estado asegure que los actos denunciados sean investigados de manera independiente e imparcial y sin demora, sin influencias ni discriminación con base en la pertenencia a determinados partidos políticos o en los cargos ocupados por los investigados. Asimismo, el Estado tiene el deber de evitar que estos hechos de corrupción se repitan, por lo que resulta fundamental la adopción de medidas preventivas. Entre estas medidas resultan fundamentales aquellas que permitan gobernar con base en los principios de publicidad, transparencia y responsabilidad pública efectiva, esenciales para el funcionamiento de una sociedad democrática." La Convención Interamericana contra la Corrupción establece en su preámbulo que "la democracia representativa, condición indispensable para la estabilidad, la paz y el desarrollo de la región, por su naturaleza, exige combatir toda forma de corrupción en el ejercicio de las funciones públicas, así como los actos de corrupción específicamente vinculados con tal ejercicio".

Allan Brewer Carías, de modo coherente en todas las contribuciones que comprenden esta recopilación, reconstruye la conformación de la crisis de la democracia venezolana, en convergencia con otras "fuentes con autoridad". Simplemente para aludir a una de ellas, se puede dibujar un recorrido, en los últimos tres años, de resoluciones de la OEA en la misma línea argumentativa del autor. Basta citar la CP/RES. 1078 (2108/17), de 3 de abril de 2017, que declaró que había ocurrido una alteración inconstitucional del orden constitucional de la República Bolivariana de Venezuela, la CP/RES. 1095 (2145/18), de 23 de febrero de 2018, mediante la cual el Consejo Permanente solicitó al Gobierno de Venezuela reconsiderar la convocatoria a elecciones presidenciales e implementar las medidas necesarias para evitar el agravamiento de la situación humanitaria, la AG/RES. 2929 (XLVIII-O/18), de 5 junio 2018, que declaró que el proceso electoral desarrollado en Venezuela, que concluyó el 20 de mayo de 2018, carece de legitimidad por no cumplir con los estándares internacionales, por no haber contado con la participación de todos los actores políticos venezolanos y haberse desarrollado sin las garantías necesarias para un proceso libre, justo, transparente y democrático. Ya en este 2019, entre otras, la CP/RES. 1117 (2200/19), de 10 enero 2019, no reconoce la legitimidad del período del régimen de Nicolás Maduro a partir del 10 de enero de 2019.

Las notas de prensa de la OEA también son elocuentes en cuanto a la descripción de la ruta hacia el autoritarismo en Venezuela, reflejada por el Dr. Brewer. En 2016, el Consejo Permanente emite un informe donde describe las diferentes razones por la cuales la Carta Democrática debería ser aplicada al Estado Venezolano. Entre ellas enuncia justamente el irrespeto a las instituciones democráticamente *elegidas*. A finales de diciembre de 2016, le exige al Ejecutivo respetar los parámetros de *elección* de la directiva de la Asamblea Nacional. En abril de 2017 se pronuncia el Consejo Permanente estableciendo que las decisiones del Tribunal Supremo de Justicia de Venezuela de suspender los poderes de la Asamblea Nacional y de arrogárselos a sí mismo son incompatibles con la práctica democrática y constituyen una violación del orden constitucional de la República Bolivariana de Venezuela.

Insta igualmente al Gobierno de Venezuela para que asegure la plena restauración del orden democrático. Urge a actuar para garantizar la *separación e independencia de los poderes constitucionales* y restaurar la plena autoridad de la Asamblea Nacional. En el mismo orden de ideas el Secretario General de la OEA reveló la sistemática represión y criminalización de voces de la oposición y grupos de la sociedad civil, las detenciones arbitrarias y el uso excesivo de la fuerza contra protestas pacíficas por parte del régimen autoritario venezolano.

El Secretario General de la OEA, Luis Almagro, de manera elocuente e ininterrumpida, ha destinado sus esfuerzos a desplegar las medidas que permitan el retorno al *orden democrático*, el respeto a los derechos humanos y la plena vigencia del Estado de derecho en el marco de las disposiciones de la Constitución de Venezuela y en consonancia con sus obligaciones y compromisos internacionales. Se ha pronunciado continuamente sobre las continuas violaciones a los derechos humanos en Venezuela y ha denunciado lo que considera como una consolidación de un régimen dictatorial.[26] El Secretario General de la OEA ha sido reiterativo en las denuncias sobre las elecciones de gobernadores, calificándolos de ilegítimas, al igual que al proceso de elección de la Asamblea Nacional Constituyente. Durante 2018 se pronunció sobre el proceso migratorio venezolano y sobre el resultado del Informe del Panel de Expertos Internacionales Independientes sobre la posible comisión de crímenes de lesa humanidad en Venezuela. Todas estas desviaciones son desarrolladas detalladamente por el Dr. Brewer en las constelaciones temáticas sobre elecciones, separación de poderes y la participación del juez constitucional en la desconstitucionalización del principio democrático.

Un aspecto subrayado por el autor está vinculado a un pilar esencial de la democracia como es la independencia del poder judicial. En este milenio se han dictado decisiones paradigmáticas de la Corte IDH, junto con otras,[27]

---

26 El Secretario General de la OEA recoge puntos clave como: a) Irrespeto a los derechos humanos y a las libertades fundamentales; b) Fallas en el acceso al poder y su ejercicio como sujeción al estado de derecho; c) La no celebración de elecciones libre, justas y basadas en el sufragio como expresión de soberanía del pueblo; d) Inexistencia de un régimen plural de partidos; e) Falta de separación de poderes; f) Irresponsabilidad en el manejo de la gestión pública; g) Irrespeto por los derechos sociales y la libertad de prensa.

27 Por citar algunos ejemplos desaparición forzada (Corte IDH, *Caso Blanco Romero y otros vs. Venezuela*, Sentencia de 28 de noviembre de 2005, Serie C N° 138); ejecuciones extrajudiciales (Corte IDH, *Caso Montero Aranguren y otros (Retén de Catia) vs. Venezuela*, Sentencia de 5 de julio de 2006, Serie C N° 150); violación por parte del Estado venezolano de la garantía contenida en el Art. 13 de la CADH relativa a la libertad de expresión (Corte IDH. *Caso Ríos y otros vs. Venezuela*, Sentencia de 28 de enero de 2009, Serie C No. 194; Corte IDH. *Caso Perozo y otros vs. Venezuela*, Sentencia de 28 de enero de 2009, Serie C N° 195); violación del derecho a la libertad personal y del derecho a no ser sometido a detención arbitraria (Corte IDH, *Caso Barreto Leiva v*

tres casos vinculados a violaciones a los derechos a las garantías judiciales y a la protección judicial y al principio de independencia judicial, como son el *caso Apitz* y otros,[28] *caso Reverón Trujillo*,[29] y el *caso Chocrón Chocrón*.[30]

---

s. Venezuela, Sentencia de 17 de noviembre de 2009, Serie C No. 206); violación del Artículo 23.2 de la CADH referido al derecho a ser elegido (Corte IDH. *Caso López Mendoza vs. Venezuela*, Sentencia de 1 de septiembre de 2011, Serie C N° 233); violaciones cometidas por agentes policiales en relación con los derechos a la vida, a la integridad y libertad personales, a la vida privada, a la propiedad privada, y de residencia y circulación (Corte IDH. *Caso Familia Barrios Vs. Venezuela*. Fondo, Reparaciones y Costas. Sentencia de 24 de noviembre de 2011. Serie C N° 237). Dos últimos casos de 2018 pueden referirse, como son el *Caso San Miguel y otras vs. Venezuela* ("El Firmazo") relativo a las personas que fueron despedidas por haber promovido un referendo, entre otros, se constató la violación de sus derechos a la participación política y la libertad de pensamiento y expresión; y el caso *Caso López Soto y otros vs. Venezuela*, que, entre otros derechos violados, se vulneró la integridad personal, prohibición de la tortura y otros tratos crueles, inhumanos o degradantes y la Corte se pronunció sobre la prohibición de la esclavitud sexual.

28 Corte IDH. *Caso Apitz Barbera y otros vs. Venezuela*, Sentencia de 5 de agosto de 2008, Serie C N° 182. Este caso concierne a la destitución de los ex-jueces de la Corte Primera de lo Contencioso Administrativo (en adelante "la Corte Primera") el 30 de octubre de 2003. La Corte Interamericana, inspirándose en el Tribunal Europeo de Derechos Humanos (TEDH, *Caso Campbell y Fell contra el Reino Unido*, Sentencia de 28 de junio de 1984, Series A N° 80, párr. 78; TEDH, *Caso Langborger contra Suecia*, Sentencia de 22 de enero de 1989, Series A N° 155, párr. 32) y en los Principios básicos de las Naciones Unidas relativos a la independencia de la Judicatura (resoluciones 40/32 del 29 de noviembre de 1985 y 40/146 del 13 de diciembre de 1985) ha señalado que los Estados se encuentran obligados a garantizar su adecuado proceso de nombramiento, la garantía contra presiones externas y la inamovilidad en el cargo. La Sala Constitucional del Tribunal Supremo de Justicia de Venezuela, mediante la sentencia 1939 de 18 de diciembre de 2008, declaró inejecutable esta sentencia y solicitó al Ejecutivo denunciar la Convención Americana dada la evidente usurpación de funciones de la Corte IDH. Las críticas a esta denominada inejecutabilidad se han expresado en la doctrina. C. Ayala Corao, "La doctrina de la "inejecución" de las sentencias internacionales en la jurisprudencia constitucional de Venezuela (1999-2009)", en *La justicia constitucional y su internacionalización. ¿Hacia un ius constitutionale commune en América Latina*, T. II, A. von Bogdandy, E. Ferrer Mac-Gregor, M. Morales Antoniazzi, Mariela (Coord.), México, 2010, pp. 85-157; *Cfr.* también respecto a las críticas a la justicia constitucional venezolana J. M. Casal H., "Sala Constitucional del Tribunal Supremo de Justicia (Venezuela)", en *Crónica de Tribunales Constitucionales en Iberoamérica*, E. Ferrer Mac-Gregor (Coord.), UNAM, Buenos Aires, 2009, pp. 503-527. Allan Brewer-Carías habla de la "in" justicia constitucional en el sentido del juez constitucional sometido al poder político, *cfr.* A. Brewer-Carías, *Crónica sobre la "in" justicia constitucional. La Sala Constitucional y el autoritarismo en Venezuela*, EJV, Caracas, 2007.

29 Corte IDH, *Caso Reverón Trujillo vs. Venezuela*, Sentencia de 30 de junio de 2009, Serie C No. 197, relativo a la destitución arbitraria de María Cristina Re-

Eduardo Ferrer Mac Gregor y Carlos Pelayo analizan, entre las características particulares que se generan de la obligación contenida en el artículo 2° de la Convención Americana, el tema de la estabilidad e inamovilidad de los jueces. Basan su análisis en las decisiones de la Corte IDH en los tres casos relativos a la destitución y no reincorporación de jueces en Venezuela desde 2009, ya que su común denominador está dado por el hecho "de enmarcarse directa o indirectamente en el procedimiento de reestructuración del Poder Judicial en ese país iniciado en 1999". Destacan el aporte de la Corte IDH al encontrar "*violaciones concretas al deber de adoptar medidas de derecho interno* por parte del Estado venezolano por distintos motivos, que van desde la *omisión legislativa* para expedir las normas que tienen la finalidad de regular el procedimiento de reestructuración del Poder Judicial, hasta *la ausencia de garantías de inamovilidad* que deben estar previstas y hechas efectivas en la práctica para que los jueces puedan ejercer su función jurisdiccional de forma independiente".[31]

En su Informe Anual a la Asamblea General de la OEA correspondiente al año 2012, por primera vez incluyó una parte especial "IV. Aplicación del Artículo 65 de la Convención Americana", señalando: "La Corte Interamericana con fecha 23 de noviembre de 2012 emitió una resolución en donde estableció la negativa de Venezuela a dar cumplimiento a la sentencia de fecha 5 de agosto de 2008 en el caso *Apitz Barbera y otros Vs. Venezuela.* De conformidad con el artículo 65 de la Convención Americana, la Corte informa a la Asamblea General de la OEA que Venezuela, no ha dado cumplimiento a la sentencia mencionada, por lo que solicita que inste a dicho Estado a cumplir con la sentencia de la Corte."[32]

---

verón Trujillo del cargo judicial que ocupaba en febrero de 2002, aun cuando la Sala Político Administrativa del Tribunal Supremo de Justicia había decretado en 2004 la nulidad del acto de destitución por considerar que no estuvo ajustado a derecho, pero no ordenó la restitución, ni el pago de los salarios y beneficios sociales dejados de percibir.

30 Corte IDH, *Caso Chocrón Chocrón vs. Venezuela*, Sentencia de 1 de julio de 2011, Serie C N° 227. Se trata de la destitución arbitraria de una jueza, en ausencia de garantías mínimas de debido proceso y sin una adecuada motivación, sin la posibilidad de ser oída y de ejercer su derecho de defensa, y sin haber contado con un recurso judicial efectivo. El trasfondo se relaciona con la existencia de un proceso de transición del Poder Judicial.

31 Eduardo Ferrer MacGregor, Carlos Pelayo Möller, "Artículo 2. Deber a Adoptar Disposiciones de Derecho Intern", en Christian Steiner / Patricia Uribe (Editores), *Convención Americana sobre Derechos Humanos*, KAS, 2014, p. 92. Disponible en: https://www.kas.de/documents/252038/253252/7_dokument_dok_pdf_38682_1.pdf/37b795d0-94ed-a8e1-cbce-2f3c47ab05eb?version=1.0&t=1539653760475.

32 Artículo 65 de la Convención Americana sobre Derechos Humanos: La Corte someterá a la consideración de la Asamblea General de la Organización en cada período ordinario de sesiones un informe sobre su labor en el año anterior. De manera especial y con las recomendaciones pertinentes, señalará los casos en

En el Informe de la Corte del año 2017 se refleja que de los 12 casos de incumplimiento abierto o desacato a los fallos de dicha Corte: 9 se refieren a Venezuela, 1 a Haití, 1 a Nicaragua, 1 a Ecuador y 2 a Trinidad y Tobago.[33] Sin duda alguna, se impone una lectura de la Convención Americana sobre Derechos Humanos y su catálogo de derechos a la luz del acervo jurídico común constituido también por la Carta de la Organización de Estados Americanos y la Declaración Americana de Derechos y Deberes del Hombre, pero a su vez con la Carta Democrática Interamericana, para poder dimensionar el requerido balance entre el principio de separación de poderes y el pleno ejercicio de los derechos. En lo referente a la independencia del poder judicial, tema central del estudio del Dr. Brewer, la Corte Interamericana a comienzos del milenio se ha pronunciado categóricamente, no solo en los casos contra Venezuela. La Corte IDH dictó su sentencia en el caso del Tribunal Constitucional Vs. Perú, relacionado con el juicio político y destitución de los magistrados del Tribunal Constitucional Manuel Aguirre Roca, Guillermo Rey Terry y Delia Revoredo Marsano[34].

Después de más de una década, la Corte Interamericana se pronunció en el caso Camba Campos y otros (Tribunal Constitucional) vs. Ecuador concerniente al cese arbitrario de ocho vocales del Tribunal Constitucional de Ecuador mediante Resolución del Congreso Nacional de 25 de noviembre de 2004.[35] El Tribunal Interamericano reitera que i) el respeto de las garantías judiciales implica respetar la independencia judicial; ii) las dimensiones de la independencia judicial se traducen en el derecho subjetivo del juez a que su separación del cargo obedezca exclusivamente a las causales permitidas, ya sea por medio de un proceso que cumpla con las garantías judiciales o porque se ha cumplido el término o período de su mandato, y iii) cuando se afecta en forma arbitraria la permanencia de los jueces en su cargo, se vulnera el derecho a la independencia judicial consagrado en el artículo 8.1 de la Convención Americana, en conjunción con el derecho de acceso y permanencia en condiciones generales de igualdad en un cargo público, establecido en el artículo 23.1.c de la Convención Americana[36]. Como lo pone de relieve este libro, "la separación de poderes guarda una estrecha relación, no

---

que un Estado no haya dado cumplimiento a sus fallos. Disponible en: https://www.oas.org/dil/esp/tratados_B-32_Convencion_Americana_sobre_Derechos_Humanos.pdf.

33 Corte IDH, Informe anual 2017. Disponible en: www.corteidh.or.cr/sitios/informes/docs/SPA/spa_2017.pdf.

34 Corte IDH, Caso del Tribunal Constitucional Vs. Perú, Fondo, Reparaciones y Costas, Sentencia de 31 de enero de 2001. Serie C N° 71.

35 Corte IDH, Caso del Tribunal Constitucional (Camba Campos Y Otros) Vs. Ecuador. Excepciones Preliminares, Fondo, Reparaciones y Costas. Sentencia de 28 de agosto de 2013. Serie C N° 268.

36 *Ibídem*, párr. 199.

solo con la consolidación del régimen democrático, sino además busca preservar las libertades y derechos humanos de los ciudadanos"[37].

Igualmente se reitera la jurisprudencia un par de años más tarde, en 2015, en el caso López Lone y otros vs. Honduras en cuanto a los procesos disciplinarios a los cuales fueron sometidos los jueces Adán Guillermo López Lone, Luis Alonso Chévez de la Rocha y Ramón Enrique Barrios Maldonado, así como la magistrada Tirza del Carmen Flores Lanza, con el objeto de sancionar los actos o expresiones que realizaron en el contexto del golpe de Estado ocurrido en Honduras en junio de 2009[38]. Hay que subrayar que la Corte IDH "hizo referencia a un "derecho de defender la democracia" e indicó que el mismo constituye una específica concretización del derecho a participar en los asuntos públicos y comprende a su vez el ejercicio conjunto de otros derechos como la libertad de expresión y la libertad de reunión. Específicamente respecto a la libertad de expresión, la Corte además de reiterar su jurisprudencia, tomando en cuenta el contexto de este caso, invocó también los artículos 3 y 4 de la Carta Democrática Interamericana que resaltan la importancia de dicho derecho en una sociedad democrática."[39]

Hablar de la desinteramericanización que acompaña a la desconstitucionalización en Venezuela descrita por el Dr. Brewer, implica mencionar los dos casos de "rechazo sistemático" al sistema interamericano acontecidos en Suramérica. Como lo advierte Manuel Góngora, el rechazo sistemático ha tenido lugar cuando "el gobierno tiene una influencia muy significativa sobre la rama judicial, y la supervisión del sistema interamericano es percibida como una amenaza para el régimen (v.gr. durante el gobierno de Alberto Fujimori en Perú) y/o una forma de intervención extranjera y de violación de la soberanía (v.gr. durante el gobierno de Hugo Chávez en Venezuela)".[40]

Las palabras finales de este prólogo están destinadas a reconocer, una vez más, los aportes que los Profesores Allan Brewer Carías y Dieter Nohlen, a quien se dedica esta obra, han legado en cuanto al entendimiento y el alcance del principio democrático en América Latina. Ambos coinciden

---

37 *Ibídem*, párr. 221.

38 Corte IDH, *Caso López Lone y otros Vs. Honduras*, Excepción Preliminar, Fondo, Reparaciones y Costas, Sentencia del 5 de octubre de 2015, Serie C Núm. 302.

39 Solicitud de Opinión Consultiva presentada por la CIDH a la Corte Interamericana de Derechos Humanos "*Democracia y derechos humanos en contextos de juicios políticos*", punto 52. Disponible en: http://www.corteidh.or.cr/docs/solicitudoc/solicitud_13_10_17_esp.pdf.

40 Manuel Eduardo Góngora-Mera, "Interacciones y convergencias entre la Corte Interamericana de Derechos Humanos y los tribunales constitucionales nacionales: un enfoque coevolutivo", en Armin von Bogdandy; Flavia Piovesan; Mariela Morales Antoniazzi (eds.), *Estudos avançados de Direitos Humanos Direitos humanos, democracia e integração jurídica: Emergência de um novo direito público*, Elsevier, Rio de Janeiro, 2013, pp. 312-337, pp. 324 y ss.

en el estudio del derecho constitucional, del derecho electoral y de la democracia en la región. Ambos celebran, con pocos días de diferencia, su cumpleaños N° 80. Viajar con ellos por sus contribuciones y sus rutas democráticas no es solo un privilegio, sino que genera un fiel compromiso con los valores democráticos, tan necesarios en los tiempos actuales, contrarios a los derechos humanos en su relación consustancial con el régimen democrático.

Heidelberg, agosto 2019.

INTRODUCCIÓN

EL INICIO DEL PROCESO DESTRUCTIVO DEL PRINCIPIO DEMOCRÁTICO REPRESENTATIVO Y SUS SECUELAS (Madrid 2019)*

El inicio del proceso destructivo que causó la debacle del constitucionalismo democrático y del Estado de derecho en Venezuela, materializado en los últimos 20 años, se produjo a partir de la instalación de la Asamblea Nacional Constituyente en 1999, convocada y electa violando la Constitución de 1961.

Ese proceso constituyente, además, fue, precisamente, el que sirvió de "conejillo de indias" y de detonante para que se comenzara a tratar de definir en América Latina un llamado "nuevo constitucionalismo" "insurgente" o "nuevo paradigma constitucional," que luego se expandió hacia Ecuador y Bolivia, y sobre el cual, salvo por algunos de sus ideólogos españoles como Roberto Viciano Pastor y Rubén Martínez Dalmau,[1] en Venezuela, en reali-

---

* Este texto es parte del de la presentación a que hice sobre "La participación de Juez Constitucional en Venezuela en el proceso de destrucción del principio democrático representativo," en las *Jornadas sobre el papel de la Justicia Constitucional en los procesos de asentamiento del Estado democrático en Iberoamérica,* Universidad Carlos III de Madrid, 8 y 9 de octubre de 2018.

1 Véase un resumen de sus planteamientos en Roberto Viciano Pastor y Rubén Martínez Dalmau, "Los procesos constituyentes latinoamericanos y el nuevo paradigma constitucional," en *Revista del Instituto de Ciencias Jurídicas de Puebla, IUS*, N° 25, Verano 2010, Puebla, pp. 8-29, y la bibliografía allí citada; Roberto Viciano Pastor y Rubén Martínez Dalmau, "Aspectos generales del nuevo constitucionalismo latinoamericano," en la publicación de la Corte Constitucional de Ecuador para el Período de Transición, *El Nuevo Constitucionalismo en América Latina*, Memorias del encuentro internacional El nuevo constitucionalismo: desafíos y retos para el siglo XXI, Quito 2010, pp. 9-44; y Francisco Palacios Romeo, *Nuevo constitucionalismo participativo en Latinoamérica. Una propuesta frente a la crisis del Behemoth Occidental,* Thomson-Reuters-Aranzadi, Navarra 2012, pp. 255 pp. Roberto Viciano Pastor estuvo en

dad, muy pocos lo trataron de fundamentar sobre algunas bases "teóricas," ya que a lo que condujo, en la práctica, fue a una monumental destrucción guiada posteriormente por el Juez Constitucional.[2]

Entre la escasa bibliografía venezolana sobre el tema puede mencionarse, sin embargo, una Tesis "secreta" de doctorado presentada en la Universidad de Zaragoza por una magistrada del Tribunal Supremo de Justicia de

---

Venezuela en 1998 y fue asesor "secreto" de la Asamblea Constituyente en 1999, a requerimiento de la cual, según informó, dirigió a la misma un "Dictamen sobre el Anteproyecto de Constitución" del cual que muchos Constituyentes nunca supimos. Véase lo que indicó en Roberto Viciano Pastor, "Presentación," en Asdrúbal Aguiar, *Revisión Crítica de la Constitución Bolivariana*, Libros El Nacional, Caracas 2000, p. 5.

2 Todos mis estudios sobre las sentencias dictadas por la Sala Constitucional en Venezuela, además de los publicados en la *Revista de Derecho Público*, Editorial Jurídica Venezolana, Caracas; pueden consultarse en los siguientes libros: Allan R. Brewer-Carías, *Golpe de Estado y proceso constituyente en Venezuela*, Universidad Nacional Autónoma de México, México 2002, 405 pp.; *La Sala Constitucional versus el Estado democrático de derecho. El secuestro del poder electoral y de la Sala Electoral del Tribunal Supremo y la confiscación del derecho a la participación política*, Los Libros de El Nacional, Colección Ares, Caracas 2004, 172 pp.; *Crónica sobre la "In" Justicia Constitucional. La Sala Constitucional y el autoritarismo en Venezuela*, Caracas 2007; *Práctica y distorsión de la Justicia Constitucional en Venezuela (2008-2012),* Colección Justicia N° 3, Acceso a la Justicia, Academia de Ciencias Políticas y Sociales, Universidad Metropolitana, Editorial Jurídica Venezolana, Caracas 2012, 520 pp.; *El golpe a la democracia dado por la Sala Constitucional (De cómo la Sala Constitucional del Tribunal Supremo de Justicia de Venezuela impuso un gobierno sin legitimidad democrática, revocó mandatos populares de diputada y alcaldes, impidió el derecho a ser electo, restringió el derecho a manifestar, y eliminó el derecho a la participación política, todo en contra de la Constitución),* Colección Estudios Políticos N° 8, Editorial Jurídica venezolana, Caracas 2014, 354 pp.; segunda edición, (Con prólogo de Francisco Fernández Segado), 2015, 426 pp.; *La patología de la Justicia Constitucional*, Tercera edición ampliada, Fundación de Derecho Público, Editorial Jurídica Venezolana, 2014, 666 pp.; *Estado totalitario y desprecio a la ley. La desconstitucionalización, desjuridificación, desjudicialización y desdemocratización de Venezuela,* Fundación de Derecho Público, Editorial Jurídica Venezolana, 2014, 532 pp.; segunda edición, (Con prólogo de José Ignacio Hernández), Caracas 2015, 542 pp.; *La ruina de la democracia. Algunas consecuencias. Venezuela 2015*, (Prólogo de Asdrúbal Aguiar), Colección Estudios Políticos, N° 12, Editorial Jurídica Venezolana, Caracas 2015, 694 pp.; 172. *La dictadura judicial y la perversión del Estado de derecho. El juez constitucional y la destrucción de la democracia en Venezuela* (Prólogo de Santiago Muñoz Machado), Ediciones El Cronista, Fundación Alfonso Martín Escudero, Editorial IUSTEL, Madrid 2017, 608 pp.; *La consolidación de la tiranía judicial. El Juez Constitucional controlado por el Poder Ejecutivo, asumiendo el poder absoluto*, Colección Estudios Políticos, N° 15, Editorial Jurídica Venezolana International. Caracas / New York, 2017, 238 pp.

Venezuela,[3] bajo la dirección de Francisco Palacios Romeo,[4] quien fue otro de los profesores españoles, que propugnaron en Venezuela el "nuevo constitucionalismo."[5]

---

3 Se trata de la Tesis de doctorado presentada en la Universidad de Zaragoza por la magistrada del Tribunal Supremo de Justicia, Sra. Gladys Gutiérrez Alvarado en 2011, sobre el tema "*El nuevo paradigma constitucional latinoamericano. Dogmática social extensa y nueva geometría del poder. Especial mención a la Constitución de Venezuela (1999).*" La Tesis, sin embargo, tal como aparece en la información oficial de las tesis doctorales de España (TESEO), "no autoriza consulta," por lo que para poder tener acceso a la misma tuve que agotar el procedimiento administrativo de trasparencia para acceder a los documentos públicos, habiendo sido finalmente formalmente autorizado para la consulta por la Universidad de Zaragoza. en junio de 2018. Véase al respecto *Allan R. Brewer-Carías, La Justicia Constitucional, la demolición del Estado democrático en Venezuela en nombre de un "nuevo constitucionalismo", y una Tesis "secreta" de doctorado en la Universidad de Zaragoza.* Ponencia preparada para el Seminario sobre: "El papel de la Justicia Constitucional en los procesos de asentamiento del Estado democrático en Iberoamérica," Universidad Carlos III de Madrid, octubre 2018, Editorial Jurídica Venezolana International, octubre 2018.

4 Véase Francisco Palacios Romeo, *Nuevo constitucionalismo participativo en Latinoamérica. Una propuesta frente a la crisis del Behemoth Occidental*, Thomson-Reuters-Aranzadi, Navarra 2012, 255 pp.; y sus estudios: "La lucha por la Constitución: una dialéctica entre Agora y Fórum (con epítome sobre nuevo constitucionalismo latinoamericano)," en *Constitucionalismo crítico. Liber amicorum Carlos de Cabo Martín* (García Herrera, M., Asensi Sabater, J. y Balaguer Callejón, F., coordinadores.) 2ª edición, Tirant Lo Blanch, Valencia 2016, pp. 1315- 1366; "La reivindicación de la polis: crisis de la representación y nuevas estructuras constitucionales de deliberación y participación en Latinoamérica," en *Materiales sobre neoconstitucionalismo y nuevo constitucionalismo latinoamericano* (C. Storini y J. Alenza, directores), Thomson Reuters Aranzadi, Navarra 2012, pp. 147-241; "Quiebra del Estado social-aleatorio, constitucionalización material del Estado social y apertura de un nuevo sistema comunitario," en *Estudios sobre la Constitución de la República Bolivariana de Venezuela. X Aniversario* (F. Palacios y D. Velázquez, coordinadores), Procuraduría General de la República, Caracas 2009, pp. 87-138; y "La ruptura Constitucional del Estado precario: los derechos sociales en el nuevo constitucionalismo iberoamericano. La especificidad del modelo venezolano," en *Agora. Revista de Ciencias Sociales*, vol. 14 (monográfico), Fundación C.E.P.S., 2006, pp. 85-124.

5 Para ello el profesor Palacios fue contratado por el gobierno de Venezuela, habiendo asesorado entre 2001 y 2008, tanto a la Presidencia de la República como a la Procuraduría General de la República cuando era Procuradora precisamente la tesista, quien por tanto había sido la contratante directa de su Director de la Tesis. Véase sobre ello la información en la "hoja de vida" del profesor Palacios R. publicada en: https://redestudioscomparadosdfshh.files.wordpress.com/2017/02/cv-francisco-palacios-romeo.pdf. Véase igualmente la información en el reportaje de Maye Primera, "Asesores constituyentes. Juristas y politólogos españoles colaboraron con el Ejecutivo bolivariano de Venezuela,"

La consulta de dicha Tesis "secreta" así como la lectura de los trabajos de los profesores españoles que promovieron el nuevo constitucionalismo me permitió encontrar muchas respuestas explicativas sobre las sentencias que posteriormente dictó el Juez Constitucional bajo las orientaciones de los principios del "nuevo paradigma constitucional," así como infinidad de contradicciones entre algunos aspectos expuestos en los trabajos teóricos y las ejecutorias de la Sala Constitucional del Tribunal Supremo de Justicia en Venezuela para desmontar el Estado democrático de derecho.

Como dije al inicio, el origen de todo el proceso de desmantelamiento del Estado democrático de derecho y de todo el constitucionalismo que le da sustento, estuvo en la antes mencionada convocatoria de la Asamblea Nacional Constituyente en 1999, [6] que fue un proceso de origen conflictivo y truculento, desarrollado al margen de la Constitución de 1961, entonces vigente.

El mismo se detonó, no solo por la crisis política severa, terminal, que aquejaba al país y a los partidos políticos tradicionales, sobre lo que tanto advertimos en su momento,[7] sino también por la "interpretación periodística" que se le dio a la sentencia ambigua dictada por la entonces Corte Suprema de Justicia,[8] en la cual, al resolver un recurso de interpretación sobre el alcance del poder constituyente y del derecho a la participación política, deliberadamente obvió decidir sobre lo que se le había pedido que era dilucidar si era posible o no convocar una Asamblea Constituyente sin reformar

---

en *El País*, Madrid 17 de junio de 2014, en https://elpais.com/politica/-2014/06/18/actualidad/1403055722_556213.html?rel=mas.

6 Véase por todos: Roberto Viciano Pastor y Rubén Martínez Dalmau, "Los procesos constituyentes latinoamericanos y el nuevo paradigma constitucional," en *Revista del Instituto de Ciencias Jurídicas de Puebla, IUS*, N° 25, Verano 2010, Puebla, pp. 8-29.

7 Véase Allan R. Brewer-Carías, "Reflexiones sobre la crisis del sistema político, sus salidas democráticas y la convocatoria a una Constituyente", en Allan R. Brewer-Carías (Coord.), *Los Candidatos Presidenciales ante la Academia. Ciclo de Exposiciones 10-18 Agosto 1998,* Serie Eventos N° 12, Biblioteca de la Academia de Ciencias Políticas y Sociales, Caracas 1998, pp. 9-66; *Asamblea Constituyente y ordenamiento constitucional,* Serie Estudios N° 53, Biblioteca de la Academia de Ciencias Políticas y Sociales, Caracas 1999, 328 pp.; *Usurpación Constituyente 1999, 2017. La historia se repite: una vez como farsa y la otra como tragedia*, Colección Estudios Jurídicos N° 121, Editorial Jurídica Venezolana International 654 pp.; y "El suicidio de los partidos en Venezuela y dos libros," en *Revista IDEA*, N° 4, ¿Hacia la reinvención de los partidos políticos?, 2017/2018, Fundación IDEA-Democrática, Miami 2018 pp. 45-49.

8 Véase específicamente la referencia a esa prensa en Carlos García Soto, "La Asamblea Nacional Constituyente de 2017 en su contexto histórico," en Allan R. Brewer-Carías y Carlos García Soto (Compiladores), *Estudios sobre la Asamblea Nacional Constituyente y su inconstitucional convocatoria en 2017*, Editorial Jurídica Venezolana, Caracas 2017, pp. 87-92.

Constitución de 1961, en particular, en la forma voluntarista que le habían vendido a Hugo Chávez sus asesores españoles a partir de 1998,[9] o, al contrario, era indispensable previamente regularla en la Constitución como uno de los mecanismos para su reforma.[10]

Dicha sentencia ambigua, a pesar de los esfuerzos posteriores de la Corte Suprema por corregir su propia imprecisión,[11] dio origen a la convocatoria y constitución de la Asamblea Constituyente conforme a un estatuto adopta-

---

9 Y cuyo trabajo no ha cesar en los últimos veinte años. Como lo observó recientemente Emilio Figueredo Planchart, @efigueredop, en *Tweet* del 16 de agosto de 2018, refiriéndose al periodista español Fernando Casado: "asesores españoles que provienen de Podemos lo que están haciendo es experimento social en el que nosotros terminamos siendo los conejillos de India, eso sí, ellos están bien remunerados en Euros, alojados de lujo con chofer y guardaespaldas y pretenden construir nueva izquierda." Fernando Casado, en efecto, en un acto en el cual estaba presente Nicolás Maduro en agosto de 2018, tomó el micrófono "espontáneamente" como parte de la "milicia" presente, y dijo entre otras cosas que en Venezuela no hay una dictadura. "Es una democracia de verdad, participativa y protagónica." "*¡no como las democracias representativas que tenemos en Europa, de ésas que nos hacen pasar hambre!*" "No es una de esas democracias representativas que no nos ha dado ninguna felicidad al pueblo, que nos echa a la calle, que nos deja en miseria y que nos hace pasar hambre. Gracias, presidente. *Es usted una inspiración para todos los pueblos del mundo*. Es usted una inspiración para España." "*Presidente (Maduro) es usted una inspiración para todos los pueblos del mundo, es usted una inspiración para España. Es usted un presidente líder que seguirá teniendo una gran cantidad de seguidores, porque la gente no es tonta señor presidente.*" "Son una inspiración. En España también las cosas están cambiando. En Portugal están cambiando. En Grecia están cambiando, pero todavía no nos han dejado. *El pueblo español seguramente tampoco está preparado* para dar el salto cualitativo que se ha dado en países como Venezuela, como Ecuador, como Bolivia. Pero ahí estamos." Véase el Video íntegro en https://www.you-tube.com/watch?v=GTzw-lmok88. Sobre Casado, El Nuevo País indicó, simplemente que "hace parte de esos pseudo-intelectuales importados sin razón académica alguna, pero con sobradas razones ideológicas: son torres repetidoras del poder al que sirven y por el cual son bien remunerados." Véase en El Nuevo País, 15 de agosto de 2018, en http://elnuevopais.net/2018/-08/15/220061/

10 Véase Allan R. Brewer-Carías, *Poder constituyente originario y Asamblea Nacional Constituyente (Comentarios sobre la interpretación jurisprudencial relativa a la naturaleza, la misión y los límites de la Asamblea Nacional Constituyente)*, Colección Estudios Jurídicos N° 72, Editorial Jurídica Venezolana, Caracas 1999, 296 pp. Roberto Viciano Pastor, como él mismo lo indicó en 2000, desde 1998 estuvo en Venezuela. Véase su "Presentación" en Asdrúbal Aguiar, *Revisión Crítica de la Constitución Bolivariana*, Libros El Nacional, Caracas 2000, p. 4.

11 Véase Allan R. Brewer-Carías, "La configuración judicial del proceso constituyente en Venezuela de 1999 o de cómo el guardián de la Constitución abrió el camino para su violación y para su propia extinción", en *Revista de Derecho Público*, N° 77-80, Editorial Jurídica Venezolana, Caracas 1999, pp. 453-514.

do en referendo consultivo realizado en abril de 1999, en el cual se dispuso que la Constitución que se discutiera, luego de sancionada, tenía que someterse a aprobación popular. Y así fue como ocurrió con la Constitución de 1999, que fue aprobada mediante la realización del mencionado referendo realizado el 15 de diciembre de 1999, con lo cual debió haber concluido la misión de la Asamblea Nacional Constituyente.

Pero ello fue solo lo que creyó el país, e incluso, yo mismo como Constituyente, al estimar que con la sanción de la Constitución y su aprobación popular lo último que quedaba por realizar era la proclamación de su texto, lo que se produjo efectivamente el 20 de diciembre de 1999, y su publicación, la cual se produjo el 30 de diciembre de 1999.[12]

Sin embargo, ello no fue así. Por el contrario, teniendo los promotores del "nuevo constitucionalismo" – quienes ya asesoraban, aun cuando secretamente a la directiva de la Asamblea Constituyente – , otras ideas que no se atrevieron a someter siquiera a la discusión ante la propia Asamblea, una semana después del referendo aprobatorio, el 22 de diciembre de 1999, la Asamblea, sin debate constitucional alguno, en lugar de disolverse, procedió a dar por sancionado un Decreto de rango constitucional sobre "Régimen de Transición del Poder Público"[13] que nunca fue sometido ni a discusión ni a aprobación popular.

Mediante dicho "decreto," la Asamblea decidió, con un supuesto "carácter supraconstitucional" que no tenía, pues ello no estaba en el mandato popular contenido en las bases comiciales que le dieron origen en abril de 1999, la cesación de todos los poderes constituidos, es decir, de todas las autoridades del Estado y así, supuestamente, "hacer efectivo el proceso de transición hacia el régimen establecido en la Constitución de 1999," que no fue otra cosa que materializar el asalto al poder que sus promotores, con Chávez a la cabeza, no habían logrado realizar por las armas y fuerza militar en los golpes de Estado frustrados de 1992.[14]

---

12 Véase Allan R. Brewer-Carías, *Debate constituyente (Aportes a la Asamblea Nacional Constituyente), Tomo III (18 octubre-30 noviembre 1999),* Fundación de Derecho Público-Editorial Jurídica Venezolana, Caracas 1999, 340 pp.

13 Véase en *Gaceta Oficial* N° 36.859 de 29 de diciembre de 1999

14 Desde el inicio me opuse a la tesis de hacer prevalecer una supuesta "supraconstitucionalidad" "popular" por encima de la Constitución para "justificar" el asalto al poder que llevó adelante Chávez y su grupo, en contra de lo que establecía la Constitución de 1961, y que luego, sus asesores españoles identificaron como el "nuevo constitucionalismo." Así lo expuse en mi libro: *Golpe de Estado y proceso constituyente en Venezuela*, Universidad Nacional Autónoma de México, México 2002; y luego en mi libro: *Dismantling Democracy. The Chávez Authoritarian Experiment*, Cambridge University Press, New York 2010. Ante ello, sin embargo, Francisco Toro, sin entender una línea del análisis constitucional hecho en esta última obra, al hacer una reseña del último libro señalado, se limitó a calificarme como "the epitome of a Venezuelan *ancien régime grandee" y como uno de los "ancien régime* dinosaurs," expresando que

El programa de los asaltantes era, en todo caso, primero, por la vía de la convocatoria al margen de las Constituciones de estas "asambleas constituyentes transformadoras, directamente activadas por el pueblo"[15] asegurarse del poder impunemente -lo que no habían podido hacer mediante un golpe de Estado militar -, para destruir el Estado de derecho, la separación de poderes y la democracia representativa que tanto criticaban; y segundo, poder introducir rápidamente los cambios políticos que estimaran necesarios con la engañosa "banderita" de la "participación popular" controlada desde el centro del Poder, blandida en nombre de un llamado "Socialismo del Siglo

---

"*Dismantling Democracy in Venezuela* should be read not as constitutional analysis, but rather as a kind of archaeology of an entire displaced elite's wounded sense of entitlement." Véase Francisco Toro, "The Useless Old Gard.", 11 de enero de 2011, en https://newrepublic.com/article/79544/dismantling-democracy-venezuala-allan-brewer-carias. Unos años antes, alguien bastante mayor que Toro y que yo mismo, Luis Miquilena, entonces Presidente de la Asamblea Nacional Constituyente de 1999, ya nos había calificado a los cuatro opositores miembros de la misma como "vacas sagradas" (Sesión del 30 de octubre de 1999), y en alusión directa a mi persona expresó en la misma sesión de instalación de la Asamblea, lo siguiente: "Pero siguen ciegos nuestros enemigos, pretenden ahora refugiarse en una rebuscada hermenéutica jurídica para quitarle poder a la Asamblea Nacional Constituyente, pretenden que la Asamblea Nacional Constituyente sea un simple instrumento cualquiera para elaborar una Constitución; es decir, pretenden presentarle al país una Asamblea Constituyente chucuta, que no sea capaz de tener la soberanía suficiente *(aplausos),* pretendiendo las *vacas sagradas del derecho*, inventar que es una Asamblea Constituyente secundaria y no originaria. Nosotros declaramos, en mi carácter de Presidente de la Asamblea Nacional Constituyente en este acto, declaro solemnemente el carácter originario... *(aplausos y gritos prolongados)* y nadie podrá disminuir el carácter soberano de esta Asamblea y así será consagrada ante la historia de nuestra patria" (Sesión del 3 de agosto de 1999). En la misma línea, los defensores del "nuevo constitucionalismo" me han ubicado como formando parte del grupo "de analistas y juristas del viejo sistema." Así lo expresó tanto la autora de la Tesis "secreta de Zaragoza (p. 111), como su Director de Tesis, Francisco Palacios. Lo cierto es que veinte años después de destruido el "viejo sistema" y todo en nombre de una "supra-constitucionalidad" y un "nuevo constitucionalismo," les tocará a los jóvenes buscar precisamente en los restos arqueológicos del constitucionalismo, las instituciones básicas del mismo para comenzar su reconstrucción.

15 Véase por ejemplo, Roberto Viciano Pastor y Rubén Martínez Dalmau, "Los procesos constituyentes latinoamericanos y el nuevo paradigma constitucional," en *Revista del Instituto de Ciencias Jurídicas de Puebla, IUS*, N° 25, Verano 2010, Puebla, pp. 8-29. Los autores, en su análisis, me ubicaron en el "sector más conservador de la doctrina," por considerar, como en efecto considero que "las asambleas constituyentes no están legitimadas para actuar contra la Constitución dada, con la que conviven" (Nota 16, p 15). Véase, en todo caso, sobre ello el ultimo de mis trabajos: Allan R. Brewer-Carías, *Usurpación Constituyente 1999, 2017. La historia se repite: unas veces como comedia y otras como tragedia,* Editorial Jurídica Venezolana, Caracas 2018.

XXI" montado luego sobre unos Consejos Comunales[16] sin autonomía alguna, demoliendo toda forma de descentralización o distribución territorial del poder

En todo caso, la Asamblea Constituyente, al margen del pueblo, para supuestamente "permitir la vigencia inmediata de la Constitución" (art. 1), procedió dictar normas constitucionales para "desarrollar y complementar las Disposiciones Transitorias" (art. 2) que sí tenía la nueva Constitución aprobada por el pueblo, procediendo a hacer lo que el pueblo no hizo en el referendo aprobatorio de la Constitución, que fue sustituir todos los Poderes Públicos constituidos del Estado y sus autoridades, y designando a dedo a sus sustitutos.

Para ello, la Asamblea inventó en sustitución del Congreso, una Comisión Legislativa Nacional no prevista en la Constitución, y en sustitución de las Asambleas Legislativas de los Estados, unas Comisiones Legislativas Estadales tampoco previstas en la Constitución; y además, procedió a intervenir las Alcaldías y Concejos Municipales; a eliminar la anterior Corte Suprema de Justicia, creando las Salas del Tribunal Supremo fijándoles el número de magistrados, lo que no estaba establecido en la Constitución, y nombrarlos sin cumplir lo que la propia Constitución exigía; a crear una Comisión de Reorganización y Funcionamiento del Poder Judicial para intervenirlo, destituyendo jueces sin debido proceso, la cual incluso convivió con el Tribunal Supremo, con su complicidad, durante más de una década; a designar a todos los altos funcionarios de los diversos Poderes del Estado; y a dictar un Estatuto Electoral sin potestad alguna para ello.[17]

Ninguna de las normas "constitucionales" dictadas por la Asamblea Constituyente fue aprobada por el pueblo, siendo inconstitucionales, por lo que fueron impugnados ante la Sala Constitucional por violación de la nueva Constitución que precisamente venía de ser aprobada. Pero resultó que la Sala Constitucional venía de ser precisamente uno de los engendros producto de la usurpación cometida con el Régimen de Transición inconstitucional,

---

16 Véase por ejemplo, Juan Carlos Monedero, "Hacia una filosofía política del socialismo en el Siglo XXI," en *Cuadernos del CENDES*, N° 68, Año 25, mayo-junio 2008, pp. 71-106; "La reinvención de la Venezuela revolucionaria y los fantasmas del pasado," en *Revista Comuna. Pensamiento Crítico en la Revolución*, núm. 1, Caracas, 2009; y "Socialismo y Consejos Comunales: La Filosofía Política del Socialismo en el Siglo XXI," en *Comuna. Pensamiento Crítico en la Revolución*, N° 4: Del Estado Heredado al Nuevo Estado, primer trimestre de 2011, pp. 97-142 en http://www.juancarlosmonedero.org/wp-content/uploads/2012/12/Socialismo-y-Consejos-Comunales-La-Filosof%C3%ADa-Pol%C3%ADtica-del-Socialismo-en-el-Siglo-XXI.pdf

17 Véase Allan R. Brewer-Carías, *Golpe de Estado y proceso constituyente en Venezuela,* Universidad Nacional Autónoma de México, México 2002, 405 pp.; y *Golpe de Estado Constituyente, Estado Constitucional y Democracia*, Colección Tratado de Derecho Constitucional, Tomo VIII, , Fundación de Derecho Público, Editorial Jurídica Venezolana, Caracas , 2015, 1018 pp.

por lo que una vez que el mismo fue impugnado, los magistrados de la misma, en lugar de inhibirse, decidieron en causa propia (la impugnación de su propia existencia) dictando al efecto la sentencia N° 6 de fecha 27 de enero de 2000,[18] en la cual se estableció el criterio de que todo lo que había sido decidido por la Asamblea Nacional Constituyente tenía efectivamente rango "supraconstitucional," lo cual no era cierto.

A raíz de ello, por decisión del Juez Constitucional, a partir de 2000 comenzaron a regir en el país dos regímenes constitucionales de transición paralelos: el que estaba en las disposiciones Transitorias de la Constitución de 1999 aprobada por el pueblo mediante referendo; y las "sancionadas" en nombre del "nuevo constitucionalismo" por una Asamblea Nacional Constituyente fuera de sus funciones, antes incluso de que la Constitución se publicara, de manera que las mismas, según el Juez Constitucional, no estaban sujetas ni a la Constitución de 1999 ni a la Constitución de 1961. Eran "supraconstitucionales" siendo ello en definitiva el inicio del "nuevo paradigma constitucional."

Luego, en otra sentencia de 28 de marzo de 2000 dictada con motivo de declarar sin lugar la demanda de nulidad intentada contra el Estatuto Electoral del Poder Público sancionado por la Asamblea Constituyente una vez publicada la nueva Constitución, el 30 de enero de 2000 (*caso: Allan R. Brewer-Carías y otros*),[19] el Juez Constitucional ratificó su tesis – origen primigenio del reino de la arbitrariedad – de que al margen de la Constitución aprobada por el pueblo, la Asamblea Constituyente tenía la potestad de dictar "actos constituyentes de valor y rango constitucional," que originarían un régimen transitorio constitucional paralelo, no aprobado por el pueblo.[20]

Con ello, en definitiva, se inició un largo período de "transitoriedad constitucional" con dos regímenes constitucionales, uno supuestamente rígido, contenido en la Constitución de 1999, y otro flexible, a discreción de los poderes constituidos, resultado del Decreto de Transición Constitucional, con una vigencia *sine díe*, -fenómeno que sería propio del "nuevo constitucionalismo"-, mediante el cual, específicamente se produjo la inmisericorde

---

18 Véase en *Revista de Derecho Público*, N° 81, (enero-marzo), Editorial Jurídica Venezolana, Caracas, 2000, pp. 81 ss.

19 Véase en *Gaceta Oficial* N° 36.884 de 3 de febrero de 2000.

20 La Sala Constitucional llegó a afirmar que "Tal disposición, emanada del poder constituyente *que podía lo más,* cual era la transformación del Estado, lo que iba a adelantar mediante la aprobación de una nueva Constitución y del régimen de transición, claro *que podía lo menos,* dentro de su cometido de transformación del Estado, cual era dictar las normas que permitirían la transición entre el sistema constitucional abrogado y el nuevo, que conforme al texto constitucional de 1999, no podía de inmediato constituirse en todas sus instituciones". Véase en *Revista de Derecho Público,* N° 81, (enero-marzo), Editorial Jurídica Venezolana, Caracas, 2000, p. 86.

intervención y sometimiento del Poder Judicial, y con ello, la destrucción del Estado de derecho.

En efecto, uno de los elementos más destacados y trágicos de la "transitoriedad constitucional" iniciada en 2000 y avalada por el Juez Constitucional, fue la supervivencia de la Comisión de Funcionamiento y Reestructuración del Sistema Judicial,[21] la cual, amparada por el Juez Constitucional, no solo dictó su propia "normativa," sino que con ella procedió definitivamente a "depurar"[22] el Poder Judicial de jueces no afectos al régimen; todo lo cual llevó, por ejemplo, a la Comisión Interamericana de Derechos Humanos a decir, en el *Informe Anual* de 2009, que "en Venezuela los jueces y fiscales no gozan de la garantía de permanencia en su cargo necesaria para asegurar su independencia en relación con los cambios de políticas gubernamentales."[23]

Dicha Comisión de Funcionamiento y Reestructuración del Sistema Judicial, en efecto, durante más de diez años destituyó materialmente a casi todos los jueces del país, discrecionalmente y sin garantía alguna del debido proceso,[24] reemplazándolos por jueces provisorios o temporales,[25] acabando

---

21 Véase en *Gaceta Oficial* N° 37.080, de 17 de noviembre de 2000

22 Véase la expresión en la Decisión N° 1.939 de 18-12-2008 (Caso: *Abogados Gustavo Álvarez Arias y otros*), en la cual la Sala Constitucional decidió que una decisión de 05-08-2008 de la Corte Interamericana de Derechos Humanos es inejecutables en Venezuela (Caso: *Apitz Barbera y otros ["Corte Primera de lo Contencioso Administrativo"] vs. Venezuela [Corte IDH],* Case: *Apitz Barbera y otros ["Corte Primera de lo Contencioso Administrativo"] vs. Venezuela,* Sentencia de 5 de agosto de 2008, Serie C, N° 182. Véase en en *Revista de Derecho Público*, N° 116, Editorial Jurídica Venezolana, Caracas, 2008, pp. 89-106. También en http://www.tsj.gov.ve/decisiones/scon/Diciembre/1939-18o208-2008-08-1572.html.

23 Véase *Informe Anual de 2009*, parágrafo 480, en http://www.cidh.oas.org/-annualrep/2009eng/Chap.-IV.f.eng.htm.

24 La Comisión Interamericana de Derechos Humanos también lo registró en el Capítulo IV del *Informe* que rindió ante la Asamblea General de la OEA en 2006, que los "casos de destituciones, sustituciones y otro tipo de medidas que, en razón de la provisionalidad y los procesos de reforma, han generado dificultades para una plena vigencia de la independencia judicial en Venezuela" (párrafo 291); destacando aquellas "destituciones y sustituciones que son señaladas como represalias por la toma de decisiones contrarias al Gobierno" (párrafo 295 ss.); concluyendo que para 2005, según cifras oficiales, "el 18,30% de las juezas y jueces son titulares y 81,70% están en condiciones de provisionalidad" (párrafo 202).

25 En el *Informe Especial* de la Comisión sobre Venezuela correspondiente al año 2003, la misma también expresó, que "un aspecto vinculado a la autonomía e independencia del Poder Judicial es el relativo al carácter provisorio de los jueces en el sistema judicial de Venezuela. Actualmente, la información proporcionada por las distintas fuentes indica que más del 80% de los jueces venezo-

así con la autonomía e independencia del Poder Judicial, convirtiéndolo en una organización subordinada al Poder Ejecutivo, con jueces sin garantía de estabilidad alguna, con la trágica "anuencia" del Juez Constitucional.

Luego, en 2004, a pesar de haberse sancionado ese año la Ley Orgánica del Tribunal Supremo de Justicia[26] que debió haber eliminado la referida Comisión de Funcionamiento y Reestructuración del Sistema Judicial, la misma, al contrario, en una Disposición Transitoria reguló su sobrevivencia con poderes omnímodos para destituir jueces, lo cual fue de nuevo avalado por la Sala Constitucional del Tribunal Supremo mediante sentencia No. 1057 de 1 de junio de 2005, al abstenerse de controlar la omisión legislativa en la aprobación de la Ley del Código de Ética del Juez que debía crear una Jurisdicción Disciplinaria. En esa ocasión, la Sala lo que hizo fue prorrogar la existencia de la mencionada Comisión de Funcionamiento y Reestructuración del Sistema Judicial, llegando incluso a designar y remover sus integrantes, sustituyendo así, la Sala Constitucional, al propio Tribunal Supremo de Justicia.[27]

Luego, después de que en 2010 se sancionara el Código de Ética del Juez, que regulaba la Jurisdicción Disciplinaria, la misma Sala Constitucional, de oficio, mediante sentencia No. 516 de 7 de mayo de 2013,[28] acordó una medida cautelar suspendiendo los efectos de las normas del Código de Ética del Juez que extendían su aplicación garantista a los jueces temporales y provisorios, "por no tratarse de jueces o juezas que hayan ingresado a la carrera judicial, correspondiéndole a la Comisión Judicial la competencia para sancionarlos y excluirlos de la función jurisdiccional," quedando así completamente excluidos del ámbito de la Jurisdicción Disciplinaria, y a la merced, desde entonces, de la Comisión Judicial del Tribunal Supremo, que fue la sustituta de la longeva Comisión de Funcionamiento y Reestructuración del Sistema Judicial.

La reacción contra la monstruosidad que significó esa sentencia, se puede captar de lo expresado por el exmagistrado de la Corte Primera de lo Contencioso Administrativo, Juan Carlos Apitz, según lo resumió la prensa:

---

lanos son "provisionales". *Informe sobre la Situación de los Derechos Humanos en Venezuela 2003*, *cit.* párr. 161.

26 Véase en *Gaceta Oficial* N° 37942 de 20-05-2004. Véase sobre dicha Ley, véase Allan R. Brewer-Carías, *Ley Orgánica del Tribunal Supremo de Justicia. Procesos y procedimientos constitucionales y contencioso-administrativos,* Editorial Jurídica Venezolana, Caracas 2004.

27 Véase las referencias a esta sentencia, en la sentencia N° 1793 de 19 de junio de 2005 de la misma Sala Constitucional, *Caso*: *Henrique Iribarren Monteverde, (acción de inconstitucionalidad por omisión contra la Asamblea Nacional*, en *Revista de Derecho Público,* N° 103, Editorial Jurídica venezolana, Caracas 2005, pp. 165 ss.

28 Véase en http://www.tsj.gov.ve/decisiones/scon/Mayo/516-7513-2013-09-1038.html.

"La estabilidad laboral de los jueces provisorios en Venezuela -que según cifras extraoficiales son 7 de cada 10- depende única y exclusivamente de la Comisión Judicial que encabeza la nueva presidenta del Tribunal Supremo de Justicia, Gladys Gutiérrez Alvarado. Lo anterior fue decidido por la Sala Constitucional, mediante sentencia dictada un día antes de que fuese nombrada la nueva junta directiva del máximo tribunal de la República. En el fallo se estableció que los jueces temporales, ocasionales, accidentales o provisorios no tienen derecho de ser llevados ante los tribunales disciplinarios previstos en el Código de Ética del Juez Venezolano, sino que en caso de que deba estudiarse su posible suspensión o destitución la misma será decida por la Comisión en cuestión, que está integrada por los magistrados que presiden cada una de las salas del TSJ. "Lo que hicieron fue darle revestimiento de jurisprudencia a lo que ya venía ocurriendo de hecho. Hasta ahora la remoción de estos jueces se hacía mediante oficios de cinco líneas, dictados por la Comisión Judicial. Los desmanes del TSJ tendrán ahora soporte mediante sentencia," aseveró el ex juez de la Corte Primera de lo Contencioso Administrativo Juan Carlos Apitz."[29]

Dicha Comisión Judicial de Tribunal Supremo de Justicia, por tanto, quedó a cargo, con toda discrecionalidad, de continuar con la remoción y destitución de jueces temporales y provisorios, que eran casi todos, sin tener éstos garantía alguna el debido proceso, con los efectos demoledores que ello ha tenido sobre el Estado de derecho.[30]

En todo caso, lo importante a destacar es que todo este descalabro del Poder Judicial se realizó por obra y gracia del Juez Constitucional, el cual, primero, legitimó la usurpación de la voluntad popular que ocurrió de manos de la Asamblea Nacional Constituyente de 1999; luego avaló la superviven-

29 Véase en el reportaje "TSJ blindó mediante sentencia su poder sobre los jueces," en *El Nacional*, Caracas 14 de mayo de 2013, en http://www.el-nacional.com/noticias/politica/tsj-blindo-mediante-sentencia-poder-sobre-los-jueces_165423.

30 Sobre la intervención del Poder Judicial véase Allan R. Brewer-Carías, "La progresiva y sistemática demolición institucional de la autonomía e independencia del Poder Judicial en Venezuela 1999-2004", en *XXX Jornadas J.M Domínguez Escovar, Estado de derecho, Administración de justicia y derechos humanos*, Instituto de Estudios Jurídicos del Estado Lara, Barquisimeto, 2005, pp. 33-174; "La Justicia sometida al poder y la interminable emergencia del Poder Judicial (1999-2006)", en *Derecho y democracia. Cuadernos Universitarios*, Órgano de Divulgación Académica, Vicerrectorado Académico, Universidad Metropolitana, Año II, N° 11, Caracas, septiembre 2007, pp. 122-138; "Sobre la ausencia de carrera judicial en Venezuela: jueces provisorios y temporales y la irregular Jurisdicción Disciplinaria Judicial," en *Revista de Derecho Funcionarial,* Números 12-19, Mayo 2014 – Diciembre 2016, Edición especial, Centro para la Integración y el Derecho Público (CIDEP), Fundación de Estudios de Derecho Administrativo (FUNEDA), Caracas 2018, pp. 8-26.

cia de la transitoriedad constitucional dictada en 2000 sin aprobación popular, y con ella, el instrumento para acabar con la autonomía e independencia de los jueces, que fue la Comisión de Funcionamiento y Reestructuración del Sistema Judicial; lo que continuó la Comisión Judicial del Tribunal Supremo, con el aval del Juez Constitucional.

Y en ese marco, el Juez Constitucional en Venezuela, asumió el papel de demoler sistemáticamente todos los principios del Estado democrático, es decir, el principio democrático representativo, el principio democrático participativo, el principio del gobierno alternativo y electivo, el principio de la separación de poderes y el principio descentralizador del Estado federal;[31] y lo más grave aún, al haber quedado integrado el Tribunal Supremo de Justicia, y especialmente su Sala Constitucional, a partir de diciembre de 2010, con magistrados militantes políticos identificados con el Gobierno.[32]

Con ello se materializó el asalto final al Tribunal Supremo, tal lo señaló en su momento (2010) la ex magistrada de la antigua Corte Suprema de Justicia, Hildegard Rondón de Sansó:

> "El mayor de los riesgos que plantea para el Estado la desacertada actuación de la Asamblea Nacional en la reciente designación de los Magistrados del Tribunal Supremo de Justicia, no está solo en la carencia, en la mayoría de los designados de los requisitos constitucionales,

---

31 Véase Allan R. Brewer-Carías, *La dictadura judicial y la perversión del Estado de derecho. El Juez Constitucional y la destrucción de la democracia en Venezuela* (Prólogo de Santiago Muñoz Machado), Ediciones El Cronista, Fundación Alfonso Martín Escudero, Editorial Iustel, Madrid 2017, 608 pp.; *La consolidación de la tiranía judicial. El Juez Constitucional controlado por el Poder Ejecutivo, asumiendo el poder absoluto*, Colección Estudios Políticos, Nº 15, Editorial Jurídica Venezolana International. Caracas / New York, 2017, 238 pp.; Carlos M. Ayala Corao y Rafael J. Chavero Gazdik, *El libro negro del TSJ de Venezuela: Del secuestro de la democracia y la usurpación de la soberanía popular a la ruptura del orden constitucional (2015-2017)*, Editorial Jurídica Venezolana, Caracas 2017, 394 pp.; *Memorial de agravios 2016 del Poder Judicial. Una recopilación de más de 100 sentencias del TSJ,* 155 pp., investigación preparada por las ONGs: Acceso a la Justicia, Transparencia Venezuela, Sinergia, espacio público, Provea, IPSS, Invesp, en https://www.scribd.com/-document/336888955/Memorial-de-Agravios-del-Poder-Judicial-una-recopilacion-de-mas-de-100-sentencias-del-TSJ; y José Vicente Haro, "Las 111 decisiones inconstitucionales del TSJ ilegítimo desde el 6D-2015 contra la Asamblea Nacional, los partidos políticos, la soberanía popular y los DDHH," en *Buscando el Norte*, 10 de julio de 2017, en http://josevicenteharo-garcia.blogspot.com/2016/10/las-33-decisiones-del-tsj.html

32 Véase los estudios de Acceso a la Justicia: "Perfil de la Sala Constitucional," en *Acceso a la Justicia. El Observatorio venezolano de la Justicia*, 18 de agosto de 2016, en http://www.accesoalajusticia.org/perfil-de-la-sala-constitucional-del-tsj/; y "Los magistrados de la Revolución," en http://www.accesoalajusticia.org/wp-content/uploads/2017/03/Los-magistrados-de-la-revoluci%C3-%B3n.pdf.

sino el haber llevado a la cúspide del Poder Judicial la decisiva influencia de un sector del Poder Legislativo, ya que para diferentes Salas, fueron elegidos cinco parlamentarios."[33]

Destacó además la profesora Sansó que "todo un sector fundamental del poder del Estado, va a estar en manos de un pequeño grupo de sujetos que no son juristas, sino políticos de profesión, y a quienes corresponderá, entre otras funciones el control de los actos normativos;" agregando que "Lo más grave es que los designantes, ni un solo momento se percataron de que estaban nombrando a los jueces máximos del sistema jurídico venezolano que, como tales, tenían que ser los más aptos, y de reconocido prestigio como lo exige la Constitución."

Concluyó la ex magistrada reconociendo entre "los graves errores" que incidieron sobre la elección, el hecho de:

> "la configuración del Comité de Postulaciones Judiciales, al cual la Constitución creó como un organismo neutro, representante de los "diferentes sectores de la sociedad" (Art. 271), pero la Ley Orgánica del Tribunal Supremo de Justicia, lo convirtió en forma inconstitucional, en un apéndice del Poder Legislativo. La consecuencia de este grave error era inevitable: los electores eligieron a sus propios colegas, considerando que hacerlo era lo más natural de este mundo y, ejemplo de ello fueron los bochornosos aplausos con que se festejara cada nombramiento."[34]

Todo ello no fue sino fruto de un supuesto "nuevo paradigma constitucional latinoamericano," fenómeno que no fue más que un gran fraude constitucional desarrollado de la mano de Hugo Chávez Frías en Venezuela, de Rafael Correa en Ecuador y de Evo Morales en Bolivia,[35] a quienes sus asesores que llegaron del otro lado del Atlántico,[36] les enseñaron cómo, disfra-

33 En Hildegard Rondón de Sansó, "OBITER DICTA. En torno a una elección," en La Voce d'Italia, 14-12-2010.

34 *Idem.*

35 Véase, por ejemplo, lo que expresamos cuando se pretendió aplicar el mismo esquema en Honduras: Allan R. Brewer-Carías, *Reforma Constitucional, Asamblea Constituyente, y control judicial: Honduras (2009), Ecuador (2007) y Venezuela (1999),* Serie Derecho Administrativo N° 7, Universidad Externado de Colombia, Bogotá 2009, 144 pp.

36 La periodista Maye Primera, en su reportaje "Asesores constituyentes. Juristas y politólogos españoles colaboraron con el Ejecutivo bolivariano de Venezuela," publicado en *El País*, el 17 de junio de 2014, expresaba entre otras cosas que " Los juristas y politólogos españoles que desde hace casi tres lustros han asesorado a las Asambleas Constituyentes y a los Gobiernos de Venezuela, Ecuador y Bolivia son ahora el músculo intelectual de Podemos [...] "en Venezuela, la idea original de llamar a una constituyente para refundar el Estado es de Chávez. Y Viciano [Pastor} y Martínez Dalmau dieron cierto apoyo y mucha asesoría. Llegaron a Caracas en 1999, en pleno debate constituyente y no

zando regímenes autoritarios de "democracia participativa," podían acaparar el Poder; causando con ello la debacle en el constitucionalismo de dichos países de América Latina, de la cual ahora solo parece recuperarse Ecuador (2018). En Bolivia a lo que ha conducido es a la instalación de una especie de "nueva monarquía,"[37] y en Venezuela, a lo que ha conducido es a la dictadura que padecemos, que incluso después de desarrollarse como una dictadura judicial comandada por el Juez Constitucional desde el Tribunal Supremo de Justicia,[38] en 2017, en otra franca violación de la Constitución,

---

fueron los ideólogos del proceso, pero sí aportaron muchas ideas que fueron incluidas en la Constitución", afirma a *El País* un abogado venezolano que trabajó con ambos durante la Asamblea Nacional Constituyente. Una vez vencido el mandato constituyente, los catedráticos de la Universidad de Valencia se convirtieron en asesores de la bancada *chavista* que aún domina el poder legislativo venezolano y en 2007, aconsejaron a Hugo Chávez cuando intentó llevar adelante un primer intento de reforma constitucional, que fue negada en un referéndum." Véase en *El País*, el 17 de junio de 2014, en https://elpais.com/politica/2014/06/18/actualidad/1403055722_556213.html. Véase además, el reportaje: "Profesores españoles diseñan en la sombra la Venezuela de Chávez," en *PeriodistaLatino*, 25 de noviembre de 2007, en http://blogs.periodistadigital.com/periodistalatino.php/2007/11/25/profesores-espanoles-disenan-en-la-sombr; y el reportaje de Javier Chicote: "Chávez pagaba 7.000 euros al mes por cada asesor de la fundación CEPS. La ONG de Iglesias, Errejón, Monedero, Bescansa y Alegre gastaba en Caracas el 25 por ciento de los fondos," en *ABC.España,* actualizado 17 de febrero de 2015, disponible en https://www.abc.es/espana/20150217/abci-chavez-dinero-asesor-podemos-201502162145.html.

37 Véase Allan R. Brewer-Carías, "Las nuevas "monarquías hereditarias" latinoamericanas, la democracia como disfraz y la reelección indefinida de los gobernantes. El caso de la sentencia 084 del Tribunal Constitucional Plurinacional de Bolivia de 28 de Noviembre de 2017," 2 diciembre de 2017, en http://allanbrewer-carias.net/site/wp-content/uploads/2017/12/180.-Brewer.doc-Sentencia-No.-84-Bolivia-y-las-nuevas-monarquias.pdf.

38 Véase Allan R. Brewer-Carías, *La dictadura judicial y la perversión del Estado de derecho. El Juez Constitucional y la destrucción de la democracia en Venezuela* (Prólogo de Santiago Muñoz Machado), Ediciones El Cronista, Fundación Alfonso Martín Escudero, Editorial Iustel, Madrid 2017, 608 pp.; Carlos M. Ayala Corao a y Rafael J. Chavero Gazdik, *El libro negro del TSJ de Venezuela: Del secuestro de la democracia y la usurpación de la soberanía popular a la ruptura del orden constitucional (2015-2017)*, Editorial Jurídica Venezolana, Caracas 2017, 394 pp.; *Memorial de agravios 2016 del Poder Judicial. Una recopilación de más de 100 sentencias del TSJ,* 155 pp., investigación preparada por las ONGs: Acceso a la Justicia, Transparencia Venezuela, Sinergia, espacio público, Provea, IPSS, Invesp, en https://www.scribd.com/document/336-888955/Memorial-de-Agravios-del-Poder-Judicial-una-recopilacion-de-mas-de-100-sentencias-del-TSJ; y José Vicente Haro, "Las 111 decisiones inconstitucionales del TSJ ilegítimo desde el 6D-2015 contra la Asamblea Nacional, los partidos políticos, la soberanía popular y los DDHH," en *Buscando*

pasó a transformarse en una dictadura constituyente a cargo de una Asamblea Constituyente convocada sin la participación del pueblo, también avalada por el Juez Constitucional.[39]

Como lo resumió Asdrúbal Aguiar, exjuez de la Corte Interamericana de Derechos Humanos, en un reciente artículo:

> "El daño vertebral que el Socialismo del siglo XXI le inflige a la democracia es judicializar la política. La experiencia la inauguran, a mediados del siglo XX, los cubanos. No por azar, todo disidente político es considerado criminal, sometido a la Justicia, llevado a la cárcel sin más.
>
> Alcanzado el siglo XXI, Hugo Chávez, coludido con profesores de Valencia, España, visitantes de la Universidad de La Habana y dentro de cuyo seno surge Podemos, afina la experiencia y la extiende a la Bolivia de Evo Morales y al Ecuador de Rafael Correa, instalando en la región, bajo inspiración del Foro de Sao Paolo, "regímenes de la mentira."
>
> Sobre el pecado original de la Constituyente venezolana de 1999, ésta trastoca sus límites y al efecto remueve, sin fórmula de juicio ni derecho a la defensa, los integrantes del Poder Judicial. Los jueces son

---

el Norte, 10 de julio de 2017, en http://josevicenteharogarcia.blogspot.com/-2016/10/las-33-decisiones-del-tsj.html

39 Véase Allan R. Brewer-Carías, *Usurpación Constituyente 1999, 2017. La historia se repite: unas veces como comedia y otras como tragedia,* Editorial Jurídica Venezolana, Caracas 2018. Cuán equivocado estaba Juan Carlos Monedero cuando al insistir que para implantar el "Socialismo del Siglo XXI," era necesaria "la figura del liderazgo fuerte [...] –no a un dictador, ni siquiera amable–," llegó a afirmar con toda ingenuidad que ello era algo "impensable en términos reales gracias a las actuales Constituciones vigentes." Falso. La Constitución de 1999, contenía el germen del autoritarismo como lo denuncié en ese mismo año al propugnar el voto No en el referendo aprobatorio de la Constitución. La realidad demostró, además, que no era cierto lo afirmado por Monedero, en el sentido de que supuestamente "la politización que ha vivido el pueblo venezolano en los últimos diez años permite inferir una evolución claramente democrática que, además, solvente los problemas de participación de las democracias parlamentarias de baja intensidad." Nada de ello se logró, siendo nada más que una ingenuidad afirmar, como también lo hizo Monedero, que Chávez había "optado por crear un partido, no un movimiento que responda a su voluntad," cuando fue todo lo contrario; y que habría "apostado por el socialismo [pero no] por el "chavismo," cuando eso precisamente fue lo que ocurrió. Como el mismo Monedero lo confesó en uno de sus trabajos, efectivamente "la realidad es más compleja que la teoría," habiendo resultado de todo el "experimento" del "Socialismo del siglo XXI" que tanto apoyó, el desarrollo de una dictadura cleptocrática, con un partido oficial que de "socialismo" tiene solo el nombre; o como el propio Monedero lo reconoció, "de un sector cortesano que juega al autoritarismo mientras se enriquece con prácticas corruptas.". Véase en "Hacia una filosofía política del socialismo en el Siglo XXI," en *Cuadernos del CENDES*, N° 68, Año 25, mayo-junio 2008, pp. 84-86.

transformados en provisorios, para sujetarlos, y a los magistrados de la antigua Corte Suprema de Justicia les cancela sus períodos de elección, los manda a casa, dado que, en lo adelante, nace el actual e inconstitucional Tribunal Supremo de Justicia revolucionario.

Lo que sigue es bochornoso y se olvida. Los jueces provisorios del novísimo TSJ, como jueces en causa propia y en Sala Constitucional, deciden que no están sujetos al cumplimiento de los requisitos de la nueva Constitución para ejercer como tales. Allí se quedan, justamente, para judicializar la política.

Morales y Correa no se quedan atrás con sus Constituyentes, una que escribe el texto fundamental del país dentro de un cuartel y finge debatirla en la sede de la Lotería Nacional, y la otra desde Montecristi; todas subvirtiendo los procesos correspondientes y mirando el objetivo, controlar el poder para siempre.

El denominador común es la forja de amanuenses, de escribidores al servicio de las narco-logias que secuestran a dichos Estados, para que, en función de sus crímenes e ilegalidades desde el poder se encarguen de purificarlos; y, si fuese el caso, interpreten a conveniencia la Constitución para que diga lo que no dice, sin necesidad de enmiendas o reformas.

En el caso venezolano es voluminosa la memoria escrita por Allan R. Brewer Carías.

La mentira constitucional se hace moneda de curso corriente. La describe, premonitoriamente, el maestro italiano fallecido Piero Calamandrei, al dar cuenta del fascismo que lo persigue: "Es algo más complicado y turbio que la ilegalidad: es la simulación de la legalidad, el fraude, legalmente organizado, a la legalidad… La corrupción y degeneración… es el instrumento normal y fisiológico del gobierno [que se funda en la mentira legalizada]."

[…] El engendro de una justicia venal y arrodillada ha hecho posible el absurdo de la muerte de la democracia a fuerza de votos, en América Latina, un contrasentido. Ella desconoce la soberanía popular a conveniencia y afirma como soberanos los atentados a la constitución por los dictadores de nuevo cuño."[40]

Quizás por ello, el profesor español Francisco Palacios, asesor del gobierno de Venezuela en todo ese proceso, afirmó en una entrevista en mayo de 2016, al referirse a las "nuevas" Constituciones de Venezuela, Ecuador y Bolivia, que:

40 Véase Asdrúbal Aguiar, "La judicialización de la Política, *El Nacional*, 7 de agosto de 2018, en http://www.elnacional.com/noticias/columnista/judicializacion-politica_246719.

"Nadie podrá negar que estas constituciones son protransparencia, prosociales y procontrol. Otra cosa es la realidad, es decir, que se estén cumpliendo o no."[41]

Y esto último, por lo visto, para un profesor de derecho constitucional parecería que no tiene mayor importancia, sobre todo cuando se está bien lejos de la tragedia causada por el "nuevo constitucionalismo" que propugnó tan vehementemente. En Zaragoza, ciertamente que poco podría importar que las Constituciones allende el mar se estén cumpliendo o no, y que el Estado fallido que resultó de los despojos de la destrucción del Estado democrático que tanto ayudaron a ejecutar, basándose en sus teorías "participativas" del "nuevo constitucionalismo" que en triste hora "experimentaron" en Venezuela, haya terminado produciendo, como lo calificó el Secretario General de la Organización de Estados Americanos Luis Almagro, "el éxodo más grande que ha existido en la historia del hemisferio occidental."[42] Y no precisamente porque se viva bien en el país.

Pero como dijimos, por lo visto, eso no importa; como tampoco importa que en Venezuela, desde el punto de vista constitucional, todo este experimento del "nuevo constitucionalismo," como lo observó Piero Calamandrei al referirse al régimen fascista, haya igualmente originado un *regime della menzogna,* que es:

> "algo más profundo y complicado que una oscura ilegalidad: Fue la simulación de la ilegalidad, el fraude, legalmente organizado, a la legalidad. [Un] gobierno de la indisciplina autoritaria, de la legalidad adulterada, de la ilegalidad legalizada, del fraude constitucional."[43]

Pero, nada de eso importa; sino según las propias palabras del propio Sr. Palacios, lo que importaría fue que colaboraron en "redactar" unas constituciones que supuestamente "son protransparencia, prosociales y procontrol," así todo ello no sea sino una gran mentira.

---

41 Véase en Carlos Larroy y Pablo López Hurtado, "El 'brazo judicial' de Maduro se doctoró en tres visitas a Zaragoza. El tribunal que juzgó la tesis de Gladys Gutiérrez, presidenta del Tribunal Supremo de Venezuela, contaba con dos profesores de Podemos. El director de su doctorado defiende que fue un tribunal plural porque también había profesores de derechas," en *El Español*, 29 de mayo de 2016, en https://www.elespanol.com/reportajes/20160528/128237338_0.html.

42 Véase el reportaje: "Almagro: Crisis migratoria venezolana es el éxodo más grande del hemisferio," en *Noticierodigital.com*, Santo Domingo, EFE, 29 de agosto de 2018, en http://www.noticierodigi-tal.com/2018/08/almagro-proxima-semana-se-hara-reunion-abordar-la-crisis-migratoria-sufre-venezuela/

43 Véase Piero Calamandrei, *Il fascismo, come regime della menzogna*, Laterza, 2014. Véase sobre Venezuela, Allan R. Brewer-Carías, *La Mentira como política de Estado. Crónica de una crisis política permanente. Venezuela 1999-2015*, (Prólogo de Manuel Rachadell), Colección Estudios Políticos, No. 10, Editorial Jurídica Venezolana, Caracas, 2015. 478 pp.

En todo caso, en ese contexto del "nuevo constitucionalismo," como hemos dicho, uno de los pilares del proceso de desconstitucionalización del Estado que en su nombre se provocó en Venezuela, fue el planteamiento del supuesto sacrificio de la "democracia representativa" por parte de una pretendida "democracia participativa," lo que incluso estuvo a la base de la propuesta de Reforma Constitucional que presentó el entonces Presidente Hugo Chávez, en 2007, con la asesoría de algunos de los mismos profesores españoles antes mencionados,[44] y que fue rechazada mediante referéndum por el pueblo. La misma se basó en el consabido discurso autoritario que se encubre detrás del "nuevo constitucionalismo" o del "nuevo paradigma constitucional" sobre el concepto de "democracia participativa" como si fuera contrapuesto a la democracia representativa, a la cual se desprestigia sistemáticamente, y se le achacan todos los males de la democracia.[45]

---

44 El profesor Francisco Palacios Romeo según se informó en su C. V., entre 2004 y 2007 fue asesor en diversas actividades en Venezuela, en particular, en proyectos de investigación en la Universidad Central de Venezuela y en la Asamblea Nacional, y como contratado por la Procuraduría General de la República, en temas como "Sustantividad normativa del nuevo modelo constitucional venezolano," "Estudio del sistema parlamentario y desarrollo legislativo del proceso," y "Proyecto de reforma constitucional (2007)" y "Ley habilitante (2007)." Véase la información en la "hoja de vida" del profesor Palacios R. publicada en: https://redestudioscomparadosdfshh.files.wordpress.com/2017/02/-cv-francisco-palacios-romeo.pdf. Véase igualmente la información en el reportaje de Maye Primera, "Asesores constituyentes. Juristas y politólogos españoles colaboraron con el Ejecutivo bolivariano de Venezuela," en *El País*, Madrid 17 de junio de 2014, en https://elpais.com/politica/2014/06/18/actualidad/-1403055722-556213.html?rel=mas. Véase además, Francisco Palacios Romeo, "Falacias ideológicas y aporías técnicas sobre los nuevos procesos políticos de América Latina (en torno a un argumentario de Brewer Carias sobre el hecho social-participativo)," en *Actas Congreso Internacional América Latina: la autonomía de una región (XV Encuentro de latinoamericanistas españoles),* Consejo Español de Estudios Iberoamericanos, 2012, p. 615.

45 Las críticas a la democracia representativa deben ser para perfeccionarla, no para eliminarla y menos para sustituirla por la llamada "democracia participativa." Véase por ejemplo, Allan R. Brewer-Carías, "Sobre los elementos de la democracia como régimen político: representación y control del poder," en *Revista Jurídica Digital IUREced*, Edición 01, Trimestre 1, 2010-2011, en http://www.megaupload.com/?d=ZN9Y2W1R; "La necesaria revalorización de la democracia representativa ante los peligros del discurso autoritario sobre una supuesta "democracia participativa" sin representación," en *Derecho Electoral de Latinoamérica. Memoria del II Congreso Iberoamericano de Derecho Electoral*, Bogotá, 31 agosto-1 septiembre 2011, Consejo Superior de la Judicatura, ISBN 978-958-8331-93-5, Bogotá 2013, pp. 457-482; "Participación y representatividad democrática en el gobierno municipal," en la Revista *Ita Ius Esto, Revista de Estudiantes* (http://www.itaiusesto.com/), *In Memoriam Adolfo Céspedes Zavaleta,* Lima 2011, pp. 11-36; en http://www.itaiusesto.com/participacion-y-representacion-democratica-en-el-gobierno-municipal/

La "democracia participativa" en ese discurso, en realidad, de democracia sólo tiene el nombre, siendo hábilmente utilizado frente a los fracasos políticos que han experimentado las democracias representativas por la incomprensión de los partidos políticos en permitir su evolución y perfeccionamiento. Es claro que muchas veces la expresión se utiliza sin que se sepa efectivamente de qué se trata y, generalmente, confundiendo indebidamente a la democracia participativa con elementos de democracia directa, como podría ser la iniciativa para convocar una Asamblea Constituyente o para proceder a la revocación de mandatos populares. Pero en la mayoría de los casos se utiliza como una engañosa y clara estrategia para acabar con la propia democracia representativa como régimen político, exacerbando la desconfianza en las propias instituciones del Estado constitucional democrático de derecho.[46]

La confusión originada por el clamor que a veces se siente por la necesidad de la participación, la cual, además, por esencia, es contraria al autoritarismo, obliga a reflexionar sobre la propia democracia para poder situar el concepto de participación política donde le corresponde, que es, entre otros,

46 Véase Allan R. Brewer-Carías, "La democracia representativa y la falacia de la llamada "democracia participativa, sin representación," en Jorge Fernández Ruiz (Coordinador), *Estudios de Derecho Electoral. Memoria del Congreso Iberoamericano de Derecho Electoral*, Universidad Nacional Autónoma de México, Coordinación del Programa de Posgrado en Derecho, Facultad de Estudios Superiores Aragón, Facultad de Derecho y Criminología, Universidad Autónoma de Nuevo León, México 2011, pp. 25 a 36. Llegué a presumir que había sido en relación con este trabajo que el profesor Francisco Palacios, Director de la Tesis "secreta" de Zaragoza de la magistrada Gladys Gutiérrez, antes mencionada, escribió sus comentarios en el estudio: Francisco Palacios Romeo, "Falacias ideológicas y aporías técnicas sobre los nuevos procesos políticos de América Latina (en torno a un argumentario de Brewer Carias sobre el hecho social-participativo)," en *Actas Congreso Internacional América Latina: la autonomía de una región (XV Encuentro de latinoamericanistas españoles),* Consejo Español de Estudios Iberoamericanos, 2012, pp. 615-622. Sin embargo, no fue así, y su reacción fue contra nuestras críticas a las Leyes Orgánicas del Poder Popular de 2010 expresadas, entre otros, en Allan R. Brewer-Carías, "Introducción General al régimen del Poder Popular y del Estado Comunal. (O de cómo en el siglo XXI, en Venezuela se decreta, al margen de la Constitución, un Estado de Comunas y de Consejos Comunales, y se establece una sociedad socialista y un sistema económico comunista, por los cuales nadie ha votado)," publicado en el libro: Allan R. Brewer-Carías, Claudia Nikken, Luis A. Herrera Orellana, Jesús María Alvarado Andrade, José Ignacio Hernández y Adriana Vigilanza, *Leyes Orgánicas sobre el Poder Popular y el Estado Comunal (Los consejos comunales, las comunas, la sociedad socialista y el sistema económico comunal),* Colección Textos Legislativos N° 50, Editorial Jurídica Venezolana, Caracas 2011, pp. 9-183. Véase los comentarios más recientes en Gabriel Sira Santana, *Poder Popular, descentralización y participación ciudadana*, Centro para la Integración y el Derecho Público, Editorial Jurídica Venezolana, Caracas 2018, pp. 102 ss.

en el ámbito local de la descentralización política. Sin duda, los dos principios fundamentales de la democracia en el mundo contemporáneo son y seguirán siendo la representación y la participación.

Pero ante el discurso autoritario, deben tenerse claros los conceptos: primero, la representación, si a algo se contrapone es a la democracia directa, por lo que la verdadera dicotomía que existe en este caso es entre "democracia representativa" o indirecta, y "democracia directa." Segundo, la participación, a la vez, si a algo se contrapone no es a la representación, sino a la "exclusión" política, de manera que la verdadera dicotomía que en este plano surge es entre "democracia participativa" o de inclusión y "democracia de exclusión" o exclusionísta.

Y esto es precisamente lo que se confunde deliberadamente cuando se habla de "democracia participativa" para supuestamente acabar con los vicios de la democracia representativa, cuando en ciertos casos, lo que se quiere es destacar la necesidad de mecanismos de democracia directa; y en otros, confundiéndose los conceptos para buscar la eliminación o minimización de la representatividad y establecer una supuesta relación directa entre un líder mesiánico y el pueblo, a través de los mecanismos institucionales incluso paralelos a los propios órganos electos del Estado, dispuestos para hacerle creer al ciudadano que participa, cuando lo que se está es sometiéndolo al control del poder central, como ha ocurrido en Venezuela.

En cuanto a la democracia representativa o democracia indirecta, esta es y seguirá siendo de la esencia de la democracia, de manera que no hay democracia sin representación, y en particular, sin órganos representativos como son los Congresos o parlamentos. Su sustitución es esencialmente imposible si de democracia se trata, sin perjuicio de que la representatividad afortunadamente se haya venido enriqueciendo en las últimas décadas, precisamente con la introducción en nuestros sistemas políticos de mecanismos de democracia directa que la complementan, pero que jamás podrán sustituirla.[47]

No puede existir en el mundo contemporáneo una democracia que sólo sea refrendaria, plebiscitaria o de cabildos abiertos permanentes; a pesar de que en casi todos los sistemas constitucionales contemporáneos se hayan incorporado mecanismos de consultas populares y de asambleas de ciudadanos con el objeto de complementar la representatividad, como son los diversos referendos (consultivos, aprobatorios, decisorios, abrogatorios, autorizatorios y revocatorios); al igual que las iniciativas populares. Ello sin duda ha

47 Véase Allan R. Brewer-Carías, "La necesaria revalorización de la democracia representativa ante los peligros del discurso autoritario sobre una supuesta "democracia participativa" sin representación," en *Derecho Electoral de Latinoamérica. Memoria del II Congreso Iberoamericano de Derecho Electoral*, Bogotá, 31 agosto-1 septiembre 2011, Consejo Superior de la Judicatura, ISBN 978-958-8331-93-5, Bogotá 2013, pp. 457-482.

contribuido, en algunos casos, a la movilización popular y a la relativa manifestación directa de voluntad del pueblo; pero es claro que esos mecanismos no pueden sustituir a la democracia conducida por representantes electos.

El reto, en este punto, para contribuir a la consolidación del Estado democrático de derecho, es asegurar que dichos representantes sean realmente representativos de las sociedades y sus comunidades, y sean elegidos en sistemas de sufragio directo, universal y secreto donde impere el pluralismo político, y a través de procesos electorales transparentes que aseguren el acceso al poder con sujeción al Estado de derecho, en los cuales no puede prescindirse de los partidos, aunque por supuesto, indispensablemente renovados.

Pero más interés contemporáneo tiene el segundo principio de la democracia, el de la participación política, que apunta a establecer un régimen democrático de inclusión política, donde el ciudadano sea parte de su comunidad organizada con autonomía política, y contribuya a tomar las decisiones que le conciernen. Participar, en definitiva, es estar incluido, por lo que la dicotomía en este caso de la participación política, es la exclusión política, la cual además conlleva la de orden social y económico.

No debe olvidarse que participar en el lenguaje común, es ser parte de…, es pertenecer, incorporarse, contribuir, estar asociado o comprometerse a…; es tener un rol, tomar parte activa, estar envuelto o tener una mano en…; es, en fin, asociarse, compartir o tener algo que ver con...; lo que implica que en el lenguaje político, no sea otra cosa que ser parte de una comunidad política que por esencia debe gozar de autonomía política, en la cual el individuo tiene un rol específico de carácter activo para contribuir a la toma de decisiones, que no se agota, por ejemplo, en el sólo ejercicio del derecho al sufragio; o en ser miembro de sociedades intermedias, aún las de carácter político como los partidos políticos; o en votar en referendos; o en participar en asambleas de ciudadanos y menos si son controladas por un poder central.

La participación política democrática, por tanto, en ninguna sociedad democrática se ha logrado permanentemente con las solas votaciones en referendos o consultas populares, ni con manifestaciones, así sean multitudinarias, y menos de las que son obedientes y sumisas a un líder. Eso, que no es más que una forma de manifestación política, la historia se ha encargado de enseñárnosla en todas sus facetas, incluyendo las propias de los autoritarismos fascistas del Siglo pasado, la cual no se puede confundir con participación política.

Para que la democracia sea inclusiva o de inclusión, tiene que permitir al ciudadano poder ser parte efectivamente de su comunidad política que ante todo tiene que ser autónoma; tiene que permitirle desarrollar conciencia de su efectiva pertenencia, es decir, de pertenecer en el orden social y político a una comunidad, a un lugar, a una tierra, a un campo, a una comarca, a un pueblo, a una región, a una ciudad, en fin, a un Estado, y ser electo para ello, como representante de la misma.

Por ello, la democracia participativa no es nada nuevo en la historia política; ha estado siempre, desde los mismos días de las Revoluciones del Siglo XIX en la teoría y prácticas políticas democráticas. En todos los países con democracias consolidadas, incluso, está imperceptiblemente arraigada en el nivel más ínfimo de los territorios de los Estados, en las entidades políticas autónomas como los Municipios o las Comunas, con gobiernos propios electos democráticamente;[48] es decir, en la base de la distribución territorial del poder que tanto aborrecen los autoritarismos.[49]

Sin embargo, según explicó el propio proponente de la Reforma Constitucional de 2007, lo que se buscaba era eliminar la representación y la democracia representativa, mediante el establecimiento del Estado del Poder Popular o del Poder Comunal, o Estado Comunal, estructurado desde los Consejos Comunales, como unidades u organizaciones sociales *no electas mediante sufragio universal, directo y secreto* y, por tanto, sin autonomía territorial, supuestamente dispuestos para canalizar la "participación ciudadana," pero conforme a un sistema de conducción centralizado desde la cúspide del Poder Ejecutivo Nacional, que es la antítesis de la participación.

Así fue como se definió en el Anteproyecto de Constitución que el Presidente Chávez presentó ante la Asamblea Nacional, para "la construcción *del Socialismo Bolivariano, el Socialismo venezolano, nuestro Socialismo, nuestro modelo socialista*,"[50] cuyo "núcleo básico e indivisible" debía ser "la comunidad," "donde los ciudadanos y las ciudadanas comunes, tendrán el poder de construir su propia geografía y su propia historia."[51] Y todo ello bajo la premisa de que "*sólo en el socialismo será posible la verdadera democracia;*"[52] pero por supuesto, una "democracia" sin representación que,

---

48 Véase Allan R. Brewer-Carías, "Democracia participativa, descentralización política y régimen municipal", en Miguel Alejandro López Olvera y Luis Gerardo Rodríguez Lozano (Coordinadores), *Tendencias actuales del derecho público en Iberoamérica*, Editorial Porrúa, México 2006, pp. 1-23; y en *La responsabilidad del Estado frente a terceros. Ponencias Continentales del II Congreso Iberoamericano de Derecho Administrativo y Público*, Asociación Iberoamericana de Profesionales en Derecho Público y Administrativo "Jesús González Pérez" Capítulo Ecuador, Ecuador 2005, pp. 273-294.

49 Véase Allan R. Brewer-Carías, *Constitución, Democracia y Control del Poder*, Editorial Jurídica Venezolana, Mérida-Caracas, 2004, pp. 93 ss.

50 Véase *Discurso de Orden pronunciado por el ciudadano Comandante Hugo Chávez Frías, Presidente Constitucional de la República Bolivariana de Venezuela en la conmemoración del Ducentésimo Segundo Aniversario del Juramento del Libertador Simón Bolívar en el Monte Sacro y el Tercer Aniversario del Referendo Aprobatorio de su mandato constitucional*, Sesión especial del día Miércoles 15 de agosto de 2007, Asamblea Nacional, División de Servicio y Atención legislativa, Sección de Edición, Caracas 2007, p. 34.

51 *Idem*, p. 32.

52 *Idem*, p. 35. Estos conceptos se recogen igualmente en la *Exposición de Motivos* para la Reforma Constitucional, Agosto 2007, donde se expresa la necesi-

conforme se formuló en la reforma propuesta para el artículo 136 de la Constitución, "*no nace del sufragio ni de elección alguna*, sino que nace de la condición de los grupos humanos organizados como base de la población."[53] Es decir, se pretendió establecer con la reforma constitucional, una "democracia" que no es democracia, pues en el mundo moderno no hay ni ha habido democracia sin elección de representantes.

Y fue precisamente con base en ello, que en la Constitución venezolana de 1999, al Estado se lo configuró como un Estado social y democrático de derecho y de justicia, (art. 2) montado sobre principios de democracia representativa y participativa, para garantizar, entre otros elementos, el funcionamiento de un gobierno basado en la elección de representantes, la alternabilidad republicana, la revocatoria de mandatos, y la participación ciudadana en la conducción del Estado (art. 6).

A tal efecto, en cuanto a la elección popular de los representantes, la Constitución organizó los Poderes del Estado conforme al principio de la separación de poderes, dividiendo el Poder Público no solo entre los tres Poderes públicos tradicionales (Ejecutivo, Legislativo y Judicial), sino entre cinco poderes, agregándose a los anteriores al Poder Electoral, con la autoridad electoral, y al Poder Ciudadano, con los órganos constitucionales de control; pero con la característica fundamental de que todos los titulares de todos esos poderes deben ser electos por votación popular, en forma directa o indirecta, conforme a los principios de la democracia representativa. Es decir, conforme a la Constitución, puede decirse que todos los titulares de todos los órganos de los poderes públicos deben ser electos popularmente en forma democrática y participativa.

La diferencia en la elección popular de los titulares de los órganos del Estado está en la forma de la misma, en el sentido de que en algunos casos la elección popular es directa por el pueblo mediante sufragio universal y secreto, es decir, en primer grado, como es el caso de la elección del Presidente de la República (art. 228) y de los diputados a la Asamblea Nacional (art.

---

dad de "ruptura del modelo capitalista burgués" (p. 1), de desmontar la superestructura que le da soporte a la producción capitalista" (p. 2); de "dejar atrás la democracia representativa para consolidad la democracia participativa y protagónica" (p. 2); de "crear un enfoque socialista nuevo" (p. 2) y "construir la vía venezolana al socialismo"(p. 3); de producir "el reordenamiento socialista de la geopolítica de la Nación" (p. 8); de la "construcción de un modelo de sociedad colectivista" y "el Estado sometido al poder popular" (p. 11); de "extender la revolución para que Venezuela sea una República socialista, bolivariana", y para "construir la vía venezolana al socialismo; construir el socialismo venezolano como único camino a la redención de nuestro pueblo" (p. 19).

53 Véase las citas de la propuesta y los comentarios en Allan R. Brewer-Carías, *Hacia la Consolidación de un Estado Socialista, Centralizado, Policial y Militarista. Comentarios sobre el sentido y alcance de las propuestas de reforma constitucional 2007*, Colección Textos Legislativos, N° 42, Editorial Jurídica Venezolana, Caracas 2007, pp. 22, 38, 45, 48, 52 y 61.

186); y en otros casos, la elección popular es indirecta, en segundo grado, mediante elección realizada en nombre del pueblo por sus representantes electos (diputados) que integran la Asamblea Nacional, como es el caso de los Magistrados del Tribunal Supremo de Justicia (art. 264, 265), del Contralor General de la República, del Fiscal General de la República y del Defensor del Pueblo (art. 279), y de los miembros del Consejo Nacional Electoral (art. 296).

Ello implica que en ambos casos, conforme a las previsiones constitucionales, todos los titulares de los órganos de los poderes públicos tienen origen representativo y tienen que ser electos popularmente, sea en forma directa o sea indirectamente, de manera que nadie que no sea electo directamente por el pueblo puede ejercer el cargo de Presidente de la República o de diputado a la Asamblea Nacional; y nadie que no sea electo indirectamente por el pueblo a través de una mayoría calificada de diputados a la Asamblea Nacional, puede ejercer los altos cargos en los Poderes Ciudadano, Electoral y Judicial.

En el segundo caso de elección popular indirecta, por tanto, solo la Asamblea Nacional actuando como cuerpo elector, puede designar a los titulares de los órganos de los Poderes Ciudadano, Electoral y Judicial, y ello exclusivamente por el voto de la mayoría calificada de las 2/3 partes de los diputados.

En Venezuela, sin embargo, todos esos principios fueron sucesivamente demolidos por el Juez Constitucional, sobre todo después que no pudieron ser cambiados mediante la Reforma Constitucional de 2007 que fue rechazada por el pueblo, mediante la cual se propuesto la eliminación de la democracia representativa y su sustitución por una llamada "democracia participativa" que "no nace del sufragio ni de elección alguna;" correspondiéndole entonces a la Sala Constitucional del Tribunal Supremo de Justicia el haber asumido el rol de agente para atentar contra la representatividad democrática a través de muchas sentencias, es decir, contra el derecho de los ciudadanos a elegir, el derecho a ser electo, y el derecho a ejercer los cargos de representación popular.

Pero en cuanto a la eliminación del sufragio y de la democracia representativa, como propuesta del régimen, luego de fracasada la reforma constitucional de 2007, la misma se concretó inconstitucionalmente mediante la aprobación en el mismo año 2007 de la Ley de los Consejos Comunales,[54] y

54 Véase en *Gaceta Oficial* N° 5.806 Extra. de 10-04-2006. Véase Allan R. Brewer-Carías, "El inicio de la desmunicipalización en Venezuela: La organización del Poder Popular para eliminar la descentralización, la democracia representativa y la participación a nivel local", en *AIDA, Opera Prima de Derecho Administrativo. Revista de la Asociación Internacional de Derecho Administrativo*, Universidad Nacional Autónoma de México, Facultad de Estudios Superiores de Acatlán, Coordinación de Postgrado, Instituto Internacional de Derecho Administrativo "Agustín Gordillo", Asociación Internacional de Derecho Administrativo, México, 2007, pp. 49 a 67.

en 2010, de las Orgánicas del Poder Popular, en particular, de la Ley Orgánica del Poder Popular, la Leyes Orgánicas de las Comunas,[55] y la reforma de la Ley Orgánica del Poder Público Municipal,[56] mediante las cuales se estableció el marco normativo de un nuevo Estado, *paralelo al Estado Constitucional*, desconstitucionalizándolo,[57] denominado "Estado Comunal" o del "Poder Popular."

Dicho Estado paralelo se estableció con la Comuna como a su célula fundamental, buscando suplantar inconstitucionalmente al Municipio en el carácter que tiene de "unidad política primaria de la organización nacional" (art. 168 de la Constitución), con la consecuente desmunicipalización del país. Es decir, con estas leyes orgánicas, se crearon inconstitucionalmente instancias políticas destinadas a vaciar de competencias a los órganos del Estado (la República, los Estados, los Municipios y demás entidades locales), asignándole funciones políticas, pero *sin asegurar su carácter electivo* mediante la elección de sus representantes a través de sufragio universal, directo y secreto; sin asegurar su autonomía política que solo puede derivar de la descentralización política; y sin garantizar su carácter pluralista, al

---

55 Véase en *Gaceta Oficial* N° 6.011 Extra. de 21 de diciembre de 2010. La Sala Constitucional mediante sentencia N° 1330 de 17 de diciembre de 2010 declaró la constitucionalidad del carácter orgánico de esta Ley. Véase en http://www.tsj.gov.ve/decisiones/scon/Diciembre/1330-171210-2010-10-1436.html. Véase en general sobre estas leyes, Allan R. Brewer-Carías, Claudia Nikken, Luis A. Herrera Orellana, Jesús María Alvarado Andrade, José Ignacio Hernández y Adriana Vigilanza, *Leyes Orgánicas sobre el Poder Popular y el Estado Comunal (Los consejos comunales, las comunas, la sociedad socialista y el sistema económico comunal),* Colección Textos Legislativos N° 50, Editorial Jurídica Venezolana, Caracas 2011; Allan R. Brewer-Carías, "La Ley Orgánica del Poder Popular y la desconstitucionalización del Estado de derecho en Venezuela," en *Revista de Derecho Público*, N° 124, Editorial Jurídica Venezolana, Caracas 2010, pp. 81-101.

56 Véase en *Gaceta Oficial* N° 6.015 Extra. de 28 de diciembre de 2010.

57 Véase en general sobre este proceso de desconstitucionalización del Estado, Allan R. Brewer-Carías, "La desconstitucionalización del Estado de derecho en Venezuela: del Estado Democrático y Social de derecho al Estado Comunal Socialista, sin reformar la Constitución," en *Libro Homenaje al profesor Alfredo Morles Hernández, Diversas Disciplinas Jurídicas,* (Coordinación y Compilación Astrid Uzcátegui Angulo y Julio Rodríguez Berrizbeitia), Universidad Católica Andrés Bello, Universidad de Los Andes, Universidad Monteávila, Universidad Central de Venezuela, Academia de Ciencias Políticas y Sociales, Vol. V, Caracas 2012, pp. 51-82; en Carlos Tablante y Mariela Morales Antonorzzi (Coord.), *Descentralización, autonomía e inclusión social. El desafío actual de la democracia*, Anuario 2010-2012, Observatorio Internacional para la democracia y descentralización, En Cambio, Caracas 2011, pp. 37-84; y en *Estado Constitucional,* Año 1, N° 2, Editorial Adrus, Lima, junio 2011, pp. 217-236.

disponer que no podían estar vinculados a otra ideología que no fuera el Socialismo.

En el centro de esas instancias, se crearon las Comunas, a través de las cuales ese Estado ejerce el Poder Popular, el cual se concreta en el ejercicio de la soberanía popular supuestamente sólo "directamente" por el pueblo, y no mediante representantes." Se trata, por tanto, de un sistema político estatal en el cual se ignoró la democracia representativa violándose así, abiertamente, la Constitución de la República, al establecerse que los "voceros" de los Consejos Comunales son solo "nombrados" a dedo para ejercer el Poder Popular "en nombre del pueblo," por el partido de gobierno y por instrucciones desde el Poder Central. Este sistema, si nos atenemos a las experiencias históricas precedentes, todas fracasadas, unas desaparecidas como el de la Unión Soviética, y otros en vías de degradación como el de Cuba,[58] no responde a otra idea que no sea la de un Estado Comunista, para el cual se adoptó al Socialismo como doctrina oficial pública, impuesta a los ciudadanos para poder participar, montado sobre un sistema político centralizado, militarista y policial para el ejercicio del poder.

Ese sistema, en todo caso, no puede calificarse como de "democracia participativa" como se ha pretendido hacer sin fundamento. Una verdadera democracia participativa solo puede tener lugar en un sistema político descentralizado políticamente,[59] que pueda garantizar por ejemplo, a los miembros de los Consejos Comunales, las comunas y todas las organizaciones e instancias del Poder Popular, el ser electas por sufragio universal, directo y secreto, y no a mano alzada por asambleas controladas por el partido oficial y por el Ejecutivo Nacional en contravención al modelo de Estado democrá-

58 La palabra "comunismo" incluso se llegó a proponer que fuera eliminada de la Constitución de Cuba. Véase el reportaje: "Cuba elimina el término "comunismo" de su nueva Constitución y abre la puerta a la propiedad privada." "Esto no quiere decir que renunciemos a nuestras ideas, sino que en nuestra visión pensamos en un país socialista, soberano, independiente, próspero y sostenible», argumentó esta semana el presidente de la Asamblea Nacional, Esteban Lazo." en *ABC Internacional*, 23 de julio de 2018, en https://www.abc.es/internacional/abci-cuba-elimina-termino-comunismo-nueva-constitucion-y-abre-puerta-propiedad-privada-201807220757_noticia.html

59 Véase por ejemplo, Allan R. Brewer-Carías, "Democracia participativa, descentralización política y régimen municipal", en Miguel Alejandro López Olvera y Luis Gerardo Rodríguez Lozano (Coordinadores), *Tendencias actuales del derecho público en Iberoamérica*, Editorial Porrúa, México 2006, pp. 1-23; Allan R. Brewer-Carías, "La descentralización del poder en el Estado democrático contemporáneo", en Antonio María Hernández (Director) José Manuel Belisle y Paulina Chiacchiera Castro (Coordinadores), *La descentralización del poder en el Estado Contemporáneo*, Asociación Argentina de derecho constitucional, Instituto Italiano de Cultura de Córdoba, Instituto de derecho constitucional y derecho público provincial y municipal Joaquín V. González, Facultad de Derecho y Ciencias Sociales, Universidad nacional de Córdoba, Córdoba Argentina, 2005, pp. 75-89.

tico y social de derecho y de justicia descentralizado establecido en la Constitución.

Es decir, la supuesta "democracia participativa" no ha sido más que una falacia, pues, en definitiva, en ese "edificio" del Estado Comunal, se le niega al pueblo el derecho de elegir libremente mediante sufragio universal, directo y secreto a quienes van a representarlo en todos esos ámbitos. Se trata más bien de un "edificio" de organizaciones para evitar que el pueblo realmente ejerza la soberanía e imponerle mediante férreo control central, políticas por las cuales nunca tendrá la ocasión de votar.

Por ello, dichas leyes Orgánicas del Poder Popular fueron impugnadas ante la sala Constitucional, al igual que la Ley de reforma de la Ley Orgánica del Poder Municipal de 2010. La Sala nunca siquiera admitió los recursos de nulidad, salvo el que se intentó respecto de la Ley Orgánica de los Consejos Comunales,[60] mediante la cual a los "voceros" de los Consejos Comunales se les asignó la función de designar a los miembros de las Juntas Parroquiales, las cuales, en consecuencia, fueron "degradadas," dejando de ser las "entidades locales" que son conforme a la Constitución, con gobiernos electos por sufragio universal directo y secreto; pasando a ser simples órganos "consultivos, de evaluación y articulación entre el Poder Popular y los órganos del Poder Público Municipal" (art. 35), cuyos miembros, además, los deben designar los voceros de los consejos comunales de la parroquia respectiva (art. 35), y sólo de entre aquellos avalados por la Asamblea de Ciudadanos "de su respectivo consejo comunal" (at. 36).[61]

Sin embargo, al resolver la impugnación, la Sala Constitucional del Tribunal Supremo, mediante sentencia No. 355 de 16 de mayo de 2017 (Caso: *impugnación de la Ley de reforma de la Ley Orgánica del Poder Público Municipal*),[62] simplemente y desconociendo el pilar de la democracia en Vene-

---

60 Véase en *Gaceta Oficial* N° 39.335 de 28 de diciembre de 2009. Véase Allan R. Brewer-Carías, *Ley Orgánica de Consejos Comunales,* Colección Textos Legislativos, N° 46, Editorial Jurídica Venezolana, Caracas 2010.

61 Adicionalmente, en forma evidentemente inconstitucional, la Ley de reforma del Poder Municipal de 2010, decretó la "cesación" en sus funciones de "los miembros principales y suplentes, así como los secretarios o secretarias, de las actuales juntas parroquiales, quedando las alcaldías responsables del manejo y destino del personal, así como de los bienes correspondientes" (Disposición Derogatoria Segunda.

62 Véase en http://historico.tsj.gob.ve/decisiones/scon/mayo/199013-355-16517-2017-11-0120.HTML. Véase los comentarios a esta sentencia en Emilio J. Urbina Mendoza, "Todas las asambleas son sufragios, y muchos sufragios también son asambleas. La confusión lógica de la sentencia 355/2017 de la Sala Constitucional del Tribunal Supremo de Justicia y la incompatibilidad entre los conceptos de sufragio y voto asambleario," y José Ignacio Hernández G., "Sala Constitucional convalida la desnaturalización del Municipio. Notas sobre la sentencia N° 355/2017 de 16 de mayo," en *Revista de Derecho Público,* N°

zuela, que es la democracia representativa, admitió la posibilidad de que los miembros de las Juntas Parroquiales fueran designados por los Consejos Comunales, en un proceso que ni siguiera es una elección de segundo grado, porque no hay elección de primer grado en la designación a mano alzada de los voceros de los consejos comunales.

Para pretender privilegiar la "participación sin sufragio" sobre la participación mediante el sufragio, la Sala Constitucional en la retórica "participativa" vacía que ha utilizado en muchas de sus decisiones, en esta sentencia N° 355 de 2017 afirmó que el "derecho general a participar en los procesos de decisión en las distintas áreas como la económica, social y cultural," supuestamente se ha establecido:

> "no limitándose a la designación de representantes a cargos públicos de representación popular, toda vez que lo que se plantea, en definitiva, es el protagonismo fundamental de las ciudadanas y ciudadanos, la participación como nuevo paradigma determinante del nuevo régimen constitucional, lo que implica una nueva concepción de desarrollo integral que asume la preeminencia de los valores humanos y privilegia la participación de la población en el proceso de desarrollo económico y social."

Y por ello, según la Sala, supuestamente la Ley Orgánica del Poder Público Municipal de 2010, "estableció los mecanismos de participación y protagonismo, que de manera articulada y soberana, se lleva adelante entre las asambleas de ciudadanos y los consejos comunales, para la elección de los miembros de las juntas parroquiales comunales, [...] a diferencia de la democracia representativa que consagraba la Constitución de 1961, el cual no entra en contradicción alguna con los mecanismos de participación electoral previstos en los artículos 62 y 63 de la Constitución;" como si en la Constitución de 1999 no estuviese prevista, como pilar del sistema político, precisamente la "democracia representativa."

No es que el derecho a la participación política previsto en el artículo 62 de la Constitución se limite a la participación mediante el sufragio conforme al artículo 63 del mismo texto constitucional; sino que tratándose de pretendidas entidades políticas territoriales como son los Consejos Comunales, la designación de sus autoridades no puede realizarse en otra forma que no sea mediante elección por sufragio universal directo y secreto; por lo que, contrario a lo resuelto por la Sala en la sentencia, el artículo 35 de la Ley Orgánica impugnada si estaba viciado de inconstitucionalidad, en lo que respecta a la designación (mal llamada "elección") de los miembros de las Juntas Parroquiales Comunales, lo que efectivamente sí quebrantaba el derecho constitucional al sufragio.

150-151 (enero-junio 2017), Editorial Jurídica Venezolana, Caracas 2017, pp. 107-116 y 349-352.

Por otra parte, en cuanto a las Comunas, las mismas están concebidas en la Ley Orgánica del Poder Popular como la "célula fundamental" del Estado Comunal (artículo 15.2) como el "espacio socialista que como entidad local es definida por la integración de comunidades vecinas," donde los ciudadanos, en el ejercicio del Poder Popular, ejercen el pleno derecho de la soberanía y desarrollan la participación protagónica mediante formas de autogobierno para la edificación del estado comunal, en el marco del Estado democrático y social de derecho y de justicia" (art. 1).

Esa calificación de las Comunas como "entidades locales" se hizo ignorando que conforme a la Constitución (arts. 169, 173), esa expresión de entidad local sólo se puede aplicar a las entidades políticas del Estado en las cuales necesariamente tiene que haber "gobiernos" integrados por representantes electos mediante sufragio universal, directo y secreto (arts. 63, 169), los cuales, además, tienen que ser "siempre democrático, participativo, electivo, descentralizado, alternativo, responsable, pluralista y de mandatos revocables" (art. 4). Conforme a la Constitución, por tanto, no puede haber "entidades locales" con gobiernos que no sean democráticos en los términos mencionados, y menos por "representantes" designados por otros órganos públicos.

Todo esto, sin embargo, fue ignorado por el Juez Constitucional, al resolver los recursos de inconstitucionalidad intentados por varios Municipios y representantes municipales contra la Ley Orgánica del Poder Público Municipal, mediante la antes mencionada sentencia de la Sala Constitucional No. 355 de 16 de mayo de 2017 (Caso: *impugnación de la Ley de reforma de la Ley Orgánica del Poder Público Municipal*),[63] considerando para justificar el vaciamiento de competencias previsto en las Leyes Orgánicas del Poder Popular, sobre todo hacia entidades que no tienen gobierno democrático representativo (hacia las cuales no puede hablarse de "descentralización" como lo hace la sentencia, y menos cuando están controladas por el poder central, como sucede con los Consejos Comunales); que las normas constitucionales en materia municipal "tiene como última finalidad su asignación en la población de aquellas materias sobre las cuales se encuentre en capacidad para llevar a cabo en atención al desarrollo de las capacidades del colectivo, debidamente organizado," lo que por lo visto, a juicio de la Sala, permitiría dejar al Municipio, al final, como una entelequia vacía, a pesar de su rango constitucional

63 Véase en http://historico.tsj.gob.ve/decisiones/scon/mayo/199013-355-16517-2017-11-0120.HTML . Véase los comentarios a esta sentencia en Emilio J. Urbina Mendoza, "Todas las asambleas son sufragios, y muchos sufragios también son asambleas. La confusión lógica de la sentencia 355/2017 de la Sala Constitucional del Tribunal Supremo de Justicia y la incompatibilidad entre los conceptos de sufragio y voto asambleario," y José Ignacio Hernández G., "Sala Constitucional convalida la desnaturalización del Municipio. Notas sobre la sentencia N° 355/2017 de 16 de mayo," en *Revista de Derecho Público*, No. 150-151 (enero-junio 2017), Editorial Jurídica Venezolana, Caracas 2017, pp. 107-116 y 349-352.

y su carácter de unidad política primaria y autónoma en la organización nacional.

Por lo demás, la Sala Constitucional en esa sentencia, pretendió fundamentar el vaciamiento de las competencias municipales y el desdibujamiento del carácter de unidad política primaria del Municipio en el principio de la participación, ignorando que para que esta se dé, como hemos explicado, es necesario que haya descentralización política y esta solo puede existir con entes territoriales autónomos democráticos y representativos. Pretender que hay participación ciudadana en agencias del Poder Central controladas por el partido de gobierno denominadas Consejos comunales, es una falacia inaceptable. Eso es movilización popular pero no participación política.

El anterior ha sido, en rasgos generales, el desarrollo del proceso de destrucción del Estado democrático de derecho, y de lo principios de la democracia representativa en el país, en lo cual insistí en los diversos estudios que conforman este libro, escritos a medida que dicho proceso se fue desarrollando a parir de 1999.

PRIMERA PARTE

DOS ESTUDIOS INICIALES EN DEFENSA DEL PRINCIPIO DEMOCRÁTICO REPRESENTATIVO

Luego del proceso constituyente de 1999, la idea de eliminar el concepto de democracia representativa y sustituirlo por el de "democracia participativa" estuvo en los primeros proyectos que se presentaron ante la Asamblea Nacional Constituyente, lo que me motivó a que, como miembro independiente de la Asamblea misma, redactara y enviara en septiembre de 1999 a las Comisiones respectivas de la misma, un estudio sobre *la regulación del principio democrático representativo y participativo,* en el cual tracé la evolución histórica del principio representativo en nuestro constitucionalismo, y la necesidad de mantenerlo en el texto constitucional. Lamentablemente, el calificativo de "representativo" del gobierno, contra toda la tradición constitucional, se eliminó de la norma constitucional, reemplazándoselo por el calificativo de "electivo" que no es lo mismo. Dicho estudio se publica en la Sección Primera de esta Primera Parte.

Posteriormente, ante ese "logro" de los seguidores de Chávez, cuando se comenzó a discutir la Carta Democrática Interamericana en el Continente, en cuanto a la definición de la democracia representativa que se hacía en el proyecto de la misma, el propio Presidente Hugo Chávez en la Tercera Cumbre de las Américas celebrada en Quebec del 20 al 22 de Abril de 2001, expresó su "reserva" respecto de dicha definición, negándose a firmar la declaración de los jefes de Estado, alegando que con ella lo que se buscaba era reforzar la "democracia representativa," proponiendo sustituirla por la expresión de "democracia participativa."[1] Coincidente con esa discusión,

1 Ello lo justificó el mismo Chávez, unos días después, en la conmemoración de los 180 años de la Batalla de Carabobo, el 25 de abril de ese mismo año 2001, al argumentar que "*Nuestra democracia, nuestro modelo democrático aquí contenido no es de democracia representativa* y nosotros tenemos un compromiso y un juramento de cumplir y hacer cumplir esta Constitución, todo eso se lo expliqué incluso en privado a muchos presidentes del continente y lo expliqué a nombre del país y del pueblo venezolano en las plenarias que hubo y en

estaba preparando el texto de la Conferencia Inaugural que dicté en la "XV Conferencia de la Asociación de Organismos Electorales de Centroamérica y del Caribe," en julio de 2001, sobre *la opción entre democracia y autoritarismo*, también centrada en la defensa del carácter representativo de la democracia, cuyo texto conforma la Sección Segunda de esta Primera Parte.

Sección Primera: PROPUESTA SOBRE LA REGULACIÓN DEL PRINCIPIO DEMOCRÁTICO REPRESENTATIVO Y PARTICIPATIVO EN EL PROYECTO DE CONSTITUCIÓN DE 1999 (Caracas 1999)*

El artículo 4° de la Constitución de 1961 establece lo siguiente:

> "Art. 4°. La soberanía reside en el pueblo, quien la ejerce, mediante el sufragio, por los órganos del Poder Público".

En el documento *Ideas fundamentales para la Constitución Bolivariana de la V República* presentado por el Presidente de la República a la consideración de la Asamblea Nacional Constituyente, el artículo equivalente a dicha norma está redactado así:

> "*Art.*-- La Soberanía reside intransferiblemente en el pueblo, quien la ejerce directamente de la manera cómo lo establece esta Constitución e indirectamente mediante los órganos del Poder Público".

Es de destacar que en esta propuesta no se hace referencia al sufragio, como principio de la democracia representativa, para la conformación de los órganos del Poder Público mediante los cuales, indirectamente, el pueblo puede ejercer la soberanía.

Por otra parte, en el documento de trabajo para el Proyecto de articulado formulado para el Título I de la Constitución por esa *Comisión Constitucional,* el equivalente del artículo 4 de la Constitución de 1961 se redactó así:

---

las reuniones de presidentes..." Véase las referencias en Euclides Quevedo, "Carta democrática y objeción de Hugo Chávez a la misma," en *aporrea.com*, 15/03/2017, en https://www.aporrea.org/actualidad/a242710.html.

* Texto de la comunicación que dirigí con fecha 7 de septiembre de 1999, al mes siguiente Al mes siguiente de la instalación de la Asamblea Nacional Constituyente, como miembro independiente electo de la misma a los Presidentes de la Comisión Constitucional y de la Comisión de Régimen político en la cual les formulé mis observaciones en torno a la redacción que en mi criterio debía tener la norma del nuevo Texto Constitucional que debía regularla *soberanía popular y su ejercicio,* en sustitución del artículo 4° de la Constitución de 1961. Publicado en Allan R. Brewer-Carías, *Debate Constituyente ((Aportes a la Asamblea Nacional Constituyente),* Tomo I (8 agosto- 8 septiembre), Fundación de Derecho Público, Editorial Jurídica Venezolana, Caracas 1999, pp. 183-199.

Art. *4:* La soberanía reside en el pueblo, quien la ejerce en forma de democracia directa o por medio de representantes en los términos que esta Constitución establece

Art. *5:* Los órganos del Poder Público emanan de la soberanía popular y están directamente sometidos a ella con fundamento en el principio de legalidad.

En esta redacción, sin embargo, tampoco se hace mención al sufragio, como forma de designación de los representantes, lo que constituye la esencia de la democracia representativa, y en cambio, la democracia se reduce conceptualmente a la democracia directa.

Ahora bien, el principio básico y fundamental del republicanismo, sin duda, es el que se encuentra en el artículo 4° de la Constitución de 1961, que consagra el principio democrático basado en la representación.

Sin duda, el mismo debe ser reformulado en la Nueva Constitución, pero no para eliminar o sustituir la democracia representativa por la democracia directa, lo cual es imposible en las sociedades democráticas modernas, sino para incorporar a la democracia representativa, precisamente, elementos de democracia participativa.

I. EL PRINCIPIO DE LA DEMOCRACIA REPRESENTATIVA EN NUESTRA HISTORIA REPUBLICANA

La democracia representativa, sin duda, es uno de "los valores y principios de nuestra historia republicana" que la Asamblea Nacional Constituyente debe respetar, como límite que le fue impuesto en la *Base octava de la Segunda pregunta del Referéndum* del 25 de abril de 1999.

El artículo 4° de la Constitución de 1961, que la consagra, tiene su antecedente inicial en los artículos 1° a 4° del Título I "Soberanía del Pueblo" de la *Declaración de los Derechos del Pueblo* adoptada por el Supremo Congreso de Venezuela, el 1° de julio de 1811, es decir, 4 días antes de la declaración de Independencia, con el siguiente texto:

"Art. *1°*. La soberanía reside en el pueblo; y, el ejercicio de ella en los ciudadanos con derecho a sufragio, por medio de sus apoderados legalmente constituidos".

"Art. *2°*. La soberanía es, por su naturaleza y esencia, imprescriptible, inenajenable e indivisible".

"Art. *3°*. Una parte de los ciudadanos con derecho a sufragio, no podrá ejercer la soberanía. Todos deben concurrir con su voto a la formación del Cuerpo que la ha de representar, porque todos tienen derecho a expresar su voluntad con entera libertad, único principio que hace legítima y legal la Constitución de su gobierno".

"*Art. 4°*. Todo individuo, corporación o ciudad que usurpe la soberanía, incurrirá en el delito de lesa Nación".

Posteriormente, a partir de la Constitución de 1811 el principio de la soberanía y la democracia representativa, se consagra en todas las Constituciones del país. En efecto, en la *Constitución de 1811,* en sus artículos 143 a 145 en la Sección "Soberanía del Pueblo" del Capítulo , relativo a los "Derechos del Hombre" se recogieron los mismos principios así:

> "*Art. 143*. Una sociedad de hombres reunidos bajo unas mismas leyes, costumbres y Gobierno forma una soberanía.
>
> *Art. 144*. La soberanía de un país, o supremo poder de reglar o dirigir equitativamente los intereses de la comunidad, reside, pues, esencial y originalmente en la masa general de sus habitantes y se ejercita por medio de apoderados o representantes de éstos, nombrados y establecidos conforme a la Constitución.

Con esta norma se inicia el Estado venezolano y la organización republicana de la sociedad, y de ella deriva la esencia de la democracia representativa: la soberanía reside en la masa general de los habitantes, en el pueblo, pero esa masa general o pueblo sólo puede actuar a través de sus representantes, que sólo pueden ser nombrados y establecidos conforme a la Constitución. Es decir, la organización republicana por la que optaron los fundadores del Estado Venezolano, fue la de una democracia representativa, de manera que el pueblo o la masa general de los habitantes de este territorio solo puede manifestar su soberanía a través de los representantes previstos y regulados en la Constitución. Precisamente por ello, el artículo 145 de la *Constitución de 1811* completaba el régimen del ejercicio de la soberanía del pueblo, precisando lo siguiente:

> "Art. *145*. Ningún individuo, ninguna familia, ninguna porción o reunión de ciudadanos, ninguna corporación particular, ningún pueblo, ciudad o partido puede atribuirse la soberanía de la sociedad, que es imprescindible, inenajenable e indivisible en su esencia y origen, ni persona alguna podrá ejercer cualquier función pública del gobierno si no la ha obtenido por la Constitución".

La *Constitución de Angostura de 1819* recogió los mismos principios y en el Título 5° sobre "Del Soberano y del Ejercicio de la Soberanía", así

> "*Art. 1°*. La soberanía de la nación reside en la universidad de los ciudadanos. Es imprescriptible e inseparable del pueblo
>
> *Art. 2°*. El pueblo de Venezuela no puede ejercer por sí otras atribuciones de la soberanía que la de las elecciones ni puede depositarla toda en unas solas manos. El poder soberano estará dividido para su ejercicio en legislativo, ejecutivo y judicial".

En este texto de 1819, en consecuencia, encontramos la misma precisión de la democracia representativa como sistema político, en el sentido de que el pueblo sólo puede ejercer su soberanía mediante representantes electos; agregándose otro principio esencial de nuestro constitucionalismo, que es el de la separación de poderes, en el sentido de que no se puede depositar la soberanía en unas solas manos, estando necesariamente dividido el poder soberano en tres órganos del Poder Público. Esto implica un rechazo constitucional a toda figura de una Asamblea que asuma la totalidad del Poder soberano y que no respete el principio de la separación orgánica del mismo, como garantía de la libertad.

Luego del interregno de la República de Colombia, al reconstituirse el Estado venezolano como Estado independiente y autónomo en la *Constitución de 1830,* se recogió el mismo principio antes señalado, así:

> "*Art. 3.* La soberanía reside esencialmente en la nación y no puede ejercerse sino por los poderes políticos que establece esta Constitución.
>
> *Art. 7.* El pueblo no ejercerá por si mismo otras atribuciones de la soberanía que la de las elecciones primarias ni depositará el ejercicio de ella en una sola persona.
>
> Art. *8.* El Poder Supremo se dividirá para su administración en Legislativo, Ejecutivo y Judicial. Cada Poder ejercerá las atribuciones que le señala esta Constitución, sin excederse de sus límites respectivos".

En esta forma, de nuevo, quedó precisado con absoluta claridad el principio democrático de la representatividad, en el sentido de que si bien la soberanía reside esencialmente en el pueblo, éste no puede ejercerla sino por los poderes políticos que establece la propia Constitución mediante elecciones

El texto de la Constitución de 1830, siguió el espíritu de la Constitución de la República de Colombia de 1821 y el de los textos de 1811 y 1819. En efecto, la *Constitución de la República de Colombia de 1821* dispuso, lo siguiente:

> "*Art. 2.* La soberanía reside esencialmente en la Nación. Los magistrados y oficiales del gobierno, investidos de cualquier especie de autoridad, son sus agentes o comisarios y responsables a ella de su conducta pública".
>
> Art. *10* . El pueblo no ejercerá por sí mismo otras atribuciones de la soberanía que la de las elecciones primarias; ni depositará el ejercicio de ella en unas solas manos. El Poder Supremo estará dividido para su administración en legislativo, ejecutivo y judicial".

Es decir, en todos estos textos constitucionales de 1811, 1819, 1821 y 1830, el principio de que la soberanía reside en el pueblo estaba consagrado conforme al principio de la democracia representativa, en el sentido de que el pueblo no puede ejercer la soberanía sino mediante elecciones y a través de los poderes públicos establecidos en la propia Constitución.

En consecuencia, el pueblo sólo puede actuar conforme a la Constitución, para elegir sus representantes, como titulares de órganos del poder supremo separados en Legislativo, Ejecutivo y Judicial con lo cual, además del principio constitucional de la representatividad, siempre se consagró el de la separación orgánica de poderes, y la proscripción de que el pueblo pueda llegar a depositar el ejercicio de la soberanía en una sola persona o institución.

En la *Constitución de 1857* se siguió la misma tradición constitucional, al establecerse que:

> "Art. *2*. La soberanía reside en la Nación y los Poderes que establece esta Constitución son delegaciones de aquella para asegurar el orden, la libertad y todos los derechos."

A tal efecto, el artículo 6 precisó que:

> *"Art. 6*. El Poder Público se divide para su administración en Legislativo, Ejecutivo, Judicial y Municipal. Cada uno de estos poderes ejercerá las atribuciones que le señalan la Constitución y las leyes, sin excederse de sus límites".

En la *Constitución de 1858,* los anteriores principios se recogieron en diversas normas así:

> "Art. *2*. La soberanía reside esencialmente en la Nación.
>
> Art. *7*. El gobierno de Venezuela es y será siempre republicano, popular, representativo, responsable y alternativo.
>
> Art. *8*. El pueblo ejerce la soberanía directamente en las elecciones e indirectamente por los poderes públicos que establece esta Constitución.
>
> *Art. 9*. El poder público se divide en Nacional y Municipal".

Estas disposiciones desaparecieron del texto constitucional a partir de la Constitución de 1864 y durante todo el período histórico correspondiente al Estado Federal (1864-1901), organizado como Estados Unidos de Venezuela, precisándose, sin embargo, el principio de que el gobierno de los Estados de la Federación debía organizarse conforme a los principios de gobierno popular, electivo, federal, representativo, alternativo y responsable. Así sucedió con los textos constitucionales de 1874, 1881, 1891 y 1893.

Los principios relativos a la soberanía del pueblo y su ejercicio, sin embargo, se retomaron en la historia constitucional a partir de la Constitución de 1901, que reformó sustancialmente el sistema político y la forma federal del Estado, con la cual se dio inicio al período histórico del Estado centralizado autocrático (1901-1945).

En efecto, en la *Constitución de 1901* se establecieron las siguientes normas:

"*Art. 21*. La soberanía reside esencialmente en el pueblo, quien la ejerce por medio de los Poderes Públicos para garantía de la libertad y del orden.

Art. 22. El pueblo no gobierna sino por medio de sus mandatarios o autoridades establecidas por la Constitución y las leyes.

Art. 26. El gobierno de la Unión es y será siempre republicano, democrático, electivo, federal, representativo, alternativo y responsable.

Art. 27. El ejercicio de la soberanía se confiere por el voto de los ciudadanos o de las corporaciones que tienen la facultad de elegir los Poderes Públicos, al tenor de esta Constitución, sin que sea potestativo a ninguno de estos Poderes arrogarse la plenitud de la soberanía.

Art. 29. El Poder Público se distribuye entre el Poder Federal y el Poder de los Estados, en los límites establecidos en esta Constitución".

De estas normas resulta el restablecimiento expreso de los principios centrales del constitucionalismo del primero de los períodos histórico políticos de la República, que derivan del sistema democrático representativo y del ejercicio de la soberanía por el pueblo exclusivamente mediante la elección de representantes que integran los órganos del Poder Público, que debe estar separado para garantizar la libertad y el orden, y con la proscripción a cualquiera de los Poderes de arrogarse la plenitud de la soberanía.

En términos generales, estos principios que se restablecieron en el texto constitucional de 1901, se repitieron con sólo variaciones de forma, en las *Constituciones de 1904, 1909, 1914, 1922, 1925, 1928, 1929 y 1931*. En la *Constitución de 1936* se varió la redacción de la norma central antes indicada, señalándose lo siguiente:

> "*Art. 40*. La soberanía reside en el pueblo, quien la ejerce por medio de los Poderes Públicos. Toda fuerza o reunión armada de personas que se atribuya los derechos del pueblo y peticione así, comete delito de sedición o rebeldía contra los Poderes Públicos y serán castigados conforme a las leyes".

Este artículo se repitió en la *Constitución de 1945,* con la cual concluyó el período histórico constitucional del Estado autocrático centralizado.

Un nuevo cambio político se produjo a partir de la Revolución de Octubre de 1945 y de la *Constitución de 1947,* la cual, sobre la materia, sentó los principios que hoy nos rigen en el mismo sentido que los precedentes. Así, en el texto de 1947 se dispuso lo siguiente:

> "*Art. 79*. La soberanía reside en el pueblo, quien la ejerce mediante el sufragio y por órgano de los Poderes Públicos."

Esta norma tuvo idéntica redacción en la *Constitución de 1953* (art. 38) con la variante de que en lugar de decir en la frase final "por órgano de los Poderes Públicos" dice "por órgano del Poder Público", el cual, el artículo 40 de dicho texto, "distribuyó entre el Poder Municipal, el de los Estados y el Nacional". En todo caso, es la misma norma que está en el artículo 4° de la Constitución vigente, con la variante de que la última frase reza "por los órganos del Poder Público".

En consecuencia, el artículo 4° de la *Constitución de 1961*, como lo dice la Exposición de Motivos, es el principio básico del sistema democrático adoptado en toda nuestra historia republicana, que es la democracia representativa, la cual exige que la soberanía, que sin duda reside en el pueblo, sólo puede ejercerse mediante el sufragio, es decir, el derecho a votar y a ser electo que regulan los artículos 110 a 112, y por los órganos del Poder Público que de acuerdo a la Constitución son los órganos del Poder Nacional (que se regulan en los artículos 138 y siguientes); del Poder de los Estados (Poder Estadal) que se regulan en los artículos 19 y siguientes; y del Poder Municipal, que se regula en el artículo 26 del Texto Fundamental y en la Ley Orgánica de Régimen Municipal. (Sobre lo anterior, Véase Allan R. Brewer-Carías, *Asamblea Constituyente y Ordenamiento Constitucional,* Caracas 1999, págs. 184-190).

De la trayectoria histórica de la regulación de la democracia representativa en Venezuela, resulta por tanto que la médula de dicho principio, desde el propio nacimiento de la República en 1811, es que la soberanía reside en el pueblo quien la ejerce mediante el sufragio por órgano de representantes electos. Es decir, *republicanismo, democracia representativa* y *elecciones libres* son los principios esenciales de nuestra historia republicana que debe respetar la Asamblea Nacional Constituyente en la conformación del nuevo pacto político que debe formularse, en una Constituyente electa en democracia para, precisamente, perfeccionar la democracia. Sería un fraude constitucional que hayamos elegido una Asamblea Constituyente en democracia, que buscara o propugnara acabar con la democracia y con los principios del republicanismo representativo, y establecer cualquier sistema de gobierno autoritario o autocrático.

Por tanto, el principio fundamental que limita las labores de la Asamblea Nacional Constituyente es el de la democracia representativa, es decir, que la soberanía popular tiene que ejercerse, mediante elecciones, por representantes del pueblo.

Ello implica que nadie, pero nadie, puede atribuirse la representación del pueblo y que, además, el mismo pueblo no puede ejercer directamente la soberanía, sino a través de representantes, o mediante los mecanismos de democracia directa que se regulen.

El principio del gobierno republicano de democracia representativa, en consecuencia, tiene que ser respetado y resguardado por la Asamblea Nacional Constituyente, por ser un imperativo derivado de la voluntad popular manifestada en el *Referéndum Consultivo* del 25 de abril de 1999. Se consultó al pueblo sobre las bases para la elección de la Asamblea Nacional Constituyente y el pueblo, en ejercicio de su derecho de participación, decidió como Poder Constituyente Originario que la Asamblea tiene como límite los principios y valores de nuestra historia republicana, es decir, entre otros, el de que la soberanía popular se ejerce mediante la elección de representantes del pueblo.

Pretender sustituir el principio republicano de democracia representativa por una supuesta democracia directa, podría significar, en definitiva, centralizar y concentrar el poder, autocráticamente, lo cual sería esencialmente antidemocrático.

La democracia, ciertamente, tiene que ser más participativa y más representativa, lo cual exige entre otros factores distribuir territorialmente, pero efectivamente, el Poder, de manera que esté cerca de los ciudadanos. Pero en todo caso, ese poder en el cual debe participarse, sólo puede ejercerse mediante representación, por funcionarios electos. (Sobre lo anterior véase Allan R. Brewer-Carías, *Poder Constituyente Originario y Asamblea Nacional Constituyente,* Caracas 1991, págs. 287-288).

II. LA NECESIDAD DE PERFECCIONAR LA DEMOCRACIA Y HACERLA MÁS PARTICIPATIVA

En todo caso, del análisis de nuestra historia republicana resulta que el primer y más importante tema de la Agenda Constituyente, es el del régimen político democrático, que exige su perfeccionamiento para hacerlo más representativo y más participativo.

La democracia comenzó efectivamente en la historia del constitucionalismo moderno, con motivo de las Revoluciones Norteamericana (1776) y Francesa (1789), cuando la soberanía, como supremo poder de decisión en una sociedad determinada, pasó de ser el poder de un Monarca absoluto, sin límites, de la cual era titular por la gracia de Dios, y comenzó a ser el poder del pueblo, ejercido mediante representantes. Por ello, durante más de 200 años, el constitucionalismo moderno ha estado signado por el principio de la democracia representativa, es decir, que residiendo la soberanía en el pueblo, éste la ejerce mediante representantes electos.

En efecto, si el pueblo es el titular de la soberanía, en democracia éste sólo puede ejercerla directamente o a través de representantes; de allí la distinción que usualmente se hace entre democracia directa y democracia representativa.

La primera, la democracia directa, en la cual el pueblo supuestamente ejercería directamente su poder en Asambleas, sin intermediación de representantes, es imposible en sociedades complejas. También, incluso, en los propios ejemplos históricos que nos han llegado respecto de su existencia, en las ciudades griegas, por ejemplo, confirman su imposibilidad, pues incluso en dichas Ciudades-Estado, el gobierno se ejercía mediante representantes, que eran Magistrados quienes aún cuando no eran electos, si eran designados *por sorteo* en las Asambleas. Por tanto, la democracia directa ni ha existido ni puede existir en el mundo contemporáneo, y es un engaño pretender formularla como solución alternativa frente a la democracia representativa, la cual, lejos de desaparecer lo que debemos hacer es corregirla.

En efecto, la democracia representativa, en la cual el pueblo ejerce el gobierno indirectamente a través de representantes que elige con toda libertad e igualdad, es la única forma posible de operatividad de la democracia, como gobierno del pueblo. Sus defectos, vicios, problemas o deformaciones, lo que tienen que provocar es lograr su perfeccionamiento y transformación para hacerla más representativa del pueblo y para permitir que este pueda participar más y efectivamente en los asuntos públicos. Pretender sustituirla por una supuesta democracia directa, simplemente es un engaño, una ilusión; lo que tenemos es que hacerla más representativa, y no sólo representativa de los partidos políticos como la hemos conocido en las últimas décadas.

No olvidemos que la democracia representativa que se ha desarrollado en nuestro país en los últimos años, por el sistema político de *Estado Centralizado de Partidos* que se estableció a partir de 1958, ha sido una democracia de exclusiva representación de partidos, es decir, una Partidocracia o democracia de partidos y no del pueblo, en la cual sólo los partidos políticos participaban. Conforme a ese sistema, los partidos políticos asumieron el total monopolio de la representatividad y de la participación, confiscando la representación y participación populares.

Es ese sistema el que está en crisis, no la democracia en sí misma, la cual tenemos que perfeccionar, haciéndola precisamente más representativa y más participativa.

Una democracia más representativa implica organizar el poder de manera que estando más cerca de los ciudadanos, éstos directamente o a través de sociedades intermedias, y no sólo de los partidos políticos, puedan encontrar representación en los cuerpos representativos. Para ello tiene que diseñarse un nuevo sistema electoral, más uninominal y personalizado, pues el sistema de representación proporcional de las minorías que durante tantas décadas hemos aplicado en el país, sólo conduce a la exclusiva representatividad de los partidos políticos.

Por otra parte, igualmente, más participación en democracia, sólo es posible acercando el poder al ciudadano, es decir, distribuyendo el Poder Público en el territorio, de manera que en cada comunidad y localidad territorial exista una forma de gobierno, en la cual se pueda participar políticamente.

En definitiva, no se trata de sustituir la democracia representativa por una supuesta e ilusoria democracia directa, que es de imposible existencia, sino de sustituir el sistema político de *Estado Centralizado de Partidos* por un sistema de *Estado Descentralizado y Participativo*. En el primero, por el centralismo del poder, sólo los partidos políticos han obtenido representación y sólo a través de ellos es que se ha podido participar; al contrario, en un sistema político de *Estado Descentralizado y Participativo,* los partidos políticos centralizados pierden el monopolio de la representación, abriéndose nuevos canales de participación.

Incluso, la descentralización del Poder debe conducir a la descentralización de los propios partidos políticos y la erosión del principio organizativo del centralismo democrático, tan nocivo para la propia democracia.

Por supuesto, una democracia más participativa y más representativa como la que se puede lograr con un *Estado Descentralizado y Participativo,* podría tener el rechazo de los partidos políticos, tanto tradicionales como de los nuevos que siguen la misma forma organizativa interna, y que se resisten a perder poder o a renunciar a monopolizarlo.

En todo caso, cuando se habla de democracia participativa o de democracia directa, por supuesto que no se está planteando ni puede plantearse la sustitución o reemplazo total del régimen representativo por un sistema de gobierno donde todas las decisiones sean tomadas directamente por los ciudadanos, sin que exista ningún tipo de representantes electos, lo cual simplemente es imposible.

Un Estado no puede funcionar con base en decisiones adoptadas en Asambleas públicas y populares, o mediante *referendos.* Todos los instrumentos propios de la democracia participativa, por tanto, constituyen, en realidad, un complemento de los gobiernos representativos o indirectos que caracterizan las democracias modernas.

En consecuencia, todas las propuestas relativas a la democracia participativa o directa, son mecanismos de perfeccionamiento de la democracia representativa, que no se sustituye, mediante la introducción de instrumentos de mayor control del pueblo sobre las decisiones políticas.

Entre los instrumentos de democracia participativa se destacan, en *primer lugar,* las iniciativas populares, planteadas directamente con el respaldo de un número determinado de electores, o mediante un *Referéndum Consultivo* y que en todo caso originan iniciativas políticas adoptadas desde fuera de la clase política.

En *segundo lugar,* se destacan los *referendos autorizatorios o aprobatorios*, que sujetan a la voluntad popular la adopción por el gobierno o el Congreso de una decisión política de importancia, incluyendo la promulgación de leyes. También se destacan los *referendos revocatorios,* que permiten al pueblo tomar una decisión contraria a la adoptada por uno de los órganos del Estado o de terminación del mandato de los titulares de dichos órganos.

Con todos estos instrumentos de participación política o de democracia directa, se perfecciona el régimen democrático pues se permite al pueblo reaccionar directamente contra o en relación a las decisiones políticas que adopten los representantes, incluso con resultados contrarios a las mismas, dado que estos con frecuencia tienen intereses, incluso partidistas, distintos a los de los ciudadanos. Los *referendos* son así mecanismos de control directo de los ciudadanos en relación a sus representantes políticos.

La previsión de los *referendos,* por ello, perfecciona la democracia pues la hacen más viva y participativa, dada la discusión que en general se desarrolla sobre los temas sometidos a consulta. El ciudadano, con ellos, comienza a sentir que participa y que su voto cuenta.

Pero para que los *referendos* puedan efectivamente servir de instrumentos para perfeccionar la democracia, el Poder Público tiene que estar efectivamente descentralizado. No es por azar que en los países donde estos mecanismos de democracia directa se han desarrollado mayormente, están organizados políticamente como Estados Federales. Es el caso de Suiza, donde los *referendos* tienen la mayor tradición en el mundo moderno, desarrollándose tanto a nivel cantonal como a nivel nacional, en relación a decisiones de la exclusiva competencia de ambos niveles territoriales de gobierno. En los Estados Unidos de Norteamérica, los *referendos* son bastante comunes en aproximadamente la mitad de los Estados de la Unión, sobre asuntos de la competencia de los mismos, no existiendo, sin embargo, la figura a nivel nacional.

En todo caso, la iniciativa popular y los referendos, para que sean efectivos mecanismos para hacer de la democracia un régimen más Participativo, exigen un sistema de distribución territorial o vertical del Poder Público, con autonomías político-territoriales y competencias propias sobre las cuales se pueda consultar a la ciudadanía.

Pero la sola previsión de *referendos* para la toma de decisiones nacionales no hace de la democracia la forma de vida que queremos, que permita la participación directa y efectiva del ciudadano en la toma de decisiones políticas. Ello, en verdad, sólo puede dar frutos a nivel local (Municipal) o a nivel de los Estados en una Federación como la nuestra. Incluso a nivel local, si se distribuye efectivamente el Poder Público y se lo acerca al ciudadano con un *Nuevo Municipalismo,* los propios Cabildos Abiertos serían instrumentos efectivos para la participación ciudadana en la toma de ciertas decisiones locales.

En todo caso, en la nueva Constitución debe consagrarse el derecho ciudadano a la participación en los asuntos públicos, tanto directamente como por medio de representantes electos, regulándose expresamente así, a la democracia, como participativa y representativa. (Sobre lo anterior, véase Allan R. Brewer-Carías, *Poder Constituyente Originario y Asamblea Nacional Constituyente,* Caracas 1999, págs. 284 a 286 y 294 a 296).

III. PROPUESTA PARA LA REGULACIÓN DEL PRINCIPIO DEMOCRÁTICO, REPRESENTATIVO Y PARTICIPATIVO PARA EL EJERCICIO DE LA SOBERANÍA POPULAR

De todo lo anteriormente expuesto, resulta indispensable regular en la Nueva Constitución, equilibradamente, la democracia representativa con la democracia participativa, sustituyendo el actual artículo 4° de la Constitución por una norma que podría tener el siguiente texto:

"*Art._--.* La soberanía reside en el pueblo, quien la ejerce directamente en la forma prevista en la Constitución y en las leyes, e indirectamente mediante el sufragio por los órganos del Poder Público".

Esta redacción es la propuesta en el documento *Bases para la Constitución Ciudadana. Un nuevo proyecto de país el III milenio* elaborado por los Constituyentes Carlos Tablante y Ricardo Combellas (pág. 3).

En su redacción, se aproxima este texto el contenido en el artículo 4º del *Proyecto de Constitución* presentado a la Asamblea por el *Polo Patriótico*, aún cuando este es mucho más restrictivo al reducir los mecanismos de democracia directa al *Referéndum,* que es sólo una de sus modalidades, y que tiene la siguiente redacción:

"*Art. 4º.* La soberanía radica exclusivamente en el pueblo, quien la ejerce mediante el sufragio y por *Referéndum* en sus distintas modalidades".

Con la esperanza de que las anteriores consideraciones sean de utilidad para el trabajo de las Comisiones que Uds. presiden, me suscribo de Uds., con el ruego de que hagan llegar a los miembros de sus Comisiones copia del presente documento.

Sección Segunda: LA OPCIÓN ENTRE DEMOCRACIA Y AUTORITARISMO (La Romana, 2001)*

El más importante y esencial de los debates políticos que seguimos teniendo los latinoamericanos en estos comienzos del siglo XXI, no es otro que el de la democracia, es decir, confrontar criterios sobre qué es lo que debemos hacer para perfeccionar y profundizar la democracia y asegurar su efectiva gobernabilidad; pues, sin duda, hay muchos que plantean que hay que sustituirla por un régimen político autoritario, militarista e impositivo, fundamentado en la centralización y la concentración del Poder.

En definitiva, es el debate de siempre, que origina la opción entre democracia y autoritarismo, el cual no puede tener otro resultado que no sea el de diseñar un sistema político que asegure que nuestras democracias, en las próximas décadas, sean más participativas y más representativas.

Y no basta, para que una democracia sea tal, que sólo se cumplan los requisitos que enumera el artículo 3 del Proyecto de Resolución sobre la Carta Democrática Interamericana, adoptado por la Asamblea Nacional de la OEA celebrada en San José de Costa Rica el 5 de junio de 2001, y que dice:

---

* Texto de la Conferencia Inaugural dictada en la *XV Conferencia de la Asociación de Organismos Electorales de Centroamérica y del Caribe*, Centro de Asesoría y Promoción Electoral (CAPEL), Instituto Interamericano de Derechos Humanos, La Romana, República Dominicana, 27 de julio de 2001. Fue publicado en el libro *Reflexiones sobre el constitucionalismo en América*, Caracas 2001, pp. 41-60.

Artículo 3: Son elementos esenciales de la *democracia representativa* la celebración de elecciones libres y justas como expresión de la soberanía popular, el acceso al poder por medios constitucionales; el régimen plural de partidos y organizaciones políticas, y el respeto a los derechos humanos y libertades fundamentales.

Recientemente, un Embajador de Venezuela, glosando -sin decirlo ni citarlo- esa norma del Proyecto de Carta Democrática Interamericana, en un artículo periodístico publicado dos semanas después de la celebración de la Asamblea General de la OEA, con el título "¿Autoritarismo en Venezuela?," hizo referencia a la situación de Venezuela, afirmando –tratando de evidenciar la supuesta insuficiencia del texto del Proyecto de Carta Democrática Interamericana–, que supuestamente en el país y basado en la idea de la "democracia participativa" se estaba "experimentamos un verdadero proceso democrático que es, en esencia, antiautoritario".[2]

Aparte de que esto no se lo cree casi nadie, la verdad es que en su análisis al Embajador se le olvidó mencionar o tener en cuenta para identificar un verdadero régimen democrático, como también quedó olvidado en el Proyecto de Carta Democrática Interamericana, lo que consideramos que es lo más importante para que, incluso, los otros factores por él mencionados puedan ser efectivos. Ese factor no es otro que el orden institucional que debe existir, en toda democracia, para controlar y limitar el poder.[*]

Y es que, en efecto, sin control institucional no hay democracia: sólo controlando al Poder es que podría haber elecciones libres y justas; sólo controlando al Poder es que podría haber efectivo respeto a la Constitución;

---

2 Jorge Valero, Embajador ante la OEA, *El Nacional*, Caracas 16-7-01, p. A-5.

* Precisamente por ello, en el texto definitivo del artículo 3 de la Carta Democrática Interamericana, no solo se mantuvo el concepto de *democracia representativa*, sino que se agregó a sus elementos esenciales, entre otros, el principio de la "separación de poderes." Dicho artículo en efecto, quedó aprobado con el siguiente texto: "*Artículo 3. Son elementos esenciales de la democracia representativa, entre otros, el respeto a los derechos humanos y las libertades fundamentales; el acceso al poder y su ejercicio con sujeción al estado de derecho; la celebración de elecciones periódicas, libres, justas y basadas en el sufragio universal y secreto como expresión de la soberanía del pueblo; el régimen plural de partidos y organizaciones políticas; y la separación e independencia de los poderes públicos*." Debo mencionar que después de la conferencia que di en la *XV Conferencia de la Asociación de Organismos Electorales de Centroamérica y del Caribe* en La Romana en julio de 2001, tuve oportunidad de intercambiar ideas con Alberto Borea, asesor entonces del Presidente Valentín Paniagua del Perú, con quien luego ambos nos entrevistamos en Lima. De esas reuniones, y entiendo que por iniciativa del Presidente Paniagua, se incorporó al texto de la Carta aprobada en la reunión de Lima de la OEA, de setiembre de ese mismo año 2001, el principio de la "separación de poderes" como uno de los elementos esenciales de la democracia.

sólo controlando al Poder es que podría haber pluralismo; y sólo controlando al Poder es que podría haber garantía de respeto a los derechos humanos.

Es falso, por tanto, que para que haya democracia basta que existan sólo los factores mencionados por el referido Embajador, pues como hemos dicho, la democracia es, ante todo, un sistema institucional para controlar el ejercicio del poder político; lo que implica, ineludiblemente, su distribución o separación. Por tanto, demasiada concentración del Poder, si no hay controles efectivos sobre los gobernantes, y peor aún, si estos tienen o creen tener apoyo popular, conduce al autoritarismo y, en definitiva, a la tiranía.

No olvidemos que la historia de la humanidad durante el siglo pasado, nos muestra, precisamente, a tiranos que usaron el voto de la mayoría para acceder al poder y desde allí aplicaron el autoritarismo para acabar con la democracia y todos sus elementos, comenzando por los derechos humanos.

I. PROBLEMAS DE LAS DEMOCRACIAS LATINOAMERICANAS

Me imagino que muchos de Uds. pensarán, como yo, que parece mentira que hoy, cincuenta años después del derrumbe de los sistemas fascistas, basados en concepciones holísticas o totalitarias del poder, nuestras reflexiones tengan que estar marcadas por el mismo dilema y el mismo debate entre democracia y autoritarismo. Pero no hay mas remedio, tenemos que hacerlas, pues en nuestra América Latina se están oyendo demasiados cantos de sirena autoritarios, que cada vez con más fuerza están emanando de ciertos neo críticos de la democracia, que pretenden basarse en un supuesto apoyo popular para, precisamente, acabar con la democracia.

Enfrentar este dilema, que es el de siempre, sin embargo, exige ante todo, que estemos conscientes de la crisis de gobernabilidad que presentan buena parte de las democracias en nuestros países, y que están afectando sus cimientos. ¿Qué pasa con nuestras democracias que son menos democratizadas que las de otros países más desarrollados del mundo universal, a pesar de tener factores aparentemente comunes?.

Una característica general de muchas de nuestras democracias, es que en ellas, los partidos políticos organizados conforme al principio del centralismo democrático, con demasiada frecuencia han asumido y ejercido el monopolio de la participación y de la representatividad políticas, cerrando el espacio para la emergencia de distintos y nuevos liderazgos fuera de los propios partidos. En esa forma, en muchos casos, sólo se ha podido participar a través de los partidos, y éstos solos, han sido los que han obtenido representación en los cuerpos representativos, donde muchas veces se sigue eligiendo a ciegas a los candidatos de los partidos, que han terminado sustituyendo al pueblo. Los sistemas electorales, con gran frecuencia se han diseñado para ello, y no para hacer realidad una auténtica democracia representativa.

Este es un problema que tenemos que superar desesperadamente, para que no se siga tratando de desprestigiar a la misma democracia representativa.

Pero a la democracia de partidos o partidocracia, se ha agregado el centralismo político del Estado y del gobierno, que en muchos casos ha concentrado todo o casi todo el poder en el nivel nacional, vaciando políticamente de poder a las provincias y localidades. Adicionalmente, en muchos casos, el poder se ha concentrado en el órgano ejecutivo del Estado, reforzándose al presidencialismo o a los propios partidos que controlan los demás órganos estatales; y lo cierto es que la mezcla de centralización del Poder del Estado y de los partidos políticos, es lo más antidemocrático que puede existir en los sistemas políticos. Así como no hay ni ha habido jamás autocracias descentralizadas, tampoco una democracia puede funcionar, en el largo plazo, en un sistema de Poder centralizado.

En el corto plazo, sin embargo, sobre todo durante los procesos de transición democrática que hemos tenido en nuestros países, puede decirse que el sistema ha funcionado pues los proyectos políticos que los motivaron se han logrado y los países se democratizaron progresivamente.

Pero después, en gran parte, la incomprensión del liderazgo partidista respecto de la propia realización del proyecto democratizador, -que ha comenzado en muchos países a exigir la apertura de la misma democracia, para permitir nuevas formas de participación y de representatividad políticas-, en muchos casos ha conducido al deterioro del sistema y a su crisis.

Todo esto lo hemos presenciado en muchos países durante los últimos lustros, con el consiguiente desprestigio y desmoronamiento de los partidos que todo lo han controlado y monopolizado; y, adicionalmente, el desprestigio de la propia democracia, lo que ha sido aprovechado por los autoritarismos emergentes que, precisamente, pretenden asentarse sobre la crítica al funcionamiento de la democracia. De todo ello ha surgido un vacío de liderazgo, muchas veces copado por pseudo demócratas autoritarios que han aparecido, y lo más grave aún, con apoyo popular y militar, como pasó en el Perú en la última década y como está pasando en Venezuela. Todo ello, ciertamente, es para que todos los demócratas nos preocupemos, y mucho.

Lo importante, en todo caso, es no confundir a la democracia como régimen político, con el sistema de centralismo de Estado y de partidos y de concentración del Poder Público, que ha estado conspirando contra la propia democracia. Es ese sistema el que puede estar en crisis, pero no la democracia misma; es el sistema político el que tenemos que buscar cambiar para, precisamente, perfeccionar y profundizar la democracia, pero no para acabar con ella. Y en democracia ello sólo se puede lograr estableciendo un sistema de control institucional del Poder, una de cuyas piezas esenciales es la descentralización y la participación política.

Precisamente por ello, este es el dilema que tenemos por delante. No hay otra alternativa, ni términos medios. No hay regímenes políticos medio democráticos o medio autoritarios; o lo son o no lo son.

Es decir, en este campo, insisto, no hay otra opción: o democracia o autoritarismo. La primera exige controlar el Poder y, en particular, distribuirlo territorialmente para que haya más participación; la segunda, necesariamente conduce a la concentración y centralización del poder, lo que es incompatible con la democracia. Y lamentablemente, a esto último es que ha apuntado el discurso que pretende establecer una supuesta legitimidad para gobernar derivada de la sola relación entre un líder y el pueblo e, incluso, el ejército, basada en la simple popularidad.

Por otra parte, tenemos que estar conscientes de que la crisis de la democracia que nos está afectando en muchos países latinoamericanos, muchas veces ha tenido su origen en la incomprensión del liderazgo partidista, que todo lo ha controlado, en introducir a tiempo las reformas necesarias para permitir la evolución de la misma, sin traumas, rupturas o quiebras del régimen constitucional.

No hay que llegar a la incomprensión que tuvieron los partidos políticos en Venezuela en reformar a tiempo el sistema político, lo que condujo, en definitiva, a la producción de un golpe de Estado por una Asamblea Nacional Constituyente, que si bien fue electa, no tenía poder legítimo alguno para violar la Constitución, como lo hizo.

Por eso, las reformas que muchas veces hay que hacer, deben realizarse precisamente a tiempo, no después, cuando sea demasiado tarde, y para ello, en todo caso, hay que comenzar por identificar el precio que hay que pagar por asegurar la continuidad del régimen constitucional democrático, y que no es otro, invariablemente, que la pérdida de áreas de poder que en general los partidos han controlado férreamente.

II. LA DESCENTRALIZACIÓN POLÍTICA PARA HACER LA DEMOCRACIA MÁS REPRESENTATIVA Y PARTICIPATIVA

Por ello, el perfeccionamiento y profundización de la democracia tiene que apuntar al diseño de un sistema político que necesariamente tiene que estar montado sobre la *descentralización del poder del Estado,* para acercarlo al ciudadano, con nuevas formas de representatividad y de participación políticas.

En América Latina no podemos seguir con un sistema centralizado de Estado de Partidos, sólo cambiando unos partidos por otros. No se trata de sustituir partidos políticos tradicionales por nuevos partidos que sigan las mismas tácticas exclusivistas y exclusionistas. Ello es lo que atenta contra la democracia que, al contrario, para sobrevivir, requiere precisamente deslastrarse del férreo control tanto de los viejos como de los nuevos partidos.

Más democracia implica, invariablemente, abandonar la autocracia partidista, que tantos de nuestros países tienen; agravada en muchos casos por la aparición de supuestos nuevos partidos más débiles que los tradicionales, y que a veces ni siquiera tienen ideología y conducción propias, sino que aparecen sujetos a un jefe, obedeciendo ciegamente lo que diga o imponga.

En todo caso, para captar la esencia del régimen democrático no olvidemos que ninguna sociedad democrática occidental consolidada después de la II Guerra Mundial, ha sobrevivido como democracia sin haber descentralizado el Poder como mecanismo institucional para su efectivo control. Por ello, sin duda, puede decirse que la descentralización política es un fenómeno de las democracias, consecuencia de la democratización y condición para su sobrevivencia.

En consecuencia, en nuestro criterio, el debate contemporáneo en nuestros países por más democracia, tiene que centrarse en el rescate del proceso de descentralización política. Perfeccionar la democracia exige hacerla más participativa y más representativa, para lo cual la única vía posible que existe es acercando el Poder al ciudadano, y ello sólo puede lograrse descentralizando territorialmente el Poder del Estado y llevarlo hasta la más pequeña de las comunidades; es decir, distribuyendo el Poder en el territorio nacional.

Por supuesto, para asumir esta indispensable tarea democrática, que pueda permitir sustituir el sistema político centralizante de partidos por un sistema político descentralizado y participativo, debe recurrirse a los esquemas de autonomías territoriales más adecuados, conforme a la tradición constitucional de cada uno de nuestros países, descentralizando los viejos Estados Unitarios e, incluso, Federales y, en todo caso, municipalizando los territorios.

De todo ello lo que deriva es que cualquiera que sea la forma de descentralización política, se trata de proyectos y propuestas contrapuestos radicalmente al centralismo de Estado y a la concentración del Poder, que son esencialmente antidemocráticos.

La propuesta política que formulamos, por tanto, busca el diseño, en nuestros países, de un nuevo sistema político que la democracia exige, y que sólo puede tener por objeto hacerla más participativa, con gran presencia de la sociedad civil, y más representativa de las comunidades. Ello implica desparramar el poder en todo el territorio, hasta la última de las comunidades, para que el ciudadano y sus sociedades intermedias puedan realmente participar.

Por supuesto, esto no es nada nuevo en la historia del constitucionalismo. La democracia comenzó, efectivamente, con motivo de las Revoluciones Norteamericana (1776) y Francesa (1789), cuando la soberanía, como supremo poder de decisión en una sociedad determinada, dejó de ser el poder absoluto de un Monarca, sin límites, de la cual era titular por la gracia de Dios, y comenzó a ser el poder del pueblo, ejercido mediante representantes. Por ello, durante más de 200 años, el constitucionalismo moderno ha estado signado por el principio de la democracia representativa, es decir, que residiendo la soberanía en el pueblo, éste la ejerce mediante representantes electos; y es que si el pueblo es el titular de la soberanía, en democracia, éste sólo puede ejercerla directamente o a través de representantes; de allí la distinción que usualmente se hace entre democracia directa y democracia representativa.

La primera, la democracia directa, es aquella en la cual el pueblo supuestamente ejercería directamente su poder en asambleas, sin intermediación de representantes, lo cual es absolutamente imposible en sociedades complejas como las contemporáneas. Incluso, en los propios ejemplos históricos que nos han llegado respecto de su existencia en las ciudades griegas, por ejemplo, lo que hacen es confirmar su imposibilidad, pues incluso en dichas Ciudades-Estado el gobierno se ejercía mediante Magistrados designados *por sorteo* en las asambleas del pueblo.

Además, no puede confundirse la democracia directa con la democracia participativa, y menos aún, con la supuesta democracia de los Comités de Defensa de la Revolución que, como centros de control político vecinal se establecieron en cada barrio o localidad de Cuba, con la tarea, incluso, de influir en los Comités de postulaciones de candidatos electorales. Eso no es participación, es imposición hegemónica y totalitaria.

Y no pensemos que se trata de fantasmas del pasado: el Presidente de Venezuela viene de anunciar muy recientemente uno de sus tantos proyectos: la constitución de unos fantasmagóricos Círculos Bolivarianos con los cuales algunos pretenden en cada esquina, barrio o pueblo controlar políticamente a la sociedad.

En todo caso, lo cierto es que la democracia directa ni ha existido ni puede existir en el mundo contemporáneo, y es un engaño pretender formularla como solución alternativa frente a la democracia representativa, la cual, lejos de desaparecer, lo que debemos es corregirla. Este es uno de los tantos cantos de sirena autoritarios que en nombre de una supuesta democracia directa, que se confunde con la participativa concebida como relación líder-pueblo y reducida a consultas o mesas de diálogo, pretende sustituir a la democracia representativa.

No tengo dudas en afirmar que la democracia representativa, en la cual el pueblo ejerce el gobierno indirectamente a través de representantes que elige con toda libertad e igualdad, es la única forma posible de operatividad de la democracia, como gobierno del pueblo. Sus defectos, vicios, problemas o deformaciones, lo que tienen es que provocar su perfeccionamiento y transformación para hacerla más representativa del pueblo, sus comunidades y vecindades, y para permitir que éste pueda participar más y efectivamente en los asuntos públicos. Pretender sustituirla por una supuesta democracia directa, con el nombre de "democracia participativa" simplemente es una ilusión. Lo que tenemos es que hacerla más representativa, y no sólo representativa de los partidos políticos como la hemos conocido en muchos de nuestros países en las últimas décadas; en la cual los partidos políticos han confiscado la representación y participación populares. Es ese sistema el que en muchos de nuestros países está en crisis; pero no la democracia en sí misma, la cual tenemos que perfeccionar.

Una democracia más representativa implica organizar el Poder de manera que estando más cerca de los ciudadanos, éstos directamente o a través de sociedades intermedias, puedan encontrar representación en los cuerpos representativos. Para ello tendrían que diseñarse, por ejemplo, nuevos sistemas electorales, más uninominales y personalizados, pues el sistema de representación proporcional de las minorías que durante tantas décadas hemos aplicado en muchos países, sólo ha conducido a la exclusiva representatividad de los partidos políticos.

Por otra parte, igualmente, más participación democrática sólo es posible acercando el poder al ciudadano, es decir, distribuyendo el Poder Público en el territorio, de manera que en cada comunidad y en cada localidad territorial, exista una forma de gobierno local en la cual se pueda participar políticamente.

III. EL FEDERALISMO, EL REGIONALISMO POLÍTICO Y LA MUNICIPALIZACIÓN

Esta distribución territorial del Poder en el mundo contemporáneo democrático, se ha desarrollado, invariablemente, en dos niveles territoriales: un nivel intermedio, de Estados en las Federaciones, o de Regiones o Departamentos autónomos en los viejos Estados Unitarios; y un nivel territorial inferior, local, de municipalidades autónomas en todo el territorio de los Estados.

Por ello, independientemente de la forma del Estado que se haya adoptado históricamente, puede decirse que en el mundo occidental democrático, el Estado contemporáneo es un Estado descentralizado o en vías de descentralización; es decir, un Estado en el cual las fuerzas centrífugas en la distribución territorial del Poder Público, están más activas que las fuerzas centrípetas.

La descentralización política, por tanto, implica, por una parte, la municipalización, pero además, la creación de niveles intermedios de gobierno que permitan realmente acercar el Municipio al ciudadano.

Para que el Municipio sea la escuela de la libertad y de la democracia, como lo descubrió Alexis de Tocqueville cuando ilustró a Europa sobre *La Democracia en América,* por sobre todo tiene que estar cerca del ciudadano. Un Municipio lejos de las comunidades y vecindades, como es en general el Municipio en nuestros países latinoamericanos, materialmente no sirve para nada, ni para la participación política ni para la gestión eficiente de los asuntos locales.

Acaso nos hemos preguntado, ¿por qué, realmente, las democracias consolidadas de Occidente son tales democracias? ¿Cómo es que en ellas la participación del ciudadano en la gestión de los intereses locales forma parte de la cotidianidad de la vida democrática?

Es cierto que todas las democracias tienen ciclos electorales, donde se vota con regularidad y tienen sistemas institucionales que son propios del Estado de Derecho. Pero unos países son efectivamente más democráticos que otros. Y la respuesta del por qué esto es así, está precisamente en la municipalización o, si se quiere, en la efectiva fragmentación de las instituciones locales.

Para darnos cuenta de ello, basta hacer algunas comparaciones. Venezuela, con casi un millón de kilómetros cuadrados de superficie y más de 24 millones de habitantes, tiene sólo 338 Municipios. Francia, en cambio, con la mitad de dicha superficie y 59 millones de habitantes, tiene 36.559 Municipios o Comunas; es decir, cien veces más. Pero lo importante, ciertamente, no es el número de municipios que tenga un país, sino la relación que tiene que existir entre la autoridad local y el número de habitantes. En tanto que en Venezuela es de 71.715 habitantes por Municipio, en Francia, en cambio es de 1.613 habitantes por Municipio, es decir, cuarenta veces menos.

Cualquier revisión de esta relación que se haga en los países democráticos, da cifras sorprendentes, sobre todo cuando las comparamos con las nuestras en América Latina. España tiene 8.082 Municipios con un promedio de población de 4.825 habitantes; en Austria hay 2.353 Municipios, con un promedio de población de 3.400 habitantes. Los 8.104 Municipios de Italia tienen un promedio de 7.157 habitantes. En Suiza hay 3.000 Municipios con un promedio de población de 2.333 habitantes; y en Alemania hay 16.121 Municipios, con un promedio de población de 5.086 habitantes.

En Europa continental, además, debe destacarse que los Municipios de menos de 2000 habitantes representan un porcentaje elevadísimo en relación con los muy poblados, por ejemplo, el 40% en Italia y el 89% en Francia.

En nuestro Continente Americano, se destaca, además, el caso de los Estados Unidos y Canadá que tienen territorios casi iguales de casi 10 millones de kilómetros cuadrados, pero una población muy disímil: 30 millones en Canadá y más de 250 millones en los Estados Unidos.

Pero en Canadá hay 4.507 Municipios, con un promedio de 6.878 habitantes por Municipio; y en los EE.UU., hay 70.500 Municipios, con un promedio de 3.872 habitantes por Municipio.

En definitiva, en el mundo de los países con democracias más desarrolladas, el promedio de habitantes por Municipio varía entre 1.600 y 7.000 habitantes. En contraste, en nuestros países de América Latina el panorama es diferente: en Brasil, por ejemplo, hay 5.581 Municipios pero con un promedio de 30.100 habitantes; en Colombia hay 1.068 Municipios, con un promedio de 39.325 habitantes. En México hay 2.418 Municipios, con un promedio de 40.000 habitantes; en Argentina hay 1.617 Municipios con 22.800 habitantes de promedio, y como dijimos, en Venezuela hay sólo 337 Municipios con 71.715 habitantes por Municipio. Pero en República Dominicana hay 120 Municipios con 75.000 habitantes de promedio; y en Uruguay hay 19 Municipios con un promedio de 157.000 habitantes.

De lo anterior deriva que la clave de la democracia de participación está, precisamente, en acercar el Poder al ciudadano, para que pueda efectivamente participar. Por ello, en nuestros países, mientras la autoridad local esté tan alejada del ciudadano, no llegaremos a ser efectiva y cotidianamente democráticos.

La gran reforma democrática en nuestros países, por tanto, está en la Municipalización, pero sin uniformismo, pues no podemos multiplicar al gran Municipio burocratizado de las áreas urbanas y trasladarlo a las rurales. La diferenciación de regímenes municipales es una de las primeras necesidades de la vida local.

En todo caso, mientras más se municipalice un país, y se transfieran poder y competencias propias de la vida local a las pequeñas organizaciones primarias autogestionadas, más necesaria entonces será la estructuración de poderes descentralizados a niveles intermedios entre el Poder Central y el Municipio. Por ello, hay una relación directa y paralela entre la descentralización local y la descentralización nacional a niveles intermedios.

Al señalar esto, por supuesto, tampoco estamos descubriendo nada nuevo. Todos los Estados contemporáneos han experimentado la misma crisis derivada de la consolidación de la democracia. Por ello, en Europa, por ejemplo, como consecuencia de la reimplantación y desarrollo de la democracia, para asegurar su sobrevivencia y establecer canales de participación política, durante los últimos cincuenta años ha seguido un proceso de descentralización política. Así sucedió con los viejos Estados Unitarios que sobre la base de estructurar regiones políticas, se han venido organizando territorialmente en forma descentralizada, dando incluso origen, en algunos casos, a una nueva forma de Estado, la del "Estado Regional", más descentralizado, a veces, que las viejas Federaciones. Así sucedió en España, al surgir como país democrático después del franquismo, con el Estado de Comunidades Autónomas; y con las Regiones Políticas que por ejemplo, se han establecido en Italia, Francia, Bélgica y Portugal. La reforma constitucional en Inglaterra también ha conducido a la creación o reaparición de parlamentos regionales, como en Escocia y Gales, mediante la *devolution* o descentralización política, que ha formado parte importante de la política actual del laborismo.

En cuanto a las viejas Federaciones, estas han sido recompuestas o reforzadas redistribuyéndose el Poder hacia los Estados miembros o cantones, como ha sucedido en Alemania o Suiza. Lo mismo puede decirse del federalismo norteamericano o canadiense y, en general, de las nuevas fórmulas de distribución del Poder Público en las federaciones. De ello resulta, por supuesto, que el proceso de descentralización política no puede identificarse con el solo federalismo. En la actualidad, como indicamos, hay "Estados Unitarios descentralizados" como España y Colombia que, incluso, son relativamente más descentralizados políticamente, que muchas viejas Federaciones, como la de Venezuela.

En todo caso, lo importante a destacar aquí es que este proceso de descentralización que también se está llevando a cabo, en una u otra forma, en todos los países de América Latina, también está condicionado y es producto del proceso de democratización que han experimentado nuestros países, como consecuencia del afianzamiento del régimen democrático y, además, como condición necesaria para que perdure y sobreviva.

IV. LA REAFIRMACIÓN DE LA DEMOCRACIA REPRESENTATIVA Y LOS VALORES DE LA DEMOCRACIA

El debate sobre la descentralización en América Latina por ello, en definitiva, es un debate sobre la democracia y sobre el fin de más de un siglo de centralismo, que si bien contribuyó a la consolidación de los Estados

Nacionales y a la implantación de la propia democracia por los partidos organizados bajo el esquema del centralismo democrático, hoy es el principal elemento que está conspirando contra la propia democracia y, que, además, impide la efectividad de las tareas del sector público.

En definitiva, no se trata de sustituir la democracia representativa por una supuesta e ilusoria democracia directa, que es de imposible existencia, sino de sustituir el sistema político de centralizando partidos por un sistema descentralizado y participativo, haciendo la democracia más participativa y más representativa, lo que sólo puede lograrse distribuyendo efectivamente el Poder en el territorio, de manera que esté cerca de los ciudadanos, de sus comunidades y organizaciones.

Pero en todo caso, ese Poder en el cual debe participarse, sólo puede ejercerse mediante representación, por funcionarios electos.

Pensar sustituir la democracia representativa, que necesariamente hay que perfeccionar, por esquemas ilusos y autoritarios de asambleas de barrios con votación pública, a mano alzada, controladas por supuestos defensores de una causa política determinada, a la cual se denominaría "democracia directa", no es más que un salto al vacío que conduce inexorablemente al ahogamiento de la propia democracia y del pluralismo, y a la prohibición del disenso. Una supuesta democracia lineal, uniforme, prescrita por algunos iluminados, es un fraude contra la cual debemos reaccionar todos, pues nos impediría disentir y cuestionar; es decir, nos impediría ejercer las más elementales virtudes de la democracia.

Por todo lo dicho, una de las manifestaciones más perversas de la crisis del sistema político de centralismo de Estado y partidocracia que se han evidenciado en algunos de nuestros países durante las últimas décadas, ha sido la emergencia del discurso antidemocrático que critica a la democracia misma, identificándola sólo con los mecanismos procesales de voto para la conformación del Poder. En esta forma, se pretende reducir la democracia a una democracia formal, como si la elección por partidos realizada cíclicamente la hubiera agotado.

Ante ello, es necesario revalorizar a la democracia como gobierno del pueblo, por el pueblo y para el pueblo, destacándose los valores que conforman este régimen político y que son mucho más que la elección regular de representantes. Cuando estos valores se identifican, queda entonces clara la necesaria condena al discurso antidemocrático. No es superfluo, por tanto, recordarlos en este foro.

El primero de los valores de la democracia es la *igualdad,* lo que políticamente se concreta en la igualdad de voto en los procesos electorales. Todos los votos valen lo mismo y nadie tiene voto preferencial en relación a los otros ciudadanos. Políticamente, por tanto, no hay distinción alguna en el valor de la manifestación de voluntad de cada ciudadano, y nadie puede arrogarse la representación de todo el pueblo, por más popularidad que esgrima.

El segundo de los valores que sólo la democracia representa, es la *libertad,* lo que implica políticamente no sólo el derecho de hacer todo lo que la ley no prohíbe, sino el derecho a escoger pluralmente las alternativas de gobierno; en definitiva, la libertad de autodeterminación, sin uniformismos ni imposiciones. Por ello, el pluralismo político es de la esencia de la democracia, lo que implica el rechazo de todo esquema único con el cual se pretenda organizar el Poder e imponerle a los ciudadanos una particular concepción de la organización social.

La libertad, por otra parte, implica *tolerancia.* Si todos los hombres son libres, el límite a la libertad es el derecho de los demás y el orden público y social, lo que implica el respeto de las opiniones y posiciones de todos. En la democracia, por tanto, deben regir el diálogo, la concertación, los acuerdos, todo basado en tolerar la disidencia, rechazando toda sociedad en la que sólo algunos pretenden tener la verdad oficial.

El tercer valor de la democracia es la *dignidad de la persona humana,* que no puede ser desconocida ni despreciada ni siquiera por las mayorías, por más abrumadoras que sean; ni por quienes se dicen sus representantes. Todo ser humano es igual y tiene derecho a que se respete su dignidad y personalidad, sin más limitaciones que las que deriven del derecho de los demás. En libertad, la persona humana es ciudadano, no es súbdito ni vasallo ni está sujeto a obediencia ciega; sólo está sometido a la Constitución y la ley.

Por ello, el cuarto valor de la democracia es el *sometimiento al derecho,* es decir, la democracia es un régimen de gobierno de la ley, no de los hombres. Estos sólo pueden gobernar conforme a la ley, siendo la legalidad el límite de los gobiernos y la garantía de la igualdad. Sólo la ley y su acatamiento por todos, gobernantes y gobernados, asegura que el hombre digno y ciudadano sea igual. La revalorización de la legalidad, además, hace realidad la noción de Estado de Derecho, es decir, del Poder sometido al derecho, sea quien sea quien lo ejerza. Ninguna mayoría ni popularidad que tenga un gobernante o un órgano de representantes, puede justificar la violación de la Constitución.

Pero el quinto valor de la democracia es el de la necesaria *limitación y control del Poder,* sobre lo que ya he insistido. Ningún Poder puede ser ilimitado; lo tiene que limitar la ley y la organización misma del Poder mediante su distribución y separación. Ello implica que en democracia no puede haber concentración del poder político ni en unas solas manos ni en un grupo de personas. El Poder, en la democracia, esencialmente tiene que estar distribuido y separado de manera que el Poder sea quien frene al Poder.

La concentración del Poder y el centralismo, en consecuencia, son esencialmente contrarios a la democracia. Ello, por supuesto, tampoco es nada nuevo en el constitucionalismo. Hace más de dos siglos Carlos Secondat, Barón de Monstesquieu, decía:

Es una experiencia eterna que todo hombre que tiene poder tiende a abusar de él; y lo hace hasta que encuentra límites... Para que no se pueda abusar del poder es necesario que por disposición de las cosas, el poder limite al poder[3].

Y agregaba:

Los Príncipes que han querido volverse déspotas siempre han comenzado por reunir en su persona todas las Magistraturas[4].

De allí la afirmación tajante de John Madison, al construir el sistema constitucional americano:

La acumulación de todos los poderes... en las mismas manos... puede considerarse justamente, como la definición de la tiranía[5].

Por todo ello, la democracia tiene que conducir a un esquema de Estado que garantice la libertad, la dignidad, la igualdad, la legalidad, lo que implica el rechazo tanto al centralismo y concentración del Poder como a la penetración del Estado en los campos de la sociedad civil. El intervencionismo de Estado, por tanto, al ser concentrador del poder económico en pocas manos, en definitiva, también es esencialmente antidemocrático.

Teniendo en cuenta estos valores de la democracia, por supuesto, ella, como régimen político, es mucho más que una formalidad de elecciones cíclicas.

Por ello hay que preservarla y revalorizarla, repudiando el discurso autoritario que pretende sustituirla por un régimen político donde no existan los valores mencionados. La crítica, que compartimos, a la exclusiva representatividad de partidos que hemos tenido en muchos de nuestros países y al procedimiento formal de elección regular, no puede transformarse en un rechazo a la democracia en sí misma y a sus valores, sino en un esfuerzo por profundizarla.

Por ello, para enfrentar el discurso antidemocrático, hay que machacar una y otra vez los valores de la democracia que sólo en democracia se pueden realizar.

No olvidemos que los esfuerzos por cambiar el sistema electoral y hacerlo más representativo de las comunidades y de la ciudadanía, y no sólo de los partidos, que se han realizado en muchos de nuestros países, no siempre han logrado su objetivo. Por ejemplo, la forma del voto en las elecciones, por más intentos parciales de implantar la uninominalidad que se han hecho, en muchos casos ha sido diseñada para que, en definitiva, prevalezca el voto

---

3 *De l'Esprit des lois,* (ed. G. Tunc), París 1949, Vol. I, Libro XI, Cap. IV, p. 162-163

4 *Idem,* p. 169.

5 *The Federalist*, (ed. B.F. Wright), Cambridge 1961, N° 47, p. 361.

por partidos y no por individuos. Un gran esfuerzo hay que hacer para sustituir el voto por partidos por un voto uninominal, por personas, elegidas por nombre y apellido y que representen a las comunidades y a los ciudadanos, lo que no excluye, por supuesto, que sean postulados o apoyados por partidos políticos que, en definitiva, son de la esencia de toda democracia.

Por otra parte, debemos insistir en que cuando se habla de democracia directa como contrapuesta a la democracia representativa, debe tenerse claro que un Estado no puede funcionar con base en decisiones adoptadas en Asambleas públicas y populares, como consecuencia de iniciativas populares, o mediante referendos consultivos, aprobatorios, autorizatorios o revocatorios.

Con todos esos instrumentos de participación o de democracia directa, sin duda, se puede perfeccionar el régimen democrático, pues se permite al pueblo reaccionar directamente contra o en relación con las decisiones políticas que adopten los representantes, incluso con resultados contrarios a las mismas, dado que estos con frecuencia tienen intereses, incluso partidistas, distintos a los de los ciudadanos. Los referendos son así, mecanismos de control directo de los ciudadanos en relación a sus representantes políticos; pero en definitiva constituyen un complemento de los gobiernos representativos que caracterizan las democracias modernas, y no su sustitución.

Pero de nuevo debe constatarse que, por ejemplo, para que los referendos puedan efectivamente servir de instrumentos para perfeccionar la democracia, el Poder Público tiene que estar efectivamente descentralizado, es decir, exigen un sistema de distribución territorial o vertical del Poder Público, con autonomías político-territoriales y competencias propias sobre las cuales se pueda consultar a la ciudadanía.

Por eso decía al inicio, que además de todos los factores clásicos de la democracia, el que asegura su operatividad es el que postula un sistema institucional de control del poder, por su distribución, no sólo horizontal a través del clásico principio de la separación de poderes, sino vertical, en el territorio hasta llegar al Municipio.

Recordemos de nuevo, para terminar, lo que decía Alexis De Tocqueville en 1835:

> En el Municipio es donde reside la fuerza de los pueblos libres. Las instituciones locales son a la libertad lo que las escuelas primarias vienen a ser a la ciencia; la ponen al alcance del pueblo; le hacen paladear su uso pacífico y lo habitúan a servirse de ella[6].

Y terminaba con esta afirmación tajante: "La vida política ha nacido en el seno mismo de los Municipios[7]".

---

6 *Democracy in America,* (ed. JP. Meyer y M. Lerner), London, 1969.

7 *Idem.*

Por ello, incluso, la independencia de nuestros países latinoamericanos se inició en el seno de los Cabildos.

Por tanto, aprovechemos no sólo las enseñanzas de nuestra propia historia, sino de la historia de las democracias, para que definitivamente la democracia se instale en nuestros países. En esta tarea, sin duda, los organismos electorales, que Uds. representan, tienen todo que decirnos.

SEGUNDA PARTE

LA DEMOCRACIA: SUS ELEMENTOS Y COMPONENTES ESENCIALES Y EL CONTROL DEL PODER

(New York, 2007)

INTRODUCCIÓN

La democracia es un régimen político destinado a asegurar el gobierno del pueblo, cuya voluntad debe expresarse siempre mediante mecanismos que garanticen al pueblo, configurado en los ciudadanos, el derecho a la participar en la gestión de los asuntos públicos, conforme a los principios de igualdad, libertad, pluralismo y tolerancia. Esa expresión de voluntad puede manifestarse directamente por el pueblo, mediante instrumentos de democracia directa; y además, en el mundo contemporáneo, siempre, mediante la elección de representantes, dando origen a la democracia representativa. Los gobernantes representantes, en ella, siempre tienen que estar sometidos tanto al control del propio pueblo y de sus organizaciones políticas y sociales, como al control por parte de los diversos poderes públicos, asegurando un balance entre ellos.

La democracia, por tanto, si bien implica la elección de representantes y la participación política del pueblo, no puede confundirse con la sola elección popular de los gobernantes, ni con la sola posibilidad de participación de los ciudadanos en la gestión de los asuntos públicos. La democracia es bastante más que la sola elección popular de los gobernantes, que no sólo tienen que ser electos mediante sistemas que garanticen los mencionados principios de igualdad, libertad, pluralismo y tolerancia, y tiene siempre que responder, como lo indicó la *Carta Democrática Interamericana* adoptada por la Organización de los Estados Americanos en septiembre de 2001, a los siguientes *elementos esenciales:* 1) el respeto a los derechos humanos y las libertades fundamentales; 2) el acceso al poder y su ejercicio con sujeción al Estado de derecho; 3) la celebración de elecciones periódicas, libres, justas y basadas en el sufragio universal y secreto, como expresión de la soberanía del pueblo; 4) el régimen plural de partidos y organizaciones políticas y 5) la separación e independencia de los poderes públicos (art. 3)[1].

En este contexto, la democracia como gobierno del pueblo, por sobre todo, tiene que responder a un sistema que garantice el control efectivo del poder de los gobernantes, y a través de ellos, del Estado,. Ello es precisamente, lo que es inconcebible en los gobiernos y Estados autoritarios, incluso cuando en fraude a la Constitución y a la democracia, puedan haber tenido su origen en elecciones.

De manera que la democracia como gobierno del pueblo, solo existe, en realidad, cuando el ejercicio del poder que tiene que tener siempre su origen en la elección de los gobernantes, pueda ser efectivamente controlado, tanto por la Sociedad como por los propios órganos del Estado. De lo contrario, la ausencia de mecanismos e instrumentos de control del poder y de los gobernantes que lo ejercen, por más origen electoral que estos puedan haber tenido, conduce a la tiranía. Como lo advirtió hace varias centurias Charles Louis de Secondat, Barón de Montesquieu:

> "Es una experiencia eterna que todo hombre que tiene poder tiende a abusar de él; y lo hace hasta que encuentra límites... Para que no se pueda abusar del poder es necesario que por la disposición de las cosas, el poder limite al poder"[2].

De este postulado derivó, precisamente el principio de la separación de poderes que recogieron las Constituciones que se formularon con ocasión de la Revolución Norteamericana de 1776 y de la Revolución Francesa de 1789, el cual no sólo se convirtió en uno de los principios fundamentales del constitucionalismo moderno sino después, de la propia democracia como régimen político, para garantizar que quienes hayan sido electos para gobernar y ejercen el poder estatal en representación del pueblo, no abusen del mismo.

Estos elementos esenciales de la democracia, además, se complementan con otros componentes fundamentales de su ejercicio, que también enumera la misma *Carta Democrática Interamericana*, y que son 1) la transparencia de las actividades gubernamentales; 2) la probidad y la responsabilidad de los gobiernos en la gestión pública; 3) el respeto de los derechos sociales; 4) el respeto de la libertad de expresión y de prensa; 5) la subordinación constitucional de todas las instituciones del Estado a la autoridad civil legalmente constituida y 6) el respeto al Estado de derecho de todas las entidades y sectores de la sociedad (art. 4).

---

1 *V.*, sobre la Carta Democrática Interamericana y la crisis de la democracia en Venezuela, Allan R. Brewer-Carías, *La crisis de la democracia venezolana. La Carta Democrática Interamericana y los sucesos de abril de 2002*, Ediciones El Nacional, Caracas 2002. pp. 137 y ss.

2 *De l'Espirit des Lois* (ed. G. Tunc), Paris 1949, Vol. I, Libro XI, Cáp. IV, pp.162-163

De todo ello resulta, por tanto, que además de ser el gobierno del pueblo, la democracia solo es tal cuando el régimen político dispuesto para el ejercicio del Poder está sometido a controles, pues en definitiva, sólo controlando al Poder es que puede haber elecciones completamente libres y justas, así como efectiva representatividad; sólo controlando al poder es que puede haber pluralismo político; sólo controlando al Poder es que puede haber efectiva participación democrática; sólo controlando al Poder es que puede haber transparencia en el ejercicio del gobierno, con exigencia de la rendición de cuentas por parte de los gobernantes; sólo controlando el Poder es que se puede asegurar un gobierno sometido a la Constitución y las leyes, es decir, un Estado de derecho; sólo controlando el Poder es que puede haber un efectivo acceso a la justicia de manera que esta pueda funcionar con efectiva autonomía e independencia; y sólo controlando al Poder es que puede haber real y efectiva garantía de respeto a los derechos humanos. En fin, sólo cuando existe un sistema de control del poder es que puede haber democracia.

Por ello, precisamente, en el mundo contemporáneo, la democracia no se puede definir sólo como el gobierno del pueblo, sino como el gobierno del pueblo mediante representantes que ejercen el poder sometidos a controles, y no solo por parte del poder mismo, como lo ideó Montesquieu conforme al principio de la separación de los poderes del Estado, sino por parte del pueblo mismo, es decir, de los ciudadanos, individual y colectivamente.

Es este aspecto del control del poder como elemento esencial de la democracia, el que queremos destacar en estas notas, distinguirse al menos seis sistemas de control que son hoy esenciales al Estado democrático Constitucional: por una parte, dos sistemas que derivan de los mecanismos de contrapesos en los poderes del Estado, mediante **(i)** su división o separación horizontal, y **(ii)** su distribución vertical o territorial, de manera que los diversos poderes del Estado puedan limitarse mutuamente; y por otra parte, cuatro sistemas adicionales dispuestos para garantizar que los ciudadanos puedan a su vez controlar el poder del Estado, mediante **(iii)** un sistema electoral que garantice elecciones libres y justas que garanticen la alternabilidad republicana; **(iv)** un sistema de partidos que permita el libre juego del pluralismo democrático; **(v)** un sistema que asegure la libre manifestación y expresión del pensamiento y de la información que pueda movilizar la opinión pública; y **(vi)** un sistema de recursos judiciales que puedan ejercerse ante jueces independientes que permitan asegurar la vigencia de los derechos humanos y el sometimiento del Estado al derecho.

Los problemas de cualquier Estado democrático de derecho radican, precisamente, en las funciones y disfunciones en este esquema de control del poder, lo que se puede producir en los seis sistemas mencionados, y a los cuales nos vamos a referir, destacando la experiencia venezolana, donde se ha venido consolidando un Estado autoritario, precisamente por el desmantelamiento, distorsión o neutralización de los sistemas de control del poder del Estado con la consiguiente extinción paulatina de la democracia.

I. LA SEPARACIÓN DE PODERES EN EL ESTADO DEMOCRÁTICO Y LA CONCENTRACIÓN DEL PODER EN EL RÉGIMEN AUTORITARIO VENEZOLANO

En primer lugar está, por supuesto, el clásico principio de la separación e independencia de los Poderes Públicos, para permitir el control del poder estatal por el poder estatal mismo, al punto de que su existencia, como hemos dicho, pueda garantizar la vigencia de los diversos factores esenciales de la democracia. Este principio sigue siendo el pilar fundamental en la organización del Estado democrático Constitucional.

Al contrario, como lo enseña la historia de la humanidad, demasiada concentración y centralización del poder, como ocurre en cualquier gobierno autoritario, así tenga origen electoral, inevitablemente conduce a la tiranía. El mundo contemporáneo ha tenido demasiadas experiencias que han mostrado toda suerte de tiranos que usaron el voto popular para acceder al poder, y que luego mediante su ejercicio incontrolado, desarrollaron gobiernos autoritarios, contrarios al pueblo, que acabaron con la propia democracia y con todos sus elementos, comenzando por el irrespeto a los derechos humanos.

Y lamentablemente ello es lo que ha venido ocurriendo en Venezuela a la vista de todo el mundo democrático en los primeros años del Siglo XXI, donde se ha arraigado un gobierno autoritario, partiendo de elementos insertos en la misma Constitución de 1999[3], en la cual se dispuso el germen de la concentración del poder en manos de la Asamblea Nacional y, consecuencialmente, del Poder Ejecutivo que la controla políticamente, sometiendo a la voluntad de este, a los otros Poderes Públicos, particularmente al Poder Judicial[4], al Poder ciudadano y al Poder Electoral[5]. En la misma Constitu-

---

3 *V.*, los comentarios críticos a la semilla autoritaria en la Constitución de 1999, en Allan R. Brewer-Carías, *Debate Constituyente (Aportes a la Asamblea Nacional Constituyente), Tomo III (18 octubre-30 noviembre 1999),* Fundación de Derecho Público-Editorial Jurídica Venezolana, Caracas 1999, pp. 311-340; "Reflexiones críticas sobre la Constitución de Venezuela de 1999" en el libro de Diego Valadés, Miguel Carbonell (Coordinadores), *Constitucionalismo Iberoamericano del Siglo XXI*, Cámara de Diputados. LVII Legislatura, Universidad Nacional Autónoma de México, México 2000, pp. 171-193; en *Revista de Derecho Público,* N° 81, Editorial Jurídica Venezolana, Caracas, enero-marzo 2000, pp. 7-21; en *Revista Facultad de Derecho, Derechos y Valores*, Volumen III N° 5, Universidad Militar Nueva Granada, Santafé de Bogotá, D.C., Colombia, Julio 2000, pp. 9-26; y en el libro *La Constitución de 1999*, Biblioteca de la Academia de Ciencias Políticas y Sociales, Serie Eventos 14, Caracas 2000, pp. 63-88.

4 *V.,* Allan R. Brewer-Carías, "La progresiva y sistemática demolición institucional de la autonomía e independencia del Poder Judicial en Venezuela 1999-2004", en el libro: *XXX Jornadas J.M Domínguez Escovar, Estado de derecho, Administración de justicia y derechos humanos*, Instituto de Estudios Jurídicos del Estado Lara, Barquisimeto, 2005, pp.33-174.

ción también se dispuso el germen de la centralización del poder, a pesar de que proclama al Estado como "federal descentralizado" (art. 4, Constitución), consolidándose una "federación centralizada"[6] que se ha venido desarrollando, ahora, incluso sin la institución del Senado como instrumento para garantizar la participación igualitaria de los Estados en la elaboración y control de las políticas nacionales, que fue eliminado en 1999.

La Constitución Venezolana de 1999, en realidad, encubrió con una palabrería florida y engañosa, un sistema de gobierno basado en la concentración y en la centralización del poder del Estado, afectando de muerte a los otros elementos esenciales de la democracia, lo que ha conducido a la propia negación del Estado de derecho[7].

Debemos decir, que ello lo denunciamos en noviembre de 1999, antes de que se aprobara la Constitución, cuando en la campaña para el referendo aprobatorio constitucional propugnamos el "Voto No", y advertimos que si la Constitución se aprobaba, ello iba a implicar la implantación en Venezuela, de:

> Un *esquema institucional concebido para el autoritarismo derivado de la combinación del centralismo del Estado, el presidencialismo exacerbado, la democracia de partidos, la concentración de poder en la*

---

5 *V.*, Allan R. Brewer-Carías, "El secuestro del Poder Electoral y la confiscación del derecho a la participación política mediante el referendo revocatorio presidencial: Venezuela 2000-2004", en *Boletín Mexicano de Derecho Comparado*, Instituto de Investigaciones Jurídicas, Universidad Nacional Autónoma de México, N° 112. México, enero-abril 2005 pp. 11-73; *La Sala Constitucional versus el Estado Democrático de Derecho. El secuestro del poder electoral y de la Sala Electoral del Tribunal Supremo y la confiscación del derecho a la participación política*, Los Libros de El Nacional, Colección Ares, Caracas 2004, 172 pp.

6 *V.*, Allan R. Brewer-Carías, "La descentralización política en la Constitución de 1999: Federalismo y Municipalismo (una reforma insuficiente y regresiva" en *Boletín de la Academia de Ciencias Políticas y Sociales*, N° 138, Año LXVIII, Enero-Diciembre 2001, Caracas 2002, pp. 313-359; y publicado también en *Provincia. Revista Venezolana de Estudios Territoriales*, Número 7, julio-diciembre 2001, II Etapa, Centro Iberoamericano de Estudios Provinciales y Locales (CIEPROL), Universidad de los Andes, Mérida, 2001, pp. 7-92; "El Estado Federal descentralizado y la centralización de la Federación en Venezuela. Situación y Perspectiva de una contradicción constitucional", en *Revista de Estudios de la Administración Local (REAL)*, 292-293, mayo-diciembre 2003, Madrid 2003, pp. 11-43; «La federación centralizada en Venezuela. Una contradicción constitucional», en *Revista Iberoamericana de Estudios Autonómicos*, Centro de Estudios de Derecho Público y Gobierno "Goberna y Derecho, Syntagma, Centro de Estudios Estratégicos de Madrid, Año 1, No 1, Guayaquil, 2005, pp. 59-68

7 *V.*, Allan R. Brewer-Carías, La crisis de la democracia venezolana. La Carta Democrática Interamericana y los sucesos de abril de 2002, Los Libros de El Nacional, Colección Ares, Caracas 2002, 263 pp.

Asamblea y el militarismo, que constituye el elemento central diseñado para la organización del poder del Estado. En mi opinión – agregaba– , esto no es lo que se requería para el perfeccionamiento de la democracia; la cual al contrario, se debió basar en la descentralización del poder, en un presidencialismo controlado y moderado, en la participación política para balancear el poder del Estado y en la sujeción de la autoridad militar a la autoridad civil[8].

Aquella advertencia de entonces, que muchos no quisieron oír, lamentablemente se ha hecho realidad, y con base en la propia Constitución, en los últimos años se ha instrumentando en Venezuela un sistema político estatal basado en una total concentración y centralización del poder, con consecuencias demoledoras para la propia democracia y para el Estado de derecho.

Ese proceso se inició, con un golpe de Estado, que dio la Asamblea Nacional Constituyente de 1999, la cual sin autoridad alguna y antes de sancionar la nueva Constitución que era su misión principal, irrumpió contra la Constitución entonces vigente, de 1961, y contra todos los poderes constituidos, asaltando y concentrando todo el poder del Estado. Ello provocó una inacabada, inconclusa y moldeable "transitoriedad constitucional"[9], que entre otros aspectos, ha permitido la sobrevivencia hasta ahora (2007), de una inconstitucional Comisión de Funcionamiento del Poder Judicial que ejerce poderes disciplinarios sobre los jueces, contrariando lo dispuesto en la Constitución y, lo más grave, con la anuencia de la Jurisdicción Constitucional (Sala Constitucional del Tribunal Supremo) que ha avalado la inconstitucionalidad, socavando los principios fundamentales del control democrático del poder, de la democracia y del Estado de derecho[10].

El primer signo de concentración del poder en la Constitución de 1999 ha sido, contradictoriamente, la división del poder del Estado que se estableció con florido verbalismo, no entre los tres clásicos poderes Legislativo, Ejecutivo y Judicial, sino agregando a ellos dos poderes más, el Ciudadano y el Electoral (art. 136).

---

8 Documento de 30 de noviembre de 1999. *V.*, en Allan R. Brewer-Carías, *Debate Constituyente (Aportes a la Asamblea Nacional Constituyente)*, Tomo III, Fundación de Derecho Público, Editorial Jurídica Venezolana, Caracas 1999, p. 339.

9 *V.*, Allan R. Brewer-Carías, *Golpe de Estado y proceso constituyente en Venezuela*, Universidad Nacional Autónoma de México, México, 2003. pp. 179 y ss.

10 *V.*, por ejemplo, Allan R. Brewer-Carías, La Sala Constitucional versus el Estado democrático de derecho. *El secuestro del poder electoral y de la Sala Electoral del Tribunal Supremo y la confiscación del derecho a la participación política*, los Libros de El Nacional, Colección Ares, Caracas 2004; "La progresiva y sistemática demolición institucional de la autonomía e independencia del Poder Judicial en Venezuela 1999-2004", en XXX Jornadas J.M Domínguez Escovar, *Estado de derecho, Administración de justicia y derechos humanos*, Instituto de Estudios Jurídicos del Estado Lara, Barquisimeto, 2005, pp.33-174.

Sin embargo, sean tres o sean cinco los poderes del Estado, para que la separación entre ellos y su control mutuo sea efectivo y pueda garantizarse la democracia, los mismos tienen que ser independientes y autónomos. Ello, precisamente, fue lo que no se aseguró en Venezuela, habiéndose previsto en la Constitución la dependencia de todos los poderes (excepto del Ejecutivo) respecto de la Asamblea Nacional, al atribuírsele a ésta, no sólo la potestad de nombrar a sus titulares, lo que es lógico, sino de removerlos de sus cargos, lo que no es lógico. Por tanto, los Magistrados del Tribunal Supremo de Justicia, al Fiscal General de la República, al Contralor General de la República, al Defensor del Pueblo y a los Miembros del Consejo Nacional Electoral (Art. 265, 279 y 296), incluso en algunos casos por simple mayoría de votos, pueden ser removidos por el voto de los diputados.

Simplemente, es imposible que pueda hablarse de independencia de los poderes públicos, cuando la misma existencia de sus titulares depende de la voluntad política de uno de ellos, que puede removerlos precisamente cuando actúen con alguna independencia[11]. Y ello ya ha ocurrido en los últimos años en Venezuela, precisamente cuando ha habido algún mínimo signo de autonomía e independencia en las acciones de alguno de los titulares de los altos órganos del Estado, casos en los cuales éstos han sido inmisericordemente removidos de sus cargos. Así ocurrió con la Defensora del Pueblo y el Fiscal General de la República quienes ingenuamente pensaron que podían actuar con cierta autonomía respecto de la Asamblea Nacional, por lo que fueron removidos inmediatamente de sus cargos[12]; y así sucedió también con algunos Magistrados del Tribunal Supremo que se atrevieron a votar sentencias donde se contrariaban los designios del Jefe del Estado, lo que también provocó su inmediata remoción o que se acordase su "jubilación"[13].

---

11 *V.*, "Democracia y control del poder", en Allan R. Brewer-Carías, *Constitución, democracia y control del poder*, Centro Iberoamericano de Estudios Provinciales y Locales, Universidad de Los Andes, Mérida 2004, pp. 25 ss.

12 Fue el caso del Fiscal General de la República designado en diciembre de 1999, que se le ocurrió que podía iniciar el procedimiento de antejuicio de mérito (penal) contra el entonces Ministro del Interior; y de la Defensora del Pueblo, que también pensó que podía impugnar la Ley Especial de la Asamblea Nacional de 2001 sobre nombramiento de los Magistrados del Tribunal Supremo sin cumplir con los requisitos constitucionales. Ambos fueron debidamente sustituidos en 2001.

13 Fue el caso del Magistrado Franklin Arrieche, Vice Presidente del Tribunal Supremo de Justicia, quien fue Ponente de la sentencia de la Sala Plena Accidental de 14-08-2002 que decidió el antejuicio de mérito a los generales que actuaron el 12 de abril de 2002), declarando que no había mérito para enjuiciarlos porque en esa ocasión no había ocurrido un golpe militar sino un vacío de poder; y de los Magistrados Alberto Martini Urdaneta, Presidente de la Sala Electoral y Rafael Hernández y Orlando Gravina, Magistrados de la misma Sala, quienes suscribieron la sentencia N° 24 del 15-03-2004 (Caso: *Julio Borges, César Pérez Vivas, Henry Ramos Allup, Jorge Sucre Castillo, Ramón José Medina y Gerardo Blyde vs. Consejo Nacional Electoral*), que suspendió los efec-

La consecuencia fundamental que ha provocado esta "dependencia" fáctica de los órganos de control frente a la Asamblea Nacional, ha sido la abstención total de aquellos en el ejercicio de control alguno, como ha sucedido, por ejemplo, con el Contralor General de la República, cuya existencia misma es motivo de conjetura ya que en los últimos años ni siquiera se ha oído de alguna actuación efectiva en materia de control fiscal; y de las complacencias del Defensor del Pueblo con el poder, que han provocado que se lo perciba, antes que como defensor de los ciudadanos frente al poder, como el defensor del Poder frente a los ciudadanos.

La dependencia de los poderes del Estado en relación con la Asamblea Nacional, se ha consolidado, además, mediante la burla que la propia Asamblea ha efectuado respecto del novedoso sistema que la Constitución de 1999 había establecido para asegurar la participación de la sociedad civil en la designación de los titulares de los diversos poderes públicos, y evitar las designaciones de antaño, exclusivamente partidistas.

La Constitución estableció que los candidatos a magistrados del Tribunal Supremo de Justicia, a Fiscal General de la República, a Contralor General de la República, a Defensor del Pueblo y a miembros del Consejo Nacional Electoral, debían ser escogidos por unos sendos Comités de Postulaciones que debían estar "*integrados por representantes de los diversos sectores de la sociedad*". Ello hubiera implicado, por supuesto, de haber sido implementado, la pérdida del poder discrecional de designación por parte de la Asamblea Nacional de dichos altos funcionarios, por lo que su respuesta, en un evidente fraude a la Constitución, fue la configuración legal de dichos Comités de postulaciones como simples Comisiones parlamentarias "ampliadas", integrados por diputados, quienes por definición no son ni pueden ser representantes de la "sociedad civil" y, además, por algunas otras personas debidamente escogidas por la propia Asamblea como "representantes" de la sociedad civil, por supuesto de organizaciones "muy" gubernamentales"[14].

Todo este marco institucional ha dado origen a la primacía de la Asamblea Nacional sobre los Poderes Judicial, Ciudadano y Electoral, lo que en la práctica política y constitucional ha conducido a la concentración total del poder en manos del Ejecutivo, dado el control político partidista que éste ejerce sobre la Asamblea Nacional. A consolidar ese control, además, ha contribuido la exacerbación del presidencialismo prevista en la Constitución de 1999, con la extensión del período presidencial a seis años, la consagración

tos de la Resolución N° 040302-131 de 02-03-2004, del Consejo Nacional Electoral que en su momento impidió la realización del referendo revocatorio presidencial.

14 *V.*, Allan R. Brewer-Carías, "La participación ciudadana en la designación de los titulares de los órganos no electos de los Poderes Públicos en Venezuela y sus vicisitudes políticas", en *Revista Iberoamericana de Derecho Público y Administrativo*, Año 5, N° 5-2005, San José, Costa Rica 2005, pp. 76-95.

de la reelección presidencial inmediata (art. 230); y la posibilidad de que el Legislativo le delegue materialmente toda la potestad de legislar, lo que efectivamente ha ocurrido mediante varias leyes habilitantes (Art. 203), la última de las cuales fue sancionada en febrero de 2007.

Esa delegación, además de constituir un atentado a la garantía constitucional de la reserva legal particularmente en relación a la regulación de los derechos constitucionales, ha conducido a que la legislación fundamental que se ha emitido en los últimos años en Venezuela (2001-2007) haya estado contenida en decretos leyes dictados, incluso, sin que se hubiera respetado la exigencia constitucional de la consulta pública obligatoria requerida en el procedimiento de formación de las leyes (arts. 206, 211).

Por otra parte, el presidencialismo se ha alimentado con el acentuado carácter militarista de la Constitución, que ha eliminado toda idea de sujeción o subordinación de la autoridad militar a la autoridad civil; dándose, al contrario, una gran autonomía de la autoridad militar y de la Fuerza Armada, con posibilidad incluso de intervenir sin límites en funciones civiles, bajo la comandancia general del Presidente de la República[15].

Ese esquema ha dado origen a un novedoso sistema que ha conducido a que la Fuerza Armada, con el soporte del Jefe de Estado, se haya apoderado progresivamente de la Administración civil del Estado, como ni siquiera ocurrió en los viejos regímenes militares.

Todo este sistema de ausencia de autonomía y de dependencia de los poderes del Estado respecto del Ejecutivo Nacional, por supuesto, en particular han sido catastróficos en relación con el Poder Judicial, el cual desde que fue intervenido por la Asamblea Nacional Constituyente en 1999, ha continuado intervenido por el eje Ejecutivo-Asamblea Nacional, pero con la lamentable anuencia y complicidad del propio Tribunal Supremo de Justicia, como juez constitucional, el cual se ha abstenido de asumir el completo gobierno del Poder Judicial, permitiendo una inconstitucional convivencia con la mencionada Comisión de Reorganización del Poder Judicial –a la cual ha legitimado– con poderes disciplinarios que conforme a la Constitución sólo unos jueces disciplinarios nombrados por concurso podrían ejercer.

Y todo este sistema de concentración del poder en manos del Poder Ejecutivo y de presidencialismo exacerbado se busca consolidar y acentuar con las propuestas de reforma constitucional que en octubre de 2007 estaban en proceso de discusión en la Asamblea Nacional[16].

---

15 *V.*, sobre el militarismo en la Constitución de 1999, Allan R. Brewer-Carías, "Razones para el Voto NO en el referéndum sobre la Constitución", (Documento de 30-11-1999), *Debate Constituyente (Aportes a la Asamblea Nacional Constituyente)*, Tomo III, *cit.*, p. 325 y ss.

16 *V.*, Allan R. Brewer-Carías, *Hacia la consolidación de un Estado Socialista, Centralista, Policial y Militarista. Comentarios sobre el alcance y sentido de las propuestas de reforma constitucional 2007*, Editorial Jurídica Venezolana, Caracas 2007.

II. LA DISTRIBUCIÓN TERRITORIAL DEL PODER PARA LA PARTICIPACIÓN POLÍTICA EN EL ESTADO DEMOCRÁTICO Y LA CENTRALIZACIÓN DEL PODER Y LA AUSENCIA DE REAL PARTICIPACIÓN EN EL AUTORITARISMO VENEZOLANO

El segundo sistema de control del poder por el poder mismo y que, además, es el único que puede garantizar la participación política democrática, es el de la distribución vertical del poder público mediante un proceso de descentralización política entre entidades territoriales dotadas de autonomía política.

Ese sistema, también con un lenguaje florido, se enunció en la Constitución de 1999 al definirse la forma del Estado como la de un Estado federal descentralizado (art. 4); pero en la práctica política, también lamentablemente, conforme a normas contradictorias de la propia Constitución[17], lo que se ha producido en Venezuela en los últimos años, ha sido la progresiva centralización del poder en los niveles nacionales del Estado, en perjuicio de los Estados y municipios, lo que a su vez ha provocado una distorsión del propio ejercicio de la democracia y de la participación popular, encubierta por un falaz discurso populista que pretende sustituir la democracia representativa por una "democracia participativa", como si se tratara, además, de conceptos dicotómicos, conduciendo en realidad a la propia destrucción de la democracia.

En la Constitución de 1999, en efecto, en materia de descentralización política, a pesar de los floridos enunciados, se retrocedió institucionalmente al eliminarse el Senado, y con ello, el principio de igualdad institucional de los Estados de la "federación", estableciéndose por primera vez en la historia constitucional de Venezuela una Asamblea Nacional unicameral (Art. 186); además, se permitió la posibilidad de establecer limitaciones mediante simple ley nacional a la autonomía de los Estados (Art. 162) e, incluso, de los Municipios (Art. 168), lo que se configura como una negación de la idea misma de descentralización política y de su garantía constitucional. Las competencias de los Estados se redujeron a un precario ámbito, cuyo ejercicio, además, se sujetó a lo dispuesto en la legislación nacional, eliminándose toda competencia tributaria, colocándose a los Estados en una dependencia financiera más acentuada, y hasta invirtiéndose incluso en esta materia el viejo principio federal del carácter residual de las competencias públicas a favor de los Estados, que ahora se asignan al Poder nacional.

---

17 *V.,* Allan R. Brewer-Carías, *Federalismo y Municipalismo en la Constitución de 1999 (Alcance de una reforma insuficiente y regresiva),* Cuadernos de la Cátedra Allan R. Brewer-Carías de Derecho Público, N° 7, Universidad Católica del Táchira, Editorial Jurídica Venezolana, Caracas-San Cristóbal 2001, pp. 187. *V.,* además, Allan R. Brewer-Carías, "El 'Estado Federal descentralizado' y la centralización de la Federación en Venezuela. Situación y Perspectiva de una contradicción constitucional", en *Revista de Estudios de la Administración Local (REAL)*, 292-293, mayo-diciembre 2003, Madrid 2003, pp. 11-43.

En todo caso, el retroceso en la descentralización distorsionó la propia posibilidad de participación política, es decir, la posibilidad para el ciudadano de participar en la toma de decisiones políticas, lo cual sólo es posible cuando el poder está cerca de él, como consecuencia, precisamente, de la descentralización del poder basado en la multiplicación de las autoridades locales con autonomía política[18], que es lo que puede, además, permitir que el poder controle al poder. Al contrario, en un esquema de centralización del poder, no sólo la participación política se torna en una ilusión retórica, sino que el sistema se convierte en fácil instrumento del autoritarismo[19].

Por ello, también con motivo de la realización del referendo aprobatorio de la Constitución de 1999, en el mismo documento explicativo de las razones por las cuales en su momento propugnamos el "Voto No", advertíamos que:

> "La gran reforma del sistema político, necesaria e indispensable para perfeccionar la democracia era *desmontar el centralismo de Estado y distribuir el Poder Público en el territorio*; única vía para hacer realidad la participación política. La Asamblea Constituyente –agregábamos– , para superar la crisis política, *debió diseñar la transformación del Estado, descentralizando el poder* y sentar las bases para acercarlo efectivamente al ciudadano. Al no hacerlo, *ni transformó el Estado ni dispuso lo necesario para hacer efectiva la participación*"[20].

La Constitución de 1999, en esta materia, en realidad resultó un fraude encubierto en una mezcolanza terminológica contradictoria. En su texto regula un esquema de Estado centralizado, pero engañosamente utilizando en múltiples ocasiones las palabras "descentralización" y "participación" y, además, proclamando como valor global a la llamada "democracia participativa", pero, contradictoriamente, sin distribuir efectivamente el poder en el territorio, y sin permitir la efectiva posibilidad de participación política del

18 *V.*, nuestras propuestas para el reforzamiento de la descentralización de la federación y el desmantelamiento de su centralización en Allan R. Brewer-Carías, *Debate Constituyente (Aportes a la Asamblea Nacional Constituyente),* Tomo I, Fundación de Derecho Público, Editorial Jurídica Venezolana, Caracas 1999, pp. 155 y ss.

19 *V.*, los estudios "La opción entre democracia y autoritarismo (julio 2001)", pp. 41-59; "Democratización, descentralización política y reforma del Estado (julio-octubre 2001)", pp. 105-125; y "El Municipio, la descentralización política y la democracia (octubre 2001)", pp. 127-141, en Allan R. Brewer, *Reflexiones sobre el constitucionalismo en América*, Editorial Jurídica Venezolana, Caracas 2001.

20 Documento de 30 de noviembre de 1999. *V.*, en Allan R. Brewer-Carías, *Debate Constituyente (Aportes a la Asamblea Nacional Constituyente)*, Tomo III, Fundación de Derecho Público, Editorial Jurídica Venezolana, Caracas 1999, p. 323.

ciudadano en la conducción de los asuntos públicos en entidades políticas autónomas y descentralizadas.

La participación política, que no debe confundirse con la movilización popular, sólo es posible en las democracias a nivel local, en unidades territoriales políticas y autónomas descentralizadas donde se practique el autogobierno mediante representantes electos en forma directa universal y secreta; y no se puede confundir con mecanismos de democracia directa como los referendos, las asambleas de ciudadanos y los Consejos Comunales, éstos últimos recién creados en Venezuela, paralelamente a los Municipios, los cuales, sin embargo, no se han configurado como instancias con autonomía política, sino que son conducidos exclusivamente desde la jefatura del Estado para la centralización del poder.

Por ello no puede haber ni ha habido nunca autoritarismos descentralizados, y menos autoritarismos que hayan podido permitir efectivamente la participación política. Al contrario, la centralización política del poder es la que ha sido y es de la esencia de los autoritarismos, y contraria a la democracia, impidiendo a la vez la participación. Consecuencialmente, sin temor a equivocarnos se puede afirmar que la distribución territorial del poder, es decir, la descentralización política, es la base de la democracia participativa y, a la vez, el impulso del control del poder; y el centralismo, en cambio, es la base de la exclusión política al concentrar el poder en unos pocos, incluso si acaso electos. Por ello, solo los autoritarismos temen y rechazan tanto la real descentralización política como a la participación democrática, y eso es lo que ha venido ocurriendo en Venezuela, con el engaño de la "democracia participativa y protagónica".

Estos mecanismos de la llamada "democracia participativa", como los Consejos Comunales que se han creado en Venezuela en 2006[21], no sólo eliminan la representatividad política, pues sus miembros no son electos por votación universal, directa y secreta del pueblo, pues son designados a dedo por asambleas de ciudadanos, por supuesto, controladas por el partido de gobierno, que pretende configurarse como partido único que es el que controla los recursos financieros; sino que pretenden establecer una supuesta relación directa entre un líder mesiánico y el pueblo, a través de los mecanismos institucionales paralelos a los de los órganos electos, dispuestos para hacerle creer al ciudadano que participa, cuando lo que se hace es movilizarlo, sometido totalmente al control del poder central.

---

21 *V.*, Allan R. Brewer-Carías, "El inicio de la desmunicipalización en Venezuela: La organización del Poder Popular para eliminar la descentralización, la democracia representativa y la participación a nivel local", en *AIDA, Opera Prima de Derecho Administrativo. Revista de la Asociación Internacional de Derecho Administrativo*, Universidad Nacional Autónoma de México, Facultad de Estudios Superiores de Acatlán, Coordinación de Postgrado, Instituto Internacional de Derecho Administrativo "Agustín Gordillo", Asociación Internacional de Derecho Administrativo, México, 2007, pp. 49 a 67.

Con ello, lo que en definitiva se busca es la eliminación de la democracia representativa y su sustitución por una supuesta democracia refrendaria, plebiscitaria o de cabildos abiertos permanentes del Poder Popular, y con ello, toda forma de distribución vertical o territorial del poder, o de descentralización política[22].

La verdad es que para que la democracia sea inclusiva o de inclusión, es decir, participativa, la misma tiene que permitir al ciudadano poder ser parte efectivamente de una comunidad política que tenga autonomía; lo que sólo puede tener lugar en los niveles autónomos más ínfimos de los territorios de los Estados, en las entidades políticas autónomas como los Municipios; es decir, en la base de la distribución territorial del poder, como sucede en todas las sociedades democráticas desarrolladas de occidente, donde predomina la existencia de muchos municipios y, entre ellos, de municipios pequeños en cada aldea, pueblo, villa y ciudad, bien cerca del ciudadano[23].

Ello, por supuesto, contrasta con nuestra América Latina, donde en general se ha ubicado históricamente al municipio demasiado lejos del ciudadano[24], de manera que en el mismo, en general, no sólo no ha habido posibi-

---

22 *V.*, Allan R. Brewer-Carías, "Democracia Municipal, Descentralización y Desarrollo Local" (Con-ferencia Inaugural del XXVI Congreso Iberoamericano de Municipios, Organización Iberoamericana de Cooperación Intermunicipal, Ayuntamiento de Valladolid, Valladolid, 13-15 de octubre de 2004), en *Revista Iberoamericana de Administración Pública*, N° 11, julio-diciembre 2003, IN-AP, Madrid 2003, pp. 11-34.

23 Por ejemplo, en Alemania, de sus 16.098 municipios, un 76% tiene menos de 5.000 habitantes; y en España, alrededor del 86% de sus más de 8.056 municipios, tienen menos de 5.000 habitantes, agrupando sólo el 16% de la población, y el 61% tiene menos de 1.000 habitantes23. Debe destacarse además, ya que nos encontramos en Valladolid, como un ejemplo de lo que significa para un país tener territorialmente muchos pequeños municipios, el caso precisamente de esta Comunidad de Castilla y León, que alberga algo más de un cuarto del total de los Municipios de España, con 2.248 municipios para 2,484.603 habitantes, de los cuales el 68,5 %, es decir, 1.540 municipios tienen menos de 500 habitantes. *V.*, en *Informe sobre el Gobierno Local,* Ministerio para las Administraciones Públicas, Fundación Carles Pi i Sunyer d'Etudis Autonòmics y Locals, Madrid 1992, p. 27

24 En Argentina, para 37 MM de habitantes, hay 1617 municipios con un promedio de población de 22.882 habitantes; en Bolivia, para 8 MM de habitantes, hay 312 municipios con un promedio de población de 25.642 habitantes; en Brasil, para 168 MM de habitantes, hay 5.581 municipios con un promedio de población de 30.102 habitantes; en Chile, para 15 MM de habitantes, hay 340 municipios con un promedio de población de 44.117 habitantes; en Colombia, para 42 MM de habitantes, hay 1.068 municipios con un promedio de población de 39.326 habitantes; en Cuba,, para 11 MM de habitantes, hay 169 municipios con un promedio de población de 65.389 habitantes; en Ecuador, para 12 MM de habitantes, hay 1.079 municipios con un promedio de población de 11.121 habitantes; en El Salvador, para 6 MM de habitantes, hay 262 municipios con un promedio de población de 22.900 habitantes; en Guatemala, para

lidad alguna de participación, sino que en muchos países, en definitiva, no sirvan para nada, pues ni sirven para gerenciar adecuadamente los intereses locales, ni para servir de instancias de participación política de la ciudadanía en la decisión o gestión de sus propios asuntos comunales. Pero para ponerlos a funcionar no se puede optar por simplemente eliminarlos y sustituirlos por entidades no electivas ni autónomas.

Al contrario, en cuanto al poder municipal, la gran reforma democrática que se requería en el país para asegurar la participación política era, esencialmente, acercar las instituciones locales autónomas al ciudadano, municipalizándose el territorio, para lo cual lo que había que hacer era multiplicar los municipios en lugar de reducirlos. Nada de eso se hizo, y más bien, por una parte, la Ley Orgánica del Poder Público Municipal de 2005[25] impidió deliberadamente la municipalización del territorio, al establecer limitaciones mayores para la creación de entidades políticas locales autónomas; y por la otra, en lugar de multiplicarse los Municipios, lo que se ha hecho es marginarlos y ahogarlos financieramente.

Partiendo de los elementos de democracia directa que se establecieron en la Constitución, como las "asambleas de ciudadanos cuyas decisiones son de carácter vinculante" (art. 70), en lugar de afianzar y multiplicar los municipios, con la Ley de los Consejos Comunales de 2006[26], lo que ha establecido es un sistema institucional *centralizado* para sustituir al régimen municipal, denominado "del Poder Popular".

---

11 MM de habitantes, hay 324 municipios con un promedio de población de 33.950 habitantes; en Honduras, para 6 MM de habitantes, hay 293 municipios con un promedio de población de 20.478 habitantes; en México, para 97 MM de habitantes, hay 2.418municipios con un promedio de población de 40.116 habitantes; en Nicaragua, para 5 MM de habitantes, hay 143 municipios con un promedio de población de 34.965 habitantes; en Paraguay, para 5 MM de habitantes, hay 212 municipios con un promedio de población de 23.585 habitantes; en Perú, para 25 MM de habitantes, hay 1808 municipios con un promedio de población de 13.827 habitantes; en República Dominicana, para 8 MM de habitantes, hay 90 municipios con un promedio de población de 88.889 habitantes; en Uruguay, para 3 MM de habitantes, hay 19 municipios con un promedio de población de 157894 habitantes; y en Venezuela, para 24 MM de habitantes, hay 338 municipios con un promedio de población de 71.006 habitantes. *V.*, las referencias en Allan R. Brewer-Carías, *Reflexiones sobre el constitucionalismo en América*, Editorial Jurídica Venezolana, Caracas 2001, pp. 139 y ss

25 *V.*, *Gaceta Oficial* N° 38.204 de 8 de junio de 2005. La Ley Orgánica fue objeto de una reforma en noviembre de 2005, *Gaceta Oficial* N° 38.327 de 2 de diciembre de 2005; y luego en abril de 2006, *Gaceta Oficial* N° 5.806 Extra. de 10 de abril de 2006, reimpresa por error material en *Gaceta Oficial* N° 38.421 de 21 de abril de 2006. *V.*, Allan R. Brewer-Carías et al, *Ley Orgánica del Poder Público Municipal*, Editorial Jurídica Venezolana, Caracas 2005.

26 *V.*, en *Gaceta Oficial* N° 5.806 Extraordinaria del 10 de abril de 2006.

Con ello se ha iniciando formalmente el proceso de eliminación del municipio como instancia de democracia participativa, y en nombre de ella para eliminar la propia democracia representativa[27]. Por ello, por ejemplo, el propio Presidente de la República en enero de 2007, anunció "la explosión revolucionaria del poder comunal" mediante los consejos comunales, con lo cuales señaló que:

> "debemos trascender ahora lo local, y debemos ir creando por ley en primer lugar, una especie de **Confederación regional, local, nacional de Consejos Comunales**. Tenemos que ir marchando **hacia la conformación de un estado comunal** y el viejo estado burgués que todavía vive, que está vivito y coleando, tenemos que irlo **desmontando progresivamente mientras vamos levantando al estado comunal, el estado socialista, el estado bolivariano**"[28].

Agregó claramente, dos días después, que el objetivo era "transitar hacia el camino de una "ciudad comunal" **donde no se necesiten alcaldías ni juntas municipales**, sino sólo el poder comunal"[29]. Este, por lo demás, era el sentido de la reforma constitucional que estaba en discusión en Venezuela, en octubre de 2007[30].

La gran diferencia de este pretendido sistema de "participación protagónica", sin embargo, es que en democracia, los alcaldes y concejos municipales son electos por votación popular, universal, directa y secreta y, en cambio, en el esquema sancionado del poder comunal, los integrantes de los Consejos Comunales son designados a dedo por asambleas de ciudadanos controladas directamente por la jefatura del Estado a través de una Comisión Presidencial que es la que dispone los recursos, con la asistencia de los agentes del partido único.

Con esta estructura paralela del Poder Popular no autónoma, lo que ha comenzado es el desmantelamiento de la democracia representativa en el país; y el proceso de desmunicipalización de la participación ciudadana, sustituyéndose al Municipio como la unidad política primaria y autónoma en

---

27 *V.*, Allan R. Brewer-Carías, "El inicio de la desmunicipalización en Venezuela: La organización del Poder Popular para eliminar la descentralización, la democracia representativa y la participación a nivel local", en *AIDA, Opera Prima de Derecho Administrativo. Revista de la Asociación Internacional de Derecho Administrativo*, Universidad Nacional Autónoma de México, Facultad de Estudios Superiores de Acatlán, Coordinación de Postgrado, Instituto Internacional de Derecho Administrativo "Agustín Gordillo", Asociación Internacional de Derecho Administrativo, México, 2007, pp. 49 a 67

28 Discurso de Hugo Chávez, 08-01-2007.

29 Discurso de Hugo Chávez, *El Nacional* 11-01-2007, p. A2

30 *V.*, Allan R. Brewer-Carías, *Hacia la consolidación de un Estado Socialista, Centralista, Policial y Militarista. Comentarios sobre el alcance y sentido de las propuestas de reforma constitucional 2007*, Editorial Jurídica Venezolana, Caracas 2007.

la organización nacional que establece la Constitución y que debería estar inserto en un sistema de descentralización política (distribución vertical) del poder; por un sistema de entidades sin autonomía política alguna "del Poder Popular" (Consejos Comunales), directamente vinculadas y dependientes, en un esquema centralizado del poder.

La consecuencia fundamental de todo este sistema ha sido la centralización progresiva del poder en la Jefatura del Ejecutivo nacional, y el aniquilamiento de cualquier forma de control del poder mediante su distribución territorial, ahogando progresivamente a las instancias de los Estados y de los Municipios; lo que se busca consolidar con la reforma constitucional que en octubre de 2007 se estaba discutiendo en Venezuela[31].

III. LA GARANTÍA DEL DERECHO AL SUFRAGIO COMO INSTRUMENTO PARA EL CONTROL POLÍTICO Y EL SECUESTRO DEL PODER ELECTORAL Y DEL SISTEMA DE ELECCIONES EN EL AUTORITARISMO VENEZOLANO

El tercer mecanismo de control del poder político en un sistema democrático, además de los que resultan de la separación de poderes y de la distribución territorial o descentralización del poder del Estado, es el control que pueden ejercer los ciudadanos sobre los gobernantes mediante el sistema de sufragio universal, directo, secreto e igualitario que la democracia exige; es decir, la posibilidad de elegir a los gobernantes y de revocarles el mandato, y el poder decidir sobre la alternabilidad en los gobiernos.

Esos elementos también han sido regulados en la Constitución de 1999, pero en la práctica política del autoritarismo, también han sido progresivamente distorsionados o secuestrados.

En efecto, en cuanto al sistema electoral, la Constitución reguló al sufragio como un derecho (art. 63) eliminándose toda consideración del voto como un deber, como lo disponía la Constitución de 1961 (art. 110), estableciendo que debe ejercerse mediante votaciones libres, universales, directas y secretas, combinando el principio de la personalización del sufragio con la representación proporcional de las minorías, lo cual ya se había establecido legalmente desde la reforma de la Ley Orgánica del Sufragio y Participación Política de 1989[32], y fue ratificado en el Estatuto Electoral del Poder Público dictado por la Asamblea Constituyente el 30 de enero de 2000[33].

Este mismo principio se repite en el artículo 63 que regula al sufragio como un derecho constitucional que debe ejercerse "mediante votaciones libres, universales, directas y secretas" y exige que la ley garantice "el prin-

31 *V.*, Allan R. Brewer-Carías, *Hacia la consolidación de un Estado Socialista, Centralista, Policial y Militarista. Comentarios sobre el alcance y sentido de las propuestas de reforma constitucional 2007*, Editorial Jurídica Venezolana, Caracas, 2007.

32 *G.O.* Extra. Nº 5.233 de 28-05-1998.

33 *G.O.* Nº 36.884 de 03-02-2000.

cipio de la personalización del sufragio y la representación proporcional"; y en el artículo 293 en el cual al regular las competencias de los órganos del Poder Electoral, dispuso que los mismos deben garantizar "la igualdad, confiabilidad, imparcialidad, transparencia y eficiencia de los procesos electorales, así como la aplicación de la personalización del sufragio y la representación proporcional". Además, el artículo 186 que regula específicamente la integración de la Asamblea Nacional, exige que los diputados sean elegidos en cada entidad federal "por votación universal, directa, personalizada y secreta con representación proporcional, según una base poblacional del uno coma uno por ciento de la población total del país".

En esta forma, constitucionalmente se estableció un sistema electoral mixto para la elección de los órganos representativos (Asamblea Nacional, Consejos Legislativos estadales, Concejos Municipales, Juntas parroquiales) que combina la elección por mayoría y la elección por representación proporcional, lo que implica la necesidad de que un porcentaje de los representantes electos se elijan en circunscripciones uninominales y otro porcentaje en circunscripciones plurinominales, por listas cerradas y bloqueadas. En la Ley Orgánica se dispuso, para los disputados, unos porcentajes del 50 % en cada caso; y para la elección de los concejales, un porcentaje del 66% para los cargos nominales y del 34% para los cargos electos de acuerdo a la aplicación del principio de la representación proporcional (art. 12). En el Estatuto Electoral de 2000 se dispuso que el 60% de todos los representantes populares debían ser elegidos en circunscripciones uninominales, según el principio de la personalización; y el 40 % se debía elegir por lista, según el principio de la representación proporcional (art. 15).

Para garantizar la combinación y aplicación de ambos sistemas, conforme a la Ley Orgánica y el Estatuto Electoral, el procedimiento de adjudicación de puestos comienza mediante la adjudicación de los electos por representación proporcional en las circunscripciones plurinominales, para posteriormente sustraer de los puestos que en esa forma sean adjudicados a los partidos, los que obtengan por mayoría de votos en las circunscripciones uninominales. Con ello se persigue mantener el grado de proporcionalidad entre los votos obtenidos y los puestos adjudicados conforme al principio de igualdad del sufragio.

El sistema opera, por supuesto, en relación con los candidatos de un mismo partido postulados para la elección mayoritaria en los circuitos uninominales y para la elección por lista en las circunscripciones plurinominales. Por tanto, si un partido postula candidatos sólo para elecciones uninominales o postula candidatos sólo para las elecciones en las circunscripciones por lista, no habría deducción alguna que hacer.

Este sistema, sin embargo, ha sido burlado en la práctica política por los partidos de gobierno en 2005, eliminándose en fraude a la Constitución materialmente toda proporcionalidad, al aplicarse el método que se denominó de "las morochas" (las gemelas), que consistió en un sistema de postulación de candidatos a cuerpos deliberantes, donde una pluralidad de partidos o grupos políticos que apoyaron al gobierno actuaron en conjunto postulando candidatos por lista y candidatos nominales, pero con la característica de que algunos partidos agrupados participaron postulando candidatos por listas, pero no lo hicieron en los circuitos uninominales, de manera que los candidatos que fueron electos en estos, no se dedujeron de los electos en aquellas, atribuyéndose en consecuencia al grupo o partido político, más representantes que los que debían haberle correspondido mediante el método del cociente.

Este fraudulento método electoral, lamentablemente aceptado por el Consejo Nacional Electoral, aunque fue impugnado vía acción de amparo ante la Sala Constitucional del Tribunal Supremo de Justicia, ésta, mediante sentencia Nº 74 de 25 de enero de 2006[34], se limitó a señalar que "El principio de personalización del sufragio está garantizado por la nominalidad y la representación proporcional por el voto lista, dejando a la iniciativa de los ciudadanos y de las organizaciones políticas el sistema de selección y postulación de sus candidatos". Fue el Magistrado que salvó su voto respecto de dicha decisión (Pedro Rafael Rondón Haaz), quien calificó el método, con razón, como "un fraude a la Ley y más grave aún, en un fraude a la Constitución, a través de un evidente abuso de las formas jurídicas en pro de conseguir una finalidad distinta a la que las normas constitucional y legal establecieron respecto del método de elecciones mixtas uninominal-lista y a través de un evidente abuso de derecho de las organizaciones con fines políticos a postular candidatos"[35].

En esta forma, la representatividad se distorsionó, se violó la igualdad del voto[36], y la Asamblea Nacional en las elecciones de 2005 terminó siendo dominada en su totalidad por los partidos que apoyaron al gobierno, por la negativa de los partidos de oposición de participar en esa forma en un proceso electoral que consideraron amañado y así avalar el fraude cometido.

Se debe mencionar, por otra parte, que conforme al principio de la penta división del poder público, el Poder Electoral quedó configurado en la Constitución de 1999 como una rama nacional del Poder Público con autonomía e independencia, lo que además se buscó asegurar con la integración no partidista del Consejo Nacional Electoral, mediante el nombramiento de sus miembros por postulaciones que debían ser efectuadas ante un Comité de Postulaciones Electorales que debía estar integrado por representantes de los diversos sectores de la sociedad, y cuyos miembros, además, debían ser postulados por sectores precisamente identificados de la sociedad civil, entre ellos por las Facultades de Derecho.

---

34 *V.*, en *Revista de Derecho Público,* N° 105, Caracas 2006, pp. 122-144

35 *V.*, en *Revista de Derecho Público,* N° 105, Caracas 2006, pp. 122-144

36 *V.*, Dieter Nohlen y Nicolas Nohlen, "El sistema electoral alemán y el tribunal constitucional federal (La igualdad electoral en debate con una mirada a Venezuela)", en *Revista de Derecho Público,* N° 109, Editorial Jurídica Venezolana, Caracas 2007; J. E. Molina, "Las "morochas" defraudan la ley y la Constitución", en El Nacional, Caracas, 13-04-2005.

Lamentablemente, en 2002, mediante la Ley Orgánica del Poder Electoral[37] se distorsionó la integración del Comité y se lo sustituyó, en fraude a la Constitución, por una Comisión parlamentaria ampliada; y en 2003, ante la imposibilidad de que los partidos de gobierno pudieran reunir las 2/3 partes de los votos de la Asamblea Nacional que exige la Constitución para poder hacer unilateralmente las designaciones, la Sala Constitucional del Tribunal Supremo, al ejercer el "control" constitucional sobre la omisión legislativa, lo que hizo fue proceder como agente del gobierno a hacer directamente el nombramiento de los miembros del Consejo Nacional Electoral, sin sujetarse a los requisitos constitucionales, designando para ello a personas, todas, afectas al gobierno[38], al punto de que los Presidentes del organismo, luego, han sido designados uno, como Magistrado de la Sala Constitucional y otro, como Vice Presidente de la República.

El Poder Electoral, en esa forma fue secuestrado por el Poder Ejecutivo usando para ello a la Sala Constitucional, y en esa forma, el Poder Electoral ya secuestrado, fue el instrumento para confiscarle a los ciudadanos, su derecho a la participación política mediante referendo revocatorio[39]. Ello tam-

37 *G.O.* N° 37.573 de 19-11-2002.

38 *V.*, Allan R. Brewer-Carías, *La Sala Constitucional versus el Estado democrático de derecho. El secuestro del poder electoral y de la Sala Electoral del Tribunal Supremo y la confiscación del derecho a la participación política,* los Libros de El Nacional, Colección Ares, Caracas 2004; "El secuestro del Poder Electoral y la confiscación del derecho a la participación política mediante el referendo revocatorio presidencial: Venezuela 2000-2004", en *Revista Jurídica del Perú*, Año LIV N° 55, Lima, marzo-abril 2004, pp. 353-396; "El secuestro del Poder Electoral y de la Sala Electoral del Tribunal Supremo y la confiscación del derecho a la participación política mediante el referendo revocatorio presidencial: Venezuela: 2000-2004", en *Revista Costarricense de Derecho Constitucional*, Tomo V, Instituto Costarricense de Derecho Constitucional, Editorial Investigaciones Jurídicas S.A., San José 2004, pp. 167-312; "El secuestro de la Sala Electoral por la Sala Constitucional del Tribunal Supremo de Justicia, en *La Guerra de las Salas del TSJ frente al Referendum Revocatorio*, Editorial Aequitas, Caracas 2004, C.A., pp. 13-58; "El secuestro del poder electoral y la confiscación del derecho a la participación política mediante el referendo revocatorio presidencial: Venezuela 2000-2004, Studi Vrbinati, *Rivista tgrimestrale di Scienze Giuridiche, Politiche ed Economiche*, Año LXXI – 2003/04 Nuova Serie A – No 55,3, Università degli studi di Urbino, Urbino, 2004, pp.379-436; "El secuestro del Poder Electoral y la confiscación del derecho a la participación política mediante el referendo revocatorio presidencial: Venezuela 2000-2004" en *Boletín Mexicano de Derecho Comparado*, No 112, Instituto de Investigaciones Jurídicas, Universidad Nacional Autónoma de México, México, enero-abril 2005 pp. 11-73

39 Véanse las referencias a las sentencias en Allan R. Brewer-Carías, *La Sala Constitucional versus el Estado democrático de derecho. El secuestro del poder electoral y de la Sala Electoral del Tribunal Supremo y la confiscación del derecho a la participación política*, los Libros de El Nacional, Colección Ares, Caracas 2004.

bién ocurrió en 2004 en el proceso de convocatoria y realización del referendo revocatorio presidencial que, al final, luego de que la Sala Constitucional del Tribunal Supremo impidiera que la Sala Electoral del mismo Tribunal cumpliera sus funciones de control judicial sobre los actos del Consejo Nacional Electoral que obstaculizaron ilegalmente la convocatoria del referendo revocatorio, este terminó siendo convertido por el Poder Electoral en un referendo "reafirmatorio" o plebiscito, no autorizado en la Constitución.

Con el Poder Electoral secuestrado con la complicidad de la propia Sala Constitucional del Tribunal Supremo, las elecciones que se han efectuado en Venezuela han carecido de justicia, y las últimas reformas políticas realizadas y propuestas, simplemente apuntan a la sustitución de la representatividad electoral por supuestas agrupaciones de ciudadanos en comunidades y consejos comunales cuyos integrantes no son electos, sino designados desde la cúpula del Poder Popular que controla el Presidente de la República.

Por otra parte, a los efectos de asegurar el control de los gobernantes por el pueblo, la Constitución establece el principio de que el gobierno democrático de la República y de todas las entidades políticas debe ser "alternativo", y de allí las limitaciones que la propia Constitución establece respecto de la reelección de funcionarios.

En tal sentido, en cuanto al Presidente de la República, el artículo 230, cambió la tradición constitucional anterior y estableció la posibilidad de la reelección inmediata del Presidente de la República, aún cuando por una sola vez, para un nuevo período; el artículo 192 dispuso que los diputados a la Asamblea Nacional podían ser reelegidos sólo "por dos periodos consecutivos como máximo"; el artículo 160 dispuso que los Gobernadores de Estado podían ser "reelegidos, de inmediato y por una sola vez, para un nuevo período"; el artículo 162 dispuso que los legisladores a los Consejos Legislativos de los Estados podían ser reelegidos sólo "por dos periodos consecutivos como máximo"; y el artículo 174 dispuso que los Alcaldes podían ser "reelegidos, de inmediato y por una sola vez, para un nuevo período".

Todo ello, sin embargo, se pretende cambiar ahora en las propuestas de reforma de la Constitución que estaban en discusión en octubre de 2007, en las cuales, se busca establecer el principio general de la reelección indefinida del Presidente de la República[40].

Con esta propuesta el principio de la alternabilidad republicana desaparece totalmente, al permitirse la reelección indefinida del Jefe de Estado, en un sistema electoral a cargo de un Consejo Nacional Electoral completamente controlado por el sindicato establecido entre la Asamblea Nacional y el Ejecutivo Nacional, con el aval del juez constitucional, cuyo vaso comunicante es el partido único, que pretende excluir de la vida política a todo aquél

40 *V.*, Allan R. Brewer-Carías, *Hacia la consolidación de un Estado Socialista, Centralista, Policial y Militarista. Comentarios sobre el alcance y sentido de las propuestas de reforma constitucional 2007*, Editorial Jurídica Venezolana, Caracas 2007.

que no pertenezca al mismo y, en definitiva, eliminar toda posibilidad de control que en una democracia pluralista deben ejercer los partidos políticos.

IV. LA NECESARIA EXISTENCIA DE UN RÉGIMEN PLURAL DE PARTIDOS POLÍTICOS EN DEMOCRACIA PARA CONTROLAR EL PODER, Y LA DESTRUCCIÓN DEL PLURALISMO POLÍTICO Y LA CONFIGURACIÓN DE UN PARTIDO ÚNICO EN EL AUTORITARISMO VENEZOLANO

Y es que, en efecto, el cuarto sistema de control del poder en una sociedad democrática está configurado por el libre juego de los partidos políticos, que conforme al pluralismo ideológico y a la alternabilidad republicana, puedan participar en la vida política del país, y canalizar las aspiraciones de los ciudadanos. No puede haber democracia sin un régimen plural de partidos políticos que en forma igualitaria participen en la vida política.

El más importante logro de la revolución democrática en Venezuela de 1958, fue el haber sentado las bases para el desarrollo del sistema plural de partidos políticos en Venezuela, que en las décadas posteriores fueron los que arraigaron la democracia en el país, permitiendo una amplia alternabilidad republicana. Los partidos le impusieron la democracia a los venezolanos y gobernaron el país y, al final, lamentablemente entraron en crisis, alentada por la propia crisis de su liderazgo, al punto que a finales del siglo pasado habían caído en total desprestigio, al no lograr entender la profundidad de la crisis política que ellos mismos habían provocado[41] por no haber adelantado las reformas que la sociedad clamaba respecto del régimen político democrático. Se quería más democracia, para lo cual, el sistema de Estado de partidos que se había desarrollado[42] debía transformarse, precisamente por ellos mismos. Sin embargo, los partidos políticos lo que demostraron fue una total incomprensión tanto respecto de los logros democráticos que habían alcanzado para Venezuela a partir de los inicios de la década de los sesenta, como de las exigencias de representatividad y de participación más allá de los propios partidos que se planteaban, de manera que se abriera la democracia, se descentralizara el poder y se profundizara la participación, situación que los partidos no entendieron.

---

41 Allan R. Brewer-Carías, *La crisis de las instituciones: responsables y salidas,* Cátedra Pío Tamayo, Centro de Estudios de Historia Actual (mimeografiado) FACES, Universidad Central de Venezuela, Caracas 1985, 40 pp.; publicado también en *Revista del Centro de Estudios Superiores de las Fuerzas Armadas de Cooperación*, N° 11, Caracas 1985, pp. 57-83; y en *Revista de la Facultad de Ciencias Jurídicas y Políticas*, N° 64, Universidad Central de Venezuela, Caracas 1985, pp. 129-155.

42 *V.*, Allan R. Brewer-Carías, *Problemas del Estado de partidos*, Editorial Jurídica Venezolana, Caracas 1988.

Esa crisis de los partidos fue la que provocó el colapso del sistema político en 1999[43], lo que se aprovechó para atribuirles todos los males políticos de la República, junto con el "Pacto de Punto Fijo" que había originado del régimen democrático y la Constitución de 1961, centrándose el discurso político del nuevo liderazgo autoritario militarista y populista que emergió, en la destrucción y anatema contra aquellos. En ese contexto fue que se desarrolló el proceso constituyente de 1999 y la sanción de la nueva Constitución, en el cual un nuevo partido político oficialista constituido a la medida del nuevo liderazgo, acompañado de otros viejos y marginados partidos políticos, sirvió para el apoderamiento electoral del poder a partir de 1999.

El resultado de todo ese proceso fue el marcado carácter reactivo contra los partidos políticos que guió la redacción de la Constitución de 1999, de la cual incluso desapareció la expresión misma de "partidos políticos", regulándose genéricamente solo a las "organizaciones con fines políticos", estableciéndose en el propio texto constitucional un conjunto de regulaciones redactadas contra lo que habían sido los partidos políticos tradicionales.

La Constitución de 1999, en efecto, comenzó por eliminar el derecho político de los ciudadanos "a agruparse en partidos políticos para participar en la conducción de la vida política nacional", como lo establecía la Constitución de 1961. Esto dejó de ser un derecho político de los ciudadanos, y la Constitución de 1999 sólo reguló la existencia de "agrupaciones con fines políticos" (art. 67), que no necesariamente son ni tienen que ser partidos políticos. Sin embargo, en la práctica, lo que siguen existiendo son los partidos políticos en su configuración más tradicional, aún cuando en un sistema de partido oficialista dominante.

La reacción contra la falta de democratización interna de los partidos políticos, y su conducción por cúpulas eternizadas de dirigentes, condujo a la inclusión de otra disposición en la Constitución, conforme a la cual no sólo la designación de sus directivos debía realizarse mediante elecciones, sino que, incluso, la escogencia de los candidatos de los partidos políticos a los cuerpos y cargos representativos, debía realizarse mediante votación interna democrática (art. 67). Para ello, la Constitución, incluso, impuso la obligación de que el Consejo Nacional Electoral debía organizar dichas elecciones internas (art. 293,6), lo que nunca ha ocurrido en la práctica.

---

43 *V.*, Allan R. Brewer-Carías, "Reflexiones sobre la crisis del sistema político, sus salidas democráticas y la convocatoria a una Constituyente", en el libro *Los Candidatos Presidenciales ante la Academia*. Ciclo de Exposiciones 10-18 Agosto 1998, (Presentación y organización de la Edición Allan R. Brewer-Carías), Serie Eventos N° 12, Biblioteca de la Academia de Ciencias Políticas y Sociales, Caracas 1998, pp. 9-66; y en *Ciencias de Gobierno* N° 4, Julio-Diciembre 1998, Gobernación del Estado Zulia, Instituto Zuliano de Estudios Políticos Económicos y Sociales (IZEPES), Maracaibo, Edo. Zulia, 1998, pp. 49-88.

Por otra parte, por los problemas derivados del financiamiento público a los partidos políticos que regulaba la Ley Orgánica del Sufragio y Participación Política, que había conducido a un acaparamiento inequitativo de dichos fondos, la reacción de la Constitución de 1999 fue la prohibición total de dicho financiamiento público (art. 67). Con ello se retrocedió en lo que es la constante en todo el mundo democrático, habiéndose abierto, de hecho, sin embargo, la posibilidad de financiamiento público irregular e ilegítimo a los partidos de gobierno, como ha ocurrido en los últimos años, dada la imbricación total que se ha configurado entre el partido oficial y el Estado.

La Constitución, además, pretendió desligar a los diputados de toda vinculación partidista, al establecer que los diputados a la Asamblea Nacional "no están sujetos a mandatos ni instrucciones, sino sólo a su conciencia" (art. 200), lo que condujo a la pretensión de eliminar las propias fracciones parlamentarias de los partidos políticos en la Asamblea Nacional, cuyas sedes fueron desmanteladas. Sin embargo, no fue más que otro engaño constitucional ya que las fracciones parlamentarias sólo cambiaron de nombre y comenzaron a llamarse "grupos de opinión" y como siempre se reúnen cerca de a la sede de la Asamblea Nacional, con el agravante de que en los últimos años hay una sola fracción parlamentaria que controla toda la Asamblea. Además, como nunca antes había ocurrido, los directivos de los partidos de gobierno aún antes de controlar la totalidad de los votos en la Asamblea Nacional, se jactaban en anunciar públicamente sobre el control férreo que ejercían sobre sus diputados y sobre los votos de los cuales disponían.

En la práctica política, en todo caso, después de la entrada en vigencia de la Constitución, los partidos han tenido más presencia que nunca, al punto de que sin ningún recato, el Presidente de la República es el Presidente del Partido de Gobierno, y la mayoría de su gabinete son militantes activos de la directiva del partido, de manera que en 2007, la creación del "partido socialista único" por parte del gobierno, fue una operación del propio Estado, usando los recursos y medios públicos y hasta utilizando el propio Consejo Nacional Electoral, para promover abierta y públicamente la inscripción de militantes, muchos de ellos forzados a hacerlo como funcionarios públicos o beneficiarios de ayudas oficiales. Como nunca antes, la simbiosis partido-político Administración Pública se ha enquistado en Venezuela, abriéndose así vasos comunicantes que permiten canalizar financiamientos específicos, como incluso no se llegaron a ver en la época dorada de la partidocracia de comienzos de los años ochenta.

En realidad, lo que ocurrió en Venezuela como consecuencia del proceso constituyente de 1999 y de la práctica política posterior, ha sido un simple cambio de unos partidos políticos por otros en el control del poder y en el dominio del juego electoral; pero con el aditivo de que mediante la manipulación de los procesos electorales por el control que ejercen sobre el Poder Electoral, se ha producido la eliminación definitiva de los partidos tradicionales y con ello la desaparición del pluralismo político democrático.

La partidocracia o democracia de partidos, por tanto, ha seguido incólume, con los mismos vicios clientelares y los mismos controles por cúpulas no electas en elecciones internas libres y democráticas, y lo único que ha cambiado es que de un régimen plural multipartidista se pasado a un sistema político de partido único, que es el ya oficialmente anunciado Partido Único Socialista, imbricado en el aparato del Estado y también dirigido por el Presidente de la República, en cual se ha apoderado no sólo del embrionario Poder Popular, sino de la Administración Pública[44] y de toda la vida política, social y militar[45] del país, dado el capitalismo de Estado que se ha intensificado como consecuencia del florecimiento del Estado rico petrolero. Como todo depende del Estado, el gobierno busca que sólo quien pertenezca al Partido Único pueda tener vida política, administrativa, económica y social, formalizándose así un régimen de discriminación política, alentado por el propio gobierno, que excluye abiertamente a los disidentes, y los penaliza.

El régimen de partidos, por tanto, en ese esquema ha dejado de ser un instrumento de la sociedad para el control político del poder, y se ha convertido en el instrumento para acaparar y ejercer el poder, eliminando todo control, y discriminando masivamente a quienes no estén alienados con el gobierno.

V. EL CONTROL DEL PODER POR EL LIBRE EJERCICIO DEL DERECHO A LA LIBRE EXPRESIÓN DEL PENSAMIENTO Y DE LA INFORMACIÓN QUE MOVILICE LA OPINIÓN PÚBLICA, Y LAS LIMITACIONES IMPUESTAS POR EL AUTORITARISMO VENEZOLANO

El quinto sistema de control del poder en una sociedad democrática es el que se ejerce por la opinión pública y el ejercicio de la libertad de expresión de pensamiento mediante los medios de comunicación plurales. Ella es la que permite la existencia de medios de comunicación plural, la movilización

---

44 Por ello, el Gobernador del Estado Carabobo de Venezuela señalaba: "Comparto la posición del Presidente cuando dice que aquella persona que no quiera aliarse con el partido socialista único, pues que se vaya del Gobierno, y se lo dijo a los secretarios (del gobierno de Carabobo), que en el gobierno bolivariano estamos involucrados todos y hay un lineamiento de nuestro máximo líder que es inscribirse y crear un solo partido, y el secretario que no quiera cumplir con esa orden, que se vaya". *V.* reportaje de Marianela Rodríguez, en *El Universal*, Caracas 21-04-2007.

45 El 12 de abril de 2007 el Presidente Chávez en Fuerte Tiuna, declaró que si algún oficial se siente incómodo con la consigna acogida por su gobierno de "patria, socialismo o muerte", puede tramitar su baja de las fuerzas militares, agregando: "La llamada institucionalidad fue una manera de enmascararse y asumir una posición contraria al gobierno, a la revolución, al mandato legítimo del pueblo. Por eso, hoy todo comandante de unidad en todos los niveles está obligado a repetir desde el alma y levantar la bandera con esta consigna: patria, socialismo o muerte, sin ambigüedades de ningún tipo, sin complejos". *V.* en El Nacional, Caracas 13-04-2007, Sección Política, p. 4.

de la opinión pública para vigilar las acciones gubernamentales, y para exigir la rendición de cuentas de los gobernantes.

A tal efecto, en los artículos 57 y 58 de la Constitución de 1999 se regulan un conjunto de derechos vinculados a la libertad de expresión del pensamiento, que también implican el derecho a comunicar o a informar, el derecho a establecer y desarrollar medios de la comunicación e información; el derecho a recibir información oportuna, veraz e imparcial, y el derecho a la réplica (o respuesta) y a rectificación frente a informaciones inexactas o agraviantes, que tienen las personas que se vean afectadas directamente por las mismas[46].

El primero de los derechos constitucionales es la libertad de las personas a expresarse libremente en cuanto a sus pensamientos, sus ideas y sus opiniones, sin limitaciones ni restricciones, salvo las que derivan del derecho de los demás y del orden público y social (art. 20 C). Por ello, la propia norma constitucional prohíbe el anonimato, la propaganda de guerra, los mensajes discriminatorios, los que promuevan la intolerancia religiosa, y toda apología del odio nacional, racial o religioso que constituyan incitaciones a la discriminación, a la hostilidad o a la violencia o cualquier otra acción ilegal similar contra cualquier persona o grupos de personas, por cualquier motivo, inclusive los de raza, color, religión, idioma u origen nacional.

Esta libertad de expresión del pensamiento, ideas y opiniones puede realizarse por cualquier medio, sea de viva voz, por escrito o mediante cualquier otra forma de expresión, siendo un derecho que tienen no sólo las personas en general, sino también quienes informan, es decir, aquellos que han hecho de la búsqueda de información, de su expresión y de su comunicación, su profesión u oficio, es decir, los comunicadores o periodistas.

El ejercicio de este derecho, sin embargo, depende de los medios mismos y del acceso que estos den a las personas, de acuerdo al tiempo, el espacio y el propio interés del medio. No puede una persona obligar a un medio a comunicar su pensamiento, pero a la vez el medio no puede discriminar a una persona (vetarlo) para expresar y comunicar su pensamiento.

La libertad de expresión, por otra parte, no puede estar sometida a censura previa de tipo alguno, por parte de nadie, ni del Estado ni de los privados, con lo que la norma constitucional incluso prohíbe la posibilidad de censura a los funcionarios públicos para dar cuenta de los asuntos bajo sus responsabilidades.

El ejercicio de esta libertad de expresión y el derecho a informar o comunicar, como de toda libertad, por supuesto, acarrea responsabilidad personal por los daños y perjuicios que se pueda causar. Por ello, señala el mismo

---

46 *V.*, Allan R. Brewer-Carías, "La libertad de expresión del pensamiento y el derecho a la información y su violación por la Sala Constitucional del Tribunal Supremo de Justicia", en el libro *La libertad de expresión amenazada. (Sentencia 1013),* Edición Conjunta Instituto Interamericano de Derechos Humanos y Editorial Jurídica Venezolana, Caracas-San José 2001, pp. 17-57.

artículo 57 de la Constitución, que quien haga uso de este derecho a la libre expresión del pensamiento, asume plena responsabilidad por todo lo expresado, de manera que si bien la comunicación es libre, ella comporta deberes y responsabilidades.

El segundo de los derechos constitucionales vinculados a la libre expresión del pensamiento, es el derecho de toda persona a informar o comunicar, es decir, el derecho a la libre expresión del pensamiento a través de medios de comunicación o de información, siempre que pueda tener acceso a los mismos y también está sujeto sólo a las limitaciones generales del respeto del derecho a los demás y del orden público o social (art. 20 de la Constitución). Este derecho corresponde, igualmente, a todos, por lo que no sólo lo tienen quienes ejercen la profesión de informar, como los periodistas o comunicadores, sino todas las personas, sin discriminación, pues como lo dice la Constitución (art. 58) indica que la comunicación es libre y plural, es decir, es una libertad de todas las personas, sin discriminaciones.

El derecho a la libre expresión del pensamiento conlleva el derecho no sólo de crear y establecer medios de comunicación, sino el derecho de las personas a utilizar dichos medios de comunicación para comunicarse con los demás, incluso cuando se hace de la comunicación una profesión u oficio, como la que ejercen los periodistas.

El tercero de los derechos que consagran los artículos 57 y 58 de la Constitución, derivados de los derechos ciudadanos a la libre expresión del pensamiento y a la comunicación e información, es el derecho de toda persona a establecer medios de comunicación; es decir, crear los instrumentos necesarios para que el pensamiento pueda expresarse en forma masiva, como pueden ser, por ejemplo, los diarios, revistas y las estaciones de radio o televisión.

Este derecho al igual que los anteriores, no puede ser restringido en forma alguna por medios indirectos, mediante controles públicos abusivos, como por ejemplo, los que puedan ejercerse sobre el papel para periódicos. Lo mismo se puede decir de los medios audiovisuales, que si usan las ondas electromagnéticas que son del dominio público, requieren de una concesión del Estado. En estos casos, por ejemplo, la Convención Americana de derechos Humanos prohíbe que se restrinja el derecho por medios indirectos, tales como el abuso de controles oficiales o particulares de las frecuencias radioeléctricas o de los enseres o aparatos usados en la difusión de informaciones, como podrían ser los controles de importación o aduaneros de los aparatos para las estaciones de radio o televisión.

Los medios de comunicación son, en todo caso, el vehículo indispensable para la comunicación e información del pensamiento de las personas, por lo que deben asegurar la pluralidad propia de una sociedad democrática, garantizando el acceso a los mismos a todas las personas sin discriminaciones.

El cuarto derecho que consagra la Constitución es el derecho de toda persona a la información, que el artículo 58 exige que sea oportuna, veraz e imparcial, sin censura, de acuerdo con los principios de la igualdad y no discriminación. En cuanto a la oportunidad, esta exigencia tiene una connotación temporal, y su apreciación es difícil que llegue a ser totalmente objetiva. Tanto quien informa como quien recibe la información tienen sus respectivos parámetros del sentido de la oportunidad, los cuales pueden no coincidir. Por ello, en definitiva, es el informador el que debe establecer cuándo el suministro de una información es o no oportuno. Es decir, quien suministra la información y quien la difunde o comunica es el que debe juzgar sobre la oportunidad de hacerlo; y si bien la misma no puede ser arbitraria, pues queda sometida a los límites de la racionalidad, razonabilidad o logicidad, no es posible concebir que exista una sola autoridad, la llamada a decir cuándo es o no oportuna la información.

Pero la información, además, debe ser veraz, es decir, debe responder a criterios de veracidad o certeza, elemento que tampoco es ni puede ser absoluto y enteramente objetivo, ya que la verdad objetiva no existe; la verdad es siempre subjetiva y cada persona tiene su verdad. Ello, sin embargo, no ocurre respecto de los hechos, que en general no admiten apreciación en cuanto a su acaecimiento. Acaecen, por lo que cuando la información sólo se refiere a hechos, su misma expresión, es en sí misma, verdad. Llovió, alguien murió, hubo un choque de trenes. La expresión del hecho es, en sí misma, la verdad, si el hecho es cierto, es decir, si efectivamente acaeció.

Sin embargo, al pasar a la apreciación del hecho, en cuanto a su interpretación, la explicación de lo que lo motivó, sus circunstancias y las consecuencias de su realización, la posibilidad de veracidad objetiva desaparece. Cada persona tiene su forma y manera de apreciar los hechos; y es libre de hacerlo, así como de interpretarlos, por lo que la expresión de ello es siempre subjetiva y depende de la voluntad del comunicador, bajo su responsabilidad.

La veracidad, por tanto, nunca es objetiva, sino que siendo subjetiva, su apreciación corresponde primeramente a quien informa. Por supuesto, esta libertad de apreciación está sometida a los mismos límites de racionalidad, razonabilidad y logicidad, pero lo definitivo es que nadie puede establecer una verdad objetiva ni, por supuesto, puede pretenderse que una autoridad sea la que determine la verdad única u "oficial".

Además, la información debe ser imparcial, es decir, no debe efectuarse en favor o para beneficiar a alguien en perjuicio de otro. La imparcialidad tampoco puede ser determinada objetivamente, es decir, nadie puede establecer con carácter general cuándo una información es o no parcial o imparcial. La apreciación sobre esto es también, esencialmente subjetiva. Cada quien, al recibir una información y según el conocimiento de los hechos, tendrá su apreciación sobre la parcialidad o no de la información, y siempre será diferente de una a otra persona. Por tanto, la imparcialidad, de nuevo, tiene que ser apreciada por el comunicador, quien también tiene como límites de su apreciación, los principios de racionalidad, razonabilidad o logicidad. Sin embargo, nadie puede establecer, con carácter general, los criterios de parcialidad o imparcialidad de las informaciones.

El quinto derecho que regula la Constitución, conforme al artículo 58, es el derecho de toda persona a la réplica (respuesta) y a la rectificación cuando se vea afectada directamente por informaciones inexactas o agraviantes, de cualquier naturaleza, expresadas en medios de comunicación escritos, auditivos o visuales, por cualquier persona. El informante puede ser un periodista que informa sobre un hecho o acaecimiento y da una noticia o puede ser cualquier persona que exprese su opinión en un medio dirigido al público en general, porque escriba un artículo o cualquier otro escrito, o tenga, lleve o conduzca cualquier programa de opinión o de noticias en un medio de comunicación.

Por tanto, el que da la información que origina el derecho a la réplica y rectificación puede ser o no ser un periodista o profesional de la comunicación; y quien se ve afectado por la información personalmente, porque es inexacta o lo agravia, puede ser o no ser un periodista o un director de un medio de comunicación. La Constitución no distingue. Lo único que exige es que para que alguien tenga derecho a la réplica y a la rectificación, debe estar afectado directamente (no indirectamente) por una información que tiene que ser inexacta o tiene que haber agraviado a la persona.

Este derecho, por otra parte, consiste en un derecho a respuesta o réplica; es decir, la persona afectada directamente por la información tiene derecho a responderla, se entiende, en la misma forma y por el mismo medio en el cual salió la información lesiva; o como lo dice la Convención Americana, tiene derecho a efectuar por el mismo órgano de difusión su rectificación o respuesta en las condiciones que establezca la ley. Por ello, además, la persona afectada tiene derecho a que quien suministró la información inexacta o agraviante, rectifique la misma, en la misma forma y en el mismo medio en el cual se dio la información.

El sujeto pasivo de este derecho a réplica y rectificación, por supuesto, tiene que ser la persona que expresó o comunicó la información, y esa persona puede ser el periodista que suscribe la información en la prensa o que la suministra en los medios audiovisuales, o la persona que edita una publicación o un programa de radio o televisión, si la información suministrada no tiene autoría específica, o la persona que tiene una columna periodística regular o un programa de radio o televisión regular, y que, por tanto, tienen los medios para poder rectificar y dar cabida a la respuesta que origine la información suministrada.

Lamentablemente, todos estos derechos a la libre expresión del pensamiento, han venido progresivamente siendo minados y limitados en Venezuela durante los últimos años, paralelamente a la consolidación del régimen autoritario en el país, coartándose así las posibilidades de control de la ciudadanía y de la opinión pública sobre el gobierno y sus ejecutorias.

La primera limitación ocurrió por virtud de una decisión de la Sala Constitucional del Tribunal Supremo de Justicia, mediante sentencia nº 1.013 de 12 de junio de 2001[47], en la cual al rechazar una petición de una

47 *V.*, los comentarios a dicha sentencia en el libro Allan R. Brewer-Carías et al, *La libertad de expresión amenazada. (Sentencia 1013),* Edición Conjunta Insti-

asociación civil y de unos ciudadanos para ejercer un derecho a réplica contra el Presidente de la República por expresiones que usó en su programa de televisión semanal, la Sala interpretó los artículos 57 y 58 de la Constitución sentando una "doctrina vinculante", considerando que tal derecho a réplica y respuesta sólo lo tienen los ciudadanos cuando está vinculado o relacionado con "el derecho a la información" o con "la información comunicacional" (p. 5 de 22) y cuando se ejerce la libre expresión del pensamiento, reduciendo su ejercicio sólo "ante los medios de comunicación en general". En esta forma, ante las expresiones inexactas y agraviantes formuladas por el Presidente de la república que afectaron directamente a personas, el juez constitucional negó el derecho constitucional a la réplica, porque el Presidente de la República con su programa televisivo semanal no era un medio de comunicación.

La segunda limitación a los derechos ciudadanos a la libre expresión del pensamiento por el régimen autoritario que se ha instalado en Venezuela, deriva del abusivo uso y acaparamiento de los medios de comunicación por parte del Estado, el cual ha venido progresivamente asumiendo la propiedad de los mismos, sin que exista posibilidad alguna de exigir responsabilidad por todo lo que desde los mismos se informa o difunde.

Debe recordarse, por ejemplo, que la Sala Constitucional, en la mencionada sentencia N° 1.013 de 12-06-01, dedicó una serie de consideraciones a destacar la plena responsabilidad que corresponde al emisor del pensamiento por todo lo que exprese, la cual puede ser de orden civil, penal o disciplinaria, conforme al daño que cause a los demás, la libertad de expresión utilizada ilegalmente. De allí derivó la apreciación de la Sala de que "la libertad de expresión, aunque no está sujeta a censura previa, tiene que respetar los derechos de las demás personas" (p. 7 de 22). Esta responsabilidad para el emisor de la información, señaló la Sala, en muchos casos está compartida:

> "Con el vehículo de difusión, sobre todo cuando éste se presta a un terrorismo comunicacional que busca someter al desprecio público a personas o a instituciones, máxime cuando lo difundido no contiene sino denuestos, insultos y agresiones que no se compaginan con la discusión de ideas y conceptos" (p. 7. de 22).

La Sala construyó, así, una responsabilidad solidaria entre comunicador y medio de comunicación que sin embargo no ha habido forma de que se exija en la práctica cuando se trata de medios de comunicación controlados por el Estado y que son utilizados para aplastar, ofender y difamar a la disidencia. Y esto es lo que ha ocurrido, en los últimos años en Venezuela, en los programas de radio y televisión en los medios de comunicación del Estado, incluso del propio Presidente de la República, que se han encargado de expresar "denuestos, insultos y agresiones que no se compaginan con la discusión de ideas y conceptos" respecto de todo lo que sea disidencia con el

---

tuto Interamericano de Derechos Humanos y Editorial Jurídica Venezolana, Caracas-San José 2001.

gobierno y su política, exponiendo al desprecio público a personas o a instituciones.

La tercera limitación a la libertad de expresión del pensamiento que se ha establecido en los últimos años en Venezuela, es la que deriva de la Ley de Responsabilidad Social en Radio y Televisión de 2004[48], con la cual con la excusa de la protección integral de los niños y adolescentes, se ha buscado regular los contenidos informativos que transmitan los medios audiovisuales, limitándose la pluralidad, la diversidad y la segmentación natural de los medios audiovisuales de acuerdo con sus audiencias, estableciéndose regulaciones de contenidos según una clasificación horaria y modalidades de censura previa, incluso con la prohibición de transmisiones de información bajo el criterio de la oportunidad[49]. La Ley, además, establece posibilidades ilimitadas e imprecisas de carácter sancionatorio, como por ejemplo, al establecer la posibilidad de suspensión de transmisiones cuando los mensajes "sean contrarios a la seguridad de la Nación", noción que conforme a los artículos 322 y siguientes de la Constitución comprenden todas las actividades posibles que determine el ente sancionador; y al utilizar para regular el ejercicio de la potestad sancionatoria, innumerables conceptos jurídicos indeterminados.

La cuarta limitación a la libertad de expresión del pensamiento en Venezuela, ha sido la utilización de los instrumentos administrativos de autorizaciones y concesiones por parte del Estado, para cerrar medios de comunicación que tengan una línea de oposición al gobierno, reduciendo progresivamente las posibilidades de expresión de la disidencia, que no tiene cabida, por supuesto, en los ahora mayoría medios oficiales. Estas limitaciones se han materializado en materia de radio y televisión, con motivo de la aplicación de la Ley Orgánica de Telecomunicaciones de 2000 que exigió a las empresas de radio y televisión que tenían concesiones, autorizaciones y permisos de adaptarlas a la nueva Ley; y en particular, en mayo de 2007, con la decisión gubernamental de cerrar la empresa de televisión Radio Caracas Televisión (RCTV), al no renovar la concesión de uso del espectro radioeléctrico que tenía desde hace más de medio siglo.

En el caso, además, la Sala Constitucional del Tribunal Supremo de Justicia de Venezuela (sentencia N° 956 EXP: 07-0720 de 25-5-2007,) con la complicidad de la Sala Político Administrativa del mismo Tribunal (sentencia N° 920, EXP: 07-0197 de 17-5-2007), en lugar de proteger los derechos constitucionales de la empresa, conspiraron, en su carácter de instrumentos

48 *G. O.* 38081 de 7-12-2004.

49 *V.*, Asdrúbal Aguiar, "Hacia el dominio estatal de la personalidad humana (Análisis crítico de la Ley de responsabilidad Social en radio y televisión o Ley de Contenidos de Venezuela", en el libro *Ley de responsabilidad Social en radio y televisión*, Editorial Jurídica Venezolana, FUNEDA, Caracas 2006, pp. 11 y ss.

controlados por el Poder Ejecutivo, para secuestrárselos y violárselos[50]. El más alto nivel del Poder Judicial, así, avaló las arbitrariedades gubernamentales, cubriéndolas con un velo de judicialidad, aniquilando la libertad de expresión del pensamiento plural, y decretando impunemente la confiscación de bienes de propiedad privada; decisión ésta última, que ni siquiera el Ejecutivo o el Legislador hubieran podido haber tomado por prohibirlo la Constitución (art. 115).

Es decir, como la entidad que había creado el gobierno para sustituir la señal de RCTV no estaba en capacidad de transmitir efectivamente una señal de televisión con cobertura nacional, el juez constitucional decidió, de oficio, como si fuera gobierno arbitrario, confiscar los bienes de la empresa RCTV que cesaba en su actividad, asignándoselos "en uso temporal" indefinido y gratuito a la entidad oficial que comenzó a transmitir la señal de televisión en el mismo espacio radioeléctrico. Como lo indicó el único magistrado que salvó su voto a la decisión (Pedro Rafael Rondón Haaz), la misma implicó "la desposesión de todos los bienes indispensables para el ejercicio de la actividad económica de su preferencia de un tercero ajeno a la litis, sin límite, sin procedimiento y sin contraprestación alguna y sin siquiera llamarlo a juicio". Agregó el Magistrado disidente que con esa sentencia se había asignado a la Comisión Nacional de Telecomunicaciones "el derecho de uso de los equipos propiedad de RCTV –suerte de expropiación o, a lo menos, de ocupación previa con prescindencia absoluta del procedimiento aplicable– para acordar su uso "al operador que a tal efecto disponga", lo que implicó "la sustracción de un atributo del derecho de propiedad (el uso) de Radio Caracas Televisión RCTV C.A. sobre los bienes que fueron afectados, sin que se exprese ninguna fundamentación de naturaleza legal, la cual es la única fuente de limitación a la propiedad privada, siempre con los fundamentos que la Constitución Nacional preceptúa"[51].

La libertad de expresión, por tanto, ha sido fuerte y progresivamente limitada en Venezuela y, con ello, las posibilidades de que se pueda ejercer un efectivo control de las actuaciones del Estado por parte de la opinión pública expresada y formulada mediante medios de comunicación plurales.

---

50 *V.*, las referencias y comentarios a dichas sentencias en Allan R. Brewer-Carías, "El juez constitucional en Venezuela como instrumento para aniquilar la libertad de expresión y para confiscar la propiedad privada: el caso *RCTV*" (I de III), en *Gaceta Judicial*, Santo Domingo, República Dominicana, mayo 2007, pp. 24-27; y en Allan R. Brewer-Carías, *Crónica de la "In" Justicia Constitucional. La Sala Constitucional y el autoritarismo en Venezuela*, Editorial Jurídica Venezolana, Caracas 2007, pp. 470 y ss.

51 *V.*, los comentarios a dicha sentencia en Allan R. Brewer-Carías, *Crónica de la "In" Justicia Constitucional. La Sala Constitucional y el autoritarismo en Venezuela*, Editorial Jurídica Venezolana, Caracas 2007, pp. 470 y ss.

VI. LA GARANTÍA JUDICIAL EN EL ESTADO DE DERECHO PARA CONTROLAR EL PODER MEDIANTE RECURSOS JUDICIALES ANTE JUECES INDEPENDIENTES Y EL SOMETIMIENTO DEL PODER JUDICIAL EN EL ESTADO AUTORITARIO VENEZOLANO

Por último, en sexto lugar, en un Estado democrático de derecho, el instrumento por excelencia para poder realizar el control efectivo del ejercicio del poder del Estado para asegurar su sometimiento al derecho, es el control judicial que exige, ineludiblemente, que la autonomía e independencia del Poder Judicial en su conjunto y de los jueces en particular, esté garantizada. Sin estas últimas, simplemente no puede hablarse ni de Estado de derecho ni de posibilidad de control judicial del poder.

El principio de la independencia del Poder Judicial está declarado en el artículo 254 de la Constitución de 1999, el cual, además, establece cierta autonomía financiera del mismo, al disponer un porcentaje mínimo de orden presupuestario. Pero la base fundamental para asegurar la independencia y autonomía de los jueces, está en las normas relativas al ingreso a la carrera judicial y a la permanencia y estabilidad en los cargos. A tal efecto, en cuanto a la carrera judicial, de acuerdo con lo dispuesto en el artículo 255 de la Constitución, el ingreso a la misma y el ascenso de los jueces solo se debería hacer por concursos públicos de oposición que aseguren la idoneidad y excelencia de los participantes, debiendo la ley garantizar la participación ciudadana en el procedimiento de selección y designación de los jueces.

Por otra parte, la Constitución dispuso que los jueces sólo podían ser removidos o suspendidos de sus cargos mediante juicios disciplinarios llevados por jueces disciplinarios (art. 255), los cuales hasta 2007 no se habían ni regulado ni nombrado. La consecuencia es que por la prolongación de la transitoriedad constitucional y del funcionamiento de la Comisión de Funcionamiento del Poder Judicial creada en 1999 por la Asamblea Constituyente, la importante jurisdicción disciplinaria aún no existe y peor aún, con la anuencia del propio Tribunal Supremo de Justicia el cual ha renunciado a asumir sus funciones constitucionales.

Es decir, lamentablemente, nada de lo que estableció la Constitución para asegurar la independencia y autonomía de los jueces se ha implementado, y en 2007 todavía no se habían realizado los concursos públicos, después de que en pocos años, a partir de 1999, se destituyeron a materialmente casi todos los jueces del país, y se nombraron a dedo para reemplazarlos, a jueces provisorios o temporales. En 2006, sin embargo, en lugar de los concursos, lo que se estableció fue un sistema de titulación de los jueces suplentes, sin concursos, en clara violación de la Constitución. Es decir, el sentido de las normas constitucionales, en la práctica política ha sido distorsionado o desconocido, mediante un proceso de intervención sistemática y continua del Poder Judicial, que comenzó con la que decretó la Asamblea Nacional Constituyente en 1999[52], y que ha continuado mediante la demolición de su autonomía[53].

En efecto, desde que el Poder Judicial fue intervenido por la Asamblea Constituyente, se lo plagó de jueces provisorios sin estabilidad alguna en sus cargos, siendo por ello susceptibles de manipulación política. Esta trágica situación de la provisionalidad de los jueces con la consecuente notoria falta de independencia que afecta al sistema judicial en Venezuela, desde 2002 fue advertido por la Comisión Interamericana de Derechos Humanos en las *Observaciones Preliminares* formuladas el 10 de mayo de 2002[54], que formuló con motivo de su visita a Venezuela, señalando que: "luego de casi tres años de reorganización del Poder Judicial, un número significativo de los jueces tiene carácter provisorio, que oscila entre el 60 y el 90% según las distintas fuentes. Ello afecta la estabilidad, independencia y autonomía que debe regir a la judicatura"[55]; agregando que había sido: "informada que el problema de la provisionalidad de los jueces se ha profundizado y aumentado desde que el presente Gobierno inició un proceso de reestructuración judicial"[56].

En el antes citado *Informe Especial* sobre Venezuela del año 2003, esta la misma Comisión también expresó, que "un aspecto vinculado a la autonomía e independencia del Poder Judicial es el relativo al carácter provisorio de los jueces en el sistema judicial de Venezuela. Actualmente, la información proporcionada por las distintas fuentes indica que más del 80% de los jueces venezolanos son "provisionales"[57].

En todo caso, después de siete años de vigencia de la Constitución, aún no se había establecido la jurisdicción disciplinaria de los jueces que exige la Constitución (artículos 254 y 267) tendiente a garantizar su sola remoción mediante juicios disciplinarios, por jueces disciplinarios, por lo que con la

---

52 *V.*, nuestro voto salvado a la intervención del Poder Judicial por la Asamblea Nacional Constituyente en Allan R. Brewer-Carías, *Debate Constituyente, (Aportes a la Asamblea Nacional Constituyente)*, Tomo I, (8 agosto-8 septiembre), Caracas 1999; y las críticas formuladas a ese proceso en Allan R. Brewer-Carías, *Golpe de Estado y proceso constituyente en Venezuela,* Universidad Nacional Autónoma de México, México 2002.

53 *V.*, Allan R. Brewer-Carías, "La progresiva y sistemática demolición de la autonomía en independencia del Poder Judicial en Venezuela (1999-2004)", en *XXX Jornadas J.M. Domínguez Escovar, Estado de derecho, Administración de justicia y derechos humanos,* Instituto de Estudios Jurídicos del Estado Lara, Barquisimeto, 2005, pp.33-174.

54 *V.*, "Comunicado de Prensa" de 10-05-2000, en *El Universal*, Caracas 11-5-2002.

55 *Idem*, párrafo 30.

56 *Idem*, párrafo 31.

57 Informe sobre la Situación de los Derechos Humanos en Venezuela 2003, *cit.* párr. 161.

anuencia del propio Tribunal Supremo ha continuando en funcionamiento una "transitoria" Comisión de Reorganización del Poder Judicial (creada en 1999), que ha removido a los jueces sin debido proceso, y ha dado pie a la instauración de los mencionados jueces provisorios.

El resultado ha sido, como la mencionada Comisión Interamericana de Derechos Humanos también lo registró en su informe sobre la situación de los derechos humanos en Venezuela contenido en el Capítulo IV del *Informe* que rindió ante la Asamblea General de la OEA en 2006, que los "casos de destituciones, sustituciones y otro tipo de medidas que, en razón de la provisionalidad y los procesos de reforma, han generado dificultades para una plena vigencia de la independencia judicial en Venezuela[58]"; destacando aquellas "destituciones y sustituciones que son señaladas como represalias por la toma de decisiones contrarias al Gobierno[59]"; concluyendo que para 2005, según cifras oficiales, "el 18,30% de las juezas y jueces son titulares y 81,70% están en condiciones de provisionalidad"[60].

Lo más grave de esta irregular situación, es que en 2006 se ha pretendido solventar el problema de la provisionalidad a través de un "Programa Especial para la Regularización de la Titularidad" dirigido a los jueces accidentales, temporales o provisorios, con un lapso mayor a tres meses en el ejercicio de la función judicial. Semejante programa burla el sistema de ingreso a la función judicial que constitucionalmente sólo puede ocurrir mediante concursos públicos de oposición (artículo 255), pues se limita a una evaluación de los jueces provisorios, sin concurso ni competencia algunos, de modo que más que a "regularizar" lo que tiende es a consolidar los efectos de los nombramientos "a dedo" provisionales, y su consecuente dependencia del poder.

Por otra parte, en cuanto a los Magistrados del Tribunal Supremo de Justicia, como se ha dicho, la Constitución de 1999 creó el Comité de Postulaciones Judiciales (art. 270), como un órgano asesor del Poder Judicial para la selección de los candidatos a Magistrados (art. 264); el cual también debía asesorar a los colegios electorales judiciales para la elección de los jueces de la jurisdicción disciplinaria. Este Comité debía haber estado integrado por representantes de los diferentes sectores de la sociedad, pero la Ley Orgánica del Tribunal Supremo de Justicia de 2004, lo que reguló fue una Comisión parlamentaria ampliada, controlada por el Parlamento, burlando la disposición constitucional[61].

Las actuaciones al margen de la Constitución comenzaron en esta materia en 1999, con el nombramiento "transitorio" de los nuevos Magistrados

58 *Idem*, párrafo 291

59 *Idem*, párrafos 295 y ss.

60 *Idem*, párrafo 292

61 *V.*, los comentarios en Allan R. Brewer-Carías, *Ley Orgánica del Tribunal Supremo de Justicia,* Editorial Jurídica Venezolana, Caracas 200, pp. 32 ss.

del Tribunal Supremo de Justicia por la Asamblea Constituyente sin cumplirse los requisitos constitucionales que imponían la necesaria participación de la sociedad civil en los nombramientos. En esa forma, las previsiones constitucionales sobre condiciones para ser magistrado y los procedimientos para su designación con participación de los sectores de la sociedad, se violaron desde el inicio, continuándose luego las violaciones por la Asamblea Nacional en 2000 al hacer las primeras designaciones conforme a una "Ley especial" sancionada para efectuarlas transitoriamente, con contenido completamente al margen de las exigencias constitucionales.

Después vino, como se dijo, la reforma de la Ley Orgánica del Tribunal Supremo de Justicia de 2004, aprobada en medio de una amplia discusión y cuestionamiento respecto de la mayoría calificada que se requería por la Constitución, por tratarse de una ley orgánica.

La reforma aumentó el número de Magistrados de 20 a 32, que fueron elegidos por la Asamblea Nacional, en un procedimiento enteramente dominado por el Presidente de la República, al punto de que en víspera de los nombramientos, el entonces Presidente de la Comisión parlamentaria encargada de escoger los candidatos a Magistrados del Tribunal Supremo[62], declaró a la prensa que:

> "Si bien los diputados tenemos la potestad de esta escogencia, el Presidente de la República fue consultado *y su opinión fue tenida muy en cuenta*."(Resaltado añadido). Agregó: "*Vamos a estar claros, nosotros no nos vamos a meter autogoles*. En la lista había gente de la oposición que cumple con todos los requisitos. La oposición hubiera podido usarlos para llegar a un acuerdo en las últimas sesiones, pero no quisieron. Así que nosotros no lo vamos a hacer por ellos. *En el grupo de los postulados no hay nadie que vaya a actuar contra nosotros* y, así sea en una sesión de 10 horas, lo aprobaremos[63]".

Con razón, la Comisión Interamericana de Derechos Humanos indicó en su *Informe* a la Asamblea General de la OEA correspondiente a 2004 que "estas normas de la Ley Orgánica del Tribunal Supremo de Justicia habrían facilitado que el Poder Ejecutivo manipulara el proceso de elección de magistrados llevado a cabo durante 2004[64]".

Por otra parte, en cuanto a la estabilidad de los Magistrados del Tribunal Supremo de Justicia, el artículo 265 de la Constitución dispuso que los mismos podían ser removidos por la Asamblea Nacional mediante una mayoría calificada de las dos terceras partes de sus integrantes, previa audiencia concedida al interesado, en caso de faltas graves calificadas por el Poder Ciuda-

---

62 El diputado Pedro Carreño, quien en enero de 2007 fue luego designado Ministro del Interior y de Justicia.

63 *V.*, en *El Nacional*, Caracas, 13-12-2004.

64 Comisión Interamericana de Derechos Humanos, *Informe sobre Venezuela 2004*, párrafo 180.

dano. Con esta disposición, la autonomía e independencia de los magistrados, puede decirse que desapareció, conformando una vía de injerencia no conveniente ni aceptable de la instancia política del Poder en relación con la administración de Justicia. Con ello, es la Asamblea Nacional la que ejerce un control político sobre los Magistrados del Tribunal Supremo, quienes están advertidos de que siempre pueden ser investigados y removidos incluso hasta con el voto de la mayoría absoluta de los diputados, como inconstitucionalmente se estableció en la Ley Orgánica del Tribunal Supremo de Justicia en 2004, en evidente fraude a la Constitución[65].

Ello provocó la destitución o "jubilación" de los Magistrados que osaron no seguir la línea gubernamental[66], con lo cual el gobierno asumió un control absoluto del Tribunal Supremo de Justicia en general, y de cada una de sus Salas en particular, especialmente de la Sala Constitucional.

En esta forma, en Venezuela se ha configurado un Tribunal Supremo de Justicia altamente politizado y sujeto a la voluntad del Presidente de la República, que ha eliminado en la práctica toda la autonomía del Poder Judicial y el propio postulado de la separación de los poderes, como piedra angular del Estado de Derecho y de la vigencia de las instituciones democráticas; y ha eliminado toda posibilidad de control judicial efectivo del poder por parte de los ciudadanos. El propio Presidente de la República se ha encargado de decir cómo es que tiene que funcionar el Tribunal Supremo, consultando previamente al jefe de Estado, cuando al referirse a una sentencia de la Sala Constitucional muy criticada, en la cual reformó de oficio una norma de la Ley del Impuesto sobre la renta, simplemente dijo:

> "Muchas veces llegan, viene el Gobierno Nacional Revolucionario y quiere tomar una decisión contra algo por ejemplo que tiene que ver o que tiene que pasar por decisiones judiciales y ellos empiezan a moverse en contrario a la sombra, y muchas veces logran neutralizar decisiones de la Revolución a través de un juez, o de un tribunal, o *hasta en el mismísimo Tribunal Supremo de Justicia, a espaldas del líder de la Re-*

---

65 *V.*, los comentarios en Allan R. Brewer-Carías, *Ley Orgánica del Tribunal Supremo de Justicia,* Editorial Jurídica Venezolana, Caracas 200, pp. 41 ss.

66 Fue el caso, por ejemplo, del Magistrado Franklin Arrieche, Vice Presidente del Tribunal Supremo de Justicia, quien fue Ponente de la sentencia de la Sala Plena Accidental de 14-08-2002 que decidió el antejuicio de mérito a los generales que actuaron el 12 de abril de 2002, declarando que no había mérito para enjuiciarlos porque en esa ocasión no había ocurrido un golpe militar sino un vacío de poder; y de los Magistrados Alberto Martini Urdaneta, Presidente de la Sala Electoral y Rafael Hernández y Orlando Gravina, Magistrados de la misma Sala, quienes suscribieron la sentencia de fecha sentencia N° 24 del 15-03-2004 (Caso: *Julio Borges, César Pérez Vivas, Henry Ramos Allup, Jorge Sucre Castillo, Ramón José Medina y Gerardo Blyde vs. Consejo Nacional Electoral*), que suspendió los efectos de la Resolución N° 040302-131 de 02-03-2004, del Consejo Nacional Electoral que en su momento impidió la realización del referendo revocatorio presidencial.

volución, actuando por dentro contra la Revolución. Eso es, repito, traición al pueblo, traición a la Revolución[67]".

Este sometimiento del Tribunal Supremo a la voluntad del Ejecutivo Nacional, es catastrófica en relación a le autonomía e independencia del Poder Judicial, particularmente si se tiene en cuenta, además, que dicho Tribunal ejerce el gobierno y administración de todo el Poder judicial.

Debe recordarse que la Constitución de 1999 eliminó al antiguo Consejo de la Judicatura que era el órgano que desde 1961 administraba el Poder Judicial, y en su lugar, el Tribunal Supremo de Justicia pasó a ser la institución que constitucionalmente domina enteramente el sistema judicial venezolano, en particular en lo que se refiere al nombramiento y remoción de los jueces, cuya inestabilidad avalada y promovida por el mismo Tribunal Supremo, y el nombramiento de los jueces sin el concurso público que exige la Constitución, es el componente esencial de la sujeción política de los tribunales venezolanos.

Todo ello ha alienado al Poder Judicial de su función fundamental de servir de instrumento de control de las actividades de los otros órganos del Estado para asegurar su sometimiento a la ley.

APRECIACIÓN FINAL

Para que exista una democracia como régimen político, y un Estado constitucional y democrático de derecho es evidente que no bastan las declaraciones contenidas en los textos constitucionales que hablen del derecho al sufragio y a la participación política; ni de la división o separación horizontal del Poder Público, ni de su distribución vertical o territorial del poder público, de manera que los diversos poderes del Estado puedan limitarse mutuamente; así como tampoco bastan las declaraciones que se refieran a la posibilidad de los ciudadanos de controlar el poder del Estado, mediante elecciones libres y justas que garanticen la alternabilidad republicana; mediante un sistema de partidos que permita el libre juego del pluralismo democrático; mediante la libre manifestación y expresión del pensamiento y de la información que movilice la opinión pública; y mediante el ejercicio de recursos judiciales ante jueces independientes que permitan asegurar la vigencia de los derechos humanos y el sometimiento del Estado al derecho. Tampoco bastan las declaraciones constitucionales sobre la "democracia participativa y protagónica" o la descentralización del Estado; así como tampoco la declaración extensa de derechos humanos.

Además de las declaraciones, es necesaria la voluntad política para su implementación en la práctica de manera que sirvan para que en democracia, se pueda efectivamente controlar el poder, como única forma de garantizar la vigencia del Estado de derecho, y el ejercicio real de los derechos humanos.

---

67 Discurso del Presidente de la Republica en el Primer Evento con propulsores del Partido Socialista Unido de Venezuela, Teatro Teresa Carreño, Caracas 24 marzo 2007.

Como hemos visto, en Venezuela, lamentablemente nada de ello se ha implementado, y al contrario, en fraude continuo a la Constitución efectuado por el Legislador y por el Tribunal Supremo de Justicia, guiados por el Poder Ejecutivo, a pesar de las excelentes normas constitucionales, en contra de las mismas se ha venido estructurando un Estado autoritario que ha aniquilado toda posibilidad de control del ejercicio del poder.

Y ello, ahora, en 2007, se pretende consolidar mediante unas Propuestas de reforma constitucional que se discutían en octubre de este año, que buscaban establecer un Estado centralizado, socialista, militarista y policial, mediante un sistema de organización de un Poder Único, denominado del Poder Popular o del Poder Comunal (Estado comunal o Estado socialista), completamente concentrado y centralizado, y conducido políticamente por el Presidente de la República mediante un Partido Único que preside[68].

Y ambos, el Poder Popular y el Partido Único, con el objeto de imponer "la dictadura de la democracia[69]", tal como lo anunció el Vicepresidente de la República en enero de 2007; lo que es la propia negación de la democracia, pues en ella no puede haber ningún tipo de dictadura.

---

68 *V.*, Allan R. Brewer-Carías, Hacia la consolidación de un Estado Socialista, Centralista, Policial y Militarista. Comentarios sobre el alcance y sentido de las propuestas de reforma constitucional 2007, Editorial Jurídica Venezolana, Caracas 2007

69 El Vicepresidente de la República, Jorge Rodríguez, expresó en enero de 2007: "Claro que queremos instaurar una dictadura, la dictadura de la democracia verdadera y la democracia es la dictadura de todos, ustedes y nosotros juntos, construyendo un país diferente. Claro que queremos que esta dictadura de la democracia se instaure para siempre", en El *Nacional*, Caracas 01-02-2007, p. A-2.

TERCERA PARTE

ALGO SOBRE LAS NUEVAS TENDENCIAS DEL DERECHO CONSTITUCIONAL: EL RECONOCIMIENTO DEL DERECHO A LA CONSTITUCIÓN Y DEL DERECHO A LA DEMOCRACIA*

(México, 2007)

Si algo caracteriza el derecho constitucional contemporáneo, ha sido la progresiva ampliación del contenido de las declaraciones de derechos fundamentales, tanto en el ámbito interno como en el ámbito internacional, de manera que en las Constituciones y en los Tratados internacionales, además de los clásicos derechos civiles y políticos se han venido enumerando, los derechos sociales, culturales, económicos, ambientales y de los pueblos indígenas, todos con posibilidad de ser justiciables.

Durante los últimos sesenta años, por tanto, la más marcada tendencia del derecho constitucional fue el desarrollo de los mecanismos de protección de los derechos humanos, por una parte, con el proceso de internacionalización del régimen de los mismos, que comenzó después de la segunda guerra mundial y que en nuestro Continente americano culminó con la Convención Americana de Derechos Humanos; y por la otra, el proceso subsiguiente de constitucionalización de dicha internacionalización con lo cual, incluso, las

---

* Texto publicado en el libro: *Grandes temas para un observatorio electoral ciudadano, Tomo I, Democracia: retos y fundamentos, (Compiladora Nuria González Martín),* Instituto Electoral del Distrito Federal, México 2007, pp. 171-220. Ideas de este trabajo las incluí en el Prólogo al libro de Asdrúbal Aguiar, *El derecho a la democracia. La democracia en el derecho y la jurisprudencia interamericanos. La libertad de expresión, piedra angular de la democracia*, Colección Estudios Jurídicos No 87, Editorial Jurídica Venezolana, Caracas 2008, pp. 17-37

previsiones de los tratados internacionales llegaron en algunos casos a prevalecer sobre las notas de las propias Constituciones[1].

En el Siglo XXI, también en relación con los derechos fundamentales, puede decirse que igualmente se han venido delineando nuevas tendencias del derecho constitucional signadas por la progresión en materia de derechos humanos, con marcada tendencia hacia la identificación de derechos vinculados con los más esenciales principios clásicos del constitucionalismo, como es la idea misma de Constitución como norma suprema y el régimen político democrático que tiende a consolidarse a pesar de que no hayan dejado de aparecer regímenes autoritarios constituidos, precisamente, en fraude a la Constitución y a la democracia.

Ha sido precisamente el afianzamiento progresivo del Estado Constitucional y Democrático de derecho durante las últimas décadas del Siglo XX, el que ha permitido que en estos comienzos del Siglo XXI se comiencen a identificar otros derechos constitucionales específicos que derivan de su propia concepción, como son precisamente, el derecho a la Constitución como norma suprema, y el derecho a la democracia como régimen político.

Ambos se refieren a principios fundamentales del constitucionalismo moderno, los cuales generalmente se analizan en sí mismos sin destacar su relación íntima y esencial con los ciudadanos. Sólo en forma indirecta la Constitución y la democracia se vinculan al ciudadano, por ejemplo, cuando se habla, por una parte, de las garantías constitucionales o del derecho ciudadano a la tutela judicial efectiva, y por la otra, del derecho ciudadano al sufragio, a la participación política o a la asociación en partidos políticos.

Sin embargo, además de esos derechos constitucionales individualizados que sin duda tienen que ver, los primeros con la Constitución, y los segundos, con el régimen democrático, los mismos han venido evolucionando de manera que hoy podamos hablar, además de los derechos constitucionales específicos antes mencionados, de que hay un derecho ciudadano a la Constitución, y además, de que también hay un derecho ciudadano a la democracia. Es a esta tendencia a la cual quiero referirme en estas notas, como aspectos precisamente de las nuevas tendencias del derecho constitucional en estos principios del Siglo XXI.

I. EL DERECHO A LA CONSTITUCIÓN Y A SU SUPREMACÍA

En primer lugar, *el derecho a la Constitución*[2], considerada ésta como ley suprema que en el marco del constitucionalismo moderno, necesariamen-

1 Allan R. Brewer-Carías, Mecanismos nacionales de protección de los derechos humanos (Garantías judiciales de los derechos humanos en el derecho constitucional comparado latinoamericano), 61 ss. (Instituto Interamericano de Derechos Humanos, San José, 2005).

2 Allan R. Brewer-Carías, "Prólogo sobre el derecho ciudadano a la Constitución" al libro de Johann Newton López, *La Constitución. Un Pacto Social,* República Dominicana, 2008.

te tiene que ser adoptada por el pueblo, es decir, debe ser la manifestación de la voluntad popular y no un documento otorgado por algún monarca o autócrata, tal como se derivó de la Revolución Norteamericana de 1776 y de la Revolución Francesa de 1789[3].

Sin embargo, para que esa Constitución sea efectivamente la ley suprema de una sociedad en un momento dado de su historia, es indispensable que sea realmente el producto de esa misma sociedad, globalmente considerada, como resultado de la manifestación de la voluntad popular, sin imposiciones externas ni internas. Las Constituciones impuestas por una fuerza invasora o por un grupo político al resto de los integrantes de la sociedad, salvo excepciones contadas, no sólo tienen una precaria supremacía, sino una duración limitada, generalmente ligada a la presencia efectiva en el poder del grupo foráneo o nacional que la impuso. La Sala Constitucional del Tribunal Supremo de Justicia de Venezuela, en este sentido, cuando aún no se había convertido lamentable y totalmente en un instrumento del autoritarismo[4], destacó en una sentencia del 9 de noviembre de 2000 lo que consideró un "hecho fundamental" aunque no siempre "evidente a simple vista", el cual es que:

> "La Constitución es suprema en tanto es producto de la autodeterminación de un pueblo, que se la ha dado a sí mismo sin intervención de elementos externos y sin imposiciones internas. Así, la Constitución viene a ser, necesariamente, la norma fundamental a la cual se encuentran vinculadas las múltiples formas que adquieren las relaciones humanas en una sociedad y tiempo determinados[5]".

De ello deriva el postulado antes señalado de que la Constitución, para ser tal, tiene que ser producto de un pacto social formulado por el pueblo, "sin intervención de elementos externos y sin imposiciones internas", que es, además, lo que como norma suprema o fundamental garantiza su obligatorio acatamiento por los gobernantes y los gobernados. Y es precisamente en los casos en los cuales la Constitución es producto de la voluntad del pueblo expresada como pacto de la sociedad, que el propio pueblo, colectivamente, y además, todos sus integrantes individualmente considerados, tienen un derecho esencial a que esa Constitución se respete, a que se mantenga con-

---

3 Allan R. Brewer-Carías, *Reflexiones sobre la Revolución Americana (1776) y la Revolución Francesa (1789) y sus aportes al constitucionalismo moderno*, (Cuadernos de la Cátedra Allan R. Brewer-Carías de Derecho Administrativo, Universidad Católica Andrés Bello, N° 1, (Editorial Jurídica Venezolana, Caracas 1992).

4 Allan R. Brewer-Carías, *Crónica de la "In" Justicia Constitucional. La Sala Constitucional y el autoritarismo en Venezuela*, (Colección Instituto de Derecho Público, Universidad Central de Venezuela, Caracas 2007).

5 Sentencia de la Sala Constitucional N° 1347 de 9 de noviembre de 2001, *Revista de Derecho Público,* N° 81, 265, (enero-marzo), (Editorial Jurídica Venezolana, Caracas 2000).

forme a la voluntad popular que la expresa y a que sea suprema. De ello deriva este otro nuevo derecho fundamental que es el derecho ciudadano a la supremacía de la Constitución[6]. Ambos derechos, como todo derecho constitucional, en un Estado Constitucional tienen que ser exigibles ante los tribunales, es decir, tienen que ser justiciables.

Este derecho a la Constitución y a la supremacía constitucional, por otra parte, es de la esencia del Estado de Derecho, que está montado, precisamente, sobre esa misma idea de la Constitución como norma fundamental y suprema, que debe prevalecer sobre toda otra norma o acto estatal. Ese fue, como dijimos, el gran y principal aporte de las revoluciones norteamericana y francesa al constitucionalismo moderno, y su desarrollo progresivo fue el fundamento de los sistemas de justicia constitucional que se desarrollaron en el mundo contemporáneo, en particular, los destinados a la protección de la Constitución y al amparo de los derechos y libertades consagrados en las Constituciones. Esta idea de la supremacía constitucional, fundamento del derecho a la Constitución como norma fundamental y suprema, fue doctrinalmente elaborada por primera vez en Norteamérica, en 1788, por Alexander Hamilton en *El Federalista*, cuando al referirse al papel de los jueces como intérpretes de la ley, señalando:

> "Una Constitución es, de hecho, y así debe ser vista por los jueces, como ley fundamental, por tanto, corresponde a ellos establecer su significado así como el de cualquier acto proveniente del cuerpo legislativo Si se produce una situación irreconocible entre los dos, por supuesto, aquel que tiene una superior validez es el que debe prevalecer; en otras palabras, la Constitución debe prevalecer sobre las leyes, *así como la intención del pueblo debe prevalecer sobre la intención de sus agentes*[7]".

De esta afirmación, se deriva, además, el poder de los jueces para poder controlar la constitucionalidad de las leyes, el postulado esencial de que la Constitución como producto de la voluntad popular, debe siempre prevalecer sobre la intención de los gobernantes.

Este es, precisamente, el fundamento del derecho ciudadano a que la voluntad popular expresada en la Constitución sea respetada por quienes gobiernan, quienes en su gestión no pueden pretender hacer prevalecer su voluntad frente a la voluntad popular del pueblo expresada en la Constitución.

---

6 Al tema me he referido en diversos trabajos, y entre ellos, en el libro Allan R. Brewer-Carías, Mecanismos nacionales de protección de los derechos humanos (Garantías judiciales de los derechos humanos en el derecho constitucional comparado latinoamericano), 74 ss. (Instituto Interamericano de Derechos Humanos, San José, 2005). Debo recordar aquí, que el tema lo discutí en múltiples ocasiones con mi entrañable amigo Rodolfo Piza Escalante, quien fue Juez de la Corte Interamericana de Derechos Humanos y Magistrado de la importante Sala Constitucional de la Corte Suprema de Costa Rica.

7 Alexander Hamilton, *The Federalist* 491- 493 (Ed. por B.F. Wrigth Cambridge, Mass., 1961).

Además, por ello, el mismo Hamilton, al desarrollar el principio del poder de los jueces para declarar la nulidad de los actos legislativos contrarios a la Constitución, y argumentar que ello no significaba dar superioridad del Poder Judicial sobre el Legislador, señaló que ello:

> "Lo único que supone es *que el poder del pueblo es superior a ambos; y* que en los casos en que la voluntad del legislador declarada en las leyes, esté en *oposición con la del pueblo declarada en la Constitución,* los Jueces deben estar condicionados por la última, antes que por las primeras".

Concluyó Hamilton señalando que:

> "Ningún acto legislativo contrario a la Constitución puede ser válido. Negar esto, significaría afirmar que el subalterno es más importante que el principal; que el sirviente está por encima de sus patrones; *que los representantes del pueblo son superiores al pueblo mismo"*.

De éstas proposiciones de Hamilton lo que más nos interesa destacar aquí, aparte del poder de la Corte Suprema de los Estados Unidos para declarar como nulas y sin valor las leyes estadales y federales contrarias a la Constitución[8], lo que por supuesto tuvo un efecto fundamental en el desarrollo de los sistemas de justicia constitucional como materialización del derecho a la supremacía constitucional; es la idea misma antes expuesta de que en virtud de que la Constitución es manifestación de la voluntad del pueblo, el principal derecho constitucional de los ciudadanos es el *derecho a dicha Constitución y a su supremacía,* es decir, al respeto de la propia voluntad popular expresada en ella. Nada se ganaría con decir que la Constitución como manifestación de la voluntad del pueblo, es ley suprema que debe prevalecer sobre la de todos los órganos del Estado y sobre la actuación de los individuos, si no existiese el derecho de los integrantes del pueblo, es decir, de los ciudadanos a dicha supremacía y, además, a exigir el respeto de esa Constitución, lo que se traduce en el derecho a la tutela judicial efectiva de la propia Constitución.

Por todo ello, en las Constituciones latinoamericanas más recientes, como la de Colombia, incluso se ha consagrado expresamente el principio de la supremacía constitucional, al disponerse que "La Constitución es norma de normas" por lo que "en todo caso de incompatibilidad entre la Constitución y la Ley u otra norma jurídica, se aplicarán las disposiciones constitucionales" (Art. 4). En igual sentido, en la Constitución de Venezuela de 1999 se estableció que "La Constitución es la norma suprema y el fundamento del ordenamiento jurídico", a la cual quedan sujetos "todas las personas y los

8 *V.,* los comentarios sobre los célebres casos Vanhorne's Lessee v. Dorrance, 1776 y Masbury v. Madison, 1803, en Allan R. Brewer-Carías, *Judicial Review in Comparative Law,* (Cambridge University Press, Cambridge 1989).

órganos que ejercen el Poder Público" (Art. 7)[9]; constituyendo, además, "cumplir y acatar" la Constitución (Art. 131), uno de los deberes constitucionales de los ciudadanos y funcionarios.

Esta idea de la Constitución como norma suprema y fundamento del ordenamiento jurídico, además, se ha conformado en América Latina conforme a una tradición normativa que se remonta al texto de la "Constitución Federal para los Estados de Venezuela" de diciembre de 1811, que previó expresamente de la obligatoriedad de sus normas tanto para todos los órganos que ejercen el Poder Público como para los particulares.

Por eso la Sala Constitucional del Tribunal Supremo de Justicia de Venezuela en la misma sentencia antes citada de 2000, señaló que de la supremacía deriva:

> "Que la Constitución ostente, junto con el ordenamiento jurídico en su totalidad, un carácter normativo inmanente; esto es, un deber ser axiológico asumido por la comunidad como de obligatorio cumplimiento, contra cuyas infracciones se activen los mecanismos correctivos que el propio ordenamiento ha creado. La Constitución, también, sin que pueda ser de otro modo, impone modelos de conducta encaminados a cumplir pautas de comportamiento en una sociedad determinada[10]".

Ahora bien, la consecuencia fundamental de la consagración expresa de este principio de la supremacía constitucional en las Constituciones de Colombia y Venezuela, por ejemplo, ha sido la previsión, en el propio texto constitucional, de todo un sistema diseñado para la protección y garantía de esa supremacía constitucional frente a las leyes, montado sobre el control judicial de su constitucionalidad, lo cual constituye, sin duda, uno de los pilares fundamentales del constitucionalismo contemporáneo y del Estado de Derecho[11]. Todo ello, ha derivado en la consagración expresa del derecho constitucional de los ciudadanos a la tutela judicial de dicha supremacía, sea mediante los sistemas de control difuso de la constitucionalidad ejercido por todos los jueces (Art. 4, Colombia; Art. 334, Venezuela) o mediante el control concentrado de la constitucionalidad de las leyes ejercido por la Jurisdicción Constitucional como es el caso de la Corte Constitucional colombia-

---

9 Me correspondió proponer en la Asamblea Nacional Constituyente de 1999 la consagración en forma expresa de dicho principio constitucional. Allan R. Brewer-Carías, *Debate Constituyente, (Aportes a la Asamblea Nacional Constituyente),* II, 24 (9 septiembre-17 octubre 1999), (Fundación de Derecho Público-Editorial Jurídica Venezolana, Caracas, 1999).

10 Sentencia de la Sala Constitucional N° 1347 de 9 de noviembre de 2001, *Revista de Derecho Público,* N° 81,264, (enero-marzo), (Editorial Jurídica Venezolana, Caracas 2000).

11 Allan R. Brewer-Carías, *Instituciones Políticas y Constitucionales*, *Evolución Histórica del Estado*, I, 47 ss. (Universidad Católica del Táchira-Editorial Jurídica Venezolana, Caracas-San Cristóbal, 1996).

na (Art. 241) o de la Sala Constitucional del Tribunal Supremo de Justicia en Venezuela (Art. 336)[12].

Además, se ha manifestado por la previsión en las Constituciones de las acciones de *hábeas corpus, habeas data* o de amparo o de tutela de los derechos constitucionales fundamentales (Arts. 30 y 86, Colombia; Art. 27, Venezuela).

El constitucionalismo moderno, por tanto, en nuestro criterio, está montado no sólo sobre el derecho a la Constitución sino sobre el *derecho ciudadano a esa supremacía,* que se concreta, conforme al principio de la separación de poderes, en *un derecho fundamental a la tutela judicial de la supremacía constitucional,* tanto respecto de la parte orgánica de la Constitución como respecto de su parte dogmática, para cuya preservación se establecen un conjunto de garantías. Ese derecho implica, además, en cuanto a la parte orgánica de la Constitución, el derecho ciudadano a la separación de poderes y el derecho a la distribución territorial del poder o a la autonomía de las instituciones político territoriales; y en cuanto a la parte dogmática, el derecho a la efectividad y goce de los derechos constitucionales mediante las garantías establecidas en la Constitución.

Es por ello que para asegurar la supremacía, las Constituciones establecen directamente en su propio texto una serie de garantías, como la garantía objetiva de la Constitución que considera como nulos y sin valor los actos contrarios a la Constitución; o la garantía de la reserva legal a los efectos del establecimiento de las limitaciones a los derechos, que no pueden establecerse por cualquier autoridad sino mediante ley formal. Además, está la garantía de la responsabilidad que por supuesto implica de que todo acto contrario a la Constitución y a los derechos constitucionales en ella previstos, tiene que comprometer la responsabilidad de quien lo ejecutó.

Por supuesto, la garantía fundamental del derecho a la Constitución y a su supremacía, es justamente la posibilidad que tienen los individuos de acudir ante los órganos judiciales para requerir el aseguramiento de los derechos, de manera que se hagan efectivos. Por ello, la garantía fundamental de los derechos constitucionales es la garantía judicial, porque en definitiva, el sistema judicial en cualquier país se establece precisamente para la protección de los derechos de las personas. Esto lo regulan, incluso, casi todas las Constituciones cuando se refieren al Poder Judicial o al derecho de acceder a la justicia, para la protección de los derechos y garantías.

---

12 Allan R. Brewer-Carías, *Instituciones Políticas y Constitucionales, Justicia Constitucional,* VII, 658, (Universidad Católica del Táchira-Editorial Jurídica Venezolana, Caracas-San Cristóbal, 1997); y *El Sistema mixto o integral de control de la constitucionalidad en Colombia y Venezuela*, Universidad Externado de Colombia (Temas de Derecho Público Nº 39) y Pontificia Universidad Javeriana (Quaestiones Juridicae Nº 5), Bogotá 1995.

Ahora bien, este derecho fundamental a la Constitución y a su supremacía, y con ellos, al respeto de los derechos constitucionales, como antes se dijo, se concreta en un derecho al control jurisdiccional de la constitucionalidad de los actos estatales, sea mediante sistemas de justicia constitucional concentrados o difusos, y en un derecho al amparo judicial de los demás derechos fundamentales de las personas, sea mediante acciones o recursos de amparo u otros medios judiciales de protección inmediata de los mismos. La consecuencia de este derecho fundamental, sin duda, implica la atribución a los jueces del poder de asegurar la supremacía constitucional, lo que resulta declarando la nulidad de los actos contrarios a la Constitución, o restableciendo los derechos fundamentales vulnerados por acciones ilegítimas adoptadas tanto por los órganos del Estado como por los particulares.

Por otra parte, tratándose de un derecho fundamental de los ciudadanos el de asegurar la supremacía constitucional mediante la tutela judicial de la Constitución, es evidente que sólo ésta es la que podría limitar dicho derecho, es decir, es incompatible con la idea del derecho fundamental a la supremacía constitucional, que se establezcan limitaciones legales a la misma, sea manifestadas en actos estatales excluidos del control judicial de constitucionalidad, sea en derechos constitucionales cuya violación no pudiera ser amparable en forma inmediata. Tal como lo señaló la antigua Corte Suprema de Justicia de Venezuela en 1962:

> "Si la regla general constitucionalmente establecida es la del pleno ejercicio del control constitucional de todos los actos del Poder Público, *cualquier excepción a dicha regla tendría que emanar*, necesariamente, de la propia Constitución. Ni siquiera una disposición legal podría sustraer alguno de aquellos actos al control antes dicho; y menos aún pueden autorizarlo los órganos jurisdiccionales como intérpretes fieles que deben ser del contenido de aquella norma. A todo evento, y, ante la duda que pudiera surgir acerca de si algún acta emanada del Poder Público es o no susceptible de revisión constitucional por acción directa, debe optarse, en obsequio a aquel amplio y fundamental principio constitucional, por admitir su examen por parte de este Alto Tribunal[13]".

La supremacía constitucional, por tanto, es una noción absoluta, que no admite excepciones, por lo que el derecho constitucional a su aseguramiento tampoco podría admitir excepciones, salvo por supuesto, que sean establecidas en la propia Constitución. De lo anterior resulta que en definitiva, en el derecho constitucional contemporáneo, la justicia constitucional se ha estructurado como una garantía adjetiva al derecho fundamental del ciudadano a la Constitución y a la supremacía constitucional.

En cierta forma, como lo señaló Sylvia Snowiss en su análisis histórico sobre los orígenes de la justicia constitucional de Norteamérica, ésta puede

13 Sentencia de la Corte Suprema de Justicia en Pleno de 15–03–1962, en *Gaceta Oficial.*, N° 760, Extraordinaria de 22-3-62.

decirse que surgió como un sustituto de la revolución[14], en el sentido de que si los ciudadanos tienen derecho a la supremacía constitucional como pueblo soberano, cualquier violación de la Constitución podría dar lugar a la revocatoria del mandato de los representantes o a su sustitución por otros, pudiendo, además, invocarse un derecho a la resistencia o a la revuelta, tal como lo defendió John Locke[15].

Antes del surgimiento del Estado de derecho, por tanto, en casos de opresión de los derechos o de abuso o usurpación, la revolución era la vía de solución de los conflictos entre el pueblo y los gobernantes. Como sustituto de la misma, sin embargo, precisamente surgió el poder atribuido a los jueces para dirimir los conflictos constitucionales entre los poderes constituidos o entre éstos y el pueblo. Esa es, precisamente, la tarea del juez constitucional, quedando configurada la justicia constitucional como la principal garantía al derecho ciudadano a la supremacía constitucional.

Sin embargo, a pesar de la previsión de dichos mecanismos de justicia constitucional, no debe dejar de destacarse que muchas Constituciones aún consagran el derecho ciudadano a la desobediencia civil, por ejemplo, respecto de regímenes, de legislación y de autoridades que contraríen la Constitución. Un ejemplo de esto es el artículo 350 de la Constitución de Venezuela de 1999, en el cual se dispuso que:

> "El pueblo de Venezuela, fiel a su tradición republicana, a su lucha por la independencia, la paz y la libertad, desconocerá cualquier régimen, legislación o autoridad que contraríe los valores, principios y garantías democráticas o menoscabe los derechos humanos".

Este artículo consagra constitucionalmente lo que la filosofía política moderna ha calificado como desobediencia civil[16], que es una de las formas

---

14 Silvia Snowiss, *Judicial Review and the Law of the Constitution,* 113 (Yale University Press 1990).

15 John Locke, *Two Treatises of Government* (Ed. Peter Laslett), 211-221 (Cambridge UK, 1967).

16 Sobre la desobediencia civil y el artículo 350 de la Constitución de Venezuela, *V.,*: María L. Álvarez Chamosa y Paola A. A. Yrady, "La desobediencia civil como mecanismo de participación ciudadana", *Revista de Derecho Constitucional,* N° 7, 7-21(2003); Andrés A. Mezgravis, "*¿Qué es la desobediencia civil?", Revista de Derecho Constitucional,* N° 7 189-191 (2003); Marie Picard de Orsini, "Consideraciones acerca de la desobediencia civil como instrumento de la democracia", en *El Derecho Público a comienzos del siglo XXI. Estudios homenaje al Profesor Allan R. Brewer-Carías,* Tomo I, 535-551 (Instituto de Derecho Público, UCV, Civitas Ediciones, Madrid, 2003); y Eloisa Avellaneda y Luis Salamanca, "El artículo 350 de la Constitución: derecho de rebelión, derecho resistencia o derecho a la desobediencia civil", en *El Derecho Público a comienzos del siglo XXI. Estudios homenaje al Profesor Allan R. Brewer-Carías,* Tomo I, 553-583 (Instituto de Derecho Público, UCV, Civitas Ediciones, Madrid, 2003).

pacíficas como se manifiesta el mencionado derecho de resistencia, que tuvo su origen histórico en el antes mencionado derecho a la insurrección que difundió John Locke. Además, tiene su antecedente constitucional remoto en la Constitución Francesa de 1793 en cuyo artículo 35, que era el último de los artículos de la Declaración de los Derechos del Hombre y del Ciudadano que la precedía, se estableció que "Cuando el gobierno viole los derechos del pueblo, la insurrección es, para el pueblo y para cada porción del pueblo, el más sagrado de los derechos y el más indispensable de los deberes".

Esta norma, que era típica de un gobierno revolucionario como el del Terror, sin duda, fue anómala y pronto desapareció de los anales del constitucionalismo. Sin embargo, ello no ha impedido la aparición en las Constituciones de algunas versiones contemporáneas, que si bien no se refieren al derecho a la insurrección, consagran el derecho a la rebelión contra los gobiernos de fuerza, como es el consagrado, por ejemplo, en el artículo 333 de la Constitución venezolana que establece el deber de "todo ciudadano investido o no de autoridad, de colaborar en el restablecimiento de la efectiva vigencia de la Constitución", si la misma llegare a perder "su vigencia o dejare de observarse por acto de fuerza o porque fuere derogada por cualquier otro medio distinto al previsto en ella". Es el único caso en el cual una Constitución pacifista como la venezolana de 1999, admite que pueda haber un acto de fuerza para reaccionar contra un régimen que por la fuerza hubiere irrumpido contra la Constitución[17]. El tema central en esta materia, por supuesto, es la determinación de cuándo desaparece la obligación de la obediencia a las leyes y cuándo se reemplaza por la también obligación-derecho de desobedecerlas y esto ocurre, en general, cuando la ley es injusta; cuando es ilegítima, porque por ejemplo emana de un órgano que no tiene poder para legislar, o cuando es nula, por violar la Constitución.

De todo lo anterior resulta entonces que en el constitucionalismo contemporáneo propio del Estado Constitucional y democrático de derecho, es posible identificar el mencionado derecho ciudadano a la Constitución, que a la vez, como hemos visto, se desdobla en el derecho ciudadano a la supremacía constitucional, el derecho ciudadano a la tutela efectiva de la Constitución, el derecho ciudadano al amparo a los derechos y garantías constitucionales, y el derecho ciudadano a la desobediencia civil e incluso, a la rebelión frente a rupturas ilegítimas de la Constitución.

II. DERECHO A LA DEMOCRACIA

Pero en segundo lugar, además del derecho a la Constitución, en las nuevas tendencias del derecho constitucional derivado igualmente de la propia concepción de dicho Estado democrático de derecho, también puede

---

17 Allan R. Brewer-Carías, *La crisis de la democracia en Venezuela*, Ediciones Libros El Nacional, Caracas 2002, p. 33 y ss.

identificarse el *derecho a la democracia*[18], de lo que resulta que esta debe ser considerada no sólo como un régimen político determinado, sino en un Estado Constitucional como un derecho ciudadano. La consecuencia de ello además, es que los derechos políticos han comenzado a dejar de estar reducidos a los que generalmente se habían establecido expresamente en las Constituciones, como son los clásicos derecho al sufragio, al desempeño de cargos públicos, a asociarse en partidos políticos y, más recientemente, a la participación política.

En el mundo contemporáneo, por tanto, se puede hoy también hablar de otros derechos políticos que se derivan del régimen democrático, como es el mencionado derecho ciudadano a la democracia, o a un régimen político en el cual se garanticen sus *elementos esenciales* tal como fueron enumerados por la *Carta Democrática Interamericana* de la OEA 2001, y que son los siguientes: 1) el respeto a los derechos humanos y las libertades fundamentales; 2) el acceso al poder y su ejercicio con sujeción al Estado de derecho; 3) la celebración de elecciones periódicas, libres, justas y basadas en el sufragio universal y secreto, como expresión de la soberanía del pueblo; 4) el régimen plural de partidos y organizaciones políticas y 5) la separación e independencia de los poderes públicos (Art. 3). En democracia, sin duda, el ciudadano tiene derecho a todos esos elementos esenciales, los cuales incluso, en muchas Constituciones se han configurado como derechos políticos individualizados, como es el caso del derecho a ejercer funciones públicas, del derecho al sufragio, o del derecho de asociación en partidos políticos. Sin embargo, considerados en su conjunto, y destacándose en particular entre ellos, el relativo a la separación de poderes, se pueden configurar, globalmente, como integrando un derecho a la democracia que está destinado a garantizar el control efectivo del ejercicio del poder por parte de los gobernantes, y a través de ellos, del Estado.

Este derecho a la democracia, por supuesto, sólo puede configurarse en Estados democráticos de derecho, siendo inconcebible en los Estados con regímenes autoritarios donde precisamente los anteriormente mencionados elementos esenciales no pueden ser garantizados por la ausencia de controles respecto del ejercicio del poder, aún cuando pueda tratarse de Estados en los cuales, en fraude a la Constitución y a la propia democracia, los gobiernos puedan haber tenido su origen en algún ejercicio electoral.

"Es una experiencia eterna –como hace varias centurias lo enseñó Charles Louis de Secondat, Barón de Montesquieu– que todo hombre que tiene poder, tiende a abusar de él; y lo hace, hasta que encuentra límites", de lo que dedujo su famoso postulado de que "para que no se

18 Allan R. Brewer-Carías, "Prólogo: Sobre el derecho a la democracia y el control del poder", al libro de Asdrúbal Aguiar, *El derecho a la democracia. La democracia en el derecho y la jurisprudencia interamericanos. La libertad de expresión, piedra angular de la democracia*, Editorial Jurídica Venezolana, Caracas 2008, p. 660.

pueda abusar del poder es necesario que por la disposición de las cosas, el poder limite al poder[19]".

De esta apreciación física fue que se derivó, precisamente, el principio de la separación de poderes que establecieron todas las Constituciones que se formularon después de las revoluciones norteamericana y francesa, convirtiéndose no sólo en uno de los pilares fundamentales del constitucionalismo moderno, sino además, de la propia democracia tanto como régimen político como derecho ciudadano para asegurar que quienes sean electos para gobernar y ejercer el poder estatal en representación del pueblo, no abusen del mismo. Por ello, desde la misma Declaración de Derechos del Hombre y del Ciudadano de 1789 se estableció, con razón, que "toda sociedad en la cual no esté determinada la separación de los poderes, carece de Constitución (Art. 16)".

Doscientos años después, pero con su origen en aquellos postulados, en el orden constitucional interno de los Estados democráticos de derecho, es posible entonces identificar un derecho a la democracia conformado por los antes mencionados *elementos esenciales* que se complementan con sus *componentes fundamentales,* enumerados también en la misma *Carta Democrática Interamericana*, y que son los siguientes: 1) la transparencia de las actividades gubernamentales; 2) la probidad y la responsabilidad de los gobiernos en la gestión pública; 3) el respeto de los derechos sociales; 4) el respeto de la libertad de expresión y de prensa; 5) la subordinación constitucional de todas las instituciones del Estado a la autoridad civil legalmente constituida y 6) el respeto al Estado de derecho de todas las entidades y sectores de la sociedad (Art. 4).

Al igual que algunos de los antes mencionados elementos esenciales de la democracia, muchos de estos componentes fundamentales también se han configurado en las Constituciones como derechos ciudadanos individualizados, como por ejemplo, el conjunto de derechos sociales y la libertad de expresión del pensamiento. Sin embargo, también considerados en su conjunto, junto con los elementos esenciales, estos componentes fundamentales de la democracia permiten reafirmar la existencia del derecho ciudadano a la democracia, como derecho fundamental en sí mismo, lo que implica por sobre todo, la posibilidad ciudadana de controlar el ejercicio del poder.

Ello tiene una significación e importancia fundamentales en la configuración del Estado Constitucional democrático de derecho pues de este factor dependen todos los otros que caracterizan la democracia, de manera que sólo controlando al Poder es que puede haber elecciones libres y justas, así como efectiva representatividad; sólo controlando al poder es que puede haber pluralismo político; sólo controlando al Poder es que puede haber efectiva participación democrática en la gestión de los asuntos públicos; sólo controlando al Poder es que puede haber transparencia administrativa en el ejerci-

19 Charles Louis de Secondat, Barón de Montesquieu, *De l'Espirit des Lois* I, Libro XI, Cáp. IV, Ed. G. Tunc, Paris 1949, p. 162-163.

cio del gobierno, y rendición de cuentas por parte de los gobernantes; sólo controlando el Poder es que se puede asegurar un gobierno sometido a la Constitución y las leyes, es decir, un Estado de derecho y la garantía del principio de legalidad; sólo controlando el Poder es que puede haber un efectivo acceso a la justicia de manera que esta pueda funcionar con efectiva autonomía e independencia; y sólo controlando al Poder es que puede haber real y efectiva garantía de respeto a los derechos humanos. De lo anterior resulta, por tanto, que sólo cuando existe un sistema de control efectivo del poder es que puede haber democracia, y sólo en esta es que los ciudadanos pueden encontrar asegurados sus derechos debidamente equilibrados con los poderes Públicos.

Por ello es precisamente que en el mundo contemporáneo, la democracia no sólo se define como el gobierno del pueblo mediante representantes elegidos, sino además y por sobre todo, como un gobierno sometido a controles, y no solo por parte del Poder mismo conforme al principio de la separación de los poderes del Estado, sino por parte del pueblo mismo, es decir, de los ciudadanos, individual y colectivamente considerados, y precisamente a ello es que tienen derecho los ciudadanos cuando hablamos del derecho a la democracia.

Ahora bien, este derecho a la democracia identificado con el derecho al control del poder comporta al menos tres derechos políticos específicos que se configuran precisamente en los pilares fundamentales del equilibrio entre Estado y el ciudadano, y que son: en primer lugar, el derecho ciudadano a la separación de poderes; en segundo lugar, el derecho ciudadano a la distribución vertical o territorial del poder para asegurar la participación política; y en tercer lugar, el derecho ciudadano al ejercicio de los recursos judiciales necesarios para controlar el ejercicio del poder, y además, asegurar la vigencia de los derechos humanos y el sometimiento del Estado al derecho, es decir, en definitiva, para garantizar el derecho a la democracia.

Estos derechos, como derechos políticos, por supuesto hay que configurarlos desde la perspectiva del orden constitucional interno, a cuyo efecto, a continuación vamos a analizarlos partiendo del ordenamiento constitucional venezolano, que es el que nos concierne más directamente. Y aún cundo teniendo en cuenta que en Venezuela, lamentablemente, después de haber tenido uno de los más largos períodos históricos de democracia, como fue el período 1958-1999, a partir de este último año, desde la misma democracia y en fraude a ella, se ha venido consolidando un régimen autoritario, precisamente por el sistemático desmantelamiento, distorsión o neutralización que se ha venido realizado respecto de los sistemas de control del poder, con la consiguiente extinción paulatina de la propia democracia, y la desaparición del derecho ciudadano a la misma.

1. *El derecho a la separación de poderes*

El primer derecho político derivado del derecho a la democracia, que se erige en un elemento esencial para el establecimiento de dicho equilibrio, es el derecho a la separación e independencia de los Poderes Públicos, que es lo que puede permitir el control del poder estatal por el poder estatal mismo, al punto de que su existencia, como hemos dicho, es la que puede garantizar la vigencia de los diversos factores esenciales de la democracia. Este derecho derivado del principio de la separación de poderes sigue siendo el pilar fundamental en la organización del Estado democrático constitucional y, exige no sólo que los Poderes del Estado tengan efectiva independencia y autonomía sino que la misma esté garantizada.

Ello, por lo demás, es de la esencia de la democracia, de manera que al contrario, como lo enseña la historia de la humanidad, demasiada concentración y centralización del poder como ocurre en cualquier gobierno autoritario, así tenga origen electoral, inevitablemente conduce a la tiranía. El mundo contemporáneo ha tenido demasiadas experiencias que han mostrado toda suerte de tiranos que usaron el voto popular para acceder al poder, y que luego, mediante su ejercicio incontrolado, desarrollaron gobiernos autoritarios, contrarios al pueblo, que acabaron con la propia democracia y con todos sus elementos, comenzando por el respeto a los derechos humanos.

Y lamentablemente ello es lo que ha venido ocurriendo en Venezuela a la vista de todo el mundo democrático en estos primeros años del Siglo XXI, donde se ha arraigado un gobierno autoritario partiendo de elementos que se insertaron en la misma Constitución de 1999[20], en la cual se dispuso el germen de la concentración del poder en manos de la Asamblea Nacional y, consecuencialmente, del Poder Ejecutivo que la controla políticamente, con lo cual progresivamente se ha sometido a la voluntad de éste, a los otros Poderes Públicos, y particularmente al Poder Judicial, al Poder Ciudadano y al Poder Electoral[21].

---

20 *V.*, los comentarios críticos a la semilla autoritaria en la Constitución de 1999, en Allan R. Brewer-Carías, *Debate Constituyente (Aportes a la Asamblea Nacional Constituyente), Tomo III (18 octubre-30 noviembre 1999),* Fundación de Derecho Público-Editorial Jurídica Venezolana, Caracas 1999, pp. 311-340; «Reflexiones críticas sobre la Constitución de Venezuela de 1999» en el libro de Diego Valadés, Miguel Carbonell (Coordinadores), *Constitucionalismo Iberoamericano del Siglo XXI*, Cámara de Diputados. LVII Legislatura, Universidad Nacional Autónoma de México, México 2000, pp. 171-193, en *Revista de Derecho Público*, N° 81, Editorial Jurídica Venezolana, Caracas, enero-marzo 2000, pp. 7-21; en *Revista Facultad de Derecho, Derechos y Valores*, Volumen III N° 5, Universidad Militar Nueva Granada, Santafé de Bogotá, D.C., Colombia, Julio 2000, pp. 9-26; y en el libro *La Constitución de 1999*, Biblioteca de la Academia de Ciencias Políticas y Sociales, Serie Eventos 14, Caracas 2000, pp. 63-88.

21 *V.*, Allan R. Brewer-Carías, "El secuestro del Poder Electoral y la confiscación del derecho a la participación política mediante el referendo revocatorio presidencial: Venezuela 2000-2004", en *Boletín Mexicano de Derecho Comparado*, Instituto de Investigaciones Jurídicas, Universidad Nacional Autónoma de México, N° 112, México, enero-abril 2005 pp. 11-73; *La Sala Constitucional versus el Estado Democrático de Derecho. El secuestro del poder electoral y*

Ello lo denunciamos en noviembre de 1999, antes de que se sometiera a referendo aprobatorio la Constitución, advirtiendo entonces que si la Constitución se aprobaba, ello iba a implicar la implantación en Venezuela, de:

> *Un esquema institucional concebido para el autoritarismo derivado de la combinación del centralismo del Estado, el presidencialismo exacerbado, la democracia de partidos, la concentración de poder en la Asamblea y el militarismo*, que constituye el elemento central diseñado para la organización del poder del Estado. En mi opinión – agregaba– , esto no es lo que se requería para el perfeccionamiento de la democracia; la cual al contrario, se debió basar en la descentralización del poder, en un presidencialismo controlado y moderado, en la participación política para balancear el poder del Estado y en la sujeción de la autoridad militar a la autoridad civil[22].

La dependencia de los poderes respecto de la Asamblea Nacional se estableció, en efecto, en la Constitución de 1999 al atribuírsele no sólo la potestad de nombrar a los titulares de los órganos de los Poderes Públicos, sino la de removerlos de sus cargos mediante el simple voto político. Como consecuencia de ello, los Magistrados del Tribunal Supremo de Justicia (Poder Judicial), el Fiscal General de la República, el Contralor General de la República, el Defensor del Pueblo (Poder Ciudadano) y los Miembros del Consejo Nacional Electoral (Poder Electoral) (Art. 265, 279 y 296), pueden ser removidos por el voto de los diputados, incluso en algunos casos por simple mayoría de votos, todo lo cual se pretendió regular en general con la afortunadamente rechazada reforma constitucional que había sido sancionada por la Asamblea Nacional el 2 de noviembre de 2007, mediante el referendo del 2 de diciembre de 2007[23].

Con esas previsiones constitucionales simplemente es imposible que pueda hablarse de independencia de los poderes públicos, cuando la existencia de sus titulares depende de la sola voluntad política de uno de ellos, el cual puede removerlos precisamente cuando actúen con alguna independen-

---

de la Sala Electoral del Tribunal Supremo y la confiscación del derecho a la participación política, Los Libros de El Nacional, Colección. Ares, Caracas 2004, 172 pp.

22 Documento de 30 de noviembre de 1999. *V.*, en Allan R. Brewer-Carías, *Debate Constituyente Aportes a la Asamblea Nacional Constituyente*, Tomo III, Fundación de Derecho Público, Editorial Jurídica Venezolana, Caracas 1999, p. 339.

23 Sobre el contenido de la rechazada reforma constitucional, que explica por si sólo las razones de tal rechazo popular, *V.*, Allan R. Brewer-Carías, *Hacia la consolidación de un Estado Socialista, Centralista, Policial y Militarista. Comentarios sobre el alcance y sentido de las propuestas de reforma constitucional 2007*, Editorial Jurídica Venezolana, Caracas 2007; *La Reforma Constitucional de 2007 (Inconstitucionalmente sancionada por la Asamblea Nacional el 2 de noviembre de 2007*, Editorial Jurídica Venezolana, Caracas 2007.

cia, lo que por supuesto ha ocurrido en los últimos años en Venezuela, precisamente cuando hubo algún mínimo signo de autonomía e independencia de alguno de los titulares de los altos órganos del Estado, supuestos en los cuales fueron removidos de sus cargos[24].

Esta dependencia de los órganos de control respecto de la Asamblea Nacional, por otra parte, es lo que ha originado la abstención total de aquellos en el ejercicio de control alguno, como ha sucedido, por ejemplo, en los casos del Contralor General de la República, y del Defensor del Pueblo.

En la consolidación de esta dependencia de los poderes del Estado en relación con la Asamblea Nacional en Venezuela, jugó un papel fundamental el progresivo desmantelamiento que se hizo, mediante una legislación inconstitucional, del novedoso sistema que la Constitución de 1999 estableció para asegurar la participación de la sociedad civil en la designación de los titulares de los diversos poderes públicos, buscándose evitar las designaciones de antaño, exclusivamente partidistas. Ese sistema consistía en el establecimiento, para la designación de los candidatos a magistrados del Tribunal Supremo de Justicia, a Fiscal General de la República, a Contralor General de la República, a Defensor del Pueblo y a miembros del Consejo Nacional Electoral, de sendos Comités de Postulaciones que debían estar integrados exclusivamente "*por representantes de los diversos sectores de la sociedad*", lo que implicaba la pérdida del poder discrecional de designación de

24 Así ocurrió con la Defensora del Pueblo y el Fiscal General de la República quienes ingenuamente pensaron que podían actuar con cierta autonomía respecto de la Asamblea Nacional, por lo que fueron removidos inmediatamente de sus cargos. El Fiscal General de la República por haber iniciado un procedimiento de antejuicio de mérito (penal) contra el entonces Ministro del Interior; y la Defensora del Pueblo, por haber impugnado la Ley Especial de la Asamblea Nacional de 2001 sobre nombramiento de los Magistrados del Tribunal Supremo sin cumplir con los requisitos constitucionales. Ambos fueron sustituidos en 2001. Así sucedió también con algunos Magistrados del Tribunal Supremo que votaron sentencias donde se contrariaban los designios del Jefe del Estado, lo que también provocó su inmediata remoción o que se acordase su "jubilación. Fue el caso del Vice Presidente del Tribunal Supremo de Justicia, quien fue Ponente de la sentencia de la Sala Plena Accidental de 14-08-2002 que decidió el antejuicio de mérito a los generales que actuaron el 12 de abril de 2002), declarando que no había mérito para enjuiciarlos porque en esa ocasión no había ocurrido un golpe militar sino un vacío de poder; y de los varios Magistrados de la Sala Electoral, quienes firmaron la sentencia N° 24 del 15-03-2004 (Caso: *Julio Borges, César Pérez Vivas, Henry Ramos Allup, Jorge Sucre Castillo, Ramón José Medina y Gerardo Blyde vs. Consejo Nacional Electoral*), que suspendió los efectos de la Resolución N° 040302-131 de 02-03-2004, del Consejo Nacional Electoral que en su momento impidió la realización del referendo revocatorio presidencial. *V.*, "Democracia y control del poder", en Allan R. Brewer-Carías, *Constitución, democracia y control del poder*, Centro Iberoamericano de Estudios Provinciales y Locales, Universidad de Los Andes, Mérida 2004, pp. 25 ss.

dichos altos funcionarios por parte de la Asamblea Nacional. En evidente fraude a la Constitución, la regulación legal de dichos Comités de Postulaciones los fue convirtiendo paulatinamente en simples Comisiones parlamentarias "ampliadas", integrados mayoritariamente por diputados[25]. Este esquema se pretendió constitucionalizar formalmente en 2007 con la rechazada reforma constitucional que había sido sancionada por la Asamblea Nacional el 2 de noviembre de 2007, con la cual se buscaba hacer desaparecer toda referencia a la sociedad civil.

En todo caso, este marco institucional dio origen a la primacía de la Asamblea Nacional sobre los Poderes Judicial, Ciudadano y Electoral, lo que en la práctica política y constitucional condujo a la concentración total del poder en manos del Ejecutivo, dado el control político partidista que éste ejerce sobre la Asamblea Nacional. A consolidar ese control, además, ha contribuido la exacerbación del presidencialismo que la Constitución de 1999 impulsó con la extensión del período presidencial a seis años, y que en la rechazada reforma constitucional que había sancionado la Asamblea Nacional el 2 de noviembre de 2007 se pretendía llevar a siete años; con la consagración de la reelección presidencial inmediata por una sola vez para un nuevo período (art. 230), que en la misma afortunadamente rechazada reforma constitucional de noviembre de 2007 se buscaba establecer en forma indefinida; y la posibilidad de que el Legislativo le delegue materialmente toda la potestad de legislar, lo que efectivamente ha ocurrido mediante varias leyes habilitantes (Art. 203).

Todo este sistema de ausencia de autonomía y de dependencia de los poderes del Estado, en definitiva del Ejecutivo Nacional, en particular ha sido catastrófico en relación con el Poder Judicial, el cual desde que fue intervenido por la Asamblea Nacional Constituyente en 1999, ha continuado intervenido por el eje Ejecutivo-Asamblea Nacional. Ello ha sido así, lamentablemente, con anuencia y complicidad del propio Tribunal Supremo de Justicia, el cual se ha abstenido de asumir el completo gobierno del Poder Judicial, permitiendo una inconstitucional convivencia con la Comisión de Reorganización del Poder Judicial –a la cual ha legitimado– con poderes disciplinarios que conforme a la Constitución sólo unos jueces disciplinarios nombrados por concurso debían ejercer.

El derecho ciudadano a la separación e independencia de los poderes, base esencial del derecho a la democracia, en consecuencia se ha encontrado gravemente quebrantado en Venezuela.

---

25 *V.*, Allan R. Brewer-Carías, "La participación ciudadana en la designación de los titulares de los órganos no electos de los Poderes Públicos en Venezuela y sus vicisitudes políticas", en *Revista Iberoamericana de Derecho Público y Administrativo*, Año 5, Nº 5-2005, San José, Costa Rica 2005, pp. 76-95.

2. *El derecho a la distribución vertical del poder (a la descentralización)*

Pero el derecho a la democracia también está condicionado por otro clásico principio de la organización del Estado que responde a un segundo derecho político derivado del señalado derecho a la democracia, que es la distribución vertical del poder público el cual necesariamente implica un proceso de descentralización política entre entidades territoriales dotadas de autonomía política. Este principio en efecto, también se configura como un derecho ciudadano, en ese caso a la distribución del poder, que es, además, el que puede garantizar la efectiva posibilidad de ejercicio del derecho a la participación política democrática.

Por ello puede decirse, por ejemplo, que la configuración de un Estado Unitario descentralizado como el de Colombia, o de un Estado Federal como los de Venezuela y México, conllevan la existencia de un derecho ciudadano a la distribución territorial del poder que implican, ya que la misma que no es otra cosa que descentralización política, además, es la que puede garantizar la posibilidad para el ciudadano de poder ejercer el derecho de participar en la toma de decisiones y en la gestión de los asuntos públicos. Esto sólo es posible cuando el poder está cerca del ciudadano, como consecuencia, precisamente, de la distribución territorial o descentralización del poder basado en la multiplicación de las autoridades locales con autonomía política[26], que es lo que puede servir, además, para que el poder controle al poder. Al contrario, en un esquema de centralización del poder, no sólo la participación política se torna en una ilusión retórica, sino que el sistema se convierte en fácil instrumento del autoritarismo[27].

La participación política, que es un derecho constitucional que no debe confundirse con la movilización popular ni con los mecanismos de democracia directa, sólo es posible en las democracias a nivel local, en unidades territoriales políticas y autónomas descentralizadas donde se practique el autogobierno mediante representantes electos en forma directa, universal y

---

26 Allan R. Brewer-Carías, "El Municipio, la descentralización política y la democracia" en *XXV Congreso Iberoamericano de Municipios, Guadalajara, Jalisco, México, 23 al 26 de octubre del 2001*, México 2003, pp. 53-61. *V.*, las propuestas para el reforzamiento de la descentralización de la federación y el desmantelamiento de su centralización en la Asamblea Constituyente de 1999, en Allan R. Brewer-Carías, *Debate Constituyente (Aportes a la Asamblea Nacional Constituyente),* I, Fundación de Derecho Público, Editorial Jurídica Venezolana, Caracas 1999, p. 155 ss.

27 Allan R. Brewer-Carías, "La opción entre democracia y autoritarismo (julio 2001)", pp. 41-59; "Democratización, descentralización política y reforma del Estado (julio-octubre 2001)" pp. 105-125; y "El Municipio, la descentralización política y la democracia (octubre 2001, en Allan R. Brewer, *Reflexiones sobre el constitucionalismo en América*, Editorial Jurídica Venezolana, Caracas 2001, pp. 127-141.

secreta. Por eso el vínculo indisoluble que hay entre descentralización y participación, es sólo posible en democracia.

En la Constitución de Venezuela de 1999, esa distribución territorial del poder, igualmente se enunció con un también lenguaje florido, al definirse la forma del Estado como la de un "Estado federal descentralizado" (art. 4); pero que en la práctica política, también lamentablemente, conforme a normas contradictorias de la propia Constitución[28], ha conducido a la progresiva centralización del poder en los niveles nacionales del Estado, en perjuicio de los Estados y municipios. Ello, a la vez, ha provocado una distorsión del propio ejercicio de la democracia y de la participación popular, por un falaz discurso que busca sustituir la democracia representativa por una "democracia participativa", como si representación y participación fueran conceptos dicotómicos, conduciendo en realidad a la destrucción de la propia democracia.

Este desconocimiento del derecho ciudadano a la distribución territorial del poder y por ende, de la participación política, comenzó con las propias previsiones de la Constitución de 1999, y el retroceso institucional que significó la eliminación del Senado, y con ello del principio de igualdad institucional de los Estados de la "federación". Además, permitió la posibilidad de establecer limitaciones mediante simple ley nacional a la autonomía de los Estados (Art. 162) e, incluso, de los Municipios (Art. 168), lo que fue la negación de la idea misma de descentralización política y de su garantía constitucional. Las competencias de los Estados se redujeron a un precario ámbito, eliminándose las competencias tributarias, con lo que se colocó a los Estados en una posición de dependencia financiera más acentuada. Incluso se invirtió el viejo principio federal del carácter residual de las competencias públicas a favor de los Estados, que en materia tributaria se asignaron al Poder Nacional; y que con la rechazada reforma constitucional que sancionó la Asamblea Nacional el 2 de noviembre de 2007, se buscaba completar respecto de todas las materias.

En todo caso, el retroceso en la descentralización distorsionó la propia posibilidad de participación política, es decir, la posibilidad para el ciudadano de ejercer el derecho de participar en la toma de decisiones políticas, lo cual sólo es posible cuando el poder está cerca de él, como consecuencia, precisamente, de la distribución territorial o descentralización del poder basado en la multiplicación de las autoridades locales con autonomía política[29],

---

28 *V.*, Allan R. Brewer-Carías, *Federalismo y Municipalismo en la Constitución de 1999 (Alcance de una reforma insuficiente y regresiva)*, Cuadernos de la Cátedra Allan R. Brewer-Carías de Derecho Público, N° 7, Universidad Católica del Táchira, Editorial Jurídica Venezolana, Caracas-San Cristóbal 2001, 187 pp. *V.*, además, Allan R. Brewer-Carías, "El 'Estado Federal descentralizado' y la centralización de la Federación en Venezuela. Situación y Perspectiva de una contradicción constitucional", en *Revista de Estudios de la Administración Local (REAL)*, 292-293, mayo-diciembre 2003, Madrid 2003, pp. 11-43.

29 *V.*, nuestras propuestas para el reforzamiento de la descentralización de la federación y el desmantelamiento de su centralización en Allan R. Brewer-Carías,

que es lo que puede servir, además, para que el poder controle al poder. Al contrario, en un esquema de centralización del poder, no sólo la participación política se torna en una ilusión retórica, sino que el sistema se convierte en fácil instrumento del autoritarismo[30].

Por ello, también con motivo de la realización del referendo aprobatorio de la Constitución de 1999, advertíamos que:

> "La gran reforma del sistema político, necesaria e indispensable para perfeccionar la democracia era *desmontar el centralismo de Estado y distribuir el Poder Público en el territorio*; única vía para hacer realidad la participación política. La Asamblea Constituyente –agregábamos– , para superar la crisis política, *debió diseñar la transformación del Estado, descentralizando el poder* y sentar las bases para acercarlo efectivamente al ciudadano. Al no hacerlo, *ni transformó el Estado ni dispuso lo necesario para hacer efectiva la participación*"[31].

La Constitución de 1999, en esta materia, en realidad resultó un fraude encubierto en una mezcolanza terminológica contradictoria. En su texto se reguló un esquema de Estado centralizado, pero engañosamente utilizando en múltiples ocasiones las palabras "descentralización" y "participación", las cuales en la rechazada reforma constitucional sancionada por la Asamblea Nacional el 2 de noviembre de 2007, se buscaba que desaparecieran totalmente del texto constitucional; y, además, proclamando como valor global la llamada "democracia participativa", pero contradictoriamente, sin distribuir efectivamente el poder en el territorio, y sin permitir la efectiva posibilidad de participación política del ciudadano en la conducción de los asuntos públicos en entidades políticas autónomas y descentralizadas. Todo ello se buscaba que desapareciera con la rechazada reforma constitucional de 2007, que pretendía estructurar un Estado Socialista centralizado montado sobre unos Consejos del Poder Popular totalmente controlados desde la Presidencia de la República, con integrantes que no son electos popularmente.

La participación política, que es un derecho constitucional que no debe confundirse con la movilización popular, sólo es posible en las democracias

---

Debate Constituyente (Aportes a la Asamblea Nacional Constituyente), Tomo I, Fundación de Derecho Público, Editorial Jurídica Venezolana, Caracas 1999, pp. 155 y ss.

30 *V.,* los estudios "La opción entre democracia y autoritarismo (julio 2001)", pp. 41-59; "Democratización, descentralización política y reforma del Estado (julio-octubre 2001)", pp. 105-125; y "El Municipio, la descentralización política y la democracia (octubre 2001)", pp. 127-141, en Allan R. Brewer, *Reflexiones sobre el constitucionalismo en América*, Editorial Jurídica Venezolana, Caracas 2001.

31 Documento de 30 de noviembre de 1999. *V.,* en Allan R. Brewer-Carías, *Debate Constituyente (Aportes a la Asamblea Nacional Constituyente)*, Tomo III, Fundación de Derecho Público, Editorial Jurídica Venezolana, Caracas 1999, p. 323.

a nivel local, en unidades territoriales políticas y autónomas descentralizadas donde se practique el autogobierno mediante representantes electos en forma directa, universal y secreta; y no se puede confundir con mecanismos de democracia directa como los referendos, las asambleas de ciudadanos y los Consejos Comunales. Estos últimos fueron creados en Venezuela (2006), paralelamente a los Municipios, pero sin embargo, configurados como instancias sin autonomía política y con miembros que no son electos popularmente mediante sufragio, siendo conducidos exclusivamente desde la jefatura del Estado para la centralización del poder.

En cambio, tal como lo enseña la historia y práctica política, nunca ha habido autoritarismos descentralizados, y menos autoritarismos que hayan podido permitir el ejercicio efectivo del derecho a la participación política. La centralización política del poder es de la esencia de los autoritarismos, y es contraria a la democracia, impidiendo a la vez toda posibilidad de participación, siendo en definitiva la base de la exclusión política al concentrar el poder en unos pocos, independientemente de que hayan sido electos. Por ello, los autoritarismos temen y rechazan tanto la real descentralización política como la participación democrática, lo que constituye una negación, en definitiva, del derecho a la distribución territorial del poder y del derecho a la democracia.

En cambio, la distribución territorial del poder, es decir, la descentralización política, es como se ha dicho, la que puede permitir el ejercicio efectivo de una democracia participativa, y la vez, del derecho a la posibilidad de controlar el poder, implicando siempre la creación de entidades autónomas de autogobierno cuyos miembros *necesariamente tienen que ser electos por votación universal, directa y secreta del pueblo*, y no simplemente designados por asambleas de ciudadanos controladas por el poder central o por un partido de gobierno[32]. Éstas, en esa forma configuradas, no pasan de ser instituciones de manejo centralizado, dispuestas para hacerle creer al ciudadano que participa, cuando lo que se hace es, si acaso, movilizarlo en forma totalmente controlada por el Poder Central. Es decir, no es posible mediante el recurso al engaño de una supuesta "democracia participativa y protagónica", que no está montada en la descentralización, sino en la conformación de unos Consejos Comunales en los cuales se elimina la representatividad política, pues sus miembros *no son electos por votación universal, directa y secreta del pueblo*, sino que son designados por asambleas de ciudadanos

---

32 Ley de los Consejos Comunales en *Gaceta Oficial* N° 5.806 Extraordinaria del 10 de abril de 2006. *V.*, Allan R. Brewer-Carías, "El inicio de la desmunicipalización en Venezuela: La organización del Poder Popular para eliminar la descentralización, la democracia representativa y la participación a nivel local", en *AIDA, Opera Prima de Derecho Administrativo. Revista de la Asociación Internacional de Derecho Administrativo*, 49-67 (Universidad Nacional Autónoma de México, Facultad de Estudios Superiores de Acatlán, Coordinación de Postgrado, Instituto Internacional de Derecho Administrativo "Agustín Gordillo", Asociación Internacional de Derecho Administrativo, México, 2007).

controladas por el partido de gobierno[33]. En definitiva, se trata de instituciones de manejo centralizado, dispuestas para hacerle creer al ciudadano que participa, cuando lo que se hace es movilizarlo en forma totalmente controlada por el Poder Central.

La verdad es que para que la democracia sea inclusiva o de inclusión, es decir, participativa, la misma tiene que permitir al ciudadano poder ser parte efectivamente de una comunidad política que tenga autonomía; lo que sólo puede tener lugar en entidades políticas autónomas, como los Municipios, producto de la distribución territorial del poder, como sucede en todas las sociedades democráticas.

La gran reforma democrática que se requería en 1999 para asegurar la participación política era, en realidad, esencialmente, el garantizar efectivamente el derecho a la distribución territorial del poder, y poder acercar las instituciones locales autónomas al ciudadano, municipalizándose el territorio. Para ello, lo que había que hacer era multiplicar los municipios en lugar de reducirlos, lo que no se hizo; y lo peor es que en su lugar se los ha querido sustituir y marginalizar con la creación de los Consejos Comunales, que se han configurado en un sistema institucional *centralizado* denominado "del Poder Popular", con lo que se inició formalmente, en nombre de una supuesta democracia participativa, la eliminación de la propia democracia representativa, todo lo cual se buscaba constitucionalizar con la rechazada reforma constitucional que había sancionado por la Asamblea Nacional el 2 de noviembre de 2007.

La consecuencia fundamental de todo este sistema ha sido la centralización progresiva del poder en la Jefatura del Ejecutivo Nacional, y el aniquilamiento de cualquier forma de control del poder mediante su distribución territorial, y en definitiva, la eliminación del derecho ciudadano a la distribución territorial del poder y, en definitiva, a la participación política.

3. *El derecho a la tutela judicial efectiva*

Pero además del derecho ciudadano a la separación de poderes y a la distribución territorial del poder, para controlarlo, el derecho a la democracia también conlleva la existencia de un tercer derecho ciudadano que es el mismo que ya destacamos cuando nos referimos al derecho a la Constitución, y que es el derecho a la tutela judicial efectiva y a ejercer el control judicial efectivo del ejercicio del poder, lo que exige, ineludiblemente, que la

---

33 *V.*, Ley de los Consejos Comunales en *Gaceta Oficial* Nº 5.806 Extraordinaria del 10 de abril de 2006. *V.*, Allan R. Brewer-Carías, "El inicio de la desmunicipalización en Venezuela: La organización del Poder Popular para eliminar la descentralización, la democracia representativa y la participación a nivel local", en *AIDA, Opera Prima de Derecho Administrativo. Revista de la Asociación Internacional de Derecho Administrativo*, Universidad Nacional Autónoma de México, Facultad de Estudios Superiores de Acatlán, Coordinación de Postgrado, Instituto Internacional de Derecho Administrativo "Agustín Gordillo", Asociación Internacional de Derecho Administrativo, México, 2007, pp. 49 a 67.

autonomía e independencia del Poder Judicial en su conjunto y de los jueces en particular, estén garantizadas. Por ello, también como parte del derecho ciudadano a la separación de poderes y como parte del derecho a la democracia, se puede identificar un derecho ciudadano a la independencia y autonomía de los jueces que en un Estado democrático de derecho, la Constitución y todos los poderes del Estado deben garantizar. Se trata de darle plena efectividad al mencionado derecho constitucional a la separación de poderes, porque sin éste, simplemente no puede hablarse ni de Estado de derecho, ni de posibilidad de control judicial del poder, ni de derecho a la democracia, y sin ello, es imposible hablar siquiera del equilibrio que debe asegurarse entre los poderes del Estado y los derechos ciudadanos.

El principio de la independencia y autonomía del Poder Judicial está declarado en el artículo 254 de la Constitución de 1999, pero la base fundamental para asegurarlas está en las normas relativas al ingreso de los jueces a la carrera judicial y a su permanencia y estabilidad en los cargos. A tal efecto, en cuanto a la carrera judicial, de acuerdo con lo dispuesto en el artículo 255 de la Constitución, el ingreso a la misma y el ascenso de los jueces solo se debe hacer mediante concursos públicos de oposición que aseguren la idoneidad y excelencia de los participantes, debiendo la ley garantizar la participación ciudadana en el procedimiento de selección y designación de los jueces. Por otra parte, la Constitución dispuso que los jueces sólo pueden ser removidos o suspendidos de sus cargos mediante juicios disciplinarios llevados por jueces disciplinarios (art. 255).

Lamentablemente, sin embargo, nada de lo que estableció la Constitución para asegurar la independencia y autonomía de los jueces se ha implementado durante su casi década de vigencia, de manera que la realización de los concursos públicos para el ingreso a la carrera judicial no han tenido lugar, y conforme a una interminable transitoriedad constitucional y del funcionamiento de una inconstitucional "Comisión de Funcionamiento del Poder Judicial" creada en 1999 por la Asamblea Nacional Constituyente, regularizada legislativamente en 2004, la importante jurisdicción disciplinaria tampoco se ha establecido en Venezuela y, peor aún, con la anuencia del propio Tribunal Supremo de Justicia el cual renunció a asumir sus funciones constitucionales.

En esta forma, a partir de 1999, se destituyeron materialmente a casi todos los jueces del país[34], pero para reemplazarlos solo por jueces provisorios

---

34 La Comisión Interamericana de Derechos Humanos también lo registró en el Capítulo IV del *Informe* que rindió ante la Asamblea General de la OEA en 2006, que los "casos de destituciones, sustituciones y otro tipo de medidas que, en razón de la provisionalidad y los procesos de reforma, han generado dificultades para una plena vigencia de la independencia judicial en Venezuela" (párrafo 291); destacando aquellas "destituciones y sustituciones que son señaladas como represalias por la toma de decisiones contrarias al Gobierno" (párrafo 295 ss.); concluyendo que para 2005, según cifras oficiales, "el

o temporales[35], con lo cual desde 1999 se produjo un proceso de intervención sistemática y continua del Poder Judicial, que comenzó con la que decretó la Asamblea Nacional Constituyente[36], que ha continuado durante casi una década, demoliéndose sistemáticamente su autonomía[37]. Con todo ello, el derecho a la tutela judicial efectiva y al control judicial del poder ha quedado marginado.

Lo grave de la irregular situación, derivada de la masiva remoción de jueces sin debido proceso alguno, designándose para sustituirlos a jueces provisorios y temporales, fue que en 2006 se pretendió solventar el problema de la provisionalidad a través de un "Programa Especial para la Regularización de la Titularidad" dirigido a los dotar de permanencia a los jueces accidentales, temporales o provisorios, burlándose el sistema de ingreso a la función judicial que constitucionalmente, como se dijo, sólo debería ocurrir mediante concursos públicos de oposición (artículo 255). Con ello, en definitiva, lo que se buscó fue consolidar los efectos de los nombramientos "a dedo" provisionales, y su consecuente dependencia del poder.

Por otra parte, en cuanto a la selección de los Magistrados del Tribunal Supremo de Justicia, como se dijo, la Constitución de 1999 creó el Comité de Postulaciones Judiciales (art. 270), que debía haber estado integrado por representantes de los diferentes sectores de la sociedad, pero la Ley Orgánica del Tribunal Supremo de Justicia de 2004, lo que reguló fue una Comisión parlamentaria ampliada, controlada por el Parlamento, burlando la disposición constitucional[38].

18,30% de las juezas y jueces son titulares y 81,70% están en condiciones de provisionalidad" (párrafo 202).

35 En el *Informe Especial* de la Comisión sobre Venezuela correspondiente al año 2003, la misma también expresó, que "un aspecto vinculado a la autonomía e independencia del Poder Judicial es el relativo al carácter provisorio de los jueces en el sistema judicial de Venezuela. Actualmente, la información proporcionada por las distintas fuentes indica que más del 80% de los jueces venezolanos son "provisionales". *Informe sobre la Situación de los Derechos Humanos en Venezuela 2003*, *cit.* párr. 161

36 *V.*, nuestro voto salvado a la intervención del Poder Judicial por la Asamblea Nacional Constituyente en Allan R. Brewer-Carías, *Debate Constituyente, (Aportes a la Asamblea Nacional Constituyente)*, Tomo I, (8 agosto-8 septiembre), Caracas 1999; y las críticas formuladas a ese proceso en Allan R. Brewer-Carías, *Golpe de Estado y proceso constituyente en Venezuela,* Universidad Nacional Autónoma de México, México 2002.

37 *V.*, Allan R. Brewer-Carías, "La progresiva y sistemática demolición de la autonomía en independencia del Poder Judicial en Venezuela (1999-2004)", en *XXX Jornadas J.M Domínguez Escovar, Estado de derecho, Administración de justicia y derechos humanos,* Instituto de Estudios Jurídicos del Estado Lara, Barquisimeto, 2005, pp.33-174.

38 *V.*, los comentarios en Allan R. Brewer-Carías, *Ley Orgánica del Tribunal Supremo de Justicia,* Editorial Jurídica Venezolana, Caracas 200, pp. 32 ss.

Sin embargo, desde antes habían comenzado las actuaciones al margen de la Constitución y el asalto al Tribunal Supremo de Justicia con el nombramiento "transitorio" en 1999 de los nuevos Magistrados del Tribunal Supremo de Justicia por la Asamblea Nacional Constituyente sin cumplirse los requisitos constitucionales ni asegurarse la participación de la sociedad civil en los nombramientos. En esa forma, las previsiones constitucionales sobre condiciones para ser magistrado y los procedimientos para su designación con participación de los sectores de la sociedad, se violaron desde el inicio, continuando luego las violaciones por parte de la Asamblea Nacional al hacer las primeras designaciones en 2002 conforme a una "Ley especial" sancionada para efectuarlas transitoriamente, con contenido completamente al margen de las exigencias constitucionales.

Después vino, la señalada reforma de la Ley Orgánica del Tribunal Supremo de Justicia de 2004, con la cual se aumentó el número de Magistrados de 20 a 32, los cuales fueron elegidos por la Asamblea Nacional en un procedimiento enteramente dominado por el Presidente de la República, como incluso lo anunció públicamente en víspera de los nombramientos, el entonces Presidente de la Comisión parlamentaria encargada de escoger los candidatos a Magistrados del Tribunal Supremo[39]. Con razón, la Comisión Interamericana de Derechos Humanos indicó en su *Informe* a la Asamblea General de la OEA correspondiente a 2004 que "estas normas de la Ley Orgánica del Tribunal Supremo de Justicia habrían facilitado que el Poder Ejecutivo manipulara el proceso de elección de magistrados llevado a cabo durante 2004[40]".

Por otra parte, en cuanto a la estabilidad de los Magistrados del Tribunal Supremo de Justicia, el artículo 265 de la Constitución dispuso que los mismos podían ser removidos por la Asamblea Nacional mediante una mayoría calificada de las dos terceras partes de sus integrantes, previa audiencia concedida al interesado, en caso de faltas graves calificadas por el Poder Ciudadano. Con esta disposición, podía decirse que, en principio, la autonomía e independencia de los magistrados había desaparecido, al conformarse una vía de injerencia no conveniente ni aceptable de la instancia política del Poder en relación con la administración de Justicia. Con esta disposición, la

39 El diputado Pedro Carreño, quien en enero de 2007 fue luego designado Ministro del Interior y de Justicia, afirmó lo siguiente: "Si bien los diputados tenemos la potestad de esta escogencia, el Presidente de la República fue consultado *y su opinión fue tenida muy en cuenta*" (Resaltado añadido). Agregó: "*Vamos a estar claros, nosotros no nos vamos a meter autogoles*. En la lista había gente de la oposición que cumple con todos los requisitos. La oposición hubiera podido usarlos para llegar a un acuerdo en las últimas sesiones, pero no quisieron. Así que nosotros no lo vamos a hacer por ellos. *En el grupo de los postulados no hay nadie que vaya a actuar contra nosotros* y, así sea en una sesión de 10 horas, lo aprobaremos." *V.*, en *El Nacional*, Caracas, 13-12-2004.

40 Comisión Interamericana de Derechos Humanos, *Informe sobre Venezuela 2004*, párrafo 180.

Asamblea Nacional puede ejercer un control político sobre los Magistrados del Tribunal Supremo, los cuales permanentemente saben que en cualquier momento pueden ser investigados y removidos. Sin embargo, había la garantía de que al menos se exigía la necesidad de una mayoría calificada para la votación, la cual absurdamente fue eliminada en la práctica al preverse otra modalidad de remoción, con el sólo voto de la mayoría absoluta de los diputados, como inconstitucionalmente se estableció en evidente fraude a la Constitución, en la Ley Orgánica del Tribunal Supremo de Justicia en 2004;[41] y que se buscaba constitucionalizar con la rechazada reforma constitucional que había sancionado por la Asamblea Nacional el 2 de noviembre de 2007.

En esta forma, en Venezuela se ha configurado un Tribunal Supremo de Justicia altamente politizado y sujeto a la voluntad del Presidente de la República, que en la práctica ha eliminado toda la autonomía del Poder Judicial y el propio postulado de la separación de los poderes, como piedra angular del Estado de Derecho y de la vigencia de las instituciones democráticas; eliminando además, toda posibilidad de control judicial efectivo del poder por parte de los ciudadanos. El propio Presidente de la República incluso llegó a decir que para poder dictar sentencias, el Tribunal Supremo debía consultarlo previamente[42].

---

41 *V.*, los comentarios en Allan R. Brewer-Carías, *Ley Orgánica del Tribunal Supremo de Justicia,* Editorial Jurídica Venezolana, Caracas 200, pp. 41 ss. Ello provocó la destitución o "jubilación" de los Magistrados que osaron no seguir la línea gubernamental, con lo cual el gobierno asumió un control absoluto del Tribunal Supremo de Justicia en general, y de cada una de sus Salas en particular, especialmente, de la Sala Constitucional. Fue el caso, por ejemplo, del Presidente del Tribunal Supremo de Justicia, quien fue Ponente de la sentencia de la Sala Plena Accidental de 14-08-2002 que decidió el antejuicio de mérito a los generales que actuaron el 12 de abril de 2002, declarando que no había mérito para enjuiciarlos porque en esa ocasión no había ocurrido un golpe militar sino un vacío de poder; y del Presidente y otros dos Magistrados de la Sala Electoral, quienes suscribieron la sentencia de fecha sentencia N° 24 del 15-03-2004 (Caso*: Julio Borges, César Pérez Vivas, Henry Ramos Allup, Jorge Sucre Castillo, Ramón José Medina y Gerardo Blyde vs. Consejo Nacional Electoral*), que suspendió los efectos de la Resolución N° 040302-131 de 02-03-2004, del Consejo Nacional Electoral que en su momento impidió la realización del referendo revocatorio presidencial

42 Así lo afirmó el Jefe de Estado, cuando al referirse a una sentencia de la Sala Constitucional muy criticada, en la cual reformó de oficio una norma de la Ley del Impuesto sobre la renta, simplemente dijo: "Muchas veces llegan, viene el Gobierno Nacional Revolucionario y quiere tomar una decisión contra algo por ejemplo que tiene que ver o que tiene que pasar por decisiones judiciales y ellos empiezan a moverse en contrario a la sombra, y muchas veces logran neutralizar decisiones de la Revolución a través de un juez, o de un tribunal, o *hasta en el mismísimo Tribunal Supremo de Justicia, a espaldas del líder de la Revolución,* actuando por dentro contra la Revolución. Eso es, repito, traición al pueblo, traición a la Revolución". Discurso del Presidente de la Republica en el

Este sometimiento del Tribunal Supremo a la voluntad del Ejecutivo Nacional, ha sido catastrófica en relación a la autonomía e independencia del Poder Judicial, particularmente si se tiene en cuenta, además, que dicho Tribunal ejerce el gobierno y administración de todo el Poder judicial. Con ello, se ha alienado al Poder Judicial de su función fundamental de servir de instrumento de control de las actividades de los otros órganos del Estado para asegurar su sometimiento a la ley, y materialmente ha desaparecido el derecho ciudadano a la tutela judicial efectiva y al controlar del poder.

REFLEXIÓN FINAL

De todo lo anterior resulta, con evidencia, que para que exista democracia como régimen político en un Estado constitucional y democrático de derecho, no son suficientes las declaraciones contenidas en los textos constitucionales que hablen del derecho al sufragio y a la participación política; ni de la división o separación horizontal del Poder Público, ni de su distribución vertical o territorial, de manera que los diversos poderes del Estado puedan limitarse mutuamente. Tampoco bastan las declaraciones que se refieran a la posibilidad de los ciudadanos de controlar el poder del Estado, mediante elecciones libres y justas que garanticen la alternabilidad republicana; mediante un sistema de partidos que permita el libre juego del pluralismo democrático; mediante la libre manifestación y expresión del pensamiento y de la información que movilice la opinión pública; o mediante el ejercicio de recursos judiciales ante jueces independientes que permitan asegurar la vigencia de los derechos humanos y el sometimiento del Estado al derecho. Tampoco bastan las declaraciones constitucionales sobre la "democracia participativa y protagónica" o la descentralización del Estado; así como tampoco la declaración extensa de derechos humanos.

Además de todas esas declaraciones, es necesaria que la práctica política democrática asegure efectivamente la posibilidad de controlar el poder, como única forma de garantizar la vigencia del Estado de derecho, y el ejercicio real de los derechos humanos. Y para ello, sin duda, es que hay que destacar entre las nuevas tendencias del derecho constitucional en el Siglo XXI, la necesidad de identificar nuevos derechos ciudadanos propios del Estado Constitucional y democrático, como son precisamente, el derecho a la Constitución y el derecho a la democracia.

Como hemos visto, en Venezuela, lamentablemente nada de ello se ha implementado, y al contrario, en fraude continuo a la Constitución efectuado por el Legislador y por el Tribunal Supremo de Justicia, guiados por el Poder Ejecutivo, a pesar de las excelentes normas constitucionales que están insertas en el Texto fundamental, se ha venido estructurando un Estado autoritario en contra de las mismas, que ha aniquilado toda posibilidad de control

---

Primer Evento con propulsores del Partido Socialista Unido de Venezuela, Teatro Teresa Carreño, Caracas 24 marzo 2007.

del ejercicio del poder y, en definitiva, el derecho mismo de los ciudadanos a la democracia.

Y todo ello se pretendía consolidar con la reforma constitucional sancionada por la Asamblea Nacional el 2 de noviembre de 2007, rechazó mediante el referendo del 2 de diciembre de 2007, con la cual se buscaba establecer un Estado centralizado, socialista, militarista y policial, mediante un sistema de organización de un Poder Único, denominado del Poder Popular o del Poder Comunal, completamente concentrado y centralizado, y conducido políticamente por el Presidente de la República mediante un Partido Único que preside, con el objeto de imponerle a los venezolanos una supuesta "dictadura de la democracia[43]"; lo que es la propia negación de la democracia, pues en ella no puede haber ningún tipo de dictadura. Afortunadamente, como se dijo, el voto popular en el referendo del 2 de diciembre de 2007 rechazó tal reforma.

---

43 Tal como lo anunció el Vicepresidente de la República (Jorge Rodríguez) en enero de 2007, al afirmar que: "Claro que queremos instaurar una dictadura, la *dictadura de la democracia verdadera* y la democracia es la dictadura de todos, ustedes y nosotros juntos, construyendo un país diferente. Claro que queremos que esta *dictadura de la democracia* se instaure para siempre", en *El Nacional*, Caracas 01-02-2007, p. A-2.

CUARTA PARTE

DEMOCRATIZACIÓN, DESCENTRALIZACIÓN POLÍTICA Y REFORMA DEL ESTADO*
(Lima, Antigua 2001)

La descentralización política del Estado contemporáneo es, ante todo, como lo indica el calificativo, un proceso de carácter político que implica y exige la distribución territorial del poder público entre entidades políticas dotadas de autonomía y gobierno propio.

Responde, así, a uno de los principios fundamentales del constitucionalismo moderno consistente en la distribución vertical o territorial del Poder Público, que caracterizó la formación de los Estados Unidos de Norteamérica como Estado Federal, producto directo de la autonomía y del asambleísmo que caracterizó la formación de las Colonias norteamericanas[1]; y también, el desarrollo del Municipalismo, consecuencia directa de la abolición de cartas y privilegios locales a raíz de la Revolución en Francia, imponiéndose el principio de la erección al rango de municipalidad de toda "villa, burgo, parroquia o comunidad campesina" con lo que se sembró el territorio francés de 44.000 comunas[2].

---

* Texto de la exposición en la Mesa Redonda sobre "Nuevas corrientes y tendencias descentralizadoras en América Latina" del Seminario-Taller *Reforma del Estado y descentralización en el Perú. Tarea impostergable*, Parlamentarios de Perú Posible, Lima, Perú 13-14 de julio de 2001; y en la Mesa sobre "Descentralización y Reforma del Estado. Experiencias Latinoamericanas" del *XXII Congreso Latinoamericano de Sociología*, Asociación Latinoamericana de Sociología, Comisión Presidencial para la Modernización y Descentralización del Estado, Antigua Guatemala, 31 de octubre 2001. Publicado en mi libro: *Reflexiones sobre el constitucionalismo en América*, Caracas 2001, pp. 105-126.

1 Véase, en general, Allan R. Brewer-Carías, *Reflexiones sobre la Revolución Americana (1776) y la Revolución Francesa (1789) y sus aportes al Constitucionalismo Moderno,* EJV, Caracas, 1992.

2 *Idem,* pp. 204 y ss.

Dos siglos después, aquellos inventos del constitucionalismo moderno, el federalismo y el municipalismo, son los que de nuevo, están condicionando la organización política de los Estados contemporáneos occidentales.

La distribución territorial del Poder, por tanto, en el mundo democráticos contemporáneo se ha desarrollado, invariablemente, en dos niveles: un nivel territorial intermedio, de Estados en las viejas Federaciones o de Regiones o Departamentos políticos autónomos en los viejos Estados Unitarios; y un nivel territorial inferior, local, de municipalidades autónomas, en todo el territorio de los Estados.

Este fenómeno de la distribución territorial del Poder, en esos dos niveles, sin embargo, tiene ahora una motivación concreta; es el producto o la consecuencia directa de la necesidad de perfeccionar el sistema democrático, para hacerlo más participativo, de manera que llegue al ciudadano y a sus organizaciones primarias. Para ello no hay otra fórmula que no sea acercarles el Poder, ponerlo cerca del hombre y de sus organizaciones comunales, lo cual exige su distribución territorial.

En el momento actual, por tanto, no se trata de la sola necesidad, obvia por lo demás, de que la actuación del Estado nacional centralizado tenga que llegar a toda la geografía de un país, cuya búsqueda fue lo que caracterizó las políticas de planificación regional, ordenación del territorio y regionalización económico-administrativa en los Estados europeos hasta la segunda mitad del Siglo pasado, pero que no dejaron nunca de ser actuaciones nacionales en el territorio[3].

Ahora se trata de un proceso político, es decir, de reforma del Estado y no sólo de reforma administrativa, que exige y está exigiendo que el Poder Público se distribuya y que, incluso, competencias del Poder Nacional se transfieran a nuevos centros de poder, configurados como entidades político-territoriales, nuevas. Además, la descentralización como fenómeno básicamente político, que responde a la necesidad de más acentuados niveles de autonomía en las sociedades modernas, incluso se ha expresado en algunos países, como Colombia, en el reconocimiento de autonomías político-territoriales a territorios indígenas.

Estas entidades político territoriales federales o regionales y municipales, por supuesto, y eso es lo que caracteriza el proceso contemporáneo, tienen que tener gobiernos democráticos; de lo contrario, no tendría sentido la fragmentación del Poder que exige la descentralización.

En definitiva, la descentralización, como proceso político contemporáneo, es un producto de la democratización política, al punto de que sin democracia como régimen político, no cabe hablar ni es posible la descentralización política. Por ello, no hay ni puede haber autocracias descentralizadas.

---

3 Véase, en general, Allan R. Brewer-Carías, "Regionalization in Economic Matters in Comparative Law" en *Rapports Généraux au IX Congrès International de Droit Comparé, Teheran 1974,* Bruxelles 1977, pp. 669-696.

En éstas, lo que puede haber son mecanismos de descentralización funcional del Poder Nacional, incluso de carácter territorial como las Corporaciones nacionales de desarrollo regional, pero no de transferencia de poderes a entidades político territoriales autónomas, que son incompatibles con las autocracias. Por ello, la descentralización política es rechazada por los sistemas políticos montados sobre esquemas de concentración del poder propios de los "nuevos" autoritarismos seudo democráticos que comienzan a aparecer en América Latina, como sucedió recientemente en el Perú y como sucede actualmente en Venezuela.

La democratización política, al contrario, en los países occidentales con democracias consolidadas, lo que muestra es un proceso inverso, de desparramamiento del Poder Público en el territorio, en la forma de Estados Federales, de Estados Regionales o de Estados Unitarios Descentralizados, con autonomías político-territoriales intermedias y con la municipalización de todo el territorio.

I. LA DESCENTRALIZACIÓN POLÍTICA EN EL MUNDO CONTEMPORÁNEO

1. *La universalización del fenómeno*

En la actualidad, independientemente de la forma del Estado que se haya adoptado históricamente, puede decirse que en el mundo occidental democrático, el Estado contemporáneo es un Estado descentralizado o en vías de descentralización; es decir, un Estado en el cual las fuerzas centrífugas en la distribución territorial del Poder Público, están más activas que las fuerzas centrípetas[4].

Después del proceso de consolidación definitiva del Estado Nacional Centralizado hasta la Segunda Guerra Mundial, la consolidación y perfeccionamiento de la democracia en la segunda mitad del siglo pasado, puede decirse que ha estado presionando tanto sobre los viejos Estados Unitarios como sobre las viejas Federaciones centralizadas, provocando o forzando por una efectiva distribución del Poder Público en el territorio.

Así, los viejos Estados Unitarios han venido evolucionando progresivamente dando paso en su seno a instancias o niveles político-territoriales intermedios, con el carácter de regiones políticas, con autoridades propias electas y autonomía que, en algunos casos, como medio de distribución vertical del Poder Público, van más allá y han sido más efectivas que el esquema ideal del Estado Federal.

Los Estados Federales, por su parte, cada uno con su modalidad centralizante, si algo los caracteriza actualmente, es la tendencia a profundizar el federalismo para llenar de contenido el esquema de distribución del poder que teóricamente pueden permitir.

---

4. Véase Allan R. Brewer-Carías, "El proceso de descentralización política en América Latina: La perspectiva Federal" en *Revista Iberoamericana de Administración Pública,* N° 1, INAP, Madrid 1998, pp. 69 a 96.

En esta forma, los Estados Unitarios y las Federaciones se han venido descentralizando, de manera que en la actualidad, como hemos señalado, resulta inútil la vieja y clásica división bipartita entre Estado Unitario y Estado Federal, la cual no sirve para calificar la forma real del Estado contemporáneo, caracterizado por adopción de nuevas formas de descentralización política. De allí, incluso, la nueva denominación de Estado Regional que se ha acuñado particularmente en Europa, para calificar la descentralización política de los viejos Estados Unitarios[5], en algunos casos, incluso, constitucionalmente configurados como "Estados Unitarios Descentralizados" (Colombia).

Pero por supuesto, hablar de descentralización política del Estado contemporáneo exige adaptar el esquema de distribución del Poder que exista en cada Estado a las exigencias de la democratización contemporánea, para que, efectivamente, sea una forma de distribución vertical del Poder. Ello exige, en todo caso, el refuerzo de los niveles intermedios del Poder, por lo que el proceso de descentralización política en la actualidad no puede reducirse al solo municipalismo o refuerzo del Poder Municipal, sino al fortalecimiento o creación de esos niveles intermedios. En otros términos, a mayor municipalización mayor necesidad de establecer los niveles intermedios de poder

La descentralización política, por tanto, implica, por una parte la municipalización, pero además la creación de niveles intermedios de gobierno que permitan realmente acercar el Municipio al ciudadano.

2. *La descentralización política como proceso de la Municipalización*

En efecto, los municipios, las municipalidades, las comunas, o en general, los gobiernos locales, siempre han existido en la organización de los Estados; son tan viejos como los Estados mismos; han coexistido con las autocracias; y han funcionado independientemente del régimen político imperante.

En una forma u otra, los municipios, comunas o gobiernos locales siempre han gozado de autonomía, aún cuando no siempre han sido gobernados por representantes electos ni han sido realmente parte de la distribución territorial del Poder. El municipalismo, sin duda, es parte del proceso de descentralización política, lo que en muchos casos ha implicado redotar de autonomía a los viejos Municipios o Comunas, eliminando el control de tutela que sobre ellos ejercía el Poder Central. Un claro ejemplo de ello en el constitucionalismo contemporáneo, fue la Ley de Libertad de las Comunas sancionada en Francia a comienzos de la década de los ochenta del siglo pasado, como parte importante de las reformas iniciadas por el Presidente Mitterand.

5. Véase Allan R. Brewer-Carías, "La Descentralización Territorial: Autonomía Territorial y Regionalización Político", en *Revista de Estudios de la Vida Local, IEAL,* N° 218, Madrid 1983, pp. 209-232.

Pero sin embargo, para que el Municipio sea la escuela de la libertad y de la democracia, como lo descubrió Alexis de Tocqueville cuando ilustró a Europa sobre *La Democracia en América,* por sobre todo tiene que estar cerca del ciudadano. Un Municipio lejos de las comunidades y vecindades, como es en general el caso de latinoamericanos, materialmente no sirve para nada, ni para la participación política ni para la gestión eficiente de los asuntos locales.

Acaso nos hemos preguntado, ¿por qué, realmente, las democracias consolidadas de Occidente son tales democracias, donde la participación del ciudadano en la gestión de los intereses locales forma parte de la cotidianidad de la vida democrática? Todas las democracias tienen ciclos electorales, donde se vota con regularidad y tienen sistemas institucionales que son propios del Estado de Derecho. Pero unos países son más democráticos que otros. Y la respuesta del por qué esto es así, está en la municipalización o, si se quiere, en la efectiva fragmentación de las instituciones locales.

Para darnos cuenta de ello, basta hacer algunas comparaciones. Venezuela, con casi un millón de kilómetros cuadrados de superficie, cerca de 24 millones de habitantes, tiene sólo 338 Municipios. Francia, en cambio, con la mitad de dicha superficie y 59 millones de habitantes, tiene 36.559 Municipios o Comunas; es decir, cien veces más. Pero lo importante no es el número de municipios de un país, sino la relación entre la autoridad local y el número de habitantes. En tanto que en Venezuela es de 71.000 habitantes por Municipio, en Francia, en cambio es de 1.614 habitantes por Municipio, es decir, cuarenta veces menos.

Cualquier revisión de esta relación que se haga en los países democráticos, da cifras sorprendentes, sobre todo cuando las comparamos con las nuestras en América Latina. España tiene 8.082 Municipios con un promedio de población de 4.825 habitantes; en Bélgica hay 2.589 Municipios, con una población media de 16.978 habitantes; en un Estado tan pequeño como Luxemburgo hay 118 Municipios, con una población promedio de 2.700 habitantes. Los 8.104 Municipios de Italia tienen un promedio de 7.156 habitantes. En Suiza hay 3.079 Municipios con un promedio de población de 2.333; y en Alemania hay 16.121 Municipios con un promedio de población de 5.086.

En Europa continental, además, debe destacarse que los Municipios de menos de 2000 habitantes representan un porcentaje elevadísimo en relación con los muy poblados por ejemplo, el 40% en Italia y el 89% en Francia.

En nuestro continente Americano, a pesar de tener territorios casi iguales de casi 10 millones de kilómetros cuadrados, pero con densidad de población muy disímil, en Canadá hay 4.507 Municipios, con 6.878 habitantes de promedio, pero en los EEUU hay 70.500 Municipios, con igual promedio de 3.872 habitantes por Municipio.

En contraste, en nuestros países de América Latina el panorama es diferente: en México hay 2.418 Municipios con un promedio de 40.116 habitantes; en Brasil, por ejemplo, hay 5.581 Municipios con un promedio de

31.101 habitantes; en Colombia hay 1.068 Municipios, con un promedio de 39.326 habitantes; en Guatemala hay 324 Municipios con un promedio de 33.950 habitantes; en Argentina hay 1.617 Municipios con 22.882 habitantes, y como dijimos, en Venezuela hay sólo 338 Municipios con 71.000 habitantes por Municipio.

Ahora bien, la clave de la democracia de participación está, precisamente, en acercar el Poder al ciudadano, para que pueda efectivamente participar. Por ello, en nuestros países, mientras la autoridad local está tan alejada del ciudadano, no llegaremos a ser efectiva y cotidianamente democráticos.

La gran reforma democrática en nuestros países, por tanto, está en la Municipalización, pero sin uniformismo, pues no podemos multiplicar al gran municipio burocratizado de las áreas urbanas y trasladarlo a las rurales. La diferenciación de regímenes municipales es una de las primeras necesidades de la vida local.

En todo caso, mientras más se municipalice un país, y se transfieran poder y competencias propias de la vida local a las pequeñas organizaciones primarias autogestionadas, más necesaria entonces será la estructuración de poderes descentralizados a niveles intermedios entre el Poder Central y el Municipio. Como hemos dicho, hay una relación directa y paralela entre la descentralización local y la descentralización nacional a niveles intermedios.

Por ello, la descentralización política que está signando al Estado contemporáneo en este comienzo del siglo XXI, no puede, en ningún caso, reducirse al sólo municipalismo; sino que además, debe llevar a la autonomización de nuevos niveles territoriales intermedios de carácter regional o al reforzamiento de los viejos niveles territoriales de las Federaciones centralizadas. En tal sentido, por ejemplo, el proceso de descentralización fundado en la sola municipalización de actividades, como es el caso de Chile, donde solo hay 340 Municipios con un promedio de población de 44.117 habitantes; no puede identificarse con el proceso de descentralización política generalizado del mundo contemporáneo, caracterizado además de por el reforzamiento de las autonomías municipales, básicamente, por la estructuración o reforzamiento de niveles políticos territoriales intermedios entre el Estado Nacional y los gobiernos locales, que en las Federaciones son los Estados federados.

Lo cierto, en todo caso, es que la descentralización o transferencia territorial del Poder enfocado sólo hacia los Municipios, subestimando los niveles territoriales intermedios, puede provocar y de hecho ha provocado frustración en relación a las expectativas del proceso, centrado en mayor participación democrática y mayor eficiencia en la gestión pública. No en vano, tanto en Europa como en Latinoamérica, una de las banderas preferidas de las autocracias ha sido, necesariamente, un supuesto respaldo y reforzamiento del Poder Municipal; y en las Federaciones centralizadas, uno de los instrumentos más utilizados para minimizar el poder de los Estados federados, ha sido el sólo reforzamiento del Poder Municipal.

3. *La indispensable necesidad de estructurar gobiernos democráticos en los niveles intermedios producto de la descentralización política*

Ahora bien, los niveles territoriales intermedios que caracterizan el proceso de descentralización contemporánea, como se dijo, ante todo tienen que ser niveles políticos de gobierno, configurados por autoridades y representantes electos de carácter democrático. En las Federaciones, sin duda, ello implica la elección directa y popular de los Gobernadores de los Estados federados y de sus Asambleas Legislativas. Por eso la Federación venezolana sólo comenzó a ser totalmente democrática, a partir de 1989, cuando por primera vez en el siglo XX se comenzaron a elegir los Gobernadores de Estado[6].

En todo caso, nada tiene que ver con el proceso de descentralización política, el establecimiento de las regiones administrativas basadas en la creación de Corporaciones nacionales de desarrollo para cada región, incluso buscando crear Consejos Regionales de Gobernadores, como sucedió en Venezuela en los años setenta[7], o sucede con los denominados "Gobiernos Regionales" en Chile, que si bien se han establecido en niveles intermedios del territorio, de gobiernos sólo tienen el nombre, pues en realidad no son más que delegaciones más o menos desconcentradas del gobierno nacional en las regiones, y que recuerdan el proceso de regionalización económica y administrativa ensayado en muchos países en la década de los sesenta y de los setenta, inspirados en la experiencia de Francia. Ese proceso de regionalización económica y administrativa, en realidad, fue y es una manifestación más del centralismo.

En todo caso, si bien lo que caracteriza al proceso de descentralización política contemporáneo, es la estructuración de niveles político territoriales intermedios de gobierno electos popularmente en la organización del Estado, no existen ni pueden existir reglas o recetas uniformes aplicables a todos los países. Cada país, cada territorio, tiene su configuración regional que ha contribuido a su organización política peculiar, y ello ha de tomarse en cuenta para emprender cualquier iniciativa descentralizadora.

4. *La descentralización política como fenómeno del mundo contemporáneo*

En todo caso, nuestros países de América Latina, muchos ahora inmersos en procesos de reforma del Estado y descentralización política, no están descubriendo nada nuevo. En realidad, están experimentando la misma crisis

---

6. Véase el *Informe sobre la Descentralización en Venezuela 1993, Memoria del Dr. Allan R. Brewer-Carías, Ministro de Estado para la Descentralización,* Caracas 1994.

7. Véase Allan R. Brewer-Carías y Norma Izquierdo Corser, *Estudios sobre la Regionalización en Venezuela,* Caracas 1977.

derivada de la consolidación de la democracia por la que han pasado todos los Estados occidentales después de la Segunda Guerra Mundial.

En efecto, puede decirse que si el proceso de descentralización política es el signo más característico de las transformaciones del Estado en nuestros días, ello es producto precisamente de la democratización contemporánea; es, en definitiva, el fruto más destacado del afianzamiento de la democracia en todos los países occidentales.

La madurez política de las sociedades democráticas, por otra parte, ha provocado una toma creciente de conciencia sobre la necesidad de la participación política como derecho, no sólo indirectamente a través de representantes electos, sino directamente, mediante iniciativas, consultas populares, y otros mecanismos. Ese derecho a la "participación política", sólo se puede concretar, precisamente, a partir de los niveles locales e intermedios del Estado, producto de la descentralización del poder, donde se suelen afectar más inmediatamente los intereses ciudadanos. Hablar de democracia participativa como se está pregonando en América Latina por algunos liderazgos autoritarios sin una política de descentralización del Poder es simplemente, un contrasentido.

Puede decirse que en todos los países Europeos, como consecuencia de la reimplantación y desarrollo de la democracia, para asegurar su sobrevivencia y establecer canales de participación política, ha seguido un proceso de descentralización política. Eso sucedió con los viejos Estados Unitarios que sobre la base de estructurar regiones políticas, se han venido organizando territorialmente en forma descentralizada, dando incluso, origen a una nueva forma de Estado, la del Estado Regional, en algunos casos, incluso, más descentralizado que las viejas Federaciones. Así ha sucedido con España, al surgir como país democrático después del franquismo, como un Estado de Comunidades Autónomas; y con las Regiones Políticas que se han establecido en Italia, Francia, Bélgica y Portugal, por ejemplo. La reforma constitucional en Inglaterra, también ha conducido a la creación o reaparición de parlamentos regionales, como en Escocia y Gales, mediante la *devolution* o descentralización política, que ha formado parte importante de la política del Primer Ministro Blair. En cuanto a las viejas Federaciones, estas han sido recompuestas o reforzadas redistribuyéndose el Poder hacia los Estados miembros o cantones, como ha sucedido en Alemania o Suiza. Lo mismo puede decirse del federalismo norteamericano o canadiense y, en general, de las nuevas fórmulas de distribución del Poder Público en las federaciones. De ello resulta, por supuesto, que el proceso de descentralización política no puede identificarse con el solo federalismo. En la actualidad, como indicamos, hay Estados Unitarios descentralizados como España y Colombia, que incluso son relativamente más descentralizados políticamente, que muchas viejas Federaciones, como Venezuela y otras de América Latina, ahora en proceso de descentralizarse[8].

En todo caso, lo importante a destacar aquí es que este proceso de descentralización que está llevándose a cabo, en una u otra forma, en todos los países de América Latina, también está condicionado y es producto de la democratización generalizada de nuestros países, como consecuencia del afianzamiento del régimen democrático y, además, como condición necesaria para que perdure y sobreviva.

El debate sobre la descentralización en América Latina por ello, en definitiva, es un debate sobre la democracia y sobre el fin de más de un siglo de centralismo, que si bien contribuyó a la consolidación de los Estados Nacionales y a la implantación de la propia democracia por los partidos organizados bajo el esquema del centralismo democrático, hoy es el principal elemento que está conspirando contra la propia democracia y que impide la efectividad de las tareas del sector público.

II. LA DESCENTRALIZACIÓN COMO PIEZA ESENCIAL DE LA REFORMA DEL ESTADO CONTEMPORÁNEO

1. *La descentralización política como programa prioritario de la reforma del Estado con las exigencias de privatización y desregulación*

Sin duda, puede decirse que además de la crisis de la democracia, ha sido el Estado omnipresente, planificador, regulador, de control, de fomento, de servicios públicos y empresario, que se consolidó después de la Segunda Guerra Mundial el que también ha entrado en crisis.

Por ello el clamor por la Reforma del Estado que en las últimas cuatro décadas ha tocado a todos los Estados contemporáneos, también ha sido provocado por esas crisis que han afectado a todos los Estados tradicionales, recargados de tareas y actividades, al margen y sobrepuestos a la sociedad civil, sin participación o con participación marginal de la misma en el manejo de los asuntos públicos; inmersos en toda suerte de regulaciones y controles que progresivamente se han convertido en fines en sí mismos, manejados por una burocracia cada vez más separada de la sociedad con burócratas de doble personalidad y discurso que han aniquilado las iniciativas privadas; y sobrecargados de empresas de todo tipo y de tal magnitud y extensión que han provocado el olvido o marginamiento de los servicios públicos y funciones más elementales de toda organización política como son la justicia, la seguridad personal, la salud, la educación y la provisión de infraestructura[9].

---

8. Véase en general Allan R. Brewer-Carías, "La Descentralización Territorial: Autonomía Territorial y Regionalización Política", *loc. cit.*, p. 218.

9. Véase en general Allan R. Brewer-Carías, "Los problemas de la Administración Pública y la capacidad de acción del Estado en América Latina", en Manfred Molds y Josef Thesing (ed), *El Estado en América Latina* CIEDLA, Buenos Aires, pp. 175-248.

En algunos casos, incluso, por la peculiar situación económica de algunos países como Venezuela, la crisis ha afectado profundamente al Estado distribuidor de la riqueza propia proveniente del ingreso petrolero, que todo lo proveía, dejando al descubierto cuando este disminuye por la caída de los precios del petróleo, que ni siquiera el Estado ha sido redistribuidor de riqueza alguna, pues nadie materialmente contribuye vía impuestos con el ingreso fiscal, que sólo proviene de la explotación de un bien del dominio público como es el petróleo. La crisis es de tal magnitud, que en ese caso, el Estado tiene que comenzar por el principio de toda organización política, que es crear la conciencia y el status del ciudadano contribuyente, en sustitución del habitante becado o subsidiado por el sector público.

La descentralización política, como proceso contemporáneo, por tanto, es una pieza esencial de la reforma del Estado -más motivada por las exigencias de la democratización que por la necesidad de lograr mayor efectividad y eficiencia del Estado en los asuntos públicos-, que por lo demás, está acompañada actualmente de otras piezas básicas como son la privatización y la desregulación o desburocratización. Se trata de tres políticas independientes, con motivaciones diferentes pero de carácter coincidente en las últimas décadas: la primera, la descentralización, como consecuencia y exigencia de la democratización de las sociedades contemporáneas; la segunda, la privatización, como consecuencia de la crisis del Estado empresario e interventor en todos los aspectos de la vida económica y social, y como exigencia de la redefinición de sus tareas y funciones esenciales y específicas; y la tercera, la desregulación o desburocratización, como consecuencia del fracaso del sector público por atender directamente todas las demandas sociales y como exigencia de liberación de las iniciativas privadas.

2. *La descentralización política como instrumento para el fortalecimiento del Estado Nacional*

Todos estos procesos políticos que en líneas generales caracterizan el proceso de reforma del Estado, al contrario de lo que pareciera a primera vista, lejos de significar un debilitamiento del Estado, tienden a su reforzamiento, deslastrándolo de tareas y funciones que no le corresponden ni tiene que asumir, y permitiendo, al contrario, que pueda ocuparse de lo que sí le corresponde efectivamente.

En particular, el Estado, al desarrollar una política de descentralización, transfiriendo poder y competencias hacia niveles intermedios de gobierno territorial y las que corresponda, hacia los gobiernos locales, lejos de debilitarse se fortalece, no sólo porque puede concentrar su actividad como Estado Nacional, a lo que tiene que ser verdaderamente de ese nivel nacional, sino porque pueden cumplirse las tareas públicas que le son propias, más eficientemente y con más presencia, en los niveles intermedios y locales de gobierno. Un Estado Nacional sobrecargado y sobrepasado en sus posibilidades, lejos de debilitarse con la descentralización política, logra su fortalecimiento al poder reconducir sus esfuerzos a atender los asuntos nacionales y poder prestar más eficientemente los servicios y tareas esenciales mediante su transferencia a los niveles político territoriales intermedios o locales.

Pero por supuesto, el fortalecimiento del Estado como consecuencia de la descentralización política, no tiene que entenderse como un proceso en el cual se persiga necesariamente retener todo el Poder en el Estado, en perjuicio de la sociedad civil. Por ello, junto con la descentralización del Poder hacia niveles políticos intermedios y locales, la democratización del Poder y del Estado también implica la transferencia de determinados roles y funciones a la sociedad civil.

3. *La distribución territorial de competencias públicas*

La descentralización política, como hemos dicho, como proceso de reforma del Estado, implica la necesaria distribución vertical del Poder Público, mediante la transferencia de competencias de los niveles centrales nacionales o federales de gobierno hacia los niveles intermedios de la organización político territorial e, incluso, hacia los niveles municipales. En este sentido es que también es una pieza esencial de la reforma del Estado.

Sin embargo, y ello es evidente, en los procesos de distribución vertical del poder, incluso cuando como en los sistemas federales se establecen cláusulas residuales de competencias a favor de los Estados Federados, no todas las competencias públicas pueden o deben descentralizarse. Por supuesto, en los sistemas federales, en la lucha entre las fuerzas centrífugas y las fuerzas centrípetas, estas han encontrado cláusulas constitucionales que han contrarrestado la cláusula residual, para concentrar en el nivel federal-nacional determinados poderes, como sucedió con la cláusula de comercio y la teoría de los poderes implícitos en los Estados Unidos de América. Con nombres parecidos, en todas las federaciones, sobre todo en materias económicas, determinadas cláusulas han llevado a la supremacía de los niveles federales siempre basado en poderes implícitos o que, como dice la Constitución de Venezuela, por "su índole o naturaleza" (art. 156, 33, Constitución de 1999), tienen que ser conducidas a nivel nacional-federal.

En todo caso, aún con la correcta depuración de la a veces excesiva concentración de poder a nivel nacional o federal, y aún bajo el principio del carácter residual de las competencias de los niveles político territoriales inferiores, lo cierto es que no todo es descentralizable en la organización territorial del Estado.

En la determinación del ámbito de la descentralización, por supuesto, ninguna lista o receta universal puede formularse; sin embargo, en la situación actual de los países de América Latina, por ejemplo, agobiados como están por una inmensa deuda pública interna y externa y enfrascados en un proceso de apertura económica de mercado y privatización, es evidente que todo lo que concierne o afecte la política macro-económica tiene y debe permanecer a nivel nacional o federal. En cambio, la descentralización de todas las competencias o actividades que no tienen que ser nacionales tiene por objeto, precisamente, que el Estado nacional pueda asumir la conducción política del mismo, incluso en los aspectos de la política macro-económica.

En este sentido, por ejemplo, en los países de América Latina se ha planteado el problema de la posibilidad y alcance del endeudamiento de las entidades descentralizadas, siendo la conclusión que esa política en ningún caso debería ser decidida descentralizadamente, por lo que el endeudamiento por parte de las entidades políticas descentralizadas debe ser limitado y sólo autorizado nacionalmente, pues de lo contrario, por sus efectos nocivos, incontrolados y dispersos, podría conspirar contra la propia descentralización. Es evidente que la política de descentralización, como toda política pública, tiene en sí misma semillas que son contrarias a la misma, por lo que tienen que tomarse previsiones para asegurar que no sea "autodestructiva". Una de esas previsiones es, precisamente, la limitación del endeudamiento local sobre todo cuando aún no se ha producido en muchos países, una autonomía tributaria efectiva de los entes regionales y locales.

4. *La descentralización política y los recursos financieros y tributarios*

La descentralización política, como se señaló, por sobre todo, es una política de distribución vertical del Poder Público, que implica transferencia de competencias y atribuciones que se han concentrado en el nivel central nacional o federal de gobierno, hacia los niveles intermedios de gobierno, incluso hacia los Municipios. Es, por tanto, una política centrada en la transferencia de poderes, competencias, atribuciones y facultades y con ello, de medios para el cumplimiento de tales actividades o funciones, como son los recursos financieros, el personal y los bienes afectados a su ejecución. En particular, los recursos financieros, que nunca son suficientes en las políticas públicas, si bien son importantes, no pueden ser el único objetivo de la descentralización, pues en definitiva, se trata de medios y no de un fin en sí mismo de dicha política.

En contraste, no hay que olvidar que muchos planteamientos descentralizadores provenientes de los niveles intermedios de gobierno territorial se han centrado, más en la necesidad de más recursos que en la sustancia de las competencias a ser transferidas, haciendo énfasis en que lo que necesitan son más recursos y menos problemas. De allí la inconveniencia de definir una política de descentralización basada en un porcentaje atado y progresivo de transferencia de recursos presupuestarios, por ejemplo, el llamado en Venezuela "Situado Constitucional" (art. 167,4, Constitución de 1999), hacia los Estados, sin atender a las competencias efectivamente transferidas; lo que, además, constituye una atadura presupuestaria a veces incompatible con los ajustes macro económicos, por la rigidez de los apartados presupuestarios.

Ello ha provocado, en muchos casos, un desdoblamiento del gasto público, pues muchas transferencias de recursos no conllevan transferencias de funciones y tareas, que no llegan a salir de los niveles nacionales de gobierno. Así, la descentralización de recursos, lejos de disminuir el gasto público, lo ha aumentado, por la no disminución del volumen del gasto nacional. Por ello, como una pieza esencial del proceso de distribución vertical del poder que conlleva la descentralización política, debe hacerse énfasis en la descentralización de cometidos y funciones estatales, de manera que la descentralización de recursos se haga en función de aquellos. Así se configuró en sus inicios, por ejemplo, el Fondo Intergubernamental para la Descentralización en Venezuela a comienzos de la década de los noventa, pero luego fue lamentablemente distorsionado.

En todo caso, un proceso de descentralización política exige, por sobre todo, como parte de la distribución vertical del poder, la distribución territorial del poder tributario, particularmente atribuyendo a los niveles político-territoriales intermedios poder tributario originario, de manera que los órganos representativos de la región del Estado federado sean los que voten los impuestos correspondientes.

Un proceso de descentralización política no puede avanzar efectivamente en un esquema financiero de paternalismo de parte del Estado Nacional, y de dependencia financiera respecto de éste, de las entidades políticas intermedias y locales. Por ello, la descentralización política no puede fundarse en sólo transferencias de recursos financieros nacionales hacia las entidades territoriales descentralizadas, sino que al contrario, exige el desarrollo de capacidad tributaria propia en esos niveles de manera que los gobiernos regionales y locales decidan democráticamente la carga impositiva requerida.

La descentralización del poder tributario exige, por supuesto, una reordenación del mismo de manera de compatibilizar los impuestos que necesariamente deben ser nacionales con los impuestos regionales y locales, tendiendo a localizar los impuestos al consumo en el nivel intermedio, y previendo fórmulas de compensación para regiones o territorios con menor desarrollo.

En todo caso, lo que debe descartarse como fórmula permanente de financiamiento a la descentralización del Poder Público, mediante la transferencia de competencias del nivel nacional de gobierno hacia los niveles intermedios y locales de gobierno, es la de los llamados Fondos Nacionales para la descentralización que, en el mediano plazo, lo que pueden es convertirse en instrumentos para acentuar al centralismo.

5. *El impacto de la descentralización en las relaciones de Poder*

Siendo la descentralización política, en esencia, un proceso de distribución vertical del Poder Público, en el mismo participan, además del Estado Nacional o Federal, los niveles político-territoriales intermedios o los Estados Federados y los Municipios, siendo cada uno titular de una rama del mismo Poder Público: el Poder Nacional o Federal, el Poder Estadal (en las Federaciones) o Regional, y el Poder Municipal.

La distribución territorial del Poder implica, entonces, un nuevo enfoque relativo a las necesarias e indispensables relaciones intergubernamentales, entre los distintos niveles del Poder Público, pues los mismos deben coparticipar en la conducción de los asuntos públicos. El asunto ya se ha planteado en la redistribución del poder en las Federaciones europeas, con las fórmulas de federalismo de cooperación, cooperativo, de colaboración o compartido; y en todo caso, exige superar todo esquema basado en la simple coordinación nacional que, fundamentalmente, es paternalista.

El problema de las relaciones entre diversos niveles territoriales de gobierno que coparticipan en el Poder Público, no es de simple coordinación, sino de mecanismos intergubernamentales. No es que el nivel nacional debe simplemente "coordinar" la acción de los entes territoriales menores, sino que debe coparticipar con estos en la conducción de los asuntos públicos, mediante relaciones intergubernamentales, que exigen nuevas fórmulas de cooperación, conciliación y de negociación.

En tal sentido, y volviendo a la fórmula de los Fondos Nacionales para la descentralización como esquema de financiamiento al proceso de transferencia de competencias, el manejo de los mismos, en todo caso, requeriría de fórmulas institucionales basadas en instancias de negociación intergubernamentales. De lo contrario, si son gerenciados nacionalmente con criterios de coordinación, es evidente el riesgo de que se conviertan en instrumentos para una mayor centralización.

Las fórmulas intergubernamentales, por supuesto, son más complicadas administrativamente hablando, pues requieren negociar y conciliar intereses distintos de varios niveles de gobierno. La tentación de caer en esquemas centralistas para decidir, partiendo de los solos criterios gerenciales para la toma de decisiones, por tanto, siempre estará presente y con ello la imposición de las prioridades nacionales sobre las regionales y locales.

CONCLUSIÓN

De todo lo anteriormente señalado, puede concluirse señalando que la descentralización política, como proceso de distribución territorial del Poder, es un proceso de reforma del Estado provocada por las exigencias de la democratización que consiste en el perfeccionamiento de la forma del Estado, de manera que sea canal efectivo de esa distribución territorial del poder y de la participación ciudadana. Como lo indica el artículo 158 de la Constitución venezolana de 1999:

> *Art. 158:* La descentralización, como política nacional, debe profundizar la democracia, acercando el poder a la población y creando mejores condiciones, tanto para el ejercicio de la democracia como para la preparación eficaz y eficiente de los cometidos estatales.

Por supuesto, como proceso político, la descentralización política es un proceso de lucha por el Poder. De allí el riesgo de la descentralización, que implica posibilidades de pérdidas de áreas de poder en beneficio de las comunidades pero en perjuicio de los partidos centralizantes. En todo caso, sin embargo, la descentralización no puede dejarse a la conducción de las solas fuerzas centrífugas, sino que por sobre todo debe convertirse en una política nacional; pues el que se descentraliza es el Poder Nacional.

En efecto, es cierto que la verdadera descentralización política no se impone desde arriba, sino que se exige desde abajo y se negocia. Sin embargo, en Estados altamente centralizados, el proceso de descentralización del Poder no puede quedar a la deriva de las políticas del gobierno nacional de turno, ni de las solas exigencias políticas regionales y locales, sino que requiere de una voluntad y compromiso políticos del Estado Nacional por descentralizarse.

Es decir, la política de descentralización tiene que ser una política nacional, enmarcada en las reformas políticas del Estado. No por azar, por ello, en las experiencias recientes de descentralización de Estados Unitarios, como la de España y Francia, el gobierno nacional asumió el compromiso como política nacional, entre otros aspectos, además de con la aprobación de las leyes nacionales necesarias para la transferencia de poderes, con la designación de miembros del gobierno con rango de Ministro, para conducir el proceso. Así sucedió a fines de los setenta, por ejemplo, con el nombramiento de un Ministro para la Administración Territorial y luego para las Administraciones Públicas en España, y a comienzos de los ochenta, con la designación del Ministro del Interior y de la Descentralización en Francia. Así sucedió también, en algunas Federaciones como en Venezuela donde en 1993 se designó un Ministro de Estado para la Descentralización como miembro del Gabinete Ejecutivo.

La descentralización política de un Estado, por otra parte, requiere de múltiples reformas institucionales y administrativas que exigen recomponer las Administraciones Públicas, lo cual sólo podría lograrse con el decidido apoyo del gobierno nacional.

Sin embargo, aún cuando el proceso de descentralización política requiera indispensablemente la formulación de una política nacional de descentralización de mediano y largo plazo -como toda reforma institucional-, y con apoyo sostenido del gobierno nacional, a toda costa debe montarse sobre mecanismos intergubernamentales de manera de hacer participar en el diseño e implementación del proceso a los diversos niveles territoriales de gobierno.

Si al contrario, esto no se logra, se corre el riesgo de una política formulada exclusivamente desde el centro, sin tener en cuenta las particularidades y diferencias entre las diversas entidades político-territoriales del nivel intermedio y locales, con el grave riesgo del uniformismo atrofiante y de la consecuente inoperancia. Así ha sucedido, por ejemplo, con muchas reformas municipales concebidas bajo la influencia de los problemas del gran municipio urbano, y que resultan totalmente inaplicables en los municipios rurales que, en general, son la mayoría en todo el mundo.

La descentralización política como proceso, por tanto, indispensablemente requiere de una política nacional con la que esté compro-metido el Estado Nacional (Congreso y gobierno nacional); pero su diseño e implementación en ningún caso puede quedar en manos de los solos niveles nacionales, sino que requiere de instancias intergubernamentales de conciliación y negociación. Ello no es tarea fácil pues, en general, quienes han detentado todo el poder, –como ha sucedido en los Estados Unitarios y en los Estados Federales Centralizados–, no suelen estar dispuestos a compartirlo, como sucede en la actualidad con los partidos políticos centralizados que han manejado muchos de nuestros Estados Unitarios o Federales.

La descentralización política exige, por tanto, un cambio de mentalidad de manera que se entienda que en el Estado no sólo debe existir un sólo gobierno nacional, sino que el gobierno del Estado está conformado además de por el gobierno nacional, por el gobierno de los territorios intermedios (Estados federados) y por los gobiernos locales. Si esto no se entiende, lo que habrá será una caricatura de descentralización y el riesgo inminente de la pérdida de la democracia por ausencia de mecanismos de participación política, que sólo fórmulas descentralizadas pueden procurar.

QUINTA PARTE

SOBRE LA DEMOCRACIA REPRESENTATIVA Y LA FALACIA DE LA LLAMADA "DEMOCRACIA PARTICIPATIVA" *

(Bogotá, 2010)

I. LA DEMOCRACIA Y LOS PELIGROS DEL DISCURSO AUTORITARIO

Si algo ha resultado de la práctica democrática que la mayoría de los países de América Latina han experimentado en las últimas décadas, ha sido la toma de conciencia de que la democracia, como régimen político, no puede quedar reducida sólo a garantizar la elección de los gobernantes. Más bien tiene que ser concebida como una alianza global entre los gobernados que eligen, y los gobernantes electos, dispuesta para garantizar, por una parte, que el ejercicio del poder por los últimos sea efectivo, y por la otra la participación de los primeros en la conducción política de la sociedad, todo basado en la primacía que debe tener el ser humano, y con él, su dignidad y sus derechos.

Pero llegar a esta conclusión no ha sido fácil. Los ciudadanos de nuestros países en efecto, de cara a nuestras democracias, ha tenido que enfrentar y siguen enfrentando tremendas incomprensiones y distorsiones que tanto de buena como de mala fe, derivan de un discurso político persistente que se solaza en la crítica de las muchas deficiencias que ha mostrado la práctica de la democracia representativa, la cual, efectivamente, en muchos países ha terminado por no representar a los diversos componentes de la población. Esa práctica democrática, por otra parte, en muchos casos no ha logrado

---

* *Texto* de la Ponencia expuesta vía videoconferencia "*Sobre la democracia participativa y sus falacias*". para el Seminario sobre Democracia y participación ciudadana en el contexto del derecho comparado y del derecho nacional, organizado por la Facultad de Jurisprudencia de la Universidad del Rosario, Bogotá, 3 de mayo 2010; y de la Ponencia elaborada para el *Congreso Iberoamericano de Derecho Electoral*, Monterrey, Nuevo León, 2010.

servir de instrumento para la efectiva construcción de sociedades donde el ciudadano logre sentirse realmente incluido, y participe efectivamente en el quehacer político que en muchas ocasiones ha quedado secuestrado por los partidos políticos.

Ello ha dado origen, entre otros factores, al clamor que tan seguidamente se oye en nuestros países latinoamericanos por la construcción de una "democracia participativa," la cual, la verdad sea dicha, muchos demócratas confunden con la democracia directa, llegando incluso a preferirla respecto de la democracia representativa; y muchos no demócratas la esgrimen con el deliberado propósito de, precisamente, acabar con esta última, confundiendo la movilización popular con la participación.

En todo caso, todo ello ha conducido al establecimiento de un falso enfrentamiento entre la democracia representativa, la cual se ataca despiadadamente, y la democracia participativa, por la cual se clama, a veces incluso planteando el tema como una dicotomía que no existe, como si la segunda –la democracia participativa- pudiera sustituir a la primera; falsa dicotomía en la cual ciertamente, y sin quererlo, muchos demócratas han caído inadvertidamente buscando de buena fe el perfeccionamiento de la democracia representativa; y también, queriéndolo y de mala fe, muchos otros falsos demócratas han propugnado ocultando la faz y las fauces del autoritarismo, pretendiendo sustituir la democracia representativa, en fraude a la propia democracia.

Sobre estos temas es que quisiera compartir hoy algunas reflexiones con ustedes, es decir, sobre la democracia representativa y su significado político; sobre las exigencias de la participación ciudadana, en el sentido de que la democracia sin dejar de ser representativa debe asegurar la inclusión del ciudadano en el proceso político; y sobre la falsedad de los cantos de sirenas que se oyen con la persistente difusión de la llamada "democracia participativa" para acabar con la representación. Y por supuesto, sin desconocer que en muchos países la democrática representativa ha quedado reducida a ser un mecanismo dispuesto para la sola elección de gobernantes, -y por ello se habla tanto de democracia formal-, sin lograr satisfacer las exigencias de participación de los ciudadanos, quienes sin duda se han sentido excluidos del proceso político. Y además, teniendo en cuenta que incluso, ante tantas insatisfacciones de vieja data, no se ha logrado realmente identificar lo que es necesario implementar para hacer de la democracia representativa el instrumento de inclusión política que pueda asegurar la participación ciudadana. Es precisamente en medio de esas realidades, de estas insatisfacciones y de las frustraciones que derivan, donde soplan los vientos del falaz discurso autoritario que vendiendo la idea de la participación, lo que busca es sustituir la democracia representativa pero contradictoriamente, en nombre de una supuesta participación, eliminando el único instrumento político que puede permitir la participación ciudadana que es la descentralización política, que es la que puede dar origen al desarrollo de gobiernos locales que es donde se puede asegurar la inclusión política.

Lo que tenemos que tener claro desde las trincheras democráticas, es que esta llamada democracia participativa en el discurso autoritario, que busca excluir la representación a nivel local y, con ello, todo vestigio de descentralización política, pretendiendo que funcione montada sobre instituciones de democracia directa como asambleas de ciudadanos y consejos comunales a la usanza de los soviets de hace casi cien años, en realidad, es imposible que pueda permitir y asegurar una efectiva participación política del ciudadano en la conducción de los asuntos públicos, como sólo la descentralización y la municipalización podrían lograr. En realidad, en ese discurso autoritario de la democracia participativa, lo único que la misma ofrece es la posibilidad de movilización popular conducida y manejada desde el centro del poder, mediante partidos únicos, por lo que de democracia sólo tiene el nombre, el cual es hábilmente utilizado por quienes se aprovechan de los fracasos políticos de las democracias representativas reducidas a asegurar la elección de gobernantes.

Estamos en presencia, en realidad, de un engañoso slogan propagandístico, el cual, sin embargo, hay que reconocerlo, no deja de tener su atractivo, sobre todo porque quienes claman por que se asegure más participación piensan que ello se puede logar con la sola movilización popular. Pero como antes dije, la verdad es que el slogan lo que oculta es un feroz modelo de gobierno autoritario que creíamos superado en nuestro Continente, y que comienza ahora a aparecer envuelto en ropa militar de camuflaje, con pintas populares y de legalidad, con algún apoyo de masas empobrecidas que reciben dádivas, pero sin que se genere riqueza ni empleo. Así, por ejemplo, hemos visto florecer un neo populismo rico o petrolero que está rampante en América Latina, como el que tenemos en mi país, que reparte para lograr apoyos populares, pero sin lograr disminuir la pobreza, y más bien aumentarla y generalizarla, y por sobre todo, sin asegurar la democracia como forma de vida.

En medio de toda esta confusión, y de los discursos tanto democráticos como autoritarios que, a la vez, y al unísono, desde sus propias trincheras claman por la democracia participativa, la verdad es que lo que se impone es comenzar por tratar de poner orden en el debate y distinguir lo que es realmente la democracia como régimen político que por esencia, es contrario al autoritarismo. Para ello, necesariamente tenemos que comenzar por replantearnos los principios básicos de la propia democracia, y tratar de poder situar entonces el concepto de la democracia participativa donde corresponde, que es precisamente donde haya efectiva representación en el ámbito de la vida y del gobierno local.

II. SOBRE LOS ELEMENTOS ESENCIALES DE LA DEMOCRACIA Y EL CONTROL DEL EJERCICIO DEL PODER

En el mundo contemporáneo, sin duda, la democracia como régimen político hay que definirla identificando sus elementos esenciales y sus componentes fundamentales, los cuales por lo demás, desde 2001 se encuentran plasmados en un excepcional instrumento internacional destinado precisamente a regularla, como es la *Carta Democrática Interamericana* de la Organización de los Estados Americanos; cuyos elementos básicos, incluso en 2007 han sido recogidos en la *Carta Africana de la Democracia, las Elecciones y la Gobernabilidad.*

Allí se identifica a la democracia, como un régimen político en el cual tienen que estar garantizados los siguientes *elementos esenciales*: el respeto a los derechos humanos y las libertades fundamentales; el acceso al poder y su ejercicio con sujeción al Estado de derecho; la celebración de elecciones periódicas, libres, justas y basadas en el sufragio universal y secreto, como expresión de la soberanía del pueblo; la existencia de un régimen plural de partidos y organizaciones políticas, y la separación e independencia de los poderes públicos (Art. 3).

Todos los ciudadanos en un régimen democrático puede decirse que tienen derecho a todos esos elementos esenciales (al respeto de sus derechos, al Estado de derecho, al sufragio, a los partidos políticos, a la separación de poderes) que pueden ser considerados por lo demás como derechos políticos, siendo el sufragio uno de ellos.

Lo importante de concebir la a democracia conforme a esos elementos, no sólo es tomar conciencia de que ella no se agota en el sufragio, sino que todos ellos, en conjunto, lo que buscan es asegurarles a los ciudadanos la posibilidad de ejercer un control efectivo del ejercicio del poder por parte de los gobernantes. De eso se trata la democracia, del ejercicio del poder en nombre de los ciudadanos y de la posibilidad real para estos de controlar dicho ejercicio, el cual necesariamente presupone, además, otros componentes esenciales de la democracia, como la transparencia de las actividades gubernamentales, la probidad y la responsabilidad de los gobiernos en la gestión pública; el respeto de los derechos sociales y de la libertad de expresión y de prensa; la subordinación constitucional de todas las instituciones del Estado, incluyendo e componente militar, a la autoridad civil legalmente constituida, y el respeto al Estado de derecho por todas las entidades y sectores de la sociedad (Art. 4).

Por tanto, insisto, la democracia es mucho más que elecciones y participación, configurándose como un sistema político dispuesto para asegurar el control del poder, que es a lo que en definitiva el ciudadano en una democracia tiene derecho, incluso participando en su ejercicio. Por ello la importancia, por ejemplo, del principio de la separación de poderes, del cual en definitiva dependen todos los otros elementos de la democracia, pues sólo controlando al Poder es que puede haber elecciones libres y justas, así como efectiva representatividad; sólo controlando al poder es que puede haber pluralismo político; sólo controlando al Poder es que podría haber efectiva participación democrática en la gestión de los asuntos públicos; sólo controlando al Poder es que puede haber transparencia administrativa en el ejercicio del gobierno, así como rendición de cuentas por parte de los gobernantes; sólo controlando el Poder es que se puede asegurar un gobierno sometido a la Constitución y las leyes, es decir, un Estado de derecho y la garantía del principio de legalidad; sólo controlando el Poder es que puede haber un efectivo acceso a la justicia de manera que ésta pueda funcionar con efectiva autonomía e independencia; y en fin, sólo controlando al Poder es que puede haber real y efectiva garantía de respeto a los derechos humanos. De lo anterior resulta, por tanto, que sólo cuando existe un sistema de control efectivo del poder es que puede haber democracia, y sólo en esta es que los ciudadanos pueden encontrar asegurados sus derechos debidamente equilibrados con los poderes Públicos.

Por ello es que al inicio calificaba a la democracia como una alianza destinada a asegurar el control del poder, lo que implica entre otros, tres derechos políticos claves que los ciudadanos tienen, y que son, además del derecho a la separación de poderes, el derecho a la distribución vertical o territorial del poder para asegurar la participación política; y el derecho al control judicial del ejercicio poder, para asegurar la vigencia de los derechos humanos y el sometimiento del Estado al derecho.

Lo cierto es que, como lo enseña la historia de la humanidad, demasiada concentración y centralización del poder, como ocurre en cualquier régimen autoritario por más velo democrático que lo cubra por su eventual origen electoral, inevitablemente conduce a la tiranía; y el mundo contemporáneo ha tenido demasiadas experiencias que ya han mostrado toda suerte de tiranos que precisamente usaron el voto popular para acceder al poder, y que luego, mediante su ejercicio incontrolado, desarrollaron gobiernos autoritarios, contrarios al pueblo, el cual fue movilizado al antojo de los gobernantes quienes acabaron con la propia democracia y con todos sus elementos, comenzando por el respeto a los derechos humanos.

Por ello, los gobiernos autoritarios no soportan la existencia de un sistema de descentralización política o de distribución vertical del poder público hacia entidades territoriales dotadas de autonomía política que estén efectivamente más cerca del ciudadano, que es lo único que puede garantizar la efectiva posibilidad de la participación política democrática en la toma de decisiones y en la gestión de los asuntos públicos. Es decir, y es bueno destacarlo siempre, porque se olvida cuando se habla de democracia participativa, ésta es sólo posible cuando el poder está cerca del ciudadano, lo que sólo se logra multiplicando autoridades locales dotadas de autonomía política.[1]

Por ello, la participación política no es simple movilización popular ni se logra estableciendo mecanismos asamblearios de democracia directa. La participación política es la cotidianeidad de la vida ciudadana, que en democracia sólo se asegura a nivel local, en unidades territoriales políticas y autó-

---

1 Allan R. Brewer-Carías, "El Municipio, la descentralización política y la democracia" en *XXV Congreso Iberoamericano de Municipios, Guadalajara, Jalisco, México, 23 al 26 de octubre del 2001*, 53-61 (México 2003); y *Reflexiones sobre el constitucionalismo en América*, Editorial Jurídica Venezolana, Caracas 2001, pp. 105-125 y 127-141.

nomas descentralizadas donde se practique el autogobierno mediante representantes electos en forma directa, universal y secreta.

Por ello es que nunca ha habido autoritarismos descentralizados, y menos aún autoritarismos que hayan podido permitir el ejercicio efectivo del derecho a la participación política. Al contrario, en nombre de ésta lo que han impuesto es la exclusión política al concentrar el poder en unos pocos, independientemente de que hayan sido electos. Por ello, insisto, es que los autoritarismos temen y rechazan tanto la descentralización política como la participación democrática, y en su lugar, lo que usualmente hacen es concebir parapetos políticos de control del poder a través de asambleas de ciudadanos controladas por el poder central o por un partido de gobierno, como los Consejos Comunales que se están creando en Venezuela,[2] configurados como instituciones de manejo centralizado, dispuestas para hacerle creer al ciudadano que participa, cuando lo que se hace es, si acaso, movilizarlo en forma totalmente controlada.

De todo lo anterior resulta, por tanto, que para pueda existir democracia como régimen político, no son suficientes las declaraciones contenidas en los textos constitucionales que hablen de derecho al sufragio y de participación ciudadana; ni siquiera de separación de poderes. Tampoco bastan las declaraciones constitucionales sobre "democracia participativa" o incluso sobre descentralización del Estado; ni las solas enumeraciones de los derechos humanos.

Además de todas esas declaraciones, lo que es necesario en la práctica política democrática, es que se pueda asegurar efectivamente la posibilidad de controlar el poder. Solo así es que se puede hablar de democracia, la cual, por lo demás, además de implicar siempre la representación, es un sistema para la participación. Lo único es que esta última no puede quedar reducida a participar en elecciones o votaciones.

III. SOBRE LA DEMOCRACIA: LA REPRESENTACIÓN Y LA PARTICIPACIÓN

Lo que queda claro, en todo caso, es que el ejercicio de la democracia como derecho ciudadano implica siempre la conjunción de dos principios fundamentales, el principio de la representación y el principio de la partici-

2 Ley de los Consejos Comunales en *Gaceta Oficial* N° 5.806 Extraordinaria de 10 de abril de 2006; reformada en 2009, *Gaceta Oficial* N° 39.335 de 28 de diciembre de 2009. Véase Allan R. Brewer-Carías, "El inicio de la desmunicipalización en Venezuela: La organización del Poder Popular para eliminar la descentralización, la democracia representativa y la participación a nivel local", en *AIDA, Opera Prima de Derecho Administrativo. Revista de la Asociación Internacional de Derecho Administrativo*, 49-67 (Universidad Nacional Autónoma de México, Facultad de Estudios Superiores de Acatlán, Coordinación de Postgrado, Instituto Internacional de Derecho Administrativo "Agustín Gordillo", Asociación Internacional de Derecho Administrativo, México, 2007; y *Ley de los Consejos Comunales*, Editorial Jurídica venezolana, Caracas 2009.

pación, que no son excluyentes. Ello es así, incluso, aún cuando tengan circunstancialmente peso diverso, como por ejemplo cuando la democracia siendo representativa sólo asegure en forma deficiente la participación. Lo contrario, en cambo, no es posible en el sentido de que no puede haber democracia que sea supuestamente participativa, sin representación. Es decir, la democracia representativa que no asegura la efectiva participación, es deficiente; pero la supuesta democracia participativa que no asegura la representación es inexistente. De ello resulta, por tanto, que la dicotomía que por incomprensión o por destrucción se trata de establecer entre democracia representativa y democracia participativa, es falsa.

En efecto, si a algo se contrapone la representación, es a la democracia directa, de manera que la dicotomía en cuanto a la forma de ejercicio de la democracia, está entre la democracia indirecta o representativa y la democracia directa,[3] o asamblearia.

Otra cosa es el tema de la participación, que si a algo se contrapone, no es a la representación, sino a la exclusión. La dicotomía en este caso, está entre democracia de inclusión o participativa y democracia de exclusión o exclusionísta; es decir, entre un régimen democrático en el cual el ciudadano tenga efectiva participación en la conducción de los asuntos públicos, y un régimen democrático en el cual el ciudadano, aparte de elegir, esté excluido de participar en ello.

Y esto es precisamente lo que no se tiene claro cuando se habla equivocadamente de "democracia participativa" como supuestamente "contrapuesta" a la democracia representativa, lo que ocurre en todos los frentes: por una parte, desde la mismas trincheras democráticas, queriendo en realidad referirse, sin saberlo, a la necesidad de introducir a la democracia representativa mecanismos de democracia directa; y por la otra, desde las trincheras autoritarias, confundiendo los conceptos para propugnar la eliminación o minimización de la representatividad y establecer una supuesta relación directa entre un líder y el pueblo, a través de los mecanismos institucionales del Estado dispuestos para movilizar a la población y hacer creer que con ellos se participa, cuando en realidad a lo que conducen es a la destrucción de la democracia.

Partiendo del supuesto de que la democracia representativa o democracia indirecta, es y seguirá siendo de la esencia de la democracia, de manera que nunca podrá haber una democracia que sólo sea asamblearia, refrendaria o de cabildos abiertos permanentes, el tema central a resolver es cómo hacer de la democracia un régimen de inclusión política, es decir, participativa, donde el ciudadano sea efectivamente parte de su comunidad política, y pueda contribuir a toma de las decisiones que le conciernen; de manera que la participación no quede reducida a votar en elecciones o en consultas populares.

---

3 Véase en general, Luis Aguiar de Luque, *Democracia directa y Estado Constitucional*, Editorial Revista de Derecho Privado, Edersa, Madrid 1977.

Hay que recordar que incluso de acuerdo con el Diccionario de la Lengua, participar, en realidad, es estar incluido, lo que no debe confundirse con mecanismos de democracia directa como las iniciativas legislativas, las consultas populares, los cabildos abiertos y los referendos. Participar, en efecto, en el lenguaje común, es ser parte de…; es pertenecer a…, es incorporarse a, contribuir a, estar asociado a o comprometerse a…; es tener un rol en…, es tomar parte activa en, estar envuelto en o tener una mano en…; es en fin, asociarse con…, es compartir con o tener algo que ver con... Por ello, la participación política para el ciudadano no es otra cosa que ser parte de o estar incluido en una comunidad política, en la cual el individuo tenga un rol específico de carácter activo conforme al cual contribuye a la toma de decisiones. Ello se materializa, por ejemplo, sin duda, en el ejercicio del derecho al sufragio o en votar en referendos o consultas populares, que son formas mínimas de participación; o en ser miembro de sociedades intermedias. Pero la participación no se agota allí, pues para estar incluido es necesario que el ciudadano pueda ser parte efectiva de su comunidad política; permitiéndosele desarrollar, incluso, la conciencia de su efectiva pertenencia a un determinado orden social y político, por ejemplo, a una comunidad; a un lugar; a una tierra; a un campo; a una comarca; a un pueblo; a una región; a una ciudad; en fin, a un Estado.[4]

En todo caso, el tema central a resolver siempre que se trata de la participación democrática, es determinar cómo y en qué lugar la misma puede realizarse. Como lo advirtió hace años Giovanni Sartori, cuando se refería a quienes primero habían hablado sobre el tema de la democracia participativa, decía: "O el autor de la democracia participativa se decide a clarificar positivamente dónde está lo que corresponde a cuál participación (de cuál naturaleza) y en cuáles lugares (en todas partes?); o nos quedamos con un animal que no logró identificar." Sobre ello, con razón, agregaba, que lo que había era "mucho ruido" y "mucha polémica furiosa," provocando dudas sobre si efectivamente había "nacido algo nuevo"[5].

IV. LA PARTICIPACIÓN COMO ESENCIA HISTÓRICA DE LA DEMOCRACIA Y COMO FENÓMENO DE LA VIDA LOCAL

La verdad, sin embargo, es que la democracia participativa no era ni es nada nuevo; ha estado siempre, desde los mismos días de las Revoluciones Francesa y Norteamericana del Siglo XIX, en muchos países hoy con democracias consolidadas; ha estado siempre, allí, en el nivel más ínfimo de los territorios políticos de los Estados, en las Asambleas locales, en los Municipios, en las Comunas. Lo que pasa es que muchos no la han querido reconocer, e insisten en confundirla. Es decir, muchos no han querido entender *qué es*, efectivamente, participar en política, y *dónde es* que se puede realmente

---

4 Véase en general, Norberto Bobbio, *El futuro de la democracia,* Fondo de Cultura Económica, México 1992, p. 42.

5 Giovanni Sartori, *¿Que es democracia?* , Altamira Editores, Bogotá, 1994.

participar, aún siendo ello parte en la corriente sanguínea de la propia democracia, de manera que incluso, quienes la ejercen y la viven cotidianamente ni se dan cuenta de ella; ni le prestan atención y por ello, a veces no se la logra identificar. Ello sucede por ejemplo, en las democracias europeas, que son democracias inclusivas, en las cuales, por ello, ni siquiera el tema es de discusión política, pues la participación es asunto de todos los días.

En todo caso, y vale la pena recordarlo, la democracia participativa puede decirse que fue descubierta para Europa en las mismas tumultuosas décadas iniciales del nacimiento del Estado constitucional contemporáneo por quien puede considerarse el primer gran constitucionalista moderno, Alexis de Tocqueville, cuando en 1831 se topó de frente, sin quererlo, -como en general se han hecho los grandes descubrimientos- con el régimen de gobierno local de asambleas que funcionaba desparramado en todo el territorio de las colonias inglesas en la costa este de Norteamérica, y que hervía en los *Town Halls*. Él había ido a estudiar el régimen carcelario en el naciente Estado americano, y lo que resultó fue su gran obra *La Democracia en América* publicada en 1835.[6] Esas instituciones comunales, decía De Tocqueville, "son a la libertad lo que las escuelas vienen a ser a la ciencia; la ponen al alcance del pueblo, le hacen paladear su uso político y lo habitúan a servirse de ella."[7] Pero para cuando eso escribía, ya en Europa misma, esa democracia local también estaba en procedo de configurarse como uno de los productos más acabados y a veces incomprendidos de la propia Revolución Francesa. Ello, incluso, lo advirtió el propio De Tocqueville en su otra clásica obra del constitucionalismo histórico, *El Antiguo Régimen y la Revolución*, escrito veinte años después, al constatar que: "La administración local tiene un contacto diario con [los ciudadanos]; toca continuamente sus puntos más sensibles; influye en todos los pequeños intereses que forman el gran interés que se pone en la vida; es el objeto principal de sus temores y también el de sus esperanzas más queridas; los mantiene vinculados a ella por una infinidad de lazos invisibles que los arrastran sin que se den cuenta"[8].

Sin quererlo, puede decirse que De Tocqueville había descubierto la participación, precisamente desarrollada en los gobiernos locales representativos en el sentido de participación política como democracia de inclusión, en la cual el ciudadano toma parte personalmente en un proceso decisorio, interviniendo en actividades estatales y en función del interés general,[9] lo

---

6 Alexis de Tocqueville, *La democracia en América*, Fondo de Cultura Económica, México 1973, pp. 79 y ss.

7 *Idem.*, p. 78.

8 Alexis de Tocqueville, *El Antiguo Régimen y la Revolución*, Alianza Editorial, Tomo I, Madrid 1982, p. 15.

9 Véase por ejemplo, en relación con la administración de justicia, Alberto González, "Participación en la Administración de Justicia" en Jorge Londoño U. (Compilador), *Constitucionalismo, participación y democracia*, Librería Jurídica Ethos, Uniboyacá, Bogotá-Tunja, 1997, pp. 76-77.

cual sólo puede tener lugar efectivamente en los estamentos territoriales más reducidos, en el nivel local, comunal o municipal. Es decir, sólo en los niveles político territoriales inferiores de la organización del Estado es que se puede montar una organización participativa que permita la incorporación del ciudadano individual, o en grupos o en comunidades, en la vida pública, y particularmente, en la toma de decisiones públicas generales o de orden administrativo.

Como lo señaló Jaime Castro, uno de los destacados Alcaldes que ha tenido la ciudad de Bogotá en el pasado, "La democracia moderna no se concibe sin audaces formas de participación ciudadana y comunitaria en el ejercicio del poder a nivel local y regional. Sin la garantía de que todas y todos pueden y deben participar en la preparación de las decisiones que se piensen tomar sobre temas de interés general, en su adopción y ejecución, esto último mediante el control que realicen sobre la gestión de las autoridades y los particulares que ejerzan funciones públicas. Sólo esas formas democráticas de participación le cambian la cara a las instituciones y permiten hablar de un nuevo régimen político."[10]

Pero por supuesto, para la concepción de ese "nuevo régimen político" que como decía, sin embargo, es tan antiguo como la democracia misma, el tema central que tiene que resolverse es determinar el nivel territorial que se requiere para que pueda haber participación como cotidianeidad democrática, y la opción en esta materia, tal como ocurre por ejemplo en Francia, en Norteamérica, y todos los países europeos con democracias arraigadas; la opción está en el municipio desparramado en todos los rincones del Estado, en cada villa, pueblo y caserío, situado bien cerca del ciudadano. Definitivamente, al contrario, la opción para la participación no está situada en el gran municipio urbano o rural, ubicado, sin duda, bien lejos del ciudadano.

En esta materia, en efecto, la práctica democrática de los países europeos muestra una realidad incontestable en cuanto al predominio de la existencia en cada Estado de muchos municipios, y entre ellos, incluso, de muchos municipios pequeños. Alemania, por ejemplo, tiene algo más de 16.000 municipios, de los cuales un 75% tiene menos de 5.000 habitantes; y España, tiene más de 8.000 municipios, de los cuales un 85% también tienen menos

10 Véase Jaime Castro, *La cuestión territorial*, Editorial Oveja Negra, Bogotá 2003, pp. 201-202. Por ello, cabría preguntarse ¿Por qué será entonces, que en un excelente libro sobre *Las democracias. Entre el Derecho Constitucional y la Política,* de los profesores Olivier Duhamel y Manuel José Cepeda Espinosa en sus más de 400 páginas donde los autores analizan los regímenes democráticos contemporáneos de Europa y América Latina, en la única página en la cual se habla y se usa la expresión de "democracia de participación" es en relación con el sistema suizo? Véase Olivier Duhamel y Manuel José Cepeda Espinosa, *Las Democracias. Entre el Derecho Constitucional y la Política*, TM Editores. Universidad de los Andes. Facultad de Derecho, Bogotá, 1997, p. 56. Acaso el régimen constitucional de Suiza, entre otros factores por la superficie incluso del país, no es el paradigma del federalismo y del régimen local o cantonal?

de 5.000 habitantes. En España, incluso, el 61% de todos los municipios tienen menos de 1.000 habitantes[11]. Es más, en una sola de las Comunidades Autónomas españolas, por ejemplo, la de Castilla y León, hay 2.248 Municipios, de los cuales más de la mitad, es decir, 1.540 Municipios tienen menos de 500 habitantes.[12] O sea en una sola Comunidad Autónoma española, con un área territorial diez veces inferior a la de toda Colombia, hay el doble de municipios que en este país. Allá, en Castilla y León, sin duda, hay participación de todos los días, aún cuando los propios ciudadanos castellanos no lo crean o no se den cuenta. En cambio, en contraste, y este es un caso extremo, en un país como Venezuela, con un territorio que también tiene diez veces más área que el de Castilla y León, algo inferior al de Colombia, sólo hay 338 Municipios, es decir, solo un décimo de los que existen en el país castellano. Por eso es que en Venezuela, con esa estructura territorial de gobiernos locales, simplemente no hay ni podrá haber real participación política.[13]

Lo cierto, en todo caso, es que la Revolución Francesa, entre los muchos aportes que dio al constitucionalismo moderno, dió el de la participación ciudadana al haber desparramado el poder que hasta entonces estaba concentrado en pocas manos de la Monarquía y de los señores feudales,[14] en más de 40.000 Comunas, como allí se denomina a los municipios, lo que permitió que el Municipio se comenzara a ubicar, en Europa, en cuanta aldea, pueblo, villas y ciudad existía, bien cerca del ciudadano. Todo comenzó en los mismos días de la Revolución, el 4 de agosto de 1789, veinte días antes de que la Asamblea Nacional adoptara la declaración de los Derechos del Hombre y del Ciudadano, cuando la misma Asamblea Nacional declaró irrevocablemente abolidos "todos los privilegios particulares de provincias, principados,

---

11 Véase Torsten Sagawe, "La situación de los pequeños municipios en Europa: con especial referencia a la República Federal de Alemania", en Luis Villar Borla et al, *Problemática de los pequeños Municipios en Colombia ¿Supresión o reforma?*, Universidad Externado de Colombia, Bogotá 2003, p. 40.

12 *Informe sobre el Gobierno Local,* Ministerio para las Administraciones Públicas. Fundación Carles Pi i Sunyer dÉtudis Autonòmics y Locals, Madrid 1992, p. 27

13 En nuestros países de América Latina la situación no es muy diferente: Argentina: 1.617 municipios; Bolivia: 312 municipios; Brasil: 5.581 municipios; Chile: 340; Cuba: 169 municipios; Ecuador: 1.079 municipios; El Salvador: 262 municipios; Guatemala: 324 municipios: en Honduras: 293 municipios; México: 2.418 municipios; Nicaragua: 143 municipios; Paraguay: 212 municipios; Perú: 1.808 municipios; República Dominicana: 90 municipios; Uruguay: 19 municipios. Véase las referencias en Allan R. Brewer-Carías, *Reflexiones sobre el constitucionalismo en América*, Editorial Jurídica Venezolana, Caracas 2001, pp. 139 y ss.

14 Véase en general, Eduardo García de Enterría, *Revolución Francesa y administración contemporánea*, Taurus Ediciones, Madrid 1981, pp. 17, 41, 46, 49, 50, 56.,

cantones, ciudades y comunidades de habitantes, sean pecuniarios o de cualquier otra naturaleza;"[15] disponiendo los días 14 y 22 de diciembre del mismo año 1789, la instauración de una Municipalidad "en cada villa, burgo, parroquia y comunidad del campo."[16] De ello resultó que para 1791 en la Francia revolucionaria ya había 43.915 municipios, los cales comenzaron a llamarse comunas, y que fueron las que en definitiva dieron origen a los más de 34.000 municipios o comunas que hoy existen en ese país. Y de nuevo, comparemos esa realidad con la nuestra, donde en países con territorio que doblan el área del de Francia, como son Colombia y Venezuela, solo tenemos escasos 1.100 o 338 Municipios.

Frente a estas realidades, acaso nos hemos preguntado ¿porqué será entonces que en los países que llamamos democráticamente desarrollados como los europeos, donde impera la fragmentación municipal, no se plantea con tanta urgencia la necesidad de la participación ciudadana; y, en cambio en todos nuestros países latinoamericanos, donde al contrario, hay muy pocos municipios para sus enormes territorios y su población, es donde más se grita contra nuestras insuficiencias democráticas clamándose a la vez por una democracia participativa?

Creo que la respuesta es obvia, sobre todo cuando constatamos que lo mismo que he señalado respecto de Francia, se repite en todos los demás países europeos. Me refiero, siempre teniendo en cuenta las cifras de los 1.100 Municipios colombianos, o los 338 Venezolanos, a los 2.539 Municipios que existen en Bélgica; a los 16.121 Municipios que hay en la Alemania unificada;[17]; a los 8.104 Municipios que hay en Italia y a los más de 3.000 cantones que hay en Suiza.[18] O sea, en Suiza con un territorio algo mayor que el Departamento de Santander, hay tres veces más municipios que en toda Colombia.

Lamentablemente, en América latina la conformación del municipio, aún cuando tributario de los principios organizativos del europeo, tomó otro rumbo de distribución territorial. En efecto, a pesar de sus raíces en el municipalismo francés, y haber incluso desarrollado mucho antes que en Europa

---

15 Luciano Vandelli, *El Poder Local. Su origen en la Francia revolucionaria y su futuro en la Europa de las regiones*, Ministerio para las Administraciones Públicas, Madrid 1992, p. 28, nota 10.

16 Albert Soboul, *La révolution française*, Gallimard, París 1981, pp. 198 y ss.;

17 Torsten Sagawe, "La situación de los pequeños municipios en Europa: con especial referencia a la República Federal de Alemania", en Luís Villar Borla et al, *Problemática de los pequeños Municipios en Colombia ¿Supresión o reforma?*, Universidad Externado de Colombia, Bogotá 2003, pp. 42-43.

18 Véase Luciano Vandelli, *El Poder Local. Su origen en la Francia revolucionaria y su futuro en la Europa de las regiones*, Ministerio para las Administraciones Públicas, Madrid 1992, pp. 179; Allan R. Brewer-Carías, *Reflexiones sobre el constitucionalismo en América*, Editorial Jurídica Venezolana, Caracas 2001, pp. 139 y ss.

el concepto mismo de autonomía municipal el cual, por ejemplo en Francia, sólo se introdujo con las reformas de Mitterand en 1982[19] mediante la Ley de Libertad de las Comunas; y en España con la Ley de Bases del Régimen Local de 1985. Ese diferente rumbo derivó, primero, del condicionamiento territorial que en estas tierras impuso el desarrollo institucional del proceso colonial, que terminó por ubicar a los Municipios en las capitales provinciales, abarcando enormes territorios; y segunda, por el proceso de conformación del régimen republicano luego de la Independencia, que no sólo acogió el esquema de Municipios establecidos en ámbitos territoriales cada vez más y más alejados de los ciudadanos y de sus comunidades, sino que trató al poder municipal con recelo, particularmente desde el Poder Central que se estaba conformando. No olvidemos, incluso, que en Colombia, cuando el Gran Estado concebido por Bolívar comprendía también los territorios de Venezuela y Ecuador, el mismo Libertador llegó a suprimir los Municipios en 1828, considerando que eran "una verdadera carga para los ciudadanos, y producen muy pocas utilidades al público."[20].

Pero lo cierto es que en los 200 años que han transcurrido desde la Independencia, el panorama territorial de la distribución vertical del poder en los países latinoamericanos ha variado muy poco, careciendo nuestros países del nivel político territorial necesario para que la democracia pueda efectivamente ser participativa, que es el gobierno local. Y nos empeñamos en buscar en otras partes soluciones, que la verdad, no encontraremos.

Y aquí volvemos a lo que afirmaba al inicio, sobre que la democracia participativa está indisolublemente ligada, no a la democracia directa, sino a la descentralización política y la municipalización, de manera que la misma no se puede materializar con solo propuestas de incorporación al régimen democrático, de instrumentos como los referendos o las consultas o las iniciativas populares, y mucho menos eliminando la representación.

En realidad, la participación política como cotidianeidad democrática o como parte de la democracia como forma de vida, sólo puede darse a nivel local. No hay otra instancia para ello en los Estados; lo demás es falacia y engaño, o mecanismos de democracia directa que son otra cosa. Por ello es que el tema, precisamente, no tiene tanta notoriedad en los países europeos, donde la participación es de todos los días, en las pequeñas cosas que pueden tratarse en esos pequeños municipios urbanos y rurales.

La participación política o la democracia participativa están por tanto, íntimamente unidas al localismo y a la descentralización política, y ésta, a la limitación del poder, lo que es consustancial con la democracia. Por ello, Eduardo García de Enterría afirmó con razón que el régimen local "da curso

19 Sobre la aplicación de la Ley de 2 de marzo de 1982, véase en general, André Terrazoni, *La décentralization a l'épreuve des faits*, LGDJ, Paris1987.

20 Véase el decreto de Supresión de las Municipalidad de 17 de noviembre de 1828, en Allan R. Brewer-Carías, *Las Constituciones de Venezuela*, Academia de Ciencias Políticas y Sociales, Vol. I, Caracas 2008, p. 681.

al derecho ciudadano a participar en todos, completamente en todos los asuntos públicos que afectan a la propia comunidad;"[21]; de manera que como también dijo Sebastián Martín Retortillo, hace más de treinta años cuando España aún no había entrado en el proceso de transición hacia la democracia, la participación efectiva del ciudadano común, siempre presupone la descentralización.[22]

De manera que sin temor a equivocarnos podemos afirmar que no puede haber participación política sin descentralización política territorial, es decir, sin que exista una multiplicidad de poderes locales y regionales; sin ellos, en definitiva, no puede haber una democracia participativa. Lo que habría es centralismo, que es la base de la exclusión política al concentrar el poder en unos pocos electos, y a la vez, el motivo del desprestigio de la democracia representativa por más aditivos de democracia directa o refrendaria se le implante.

No hay otra forma de perfeccionar la democracia y hacerla más participativa y más representativa, que no sea acercando el Poder al ciudadano, lo que sólo puede llevarse a cabo descentralizando política y territorialmente el Poder del Estado y llevarlo hasta la más pequeña de las comunidades; es decir, distribuyendo el Poder en el territorio nacional.[23] Por tanto, sólo municipalizando los territorios de nuestros países, rescatemos, más de doscientos años después, lo que fue la decisión terminante de la Asamblea Nacional Constituyente francesa en aquél diciembre de 1789, y que hoy se traduciría en la frase de que toda comunidad rural, todo caserío, todo pueblo, todo barrio urbano, debería tener su autoridad local como comunidad política. Como se enunció, por ejemplo en la Constitución de la Provincia del Chaco, de Argentina: "Todo centro de población constituye un municipio autónomo...[24]

Pero por supuesto, para ello, es decir, para una reforma política de esta naturaleza, tenemos que pensar en otro municipio, para no desparramar territorialmente la estructura burocrática local, mal y uniformemente concebida que tenemos en muchos de nuestros países y que lo que podría provocar es peor democracia; lo que también se podría originar con los intentos que a

21 Citado en Sebastián Martín Retortillo, en "Introducción" al libro Sebastián Martín Retortillo et al, *Descentralización administrativa y organización política,* Tomo I, Ediciones Alfaguara, Madrid, 1973, p. LVIII.

22 *Idem*, p. LIX.

23 Véase en *XXV Congreso Iberoamericano de Municipios, Guadalajara, Jalisco, México del 23 al 26 de octubre de 2001*, Fundación Española de Municipios y Provincias, Madrid 2003, pp.453 y ss

24 Artículo 182. Citado por Augusto Hernández Barrera, "Objetivos inéditos de la categorización municipal" en Luis Villar Borda et al, *Problemática de los Pequeños Municipios en Colombia ¿Supresión o reforma?*, Universidad Externado de Colombia, Bogotá 2003, p. 108. Véase además, Augusto Hernández Becerra, *Ordenamiento y desarreglo territorial en Colombia*, Instituto de Estudios Constitucionales Carlos Restrepo Piedrahita, Bogotá 2001.

veces se han realizado en algunos de nuestros países, donde al contrario de multiplicar los gobiernos locales, se ha propuesto una política de reducción de municipios, calificada con acierto por el mismo Jaime Castro como un verdadero "genocidio municipal" al comentar el intento que se hizo en Colombia, en 2001, con el Proyecto de Ley 041/01, que proponía la desaparición de materialmente la mitrad de los 1.067 entonces existentes municipios colombianos, aquellos que tenían menos de 14.000 habitantes. Castro advertía además, que en Colombia "los municipios son el Estado –la única presencia del Estado– en extensas y abandonadas regiones del país", por lo que lo que habría que hacer, al contrario, era "fortalecer y transformar el pequeño municipio [para] convertirlo en herramienta eficaz de una política de poblamiento territorial y de ocupación continua del espacio físico.[25]

De allí la enorme revalorización que requiere en nuestros países el tema del pequeño municipio como parte del proceso de descentralización político-territorial, para asegurar no sólo la presencia del Estado en el territorio, sino para hacer posible la participación democrática, partiendo de la necesaria diversidad que deben tener las entidades locales; es decir, todo lo contrario al uniformismo organizacional.

En fin, lo que debemos concientizar es que no hay que temerle a la descentralización política, pues se trata de un fenómeno propio de las democracias, que por supuesto es temido por los autoritarismos. Lo cierto es que no hay ni ha habido autocracias descentralizados, siendo los autoritarismos los que rechazan tanto la descentralización política como la participación democrática, incluyendo los autoritarismos que tradicionalmente nos han gobernado bajo el ropaje del "centralismo democrático," de cualquier cuño que sea, incluso de orden partidista.

No nos dejemos engañar con los cantos de sirenas autoritarios que no se cansan de hablar de "democracia participativa," pero no para hacerla posible descentralizando el poder en el territorio, sino para acabar con la democracia representativa, imposibilitando a la vez la participación. No nos confundamos los demócratas al intentar dar respuesta a las exigencias políticas crecientes de participación democrática, con el sólo establecimiento de paños calientes de carácter refrendario o de iniciativas o consultas populares, que no la agotan en absoluto. En fin, no le tengamos miedo a lo pequeño, que territorialmente hablando es precisamente la lugarización, el pequeño municipio rural y la subdivisión municipal suburbana.

---

25 Véase Jaime Castro, *La cuestión territorial*, Editorial Oveja Negra, Bogotá 2003, pp. 136-137. No puede dejar de pensarse en los mismos términos de "genocido municipal," cuando se lee una noticia de enero de 2010 sobre que para conmemorar los 200 años de la Independencia, el Gobierno colombiano proyecta la abolición de los resguardos indígenas de origen colonial, retirando a los municipios respectivos los pagos compensatorios del impuesto predial. Véase en http://surcolombiano.com/index.php?option=comcontent&task=view&id=148&Itemid=121&showall=1

En definitiva, y para concluir, como dijo Santiago Ramón y Cajal, quien fue Premio Nobel de Medicina en 1906 quien tuvo la posibilidad de escribir un libro que tituló: *El mundo visto a los ochenta años,* -ojala todos pudiéramos llegar a hacerlo–: "No hay cuestiones pequeñas -dijo-; las que lo parecen son cuestiones grandes no comprendidas." Y eso es precisamente lo que ocurre con la multiplicidad de municipios y la cuestión de la democracia participativa que plantea: es más grande de lo que a veces creemos, porque en ello nos va la vida de la propia democracia, representativa y participativa.

New York, septiembre 2010

SEXTA PARTE

LA NECESARIA REVALORIZACIÓN DE LA DEMOCRACIA REPRESENTATIVA ANTE LOS PELIGROS DEL DISCURSO AUTORITARIO SOBRE UNA SUPUESTA "DEMOCRACIA PARTICIPATIVA" SIN REPRESENTACIÓN (Bogotá, 2011)*

I. LA DEMOCRACIA, LA REPRESENTACIÓN, LOS DERECHOS HUMANOS Y EL CONTROL DEL PODER

En esta segunda década del Siglo XXI, es evidente que la democracia en nuestros países de América Latina, tal como ha sucedido en todos los países con democracias consolidadas, ya no puede sobrevivir como un sistema político que tenga solamente como básico objetivo el asegurar la elección de los gobernantes. La democracia es mucho más que la sola elección de de representantes, y ésta por lo demás, ya garantiza la democracia misma.

Demasiados ejemplos contemporáneos tenemos en el Continente de gobernantes elegidos por voluntad popular, es decir, partiendo de la elección democrática, que han desarrollado gobiernos autoritarios, anti-democráticos, de manera que una vez afianzados en el poder mediante elección, incluso con cierto apoyo popular, no sólo lo han utilizado para desmantelar los propios instrumentos e instituciones democráticas, sino para ahogar las ansias de participación de quienes los llevaron al poder oyendo cantos de sirena autoritarios basados, precisamente, en la crítica a la democracia representativa y en la promesa de una "democracia participativa" que la sustituiría.

La experiencia de Venezuela en la última década, en este aspecto, ha sido demasiado patética, donde desde 1998 ha existido un gobierno electo, además, con una minoría impresionante de votos en relación con el universo de votantes por la enorme abstención electoral causada por el cansancio electorero del régimen tradicional de partidos y que provocó la renuncia

* Texto de la Ponencia elaborada para el *II Congreso Iberoamericano de Derecho Electoral*, organizado por el *Consejo de Estado y la organización IDEA*, Bogotá, 31 agosto-1° septiembre 2011.

colectiva a participar políticamente en la sola elección;[1] y que desde el poder y mediante sucesivas reelecciones se ha dedicado a destruir a la propia democracia representativa y directa, y además, a materialmente hacer desaparecer la posibilidad misma de participación popular. En Venezuela, en una década, lo que ha ocurrido, por tanto, es un proceso progresivo de desmantelamiento de las instituciones democráticas, realizado desde el poder y mediante su ejercicio, guiado por "representantes" electos.[2]

Todo ello confirma que la democracia no es sólo elección y contiendas electorales, siendo más bien un sistema de interrelación y alianza global entre los gobernados que eligen, y los gobernantes electos, que tiene que estar dispuesta a garantizar, por una parte, primero, sí, que los representantes sean elegidos por el pueblo, y que puedan gobernar representándolo; segundo, que el ciudadano además, pueda tener efectiva participación política no limitada a la elección, sino que se pueda manifestar también en la votación para la expresión de la opinión del ciudadano en consultas populares mediante referendos, en asambleas de ciudadanos, o en comités de gestión pública; tercero, por sobre todo, la primacía que debe tener el ser humano, y con él, su dignidad y sus derechos; cuarto que el ejercicio del poder estará sometido a control efectivo, de manera que los gobernantes y gestores públicos rindan cuenta de su gestión y pueda hacérselos responsables; y quinto, como condición para todas esas garantías, que la organización del Estado

---

1 Sobre la crisis del sistema de partidos en la década de los noventa véase Allan R. Brewer-Carías, "Venezuela: Historia y crisis política" en *Derecho y Sociedad. Revista de Estudiantes de Derecho de la Universidad Monteávila*, N° 3, Caracas, Abril 2002, pp. 217-244; "Reflexiones sobre la crisis del sistema político, sus salidas democráticas y la convocatoria a una Constituyente", en Allan R. Brewer-Carías (Coord.), *Los Candidatos Presidenciales ante la Academia. Ciclo de Exposiciones 10-18 Agosto 1998,* Serie Eventos N° 12, Biblioteca de la Academia de Ciencias Políticas y Sociales, Caracas 1998, pp. 9-66; "La crisis de las instituciones: Responsables y salidas", en *Revista del Centro de Estudios Superiores de las Fuerzas Armadas de Cooperación*, N° 11, Caracas 1985, pp. 57-83.

2 Véase Allan R. Brewer-Carías, *Dismantling Democracy. The Chávez Authoritarian Experiment*, Cambridge University Press, New York, 2010; "La demolición del Estado de derecho y la destrucción de la democracia en Venezuela," en *Revista Trimestral de Direito Público (RTDP)*, N° 54, Instituto Paulista de Direito Administrativo (IDAP), Malheiros Editores, Sao Paulo, 2011, pp.5-34; "La demolición del Estado de derecho y la destrucción de la democracia en Venezuela (1999-2009)," en José Reynoso Núñez y Herminio Sánchez de la Barquera y Arroyo (Coordinadores), *La democracia en su contexto. Estudios en homenaje a Dieter Nohlen en su septuagésimo aniversario,* Instituto de Investigaciones Jurídicas, Universidad Nacional Autónoma de México, México 2009, pp. 477-517; "Constitution Making in Defraudation of the Constitution and Authoritarian Government in Defraudation of Democracy. The Recent Venezuelan Experience," en *Lateinamerika Analysen*, 19, 1/2008, GIGA, German Institute of Global and Area Studies, Institute of latin American Studies, Hamburg 2008, pp. 119-142..

esté realmente estructurada conforme a un sistema de separación de poderes, con la esencial garantía de la independencia y autonomía del poder judicial.[3] La Carta Interamericana de Derechos Humanos de 2001, en este sentido fue absolutamente precisa al enumerar dentro de los *elementos esenciales* de la democracia 2001: el respeto a los derechos humanos y las libertades fundamentales; el acceso al poder y su ejercicio con sujeción al Estado de derecho; la celebración de elecciones periódicas, libres, justas y basadas en el sufragio universal y secreto, como expresión de la soberanía del pueblo; el régimen plural de partidos y organizaciones políticas y la separación e independencia de los poderes públicos (art. 3). Sobre estos elementos, la Corte Interamericana de derechos Humanos, en sentencia reciente dictada en el caso *López Mendoza vs. Venezuela* el de septiembre de 2011, ha decidido lo siguiente:

> "26. Los derechos políticos y su ejercicio propician el fortalecimiento de la democracia y el pluralismo político. Como lo ha dicho la Corte Interamericana, *"[l]a democracia representativa es determinante en todo el sistema del que la Convención forma parte"*, y constituye *"un 'principio' reafirmado por los Estados americanos en la Carta de la OEA, instrumento fundamental del Sistema Interamericano."* En el Sistema Interamericano la relación entre derechos humanos, democracia representativa y los derechos políticos en particular, quedó plasmada en la Carta Democrática Interamericana. En este instrumento interamericano se estipuló que entre otros elementos esenciales de la democracia representativa se encuentran el acceso al poder y su ejercicio con sujeción al Estado de derecho así como la celebración de elecciones periódicas, libres, justas y basadas en el sufragio universal y secreto como expresión de la soberanía del pueblo."[4]

---

3 Véase Allan R. Brewer-Carías, "Los problemas del control del poder y el autoritarismo en Venezuela", en Peter Häberle y Diego García Belaúnde (Coordinadores), *El control del poder. Homenaje a Diego Valadés,* Instituto de Investigaciones Jurídicas, Universidad Nacional Autónoma de México, Tomo I, México 2011, pp. 159-188; "Sobre los elementos de la democracia como régimen político: representación y control del poder," en *Revista Jurídica Digital IUREced,* Edición 01, Trimestre 1, 2010-2011, en http://www.megaupload.com/?d=ZN9Y2W1R; "Democracia: sus elementos y componentes esenciales y el control del poder", Grandes temas para un observatorio electoral ciudadano, Tomo I, Democracia: retos y fundamentos, *(Compiladora Nuria González Martín),* Instituto Electoral del Distrito Federal, México 2007, pp. 171-220; "Los problemas de la gobernabilidad democrática en Venezuela: el autoritarismo constitucional y la concentración y centralización del poder" en Diego Valadés (Coord.), *Gobernabilidad y constitucionalismo en América Latina,* Universidad Nacional Autónoma de México, México 2005, pp. 73-96

4 Corte Interamericana de Derechos Humanos, (FONDO, REPARACIONES Y COSTAS) 1 septiembre 2011, Voto concurrente Diego García Sayán, párr. 26. Véase en http://www.corteidh.or.cr/docs/ca-sos/articulos/seriec_233_esp1.pdf

De lo anterior resulta, en todo caso, que en el derecho constitucional contemporáneo se pueda identificar claramente un derecho a la democracia con todos esos elementos esenciales que los Estados signatarios de dicha Carta están obligados a garantizar.[5] Sin llegar a esta conclusión no ha sido fácil. Los ciudadanos de nuestros países, de cara a nuestras democracias, han tenido que enfrentar y siguen enfrentando tremendas incomprensiones y distorsiones que tanto de buena, como de mala fe, derivan de un persistente discurso político que se solaza en la crítica de las muchas deficiencias que ha mostrado la práctica de la democracia representativa, la cual, efectivamente, en muchos países ha terminado por no representar a los diversos componentes de la población. Esa práctica democrática, por otra parte, en muchos casos no ha logrado servir de instrumento para la efectiva construcción de sociedades donde el ciudadano logre sentirse realmente incluido, y participe efectivamente en el quehacer político que en muchas ocasiones ha quedado secuestrado por los partidos políticos.

Ello ha dado origen, entre otros factores, al clamor que tan seguidamente se oye en nuestros países latinoamericanos por la búsqueda y construcción de una "democracia participativa," la cual, la verdad sea dicha, en lo que ha desembocado en general, es en el establecimiento de mecanismos de democracia directa,[6] confundiéndose e identificándose la "participación" con el solo ejercicio "directo" de la democracia, lo que es un grave error, pues se participa políticamente, tanto eligiendo representantes, como votando en referendos o como participando en asambleas. Esa confusión, a veces vendida deliberadamente, ha hecho que muchos lleguen incluso ilusamente a preferir la democracia "directa" a la democracia representativa; y otros muchos lo que hacen es confundir la movilización popular con la participación.

Todo ello ha conducido al establecimiento de un falso enfrentamiento entre la democracia representativa, a la cual se ataca despiadadamente, y la

---

5 Véase Allan R. Brewer-Carías, Sobre el derecho a la democracia, véase Allan R. Brewer-Carías, "Prólogo sobre el derecho a la democracia y el control del poder", al libro de Asdrúbal Aguiar, *El derecho a la democracia. La democracia en el derecho y la jurisprudencia interamericanos. La libertad de expresión, piedra angular de la democracia*, Colección Estudios Jurídicos N° 87, Editorial Jurídica Venezolana, Caracas 2008, pp. 17-37; "Sobre las nuevas tendencias del derecho constitucional: del reconocimiento del derecho a la Constitución y del derecho a la democracia", en *VNIVERSITAS, Revista de Ciencias Jurídicas (Homenaje a Luis Carlos Galán Sarmiento)*, Pontificia Universidad Javeriana, facultad de Ciencias Jurídicas, N° 119, Bogotá 2009, pp. 93-111; "Algo sobre las nuevas tendencias del derecho constitucional: el reconocimiento del derecho a la constitución y del derecho a la democracia," en Sergio J. Cuarezma Terán y Rafael Luciano Pichardo (Directores), *Nuevas tendencias del derecho constitucional y el derecho procesal constitucional*, Instituto de Estudios e Investigación Jurídica (INEJ), Managua 2011, pp. 73-94.

6 Véase en general, Luis Aguiar de Luque, *Democracia directa y Estado Constitucional*, Editorial Revista de Derecho Privado, Edersa, Madrid 1977.

democracia participativa, por la cual se clama, a veces incluso planteando el tema como una falsa dicotomía que no puede existir. La democracia representativa es esencialmente participativa, es decir, es una de las formas de participación política por excelencia, de manera que es inconcebible sin considerarla como un medio de participación. Por tanto, no hay oposición entre representación y participación, y lo que debe plantearse es que la forma cómo se asegura la elección y la presencia del ciudadano en la misma sea más participativa, es decir, que el votante se pueda sentir más incluido y más integrado. Por ello, no tiene sentido plantear que la democracia participativa pudiera llegar a sustituir a la democracia representativa.

Como se dijo, es una falsa dicotomía en la cual ciertamente y sin quererlo, muchos demócratas han caído inadvertidamente buscando de buena fe el perfeccionamiento de la democracia representativa, y hacerla más participativa, para lo cual han recurrido a introducir mecanismos de democracia directa; y también, falsa dicotomía que han esgrimido, queriéndolo y de mala fe, muchos falsos demócratas que ocultando la faz y las fauces del autoritarismo, han pretendido sustituir la democracia representativa por una supuesta "democracia participativa" que no es otra cosa que un sistema de control de la sociedad entera por el poder político de una oligarquía gubernamental que nadie ha electo, en fraude a la propia democracia, y vendiendo una "participación" que no es otra cosa que una movilización de los ciudadanos controlada por el poder de un partido o del gobierno autoritario.

Sobre estos temas es que quiero insistir en esta Ponencia para el *II Congreso Iberoamericano de Derecho Electoral*, organizado por el Consejo de Estado de Colombia e IDEA (Bogotá, 31 agosto-1 septiembre 2011), bajo la acertada conducción del Consejero Augusto Hernández, a quien debe agradecer muy especialmente su invitación; para lo cual retomo las ideas fundamentales que expuse en el *Primer Congreso Internacional de Derecho Electoral*,[7] contentiva de algunas reflexiones sobre la democracia representativa y su significado político; sobre las exigencias de la participación ciudadana, en el sentido de que la democracia, sin dejar de ser representativa, debe asegurar la inclusión del ciudadano en el proceso político; y sobre la falsedad de los cantos de sirenas que se oyen con la persistente difusión de la llamada "democracia participativa" para acabar con la representación. Y por supuesto, sin desconocer que en muchos casos, al plantear las reformas, no se ha logrado realmente identificar lo que es necesario implementar para hacer de la democracia representativa el instrumento de inclusión política que pueda asegurar la participación ciudadana. Y más aún, en medio de la confusión

---

7 Véase Allan R. Brewer-Carías, "La democracia representativa y la falacia de la llamada "democracia participativa," ponencia al *Congreso Iberoamericano de Derecho Electoral*, Universidad de Nuevo León, Monterrey, 27 de noviembre 2010. Véase en http://www.allanbrewercarias.com/Con-tent/449725d9-f1cb-474b-8ab2-41efb849fea2/Content/I,%201,%201019.%20La%20democracia%-20representativa%20%20y%20las%20falacias%20de%20la%20llamada%20de mocracia%20paticipativa.%20Mexico%202010.do.pdf

que genera la venta de la idea de que la participación pueda llegar a sustituir la representativa, pero contradictoriamente eliminando el único instrumento político que puede permitir la participación ciudadana que es la descentralización política, es decir, los gobiernos locales que es donde se puede asegurar la inclusión política. Este ha sido, precisamente, el lamentable destino de la Venezuela contemporánea, con la sanción de las Leyes sobre el Poder Popular y el Estado Comunal.[8] Lo cierto, al contrario es que no hay ni puede haber participación sin descentralización, y descentralización política es establecer gobiernos electos, es decir, sobre la base de representación

En la experiencia venezolana de esta última década, sin embargo, lo que se ha presenciado es un discurso autoritario que al vender la llamada "democracia participativa," lo que ha venido buscando es excluir la representación a nivel local y, con ello, todo vestigio de descentralización política, pretendiendo que el sistema político funcione montado sobre instituciones de "democracia directa" como asambleas de ciudadanos y los consejos comunales a la usanza de los soviets de hace casi cien años. Ello, en realidad, es imposible que pueda permitir y asegurar una efectiva participación política del ciudadano en la conducción de los asuntos públicos, como sólo la descentralización y la municipalización podrían lograr. Para ello, incluso, entidades locales otrora descentralizadas como las Juntas parroquiales, se les quita su antiguo carácter representativo, transformándolas en entes consultivos conducidos por "juntas" nombradas por los Consejos Comunales, que a su vez no se gobiernan por representantes electos mediante sufragio universal, directo y secreto. Esos consejos comunales y juntas parroquiales comunales, en realidad, es imposible que puedan permitir y asegurar una efectiva participación política del ciudadano en la conducción de los asuntos públicos, como sólo la descentralización y la municipalización podrían lograr. En realidad, en ese discurso autoritario de la democracia participativa, lo único que la misma ofrece es la posibilidad de movilización popular pero conducida, manejada y controlada desde el centro del poder, mediante un partido único, por lo que de democracia sólo tiene el nombre, el cual es hábilmente utilizado por quienes se aprovechan de los fracasos políticos de la democracia sólo representativa reducida a asegurar la elección de gobernantes que existió en otras épocas.

---

8 Sin embargo, en el reglamento de la Ley Orgánica del Consejo Federal de Gobierno se llega a definir la descentralización vaciándola de contenido político, indicando en forma distorsionada que es una "Política estratégica para la restitución plena del poder al Pueblo Soberano, mediante la transferencia paulatina de competencias y servicios desde las instituciones nacionales, regionales y locales hacia las comunidades organizadas y otras organizaciones de base del Poder Popular, dirigidas a fomentar la participación popular, alcanzar la democracia auténtica restituyendo las capacidades de gobierno al pueblo, instalando prácticas eficientes y eficaces en la distribución de los recursos financieros e impulsar el desarrollo complementario y equilibrado de las regiones del país" (art. 3). Véase en *Gaceta Oficial* N° 39.382 del 9 de marzo de 2010.

Esta "democracia participativa" que se vende desde las trincheras de un gobierno militarista y autoritario, en realidad, no es más que un engañoso slogan propagandístico, que oculta un feroz modelo de gobierno autoritario que creíamos superado en nuestro Continente, y que comienza ahora a aparecer envuelto en ropa militar de camuflaje, con pintas populares y de legalidad, con algún apoyo de masas empobrecidas que reciben dádivas, pero sin que se genere riqueza ni empleo. Así, por ejemplo, hemos visto florecer un neo populismo rico o petrolero que está rampante en Venezuela, que reparte para lograr apoyos populares, pero sin lograr disminuir la pobreza, y más bien aumentarla y generalizarla, y por sobre todo, sin asegurar la democracia como forma de vida.

II. LA DEMOCRACIA, CONTROL DEL PODER, LA DESCENTRALIZACIÓN POLÍTICA Y LA PARTICIPACIÓN

Ahora bien, concebida la democracia conforme a los elementos esenciales definidos en la Carta Democrática Interamericana de 2001, antes mencionados, la misma carta los complementa con la exigencia de unos componentes esenciales de la misma, todos vinculados al control del poder, que son la transparencia de las actividades gubernamentales, la probidad y la responsabilidad de los gobiernos en la gestión pública; el respeto de los derechos sociales y de la libertad de expresión y de prensa; la subordinación constitucional de todas las instituciones del Estado, incluyendo el componente militar, a la autoridad civil legalmente constituida, y el respeto al Estado de derecho por todas las entidades y sectores de la sociedad (Art. 4).

Por ello, la importancia que tiene respecto de la democracia el mencionado principio de la separación de poderes, del cual, en definitiva, dependen todos los otros elementos de la democracia. En efecto, sólo controlando al Poder es que puede haber elecciones libres y justas, así como efectiva representatividad; sólo controlando al poder es que puede haber pluralismo político; sólo controlando al Poder es que podría haber efectiva participación democrática en la gestión de los asuntos públicos; sólo controlando al Poder es que puede haber transparencia administrativa en el ejercicio del gobierno, así como rendición de cuentas por parte de los gobernantes; sólo controlando el Poder es que se puede asegurar un gobierno sometido a la Constitución y las leyes, es decir, un Estado de derecho y la garantía del principio de legalidad; sólo controlando el Poder es que puede haber un efectivo acceso a la justicia de manera que ésta pueda funcionar con efectiva autonomía e independencia; y en fin, sólo controlando al Poder es que puede haber real y efectiva garantía de respeto a los derechos humanos. De lo anterior resulta, por tanto, que sólo cuando existe un sistema de control efectivo del poder es que puede haber democracia, y sólo en esta es que los ciudadanos pueden encontrar asegurados sus derechos debidamente equilibrados con los poderes Públicos.

Por ello es que al inicio calificábamos a la democracia como una alianza destinada a asegurar el control del poder, lo que implica entre otros, tres derechos políticos claves que los ciudadanos tienen, y que son, además del derecho a la separación de poderes, el derecho a la distribución vertical o territorial del poder para asegurar la participación política; y el derecho al control judicial del ejercicio poder, para asegurar la vigencia de los derechos humanos y el sometimiento del Estado al derecho. Al contrario, demasiada concentración y centralización del poder, como ocurre en cualquier régimen autoritario por más velo democrático que lo cubra por su eventual origen electoral, inevitablemente conduce a la tiranía; y el mundo contemporáneo ha tenido demasiadas experiencias que ya han mostrado toda suerte de tiranos que precisamente usaron el voto popular para acceder al poder, y que luego, mediante su ejercicio incontrolado, desarrollaron gobiernos autoritarios, contrarios al pueblo, el cual fue movilizado al antojo de los gobernantes quienes acabaron con la propia democracia y con todos sus elementos, comenzando por el respeto a los derechos humanos.

Por ello, los gobiernos autoritarios no soportan la existencia de un sistema de descentralización política o de distribución vertical del poder público hacia entidades territoriales regionales y locales dotadas de autonomía política que estén efectivamente más cerca del ciudadano, que es lo único que puede garantizar la efectiva posibilidad de la participación política democrática en la toma de decisiones y en la gestión de los asuntos públicos. Es decir, y es bueno destacarlo siempre, porque se olvida cuando se habla de "democracia participativa," ésta simplemente es sólo posible cuando el poder está cerca del ciudadano, lo que sólo se logra multiplicando autoridades locales dotadas de autonomía política.[9] Por ello es que dijimos anteriormente, que participación no es posible sin descentralización, y descentralización no existe sin representación. Por ello, en este contexto, la participación política no es simple movilización popular ni se logra estableciendo mecanismos asamblearios de democracia directa. La participación política es la cotidianeidad de la vida ciudadana, que en democracia sólo se asegura a nivel local, en unidades territoriales políticas y autónomas descentralizadas donde se

---

9 Véase, Allan R. Brewer-Carías, "El Municipio, la descentralización política y la democracia" en *XXV Congreso Iberoamericano de Municipios, Guadalajara, Jalisco, México, 23 al 26 de octubre del 2001*, México 2003, pp. 53-61; *Reflexiones sobre el constitucionalismo en América*, Editorial Jurídica Venezolana, Caracas 2001, pp. 105-125 y 127-141; "Democracia participativa, descentralización política y régimen municipal", en Miguel Alejandro López Olvera y Luis Gerardo Rodríguez Lozano (Coordinadores), *Tendencias actuales del derecho público en Iberoamérica*, Editorial Porrúa, México 2006, pp. 1-23; "Democracia participativa, descentralización política y régimen municipal", en *Urbana*, Revista editada por el Instituto de Urbanismo, Facultad de Arquitectura y Urbanismo, Universidad Central de Venezuela y por el Instituto de Investigaciones de la Facultad de Arquitectura y Diseño, Universidad del Zulia, N° 36, 2005, pp. 33-48; "Democracia participativa, descentralización política y régimen municipal", en *La responsabilidad del Estado frente a terceros. Ponencias Continentales del II Congreso Iberoamericano de Derecho Administrativo y Público*, Asociación Iberoamericana de Profesionales en Derecho Público y Administrativo "Jesús González Pérez" Capítulo Ecuador, Ecuador 2005, pp. 273-294.

practique el efectivamente el autogobierno mediante representantes electos en forma directa, universal y secreta, y no mediante 'voceros" designados sin sufragio universal directo y secreto.

Por ello es que nunca ha habido autoritarismos descentralizados, y menos aún autoritarismos que hayan podido permitir el ejercicio efectivo del derecho a la participación política. Al contrario, en nombre de ésta lo que han impuesto es la exclusión política al concentrar el poder en unos pocos, independientemente de que hayan sido electos. Por ello, insisto, es que los autoritarismos temen y rechazan tanto la descentralización política como la participación democrática, y en su lugar, lo que usualmente hacen es concebir parapetos políticos de control del poder a través de asambleas de ciudadanos controladas por el poder central o por un partido de gobierno, como los Consejos Comunales que se están creando en Venezuela,[10] configurados como instituciones de manejo centralizado, dispuestas para hacerle creer al ciudadano que participa, cuando lo que se hace es, si acaso, movilizarlo en forma totalmente controlada.

De todo lo anterior resulta, por tanto, que para pueda existir democracia como régimen político, no son suficientes las declaraciones contenidas en los textos constitucionales que hablen de derecho al sufragio y de participación ciudadana; ni siquiera de separación de poderes. Tampoco bastan las declaraciones constitucionales sobre "democracia participativa" o incluso sobre descentralización del Estado; ni las solas enumeraciones de los derechos humanos.

Además de todas esas declaraciones, lo que es necesario en la práctica política democrática, es que se pueda asegurar efectivamente la posibilidad de controlar el poder. Solo así es que se puede hablar de democracia, la cual, por lo demás, además de implicar siempre la representación, es un sistema para la participación. Lo único es que esta última no puede quedar reducida a participar en elecciones o votaciones; pero tampoco puede quedar reducida a ser sólo asamblearia, refrendaria o de cabildos abiertos permanentes. La exigencia de la participación en la democracia es, en realidad, hacer de la democracia un régimen de inclusión política, es decir, "participativa," donde el ciudadano sea efectivamente parte de su comunidad política, y pueda contribuir a toma de las decisiones que le conciernen; de manera que la partici-

---

10 Ley de los Consejos Comunales en *Gaceta Oficial* N° 5.806 Extraordinaria de 10 de abril de 2006; reformada en 2009, *Gaceta Oficial* N° 39.335 de 28 de diciembre de 2009. Véase Allan R. Brewer-Carías, "El inicio de la desmunicipalización en Venezuela: La organización del Poder Popular para eliminar la descentralización, la democracia representativa y la participación a nivel local", en *AIDA, Opera Prima de Derecho Administrativo. Revista de la Asociación Internacional de Derecho Administrativo*, 49-67 (Universidad Nacional Autónoma de México, Facultad de Estudios Superiores de Acatlán, Coordinación de Postgrado, Instituto Internacional de Derecho Administrativo "Agustín Gordillo", Asociación Internacional de Derecho Administrativo, México, 2007; y *Ley de los Consejos Comunales*, Editorial Jurídica venezolana, Caracas 2009.

pación no quede reducida a votar en elecciones o en consultas populares. Por ello, la participación política para el ciudadano no es otra cosa que "ser parte de" o "estar incluido en" una comunidad política, en la cual el individuo tenga un rol específico de carácter activo conforme al cual contribuye a la toma de decisiones. Ello se materializa, por ejemplo, sin duda, en el ejercicio del derecho al sufragio o en votar en referendos o consultas populares, que son formas mínimas de participación; o en ser miembro de sociedades intermedias. Pero la participación no se agota allí, pues para estar incluido es necesario que el ciudadano pueda ser parte efectiva de su comunidad política; permitiéndosele desarrollar, incluso, la conciencia de su efectiva pertenencia a un determinado orden social y político, por ejemplo, a una comunidad; a un lugar; a una tierra; a un campo; a una comarca; a un pueblo; a una región; a una ciudad; en fin, a un Estado.[11]

Y ello sólo se logra mediante la distribución del poder en los niveles regionales y locales de gobierno producto de sufragio, es decir, de gobiernos representativos donde es que puede materializarse la participación política como democracia de inclusión, en los cuales el ciudadano pueda tomar parte personalmente en el proceso decisorio de los asuntos locales, que le interesan, interviniendo en actividades estatales y en función del interés general.[12] Como se dijo, ello sólo puede tener lugar efectivamente en los estamentos territoriales más reducidos, en el nivel local, comunal o municipal. Es decir, sólo en los niveles político territoriales inferiores de la organización del Estado es que se puede montar una organización participativa que permita la incorporación del ciudadano individual, o en grupos o en comunidades, en la vida pública, y particularmente, en la toma de decisiones públicas generales o de orden administrativo.

Como Jaime Castro, lo destacó hace años, "La democracia moderna no se concibe sin audaces formas de participación ciudadana y comunitaria en el ejercicio del poder a nivel local y regional. Sin la garantía de que todas y todos pueden y deben participar en la preparación de las decisiones que se piensen tomar sobre temas de interés general, en su adopción y ejecución, esto último mediante el control que realicen sobre la gestión de las autoridades y los particulares que ejerzan funciones públicas. Sólo esas formas democráticas de participación le cambian la cara a las instituciones y permiten hablar de un nuevo régimen político."[13]

---

11 Véase en general, Norberto Bobbio, *El futuro de la democracia,* Fondo de Cultura Económica, México 1992, p. 42.

12 Véase por ejemplo, en relación con la administración de justicia, Alberto González, "Participación en la Administración de Justicia" en Jorge Londoño U. (Compilador), *Constitucionalismo, participación y democracia*, Librería Jurídica Ethos, Uniboyacá, Bogotá-Tunja, 1997, pp. 76-77.

13 Véase Jaime Castro, *La cuestión territorial*, Editorial Oveja Negra, Bogotá 2003, pp. 201-202. Por ello, cabría preguntarse ¿Por qué será entonces, que en un excelente libro sobre *Las democracias. Entre el Derecho Constitucional y la Política,* de los profesores Olivier Duhamel y Manuel José Cepeda Espinosa en

Pero por supuesto, para la concepción de ese "nuevo régimen político" que en realidad es tan antiguo como la democracia misma, el tema central que tiene que resolverse es determinar el nivel territorial que se requiere para que pueda haber participación como cotidianeidad democrática, y la opción en esta materia, tal como ocurre por ejemplo en Francia, en Norteamérica, y todos los países europeos con democracias arraigadas, es que el municipio o el ente local esté desparramado en todos los rincones del Estado, en cada villa, pueblo y caserío, situado bien cerca del ciudadano. En esos países, donde impera la fragmentación municipal, no se plantea con tanta urgencia la necesidad de la participación ciudadana; y, en cambio en todos nuestros países latinoamericanos, donde al contrario, hay muy pocos municipios para sus enormes territorios y su población, es donde más se grita contra nuestras insuficiencias democráticas clamándose a la vez por una democracia participativa. Por ello, la opción para la participación definitivamente no está situada en el gran municipio urbano o rural, tan común en América Latina, ubicado bien lejos del ciudadano, y que lo que origina es frustración participativa.[14] La realidad ha sido que en los 200 años que han transcurrido desde la Independencia, el panorama territorial de la distribución vertical del poder en los países latinoamericanos ha variado muy poco, careciendo nuestros países del nivel político territorial necesario para que la democracia pueda efectivamente ser participativa, que es el gobierno local. Y nos empeñamos en buscar en otras partes soluciones, que la verdad, no encontraremos.

Y aquí volvemos a lo que afirmaba al inicio, sobre que la democracia participativa está indisolublemente ligada, no a la democracia directa, sino a la descentralización política y la municipalización, de manera que la misma no se puede materializar con solo propuestas de incorporación al régimen

---

sus más de 400 páginas donde los autores analizan los regímenes democráticos contemporáneos de Europa y América Latina, en la única página en la cual se habla y se usa la expresión de "democracia de participación" es en relación con el sistema suizo? Véase Olivier Duhamel y Manuel José Cepeda Espinosa, *Las Democracias. Entre el Derecho Constitucional y la Política*, TM Editores. Universidad de los Andes. Facultad de Derecho, Bogotá, 1997, p. 56. Acaso el régimen constitucional de Suiza, entre otros factores por la superficie incluso del país, no es el paradigma del federalismo y del régimen local o cantonal?

14 Véase por ejemplo, Torsten Sagawe, "La situación de los pequeños municipios en Europa: con especial referencia a la República Federal de Alemania", en Luis Villar Borla et al, *Problemática de los pequeños Municipios en Colombia ¿Supresión o reforma?*, Universidad Externado de Colombia, Bogotá 2003, p. 40; *Informe sobre el Gobierno Local,* Ministerio para las Administraciones Públicas. Fundación Carles Pi i Sunyer d'Études Autonòmics y Locals, Madrid 1992, p. 27; Luciano Vandelli, *El Poder Local. Su origen en la Francia revolucionaria y su futuro en la Europa de las regiones*, Ministerio para las Administraciones Públicas, Madrid 1992, p. 28; Allan R. Brewer-Carías, *Reflexiones sobre el constitucionalismo en América*, Editorial Jurídica Venezolana, Caracas 2001, pp. 139 y ss.

democrático, de instrumentos como los referendos o las consultas o las iniciativas populares, y mucho menos eliminando la representación.

En realidad, la participación política como cotidianeidad democrática o como parte de la democracia como forma de vida, sólo puede darse a nivel local. No hay otra instancia para ello en los Estados; lo demás es falacia y engaño, o mecanismos de democracia directa que son otra cosa. Por ello es que el tema, precisamente, no tiene tanta notoriedad en los países europeos, donde la participación es de todos los días, en las pequeñas cosas que pueden tratarse en esos pequeños municipios urbanos y rurales.

Por ello, sin temor a equivocarnos podemos afirmar que no puede haber participación política sin descentralización política territorial, es decir, sin que exista una multiplicidad de poderes locales y regionales; sin ellos, en definitiva, no puede haber una democracia participativa. Lo que habría es centralismo, que es la base de la exclusión política al concentrar el poder en unos pocos electos, y a la vez, el motivo del desprestigio de la democracia representativa por más aditivos de democracia directa o refrendaria se le implante.

No hay otra forma de perfeccionar la democracia y hacerla más participativa y más representativa, que no sea acercando el Poder al ciudadano, lo que sólo puede llevarse a cabo descentralizando política y territorialmente el Poder del Estado y llevarlo hasta la más pequeña de las comunidades; es decir, distribuyendo el Poder en el territorio nacional.[15] Por tanto, sólo municipalizando los territorios de nuestros países, rescatemos, más de doscientos años después, lo que fue la decisión terminante de la Asamblea Nacional Constituyente francesa en aquél diciembre de 1789, y que hoy se traduciría en la frase de que toda comunidad rural, todo caserío, todo pueblo, todo barrio urbano, debería tener su autoridad local como comunidad política. Como se enunció, por ejemplo en la Constitución de la Provincia del Chaco, de Argentina: "Todo centro de población constituye un municipio autónomo...[16]

De allí la enorme revalorización que requiere en nuestros países el tema del pequeño municipio como parte del proceso de descentralización político-territorial, para asegurar no sólo la presencia del Estado en el territorio, sino para hacer posible la participación democrática, partiendo de la necesaria

---

15 Véase en *XXV Congreso Iberoamericano de Municipios, Guadalajara, Jalisco, México del 23 al 26 de octubre de 2001*, Fundación Española de Municipios y Provincias, Madrid 2003, pp.453 y ss.

16 Artículo 182. Citado por Augusto Hernández Barrera, "Objetivos inéditos de la categorización municipal" en Luis Villar Borda et al, *Problemática de los Pequeños Municipios en Colombia ¿Supresión o reforma?*, Universidad Externado de Colombia, Bogotá 2003, p. 108. Véase además, Augusto Hernández Becerra, *Ordenamiento y desarreglo territorial en Colombia*, Instituto de Estudios Constitucionales Carlos Restrepo Piedrahita, Bogotá 2001.

diversidad que deben tener las entidades locales; es decir, todo lo contrario al uniformismo organizacional.

En fin, lo que debemos concientizar es que no hay que temerle a la descentralización política, pues se trata de un fenómeno propio de las democracias, que por supuesto es temido por los autoritarismos. Por ello es que hemos dicho que no hay ni ha habido autocracias descentralizados, siendo los autoritarismos los que rechazan tanto la descentralización política como la participación democrática, incluyendo los autoritarismos que tradicionalmente nos han gobernado bajo el ropaje del "centralismo democrático," de cualquier cuño que sea, incluso de orden partidista.

No nos dejemos engañar con los cantos de sirenas autoritarios que no se cansan de hablar de "democracia participativa," pero no para hacerla posible descentralizando el poder en el territorio, sino para acabar con la democracia representativa, imposibilitando a la vez la participación. No nos confundamos los demócratas al intentar dar respuesta a las exigencias políticas crecientes de participación democrática, con el sólo establecimiento de paños calientes de carácter refrendario o de iniciativas o consultas populares, que no la agotan en absoluto. En fin, no le tengamos miedo a lo pequeño, que territorialmente hablando es precisamente la lugarización, el pequeño municipio rural y la subdivisión municipal suburbana.

III. EL COMIENZO DEL GRAN ENGAÑO: LA CREACIÓN DE LOS CONSEJOS COMUNALES EN VENEZUELA EN 2006, SIN REPRESENTACIÓN, COMO SUPUESTOS INSTRUMENTOS DE LA "DEMOCRACIA PARTICIPATIVA" VIOLANDO LA CONS-TITUCIÓN

Ahora bien, ante las deficiencias de la democracia puramente representativa, con la cual la participación se había reducido a la votación para la elección de representantes, y a la inscripción en partidos políticos que había asumido el monopolio de la representatividad y de la propia participación política, comenzó a surgir el discurso a favor de la democracia participativa que desde el gobierno autoritario que se instaló en Venezuela desde 1998, lo que ha hecho es acabar con la democracia en su globalidad, y en engañar a los amantes de su perfeccionamiento, mediante un sistema denominado de "democracia participativa" mediante un esquema de Estado Comunal, que no es otra cosa que un sistema institucional para el centralismo, para hacerle creer a la población que participa en la toma de decisiones públicas, cuando en realidad lo que se hace es manipularla desde el poder central.

Así, en 2006 se comenzó en Venezuela a institucionalizar un Estado Socialista, mediante Ley de los Consejos Comunales,[17] conforme a la cual el gobierno autoritario comenzó a regular y confinar la participación ciudadana con un doble propósito: por una parte, para eliminar la democracia representativa; y por la otra, como antes se dijo, para desmunicipalizar su ámbito de

17 Véase *Gaceta Oficial* N° 5806 Extra. de 10 de abril de 2006.

ejercicio. En efecto, en la Constitución, el Municipio es la unidad política primaria dentro de la organización pública nacional (art. 168) que, como parte del sistema constitucional de distribución vertical del Poder Público (art. 136), en el nivel territorial inferior es la entidad política llamada a hacer efectiva la participación ciudadana. Por ello, el artículo 2° de la Ley Orgánica del Poder Público Municipal de 2005[18] conforme a lo dispuesto en el artículo 168 de la Constitución disponía que las actuaciones del municipio debían incorporar "la participación ciudadana de manera efectiva, suficiente y oportuna, en la definición y ejecución de la gestión pública y en el control y evaluación de sus resultados."

Para ello, en todo caso, lo que resultaba necesario era acercar el poder municipal al ciudadano, municipalizándose el territorio, lo que la propia Ley Orgánica impidió. Pero en lugar de reformar dicha Ley Orgánica y establecer entidades municipales o del municipio más cerca de las comunidades, lo que se buscó establecer con la Ley de los Consejos Comunales de 2006 fue un sistema institucional centralizado en paralelo e ignorando la propia existencia del régimen municipal, concibiéndose a la "comunidad" fuera del mismo Municipio, organizada en Consejos Comunales, "en el marco constitucional de la democracia participativa y protagónica", como "instancias de participación, articulación e integración entre las diversas organizaciones comunitarias, grupos sociales y los ciudadanos." Fue en estos Consejos Comunales, conforme a la Ley de 2006, establecidos sin relación alguna con los Municipios, en los que se ubicaron las Asambleas de Ciudadanos como la instancia primaria para el ejercicio del poder, la participación y el protagonismo popular, cuyas decisiones se concibieron como de carácter vinculante para el consejo comunal respectivo (art. 4,5).

Con esta Ley de los Consejos Comunales de 2006, además, supuestamente abogando por una "participación popular," pero en un esquema completamente antidemocrático, se sustituyó la "representación" que origina el sufragio en entidades políticas como los Municipales, por la organización de entidades denominadas del "Poder Popular" que no tienen origen representativo electoral, en las cuales se pretendió ubicar la participación ciudadana, pero sometida al control del vértice del poder central, sin que los titulares rindan cuentas al pueblo, completamente paralelo y desvinculado totalmente de la descentralización política o la distribución vertical del poder público que establece la Constitución, es decir, desvinculado de los Estados, Municipios y Parroquias. Por ello, los Consejos Comunales se integraron conforme a un esquema estatal centralizado, que tenía en su cúspide una Comisión Nacional Presidencial del Poder Popular designada y presidida por el Presidente de la República, la cual, a su vez, designaba en cada Estado a las Co-

18 Véase la Ley de Reforma Parcial de la Ley Orgánica del Poder Público Municipal, *Gaceta Oficial* N° 38.327 de 02-12-2005. Véanse los comentarios a esta Ley en el libro: *Ley Orgánica del Poder Público Municipal*, Editorial Jurídica Venezolana, Caracas 2007. La Ley fue reformada en 2010, *Gaceta Oficial* N° 6.015 Extra. de 28 de diciembre de 2010.

misiones Regionales Presidenciales del Poder Popular, previa aprobación del Presidente de la República (art. 31); y designaba además, en cada municipio, las Comisiones Locales Presidencial del Poder Popular, también previa aprobación del Presidente de la República (art. 32); sin participación alguna de los Gobernadores de Estado ni de los Alcaldes municipales. En la práctica, en todo caso, lo que se evidenció fue que no se logró desarrollar los concejos comunales conforme al discurso gubernamental y a las previsiones teóricas de la Ley, al punto de que como lo observó María Pilar García-Guadilla, "Mientras que los objetivos y el discurso presidencial hablan de empoderamiento, transformación y democratización, las praxis observadas apuntan hacia el clientelismo, la cooptación, la centralización y la exclusión por razones de polarización política."[19]

La Ley de 2006, además, en paralelo al Municipio como la unidad primaria para la participación, concibió a la Asamblea de Ciudadanos como la instancia primaria para el ejercicio del poder, la participación y el protagonismo popular, cuyas decisiones redispuso que eran de carácter vinculante para el consejo comunal respectivo.(art. 4,5). Esta Asamblea de Ciudadanos se la reguló como "la máxima instancia de decisión del Consejo Comunal", integrada por los habitantes de la comunidad, mayores de 15 años. El legislador, quizás, lo que quiso fue regular las antiguas Asambleas de vecinos, pero las denominó erróneamente como Asambleas de ciudadanos, violando la Constitución. La Asamblea de Ciudadanos conforme al artículo 6 de la Ley de 2006, tenía entre sus atribuciones, "elegir" a los integrantes de los diversos voceros e integrantes de los órganos comunitarios ("voceros"), y revocarles el mandato, eliminando de esta instancia toda idea de representación y de sufragio universal, directo y secreto. Los consejos comunales debían ser registrados ante la Comisión Presidencial del Poder Popular, con lo que se les revestía de personalidad jurídica;[20] inscripción que, por tanto,

---

19 Véase en María Pilar García-Guadilla "La praxis de los consejos comunales en Venezuela: ¿Poder popular o instancia clientelar?," en *Revista Venezolana de Economía y Ciencias Sociales*, abr. 2008, Vol. 14, N° 1, p. 125-151. Véase en http://www.scielo.org.ve/scielo.php?pid=S1315-64112008000100009&script=sci_arttext.

20 Para 2007 se daba una cifra de entre 18.000 y 20.000 Consejos Comunales. Véase María Pilar García-Guadilla, "La praxis de los consejos comunales en Venezuela: ¿Poder popular o instancia clientelar?," en *Revista Venezolana de Economía y Ciencias Sociales*, abr. 2008, Vol. 14, N° 1, p. 125-151. Véase en http://www.scielo.org.ve/scielo.php?pid=S1315-64112008000100009&script=sci_arttext. Véase en general sobre el proceso de creación de consejos comunales de acuerdo con la Ley de 2006, en Steve Ellner, "Un modelo atractivo con fallas: los Consejos Comunales de Venezuela", en http://www.rebelion.org/noticia.php?id=87637; y Miguel González Marregot, "La ley de los consejos comunales: un año después (y II)", Sábado, 21 de abril de 2007, en http://queremoselegir.org/la-ley-de-los-consejos-comunales-un-ano-despues-y-ii/

dejaba en manos del Poder Ejecutivo aceptar o no la existencia misma de dichos Consejos, controlándolos políticamente.[21]

Estas reformas que se comenzaron a implementar legalmente en 2006, fueron parte del proyecto de reforma constitucional que en 2007 el Presidente de la República presentó ante la Asamblea Nacional y con la cual se buscaba establecer un Estado Socialista, Centralizado, Policial y Militarista[22] montado sobre el denominado Poder Popular , en el cual jugaban importante papel, precisamente, los consejos comunales; y la cual, luego de aprobarla,[23] fue sometido a referendo aprobatorio en diciembre de 2007, habiendo sido rechazado mayoritariamente por el pueblo. La orientación de la reforma la dio el propio Presidente de la República durante todo el año 2007, y en particular en su "Discurso de Presentación del Anteproyecto de reforma a la Constitución ante la Asamblea Nacional" en agosto de 2007,[24] en el cual señaló con toda claridad que el objetivo central de la misma era "la cons-

---

21 Sobre esto Miguel González Marregot ha señalado que "El elemento central de las críticas a los consejos comunales es su dependencia y sujeción a una red de Comisiones Presidenciales del Poder Popular, designada "a dedo" desde del Poder Nacional. Sin embargo, las Comisiones Presidenciales del Poder Popular no existen por ahora, en el ámbito municipal. Y su creación no ha sido implementada aún; quizás por una mezcla de la incapacidad operativa oficial con una dosis de cálculo político. Las Comisiones Presidenciales del Poder Popular son una demostración de la visión centralista y concentradora de la gestión pública que va a suprimir las propias posibilidades de participación popular que brindarían los consejos comunales. Una deuda sensible, en este contexto, es la inoperancia del Servicio Autónomo Fondo Nacional de los Consejos Comunales, que estaría adscrito al Ministerio de Finanzas; y cuyo Reglamento Orgánico fue publicado en *la Gaceta Oficial* N° 346.196 de fecha 18 de Mayo de 2006; es decir, hace nueve meses. Por si fuera, poco la Ley de los Consejos Comunales, promulgada en Abril del año pasado, no ha sido aún reglamentada mediante un proceso de consulta pública." En "Consejos Comunales: ¿Para qué?," en *Venezuela Analítica*, Viernes, 9 de febrero de 2007, http://www.analitica.com/va/politica/opinion/7483372.asp.

22 Véase Allan R. Brewer-Carías, *Hacia la consolidación de un Estado Socialista, Centralizado, Policial y Militarista, Comentarios sobre el sentido y alcance de las propuestas de reforma constitucional 2007,* Colección Textos Legislativos, N° 42, Editorial Jurídica Venezolana, Caracas 2007, 157 pp.

23 Véase Allan R. Brewer-Carías, *La Reforma Constitucional de 2007 (Comentarios al proyecto inconstitucionalmente sancionado por la Asamblea Nacional el 2 de noviembre de 2007)*, Colección Textos Legislativos, N° 43, Editorial Jurídica Venezolana, Caracas 2007, 224 pp.

24 Véase *Discurso de Orden pronunciado por el ciudadano Comandante Hugo Chávez Frías, Presidente Constitucional de la República Bolivariana de Venezuela en la conmemoración del Ducentésimo Segundo Aniversario del Juramento del Libertador Simón Bolívar en el Monte Sacro y el Tercer Aniversario del Referendo Aprobatorio de su mandato constitucional*, Sesión especial del día Miércoles 15 de agosto de 2007, Asamblea Nacional, División de Servicio y Atención legislativa, Sección de Edición, Caracas 2007.

trucción de la Venezuela bolivariana y socialista"[25]; es decir, como lo expresó, se trataba de una propuesta para sembrar "el socialismo en lo político y económico,"[26] considerando que todos los que habían votado por su reelección en 2006 habían "votado por el socialismo"[27] lo que por supuesto no era cierto.

Por ello, el Anteproyecto de Reforma que presentó ante la Asamblea Nacional, era para "la construcción del Socialismo Bolivariano, el Socialismo venezolano, nuestro Socialismo, nuestro modelo socialista"[28], cuyo "núcleo básico e indivisible" era "la comunidad", "donde los ciudadanos y las ciudadanas comunes, tendrán el poder de construir su propia geografía y su propia historia."[29] Y todo ello bajo la premisa de que "sólo en el socialismo será posible la verdadera democracia."[30] pero por supuesto, una "democracia" sin representación que, como lo propuso el Presidente y fue sancionado por la Asamblea Nacional en la rechazada reforma del artículo 136 de la Constitución, se buscaba establecer una "democracia" que "no nace del sufragio ni de elección alguna, sino que nace de la condición de los grupos humanos organizados como base de la población." Es decir, se buscaba establecer una "democracia" que no era democracia, pues en el mundo moderno no hay ni ha habido democracia sin elección de representantes. Se buscaba además, establecer una doctrina política oficial de carácter socialista, que se denominaba además como "doctrina bolivariana", con lo cual se eliminaba toda posibilidad de pensamiento distinto al "oficial" y, por tanto, la posibilidad de criminalizar toda disidencia.

---

25 *Idem*, p. 4.

26 *Idem*, p. 33.

27 *Idem*, p. 4. Lo que no era cierto. En todo caso, se pretendió imponer al 56% de los votantes que no votaron por la reelección del presidente, la voluntad expresada por sólo el 46% de los votantes inscritos en el Registro Electoral que votaron por la reelección del Presidente. Según las cifras oficiales del CNE, en las elecciones de 2006, de un universo de 15.784.777 votantes inscritos en el Registro Electoral, sólo 7.309.080 votaron por el Presidente.

28 Véase *Discurso*... p. 34.

29 *Idem*, p. 32.

30 *Idem*, p. 35. Estos conceptos se recogieron igualmente en la *Exposición de Motivos* para la Reforma Constitucional, Agosto 2007, donde se expresó la necesidad de "ruptura del modelo capitalista burgués" (p. 1), de desmontar la superestructura que le da soporte a la producción capitalista" (p. 2); de "dejar atrás la democracia representativa para consolidad la democracia participativa y protagónica" (p. 2); de "crear un enfoque socialista nuevo" (p. 2) y "construir la vía venezolana al socialismo" (p. 3); de producir "el reordenamiento socialista de la geopolítica de la Nación" (p. 8); de la "construcción de un modelo de sociedad colectivista" y "el Estado sometido al poder popular" (p. 11); de "extender la revolución para que Venezuela sea una República socialista, bolivariana", y para "construir la vía venezolana al socialismo; construir el socialismo venezolano como único camino a la redención de nuestro pueblo" (p. 19).

Por la otra, también se buscaba transformar el Estado en un Estado Centralizado, de poder concentrado bajo la ilusión del Poder Popular, lo que implicaba la eliminación definitiva de la forma federal del Estado, imposibilitando la participación política y degradando la democracia representativa; todo ello, mediante la supuesta organización de la población para la participación en los Consejos del Poder Popular, como los Comunales, que eran y son instituciones sin autonomía política alguna, cuyos miembros se pretendía declarar, en la propia Constitución, que no fueran electos.

En específico, la reforma constitucional propuesta en relación con el artículo 16 de la Constitución, buscaba crear las comunas y comunidades como "el núcleo territorial básico e indivisible del Estado Socialista Venezolano"; con el artículo 70, se definían los medios de participación y protagonismo del pueblo en ejercicio directo de su soberanía mediante todo tipo de consejos, "para la construcción del socialismo", haciéndose mención a las diversas asociaciones "constituidas para desarrollar los valores de la mutua cooperación y la solidaridad socialista"; con el artículo 158, se buscaba eliminar toda mención a la descentralización como política nacional, y definir como política nacional, "la participación protagónica del pueblo, restituyéndole el poder y creando las mejores condiciones para la construcción de una democracia socialista"; con el artículo 168 relativo al Municipio, se buscaba precisar la necesidad de incorporar "la participación ciudadana a través de los Consejos del Poder Popular y de los medios de producción socialista"; con el artículo 184, se buscaba orientar la descentralización de Estados y Municipios para permitir "la construcción de la economía socialista."

Segundo, en relación con el artículo 158 se buscaba eliminar toda referencia a la descentralización política siguiendo la orientación de la práctica política centralista de los últimos años, y centralizar completamente el Estado, eliminando toda idea de autonomía territorial y de democracia representativa a nivel local, es decir, de la unidad política primaria en el territorio. Con la rechazada reforma constitucional, en este campo, se buscaba materializar una supuesta "nueva geometría del poder" donde no había ni podía haber autonomías, con la propuesta de creación de nuevas instancias territoriales, todas sometidas al poder Central, mediante las cuales el Poder Popular[31] supuestamente iba a desarrollar "formas de agregación comunitaria

31 En la *Exposición de Motivos del Proyecto de Reforma Constitucional* presentado por el Presidente de la República en agosto 2007, se lee que el Poder Popular "es la más alta expresión del pueblo para la toma de decisiones en todos sus ámbitos (político, económico, social, ambiental, organizativo, internacional y otros) para el ejercicio pleno de su soberanía. Es el poder constituyente en movimiento y acción permanente en la construcción de un modelo de sociedad colectivista de equidad y de justicia. Es el poder del pueblo organizado, en las más diversas y disímiles formas de participación, al cual está sometido el poder constituido. No se trata del poder del Estado, es el Estado sometido al poder popular. Es el pueblo organizado y organizando las instancias de poder que decide las pautas del orden y metabolismo social y no el pueblo

política territorial" que constituían formas de autogobierno, pero sin democracia representativa alguna, sino sólo como "expresión de democracia directa" (art. 16). Con ello se pretendía lograr la eliminación de los entes territoriales descentralizados políticamente, sin las cuales no puede haber efectivamente democracia participativa, y la creación en su lugar de Consejos del poder popular que no pasan de ser una simple manifestación de movilización controlada desde el Poder Central. Ello fue lo que efectivamente ocurrió con los Consejos Comunales creados por Ley en 2006[32], cuyos miembros no eran electos mediante sufragio sino designados por Asambleas de ciudadanos controladas por el propio Poder Ejecutivo Nacional. Ello era lo que con la rechazada reforma constitucional, se pretendía consolidar en el texto fundamental, al proponerse una "nueva geometría del poder" en la cual se sustituía a los Municipios, por las comunidades, como el "núcleo territorial básico e indivisible del Estado Socialista Venezolano", que debían agrupar a las comunas (socialistas)[33] como "células sociales del territorio", las cuales se debían agrupar en ciudades que eran las que se pretendía concebir como "la unidad política primaria de la organización territorial nacional". En la rechazada reforma constitucional se buscaba establecer en forma expresa que los integrantes de los diversos Consejos del Poder Popular no nacían "del sufragio ni de elección alguna, sino que nace de la condición de los grupos humanos organizados como base de la población".

Con ello, en definitiva, en nombre de una "democracia participativa y protagónica", lo que se buscaba era poner fin en Venezuela a la democracia representativa a nivel local, y con ello, de todo vestigio de autonomía política territorial que es la esencia de la descentralización.

Tercero, en relación con el artículo 62 de la Constitución que consagra el derecho de los ciudadanos "de participar libremente en los asuntos públicos," con la reforma constitucional se buscaba agregar a los mecanismos de participación enumerados en el artículo 70, a los Consejos del Poder Popular, con los cuales aquella perdía su carácter libre pues se buscaba que quedaran reducidos al único propósito de "la construcción del socialismo", de manera que quien no quisiera construir socialismo alguno, hubiera quedado excluido del derecho a la participación política, que sólo estaba destinado a

sometido a los partido políticos, a los grupos de intereses económicos o a una particularidad determinada", *cit.,* p. 11.

32 Véase los comentarios sobre ello en Allan R. Brewer-Carías, "Introducción General al Régimen del Poder Público Municipal," en, *Ley Orgánica del Poder Público Municipa*l, Editorial Jurídica Venezolana, Caracas 2007, pp. 75 y ss.

33 En la *Exposición de Motivos* del Proyecto de Reforma Constitucional presentado por el Presidente de la República en agosto 2007, a las comunas se las califica como "comunas socialistas", y se la define como "Es un conglomerado social de varias comunidades que poseen una memoria histórica compartida, usos, costumbres y rasgos culturales que los identifican, con intereses comunes, agrupadas entre sí con fines político-administrativos, que persiguen un modelo de sociedad colectiva de equidad y de justicia", *cit.,* p. 12.

desarrollar los valores de "la solidaridad socialista" y no era libre como indica el artículo 62.

IV. LA ELIMINACIÓN DEFINITIVA DE LA DEMOCRACIA REPRESENTATIVA Y EL SECUESTRO DE LA PARTICIPACIÓN A NIVEL LOCAL CON EL RÉGIMEN DEL ESTADO COMUNAL Y DE LOS CONSEJOS COMUNALES

Como se dijo, la propuesta presidencial de reforma constitucional de 2007 fue rechazada por el pueblo en el referendo de diciembre de ese mismo año, en votación mayoritaria, cuyos resultados finales, sin embargo, nunca fueron dados oficialmente por el Consejo Nacional Electoral. No es difícil imaginar la razón de esta abstención.

En 2009, sin embargo, se reformó la Ley relativa a los Consejos Comunales de 2009, con la cual ahora con un carácter orgánico,[34] se trató de nuevo de implementar algunos de los postulados esenciales de la rechazada reforma constitucional.

En efecto, la Ley Orgánica de 2009 tiene por objeto regular la constitución, conformación, organización y funcionamiento de los consejos comunales "como una instancia de participación para el ejercicio directo de la soberanía popular" (art. 1); definiéndoselos supuestamente "en el marco constitucional de la democracia participativa y protagónica," como "instancias de participación, articulación e integración entre los ciudadanos, ciudadanas y las diversas organizaciones comunitarias, movimientos sociales y populares, que permiten al pueblo organizado ejercer el gobierno comunitario y la gestión directa de las políticas públicas y proyectos orientados a responder a las necesidades, potencialidades y aspiraciones de las comunidades, en la *construcción del nuevo modelo de sociedad socialista* de igualdad, equidad y justicia social (art. 2). Sobre este aspecto insiste el artículo 3, al prescribir que la organización, funcionamiento y acción de los consejos comunales se rige por los principios y valores de "participación, corresponsabilidad, democracia, identidad nacional, libre debate de las ideas, celeridad, coordinación, cooperación, solidaridad, transparencia, rendición de cuentas, honestidad, bien común, humanismo, territorialidad, colectivismo, eficacia, eficiencia, ética, responsabilidad social, control social, libertad, equidad, justicia, trabajo voluntario, igualdad social y de género, *con el fin de establecer la base sociopolítica del socialismo* que consolide un nuevo modelo político, social, cultural y económico."

De estas normas resulta, por tanto, que lo que se quiso establecer en la Ley Orgánica fue un medio de participación política "para el ejercicio directo de la soberanía popular," en el "marco constitucional de la democracia

34 Véase en *Gaceta Oficial* N° 39.335 de 28-12-2009. Véase Claudia Nikken, "La Ley Orgánica de los Consejos Comunales y el derecho a la participación ciudadana en los asuntos públicos," en Allan R. Brewer-Carías et al., *Leyes Orgánicas del Poder Popular*, Editorial Jurídica Venezolana, Caracas 2011, pp. 183 ss.

participativa y protagónica," como "instancias de participación, articulación e integración entre los ciudadanos," para "ejercer el gobierno comunitario." Ello, sin duda, corresponde a los ciudadanos, y es distinto a los medios de participación vecinal o comunitaria que no son reservados a los ciudadanos. La Ley Orgánica, por tanto, en forma evidentemente incorrecta e inconstitucional mezcló dos derechos de las personas a la participación: la participación ciudadana con la participación individual o comunitaria.

Esta Ley Orgánica de los Consejos Comunales de 2009, por otra parte, se completó en diciembre de 2010, con un conjunto de leyes orgánicas, todas sancionadas al margen de la Constitución, que han organizado un Estado paralelo al Estado Constitucional, denominado "del Poder Popular" o "Estado Comunal," y que tiene a las Comunas y a los Consejos Comunales como sus pilares fundamentales de su funcionamiento.[35] Dichas leyes orgánicas de diciembre de 2010 fueron las Leyes Orgánicas del Poder Popular, de las Comunas, del Sistema Económico Comunal, de Planificación Pública y Comunal y de Contraloría Social.[36] Además, en el mismo marco de estructuración del Estado Comunal montado sobre el Poder Popular antes se había sancionado la Ley Orgánica del Consejo Federal de Gobierno,[37] y luego se reformó de la Ley Orgánica del Poder Público Municipal,[38] y de las Leyes de los Consejos Estadales de Planificación y Coordinación de Políticas Públicas, y de los Consejos Locales de Planificación Pública.[39]

Mediante estas leyes se ha pretendido, en efecto, desarrollar el derecho a la participación política en forma *directa* que regula la Constitución de 1999, que está concebido, primero, como un derecho *político* (distinto a los civiles, sociales, educativos, culturales, ambientales, etc.), el cual, por tanto corresponde sólo a los *ciudadanos*, es decir, a los venezolanos que no estén sujetos a inhabilitación política ni a interdicción civil y conforme a la edad que se determine en la ley (art. 30); segundo, se lo concibe como un derecho político que tiene que poder ejercerse *libremente*, es decir, sin limitaciones o condicionamientos algunos salvo los que puedan derivarse "del derecho de las demás y del orden público y social" (art. 20), razón por la cual no pueden estar encasillados en una ideología única compulsiva como el socialismo; tercero, se lo concibe como tal derecho político que debe ejercerse en el marco de la organización descentralizada del Poder Público (Nacional, Estadal y Municipal) que responde a su distribución en el territorio conforme a la forma federal del Estado (arts. 4 y 136); y cuarto, se lo concibe como un derecho político que por su naturaleza (la necesidad de que el Poder esté cerca del ciudadano), ha de ejercerse particularmente en la unidad política

35 Véase sobre ese conjunto de leyes, Allan R. Brewer-Carías et al., *Leyes Orgánicas del Poder Popular*, Editorial Jurídica Venezolana, Caracas 2011.

36 Véanse en *Gaceta Oficial* N° 6.011 Extra. de 21-12-2010.

37 Véase en *Gaceta Oficial* N° 5.963 Extra. de 22-02-2010

38 Véase en *Gaceta Oficial* N° 6.015 Extra. de 28-12-2010

39 Véanse en *Gaceta Oficial* N° 6.017 Extra. de 30-12-2010

primaria y autónoma de la organización nacional que conforme a la Constitución es el Municipio, concebido como una entidad política con gobierno propio electo mediante sufragio universal directo y secreto (democracia representativa). Es en las actuaciones de esta unidad política, conforme al artículo 168 de la Constitución, que fundamentalmente se debe incorporar "la participación ciudadana al proceso de definición y ejecución de la gestión pública y al control y evaluación de sus resultados, en forma efectiva, suficiente y oportuna."

Es contrario a la Constitución, por tanto, que el derecho político a la participación se extienda a quienes no son ciudadanos, como son los extranjeros o los menores; que se lo conciba en forma restringida, es decir, sin poder ejercerse libremente, al reducírselo en su ejercicio sólo para la ejecución de una orientación política exclusionista como es el socialismo, eliminando cualquier otra; que su ejercicio se organice en forma centralizada, sometido a la sola conducción por parte del Poder Nacional y en particular del Ejecutivo Nacional, excluyéndose de su ámbito a los Estados y Municipios; y en particular, que se excluya a este último (el Municipio) como unidad política primaria que es en la organización nacional, del ámbito de su ejercicio, desmunicipalizándoselo, al concebirse otra entidad no autónoma políticamente para materializarlo como es el caso de los Concejos Comunales creados sin autonomía política y fuera del gobierno local.

En otras palabras, sólo mediante una reforma constitucional del artículo 30 de la Constitución es que podría extenderse la ciudadanía a los extranjeros, a los efectos de que puedan ejercer el derecho político a la participación; sólo mediante una reforma constitucional del artículo 62 de la Constitución es que podría eliminarse el carácter libre del ejercicio del derecho a la participación ciudadana y restringírselo sólo para la consecución del socialismo; sólo mediante una reforma constitucional de los artículos 4 y 136 de la Constitución, es que se podría eliminar la forma descentralizada del ejercicio de la participación ciudadana en el sistema de distribución vertical del Poder Público, y concebir su ejercicio sólo sometido a la sola conducción por parte del Poder Nacional y, en particular, del Ejecutivo Nacional; y sólo mediante una reforma constitucional del artículo 168 de la Constitución es que se podría excluir al Municipio del ámbito de ejercicio del derecho político a la participación ciudadana, desmunicipalizándoselo, y concebirse una unidad primaria no autónoma políticamente, como los Concejos Comunales creados sin autonomía política y fuera del gobierno local, para canalizar su ejercicio.

Y esto es precisamente lo que se ha establecido en las Leyes Orgánicas del Poder Popular, de los Consejos Comunales y de las Comunas, al regularse el régimen del derecho a la participación ciudadana, y crearse a dichos Concejos Comunales, como "una instancia de participación para el ejercicio directo de la soberanía popular" (art. 1) "en la construcción del nuevo modelo de sociedad socialista"(art. 2), "con el fin de establecer la base sociopolítica del socialismo que consolide un nuevo modelo político, social, cultural y económico" (art. 3); en una forma completamente distinta a la establecida en la Constitución, cuyo texto se viola abiertamente. Con estas Leyes Orgánicas, en realidad, y en forma completamente inconstitucional, lo que se ha pretendido es implementar las reformas constitucionales sobre el "Poder Popular" que se habían pretendido introducir con la Reforma Constitucional sancionada de 2007,[40] la cual, sin embargo, fue rechazada mayoritariamente por el pueblo.

En efecto, por ejemplo, en la Ley Orgánica de los Consejos Comunales se regula la participación vinculada necesariamente a "construcción del nuevo modelo de sociedad socialista" y "con el fin de establecer la base socio-política del socialismo," lo que es inconstitucional pues elimina el carácter libre de la participación política que garantiza el artículo 62 de la Constitución, siendo además contrario al derecho constitucional que todos tienen al "libre desenvolvimiento de su personalidad" (art. 20); niega el carácter plural del sistema político que garantizan los artículos 2 y 6 de la Constitución, al encasillar un instrumento de gobierno como es el de los Consejos Comunales, dentro de un marco ideológico único y ahora "oficial," como es el socialismo, de manera que las personas que no crean ideológicamente en esta doctrina o se opongan legítimamente a ella, quedarían excluidos de la posibilidad de participar en aquellos, lo que es contrario a la democracia; y establece un sistema discriminatorio, contrario al principio de igualdad establecido en el artículo 21 de la Constitución.[41]

Ahora bien, y teniendo en cuenta todas estas violaciones a la Constitución derivadas de tratar de "imponer" a las personas una ideología, al punto de cerrarle las puertas a la participación política a aquellos que no compartan

---

40 Véase Sobre dicha reforma Allan R. Brewer-Carías, *La Reforma Constitucional de 2007*, Editorial Jurídica Venezolana, Caracas 2007.

41 Sobre esto, contradiciendo lo que se ha previsto en el texto de la Ley Orgánica y en la práctica de los consejos comunales, Marta Harnecker, ha insistido en que "el poder popular no elimina el pluralismo político-ideológico" por lo que "no puede teñirse del color de un partido político, ni de una corriente religiosa; el poder popular debe ser de muchos colores, debe ser un arco iris y debe dar cabida a todas y todos los ciudadanos de Venezuela que deseen participar. Son las personas que habitan en una comunidad, centro de trabajo o estudio las que deben elegir democráticamente sus voceras y voceros y estos naturalmente representan diferentes posiciones políticas e ideológicas, dependiendo de la fuerza que esas posiciones tengan en sus respectivas comunidades." Véase Marta Harnecker, *De los Consejos Comunales a las Comunas. Construyendo el Socialismo del Siglo XXI*, 2 abril 2009, párrafo 268, en http://www.scribd.com/-doc/16299191/Harnecker-Marta-De-los-consejos-comunales-a-las-comunas-2009. En el mismo libro la autora ha advertido sobre la necesidad de "evitar la manipulación política" ya que "los consejos comunales deben ser arco iris", indicando que "Se ha insistido mucho en que es necesario evitar toda manipulación política o de otra índole en la conformación de los consejos comunales. No se trata de conformar los consejos comunales sólo con los partidarios de Chávez; estas instituciones comunitarias deben estar abiertas a todos los ciudadanos y ciudadanas, sean del color político que sean." *Idem*, Párrafo 185.

la misma, debe destacarse que el sistema de participación que regula la Ley Orgánica tiene su base fundamental territorial en la unidad social dispuesta para el funcionamiento de los Consejos Comunales, y que la Ley califica como la "Comunidad," la cual se concibe como el "núcleo espacial básico e indivisible constituido por personas y familias que habitan en un ámbito geográfico determinado, vinculadas por características e intereses comunes; comparten una historia, necesidades y potencialidades culturales, económicas, sociales, territoriales y de otra índole." Ese ámbito geográfico donde habitan las personas que conforman la comunidad es "el territorio que ocupan" y "cuyos límites geográficos se establecen o ratifican en Asamblea de Ciudadanos, de acuerdo con sus particularidades y considerando la base poblacional de la comunidad" (art. 4,1 y 2).

La base poblacional para la conformación de una Comunidad a los efectos de la constitución de los Consejos Comunales, es decir, el número de habitantes que debe existir en su ámbito geográfico y que mantiene la "indivisibilidad de la comunidad" y garantiza "el ejercicio del gobierno comunitario y la democracia protagónica," debe oscilar entre 150 y 400 familias en el ámbito urbano; y alrededor de 120 familias en el ámbito rural. En las comunidades indígenas el punto de referencia para la conformación de una Comunidad se estableció en 10 familias; (art. 4,3). Esta referencia poblacional, particularmente en el ámbito de las comunidades urbanas, es muy similar a la que se había establecido en la vieja Ley Orgánica de Régimen Municipal para la constitución de las Asociaciones de Vecinos, las cuales, en definitiva, han sido sustituidas por los Consejos Comunales.[42]

En la Ley Orgánica los Consejos Comunales, a los efectos del funcionamiento de los mismos, los integra con las siguientes organizaciones: por una parte, por la Asamblea de Ciudadanos del Consejo Comunal, y por la otra, por las Unidades Ejecutiva, Administrativa y Financiera Comunitaria; y de Contraloría Social (art 19). En cuanto a la Asamblea de Ciudadanos conforme a la Ley Orgánica de 2009, pasó ahora a ser parte integrante de cada Consejo Comunal, concebida como la máxima instancia de deliberación y decisión para el ejercicio del poder comunitario, la participación y el prota-

42 Con razón María Pilar García-Guadilla consideró las Asociaciones de Vecinos como los antecedentes de los Consejos Comunales. Véase en "La praxis de los consejos comunales en Venezuela: ¿Poder popular o instancia clientelar?," en *Revista Venezolana de Economía y Ciencias Sociales*, abr. 2008, Vol. 14, N° 1, p. 125-151. Véase en http://www.scielo.org.ve/scielo.php?pid=S13156411-200-8000100009&script=sci_arttext. Sin embargo, Marta Harnecker, al analizar algunos de los "problemas" relativos al funcionamiento de los consejos comunales, destaca el hecho de que "se han transformado en una asociación de vecinos más, porque se deja toda la responsabilidad en manos de los voceros y voceras y a veces sólo en alguno de ellos." Véase Marta Harnecker, *De los Consejos Comunales a las Comunas. Construyendo el Socialismo del Siglo XXI*, 2 abril 2009, párrafo 216, en http://www.scribd.com/doc/16299191/Harnecker-Marta-De-los-consejos-comunales-a-las-comunas-2009 .

gonismo popular (art. 20), cuyas decisiones "son de carácter vinculante" pero sólo "para el Consejo Comunal."(art. 20). De allí la importancia de estas Asambleas de ciudadanos y la obligación que el Legislador debió regularlas junto con los Consejos Comunales como real y verdaderamente "representativas" de la Comunidad, y asegurar que en ellas, efectivamente "participen" los habitantes de la misma.

Pero la Ley Orgánica, sin embargo, no garantizó nada de esto, pues en cuanto a la integración de las Asambleas de ciudadanos, conforme al artículo 21 de la Ley Orgánica, las mismas están constituida por "los habitantes de la comunidad mayores de quince años, conforme a las disposiciones de la presente Ley" (art. 21), lo que, como se ha dicho, es una contradicción *in terminis* y además, inconstitucional, pues los extranjeros o menores de 18 años no son ciudadanos. En la Ley, las decisiones de tales Asambleas de Ciudadanos, se adoptan por mayoría simple de los asistentes, siempre que concurran a la Asamblea en primera convocatoria, un quórum mínimo del 30% de los habitantes miembros de la Comunidad y del 20% mínimo de los mismos en segunda convocatoria (art. 22). La Ley, por tanto, no garantiza efectiva la representatividad de la Comunidad en la Asamblea, al permitir que un órgano con los poderes decisorios que tiene, por ejemplo, de una Comunidad de 400 familias, que implica un universo de aproximadamente 1600 personas, se pueda constituir con solo la presencia de 320 personas, y pueda tomar decisiones con el voto de sólo 161 personas; es decir, en definitiva, con el voto del 10% de los habitantes de la Comunidad. Estas previsiones, por otra parte, en lugar de estimular la participación, lo que fomentan es la ausencia de participación, pues si las decisiones se pueden adoptar en esa forma, los habitantes no tendrán interés o posibilidad en participar.[43]

Por otra parte, es a la Asamblea de ciudadanos a la que corresponde elegir y revocar a los voceros del Consejo Comunal "a través de un proceso de elección popular comunitaria (art. 23,3); designar a los voceros del Consejo Comunal para las distintas instancias de participación popular y de gestión de políticas públicas (art. 23,10); elegir y revocar los integrantes de la comisión electoral (art. 23,4); evaluar la gestión de cada una de las unidades que conforman el Consejo Comunal (art. 23,8); y designar a los y las miembros de la comisión de contratación, conforme a la Ley de Contrataciones Públicas (art.

43 Esto lo ha advertido Marta Harnecker, al destacar que "uno de los problemas que ha habido cuando se han conformado los consejos comunales, es que las asambleas de ciudadanas y ciudadanos no han logrado, en muchos casos, convocar a todas las personas que debían convocar. En algunos casos esto se debe a la apatía de la gente, en otros se debe a los defectos de la convocatoria. Muchas veces hay sectores de esa comunidad, especialmente los sectores más alejados que nunca han llegado a enterarse de que existe una asamblea, nunca fueron citados" Véase Marta Harnecker, *De los Consejos Comunales a las Comunas. Construyendo el Socialismo del Siglo XXI*, 2 abril 2009, párrafo 190, en http://www.scribd.com/doc/16299191/Harnecker-Marta-De-los-consejos-comunales-a-las-comunas-2009.

23,12). Con esto, por supuesto, se eliminó toda idea de democracia representativa mediante personas electas por sufragio universal directo y secreto.

En efecto, conforme al artículo 4,6 de la Ley, los voceros de las Unidades de los Consejos Comunales son las personas electas mediante "proceso de elección popular," a fin de coordinar el funcionamiento del Consejo Comunal, y la "instrumentación de las decisiones de la Asamblea de Ciudadanos." Conforme a las atribuciones que les asigna la Ley, estos voceros de los Consejos Comunales, son los agentes a cuyo cargo está la conducción de las actividades de los mismos, y que en definitiva, "representan" a la Comunidad para el ejercicio de su derecho a participar. Sin embargo, precisamente porque en la práctica dichos voceros sean resultan realmente en "representantes"[44] de la Comunidad, conforme a la Constitución tendrían que ser electos como tales, mediante votación, no de un número reducido de personas-habitantes que puedan participen en una Asamblea de ciudadanos, que puede ser escuálida, sino de todos los ciudadanos habitantes que forman la Comunidad y que deben estar inscritos en el registro electoral que debe llevar la Comisión Electoral Permanente. Y dicha elección, en todo caso, tendría que realizarse conforme lo exige el artículo 63 de la Constitución mediante votaciones libres, universales, directas y secretas en las cuales se garantice el principio de la personalización del sufragio y la representación proporcional. En contraste con esta previsión constitucional, sin embargo, la supuesta "elección popular" que se establece en la Ley Orgánica de 2009 no es directa ni secreta, ya que incluso podría hacerse "a mano alzada,"[45] y en cuanto a la elección de los voceros de las unidades Ejecutiva, Administrativa y Financiera Comunitaria y de Contraloría Social, la hace la Asamblea de ciudadanos necesariamente "de manera uninominal" lo que implica que "en ningún caso, se efectuará por plancha o lista electoral" (art. 11), lo que no se ajusta a la previsión constitucional.

Por otra parte, a los efectos de la elección de los voceros, el artículo 11 de la Ley Orgánica establece el derecho de los "ciudadanos" de manera individual o colectiva a participar y postular los candidatos a voceros a las uni-

---

44 A pesar de que en la página web del "Ministerio del Poder Popular para la Participación y Protección Social" se afirmaba que el vocero, a pesar de ser la persona "electa por la asamblea de ciudadanos y ciudadanas para cumplir con los *mandatos* de la comunidad," sin embargo "no es un o una representante a quien le hemos entregado nuestro poder para que decida por nosotros." Véase el anuncio sobre "Consejos Comunales. Base del Poder Popular. ¡Construir el Poder desde Abajo!," en http://gp.cnti.ve/site/minpa-des.gob.ve/view/Consejos%20Comunales.php

45 Así se informaba por el "Ministerio del Poder Popular para la Participación y Protección Social" en su página web al indicar dentro de las tareas del "equipo promotor" el "recoger ideas para definir con que sistema se va a votar: voto secreto o a mano alzada." Véase el anuncio sobre "Consejos Comunales. Base del Poder Popular. ¡Construir el Poder desde Abajo!," en http://gp.cnti.ve/site/minpades.gob.ve/view/Consejos%20Comunales.php

dades del Consejo Comunal. Este derecho de participar y postular, por tanto, contradictoriamente no se atribuye en la Ley Orgánica a los "habitantes" de la comunidad, que son los supuestos electores, sino sólo a los venezolanos ciudadanos. Pero en cambio, al regular la condición de vocero de las Unidades de los Concejos Comunales, la Ley Orgánica establece que pueden postularse para tales cargos (al igual que para los integrantes de la comisión electoral), los venezolanos o extranjeros residentes, mayores de 15 años, habitantes de la comunidad con al menos un año de residencia en la misma, salvo en los casos de comunidades recién constituidas (at. 15,1). Esto significa que sólo pueden postular a los voceros, quienes sean ciudadanos; pudiendo ser electos como voceros, los extranjeros residentes y, por tanto, no ciudadanos. Sólo en el caso de los voceros de las Unidades Administrativa y Financiera Comunitaria y de Contraloría Social se exige que sean mayores de 18 años, no pudiendo formar parte de la comisión electoral (art. 15, in fine).

Los cargos de voceros de los Concejos Comunales, por otra parte, son revocables por la Asamblea de Ciudadanos (art. 39), mediante decisión tomada por mayoría simple de los asistentes a la Asamblea de Ciudadanos, siempre que la misma cuente con un quórum del 20% de la población mayor de quince años de esa comunidad (art. 41).

A partir de la reforma de la Ley Orgánica de los Consejos Comunales de 2009ra parte, los mismos adquieren su personalidad jurídica mediante su registro ante el Ministerio del Poder Popular para las Comunas y Protección Social (art. 17), es decir, ante una unidad del Poder Ejecutivo Nacional, la cual tiene competencia para abstenerse a registrarlo cuando "tenga por objeto finalidades distintas a las previstas en la presente Ley" (art 18), es decir, por ejemplo, cuando sus voceros no estén comprometidos con la ideología socialista y quieran implantar el socialismo. Con ello la Ley Orgánica de 2009 ha completado el proceso de centralización de la conducción de la participación ciudadana, al haber sustituido a las Comisiones Presidenciales del Poder Popular que establecía la Ley de 2006, como "órgano rector" del proceso, por uno de los Ministerios del Ejecutivo Nacional, en concreto, el "Ministerio del Poder Popular con competencia en materia de participación ciudadana," es decir, el Ministerio del Poder Popular para las Comunas y Protección Social[46] al cual le asigna las funciones de dictar las políticas, estratégicas, planes generales, programas y proyectos para la participación comunitaria en los asuntos públicos, el cual debe acompañar a los consejos comunales en el cumplimiento de sus fines y propósitos, y facilitar la articulación en las relaciones entre éstos y los órganos y entes del Poder Público (art. 56).

New York, enero 2012

---

46 Decreto de 17 de junio de 2009. Véase en *Gaceta Oficial* N° 39.202 de 17-06-2009.

SÉPTIMA PARTE

PARTICIPACIÓN Y REPRESENTACIÓN DEMOCRÁTICA EN EL GOBIERNO MUNICIPAL (Cádiz, 2012)*

I. LA DEMOCRACIA Y LA REPRESENTACIÓN

La democracia, como un sistema político, bien es sabido que no se agota en la elección de los gobernantes. Demasiados ejemplos contemporáneos tenemos en el Continente Americano de gobernantes elegidos por voluntad popular, que han desarrollado gobiernos autoritarios, anti-democráticos, y quienes, afianzados en el poder mediante elección, incluso con cierto apoyo popular, lo han utilizado para desmantelar los propios instrumentos e instituciones democráticas, y entre ellos el Municipio. Además, han utilizado el poder para ahogar las mismas ansias de participación de quienes los llevaron al poder oyendo cantos de sirena autoritarios basados, precisamente, en la crítica a la democracia representativa y en la promesa de una "democracia participativa" fuera del Municipio, y que además, sustituiría a la democracia representativa.

La experiencia de Venezuela en la última década, en este aspecto, ha sido demasiado patética. Desde 1998, en el país, sin duda, han existido gobiernos electos con supuesto apoyo popular pero con el voto de una minoría impresionante en relación con el universo de votantes, en gran parte por la enorme abstención electoral causada por el cansancio electorero que nos legó el régimen tradicional de partidos, y que provocó la renuncia colectiva a participar políticamente mediante los solos instrumentos del voto.[1]

---

* Texto de la Ponencia elaborada para el *XXIX Congreso Iberoamericano de Municipios, organizado por la Organización Iberoamericana de Cooperación Intermunicipal (OICI), y el Ayuntamiento de Cádiz*, celebrado en Cádiz, entre el 28 y el 31 de mayo de 2012.

1 Sobre la crisis del sistema de partidos en la década de los noventa véase Allan R. Brewer-Carías, "Venezuela: Historia y crisis política" en *Derecho y Sociedad. Revista de Estudiantes de Derecho de la Universidad Monteávila*, N° 3,

Los gobiernos electos a nivel nacional, en todo caso, desde 1998, desde el poder y mediante sucesivas reelecciones, se han dedicado a destruir a la propia democracia representativa y directa, y además, a materialmente hacer desaparecer la posibilidad misma de participación popular, al desarticular el régimen municipal y pretender sustituirlo como unidad política primaria y autónoma, por unos cuerpos no representativos, de tipo asambleario, controlados desde el poder central. En Venezuela, en los doce años transcurridos desde la elección de la Asamblea Constituyente en 1999, lo que ha ocurrido es un proceso progresivo de desmantelamiento de las instituciones democráticas, particularmente las locales mediante su vaciamiento, realizado desde el poder central y mediante su ejercicio, guiado por representantes que sin embargo fueron electos. [2]

Todo ello confirma que la democracia no es sólo elección y contiendas electorales, siendo más bien un sistema de interrelación y alianza global entre los gobernados que eligen, y los gobernantes electos, que tiene que estar dispuesta a garantizar, por una parte, primero, sí, que los representantes sean elegidos por el pueblo, y que puedan gobernar representándolo en todos los niveles de gobierno; segundo, que el ciudadano además, pueda tener efectiva participación política no limitada a la elección, sino que se pueda manifestar también en la votación para la expresión de la opinión del ciudadano en consultas populares mediante referendos, en asambleas de ciudadanos, o en comités de gestión pública, o directamente en sus autoridades locales municipales; tercero, por sobre todo, la primacía que debe tener el ser

---

Caracas, Abril 2002, pp. 217-244; "Reflexiones sobre la crisis del sistema político, sus salidas democráticas y la convocatoria a una Constituyente", en Allan R. Brewer-Carías (Coord.), *Los Candidatos Presidenciales ante la Academia. Ciclo de Exposiciones 10-18 Agosto 1998*, Serie Eventos N° 12, Biblioteca de la Academia de Ciencias Políticas y Sociales, Caracas 1998, pp. 9-66; "La crisis de las instituciones: Responsables y salidas", en *Revista del Centro de Estudios Superiores de las Fuerzas Armadas de Cooperación*, N° 11, Caracas 1985, pp. 57-83.

2 Véase Allan R. Brewer-Carías, *Dismantling Democracy. The Chávez Authoritarian Experiment*, Cambridge University Press, New York, 2010; "La demolición del Estado de derecho y la destrucción de la democracia en Venezuela," en *Revista Trimestral de Direito Público* (RTDP), N° 54, Instituto Paulista de Direito Administrativo (IDAP), Malheiros Editores, Sao Paulo, 2011, pp. 5-34; "La demolición del Estado de derecho y la destrucción de la democracia en Venezuela (1999-2009)," en José Reynoso Núñez y Herminio Sánchez de la Barquera y Arroyo (Coordinadores), *La democracia en su contexto. Estudios en homenaje a Dieter Nohlen en su septuagésimo aniversario*, Instituto de Investigaciones Jurídicas, Universidad Nacional Autónoma de México, México 2009, pp. 477-517; "Constitution Making in Defraudation of the Constitution and Authoritarian Government in Defraudation of Democracy. The Recent Venezuelan Experience," en *Lateinamerika Analysen*, 19, 1/2008, GIGA, German Institute of Global and Area Studies, Institute of latin American Studies, Hamburg 2008, pp. 119-142.

humano, y con él, su dignidad y sus derechos; cuarto que el ejercicio del poder estará sometido a control efectivo, de manera que los gobernantes y gestores públicos rindan cuenta de su gestión y pueda hacérselos responsables; y quinto, como condición para todas esas garantías, que la organización del Estado esté realmente estructurada conforme a un sistema de separación de poderes, con la esencial garantía de la independencia y autonomía del poder judicial.[3]

La Carta Democrática Interamericana de septiembre de 2001, en este sentido fue absolutamente precisa al enumerar dentro de los elementos esenciales de la democracia 2001: el respeto a los derechos humanos y las libertades fundamentales; el acceso al poder y su ejercicio con sujeción al Estado de derecho; la celebración de elecciones periódicas, libres, justas y basadas en el sufragio universal y secreto, como expresión de la soberanía del pueblo; el régimen plural de partidos y organizaciones políticas y la separación e independencia de los poderes públicos (art. 3). Además, la Carta especificó que "La participación de la ciudadanía en las decisiones relativas a su propio desarrollo es un derecho y una responsabilidad" siendo "también una condición necesaria para el pleno y efectivo ejercicio de la democracia," en el sentido de que "promover y fomentar diversas formas de participación fortalece la democracia."

Sobre todos estos elementos, la Corte Interamericana de Derechos Humanos, en sentencia reciente dictada en el caso López Mendoza vs. Venezuela el de septiembre de 2011, ha decidido lo siguiente:

> "26. Los derechos políticos y su ejercicio propician el fortalecimiento de la democracia y el pluralismo político. Como lo ha dicho la Corte Interamericana, "[l]a democracia representativa es determinante en todo el sistema del que la Convención forma parte", y constituye "un 'principio' reafirmado por los Estados americanos en la Carta de la OEA, instrumento fundamental del Sistema Interamericano." En el Sistema Interamericano la relación entre derechos humanos, democracia representati-

3 Véase Allan R. Brewer-Carías, "Los problemas del control del poder y el autoritarismo en Venezuela", en Peter Häberle y Diego García Belaúnde (Coordinadores), *El control del poder. Homenaje a Diego Valadés*, Instituto de Investigaciones Jurídicas, Universidad Nacional Autónoma de México, Tomo I, México 2011, pp. 159-188; "Sobre los elementos de la democracia como régimen político: representación y control del poder," en *Revista Jurídica Digital* IUREced, Edición 01, Trimestre 1, 2010-2011, en http://www.megaupload.com/?d=ZN9Y2W1R; "Democracia: sus elementos y componentes esenciales y el control del poder", *Grandes temas para un observatorio electoral ciudadano*, Tomo I, *Democracia: retos y fundamentos*, (Compiladora Nuria González Martín), Instituto Electoral del Distrito Federal, México 2007, pp. 171-220; "Los problemas de la gobernabilidad democrática en Venezuela: el autoritarismo constitucional y la concentración y centralización del poder" en Diego Valadés (Coord.), *Gobernabilidad y constitucionalismo en América Latina,* Universidad Nacional Autónoma de México, México 2005, pp. 73-96.

va y los derechos políticos en particular, quedó plasmada en la Carta Democrática Interamericana. En este instrumento interamericano se estipuló que entre otros elementos esenciales de la democracia representativa se encuentran el acceso al poder y su ejercicio con sujeción al Estado de derecho así como la celebración de elecciones periódicas, libres, justas y basadas en el sufragio universal y secreto como expresión de la soberanía del pueblo."[4]

De lo anterior resulta, en todo caso, que en el derecho constitucional contemporáneo se pueda identificar claramente un derecho a la democracia con todos esos elementos esenciales que los Estados signatarios de dicha Carta están obligados a garantizar.[5] Sin embargo, llegar a esta conclusión no ha sido fácil. Los ciudadanos de nuestros países, de cara a nuestras democracias, han tenido que enfrentar y siguen enfrentando tremendas incomprensiones y distorsiones que tanto de buena como de mala fe derivan de un persistente discurso político que se solaza en la crítica de las muchas deficiencias que ha mostrado la práctica de la democracia representativa, la cual, efectivamente, en muchos países ha terminado por no representar a los diversos componentes de la población. La práctica de la democrática representativa, ciertamente, en muchos casos no ha logrado servir de instrumento para la efectiva construcción de sociedades donde el ciudadano logre sentirse realmente incluido, y participe efectivamente en el quehacer político que en muchas ocasiones ha quedado secuestrado por los partidos políticos.

Ello ha dado origen, entre otros factores, al clamor que tan seguidamente se oye en nuestros países latinoamericanos por la búsqueda y construcción de una "democracia participativa," la cual, la verdad sea dicha, en lo que ha desembocado en general es en el establecimiento de mecanismos de demo-

---

4 Corte Interamericana de Derechos Humanos, (FONDO, REPARACIONES Y COSTAS) 1 septiembre 2011, Voto concurrente Diego García Sayán, párr. 26. Véase en http://www.corteidh.or.cr/docs/ca-sos/articulos/seriec_233_esp1.pdf.

5 Véase Allan R. Brewer-Carías, *Sobre el derecho a la democracia*, véase Allan R. Brewer-Carías, "Prólogo sobre el derecho a la democracia y el control del poder", al libro de Asdrúbal Aguiar, *El derecho a la democracia. La democracia en el derecho y la jurisprudencia interamericanos. La libertad de expresión, piedra angular de la democracia*, Colección Estudios Jurídicos N° 87, Editorial Jurídica Venezolana, Caracas 2008, pp. 17-37; "Sobre las nuevas tendencias del derecho constitucional: del reconocimiento del derecho a la Constitución y del derecho a la democracia", en VNIVERSITAS, *Revista de Ciencias Jurídicas (Homenaje a Luis Carlos Galán Sarmiento)*, Pontificia Universidad Javeriana, facultad de Ciencias Jurídicas, N° 119, Bogotá 2009, pp. 93-111; "Algo sobre las nuevas tendencias del derecho constitucional: el reconocimiento del derecho a la constitución y del derecho a la democracia," en Sergio J. Cuarezma Terán y Rafael Luciano Pichardo (Directores), *Nuevas tendencias del derecho constitucional y el derecho procesal constitucional*, Instituto de Estudios e Investigación Jurídica (INEJ), Managua 2011, pp. 73-94.

cracia directa,[6] confundiéndose e identificándose la "participación" con el solo ejercicio "directo" de la democracia, lo que es un grave error, pues se participa políticamente, tanto eligiendo representantes, como votando en referendos, como participando en asambleas o participando en la gestión de los asuntos locales. Esa confusión, a veces vendida deliberadamente, ha hecho que muchos lleguen incluso ilusamente a preferir la democracia "directa" a la "democracia representativa" (indirecta); y otros muchos lo que hacen es confundir la movilización popular con la participación.

Todo ello ha conducido al establecimiento de un falso enfrentamiento entre la democracia representativa, a la cual se ataca despiadadamente, y la democracia participativa, por la cual se clama, a veces incluso planteando el tema como una falsa dicotomía que no puede existir. La democracia representativa es esencialmente participativa, es decir, es una de las formas de participación política por excelencia, de manera que es inconcebible no considerarla como un medio de participación. Por tanto, no hay oposición entre representación y participación, y lo que debe plantearse es que la forma cómo se asegura la elección y la presencia del ciudadano en la misma sea más participativa, es decir, que el votante se pueda sentir más incluido y más integrado. Por ello, no tiene sentido plantear que la democracia participativa pudiera llegar a sustituir a la democracia representativa.

Como se dijo, es una falsa dicotomía en la cual ciertamente y sin quererlo, muchos demócratas han caído inadvertidamente buscando de buena fe el perfeccionamiento de la democracia representativa, de manera de que para hacerla más participativa lo que han hecho es recurrir a introducir mecanismos de democracia directa. Y también hay que decirlo, es proponiendo esa falsa dicotomía, muchos falsos demócratas, queriéndolo y de mala fe, ocultando la faz y las fauces del autoritarismo, han pretendido sustituir la democracia representativa por una supuesta "democracia participativa" que no es otra cosa que un sistema de control de la sociedad entera por el poder político manejado por una oligarquía gubernamental que nadie ha electo, en fraude a la propia democracia, y vendiendo una "participación" que no es otra cosa que una movilización de los ciudadanos controlada por el poder de un partido oficial o por el gobierno autoritario.

Sobre estos temas es que quiero insistir en esta Ponencia para el XXIX Congreso Iberoamericano de Municipios que ha sido convocado por la Organización Iberoamericana de Cooperación Intermunicipal (OICI), bajo la siempre certera conducción de Enrique Orduña, a celebrarse en Cádiz (España) los días 28 a 31 de mayo de 2012, y en particular, en virtud de la invitación que se hizo a los participantes a reflexionar, entre otros aspectos, sobre los:

> "nuevos inconvenientes que perfilan en el panorama municipalista iberoamericano al tratar de sustituir la democracia representativa, por

6 Véase en general, Luis Aguiar de Luque, *Democracia directa y Estado Constitucional*, Editorial Revista de Derecho Privado, Edersa, Madrid 1977.

fórmulas supuestamente participativas de perfil más o menos asambleario, que a medio plazo, además de distorsionar el propio sistema democrático obtendrán resultados contrarios a propósitos supuestamente bien intencionados, al configurarse como monopolios de poder excluyentes de la auténtica participación y del control jurisdiccional de los Gobiernos Locales, propio de los sistemas populistas con tentaciones autoritarias. Ante estas veleidades la OICI, una vez más estará con los defensores de la democratización de las estructuras locales y del futuro del municipio." eral es en el establecimiento de mecanismos de democracia directa,[7]

Por ello, y para identificar bien el inconveniente que surge en el municipalismo contemporáneo por el asalto que se viene operando desde el poder central contra la institución municipal, utilizándose instancias asamblearias supuestamente de "democracia participativa" que han usurpado hasta el carácter del municipio como la "unidad política primaria dentro de la organización nacional" (art. 168, Constitución de Venezuela de 1999), resulta obligado hacer estas reflexiones sobre la democracia representativa y su significado político; sobre las exigencias de la participación ciudadana, en el sentido de que la democracia, sin dejar de ser representativa, debe asegurar la inclusión del ciudadano en el proceso político, lo cual sólo puede hacerse en el ámbito de instituciones de gobierno democrático local; y sobre la falsedad de los cantos de sirenas que se oyen con la persistente difusión de la llamada "democracia participativa" para acabar con la democracia representación.

Y por supuesto, teniendo en cuenta que en muchos casos, al plantear las reformas que se quieren de la democracia y del régimen local, no se ha logrado realmente identificar lo que es necesario implementar para hacer de la democracia representativa el instrumento de inclusión política que pueda asegurar la participación ciudadana; y que en medio de la confusión que genera la promoción de la idea de que la participación pueda llegar a sustituir la representativa, contradictoriamente se busque eliminar el único instrumento político que puede permitir la participación ciudadana que es la

---

7 Sobre esos temas, ya he insistido en las Ponencias que presenté al Primer Congreso Internacional de Derecho Electoral, sobre "La democracia representativa y la falacia de la llamada "democracia participativa," ponencia al *Congreso Iberoamericano de Derecho Electoral*, Universidad de Nuevo León, Monterrey, 27 de noviembre 2010. Véase en http://www.allanbrewercarias.com/Content/449725d9-f1cb-474b-8ab2-41efb849fea2/Content/I,%201,%-201019.%20-La%20democracia%20representativa%20%20y%20las%20falacias%20de%20la%20llamada%20democracia%20paticipativa.%20Mexico%202010.do.pdf; y sobre "La necesaria revalorización de la democracia representativa ante los peligros del discurso autoritario sobre una supuesta "democracia participativa" sin representación," ponencia a; *II Congreso Iberoamericano de Derecho Electoral*, organizado por el Consejo de Estado y la organización IDEA, Bogotá, 31 agosto-1 septiembre 2011.

descentralización política, es decir, los gobiernos locales municipales que es donde se puede asegurar la inclusión política.

Este ha sido, precisamente, el lamentable destino de la reciente experiencia de la implantación de sistemas supuestamente participativos en paralelo a los mecanismos representativos, como ha sucedido en la Venezuela contemporánea, con la estructuración mediante leyes y sin reformar siquiera la Constitución, de un Estado paralelo al Estado Constitucional (Estado Democrático y Social de Derecho y de Justicia), denominado Estado del Poder Popular o Estado Comunal, mediante la sanción de un conjunto de leyes orgánicas en diciembre de 2010. [8] Desconocieron esas leyes que no hay ni puede haber participación sin descentralización, y descentralización política es establecer gobiernos electos, es decir, sobre la base de representación; y transferir competencias a los mismos. Descentralización no puede ser nunca la trasferencia de competencias a entes que no constituyen gobiernos locales, porque no tienen gobierno democrático representativo propio. [9]

En la experiencia venezolana de esta última década, en efecto, lo que hemos presenciado ha sido un discurso autoritario que al promover la llamada "democracia participativa," lo que ha venido buscando es excluir la representación a nivel local, ahogar lo que queda de municipalismo, y con ello, todo vestigio de descentralización política, pretendiendo que el sistema político funcione montado sobre instituciones de "democracia directa" como asambleas de ciudadanos y los consejos comunales a la usanza de los soviets de hace casi cien años.

Ello, en realidad, es imposible, y no puede asegurar una efectiva participación política del ciudadano en la conducción de los asuntos públicos, como sólo la descentralización y la municipalización podrían lograr. Para ello, incluso, entidades locales otrora descentralizadas como las Juntas parroquiales, fueron eliminadas como instancias representativas, transformándolas en entes consultivos conducidos por "juntas" nombradas por los Consejos Co-

---

8 Véase las Leyes Orgánicas del Poder Popular en *Gaceta Oficial* N° 6.011 Extra. de 21-12-2010; y en *Gaceta Oficial* N° 6.015 Extra. de 28-12-2010. Véanse los comentarios sobre dichas leyes en Allan R. Brewer-Carías et al., *Leyes Orgánicas del Poder Popular*, Editorial Jurídica Venezolana, Caracas 2011.

9 Por ello, la definición de descentralización que se dio en el reglamento de la Ley Orgánica del Consejo Federal de Gobierno, vaciándola de contenido político, es incorrecta. Allí se indica en forma distorsionada, que se trata de una "Política estratégica para la restitución plena del poder al Pueblo Soberano, mediante la transferencia paulatina de competencias y servicios desde las instituciones nacionales, regionales y locales hacia las comunidades organizadas y otras organizaciones de base del Poder Popular, dirigidas a fomentar la participación popular, alcanzar la democracia auténtica restituyendo las capacidades de gobierno al pueblo, instalando prácticas eficientes y eficaces en la distribución de los recursos financieros e impulsar el desarrollo complementario y equilibrado de las regiones del país" (art. 3). Véase en *Gaceta Oficial* N° 39.382 del 9 de marzo de 2010.

munales, que a su vez no se gobiernan por representantes electos mediante sufragio universal, directo y secreto. Esos consejos comunales y juntas parroquiales comunales, en realidad, es imposible que puedan permitir y asegurar una efectiva participación política del ciudadano en la conducción de los asuntos públicos, como sólo la descentralización y la municipalización podrían lograr. En realidad, en ese discurso autoritario de la democracia participativa, lo único que la misma ofrece es la posibilidad de movilización popular pero conducida, manejada y controlada desde el centro del poder, bajo el control de un Ministerio del Ejecutivo Nacional y mediante la intervención de un partido único, por lo que de "democracia" sólo tiene el nombre, el cual es hábilmente utilizado por quienes se aprovechan de los fracasos políticos de la democracia sólo representativa, reducida a asegurar la elección de gobernantes, que existió en otras épocas.

Esta "democracia participativa" que se promueve fervientemente desde las trincheras de un gobierno militarista y autoritario, en realidad, no es más que un engañoso slogan propagandístico, que oculta un feroz modelo de gobierno autoritario que creíamos superado en nuestro Continente, y que comienza ahora a aparecer envuelto en ropa militar de camuflaje, con pintas populares y de legalidad, con algún apoyo de masas empobrecidas que reciben dádivas, pero sin que se genere riqueza ni empleo. Se las hace creer que "participan" al distribuirse recursos financieros improductivos, y así, por ejemplo, hemos visto florecer un neo populismo rico o petrolero que está rampante en Venezuela, que reparte para lograr apoyos populares, pero sin lograr disminuir la pobreza, y más bien aumentarla y generalizarla, y por sobre todo, sin asegurar la democracia como forma de vida.

II. DESCENTRALIZACIÓN POLÍTICA Y PARTICIPACIÓN DMOCRÁTICA

Ahora bien, concebida la democracia conforme a los elementos esenciales definidos en la Carta Democrática Interamericana de 2001, antes mencionados, la misma Carta los complementa con la exigencia de unos componentes esenciales de la misma, todos vinculados al control del poder, que son la transparencia de las actividades gubernamentales, la probidad y la responsabilidad de los gobiernos en la gestión pública; el respeto de los derechos sociales y de la libertad de expresión y de prensa; la subordinación constitucional de todas las instituciones del Estado, incluyendo el componente militar, a la autoridad civil legalmente constituida, y el respeto al Estado de derecho por todas las entidades y sectores de la sociedad (Art. 4).

Por ello, la importancia que tiene respecto de la democracia el mencionado principio de la separación de poderes, del cual, en definitiva, dependen todos los otros elementos de la democracia. En efecto, sólo controlando al Poder es que puede haber elecciones libres y justas, así como efectiva representatividad; sólo controlando al poder es que puede haber pluralismo político; sólo controlando al Poder es que podría haber efectiva participación democrática en la gestión de los asuntos públicos; sólo controlando al Poder es que puede haber transparencia administrativa en el ejercicio del gobierno, así como rendición de cuentas por parte de los gobernantes; sólo controlando el Poder es que se puede asegurar un gobierno sometido a la Constitución y las leyes, es decir, un Estado de derecho y la garantía del principio de legalidad; sólo controlando el Poder es que puede haber un efectivo acceso a la justicia de manera que ésta pueda funcionar con efectiva autonomía e independencia; y en fin, sólo controlando al Poder es que puede haber real y efectiva garantía de respeto a los derechos humanos. De lo anterior resulta, por tanto, que sólo cuando existe un sistema de control efectivo del poder es que puede haber democracia, y sólo en esta es que los ciudadanos pueden encontrar asegurados sus derechos debidamente equilibrados con los poderes Públicos.

Por ello es que al inicio calificábamos a la democracia como una alianza destinada a asegurar el control del poder, lo que implica entre otros, tres derechos políticos claves que los ciudadanos tienen, y que son, además del derecho a la separación de poderes, el derecho a la distribución vertical o territorial del poder para asegurar la participación política; y el derecho al control judicial del ejercicio poder, para asegurar la vigencia de los derechos humanos y el sometimiento del Estado al derecho. Al contrario, demasiada concentración y centralización del poder, como ocurre en cualquier régimen autoritario por más velo democrático que lo cubra por su eventual origen electoral, inevitablemente conduce a la tiranía; y el mundo contemporáneo ha tenido demasiadas experiencias que ya han mostrado toda suerte de tiranos que precisamente usaron el voto popular para acceder al poder, y que luego, mediante su ejercicio incontrolado, desarrollaron gobiernos autoritarios, contrarios al pueblo, el cual fue movilizado al antojo de los gobernantes quienes acabaron con la propia democracia y con todos sus elementos, comenzando por el respeto a los derechos humanos.

Por ello, los gobiernos autoritarios no soportan la existencia de un sistema de descentralización política o de distribución vertical del poder público hacia entidades territoriales regionales y locales dotadas de autonomía política que estén efectivamente más cerca del ciudadano, que es lo único que puede garantizar la efectiva posibilidad de la participación política democrática en la toma de decisiones y en la gestión de los asuntos públicos. Es decir, y es bueno destacarlo siempre, porque se olvida cuando se habla de "democracia participativa," ésta simplemente es sólo posible cuando el poder está cerca del ciudadano, y estos lo ejercen democráticamente, lo que sólo se logra multiplicando autoridades locales dotadas de autonomía política.[10]

---

10 Véase, Allan R. Brewer-Carías, "El Municipio, la descentralización política y la democracia" en *XXV Congreso Iberoamericano de Municipios*, Guadalajara, Jalisco, México, 23 al 26 de octubre del 2001, México 2003, pp. 53-61; Reflexiones sobre el constitucionalismo en América, Editorial Jurídica Venezolana, Caracas 2001, pp. 105-125 y 127-141; "Democracia participativa, descentralización política y régimen municipal", en Miguel Alejandro López Olvera y Luis Gerardo Rodríguez Lozano (Coordinadores), *Tendencias actuales del derecho público en Iberoamérica*, Editorial Porrúa, México 2006, pp. 1-23; "Democracia participativa, descentralización política y régimen municipal", en *Ur-*

Por ello es que dijimos anteriormente, que participación no es posible sin descentralización, y descentralización no existe sin representación. Por ello, en este contexto, la participación política no es simple movilización popular ni se logra estableciendo mecanismos asamblearios de democracia directa controlados por el Poder Ejecutivo nacional a través de una burocracia ministerial gubernamental. La participación política es la cotidianeidad de la vida ciudadana, que en democracia sólo se asegura a nivel local, en unidades territoriales políticas y autónomas descentralizadas donde se practique el efectivamente el autogobierno mediante la elección de representantes por votación directa, universal y secreta, y no mediante 'voceros" designados a mano alzada, sin sufragio universal, directo y secreto, en asambleas de ciudadanos, donde además, participan "no ciudadanos," como los menores y los extranjeros.

En efecto, la participación política se regula en la Constitución de 1999, primero, como un derecho político (distinto a los civiles, sociales, educativos, culturales, ambientales, etc.), el cual, por tanto corresponde sólo a los ciudadanos, es decir, a los venezolanos que no estén sujetos a inhabilitación política ni a interdicción civil y conforme a la edad que se determine en la ley (art. 30); segundo, se la concibe como un derecho político que tiene que poder ejercerse libremente, es decir, sin limitaciones o condicionamientos algunos salvo los que puedan derivarse "del derecho de las demás y del orden público y social" (art. 20), razón por la cual no pueden estar encasillados en una ideología única compulsiva como el socialismo; tercero, se la concibe como tal derecho político que debe ejercerse en el marco de la organización descentralizada del Poder Público (Nacional, Estadal y Municipal) que responde a su distribución en el territorio conforme a la forma federal del Estado (arts. 4 y 136); y cuarto, se lo concibe como un derecho político que por su naturaleza (la necesidad de que el Poder esté cerca del ciudadano), ha de ejercerse particularmente en la unidad política primaria y autónoma de la organización nacional que conforme a la Constitución es el Municipio, concebido como una entidad política con gobierno propio electo mediante sufragio universal directo y secreto (democracia representativa). Es en las actuaciones de esta unidad política, conforme al artículo 168 de la Constitución, que fundamentalmente se debería incorporar "la participación ciudadana al proceso de definición y ejecución de la gestión pública y al control y evaluación de sus resultados, en forma efectiva, suficiente y oportuna."

---

bana, Revista editada por el Instituto de Urbanismo, Facultad de Arquitectura y Urbanismo, Universidad Central de Venezuela y por el Instituto de Investigaciones de la Facultad de Arquitectura y Diseño, Universidad del Zulia, Nº 36, 2005, pp. 33-48; "Democracia participativa, descentralización política y régimen municipal", en *La responsabilidad del Estado frente a terceros. Ponencias Continentales del II Congreso Iberoamericano de Derecho Administrativo y Público*, Asociación Iberoamericana de Profesionales en Derecho Público y Administrativo "Jesús González Pérez" Capítulo Ecuador, Ecuador 2005, pp. 273-294.

Por ello, entre otros factores, es que nunca ha habido autoritarismos descentralizados, y menos aún autoritarismos que hayan podido permitir el ejercicio efectivo del derecho a la participación política. Al contrario, en nombre de ésta, los gobiernos autoritarios lo que han impuesto es la exclusión política al hacer ver que se participa, pero concentrando el poder en unos pocos, excluyendo la representación. Por ello, insisto, es que los autoritarismos temen y rechazan tanto la descentralización política como la participación democrática, y en su lugar, lo que usualmente hacen es concebir parapetos políticos de control del poder a través de asambleas de ciudadanos controladas por el poder central o por un partido de gobierno, como los Consejos Comunales que se han venido creando en Venezuela,[11] configurados como instituciones de manejo centralizado, dispuestas para hacerle creer al ciudadano que participa, cuando lo que se hace es, si acaso, movilizarlo en forma totalmente controlada.

De todo lo anterior resulta, por tanto, que para pueda existir democracia como régimen político, no son suficientes las declaraciones contenidas en los textos constitucionales que hablen de derecho al sufragio y de participación ciudadana; ni siquiera de separación de poderes. Tampoco bastan las declaraciones constitucionales sobre "democracia participativa" o incluso sobre descentralización del Estado; ni las solas enumeraciones de los derechos humanos.

Además de todas esas declaraciones, en la organización territorial del Estado, lo que es necesario en la práctica política democrática, es que se pueda asegurar efectivamente, mediante gobiernos representativos locales, la posibilidad de controlar el poder. Solo así es que se puede hablar de democracia, la cual, por lo demás, además de implicar siempre la representación, es un sistema para la participación. Lo único es que esta última no puede quedar reducida a participar en elecciones o votaciones; pero tampoco puede quedar reducida a ser sólo asamblearia, refrendaria o de cabildos abiertos permanentes.

La exigencia de la participación en la democracia es, en realidad, hacer de la democracia un régimen de inclusión política, es decir, "participativa," donde el ciudadano sea efectivamente parte de su comunidad política, y pueda contribuir a toma de las decisiones que le conciernen; de manera que la

---

11 Ley de los Consejos Comunales en *Gaceta Oficial* N° 5.806 Extraordinaria de 10 de abril de 2006; reformada en 2009, *Gaceta Oficial* N° 39.335 de 28 de diciembre de 2009. Véase Allan R. Brewer-Carías, "El inicio de la desmunicipalización en Venezuela: La organización del Poder Popular para eliminar la descentralización, la democracia representativa y la participación a nivel local", en *AIDA, Opera Prima de Derecho Administrativo. Revista de la Asociación Internacional de Derecho Administrativo*, 49-67 (Universidad Nacional Autónoma de México, Facultad de Estudios Superiores de Acatlán, Coordinación de Postgrado, Instituto Internacional de Derecho Administrativo "Agustín Gordillo", Asociación Internacional de Derecho Administrativo, México, 2007; y *Ley de los Consejos Comunales*, Editorial Jurídica venezolana, Caracas 2009.

participación no quede reducida a votar en elecciones o en consultas populares. Por ello, la participación política para el ciudadano no es otra cosa que "ser parte de" o "estar incluido en" una comunidad política, en la cual el individuo tenga un rol específico de carácter activo conforme al cual contribuye a la toma de decisiones. Ello se materializa, por ejemplo, sin duda, en el ejercicio del derecho al sufragio o en votar en referendos o consultas populares, que son formas mínimas de participación; o en ser miembro de sociedades intermedias como los partidos políticos. Pero la participación no se agota allí, pues para estar incluido es necesario que el ciudadano pueda ser parte efectiva de su comunidad política; permitiéndosele desarrollar, incluso, la conciencia de su efectiva pertenencia a un determinado orden social y político, por ejemplo, a una comunidad; a un lugar; a una tierra; a un campo; a una comarca; a un pueblo; a una región; a una ciudad; en fin, a un Estado.[12] En ello, los Consejos Comunales, sin duda podrían tener un rol fundamental, pero siempre que sus miembros fueran efectivamente electos por la comunidad, y no designados por el poder central. En esta forma, antes que instrumentos para la descentralización, en realidad lo que son, en definitiva, es instrumentos para la centralización.

Es decir, la descentralización y la participación, sólo se logra mediante la distribución vertical del poder en los niveles regionales y locales de gobierno, producto de sufragio, es decir, de gobiernos representativos donde es que puede materializarse la participación política como democracia de inclusión, en los cuales el ciudadano pueda tomar parte personalmente en el proceso decisorio de los asuntos locales, que le interesan, interviniendo en actividades estatales y en función del interés general.[13]

Como se dijo, ello sólo puede tener lugar efectivamente en los estamentos territoriales más reducidos, en el nivel local, en la comunal o en el municipio. Es decir, sólo en los niveles político territoriales inferiores de la organización del Estado es que se puede montar una organización participativa que permita la incorporación del ciudadano individual, o en grupos o en comunidades, en la vida pública, y particularmente, en la toma de decisiones públicas generales o de orden administrativo. Pero esa organización, ante todo, tiene que ser democrática, propia del gobierno local, con representantes electos por el pueblo mediante sufragio universal, directo y secreto; y no con "voceros" nombrados a mano alzada por asambleas partisanas y excluyentes controladas por el Poder Central.[14]

---

12 Véase en general, Norberto Bobbio, *El futuro de la democracia*, Fondo de Cultura Económica, México 1992, p. 42.

13 Véase por ejemplo, en relación con la administración de justicia, Alberto González, "Participación en la Administración de Justicia" en Jorge Londoño U. (Compilador), *Constitucionalismo, participación y democracia*, Librería Jurídica Ethos, Uniboyacá, Bogotá-Tunja, 1997, pp. 76-77.

14 Como Jaime Castro lo destacó hace años, "La democracia moderna no se concibe sin audaces formas de participación ciudadana y comunitaria en el ejerci-

Pero por supuesto, para la concepción de ese "nuevo régimen político" que en realidad es tan antiguo como la democracia misma y como el municipio, el tema central que tiene que resolverse es determinar el nivel territorial que se requiere para que pueda haber participación como cotidianeidad democrática. Este es el verdadero punto medular en esta materia, que en América latina no se ha atacado efectivamente.

La opción en esta materia, tal como ocurre en todos los países con democracias consolidadas, donde no se oye, por cierto, clamor alguno por más "participación," pues es de todos los días, como es el caso, por ejemplo, en Francia, en Norteamérica, y todos los países europeos con democracias arraigadas, es que el municipio o el ente de gobierno local (con gobierno democrático representativo) esté desparramado en todos los rincones del territorio del Estado, emulando a la gran reforma decretada por la Asamblea nacional francesa en 1789: en cada villa, en cada pueblo y en cada caserío, situado bien cerca del ciudadano.

En esos países democratizados, donde impera la fragmentación municipal, como se dijo, no se plantea con tanta urgencia la necesidad de la participación ciudadana; y, en cambio en todos nuestros países latinoamericanos, donde al contrario hay muy pocos municipios para los enormes territorios que tienen y su importante población, es donde más se grita contra nuestras insuficiencias democráticas representativas clamándose a la vez por una democracia participativa. Por ello, por supuesto, para satisfacer las exigencias de la participación, la opción definitivamente no está ni puede estar situada en el extenso municipio urbano o rural, tan común en América Latina, cuyas autoridades, por ello, están ubicadas bien lejos del ciudadano, originado la secular frustración o déficit de participación que ha caracterizado

---

cio del poder a nivel local y regional. Sin la garantía de que todas y todos pueden y deben participar en la preparación de las decisiones que se piensen tomar sobre temas de interés general, en su adopción y ejecución, esto último mediante el control que realicen sobre la gestión de las autoridades y los particulares que ejerzan funciones públicas. Sólo esas formas democráticas de participación le cambian la cara a las instituciones y permiten hablar de un nuevo régimen político." Véase Jaime Castro, *La cuestión territorial*, Editorial Oveja Negra, Bogotá 2003, pp. 201-202. Por ello, cabría preguntarse ¿Por qué será entonces, que en un excelente libro *sobre Las democracias. Entre el Derecho Constitucional y la Política,* de los profesores Olivier Duhamel y Manuel José Cepeda Espinosa en sus más de 400 páginas donde los autores analizan los regímenes democráticos contemporáneos de Europa y América Latina, en la única página en la cual se habla y se usa la expresión de "democracia de participación" es en relación con el sistema suizo? Véase Olivier Duhamel y Manuel José Cepeda Espinosa, *Las Democracias. Entre el Derecho Constitucional y la Política*, TM Editores. Universidad de los Andes. Facultad de Derecho, Bogotá, 1997, p. 56. ¿Acaso el régimen constitucional de Suiza, entre otros factores por la superficie incluso del país, no es el paradigma del federalismo y del régimen local o cantonal?.

al gobierno local en nuestros países.[15] La realidad ha sido que en los 200 años que han transcurrido desde el inicio de la Independencia de América Latina, el panorama territorial de la distribución vertical del poder ha variado muy poco, careciendo nuestros países del nivel político territorial necesario para que la democracia pueda efectivamente ser participativa, que es el gobierno local o municipal en todo centro poblado o rural. Y nos empeñamos en buscar en otras partes soluciones, que la verdad, no encontraremos.

Y aquí volvemos a lo que afirmaba al inicio, sobre que la democracia participativa está indisolublemente ligada, no a la sola democracia directa, sino a la descentralización política y la municipalización, de manera que la misma no se puede materializar con solo propuestas de incorporación al régimen democrático, de instrumentos como los referendos o las consultas o las iniciativas populares, y mucho menos eliminando la representación.

En realidad, la participación política como cotidianeidad democrática o como parte de la democracia como forma de vida, sólo puede darse a nivel local. No hay otra instancia para ello en los Estados; lo demás es falacia y engaño, o mecanismos de democracia directa que son otra cosa, o instrumentos para el ejercicio del control de la ciudadanía desde el gobierno central. Por ello es que el tema de la "participación," precisamente, no tiene tanta notoriedad en los países europeos, donde la participación es de todos los días, en las pequeñas cosas urbanas y rurales que pueden tratarse en los tantos pequeños municipios urbanos y rurales que existen.

Por ello, sin temor a equivocarnos podemos afirmar que no puede haber participación política sin descentralización política territorial, es decir, sin que exista una multiplicidad de poderes municipales locales y regionales; sin ellos, en definitiva, no puede haber una democracia participativa. Lo que habría es centralismo, que es la base de la exclusión política al concentrar el poder en unos pocos electos, y a la vez, el motivo del desprestigio de la democracia representativa por más aditivos de democracia directa o refrendaria se le implante.

No hay otra forma de perfeccionar la democracia y hacerla más participativa y más representativa, que no sea acercando el Poder al ciudadano, lo que sólo puede llevarse a cabo descentralizando política y territorialmente el Poder del Estado y llevarlo hasta la más pequeña de las comunidades; es

---

15 Véase por ejemplo, Torsten Sagawe, "La situación de los pequeños municipios en Europa: con especial referencia a la República Federal de Alemania", en Luis Villar Borla et al, *Problemática de los pequeños Municipios en Colombia ¿Supresión o reforma?*, Universidad Externado de Colombia, Bogotá 2003, p. 40; Informe sobre el Gobierno Local, Ministerio para las Administraciones Públicas. Fundación Carles Pi i Sunyer d'Études Autonòmics y Locals, Madrid 1992, p. 27; Luciano Vandelli, *El Poder Local. Su origen en la Francia revolucionaria y su futuro en la Europa de las regiones*, Ministerio para las Administraciones Públicas, Madrid 1992, p. 28; Allan R. Brewer-Carías, *Reflexiones sobre el constitucionalismo en América*, Editorial Jurídica Venezolana, Caracas 2001, pp. 139 y ss.

decir, distribuyendo el Poder en el territorio nacional.[16] Por tanto, sólo municipalizando los territorios de nuestros países, podremos rescatar, más de doscientos años después, lo que fue la decisión terminante de la Asamblea Nacional Constituyente francesa antes referida, adoptada en aquél diciembre de 1789, y que hoy se traduciría en la frase de que toda comunidad rural, todo caserío, todo pueblo, todo barrio urbano, debería tener su autoridad local como comunidad política con gobierno electo mediante sufragio. Y ese, en definitiva, es el municipio, tal como se enunció, por ejemplo, en la Constitución de la Provincia del Chaco, de Argentina: "Todo centro de población constituye un municipio autónomo..."[17]

De allí la enorme revalorización que requiere en nuestros países el tema del pequeño municipio como parte del proceso de descentralización político-territorial, para asegurar no sólo la presencia del Estado en el territorio, sino para hacer posible la participación democrática, partiendo de la necesaria diversidad que deben tener las entidades locales; es decir, todo lo contrario al uniformismo organizacional. Por ello, por ejemplo, superado el autoritarismo en Venezuela, pues la democracia volverá, la estructura que pueda existir de los Consejos Comunales habrá que democratizarla, de manera que sean pequeños municipios, es decir, pequeñas autoridades locales como la unidad política primaria en la organización nacional como las concibe la Constitución.

En fin, lo que tenemos que tener claro, desde las trincheras del municipalismo y la democracia, es que no hay que temerle a la descentralización política, pues se trata de un fenómeno propio de las democracias, que por supuesto es temido por los autoritarismos. Por ello es que hemos dicho que no hay ni ha habido autocracias descentralizados, siendo los autoritarismos los que rechazan tanto la descentralización política como la participación democrática, incluyendo los autoritarismos que tradicionalmente nos han gobernado bajo el ropaje del "centralismo democrático," de cualquier cuño que sea, incluso de orden partidista.

El reto que tenemos los demócratas y municipalistas en el momento actual en América Latina, es que no nos dejemos engañar con los cantos de sirenas autoritarios que no se cansan de hablar de "democracia participativa," pero no para hacerla posible descentralizando el poder en el territorio, sino para acabar con la democracia representativa, imposibilitando a la vez

---

16 Véase en *XXV Congreso Iberoamericano de Municipios, Guadalajara, Jalisco, México del 23 al 26 de octubre de 2001*, Fundación Española de Municipios y Provincias, Madrid 2003, pp. 453 y ss.

17 Artículo 182. Citado por Augusto Hernández Barrera, "Objetivos inéditos de la categorización municipal" en Luis Villar Borda et al, *Problemática de los Pequeños Municipios en Colombia ¿Supresión o reforma?,* Universidad Externado de Colombia, Bogotá 2003, p. 108. Véase además, Augusto Hernández Becerra, *Ordenamiento y desarreglo territorial en Colombia*, Instituto de Estudios Constitucionales Carlos Restrepo Piedrahita, Bogotá 2001.

la participación. No nos confundamos los demócratas al intentar dar respuesta a las exigencias políticas crecientes de participación democrática, con el sólo establecimiento de paños calientes de carácter refrendario o de iniciativas o consultas populares, que no la agotan en absoluto. En fin, no le tengamos miedo a lo pequeño, que territorialmente hablando es precisamente la lugarización, el pequeño municipio rural y la subdivisión municipal suburbana, siempre que sea producto del ejercicio democrático representativo, con gobiernos locales electos mediante sufragio.

III. EL INICIO DEL ENGAÑO "PARTICIPATIVO" EN VENEZUELA EN 2006 CON LA CREACIÓN DE INSTANCIAS ASAMBLEARIAS NO REPRESENTATIVAS (CONSEJOS COMUNALES) AL MARGEN DE LOS MUNICIPIOS, VIOLANDO LA CONSTITUCIÓN

De lo anterior resulta, en contraste, que ha sido por las deficiencias de la democracia puramente representativa, con la cual la participación se había reducido a la votación para la elección de representantes, y a la inscripción en partidos políticos que había asumido el monopolio de la representatividad y de la propia participación política, que en América Latina desde hace unos lustros ha comenzado a surgir un persistente discurso a favor de la "democracia participativa," que fue recogido por el gobierno autoritario que se instaló en Venezuela a partir de 1998, pero no para efectivamente reforzar la democracia, sino para acabar con ella en su globalidad, mediante el establecimiento de un sistema denominado de "democracia participativa" montado en un esquema de Estado Comunal, que no es otra cosa que un sistema institucional para el centralismo, para hacerle creer a la población que participa en la toma de decisiones públicas, cuando en realidad lo que se hace es manipularla desde el poder central, acentuando su control en todos los ámbitos sociales.

Fue así, que en 2006 en Venezuela comenzó el proceso, mediante la institucionalización de un sistema de Consejos Comunales, [18] como instrumentos del gobierno autoritario para "regular" y "confinar" la participación ciudadana con un doble propósito: por una parte, para eliminar la democracia representativa; y por la otra, como antes se dijo, para desmunicipalizar su ámbito de ejercicio. Como antes se dijo, en la Constitución de 1999, el Municipio es la unidad política primaria dentro de la organización pública nacional (art. 168) que como parte del sistema constitucional de distribución vertical del Poder Público (art. 136), en el nivel territorial inferior, es la entidad política que debería estar llamada a hacer efectiva la participación ciudadana. Para ello, por supuesto, tendría que multiplicarse en el territorio, única forma de poder lograr como lo indicó el artículo 2° de la Ley Orgánica

18 Véase la Ley de los Consejos Comunales, *Gaceta Oficial* N° 5806 Extra. de 10 de abril de 2006.

del Poder Público Municipal de 2005[19] conforme a lo dispuesto en el artículo 168 de la Constitución, que el municipio pudiera efectivamente incorporar "la participación ciudadana de manera efectiva, suficiente y oportuna, en la definición y ejecución de la gestión pública y en el control y evaluación de sus resultados."

De ello, lo que resultaba necesario, y lo sigue siendo, era una gran reforma del régimen municipal para acercar el poder municipal al ciudadano, municipalizándose definitivamente todo el territorio, lo que la propia Ley Orgánica impidió. Sin embargo, en lugar de reformar dicha Ley Orgánica y establecer entidades municipales o del municipio más cerca de las comunidades, lo que optó fue por crear mediante la Ley de los Consejos Comunales de 2006, un sistema institucional centralizado en paralelo al régimen municipal e incluso ignorando su propia existencia, concibiéndose a la "comunidad" fuera del mismo municipio, organizada en Consejos Comunales, supuestamente "en el marco constitucional de la democracia participativa y protagónica," concebidos como "instancias de participación, articulación e integración entre las diversas organizaciones comunitarias, grupos sociales y los ciudadanos." Fue en estos Consejos Comunales que se comenzaron a establecer conforme a la Ley de 2006 sin relación alguna con los Municipios, donde entonces se ubicaron las Asambleas de Ciudadanos como la instancia primaria para el ejercicio del poder, la participación y el protagonismo popular, cuyas decisiones se concibieron como de carácter vinculante para el consejo comunal respectivo (art. 4,5).

Con esta Ley de los Consejos Comunales de 2006, además, supuestamente abogando por una "participación popular," pero en un esquema completamente antidemocrático por la ausencia de representatividad, se sustituyó la "representación" que origina el sufragio en entidades políticas como los municipios, por la organización de entidades denominadas del "Poder Popular" que no tienen origen representativo electoral, en las cuales se pretendió ubicar la participación ciudadana, pero sometida al control del vértice del poder central, sin que los titulares rindan cuentas al pueblo, como esquema establecido completamente paralelo al régimen municipal y desvinculado totalmente de la descentralización política o la distribución vertical del poder público que establece la Constitución, es decir, desvinculado de los Estados, Municipios y Parroquias.

Por ello, los Consejos Comunales se comenzaron a integrar conforme a un esquema estatal centralizado, que tuvo inicialmente en su cúspide a una Comisión Nacional Presidencial del Poder Popular designada y presidida por el Presidente de la República, la cual, a su vez, designaba en cada Estado a

---

19 Véase la Ley de Reforma Parcial de la Ley Orgánica del Poder Público Municipal, *Gaceta Oficial* N° 38.327 de 02-12-2005. Véanse los comentarios a esta Ley en el libro: *Ley Orgánica del Poder Público Municipal*, Editorial Jurídica Venezolana, Caracas 2007. La Ley fue reformada en 2010, *Gaceta Oficial* N° 6.015 Extra. de 28 de diciembre de 2010.

las Comisiones Regionales Presidenciales del Poder Popular, previa aprobación del Presidente de la República (art. 31); y designaba además, en cada municipio, las Comisiones Locales Presidencial del Poder Popular, también previa aprobación del Presidente de la República (art. 32); sin participación alguna de los Gobernadores de Estado ni de los Alcaldes municipales que son las autoridades democráticas por excelencia en el territorio. En la práctica, en todo caso, lo que se evidenció fue que no se logró desarrollar los Concejos Comunales conforme al discurso gubernamental y a las previsiones teóricas de la Ley, al punto de que se llegó a observar que "Mientras que los objetivos y el discurso presidencial hablan de empoderamiento, transformación y democratización, las praxis observadas apuntan hacia el clientelismo, la cooptación, la centralización y la exclusión por razones de polarización política."[20]

La Ley de 2006, además, en paralelo al Municipio que es constitucionalmente la unidad primaria para la participación, concibió a la Asamblea de Ciudadanos como la instancia primaria para el ejercicio del poder, la participación y el protagonismo popular, cuyas decisiones redispuso que eran de carácter vinculante para el Consejo Comunal respectivo (art. 4,5). Esta Asamblea de Ciudadanos se la reguló como "la máxima instancia de decisión del Consejo Comunal", integrada por los habitantes de la comunidad, mayores de 15 años. El legislador, quizás, lo que quiso fue regular las antiguas Asambleas de vecinos, pero las denominó erróneamente como Asambleas de ciudadanos, violando así la Constitución, que las concibe como una instancia para el ejercicio de derechos políticos que sólo pueden ejercer los ciudadanos. La Asamblea de Ciudadanos conforme al artículo 6 de la Ley de 2006, por otra parte, tenía entre sus atribuciones "elegir" a los "voceros" e integrantes de los órganos comunitarios, y revocarles el mandato, eliminando de esta instancia toda idea de representación y de sufragio universal, directo y secreto. Los Consejos Comunales creados en dicha ley de 2006, por otra parte, debían ser registrados ante la Comisión Presidencial del Poder Popular, con lo que se les revestía de personalidad jurídica;[21] inscripción

20 Véase en María Pilar García-Guadilla "La praxis de los consejos comunales en Venezuela: ¿Poder popular o instancia clientelar?," en *Revista Venezolana de Economía y Ciencias Sociales*, abr. 2008, Vol. 14, N° 1, p. 125-151. Véase en http://www.scielo.org.ve/scielo.php?pid=S1315-64112008000100009&script=sci_arttext.

21 Para 2007 se daba una cifra de entre 18.000 y 20.000 Consejos Comunales. Véase María Pilar García-Guadilla, "La praxis de los consejos comunales en Venezuela: ¿Poder popular o instancia clientelar?," en *Revista Venezolana de Economía y Ciencias Sociales*, abr. 2008, Vol. 14, N° 1, p. 125-151. Véase en http://www.scielo.org.ve/scielo.php?pid=S1315-64112008000100009&script=sci_arttext. Véase en general sobre el proceso de creación de consejos comunales de acuerdo con la Ley de 2006, en Steve Ellner, "Un modelo atractivo con fallas: los Consejos Comunales de Venezuela", en http://www.rebelion.org/-noticia.php?id=87637; y Miguel González Marregot, "La ley de los consejos comunales: un año después (y II)", Sábado, 21 de abril de 2007,

que, por tanto, dejaba en manos del Poder Ejecutivo nacional aceptar o no la existencia misma de dichos Consejos, controlándolos políticamente.[22]

Estas reformas que se comenzaron a implementar legalmente en 2006, fueron parte del proyecto de reforma constitucional que en 2007 el Presidente de la República presentó ante la Asamblea Nacional y con la cual se buscaba establecer un Estado Socialista, Centralizado, Policial y Militarista[23] montado sobre el denominado Poder Popular, en sustitución del Estado Constitucional de derecho regulado en la Constitución de 1999, en el cual jugaban importante papel, precisamente, los consejos comunales. Dicha reforma constitucional de 2007, sin embargo, luego de aprobada por la Asamblea Nacional,[24] fue sometido a referendo aprobatorio en diciembre de 2007, habiendo sido rechazado mayoritariamente por el pueblo. La orientación de la reforma la dio el propio Presidente de la República durante todo el año 2007, y en particular en su "Discurso de Presentación del Anteproyecto de reforma a la Constitución ante la Asamblea Nacional" en agosto de 2007,[25] en el cual señaló con toda claridad que el objetivo central de la misma era

---

en http://queremoselegir.org/la-ley-de-los-consejos-comunales-un-ano-despues-y-ii/.

22 Sobre esto Miguel González Marregot ha señalado que "El elemento central de las críticas a los consejos comunales es su dependencia y sujeción a una red de Comisiones Presidenciales del Poder Popular, designada "a dedo" desde del Poder Nacional. Sin embargo, las Comisiones Presidenciales del Poder Popular no existen por ahora, en el ámbito municipal. Y su creación no ha sido implementada aún; quizás por una mezcla de la incapacidad operativa oficial con una dosis de cálculo político. Las Comisiones Presidenciales del Poder Popular son una demostración de la visión centralista y concentradora de la gestión pública que va a suprimir las propias posibilidades de participación popular que brindarían los consejos comunales. Una deuda sensible, en este contexto, es la inoperancia del Servicio Autónomo Fondo Nacional de los Consejos Comunales, que estaría adscrito al Ministerio de Finanzas; y cuyo Reglamento Orgánico fue publicado en la *Gaceta Oficial* N° 34.196 de fecha 18 de Mayo de 2006; es decir, hace nueve meses. Por si fuera, poco la Ley de los Consejos Comunales, promulgada en Abril del año pasado, no ha sido aún reglamentada mediante un proceso de consulta pública." En "Consejos Comunales: ¿Para qué?," en *Venezuela Analítica*, Viernes, 9 de febrero de 2007, http://www.analitica.com/va/politica/opinion/7483372.asp

23 Véase Allan R. Brewer-Carías, *Hacia la consolidación de un Estado Socialista, Centralizado, Policial y Militarista, Comentarios sobre el sentido y alcance de las propuestas de reforma constitucional 2007*, Colección Textos Legislativos, N° 42, Editorial Jurídica Venezolana, Caracas 2007, 157 pp..

24 Véase Allan R. Brewer-Carías, *La Reforma Constitucional de 2007 (Comentarios al proyecto inconstitucionalmente sancionado por la Asamblea Nacional el 2 de noviembre de 2007),* Colección Textos Legislativos, N° 43, Editorial Jurídica Venezolana, Caracas 2007, 224 pp.

25 Véase Discurso de Orden pronunciado por el ciudadano Comandante Hugo Chávez Frías, Presidente Constitucional de la República Bolivariana de Vene-

"la construcción de la Venezuela bolivariana y socialista" [26]; es decir, como lo expresó, se trataba de una propuesta para sembrar "el socialismo en lo político y económico," [27] considerando que todos los que habían votado por su reelección en 2006 habían "votado por el socialismo" [28] lo que por supuesto no era cierto.

Por ello, el Anteproyecto de Reforma que sometió a la discusión de la Asamblea Nacional, era para "la construcción del Socialismo Bolivariano, el Socialismo venezolano, nuestro Socialismo, nuestro modelo socialista," [29] cuyo "núcleo básico e indivisible" era "la comunidad," "donde los ciudadanos y las ciudadanas comunes, tendrán el poder de construir su propia geografía y su propia historia." [30] Y todo ello bajo la premisa de que "sólo en el socialismo será posible la verdadera democracia."[31] pero por supuesto, una "democracia" sin representación que, como lo propuso el Presidente y fue sancionado por la Asamblea Nacional en la rechazada reforma del artículo 136 de la Constitución, "no nace del sufragio ni de elección alguna, sino que nace de la condición de los grupos humanos organizados como base de la población." Es decir, se buscaba establecer una "democracia" que no era democracia, pues en el mundo moderno no hay ni ha habido democracia sin

---

zuela en la conmemoración del Ducentésimo Segundo Aniversario del Juramento del Libertador Simón Bolívar en el Monte Sacro y el Tercer Aniversario del Referendo Aprobatorio de su mandato constitucional, Sesión especial del día Miércoles 15 de agosto de 2007, Asamblea Nacional, División de Servicio y Atención legislativa, Sección de Edición, Caracas 2007

26 *Idem*, p. 4

27 *Idem*, p. 33

28 *Idem*, p. 4. Lo que no era cierto. En todo caso, se pretendió imponer al 56% de los votantes que no votaron por la reelección del presidente, la voluntad expresada por sólo el 46% de los votantes inscritos en el Registro Electoral que votaron por la reelección del Presidente. Según las cifras oficiales del CNE, en las elecciones de 2006, de un universo de 15.784.777 votantes inscritos en el Registro Electoral, sólo 7.309.080 votaron por el Presidente

29 Véase Discurso... p. 34.

30 *Idem*, p. 32

31 *Idem*, p. 35. Estos conceptos se recogieron igualmente en la Exposición de Motivos para la Reforma Constitucional, Agosto 2007, donde se expresó la necesidad de "ruptura del modelo capitalista burgués" (p. 1), de desmontar la superestructura que le da soporte a la producción capitalista"(p. 2); de "dejar atrás la democracia representativa para consolidad la democracia participativa y protagónica"(p. 2); de "crear un enfoque socialista nuevo" (p. 2) y "construir la vía venezolana al socialismo"(p. 3); de producir "el reordenamiento socialista de la geopolítica de la Nación" (p. 8); de la "construcción de un modelo de sociedad colectivista" y "el Estado sometido al poder popular"(p. 11); de "extender la revolución para que Venezuela sea una República socialista, bolivariana", y para "construir la vía venezolana al socialismo; construir el socialismo venezolano como único camino a la redención de nuestro pueblo"(p. 19).

elección de representantes. Se buscaba además, establecer una doctrina política oficial de carácter socialista, que se denominaba además como "doctrina bolivariana," con lo cual se eliminaba toda posibilidad de pensamiento distinto al "oficial," abriéndose, por tanto, la posibilidad de criminalizar toda disidencia.

Por la otra, también se buscaba transformar el Estado en un Estado Centralizado, de poder concentrado bajo la ilusión del Poder Popular, lo que implicaba la eliminación definitiva de la forma federal del Estado, imposibilitando la participación política y degradando la democracia representativa; todo ello, mediante la supuesta organización de la población para la participación en los Consejos del Poder Popular, como los Comunales, que eran y son instituciones sin autonomía política alguna, cuyos miembros se pretendía declarar, en la propia Constitución, que no fueran electos.

En específico, la reforma constitucional propuesta en relación con el artículo 16 de la Constitución, buscaba crear las comunas y comunidades como "el núcleo territorial básico e indivisible del Estado Socialista Venezolano;" con el artículo 70, se definían los medios de participación y protagonismo del pueblo en ejercicio directo de su soberanía mediante todo tipo de consejos, "para la construcción del socialismo," haciéndose mención a las diversas asociaciones "constituidas para desarrollar los valores de la mutua cooperación y la solidaridad socialista;" con el artículo 158, se buscaba eliminar toda mención a la descentralización como política nacional, y definir como política nacional, "la participación protagónica del pueblo, restituyéndole el poder y creando las mejores condiciones para la construcción de una democracia socialista;" con el artículo 168 relativo al Municipio, se buscaba precisar la necesidad de incorporar "la participación ciudadana a través de los Consejos del Poder Popular y de los medios de producción socialista;" con el artículo 184, se buscaba orientar la descentralización de Estados y Municipios, vaciándolos de competencias, para permitir "la construcción de la economía socialista."

Segundo, en relación con el artículo 158 se buscaba eliminar toda referencia a la descentralización política siguiendo la orientación de la práctica política centralista de los últimos años, y centralizar completamente el Estado, eliminando toda idea de autonomía territorial y de democracia representativa a nivel local, es decir, de la unidad política primaria en el territorio. Con la rechazada reforma constitucional, en este campo, se buscaba materializar una supuesta "nueva geometría del poder" donde no había ni podía haber autonomías, con la propuesta de creación de nuevas instancias territoriales, todas sometidas al poder Central, mediante las cuales el Poder Popular[32] supuestamente iba a desarrollar "formas de agregación comunitaria

32 En la Exposición de Motivos del Proyecto de Reforma Constitucional presentado por el Presidente de la República en agosto 2007, se lee que el Poder Popular "es la más alta expresión del pueblo para la toma de decisiones en todos sus ámbitos (político, económico, social, ambiental, organizativo, internacional y otros) para el ejercicio pleno de su soberanía. Es el poder constituyente en mo-

política territorial" que constituían formas de autogobierno, pero sin democracia representativa alguna, sino sólo como "expresión de democracia directa" (art. 16). Con ello se pretendía lograr la eliminación de los entes territoriales descentralizados políticamente, sin las cuales no puede haber efectivamente democracia participativa, y la creación en su lugar de Consejos del poder popular que no pasan de ser una simple manifestación de movilización controlada desde el Poder Central.

Ello fue lo que efectivamente ocurrió con los Consejos Comunales creados por Ley en 2006,[33] cuyos miembros no eran electos mediante sufragio sino designados por Asambleas de ciudadanos controladas por el propio Poder Ejecutivo Nacional. Ello era lo que con la rechazada reforma constitucional, se pretendía consolidar en el texto fundamental, al proponerse la sustitución de los Municipios, por las comunidades, como el "núcleo territorial básico e indivisible del Estado Socialista Venezolano", que debían agrupar a las comunas (socialistas) [34] como "células sociales del territorio," las cuales se debían agrupar en ciudades que eran las que se pretendía concebir como "la unidad política primaria de la organización territorial nacional." En la rechazada reforma constitucional se buscaba además establecer en forma expresa que los integrantes de los diversos Consejos del Poder Popular no nacían "del sufragio ni de elección alguna, sino que nace de la condición de los grupos humanos organizados como base de la población."

Con ello, en definitiva, en nombre de una "democracia participativa y protagónica", lo que se buscaba era poner fin en Venezuela a la democracia representativa a nivel local, y con ello, de todo vestigio de autonomía política territorial que es la esencia de la descentralización.

Tercero, en relación con el artículo 62 de la Constitución que consagra el derecho de los ciudadanos "de participar libremente en los asuntos públi-

---

vimiento y acción permanente en la construcción de un modelo de sociedad colectivista de equidad y de justicia. Es el poder del pueblo organizado, en las más diversas y disímiles formas de participación, al cual está sometido el poder constituido. No se trata del poder del Estado, es el Estado sometido al poder popular. Es el pueblo organizado y organizando las instancias de poder que decide las pautas del orden y metabolismo social y no el pueblo sometido a los partido políticos, a los grupos de intereses económicos o a una particularidad determinada", *cit.*, p. 11

33 Véase los comentarios sobre ello en Allan R. Brewer-Carías, "Introducción General al Régimen del Poder Público Municipal," en, *Ley Orgánica del Poder Público Municipal*, Editorial Jurídica Venezolana, Caracas 2007, pp. 75 y ss.

34 En la Exposición de Motivos del Proyecto de Reforma Constitucional presentado por el Presidente de la República en agosto 2007, a las comunas se las califica como "comunas socialistas", y se la define como "Es un conglomerado social de varias comunidades que poseen una memoria histórica compartida, usos, costumbres y rasgos culturales que los identifican, con intereses comunes, agrupadas entre sí con fines político-administrativos, que persiguen un modelo de sociedad colectiva de equidad y de justicia", *cit.*, p. 12.

cos," con la reforma constitucional se buscaba agregar a los mecanismos de participación enumerados en el artículo 70, a los Consejos del Poder Popular, con los cuales aquella perdía su carácter libre pues se buscaba que quedaran reducidos al único propósito de "la construcción del socialismo," de manera que quien no quisiera construir socialismo alguno, hubiera quedado excluido del derecho a la participación política, que sólo estaba destinado a desarrollar los valores de "la solidaridad socialista" y no era libre como indica el artículo 62.

IV. LA ELIMINACIÓN DEFINITIVA DE LA DEMOCRACIA REPRESENTATIVA Y EL SECUESTRO DE LA PARTICIPACIÓN A NIVEL LOCAL CON EL ESTABLECIMIENTO, EN 2009-2010, DE UN "ESTADO COMUNAL" O DEL "PODER POPULAR" CREADO EN PARALELO AL ESTADO CONSTITUCIONAL

Como se dijo, la propuesta presidencial de reforma constitucional de 2007 fue rechazada por el pueblo en el referendo de diciembre de ese mismo año, en votación mayoritaria, cuyos resultados finales, sin embargo, nunca fueron dados oficialmente por el Consejo Nacional Electoral. No es difícil imaginar la razón de esta abstención, que por supuesto fue la abrumadora votación de rechazo.

En 2009, sin embargo, se reformó la Ley relativa a los Consejos Comunales de 2009, con la cual ahora con un carácter orgánico, [35] se comenzó con la implementación, por supuesto en forma inconstitucional, de algunos de los postulados esenciales de la rechazada reforma constitucional de 2007.

En efecto, la Ley Orgánica de 2009 tuvo por objeto regular la constitución, conformación, organización y funcionamiento de los consejos comunales "como una instancia de participación para el ejercicio directo de la soberanía popular" (art. 1); definiéndoselos supuestamente "en el marco constitucional de la democracia participativa y protagónica," como "instancias de participación, articulación e integración entre los ciudadanos, ciudadanas y las diversas organizaciones comunitarias, movimientos sociales y populares, que permiten al pueblo organizado ejercer el gobierno comunitario y la gestión directa de las políticas públicas y proyectos orientados a responder a las necesidades, potencialidades y aspiraciones de las comunidades, en la construcción del nuevo modelo de sociedad socialista de igualdad, equidad y justicia social (art. 2). Sobre este aspecto insistió la Ley Orgánica en su artículo 3, al prescribir que la organización, funcionamiento y acción de los consejos comunales se rige por los principios y valores de "participación, corresponsabilidad, democracia, identidad nacional, libre debate de las ideas,

---

35 Véase en *Gaceta Oficial* N° 39.335 de 28-12-2009. Véase Claudia Nikken, "La Ley Orgánica de los Consejos Comunales y el derecho a la participación ciudadana en los asuntos públicos," en Allan R. Brewer-Carías et al., *Leyes Orgánicas del Poder Popular*, Editorial Jurídica Venezolana, Caracas 2011, pp. 183 ss.

celeridad, coordinación, cooperación, solidaridad, transparencia, rendición de cuentas, honestidad, bien común, humanismo, territorialidad, colectivismo, eficacia, eficiencia, ética, responsabilidad social, control social, libertad, equidad, justicia, trabajo voluntario, igualdad social y de género, con el fin de establecer la base sociopolítica del socialismo que consolide un nuevo modelo político, social, cultural y económico."

De estas normas resulta, por tanto, que lo que se quiso establecer en la Ley Orgánica de 2009 fue un medio de participación política "para el ejercicio directo de la soberanía popular," en el "marco constitucional de la democracia participativa y protagónica," como "instancias de participación, articulación e integración entre los ciudadanos," para "ejercer el gobierno comunitario." Aparte de que ese supuesto "gobierno" comunitario no es representativo, violando el artículo 6 de la Constitución, lo cierto de la Ley es que esa participación así definida se ignora que corresponde en la Constitución exclusivamente a los ciudadanos, como derecho político (art. 39), y se confunde con otros medios de participación vecinal o comunitaria que no son reservados a los ciudadanos. La Ley Orgánica, por tanto, en forma evidentemente incorrecta e inconstitucional mezcló dos derechos de las personas vinculados con la participación: la participación ciudadana con la participación individual o comunitaria.

Esta reforma de la Ley Orgánica de los Consejos Comunales de 2009, por otra parte, se completó en diciembre de 2010, con un conjunto de leyes orgánicas, todas sancionadas al margen de la Constitución, que como se dijo, han organizado un Estado paralelo al Estado Constitucional, denominado "Estado del Poder Popular" o "Estado Comunal," y que tiene a las Comunas y a los Consejos Comunales como sus pilares fundamentales de su funcionamiento.[36] Dichas leyes orgánicas de diciembre de 2010 fueron las Leyes Orgánicas del Poder Popular, de las Comunas, del Sistema Económico Comunal, de Planificación Pública y Comunal y de Contraloría Social. [37] Además, en el mismo marco de estructuración del Estado Comunal montado sobre el Poder Popular antes se había sancionado la Ley Orgánica del Consejo Federal de Gobierno, [38] y luego se reformó de la Ley Orgánica del Poder Público Municipal,[39] y de las Leyes de los Consejos Estadales de Planificación y Coordinación de Políticas Públicas, y de los Consejos Locales de Planificación Pública.[40]

De estas leyes se observa, ante todo que en forma contraria a la Constitución, el derecho político a la participación, que en ella se reserva a los

36 Véase sobre ese conjunto de leyes, Allan R. Brewer-Carías et al., *Leyes Orgánicas del Poder Popular*, Editorial Jurídica Venezolana, Caracas 2011.

37 Véase en *Gaceta Oficial* N° 6.011 Extra. de 21-12-2010.

38 Véase en *Gaceta Oficial* N° 5.963 Extra. de 22-02-2010.

39 Véase en Gaceta Oficial N° 6.015 Extra. de 28-12-2010.

40 Véase en Gaceta Oficial N° 6.017 Extra. de 30-12-2010.

ciudadanos, se extiende no ciudadanos, como son los extranjeros o los menores; se lo conciba en forma restringida, es decir, sin que pueda ejercerse libremente, al reducírselo en su ejercicio sólo para la ejecución de una orientación política exclusionista como es el socialismo, eliminando cualquier otra; su ejercicio se organiza en forma centralizada, sometido a la sola conducción por parte del Poder Nacional y, en particular, del Ejecutivo Nacional, excluyéndose de su ámbito a los Estados y Municipios; y en particular, se excluya a este último (el Municipio) como unidad política primaria que es en la organización nacional, del ámbito de su ejercicio, desmunicipalizándoselo, al concebirse otra entidad no autónoma políticamente para materializarlo como es el caso de los Concejos Comunales creados sin autonomía política y fuera del gobierno local.

Al contrario, sólo mediante una reforma constitucional del artículo 30 de la Constitución es que podía extenderse la ciudadanía a los extranjeros, a los efectos de que pudieran ejercer el derecho político a la participación; sólo mediante una reforma constitucional del artículo 62 de la Constitución es que se podía eliminar el carácter libre del ejercicio del derecho a la participación ciudadana y restringírselo sólo para la consecución del socialismo; sólo mediante una reforma constitucional de los artículos 4 y 136 de la Constitución, es que se podía eliminar la forma descentralizada del ejercicio de la participación ciudadana en el sistema de distribución vertical del Poder Público, y concebir su ejercicio sólo sometido a la sola conducción por parte del Poder Nacional y, en particular, del Ejecutivo Nacional; y sólo mediante una reforma constitucional del artículo 168 de la Constitución es que se podía excluir al Municipio del ámbito de ejercicio del derecho político a la participación ciudadana, desmunicipalizándoselo, y concebirse una unidad primaria no autónoma políticamente, como los Concejos Comunales creados sin autonomía política y fuera del gobierno local, para canalizar su ejercicio.

Y esto es precisamente lo que se ha establecido en las Leyes Orgánicas del Poder Popular, de los Consejos Comunales y de las Comunas, al regularse el régimen del derecho a la participación ciudadana, y crearse a dichos Concejos Comunales, como "una instancia de participación para el ejercicio directo de la soberanía popular" (art. 1) "en la construcción del nuevo modelo de sociedad socialista" (art. 2), "con el fin de establecer la base sociopolítica del socialismo que consolide un nuevo modelo político, social, cultural y económico" (art. 3); en una forma completamente distinta a la establecida en la Constitución, cuyo texto se viola abiertamente. Con estas Leyes Orgánicas, en realidad, y en forma completamente inconstitucional, lo que se ha pretendido es implementar las reformas constitucionales sobre el "Poder Popular" que se habían querido introducir con la Reforma Constitucional sancionada de 2007,[41] la cual, sin embargo, fue rechazada mayoritariamente por el pueblo.

41 Véase Sobre dicha reforma Allan R. Brewer-Carías, *La Reforma Constitucional de 2007*, Editorial Jurídica Venezolana, Caracas 2007.

En efecto, por ejemplo, en la Ley Orgánica de los Consejos Comunales se regula la participación vinculada necesariamente a "construcción del nuevo modelo de sociedad socialista" y "con el fin de establecer la base sociopolítica del socialismo," lo que es inconstitucional pues elimina el carácter libre de la participación política que garantiza el artículo 62 de la Constitución, siendo además contrario al derecho constitucional que todos tienen al "libre desenvolvimiento de su personalidad" (art. 20); niega el carácter plural del sistema político que garantizan los artículos 2 y 6 de la Constitución, al encasillar un instrumento de gobierno como es el de los Consejos Comunales, dentro de un marco ideológico único y ahora "oficial," como es el socialismo, de manera que las personas que no crean ideológicamente en esta doctrina o se opongan legítimamente a ella, quedarían excluidos de la posibilidad de participar en aquellos, lo que es contrario a la democracia; y establece un sistema discriminatorio, contrario al principio de igualdad establecido en el artículo 21 de la Constitución.[42]

Ahora bien, y teniendo en cuenta todas estas violaciones a la Constitución derivadas de tratar de "imponer" a las personas una ideología, al punto de cerrarle las puertas a la participación política a aquellos que no compartan la misma, debe destacarse que el sistema de "participación" que regula la Ley Orgánica tiene su base fundamental territorial en la unidad social dispuesta para el funcionamiento de los Consejos Comunales, y que la Ley califica como la "Comunidad," la cual se concibe como el "núcleo espacial básico e indivisible constituido por personas y familias que habitan en un ámbito geográfico determinado, vinculadas por características e intereses comunes; comparten una historia, necesidades y potencialidades culturales, económicas, sociales, territoriales y de otra índole." Ese ámbito geográfico

---

42 Sobre esto, contradiciendo lo que se ha previsto en el texto de la Ley Orgánica y en la práctica de los consejos comunales, Marta Harnecker, ha insistido en que "el poder popular no elimina el pluralismo político-ideológico" por lo que "no puede teñirse del color de un partido político, ni de una corriente religiosa; el poder popular debe ser de muchos colores, debe ser un arco iris y debe dar cabida a todas y todos los ciudadanos de Venezuela que deseen participar. Son las personas que habitan en una comunidad, centro de trabajo o estudio las que deben elegir democráticamente sus voceras y voceros y estos naturalmente representan diferentes posiciones políticas e ideológicas, dependiendo de la fuerza que esas posiciones tengan en sus respectivas comunidades." Véase Marta Harnecker, *De los Consejos Comunales a las Comunas. Construyendo el Socialismo del Siglo XXI*, 2 abril 2009, párrafo 268, en http://www.scribd.com/doc/-16299191/Harnecker-Marta-De-los-consejos-comunales-a-las-comunas-2009.
En el mismo libro la autora ha advertido sobre la necesidad de "evitar la manipulación política" ya que "los consejos comunales deben ser arco iris", indicando que "Se ha insistido mucho en que es necesario evitar toda manipulación política o de otra índole en la conformación de los consejos comunales. No se trata de conformar los consejos comunales sólo con los partidarios de Chávez; estas instituciones comunitarias deben estar abiertas a todos los ciudadanos y ciudadanas, sean del color político que sean." *Idem*, Párrafo 185.

donde habitan las personas que conforman la comunidad es "el territorio que ocupan" y "cuyos límites geográficos se establecen o ratifican en Asamblea de Ciudadanos, de acuerdo con sus particularidades y considerando la base poblacional de la comunidad" (art. 4,1 y 2).

La base poblacional para la conformación de una Comunidad a los efectos de la constitución de los Consejos Comunales, es decir, el número de habitantes que debe existir en su ámbito geográfico y que mantiene la "indivisibilidad de la comunidad" y garantiza "el ejercicio del gobierno comunitario y la democracia protagónica," debe oscilar entre 150 y 400 familias en el ámbito urbano; y alrededor de 120 familias en el ámbito rural. En las comunidades indígenas el punto de referencia para la conformación de una Comunidad se estableció en 10 familias; (art. 4,3). Esta referencia poblacional, particularmente en el ámbito de las comunidades urbanas, es muy similar a la que se había establecido en la vieja Ley Orgánica de Régimen Municipal para la constitución de las Asociaciones de Vecinos, las cuales, en definitiva, han sido sustituidas por los Consejos Comunales.[43]

En la Ley Orgánica los Consejos Comunales, a los efectos del funcionamiento de los mismos, los integra con las siguientes organizaciones: por una parte, por la Asamblea de Ciudadanos del Consejo Comunal, y por la otra, por las Unidades Ejecutiva, Administrativa y Financiera Comunitaria; y de Contraloría Social (art 19). En cuanto a la Asamblea de Ciudadanos conforme a la Ley Orgánica de 2009, pasó ahora a ser parte integrante de cada Consejo Comunal, concebida como la máxima instancia de deliberación y decisión para el ejercicio del poder comunitario, la participación y el protagonismo popular (art. 20), cuyas decisiones "son de carácter vinculante" pero sólo "para el Consejo Comunal." (art. 20). De allí la importancia de estas Asambleas de ciudadanos y la obligación que tenía el Legislador de regularlas junto con los Consejos Comunales como real y verdaderamente "representativas" de la Comunidad, y asegurar que en ellas, efectivamente "participen" los habitantes de la misma.

Pero la Ley Orgánica, sin embargo, no garantizó nada de esto, pues en cuanto a la integración de las Asambleas de Ciudadanos, conforme al artícu-

43 Con razón María Pilar García-Guadilla consideró las Asociaciones de Vecinos como los antecedentes de los Consejos Comunales. Véase en "La praxis de los consejos comunales en Venezuela: ¿Poder popular o instancia clientelar?," en *Revista Venezolana de Economía y Ciencias Sociales*, abr. 2008, Vol. 14, N° 1, p. 125-151. Véase en http://www.scielo.org.ve/scielo.php?pid=S131564112008000100009&script=sci_arttext. Sin embargo, Marta Harnecker, al analizar algunos de los "problemas" relativos al funcionamiento de los consejos comunales, destaca el hecho de que "se han transformado en una asociación de vecinos más, porque se deja toda la responsabilidad en manos de los voceros y voceras y a veces sólo en alguno de ellos." Véase Marta Harnecker, *De los Consejos Comunales a las Comunas. Construyendo el Socialismo del Siglo XXI*, 2 abril 2009, párrafo 216, en http://www.scribd.com/doc/16299191/-Harnecker-Marta-De-los-consejos-comunales-a-las-comunas-2009.

lo 21 de la Ley Orgánica, previó que las mismas se constituyen por "los habitantes de la comunidad mayores de quince años, conforme a las disposiciones de la presente Ley" (art. 21), lo que, como se ha dicho, es una contradicción *in terminis* y además, inconstitucional, pues los extranjeros o menores de 18 años no son ciudadanos (art. 39, Constitución). En la Ley, las decisiones de tales Asambleas de Ciudadanos se adoptan por mayoría simple de los asistentes, siempre que concurran a la Asamblea en primera convocatoria un quórum mínimo del 30% de los habitantes miembros de la Comunidad y del 20% mínimo de los mismos en segunda convocatoria (art. 22). La Ley, por tanto, no garantiza efectiva la representatividad de la Comunidad en la Asamblea, al permitir que un órgano con los poderes decisorios que tiene, por ejemplo, de una Comunidad de 400 familias, que implica un universo de aproximadamente 1600 personas, se pueda constituir con solo la presencia de 320 personas, y pueda tomar decisiones con el voto de sólo 161 personas; es decir, en definitiva, con el voto del 10% de los habitantes de la Comunidad. Estas previsiones, por otra parte, en lugar de estimular la participación, lo que fomentan es la ausencia de participación, pues si las decisiones se pueden adoptar en esa forma, los habitantes no tendrán interés o posibilidad en participar.[44]

Por otra parte, es a la Asamblea de ciudadanos a la que corresponde elegir y revocar a los voceros del Consejo Comunal "a través de un proceso de elección popular comunitaria (art. 23,3); designar a los voceros del Consejo Comunal para las distintas instancias de participación popular y de gestión de políticas públicas (art. 23,10); elegir y revocar los integrantes de la comisión electoral (art. 23,4); evaluar la gestión de cada una de las unidades que conforman el Consejo Comunal (art. 23,8); y designar a los y las miembros de la comisión de contratación, conforme a la Ley de Contrataciones Públicas (art. 23,12). Con esto, por supuesto, se eliminó toda idea de democracia representativa mediante personas electas por sufragio universal directo y secreto.

En efecto, conforme al artículo 4,6 de la Ley, los voceros de las Unidades de los Consejos Comunales son las personas electas mediante "proceso de elección popular," a fin de coordinar el funcionamiento del Consejo Comunal, y la "instrumentación de las decisiones de la Asamblea de Ciudadanos." Conforme a las atribuciones que les asigna la Ley, estos voceros de los

---

44 Esto lo ha advertido Marta Harnecker, al destacar que "uno de los problemas que ha habido cuando se han conformado los consejos comunales, es que las asambleas de ciudadanas y ciudadanos no han logrado, en muchos casos, convocar a todas las personas que debían convocar. En algunos casos esto se debe a la apatía de la gente, en otros se debe a los defectos de la convocatoria. Muchas veces hay sectores de esa comunidad, especialmente los sectores más alejados que nunca han llegado a enterarse de que existe una asamblea, nunca fueron citados" Véase Marta Harnecker, *De los Consejos Comunales a las Comunas. Construyendo el Socialismo del Siglo XXI*, 2 abril 2009, párrafo 190, en http://www.scribd.com/doc/16299191/Harnecker-Marta-De-los-consejos-comunales-a-las-comunas-2009.

Consejos Comunales, son los agentes a cuyo cargo está la conducción de las actividades de los mismos, y que en definitiva, "representan" a la Comunidad para el ejercicio de su derecho a participar. Sin embargo, precisamente porque en la práctica dichos voceros sean resultan realmente en "representantes[45] de la Comunidad, conforme a la Constitución tendrían que ser electos como tales, mediante votación, no de un número reducido de personas-habitantes que puedan participen en una Asamblea de ciudadanos, que puede ser escuálida, sino de todos los ciudadanos habitantes que forman la Comunidad y que deben estar inscritos en el registro electoral que debe llevar la Comisión Electoral Permanente. Y dicha elección, en todo caso, tendría que realizarse conforme lo exige el artículo 63 de la Constitución mediante votaciones libres, universales, directas y secretas en las cuales se garantice el principio de la personalización del sufragio y la representación proporcional. En contraste con esta previsión constitucional, sin embargo, la supuesta "elección popular" que se establece en la Ley Orgánica de 2009 no es directa ni secreta, ya que incluso podría hacerse "a mano alzada,"[46] y en cuanto a la elección de los voceros de las unidades Ejecutiva, Administrativa y Financiera Comunitaria y de Contraloría Social, la hace la Asamblea de ciudadanos necesariamente "de manera uninominal" lo que implica que "en ningún caso, se efectuará por plancha o lista electoral" (art. 11), lo que no se ajusta a la previsión constitucional.

Por otra parte, a los efectos de la elección de los voceros, el artículo 11 de la Ley Orgánica establece el derecho de los "ciudadanos" de manera individual o colectiva a participar y postular los candidatos a voceros a las unidades del Consejo Comunal. Este derecho de participar y postular, por tanto, contradictoriamente no se atribuye en la Ley Orgánica a los "habitantes" de la comunidad, que son los supuestos electores, sino sólo a los venezolanos ciudadanos. Pero en cambio, al regular la condición de vocero de las Unidades de los Concejos Comunales, la Ley Orgánica establece que pueden postularse para tales cargos (al igual que para los integrantes de la comisión electoral), los venezolanos o extranjeros residentes, mayores de 15 años,

45 A pesar de que en la página web del "Ministerio del Poder Popular para la Participación y Protección Social" se afirmaba que el vocero, a pesar de ser la persona "electa por la asamblea de ciudadanos y ciudadanas para cumplir con los mandatos de la comunidad," sin embargo "no es un o una representante a quien le hemos entregado nuestro poder para que decida por nosotros." Véase el anuncio sobre "Consejos Comunales. Base del Poder Popular. ¡Construir el Poder desde Abajo!," en http://gp.cnti.ve/site/min-pades.gob.ve/view/Consejos%20Comunales.php.

46 Así se informaba por el "Ministerio del Poder Popular para la Participación y Protección Social" en su página web al indicar dentro de las tareas del "equipo promotor" el "recoger ideas para definir con que sistema se va a votar: voto secreto o a mano alzada." Véase el anuncio sobre "Consejos Comunales. Base del Poder Popular. ¡Construir el Poder desde Abajo!," en http://gp.cnti.ve/site/min-pades.gob.ve/view/Consejos%20Comunales.php.

habitantes de la comunidad con al menos un año de residencia en la misma, salvo en los casos de comunidades recién constituidas (at. 15,1). Esto significa que sólo pueden postular a los voceros, quienes sean ciudadanos; pudiendo ser electos como voceros, los extranjeros residentes y, por tanto, no ciudadanos. Sólo en el caso de los voceros de las Unidades Administrativa y Financiera Comunitaria y de Contraloría Social se exige que sean mayores de 18 años, no pudiendo formar parte de la comisión electoral (art. 15, in fine).

Los cargos de voceros de los Concejos Comunales, por otra parte, son revocables por la Asamblea de Ciudadanos (art. 39), mediante decisión tomada por mayoría simple de los asistentes a la Asamblea de Ciudadanos, siempre que la misma cuente con un quórum del 20% de la población mayor de quince años de esa comunidad (art. 41).

A partir de la reforma de la Ley Orgánica de los Consejos Comunales de 2009, por otra parte, los mismos adquieren su personalidad jurídica mediante su registro ante el Ministerio del Poder Popular para las Comunas y Protección Social (art. 17), es decir, ante una unidad del Poder Ejecutivo Nacional, la cual tiene competencia para abstenerse a registrarlo cuando "tenga por objeto finalidades distintas a las previstas en la presente Ley" (art. 18), es decir, por ejemplo, cuando sus voceros no estén comprometidos con la ideología socialista y quieran implantar el socialismo.

Con ello la Ley Orgánica de 2009 ha completado el proceso de centralización de la conducción de la participación ciudadana, al haber sustituido a las Comisiones Presidenciales del Poder Popular que establecía la Ley de 2006 como "órgano rector" del proceso, por uno de los Ministerios del Ejecutivo Nacional, en concreto, el "Ministerio del Poder Popular con competencia en materia de participación ciudadana," es decir, el Ministerio para las Comunas y Protección Social[47] al cual le asigna las funciones de dictar las políticas, estratégicas, planes generales, programas y proyectos para la participación comunitaria en los asuntos públicos, el cual debe acompañar a los consejos comunales en el cumplimiento de sus fines y propósitos, y facilitar la articulación en las relaciones entre éstos y los órganos y entes del Poder Público (art. 56).

REFLEXIÓN FINAL: LA NECESARIA DEMOCRATIZACIÓN FUTURA DE LOS "CONSEJOS COMUNALES"

En el panorama antes mencionado, nos pone en evidencia cómo en Venezuela, al proclamarse la instauración de una supuesta "democracia participativa," lo que se ha hecho es crear al margen de la Constitución y de sus previsiones sobre el municipio y la descentralización política, todo un sistema denominado de "participación popular," pero para vaciar el municipio de toda competencia, y para anular la democracia representativa a nivel local, al punto de habérsela eliminado ya de las Juntas parroquiales.

---

47 Decreto de 17 de junio de 2009. Véase en *Gaceta Oficial* N° 39.202 de 17-06-2009.

En la Constitución de 1999, debe recordarse, al regularse al Poder Público Municipal, se concibió al Municipio como la unidad política primara en la organización nacional (art. 168), previéndose además, que la ley podía establecer otras entidades locales cuya organización debía ser siempre democrática y responder a la naturaleza propia del gobierno local (art. 169). Entre esas entidades locales, la Constitución reguló expresamente a las parroquias (art. 173).

Conforme a este esquema constitucional, el legislador, sin duda, podría acometer la definitiva reforma del régimen local en Venezuela y, por ejemplo, por una parte, multiplicar el número de municipios para acercarlos más a las comunidades, y por la otra, consolidar a los Consejos Comunales como las pequeñas entidades locales autónomos que deben ser dentro de la organización municipal, que sean los instrumentos para canalizar la participación ciudadana, integrándose en la unidades políticas primarias en la organización nacional, con autoridades electas. En tal sentido, la Ley de régimen local debería abarcar todas estas entidades locales, otorgándoles además personalidad, sin que ello dependa de una decisión puntual y politizada del poder central, en un sistema que en algunos casos podría ser escalonado de municipios, ciudades, parroquias, comunidades y comunas.

Todo ello podría hacerse conforme a lo previsto en la Constitución de 1999, mediante una reforma legislativa, siempre que, por supuesto, se conserven los principios democráticos representativos en la organización de los gobiernos de todas las entidades locales, que fue lo que se quiso eliminar con la rechazada reforma constitucional, y lo que se ha marginalizado en las Leyes Orgánicas del Poder Popular.

En realidad, lo que se ha pretendido con estas Leyes, no es la reforma del régimen local, sino en nombre de un pretendido Poder Popular, a través de la constitución de "las comunidades, las comunas y el autogobierno de las ciudades, a través de los consejos comunales," lo que se ha buscado es consolidar inconstitucionalmente lo que se quiso incorporar en la propia Constitución en 2007, en el sentido de que ese Poder Popular "no nace del sufragio ni de elección alguna, sino que nace de la condición de los grupos humanos organizados como base de la población." Ello es precisamente lo que se ha incorporado en las Leyes Orgánicas del Poder Popular de 2010, eliminándose la democracia representativa y la autonomía política local, es decir, la descentralización política como condición para la participación política.

Una vez que se reinstaure el régimen democrático en Venezuela, por tanto, la gran tarea que el nuevo gobierno tendrá por delante, será, sin duda, transformar el régimen local, y democratizar el sistema de consejos comunales, conformando sus órganos con base representativa producto del sufragio y estructurándolo dentro del régimen del poder público municipal.

New York, 8 de marzo de 2012

OCTAVA PARTE

SOBRE LA PRIMERA DÉCADA DEL PROCESO DE LA DEMOLICIÓN DEL ESTADO DE DERECHO Y DE DESTRUCCIÓN DE LA DEMOCRACIA EN VENEZUELA (1999-2009)*

(Río de Janeiro, 2009)

I

Dieter Nohlen, apreciado y admirado amigo de muchos años, es sin duda el académico alemán más versado en los sistemas políticos de América Latina. Por ello, los académicos latinoamericanos estaremos siempre en deuda con él, en particular por sus estudios comparativos en materia de instituciones políticas que tanto han aportado al desarrollo institucional de nuestros países, destacándose por supuestos, sus extraordinarios aportes en materia electoral.

Como cientista político, de formación democrática, ha estado en casi todos los países de América Latina, donde ha dejado su aporte para el afianzamiento del Estado de derecho.[1] Es por ello que para este Libro Homenaje

* Este trabajo tiene su origen en el texto de la conferencia sobre el mismo tema dictada en la *Procuradoria Geral do Estado do Rio de Janeiro,* Río de Janeiro, 26 de agosto de 2009. Publicado luego en una Obra Homenaje a Dieter Nohlen.

1 He tenido el privilegio de haber compartido actividades académicas con el profesor Nohlen, además de en su ciudad base que es Heidelberg, entre otras, en San José de Costa Rica; en Montevideo, Uruguay, y en Puebla, México. Pero entre tantos encuentros, como nota personal, la que siempre recuerdo con agrado fue el sorpresivo y casual encuentro que tuvimos, acompañados de nuestras respectivas esposas, en el propio Zócalo de la ciudad de Veracruz, en México, en noviembre de 2003, realizando cada uno por su lado una de las actividades más tradicionales de esa ciudad, que es el baile del danzón, esa extraordinaria música de esa parte de la costa mexicana que tanto expresa del Caribe. En los aledaños de la plaza, incluso oyendo la música, también llegamos a hablar de cuestiones académicas, pero bien marginalmente.!!

que merecidamente le ofrecen sus alumnos y colegas mexicanos, me ha parecido oportuno tocar el mismo tema del Estado de derecho en Venezuela, aún cuando lamentablemente tenga que ser en sentido negativo a su afianzamiento, ya que el mismo, desde que se sancionó la Constitución de 1999, ha venido siendo objeto de un despiadado proceso de demolición continua. Ello comenzó con la convocatoria de la Asamblea Nacional Constituyente en 1999 no establecida en la Constitución vigente de la época como mecanismo válido para reformar la Constitución. Y desde entonces, con la demolición del Estado de derecho, durante la última década también se ha producido la destrucción de la democracia como régimen político.[2]

Esta última, en efecto, no se agota en la celebración de elecciones periódicas, libres, justas y basadas en el sufragio universal y secreto, como expresión de la soberanía del pueblo; sino que conforme a la *Carta Democrática Interamericana* de 2001, exige en paralelo, el respeto a los derechos humanos y las libertades fundamentales; el acceso al poder y su ejercicio con sujeción al Estado de derecho; el régimen plural de partidos y organizaciones políticas; la necesaria existencia de un régimen de "separación e independencia de los poderes públicos" (artículo 3); la transparencia de las actividades gubernamentales y la probidad y de responsabilidad de los gobiernos en la gestión pública; el respeto por los derechos sociales y la libertad de expresión y de prensa; la subordinación constitucional de todas las instituciones del Estado a la autoridad civil legalmente constituida, y el respeto al estado de derecho de todas las entidades y sectores de la sociedad (artículo 4). La democracia, por tanto, es mucho más que las solas elecciones y votaciones: estas últimas, en Venezuela, las hemos tenido *ad nauseam*, pero a costa de destruir la propia democracia y demoler el Estado de derecho.

Este proceso sistemático y permanente comenzó con la elección en 1999 de una Asamblea Nacional Constituyente, que si bien no derivó, ella misma, de un golpe de Estado o de una revolución como había sido la tradición en la historia constitucional venezolana precedente,[3] fue producto de un fraude a

---

2 Véase en general Allan R. Brewer-Carías, "El autoritarismo establecido en fraude a la Constitución y a la democracia y su formalización en "Venezuela mediante la reforma constitucional. (De cómo en un país democrático se ha utilizado el sistema eleccionario para minar la democracia y establecer un régimen autoritario de supuesta "dictadura de la democracia" que se pretende regularizar mediante la reforma constitucional)" en el libro *Temas constitucionales. Planteamientos ante una Reforma,* Fundación de Estudios de Derecho Administrativo, FUNEDA, Caracas 2007, pp. 13-74; "La demolición del Estado de Derecho en Venezuela Reforma Constitucional y fraude a la Constitución (1999-2009)," en *El Cronista del Estado Social y Democrático de Derecho*, N° 6, Editorial Iustel, Madrid 2009, pp. 52-61

3 Véase sobre las Asambleas Constituyentes y sus actos en la historia de Venezuela, Elena Plaza y Ricardo Combellas (Coordinadores), *Procesos Constituyentes y Reformas Constitucionales en la Historia de Venezuela: 1811–1999*, Universidad Central de Venezuela, 2 Tomos, Caracas 2005; Allan R. Brewer-Carías, *Las Constituciones de Venezuela*, Academia de Ciencias Políticas y So-

la Constitución de 1961 cometido por los recién Poderes constituidos en 1998, luego de que la misma Asamblea Constituyente diera un golpe de Estado en 1999, precisamente contra la Constitución cuya "interpretación" había permitido su convocatoria.[4]

En efecto, una vez que el teniente coronel retirado Hugo Chávez Frías se posesionó en su cargo del Presidente de la República, el día 2 de febrero de 1999, después de haber sido electo en diciembre de 1998, procedió a convocar un referendo consultivo sobre la convocatoria de una Asamblea Constituyente, que no estaba regulada en la Constitución de 1961 con la cual se había iniciado el sistema democrático en el país. Con ello, por supuesto, comenzó una batalla legal para encauzar el proceso constituyente dentro del marco de la constitucionalidad, de manera que la convocatoria de la Asamblea Constituyente, que lucía como un proceso necesario, se hiciese sin la ruptura constitucional que había caracterizado las anteriores.

II

Esa convocatoria se hizo siguiendo la pauta dada, aún cuando en forma bastante ambigua, por la antigua Corte Suprema de Justicia en Sala Político Administrativa, en sentencias dictadas el 19 de enero de 1999, (casos: *Referendo Consultivo I y II*), dictadas con motivo de resolver sendos recursos de interpretación que se le habían formulado primero, sobre la posibilidad de convocar un referendo consultivo sobre la Asamblea Constituyente conforme al artículo 181 de la Ley Orgánica del Sufragio, y segundo sobre la posibilidad de convocar dicha Asamblea, que no estaba prevista en la Constitución de 1961, sin previamente reformarla.[5]

En cuanto a lo primero, era evidente que nada impedía que se pudiera convocar a un referendo consultivo para consultar al pueblo sobre el tema de la convocatoria a una Constituyente; pero para efectivamente convocarla también era evidente que la Constitución de 1961 debía ser objeto de una reforma puntual para regular la Asamblea Nacional Constituyente como un instrumento político para la reforma constitucional, pues dicha institución no

---

ciales, 2 vols., Caracas 2008; *Historia Constitucional de Venezuela*, Editorial Alfa, 2 vols., Caracas 2008.

4 Véase Allan R. Brewer-Carías, "Constitution Making in Defraudation of the Constitution and Authoritarian Government in Defraudation of Democracy. The Recent Venezuelan Experience", en *Lateinamerika Analysen*, 19, 1/2008, GIGA, Germa Institute of Global and Area Studies, Institute of latin American Studies, Hamburg 2008, pp. 119-142

5 Véase el texto de las sentencias en Allan R. Brewer–Carías, *Poder Constituyente Originario y Asamblea Nacional Constituyente,* Editorial Jurídica Venezolana, Caracas 1998, pp. 25 a 53; y véanse los comentarios a dichas sentencias en ese mismo libro, pp. 55 a 114 y en Allan R. Brewer–Carías, *Asamblea Constituyente y Ordenamiento Constitucional, Academia de Ciencias Políticas y Sociales, Caracas 1998,* pp. 153 a 228. Igualmente en *Revista de Derecho Público,* Nº 77–80, Editorial Jurídica Venezolana, Caracas 1999, pp. 56 y ss. y 68 y ss.

se encontraba dentro de los mecanismos de revisión de la Constitución, y estos no podían derivarse de una simple consulta popular. Se trataba de un dilema entre soberanía popular y supremacía constitucional, que debía resolverse de acuerdo con la Constitución. El mismo dilema que se planteó en Honduras en 2009 y que los jueces contencioso administrativos resolvieron, prohibiendo la realización de la consulta popular.[6] Diez años antes, sin embargo, en Venezuela, el juez contencioso administrativo (Sala Político Administrativa de la Corte Suprema) se abstuvo de resolverlo.

En efecto, como se dijo, sólo dos preguntas de formularon en los recursos de interpretación en relación con los alcances del referendo consultivo que estaba previsto en el artículo 181 de la Ley Orgánica del Sufragio y Participación Política: primero si se podía convocar un referendo consultivo sobre el tema de una Asamblea Constituyente, sobre lo cual la Corte resolvió que era "procedente convocar a un referendo en la forma prevista en el artículo 181 de la Ley Orgánica del Sufragio y Participación Política, para consultar la opinión mayoritaria, respecto de la posible convocatoria a una Asamblea Constituyente, en los términos expuestos en este fallo;" y segundo, si era posible convocar dicha Asamblea Constituyente sin reformar previamente la Constitución para regularla, sobre lo cual la Corte simplemente no resolvió nada expresamente; es decir, no se respondió judicialmente la solicitud de los recurrentes de si "con fundamento en dicha norma puede convocarse un Referendo que sirva de base para la convocatoria de una Asamblea Constituyente *sin que medie una Enmienda o una Reforma de la Constitución.*"[7].

De las sentencias, en realidad, lo que ocurrió fue que eso fue lo que "se dedujo" de las mismas, particularmente por la opinión pública, con base en la parte motiva de las sentencias, en las cuales la Corte formuló amplísimas consideraciones sobre el derecho inherente de las personas a la participación política, sobre el poder constituyente y los poderes constituidos y sobre las reformas constitucionales, tocando aspectos esenciales del constitucionalismo. En esa forma se abrió el camino para la estructuración de una tercera vía para reformar la Constitución de 1961, distinta a la Reforma General y la

---

6 Véase Allan R. Brewer-Carías, *Reforma Constitucional, Asamblea Constituyente y Control Judicial: Honduras (209), Ecuador (2007) y Venezuela (1999)*, Universidad Externado de Colombia, Bogotá 2009.

7 *Idem.* Sobre esta decisión de la sentencia, Lolymar Hernández Camargo señala: "lejos de dar una respuesta directa a la importante interrogante planteada, abre la posibilidad para que se realice el referendo consultivo, pero no establece con precisión el mecanismo que permita tal convocatoria, sino que entrega tal cometido a los 'órganos competentes' " en *La Teoría del Poder Constituyente. Un caso de estudio: el proceso constituyente venezolano de 1999,* UCAT, San Cristóbal, 2000, pp. 54 a 63.

Enmienda que preveían sus artículos 245 y 246, como consecuencia de una "consulta" popular para convocar una Asamblea Constituyente.[8]

III

La iniciativa la tomó entonces el Presidente de la República, quien en 1998 había basado su campaña presidencial precisamente con la propuesta de convocar la Asamblea Constituyente, y en fraude a la Constitución dictó el día 2 de febrero de 1999, el mismo día que tomó posesión de su cargo, el Decreto N° 3 mediante el cual decretó "la realización de un referendo para que el pueblo se pronunciase sobre la convocatoria de una Asamblea Nacional Constituyente" (art. 1); "con el propósito de transformar el Estado y crear un nuevo ordenamiento jurídico que permita el funcionamiento efectivo de una Democracia Social y Participativa"(primera pregunta); y además, buscando que el pueblo lo autorizara, pura y simplemente, para que él mismo "mediante un Acto de Gobierno fije, oída la opinión de los sectores políticos, sociales y económicos, las bases del proceso comicial en el cual se elegirán los integrantes de la Asamblea Nacional Constituyente" (Segunda pregunta)[9]. De ese sólo contenido resultaba entonces que el Decreto violaba el artículo 181 de la Ley Orgánica del Sufragio y Participación Política, que se había invocado como su base legal, en virtud de que las preguntas evidenciaban que en lugar de convocarse un referendo "consultivo," lo que el Presidente estaba convocando en realidad, era un *referendo decisorio y autorizatorio* no regulado ni previsto en dicha norma legal[10], no para que la Asamblea reformara la Constitución, sino para que asumiera un poder total y pudiera incluso sustituir a los poderes constituidos aún antes de la aprobación de la reforma constitucional, delegando además en el Presidente de la República el poder soberano de decidir sobre las bases comiciales de la Constituyente, lo que vulneraba los principios más elementales del Estado de derecho y era incompatible con los valores supremos de una sociedad democrática.

Como era de esperarse, a las pocas semanas, el Decreto N° 3, tratándose como era de un acto administrativo, fue impugnado por inconstitucionalidad ante la Sala Político Administrativa de la Corte Suprema de Justicia[11], por

---

8 Véase Allan R. Brewer–Carías, "La configuración judicial del proceso constituyente o de cómo el guardián de la Constitución abrió el camino para su violación y para su propia extinción", en *Revista de Derecho Público*, N° 77–80, Editorial Jurídica Venezolana, Caracas 1999, pp. 453 y ss.; y *Golpe de Estado y proceso constituyente en Venezuela*, UNAM, México, 2001, pp. 60 y ss.

9 Véase en *Gaceta Oficial* N° 36.634 de 02–02–99.

10 Como lo señaló Ricardo Combellas, "Estamos hablando de un referendo consultivo, no de un referendo decisorio, cuya aprobación demanda necesariamente en Venezuela, tal como lo propuso con visión avanzada la Comisión Bicameral, una reforma constitucional", en *¿Qué es la Constituyente? Voz para el futuro de Venezuela,* COPRE, Caracas 1998.

11 Véase un texto de la acción de nulidad en Allan R. Brewer–Carías, *Asamblea Constituyente y Ordenamiento Constitucional*, Academia de Ciencias Políticas

ser un instrumento que podía servir para un fraude a la Constitución, e igualmente fueron impugnados los actos del Consejo Supremo Electoral convocando el referendo. Una de dichas acciones de nulidad, fue decidida por la Sala Político Administrativa en sentencia de 18 de marzo de 1999, mediante la cual se anuló la Segunda Pregunta de la convocatoria al referendo[12]; afirmándose que la actuación de la Asamblea Constituyente *era posible porque lo permitía la Constitución de 1961*, lo que implicaba afirmar que esta última no podía perder vigencia alguna durante la actuación de la Asamblea Nacional Constituyente, la cual debía encontrar en dicho texto el límite de su actuación, lo que significaba que los poderes constituidos, durante el funcionamiento de la Asamblea, debían continuar actuando conforme a la Constitución que estaba vigente, no pudiendo la Asamblea ni disolverlos ni asumir directamente sus competencias constitucionales[13].

Días antes de ser publicada dicha sentencia, el día 10 de marzo de 1999, sin embargo y sin duda ya advertido, el Presidente de la República emitió un nuevo acto administrativo reformatorio del Decreto N° 3, mediante el cual ordenó publicar en *Gaceta Oficial* la propuesta del Ejecutivo Nacional mediante la cual fijaba las bases de la convocatoria de la Asamblea Nacional Constituyente, para ser *sometida para la aprobación del pueblo en el referendo* convocado[14]. En esas bases, sin embargo, se incorporó una, la Décima, en la cual se afirmaba que "Una vez instalada la Asamblea Nacional Constituyente, *como poder originario que recoge la soberanía popular*, deberá dictar sus propios estatutos de funcionamiento, teniendo como límites los valores y principios de nuestra historia republicana, así como el cumplimiento de los tratados internacionales, acuerdos y compromisos válidamente suscritos por la República, el carácter progresivo de los derechos fundamentales del hombre y las garantías democráticas dentro del más absoluto respeto de los compromisos asumidos".

Este texto fue reproducido por el Consejo Nacional Electoral en la nueva convocatoria que tuvo que hacer para el referendo, de manera que la Resolución respectiva que dictó, de nuevo fue impugnada por considerarse que desacataba el fallo de la Corte Suprema del 18 de marzo de 1999, cuando le

---

y Sociales, Caracas 1999, pp. 255 a 321. Véase la relación de todas las acciones de nulidad intentadas en Carlos M. Escarrá Malavé, *Proceso Político y Constituyente,* Caracas 1999, anexo 4.

12 Véase el texto de la sentencia en Allan R. Brewer–Carías, *Poder Constituyente Originario y Asamblea Nacional Constituyente,* Caracas 1999, pp. 169 a 185. Igualmente en *Revista de Derecho Público*, N° 77–80, Editorial Jurídica Venezolana, Caracas 1999, pp. 73 y ss.

13 Véase Allan R. Brewer–Carías, *Golpe de Estado y proceso constituyente en Venezuela*, *op. cit*, p. 160.

14 Contenido en un "Aviso Oficial" publicado en *G.O.* N° 36.658 de 10–03–99, con las bases de la convocatoria de la asamblea nacional constituyente, para ser sometida para la aprobación del pueblo en el referéndum convocado para el 25 de abril de 1999.

pretendía atribuir "carácter originario" a la futura Asamblea Nacional Constituyente.

Dicha impugnación fue resuelta por la Sala Político Administrativa, en la sentencia de 13 de abril de 1999[15], en la cual observó que ciertamente, "en la sentencia dictada por esta Sala el 18 de marzo de 1999 se expresó con *meridiana claridad* que la Asamblea Constituyente a ser convocada, 'no significa, en modo alguno, por estar precisamente vinculada su estructuración al propio espíritu de la Constitución vigente, bajo cuyos términos se producirá su celebración, la alteración de los principios fundamentales del Estado democrático de derecho', y que 'en consecuencia, es la Constitución vigente la que permite la preservación del Estado de derecho y la actuación de la Asamblea Nacional Constituyente, en caso de que la voluntad popular sea expresada en tal sentido en la respectiva consulta".

En consecuencia, a los efectos de que no se indujera "a error al electorado y a los propios integrantes de la Asamblea Nacional Constituyente, si el soberano se manifestase afirmativamente acerca de su celebración, en lo atinente a su alcance y límites", la Sala ordenó que se **eliminase** la frase *"como poder originario que recoge la soberanía popular"*, a cuyo efecto corrigió y reformuló expresamente el texto de la base comicial octava, sin dicha frase.

IV

Después de todas estas vicisitudes judiciales, y de la corrección del Decreto N° 3 de 2 de febrero de 1999, que fue el primer acto violatorio de la Constitución de 1961 en todo aquél proceso, el proceso constituyente quedó abierto, habiéndose celebrado el referendo consultivo el 25 de abril de 1999, en el cual votaron 4.137.509 de los 11.022.936 electores registrados con una abstención electoral del 62.2%. La votación por el "*sí*" representó un 92,4% y la votación "no" un 7,6%[16].

En consecuencia, la Asamblea Nacional Constituyente fue electa el 25 de julio de 1999, en una votación donde la abstención fue del 53.7%[17], resultando, de un total de 131 constituyentes electos, 125 con el apoyo del Presi-

15 Véase el texto en Allan R. Brewer–Carías, *Poder Constituyente Originario y Asamblea Nacional Constituyente*, Caracas 1999, pp. 190 a 198. Igualmente en *Revista de Derecho Público*, N° 77–80, Editorial Jurídica Venezolana, Caracas 1999, pp. 85 y ss.

16 Véase José E. Molina V. y Carmen Pérez Baralt, "Procesos Electorales. Venezuela, abril, julio y diciembre de 1999" en *Boletín Electoral Latinoamericano,* CAPEL–IIDH, N° XXII, julio–diciembre 1999, San José, 2000, pp. 61 y ss.

17 *Idem*, pp. 63 y ss.

dente Chávez, con lo que la "oposición" quedó formada por sólo 6 constituyentes[18].

La Asamblea, en todo caso, estaba sometida a las bases aprobadas por la voluntad popular expresada en el referendo consultivo del 25 de abril de 1999; razón por la cual, durante su funcionamiento debió haber respetado la vigencia de la Constitución de 1961, la cual sólo podía perder vigencia cuando el pueblo se pronunciara, mediante posterior referendo aprobatorio, sobre la nueva Constitución.

Sin embargo, ello no fue así, y si bien es cierto que el golpe de Estado que significó el inconstitucional Decreto N° 3 del 2 de febrero de 1999 de convocatoria del referendo consultivo, al irrumpir contra la Constitución, no llegó a materializarse pues sus vicios fueron corregidos judicialmente; fue en cambio la Asamblea Nacional Constituyente, la que en un proceso sucesivo materializó el golpe de Estado contra la Constitución, desacatando además las órdenes judiciales emanadas de la Corte Suprema, al haber asumido desde su instalación en agosto de 1999, un poder constituyente originario que no tenía conferido.

En efecto, la ruptura del hilo constitucional en Venezuela y el golpe de Estado contra la Constitución de 1961, que está en la génesis de la Constitución de 1999, puede decirse que lo dio la propia Asamblea Nacional Constituyente que se instaló el 3 de agosto de 1999[19], al aprobar su Estatuto de Funcionamiento[20] e, inconstitucionalmente[21], al declararse a si misma como "*depositaria de la voluntad popular y expresión de su Soberanía con las atribuciones del Poder Originario para reorganizar el Estado Venezolano y crear un nuevo ordenamiento jurídico democrático*", auto atribuyéndose, además, potestad para "en uso de las atribuciones que le son inherentes, *podrá limitar o decidir la cesación de las actividades de las autoridades que conforman el Poder Público*" (artículo 1). Como consecuencia de ello, la Asamblea también resolvió que "todos los organismos del Poder Público *que-*

---

18 Cuatro electos en la circunscripción nacional (Allan R. Brewer–Carías, Alberto Franceschi, Claudio Fermín y Jorge Olavarría) y dos en las circunscripciones regionales (Antonio Di'Giampaolo y Virgilio Avila Vivas).

19 En el acto de instalación, el discurso dado por quien venía de ser electo presidente de la Asamblea concluyó con estas frases "la Asamblea Nacional Constituyente es originaria y soberana", en *Gaceta Constituyente (Diario de Debates), Agosto–Septiembre 1999,* Sesión de 03–08–99, N° 1, p. 4.

20 Véase *Gaceta Constituyente (Diario de Debates), Agosto–Septiembre 1999,* Sesión de 07–08–99, N° 4, p. 151.

21 Véase los votos salvados por razones de inconstitucionalidad respecto de la aprobación del Estatuto en Allan R. Brewer–Carías, *Debate Constituyente, (Aportes a la Asamblea Nacional Constituyente)* tomo I, *(8 agosto–8 septiembre 1999)*, Caracas 1999, pp. 15 a 39. Así mismo, en *Gaceta Constituyente (Diario de Debates), Agosto–Septiembre 1999*, Sesión de 07–08–99, N° 4, pp. 6 a 13.

daban subordinados" a la misma y, en consecuencia, que estaban en la obligación de *cumplir y hacer cumplir* los "actos jurídicos estatales" que emitiera (parágrafo primero, artículo 1º).

En esta forma, la Asamblea se auto atribuyó potestades públicas por encima de la Constitución de 1961, cuyas normas, por disposición de la propia Asamblea, se dispuso que sólo se mantendrían en vigencia "en todo aquello que no colida o sea contrario con los actos jurídicos y demás decisiones de la Asamblea Nacional Constituyente" (parágrafo segundo, artículo 1º)[22].

Con la asunción de este poder, la Asamblea había consumado el golpe de Estado, pues se daba a sí misma una carta blanca para violar una Constitución que estaba vigente, y someter a todos los órganos del Poder Público constituido y electos a que le estuviesen "subordinados", imponiéndoles la obligación de cumplir sus "actos jurídicos estatales"; ruptura del hilo constitucional que luego se materializó mediante sucesivos actos constituyentes que la propia antigua Corte Suprema de Justicia no supo controlar hasta que fue cesada, víctima de su propia debilidad.

Notoria fue una confusa sentencia del 14 de octubre de 1999 (caso: *Impugnación del Decreto de Regulación de las Funciones del Poder Legislativo*)[23] en la cual la Corte, cambiando el criterio que había sustentado en la sentencia anterior de la Sala Político Administrativa del 18 de marzo de 1999, desligó a la Asamblea Constituyente de las previsiones de la Constitución de 1961, permitiendo que aquélla pudiera desconocerla, con lo que ilegítimamente, "legitimó" el golpe de Estado que la Asamblea había dado al desconocer la Constitución de 1961, particularmente mediante los diversos actos "constituyentes" e inconstitucionales que había adoptado en los dos meses precedentes.

V

Estos actos constituyentes que materializaron el golpe de Estado contra la Constitución de 1961,[24] fueron los siguientes:

---

22 Véase en *Gaceta Constituyente (Diario de Debates), Agosto–Septiembre 1999*, Sesión de 07–08–99, Nº 4, p. 144. Véase el texto, además, en *Gaceta Oficial* Nº 36.786 de 14–09–99. Como ha señalado Lolymar Hernández Camargo, con la aprobación del Estatuto "quedó consumada la inobservancia a la voluntad popular que le había impuesto límites a la Asamblea Nacional Constituyente... Se auto proclamó como poder constituyente originario, absoluto e ilimitado, con lo cual el Estado perdió toda razón de ser, pues si se mancilló la voluntad popular y su manifestación normativa (la Constitución), no es posible calificar al Estado como de derecho ni menos aun democrático", en *La Teoría del Poder Constituyente, cit.*, p. 73.

23 Véase en *Revista de Derecho Público*, Nº 77–80, Editorial Jurídica Venezolana, Caracas 1999, pp. 111 y ss.

24 Véase en Allan R. Brewer–Carías, *Debate Constituyente,* tomo I, *op. cit.*, pp. 43 a 56; y en *Gaceta Constituyente (Diario de Debates), Agosto–Septiembre de*

En *primer lugar*, el "Decreto mediante el cual se declara la *reorganización de todos los órganos del Poder Público*" de fecha 12 de agosto de 1999[25], para cuya emisión la Asamblea invocó que ejercía "el poder constituyente otorgado por este [el pueblo] mediante referendo..."; es decir, que ejercía un "poder constituyente" que supuestamente le había otorgado el "poder constituyente" (pueblo) en el "referendo", lo cual no era cierto.

Lo cierto es que la Asamblea se fundamentó, para aprobar el Decreto, en "lo dispuesto en el artículo primero del Estatuto de esta Asamblea", en el cual la Asamblea se auto confirió, a sí misma, el supuesto carácter de poder constituyente originario.; auto atribuyéndose en el Decreto la potestad de disponer "la intervención, modificación o suspensión de los órganos del Poder Público que así considere...". Con esta decisión, sin duda, la Asamblea había materializado, técnicamente, el golpe de Estado, con lo que procedió a intervenir y a regular todos los órganos constituidos del Poder Público, comenzando por los órganos que ejercían el Poder Legislativo.

En *segundo lugar,* el 19 de agosto de 1999, la Asamblea Nacional Constituyente resolvió declarar "al Poder Judicial en emergencia" (art. 1°), creando una Comisión de Emergencia Judicial, que asumió el proceso de intervención[26], lesionando la autonomía e independencia del Poder Judicial, y suplantando los órganos regulares del gobierno y administración de la Justicia[27]. El Decreto tuvo la misma fundamentación que los anteriores en el sentido de que la Asamblea se había ido construyendo a la medida; el ejercicio del poder constituyente originario supuestamente otorgado por éste a la Asamblea mediante referendo; el artículo 1° del Estatuto de Funcionamiento de la propia Asamblea y el artículo único del Decreto de la Asamblea que declaró la reorganización de todos los Poderes Públicos constituidos.

A este decreto de intervención del Poder Judicial, lo siguieron otros como el "Decreto de Medidas Cautelares Urgentes de Protección al Sistema Judicial",[28] que inició el proceso de suspensión masiva de jueces y su sometimiento a procedimientos disciplinarios, de incorporación de suplentes, y de designación indiscriminada de "nuevos" jueces sin concursos, los cuales quedaron dependientes del nuevo Poder que los había designado.

1999, cit., Sesión de 12–08–99, N° 8, pp. 2 a 4. Véase el texto del Decreto en *Gaceta Oficial* N° 36.764 de 13–08–99.

25 *Gaceta Oficial* N° 36.764 de 13–08–99.

26 *Gaceta Oficial* N° 36.772 de 25–08–99 reimpreso en *Gaceta Oficial* N° 36.782 de 08–09–99.

27 Véase en Allan R. Brewer–Carías, *Debate Constituyente,* tomo I, *op. cit.*, p. 57 a 73; y en *Gaceta Constituyente (Diario de Debates), Agosto–Septiembre de 1999, cit.,* Sesión de 18–08–99, N° 10, pp. 17 a 22. Véase el texto del Decreto en *Gaceta Oficial* N° 36.782 de 08–09–99.

28 *Gaceta Oficial* N° 36.825 de 09–11–99.

Lo lamentable de todo este proceso de intervención política del poder judicial fue que la Corte Suprema de Justicia, en fecha 23 de agosto de 1999, adoptó un desafortunado Acuerdo[29], en el cual fijó posición ante el Decreto de Reorganización del Poder Judicial dictado por la Asamblea Nacional Constituyente; y sobre la designación de uno de sus propios magistrados como integrante de la ilegítima Comisión de Emergencia Judicial; con el cual, en definitiva, aceptó la inconstitucionalidad, lo que inexorablemente condujo a su disolución posterior.

En *tercer lugar*, en efecto, el 25 de agosto de 1999, la Asamblea dictó el "Decreto mediante el cual *se regulan las funciones del Poder Legislativo*"[30] que reformó cinco días después, el 30 de agosto de 1999[31]; arrogándose esta vez directa y abiertamente un "poder constituyente originario" que nadie le había otorgado, sino ella misma en su propio Estatuto de funcionamiento. Mediante este Decreto, la Asamblea materialmente declaró la cesación de las Cámaras Legislativas (Senado y Cámara de Diputados), cuyos miembros habían sido electos en noviembre de 1998, atribuyéndole además, inconstitucionalmente, la función legislativa del Estado a la Comisión Delegada del Congreso y a la propia Asamblea Constituyente[32].

En el Decreto de regulación del Poder Legislativo, la Asamblea también intervino y eliminó las Asambleas Legislativas de los Estados de la Federación, violando la Constitución y vulnerando su autonomía de los Estados al disponer que las funciones de las mismas serían ejercerían por unas Comisiones Delegadas de cada una, regulando la forma de su integración (art. 11); y además, revocando el mandato de los Diputados de las Asambleas que no integrasen las Comisiones delegadas respectivas (art. 12). En cuanto a los Concejos Municipales de los Municipios del país, si bien no se los eliminó, se les prohibió realizar operación alguna con los ejidos municipales, y aprobar o modificar los Planes de Desarrollo Urbano Local (art. 14), lo que se

---

29 Véanse nuestros comentarios sobre el Acuerdo en Allan R. Brewer–Carías, *Debate Constituyente,* tomo I, *op. cit.,* pp. 141 y ss. Véanse además, los comentarios de Lolymar Hernández Camargo, *La Teoría del Poder Constituyente, cit,* pp. 75 y ss.

30 *Gaceta Oficial* N° 36.772 de 25–08–99.

31 *Gaceta Oficial* N° 36.776 de 31–08–99.

32 Véase en Allan R. Brewer–Carías, *Debate Constituyente,* tomo I, *op. cit.,* pp. 75 a 113; y en *Gaceta Constituyente (Diario de Debates), Agosto–Septiembre 1999, cit.,* Sesión de 25–08–99, N° 13, pp. 12 a 13 y 27 a 30 y Sesión de 30–08–99, N° 16, pp. 16 a 19. Véase el texto del Decreto en *Gaceta Oficial* N° 36.772 de 26–08–99.Con posterioridad, sin embargo, y con la intermediación de la Iglesia Católica, el 9–9–99, la directiva de la Asamblea llegó a un acuerdo con la directiva del Congreso, con lo cual, de hecho, se dejó sin efecto el contenido del Decreto, siguiendo el Congreso funcionando conforme al régimen de la Constitución de 1961. Véase el texto del Acuerdo en *El Nacional,* Caracas 10–9–99, p. D–4.

configuraba en una lesión a la autonomía municipal que garantizaba la Constitución de 1961 (art. 30), la cual, de nuevo, resultó violada.

En *cuarto lugar,* el 26 de agosto de 1999, la Asamblea decretó la suspensión de las elecciones municipales que debían convocarse el 28 de noviembre de 1999[33], lo que constituía una decisión inconstitucional[34], pues para que pudiera realizarse dicha suspensión debía haberse reformado la Ley Orgánica del Sufragio, que dispusiera que los alcaldes, concejales y miembros de juntas parroquiales electos en 1998 continuarían ejerciendo sus mandatos.

VI

Finalmente, y ello fue lo más grave de todo el proceso de golpe de Estado constituyente, en *quinto lugar*, luego de que se discutió y sancionó la nueva Constitución de 1999, la cual fue aprobada junto con sus Disposiciones Transitorias en referendo aprobatorio realizado el 15 de diciembre de 1999, una semana después, el 22 de diciembre de 1999, la propia Asamblea Nacional Constituyente emitió un nuevo Decreto "constitucional" no aprobado por el pueblo, el de "Régimen de Transición del Poder Público",[35] dos días después de la "proclamación" de la Constitución pero antes de su entrada en vigencia, pues la publicación de la Constitución en *Gaceta Oficial* había sido deliberadamente demorada hasta el 30 de diciembre de 1999[36].

Así, ante la deliberada ausencia de alguna regulación en las Disposiciones Transitorias de la nueva Constitución que se refiriera a cesación en sus cargos de los titulares de los órganos del Poder Público y al nombramiento de nuevos funcionarios para ello, y ante el afán sobrevenido en el nuevo poder de sustituir a todos los titulares de los órganos del Estado sin esperar la elección de la nueva Asamblea Nacional; la Asamblea Nacional Constituyente, quiso "hacer efectivo el proceso de transición hacia el régimen establecido en la Constitución de 1999", lo que no estaba escrito en norma alguna; y dictó un régimen constitucional transitorio no establecido en el texto de la nueva Constitución y sin someterlo a aprobación popular por la vía de referendo.

En este Decreto, fundamentalmente, la Asamblea Nacional Constituyente tomó el siguiente conjunto de decisiones en cuanto a los órganos del Poder Público:

---

33 *Gaceta Oficial* N° 36.776 de 31–08–99.

34 Véase en Allan R. Brewer–Carías, *Debate Constituyente,* tomo I, *op. cit.,* pp. 115 a 122; y en *Gaceta Constituyente (Diario de Debates), Agosto–Septiembre 1999, cit.,* Sesión de 26–08–99, N° 14, pp. 7 a 8, 11, 13 y 14. Véase el texto del Decreto en *Gaceta Oficial* N° 36.776 de 31–08–99.

35 Véase en *Gaceta Oficial* N° 36.859 de 29–12–99.

36 Véase en *Gaceta Constituyente (Diario de Debates), Noviembre 1999–Enero 2000, cit.,* Sesión de 22–12–9, N° 51, pp. 2 y ss. Véase *Gaceta Oficial* N° 36.859 de 29–12–99; y *Gaceta Oficial* N° 36.860 de 30–12–99.

En primer lugar, decidió la definitiva disolución del Congreso, y acordó la cesación en las funciones de los senadores y diputados (art. 4) que habían sido electos un año antes. Esta decisión, violatoria del principio democrático, indudablemente creó un vacío constitucional, pues implicaba que hasta que se produjera la elección de los nuevos miembros de la nueva Asamblea Nacional, la República podía carecía de órgano legislativo nacional. Por ello, para "suplir" el vacío que la misma Asamblea Nacional Constituyente ilegítimamente creaba, tomó otra decisión, que fue la de "crear" un nuevo órgano no previsto en la nueva Constitución aprobada por el pueblo, ni en la previa de 1961, para lo cual no tenía poder ni autoridad alguna, siendo en consecuencia, totalmente ilegítimo. Se trató de una "Comisión Legislativa Nacional" (denominada "Congresillo"), a la cual le asignó el Poder Legislativo Nacional "hasta tanto se elijan y tomen posesión los diputados integrantes de la Asamblea Nacional" (art. 5), y cuyos miembros también fueron designados por la Asamblea (art. 5), a dedo, con integrantes afectos al nuevo poder y a los partidos de gobierno.

En segundo lugar, la Asamblea Nacional Constituyente, en el Decreto del 22 de diciembre de 1999, también se burló de la nueva Constitución, cuando declaró la "disolución de las Asambleas Legislativas de los Estados" (art. 11), para lo cual no tenía autoridad alguna de carácter constitucional, al no haberse resuelto ello en esa forma en las Disposiciones Transitorias de la Constitución; pues ni siquiera ello estaba establecido en su Estatuto de Funcionamiento. Además, la Asamblea decidió la cesación en sus funciones, de los diputados que integraban las Asambleas (art. 11). Pero la Asamblea Nacional Constituyente, al igual que lo que ocurrió con el Poder Legislativo Nacional, a nivel estadal también creó, sin competencia alguna, sendas "Comisiones Legislativas Estadales", atribuyendo el nombramiento de sus miembros, incluso, a la "Comisión Coordinadora de la Asamblea Nacional Constituyente" (art. 12). Ello no sólo era ilegítimo, al no estar prevista esa facultad en norma alguna, sino que también era violatorio de las bases comiciales aprobadas en el referendo del 25–04–99, así como de la antes mencionada garantía democrática, que era uno de sus límites supra constitucionales.

En tercer lugar, en cuanto a los órganos del Poder Municipal, el artículo 15 del Decreto de la Asamblea de fecha 22–12–99[37] estableció que los Concejos Municipales y los Alcaldes "actuales", ejercerían sus funciones "bajo la supervisión y control de la Asamblea Nacional Constituyente o de la Comisión Legislativa Nacional" hasta tanto se eligieran popularmente sus nuevos integrantes; atribuyendo a la Comisión Coordinadora de la Asamblea Nacional Constituyente o la Comisión Legislativa Nacional la potestad de sustituir parcial o totalmente la integración de los Concejos Municipales, así como sustituir a los Alcaldes, en los casos de graves irregularidades administrativas.

37 Véase *Gaceta Constituyente (Diario de Debates), Noviembre 1999–Enero 2000, cit.,* Sesión de 22–12–99, N° 51, p. 5.

Esta norma también constituyó una burla a la nueva Constitución, pues violaba en su totalidad la garantía de la autonomía municipal prevista en la Constitución, así como el principio democrático respecto de las autoridades municipales que impone que las mismas sólo pueden ser electas popularmente.

En cuarto lugar, el artículo 17 del Decreto dispuso, además, que la Corte Suprema de Justicia, sus Salas y dependencias desaparecían y pasaban a conformar el nuevo Tribunal Supremo de Justicia, por lo que, además de las Salas Político Administrativa, de Casación Penal y de Casación Civil de la Corte Suprema de Justicia, cuya extinción se decretó, la Asamblea creó las Salas Constitucional, Social y Electoral que preveía la nueva Constitución y que aún no había entrado en vigencia.

En el artículo 19 del Decreto, la Asamblea, además, designó los Magistrados que pasaban a integrar el Tribunal Supremo de Justicia, sin sujetarse a las condiciones establecidas en la nueva Constitución para dichos cargos, entre los cuales estaba quien en los dos últimos meses había sido el Presidente de la Corte Suprema de Justicia. Sus servicios habían sido reconocidos

En quinto lugar, La Asamblea Nacional Constituyente, en el Decreto sobre Régimen de Transición del Poder Público de 22–12–99, no sólo nombró al Defensor del Pueblo (art. 34), que era para lo único que tenía competencia constitucional expresa en las Disposiciones Transitorias de la Constitución de 1999, sino después de cesar a sus titulares designados por el Congreso un año antes, también nombró al Contralor General de la República (art. 36) y al Fiscal General de la República (art. 35), en forma provisional mientras la Asamblea Nacional, una vez que se eligiese, designara a los nuevos titulares.

Incluso, en el Decreto le asignó al Contralor General de la República una competencia no prevista en norma alguna del ordenamiento, que era la posibilidad de *intervenir* las Contralorías Estadales y Municipales y designar con carácter provisional a los titulares de esas entidades (art. 37), con lo cual violaba la autonomía de los Estados y Municipios garantizada en la nueva Constitución.

En sexto lugar, en cuanto al Poder Electoral, por último, la Asamblea Nacional Constituyente, careciendo totalmente de competencia para ello, y en forma ilegítima, en el Decreto del 22 de diciembre de 1999 se auto–atribuyó competencia para designar a los integrantes del Consejo Nacional Electoral (art. 40), designaciones que realizó días después, con carácter provisorio, al nombrar a personas, todas vinculadas al nuevo poder y a los partidos que apoyaban al gobierno, lo que incluso no garantizaba la imparcialidad electoral necesaria, burlándose del artículo 296 de la nueva Constitución.

VII

El Decreto sobre el Régimen de Transición del Poder Público fue por supuesto impugnado ante la Sala Plena de la antigua Corte Suprema de Justicia en fecha 29 de diciembre de 1999, respecto a los nombramientos del

Fiscal General de la República, Contralor General de la República, Magistrados del Tribunal Supremo de Justicia, Defensora del Pueblo, Directivos del Consejo Nacional Electoral y miembros de la Comisión Legislativa Nacional ("Congresillo"). Luego de la remisión del expediente a la nueva Sala Constitucional del nuevo Tribunal Supremo de Justicia, sus Magistrados, que habían sido producto de dicho régimen transitorio que se impugnaba, en lugar de inhibirse, pasaron a decidir en causa propia, apresuradamente, mediante sentencia Nº 4 de fecha 26 de enero de 2000 (caso: *Eduardo García),* considerando que el Decreto era "un acto de rango y naturaleza constitucional" y, además "de naturaleza organizativa, por el cual se produjo la designación de altos funcionarios del Poder Público Nacional, el cual se fundamenta en los propósitos de reorganización del Estado, conferidos a la Asamblea Nacional Constituyente," desestimando el recurso, para lo cual concluyeron señalando que:

> "dado el carácter *originario del poder conferido por el pueblo* de Venezuela a la Asamblea Nacional Constituyente, mediante la pregunta Nº 1 y la Base Comicial Octava del referendo consultivo nacional, aprobado el 25 de abril de 1999, y por tanto *la no sujeción de este poder al texto constitucional vigente para la época*, la demanda propuesta, al fundamentar las presuntas transgresiones en la referida Constitución y no en los parámetros y principios consagrados en las bases fijadas en el citado referendo, conduce forzosamente a su improcedencia"[38].

En el país, entonces, y como consecuencia de esta y otras sentencias posteriores del Tribunal Supremo, existieron dos regímenes constitucionales paralelos: uno contenido en la Constitución de 1999, aprobada por el pueblo; y otro, dictado con posterioridad a dicha aprobación por la Asamblea Nacional Constituyente, no aprobado por el pueblo y de vigencia imprecisa hasta que se apruebe toda la legislación que prevé la propia Constitución de 1999, lo cual en 2009 aún no ha ocurrido.

El Tribunal Supremo de Justicia, lamentablemente, en lugar de cumplir con su deber como contralor de la constitucionalidad, al querer "resolver" el vacío creado por la Asamblea Constituyente después de aprobada por referendo popular la Constitución de 1999, violentó el ordenamiento constitucional y frustró la esperanza de que se afianzara el Estado de Derecho, precisamente cuando comenzaba a entrar en aplicación la nueva Constitución. En sentencia Nº 6 de fecha 27 de enero de 2000, la Sala Constitucional decidió que como el régimen de transición era un acto "publicado en la Gaceta Oficial número 36.859 del 29 de diciembre de 1999, esto es, con anterioridad a la vigencia de la Constitución de la República Bolivariana de Venezuela de 1999, *no está sujeto ni a ésta, ni a la Constitución de 1961.*[39] Luego en

38 Véase en *Revista de Derecho Público*, Nº 81, Editorial Jurídica Venezolana, Caracas 2000, pp. 93 y ss.

39 Véase en *Revista de Derecho Público*, Nº 81, (enero-marzo), Editorial Jurídica Venezolana, Caracas, 2000, pp. 81 y ss.

sentencia de 28 de marzo de 2000 (*caso: Allan R. Brewer-Carías y otros*), con motivo de declarar sin lugar la demanda de nulidad intentada contra el Estatuto Electoral del Poder Público dictado por la Asamblea Constituyente el 30 de enero de 2000,[40] el Juez Constitucional ratificó su tesis de que la Asamblea Constituyente, en cuanto al régimen constitucional transitorio, podía elaborar unas Disposiciones Transitorias que formaran parte de la Constitución para ser aprobada por el pueblo mediante referendo; y además, dictar actos constituyentes aparte, de valor y rango constitucional, que originarían un régimen transitorio constitucional paralelo, no aprobado por el pueblo.

Con ello, fue entonces la Sala Constitucional la que mutó ilegítimamente la Constitución, violando la soberanía popular, admitiendo que supuestamente, un órgano del Estado podía dictar normas de rango constitucional, no aprobadas mediante referendo por el pueblo,[41] con lo que se inició un largo período de transitoriedad constitucional que diez años después no ha concluido.

VIII

La Constitución de 1999, por tanto, no sólo tuvo su génesis en un golpe de Estado que fue el proceso constituyente de 1999, sino que aún antes de que entrada en vigencia comenzó a ser violada. Con posterioridad, la evolución de la misma nos la muestra como un texto que ha sido sucesivamente violentado, en la mayoría de los casos con la anuencia de la Jurisdicción Constitucional, la cual estaba llamada a ser su guardián, habiendo sido "adaptado" progresivamente para apuntalar un régimen autoritario como el que se ha desarrollado bajo su manto, todo en *fraude a la Constitución*.

Este ocurre, como lo señaló la propia Sala Constitucional del Tribunal Supremo de Justicia en una sentencia No. 74 de 25 de enero de 2006, cuando se destruyen las teorías democráticas "mediante el procedimiento de cambio en las instituciones existentes aparentando respetar las formas y procedimientos constitucionales", o cuando se utiliza

> "del procedimiento de reforma constitucional para proceder a la creación de un nuevo régimen político, de un nuevo ordenamiento constitucional, sin alterar el sistema de legalidad establecido, como ocurrió

---

40 Véase en *G.O.* N° 36.884 de 03-02-00.

41 La Sala Constitucional llegó a afirmar que "Tal disposición, emanada del poder constituyente *que podía lo más,* cual era la transformación del Estado, lo que iba a adelantar mediante la aprobación de una nueva Constitución y del régimen de transición, claro *que podía lo menos,* dentro de su cometido de transformación del Estado, cual era dictar las normas que permitirían la transición entre el sistema constitucional abrogado y el nuevo, que conforme al texto constitucional de 1999, no podía de inmediato constituirse en todas sus instituciones". Véase en *Revista de Derecho Público*, N° 81, (enero-marzo), Editorial Jurídica Venezolana, Caracas, 2000, p. 86.

con el *uso fraudulento de los poderes* conferidos por la ley marcial en la Alemania de la Constitución de *Weimar*, forzando al Parlamento a conceder a los líderes fascistas, en términos de dudosa legitimidad, la plenitud del poder constituyente, otorgando un poder legislativo ilimitado."[42]

Y precisamente, lo ocurrido en los últimos 20 años en Venezuela, ha sido un proceso de fraude continuo a la Constitución,

Por lo reciente y notorio, en esta línea, debe destacase el fraude cometido en el proceso de reforma constitucional que a iniciativa del Presidente de la República se llevó a cabo en 2007, la cual fue afortunadamente rechazada por el pueblo en el referendo del 2 de diciembre de 2007. Dicha "reforma constitucional," con la cual se pretendía transformar radicalmente el Estado democrático y social de derecho en un Estado Socialista, Centralizado, Policial y Militarista,[43] se adelantó en fraude a la Constitución pues esas modificaciones sólo podían realizarse mediante la convocatoria de una Asamblea Nacional Constituyente (art. 347), habiendo sido la Sala Constitucional cómplice del fraude al haberse negado sistemáticamente a ejercer el control de constitucionalidad de los diversos actos preparatorios de la fraudulenta reforma.[44]

El pueblo, sin embargo, se ocupó de rechazar la reforma, pero de nuevo, en fraude a la Constitución y a esa manifestación de soberanía popular, tanto la Asamblea Nacional como el propio Poder Ejecutivo, de nuevo con la complicidad del guardián de la Constitución, han procedido a "implementar," muchos aspectos de la rechazada reforma,[45] mediante Decretos Leyes

---

42 Véase en *Revista de Derecho Público*, Editorial Jurídica Venezolana, N° 105, Caracas 2006, pp. 76 ss.

43 Véase Allan R. Brewer-Carías, *Hacia la consolidación de un Estado Socialista, Centralizado, Policial Y Militarista. Comentarios sobre el sentido y alcance de las propuestas de reforma constitucional 2007,* Colección Textos Legislativos, No. 42, Editorial Jurídica Venezolana, Caracas 2007.

44 Véase el estudio de las respectivas sentencias en Allan R. Brewer-Carías, "El juez constitucional vs. la supremacía constitucional. O de cómo la Jurisdicción Constitucional en Venezuela renunció a controlar la constitucionalidad del procedimiento seguido para la "reforma constitucional" sancionada por la Asamblea Nacional el 2 de noviembre de 2007, antes de que fuera rechazada por el pueblo en el referendo del 2 de diciembre de 2007", en *Revista de Derecho Público*, N° 112, Caracas, Editorial Jurídica Venezolana, 2007, pp. 661-694

45 Véanse los trabajos de Lolymar Hernández Camargo, "Límites del poder ejecutivo en el ejercicio de la habilitación legislativa: Imposibilidad de establecer el contenido de la reforma constitucional rechazada vía habilitación legislativa," en *Revista de Derecho Público*, N° 115 *(Estudios sobre los Decretos Leyes),* Editorial Jurídica venezolana, Caracas 2008, pp. 51 ss.; Jorge Kiriakidis, "Breves reflexiones en torno a los 26 Decretos-Ley de Julio-Agosto de 2008, y la consulta popular refrendaría de diciembre de 2007", *Idem,* pp. 57 ss.; y José Vicente Haro García, Los recientes intentos de reforma constitucional o de cómo se está tratando de establecer una dictadura socialista

dictados en ejecución de la Ley habilitante de febrero de 2007,[46] tendientes, por ejemplo, a establecer la planificación centralizada,[47] implementar las bases del Estado Socialista y del sistema económico socialista,[48] y transformar la Fuerza Armada en una Fuerza Armada Bolivariana con una Milicia no prevista en la Constitución,[49] todo lo cual había rechazado el pueblo; así como mediante otras leyes dictadas para regular la Administración Pública, y el Distrito Capital como entidad territorial totalmente dependiente del Poder Nacional. En este último caso, por ejemplo, de acuerdo con la Ley Especial sobre el Distrito Capital,[50] el mismo, contrariando lo dispuesto en la Constitución, no tiene autoridades propias de gobierno, sino que es gobernada por el Poder Nacional mediante, un "régimen especial ... de gobierno" que consiste en que el ejercicio de la función legislativa en el Distrito esta a cargo de la Asamblea Nacional, y que el órgano ejecutivo es ejercido por un Jefe de Gobierno (art. 3), el cual de acuerdo con el artículo 7 de la Ley Especial es "de libre nombramiento y remoción" por parte del Presidente de la República, con lo que en el mismo territorio del Municipio Libertador se le ha superpuesto una estructura nacional, mediante una Ley nacional, totalmente inconstitucional. Se ha revivido, así, el desaparecido Distrito Federal en su esquema original de 1864.

Dos años antes, además, ya se había iniciado el proceso de transformación del Estado sin base constitucional, desmunicipalizándose el país y minando la democracia representativa, con la Ley de los Consejos Comunales,[51] y con ello, minando la democracia representativa.

---

con apariencia de legalidad (A propósito del proyecto de reforma constitucional de 2007 y los 26 decretos leyes del 31 de julio de 2008 que tratan de imponerla)", *Idem*, pp. 63 ss.

46 *Gaceta Oficial* 38.617, de fecha 1° de febrero de 2007.

47 Véase por ejemplo, Allan R. Brewer-Carías, "Comentarios sobre la inconstitucional creación de la Comisión Central de Planificación, centralizada y obligatoria", *Revista de Derecho Público*, No. 110, (abril-junio 2007), Editorial Jurídica Venezolana, Caracas 2007, pp. 79-89

48 Por ejemplo, Ley Orgánica de Seguridad y Soberanía Agroalimentaria, y Ley para el fomento y desarrollo de la economía popular, *Gaceta Oficial* N° 5.890 Extraordinaria de 31 julio de 2008.

49 Véase Ley sobre la Ley Orgánica de la Fuerza Armada Nacional, *Gaceta Oficial* con fecha 31 de julio de 2008.

50 *Gaceta Oficial* N° 39.156 de 13 de abril de 2009.

51 Ley de Consejos Comunales, *Gaceta Oficial,* N° 5806 *Extraordinario,* 10-04-2006. Véase Allan R. Brewer-Carías, "El inicio de la desmunicipalización en Venezuela: La organización del Poder Popular para eliminar la descentralización, la democracia representativa y la participación a nivel local", en *AIDA, Opera Prima de Derecho Administrativo. Revista de la Asociación Internacional de Derecho Administrativo*, Universidad Nacional Autónoma de México, México, 2007, pp. 49 a 67

IX

En efecto, como es sabido, el Estado venezolano está configurado como una Federación, que en la Constitución incluso de califica de "descentralizada" (art. 4), pariendo del supuesto de que para que haya efectiva participación política el poder tiene que estar cerca del ciudadano. Sin embargo, lejos de reforzarse el federalismo y la descentralización política, lo que se ha presenciado en Venezuela, es un proceso contínuo de centralización del poder, paradójicamente, en nombre de una supuesta participación popular, que encubre un falaz discurso autoritario que pretende sustituir la propia democracia representativa por una "democracia participativa," conduciendo en realidad a la propia destrucción de la democracia.[52]

La participación política, en efecto, no se contrapone a la representación como a veces se quiere hacer ver, sino a la "exclusión" política, de manera que la participación no puede quedar reducida a la democracia directa, ni puede conllevar a la eliminación de la representación. No puede existir en el mundo contemporáneo una democracia que sea sólo refrendaria, plebiscitaria o de cabildos abiertos permanentes; lo que no impide, por supuesto, que además de la representación se incorporen en las Constituciones como ocurre con el caso venezolano, todos los tipos imaginable de referendos. Participar, en efecto, es estar incluido en, es ser parte de..., es pertenecer, incorporarse, contribuir, es estar asociado, o comprometerse a...; es tener un rol, tomar parte activa, estar envuelto o tener una mano en...; o, asociarse, compartir o tener algo que ver con..., y en democracia, ello sólo se logra mediante mecanismos de autogobierno en comunidades políticas que por esencia debe gozar de autonomía política. No hay por tanto efectiva participación, si lo que se implementa es sólo pertenecer en asambleas de ciudadanos controladas por el poder central.[53] Al contrario, las mismas, como consecuencia de la descentralización política del poder, deben establecerse en los estamentos territoriales más reducidos, en el nivel local, comunal o municipal dotado de autonomía política, lo que implica que sus representantes deben ser electos popularmente.

---

52 Véase los estudios "La opción entre democracia y autoritarismo (julio 2001)", pp. 41-59; "Democratización, descentralización política y reforma del Estado (julio-octubre 2001)"», pp. 105-125; y "El Municipio, la descentralización política y la democracia (octubre 2001)», pp. 127-141, en Allan R. Brewer, *Reflexiones sobre el constitucionalismo en América*, Editorial Jurídica Venezolana, Caracas 2001.

53 Véase Allan R. Brewer-Carías, "Democracia Municipal, Descentralización y Desarrollo Local" (Conferencia Inaugural del XXVI Congreso Iberoamericano de Municipios, Organización Iberoamericana de Cooperación Intermunicipal, Ayuntamiento de Valladolid, Valladolid, 13-15 de octubre de 2004), en *Revista Iberoamericana de Administración Pública,* N° 11, julio-diciembre 2003, INAP, Madrid 2003, pp. 11-34.

Por tanto, la democracia participativa está real e indisolublemente ligada, no a la democracia directa, sino a la descentralización política y dentro de esta última, a la municipalización, y la misma no se puede materializar con solo propuestas de incorporación al régimen democrático de instrumentos como los referendos las consultas o las iniciativas populares y las asambleas de ciudadanos.[54] Por ello, sin temor a equivocarnos se puede afirmar que no sólo sin descentralización política o territorial, es decir, sin que exista una multiplicidad de poderes locales y regionales autónomos políticamente no puede haber participación política, sino que en definitiva no puede haber una democracia participativa. La descentralización política es, por tanto, la base de la democracia participativa y a la vez, el impulso del control del poder. El centralismo, en cambio es la base de la exclusión política al concentrar el poder en unos pocos electos, y a la vez, el motivo del desprestigio de la democracia representativa por más aditivos de democracia directa o refrendaria que se le implanten.[55]

En el caso de la democracia venezolana, con la Constitución de 1999, lamentablemente, y a pesar del nominalismo "federativo" y "participativo," no se logró avanzar en la transformación política que era necesaria para afianzar la democracia, continuándose con el sistema de federación centralizada que se había venido estructurando en las décadas anteriores[56]. Así, en

---

54 Véase por ejemplo, en Venezuela, el conjunto de estudios publicados en *Participación Ciudadana y Democracia*, Comisión Presidencial para la Reforma del Estado, Caracas 1998.

55 Por ello, en la conferencia que dictamos en el XXV Congreso de la Organización iberoamericana de Municipios, en Guadalajara, Jalisco, México, en 2001, decíamos que: "el debate contemporáneo en nuestros países por más democracia, tiene que centrarse en el rescate del proceso de descentralización política. Perfeccionar la democracia exige hacerla más participativa y más representativa, para lo cual la única vía posible que existe es acercando el Poder al ciudadano, y ello sólo puede lograrse descentralizando territorialmente el Poder del Estado y llevarlo hasta la más pequeña de las comunidades; es decir, distribuyendo el Poder en el territorio nacional". Y agregaba además, que "cualquiera que sea la forma de descentralización política, se trata de proyectos y propuestas contrapuestos radicalmente al centralismo de Estado y a la concentración del Poder, que son esencialmente antidemocráticos". En definitiva, la propuesta política que entonces formulamos, y ahora insistimos en ratificar, "busca el diseño en nuestros países, de un nuevo sistema político que la democracia exige, y que sólo puede tener por objeto hacerla más participativa, con gran presencia de la sociedad civil, y más representativa de las comunidades. Ello implica desparramar el poder en todo el territorio, hasta la última de las comunidades, para que el ciudadano y sus sociedades intermedias puedan realmente participar". Véase la conferencia sobre "El Municipio, la descentralización política y la democracia" en *XXV Congreso Iberoamericano de Municipios, Guadalajara, Jalisco, México del 23 al 26 de octubre de 2001*, Fundación Española de Municipios y Provincias, Madrid 2003, pp. 453 y ss..

56 Véase Allan R. Brewer-Carías, *Federalismo y Municipalismo en la Constitución de 1999 (Alcance de una reforma insuficiente y regresiva),* Cuadernos de

cuanto a la federación, se retrocedió institucionalmente al eliminarse el Senado, y con ello, el principio de igualdad institucional de los Estados, estableciéndose por primera vez en la historia constitucional de Venezuela una Asamblea Nacional unicameral (Art. 186). Además se permitió la posibilidad de establecer limitaciones a la autonomía de los Estados (Art. 162) y de los Municipios (Art. 168) mediante ley nacional, lo que se configura como una negación, de principio, de la idea misma de descentralización política, la cual al contrario tiene que estar basada en el concepto de autonomía territorial garantizada en la propia Constitución. Se estableció además, un precario ámbito de las competencias estadales cuyo ejercicio, además, se sujetó a lo regulado en la legislación nacional; y una centralización tributaria que coloca a los Estados en una dependencia financiera más acentuada.

En cuanto al poder municipal, el excesivo uniformismo impidió acercar las instituciones locales autónomas al ciudadano, y se abandonó la idea de municipalizar el territorio, lo cual se selló la Ley Orgánica del Poder Público Municipal de 2005.[57] En su lugar por lo que optó fue por utilizar las "asambleas de ciudadanos cuyas decisiones (conforme a la Constitución), son de carácter vinculante" (art. 70), dictándose en 2006 una Ley de los Consejos Comunales, [58] en la cual se ha establecido es un sistema institucional *centralizado* en paralelo al régimen municipal, para la supuesta participación popular, denominado "del Poder Popular", que ha ignorado la propia existencia del régimen municipal; e iniciado formalmente el proceso de eliminación de la democracia participativa.

En ese sistema centralizado, los Consejos Comunales se caracteriza porque no tienen ni por asomo autonomía política alguna, y sus miembros no son electos como representantes mediante sufragio, sino que son designados por una organización de Comisiones Presidenciales piramidales controladas directamente por el Poder Ejecutivo Nacional y el partido oficial del gobierno. En el mismo, a la "comunidad" se la concibe fuera del municipio, cuando conforme a la Constitución este debe ser la unidad política primaria en la organización nacional; y en un supuesto "marco constitucional de la demo-

---

la Cátedra Allan R. Brewer-Carías de Derecho Público, N° 7, Universidad Católica del Táchira, Editorial Jurídica Venezolana, Caracas-San Cristóbal 2001, 187 pp. Véase además, Allan R. Brewer-Carías, "El 'Estado Federal descentralizado' y la centralización de la Federación en Venezuela. Situación y Perspectiva de una contradicción constitucional», en *Revista de Estudios de la Administración Local (REAL)*, 292-293, mayo-diciembre 2003, Madrid 2003, pp. 11-43.

57 Véase *Gaceta Oficial* n° 38.204 de 8 de junio de 2005. La Ley Orgánica fue objeto de una reforma en noviembre de 2005, *Gaceta Oficial* n° 38.327 de 2 de diciembre de 2005; y luego en abril de 2006, *Gaceta Oficial* n° 5.806 Extra. de 10 de abril de 2006, reimpresa por error material en Gaceta Oficial n° 38.421 de 21 de abril de 2006. Véase Allan R. Brewer-Carías et al, *Ley Orgánica del Poder Público Municipal*, Editorial Jurídica Venezolana, Caracas 2005.

58 Véase en *Gaceta Oficial* N° 5.806 Extraordinaria del 10 de abril de 2006.

cracia participativa y protagónica", también supuestamente se han pretendido regularlos como "instancias de participación, articulación e integración entre las diversas organizaciones comunitarias, grupos sociales y los ciudadanos", pero sin descentralización política alguna. Es decir, como se dijo, con esta estructura paralela *no autónoma*, a lo que se ha dado origen es al inicio del desmantelamiento de la democracia representativa en el país. Por lo demás, los Consejos Comunales no sólo se han establecido sin relación alguna con los Municipios ni la representación democrática, sino que se han organizado en un esquema piramidal de Comisiones Presidenciales que dirige directamente el Presidente de la República quien controla la asignación de recursos. Es así como se ha pretendido que el pueblo organizado ejerza "directamente la gestión de las políticas públicas y proyectos orientados a responder a las necesidades y aspiraciones de las comunidades en la construcción de una sociedad de equidad y justicia social," (art. 2), bajo el control del Presidente de la República; con lo que los Alcaldes y los concejales miembros de Consejos Municipales, incluso electos por sufragio universal directo y secreto, están llamados a desaparecer ahogados por el esquema centralizante de los Consejos Comunales del Poder Popular, a los cuales se los ha involucrado en todas las políticas públicas nacionales.

Pero a nivel de la federación, el golpe de gracia contra la misma y contra la descentralización, una vez rechazada la reforma constitucional de 2007, lo dio el Tribunal Supremo de Justicia, al mutar ilegítimamente la Constitución para implementar por la vía de su interpretación, uno de los aspectos de la rechazada reforma constitucional que el Presidente de la República había propuesto en 2007. En esta, en efecto, se buscaba "nacionalizar" o centralizar la competencia exclusiva que el artículo 164,10 de la Constitución de 1999 atribuye a los Estados de la federación en materia de la conservación, administración y aprovechamiento de autopistas y carreteras nacionales."[59] Sin embargo, a pesar de dicho rechazo, la Sala Constitucional del Tribunal Supremo, en sentencia No. 565 de 15 de abril de 2008[60], dictada con motivo de decidir un recurso autónomo de interpretación de la norma constitucional formulado por el propio Procurador General de la República, pura y simplemente resolvió modificar el contenido de la norma constitucio-

59 Véase Allan R. Brewer-Carías, *La Reforma Constitucional de 2007 (Comentarios al Proyecto Inconstitucionalmente sancionado por la Asamblea Nacional el 2 de Noviembre de 2007),* Colección Textos Legislativos, N° 43, Editorial Jurídica Venezolana, Caracas 2007, pp. 72 ss.; Véase Allan R. Brewer-Carías, *Hacia la Consolidación de un Estado Socialista, Centralizado, Policial y Militarista. Comentarios sobre el sentido y alcance de las propuestas de reforma constitucional 2007,* Colección Textos Legislativos, N° 42, Editorial Jurídica Venezolana, Caracas 2007, pp. 41 ss.

60 *Cfr.* Sentencia de la Sala Constitucional, n° 565, caso Procuradora General de la República, recurso de interpretación del artículo 164.10 de la Constitución de 1999 de fecha 15 de Abril de 2008, en http://www.tsj.gov.ve/decisiones/-scon/Abril/565-150408-07-1108.htm.

nal, y dispuso, como interpretación vinculante de la misma, que esa "competencia exclusiva" *no es tal competencia exclusiva*, sino una competencia concurrente, la cual, incluso, el Poder Nacional puede revertir a su favor, eliminando toda competencia de los Estados.

La consecuencia de esta ilegítima "modificación constitucional," como lo señaló la Sala Constitucional, fue que "generaba una necesaria revisión y modificación de gran alcance y magnitud del sistema legal vigente," exhortando a la Asamblea Nacional para que "procediera a la revisión y correspondiente modificación de la normativa legal vinculada con la interpretación vinculante establecida en la presente decisión,[61] lo que efectivamente ocurrió, entre otras, con la sanción en marzo de 2009, de la Ley Orgánica de Descentralización, Delimitación y Transferencia de Competencias del Poder Público,[62] a los efectos de eliminar las competencias exclusivas de los Estrados establecidas en los ordinales 3 y 5 del artículo 11 de dicha Ley. En esta forma, un nuevo fraude a la Constitución se había consumado, esta vez con la participación del Tribunal Supremo de Justicia.[63]

XI

El fraude constitucional, por otra parte, también caracterizó el proceso de "enmienda constitucional" de 2009, mediante el cual se utilizó un procedimiento distinto al previsto en la Constitución para reformar uno de los principios fundamentales del gobierno de las entidades políticas del Estado consagrado en el artículo 6 de la Constitución, referente a la necesidad de que siempre sea "alternativo" lo que implica limitación a la reelección presidencial. Se trata de un principio de los llamados pétreo que no puede cambiarse y que en todo caso hubiera requerido la convocatoria de una Asamblea Constituyente para su consideración.

La reforma, incluso ya se había propuesto en 2007 y había sido rechazada popularmente. Sin embargo, un año después se volvía a presentar mediante otro procedimiento; y entonces, con la complicidad de la Sala Constitucional ocurrió un nuevo fraude constitucional, materializado en la sentencia

---

61 De ello resulta según la sentencia: "la necesaria revisión general de la Ley Orgánica de Descentralización, Delimitación y Transferencia de Competencias del Poder Público, Ley General de Puertos y la Ley de Aeronáutica Civil, sin perjuicio de la necesaria consideración de otros textos legales para adecuar su contenido a la vigente interpretación."

62 *Gaceta Oficial* N° 39 140 del 17 de marzo de 2009

63 Véase Allan R. Brewer-Carías, "La Sala Constitucional como poder constituyente: la modificación de la forma federal del estado y del sistema constitucional de división territorial del poder público, en *Revista de Derecho Público*, N° 114, (abril-junio 2008), Editorial Jurídica Venezolana, Caracas 2008, pp. 247-262.

Nº 53 de 3 de febrero de 2009,[64] que allanó el camino constitucional para la realización del referendo aprobatorio del 15 de febrero de 2009. En él, se aprobó el proyecto de Enmienda Constitucional relativa a los artículos 160, 162, 174, 192 y 230 de la Constitución, que estableció en Venezuela, al contrario de la tradición constitucional anterior, el principio de la posibilidad reelección continua de cargos electivos eliminando el principio constitucional de la alternabilidad republicana (art. 6), violando además, la prohibición constitucional de realizar una consulta popular sobre modificaciones a la Constitución ya rechazadas por el pueblo en un mismo período constitucional (art. 345).

XII

Esto confirma que lamentablemente, las modificaciones a la Constitución en la década que ha transcurrido de su vigencia, también han resultado de su falseamiento, que ocurre como lo ha dicho la misma Sala Constitucional, cuando se otorga "a las normas constitucionales una interpretación y un sentido distinto del que realmente tienen, que es en realidad una modificación no formal de la Constitución misma."[65] Y ello es precisamente lo que ha ocurrido en múltiples sentencias precisamente de la misma Sala Constitucional, en las cuales por la vía de la interpretación vinculante se ha producido una ilegítima mutación de la Constitución, en muchos casos incluso sin que las normas interpretadas hayan sido ambiguas, imprecisas, mal redactadas y con errores de lenguaje, legitimando y soportando la estructuración progresiva de un Estado autoritario.

Además de las "reformas" mencionadas en el régimen de la federación[66] y del principio del gobierno alternativo, efectuadas falseado el contenido de la Constitución, mediante una "mutación,"[67] ilegítima y fraudulenta de la

---

64 Véase la sentencia Nº 53, de la Sala Constitucional de 2 de febrero de 2009 (Caso: *Interpretación de los artículos 340,6 y 345 de la Constitución*), en http:/www.tsj.gov.ve/decisions/scon/Febrero/53-3209-2009-08-1610.html.

65 Véase en *Revista de Derecho Público*, Editorial Jurídica Venezolana, No. 105, Caracas 2006, pp. 76 ss.

66 Véase Allan R. Brewer-Carías, "El juez constitucional al servicio del autoritarismo y la ilegítima mutación de la Constitución: el caso de la Sala Constitucional del Tribunal Supremo de Justicia de Venezuela (1999-2009)", en *IUSTEL, Revista General de Derecho Administrativo*, No. 21, junio 2009, Madrid, ISSN-1696-9650

67 Una mutación constitucional ocurre cuando se modifica el contenido de una norma constitucional de tal forma que aún cuando la misma conserva su contenido, recibe una significación diferente. Véase Salvador O. Nava Gomar, "Interpretación, mutación y reforma de la Constitución. Tres extractos" en Eduardo Ferrer Mac-Gregor (coordinador), Interpretación Constitucional, Tomo II, Ed. Porrúa, Universidad Nacional Autónoma de México, México 2005, pp. 804 ss. Véase en general sobre el tema, Konrad Hesse, "Límites a la mutación constitucional", en *Escritos de derecho constitucional*, Centro de Estudios Constitucionales, Madrid 1992.

misma,[68] ello ha ocurrido, por ejemplo, mediante el trastocamiento del sistema de justicia constitucional, con lo cual la Sala ha venido asumiendo y auto-atribuyéndose competencias no previstas en la Constitución, no sólo en materia de interpretación constitucional al crearse el recurso autónomo de interpretación abstracta de la Constitución, sino en relación con los poderes de revisión constitucional de cualquier sentencia dictada por cualquier tribunal, incluso por las otras Salas del Tribunal Supremo de Justicia; con los amplísimos poderes de avocamiento en cualquier causa; con los supuestos poderes de actuación de oficio no autorizados en la Constitución; con los poderes de solución de conflictos entre las Salas; con los poderes de control constitucional de las omisiones del Legislador; con la restricción del poder de los jueces de ejercer el control difuso de la constitucionalidad de las leyes; y con la asunción del monopolio de interpretar los casos de prevalencia en el orden interno de los tratados internacionales en materia de derechos humanos.[69]

Entre estas mutaciones constitucionales ilegítimas realizadas por la Jurisdicción Constitucional, se destacan otras de enorme importancia también se han realizado por la Sala Constitucional, estableciendo interpretaciones vinculantes. Ello ocurrió, por ejemplo, al cambiar el sentido del artículo 72 de la Constitución regulatorio de los referendos revocatorios de mandatos de todos los cargos de elección popular. Dicha norma, en efecto, dispone que la revocatoria por iniciativa popular se produce cuando en el referendo "*igual o mayor número de electores o electoras* que eligieron al funcionario o funcionaria hubieren votado a favor de la revocación."[70] La Sala Constitucional, sin embargo, en forma ilegítima, en sentencia N° 2750 de 21 de octubre de 2003 (Caso: *Carlos E. Herrera Mendoza, Interpretación del artículo 72 de la Constitución*), convirtió dicho referendo revocatorio en un referendo "ratificatorio," al considerar que no ocurría la revocación si "**en el** referendo obtu-

---

68 Véase Néstor Pedro Sagües, *La interpretación judicial de la Constitución*, Buenos Aires 2006, pp. 56-59, 80-81, 165 ss.

69 Véase Allan R. Brewer-Carías, "*Quis Custodiet Ipsos Custodes*: De la interpretación constitucional a la inconstitucionalidad de la interpretación," en *VIII Congreso Nacional de derecho Constitucional, Perú*, Fondo Editorial 2005, Colegio de Abogados de Arequipa, Arequipa, septiembre 2005, pp. 463-489; y en *Revista de Derecho Público*, N° 105, Editorial Jurídica Venezolana, Caracas 2006, pp. 7-27. Véase además, en *Crónica sobre La "In" Justicia Constitucional. La Sala Constitucional y el autoritarismo en Venezuela*, Colección Instituto de Derecho Público, Universidad Central de Venezuela, N° 2, Caracas 2007.

70 Sentencia N° 2750 de 21 de octubre de 2003, Caso: *Carlos Enrique Herrera Mendoza, (Interpretación del artículo 72 de la Constitución (Exp. 03-1989). Sentencia* N° 1139 de 5 de junio de 2002 (Caso: *Sergio Omar Calderón Duque y William Dávila Barrios)* Véase en *Revista de Derecho Público,* N° 89-92, Editorial Jurídica Venezolana, Caracas 2002, p. 171. Criterio seguido en la sentencia N° 137 de 13-02-2003 (Caso: *Freddy Lepage Scribani y otros*) (Exp. 03-0287).

viese más votos la opción de la permanencia," del funcionario, en cuyo caso consideró que "debería seguir" en el cargo, "aunque voten en su contra el número suficiente de personas para revocarle el mandato."[71] \

Otras mutaciones constitucionales ilegítimas no menos importantes han ocurrido en materia de protección de derechos humanos, también mediante sendas sentencias de la Sala Constitucional. En de ellas, por ejemplo, la Sala Constitucional eliminó el rango supraconstitucional de los tratados internacionales en materia de derechos establecido en el artículo 23 de la Constitución, tal como se había propuesto en la reforma constitucional rechazada popularmente en 2007, lo que se hizo con la sentencia No. 1.939 de 18 de diciembre de 2008 (Caso *Gustavo Álvarez Arias y otros*) en la cual la Sala Constitucional, además, declaró inejecutable en Venezuela una sentencia de la Corte Interamericana de Derechos Humanos, de fecha 5 de agosto de 2008, dictada en el caso de los ex-magistrados de la Corte Primera de lo Contencioso Administrativo (*Apitz Barbera y otros ("Corte Primera de lo Contencioso Administrativo") vs. Venezuela*).[72] En otra sentencia, Nº 1492 de 15 de julio de 2003 (Caso: *Impugnación de diversos artículos del Código Penal*), a pesar de que el mismo artículo 23 de la Constitución dispone que los tratados internacionales en materia de derechos humanos son "de aplicación inmediata y directa por los tribunales y demás órganos del Poder Público" (art. 23), la Sala Constitucional al contrario, les negó tal potestad a los tribunales, reservándose en exclusiva la competencia para "determinar cuáles normas sobre derechos humanos de esos tratados, pactos y convenios, prevalecen en el orden interno; al igual que cuáles derechos humanos no contemplados en los citados instrumentos internacionales tienen vigencia en Venezuela."[73]

XIII

Todo el anteriormente reseñado proceso de demolición del Estado de derecho y destrucción de la democracia en Venezuela, se ha completado con el proceso de desmantelamiento del principio cardinal que sustenta tanto el Estado de derecho como la democracia, que es el de la separación de pode-

---

71 Exp. 03-1989. n este cambio de la Constitución se evitó que el mandato del Presidente de República, Hugo Chávez, fuera revocado en 2004. El Presidente había sido electo en agosto de 2000 con 3.757.774 votos, y por la revocación de su mandato votaron en el referendo de 15 de agosto de 2004, 3.989.008 electores, por lo que constitucionalmente su mandato había quedado revocado. Sin embargo, como votaron por la no revocación 5.800.629 electores, el Consejo Nacional Electoral decidió, conforme a la doctrina de la Sala Constitucional, "ratificar" al Presidente de la República en su cargo hasta 2007 Véase *El Nacional*, Caracas, 28-08-2004, pp. A-1 y A-2

72 Véase en http://www.tsj.gov.ve/decisiones/scon/Diciembre/1939-181208-2008-08-1572.html

73 Véase en *Revista de Derecho Público*, Nº 93-96, Editorial Jurídica Venezolana, Caracas 2003, pp. 135 ss..

res, el cual ha desaparecido en el país, por la centralización del poder en el Poder Ejecutivo a través del control de la Asamblea nacional, y por la sujeción del Poder Judicial al mismo.

En este proceso ha jugado un papel fundamental el propio texto de la Constitución de 1999 el cual formuló un *marco institucional autoritario*, a pesar, incluso, de que haya además de los tres clásicos Poderes del Estado (Legislativo, Ejecutivo y Judicial), dos más: el Poder Electoral y el Poder Ciudadano que agrupa a la Contraloría General, al Ministerio Público, y al Defensor del Pueblo (Art. 136). En efecto, para que cualquier sistema de separación orgánica de poderes pueda funcionar tiene que montarse sobre los principios de independencia y autonomía entre los mismos, de manera de asegurar la limitación y control del poder por el poder mismo. Ello, sin embargo, no se diseñó así en la Constitución, donde en cambio se encuentra una absurda distorsión que otorga a la Asamblea Nacional, como órgano político que ejerce el Poder Legislativo y de control, no sólo la potestad de nombrar, sino de *remover* de sus cargos a los altos funcionarios de los otros Poderes (con excepción del Presidente de la República), es decir, los Magistrados del Tribunal Supremo de Justicia, al Fiscal General de la República, al Contralor General de la República, al Defensor del Pueblo y a los Miembros del Consejo Nacional Electoral (Art. 265, 279 y 296); en algunos casos, incluso, por simple mayoría de votos.

Simplemente, no puede hablarse de independencia de los poderes cuando la existencia misma de los titulares de los mismos depende de uno de ellos, el cual además es esencialmente de carácter político. Por ello, el sólo hecho de la previsión en el texto constitucional de tal poder de remoción en manos de la Asamblea Nacional, hace nugatoria la consagración formal de la independencia de los poderes, al tener conciencia sus titulares de que pueden ser removidos cuando efectivamente actúen con independencia,[74] lo que incluso, en la práctica, ya se ha manifestado en Venezuela en mas de una ocasión.[75] Ello ha producido una situación de "dependencia" fáctica de los órganos de control frente a la Asamblea Nacional, como ha sucedido con el Contralor General de la República, o el Defensor del Pueblo, cuyas actuaciones son materialmente inexistentes.

---

74 Véase "Democracia y control del poder", en Allan R. Brewer-Carías, *Constitución, democracia y control del poder*, Centro Iberoamericano de Estudios Provinciales y Locales, Universidad de Los Andes, Mérida 2004.

75 Ello ocurrió con la Defensora del Pueblo, y el Fiscal General de la República originariamente designados por la Asamblea Nacional Constituyente en 1999, quienes por no apegarse a los dictados del poder, en 2000 fueron separados de sus cargos; y con Magistrados del Tribunal Supremo que se atrevieron a votar sentencias donde se cuestionaba el poder, lo que provocó que inmediatamente comenzaran a ser investigados y algunos de ellos incluso removidos de sus cargos, como ocurrió con el Primer Vicepresidente del Tribunal Supremo en junio de 2004.

Para consolidad este control de los poderes por la Asamblea Nacional, las previsiones constitucionales que inicialmente se establecieron en 1999 para asegurar su autonomía, que previeron mecanismos participativos en la designación de sus titulares, lamentablemente también han sido fraudulentamente distorsionadas. La Constitución, en efecto, estableció unos Comités de Postulaciones que debían estar "integrados por representantes de los diversos sectores de la sociedad" para la selección de los candidatos a Magistrados del Tribunal Supremo de Justicia, a Fiscal General de la República, a Contralor General de la República, a Defensor del Pueblo y a miembros (Rectores) del Consejo Nacional Electoral. Con esas previsiones constitucionales se pretendía limitar el poder discrecional que el órgano político-legislativo había tenido siempre, con sus acuerdos político-partidistas, para designar dichos altos funcionarios. Pero ello no se logró, pues la práctica política y legislativa desarrollada por la propia Asamblea Nacional en los últimos años en un evidente fraude a la Constitución, ha conducido a que dichos Comités hayan quedado configurados como simples "Comisiones parlamentarias ampliadas", integradas además de por diputados, los que por definición no podían formar parte de ellas por no ser representantes de la "sociedad civil", por algunas otras personas llamadas sus "representantes" pero escogidas por la propia Asamblea Nacional de "Organizaciones no gubernamentales" estratégicamente seleccionadas[76].

Pero si la primacía de la Asamblea Nacional sobre los Poderes Judicial, Ciudadano y Electoral es el signo más característico de la ejecución de la Constitución de 1999 en los últimos siete años, la distorsión de la separación de poderes convirtiéndola en un sistema de concentración del poder, también deriva de la primacía que desde el punto de vista político-partidista, a la vez tiene el Poder Ejecutivo sobre la Asamblea Nacional. En la Constitución de 1999, el presidencialismo se ha exacerbado, entre otros factores, por la extensión del período presidencial a seis años; por la permisión después de la enmienda constitucional de 2009 de la reelección continua e indefinida del Presidente de la República (art. 230), lo que atenta contra el principio de la alternabilidad republicana; y por lo complicado del referendo revocatorio del mandato (art. 72), el cual además de haber sido ilegítimamente mutado por el Tribunal Supremo, es prácticamente inaplicable.

Con este modelo presidencialista, al que se agrega la posibilidad de disolución de la Asamblea Nacional por el propio Presidente de la República (Art. 236,22), aún cuando en casos excepcionales cuando se aprueben tres votos de censura parlamentaria contra el Vicepresidente Ejecutivo (art. 240); se exacerbó el presidencialismo que no encuentra siquiera contrapeso en el antiguo bicameralismo que se eliminó. El presidencialismo más bien se reforzó con otras reformas como la regularización de las leyes habilitantes o de

---

76 Véase Allan R. Brewer-Carías, "La participación ciudadana en la designación de los titulares de los órganos no electos de los Poderes Públicos en Venezuela y sus vicisitudes políticas", en *Revista Iberoamericana de Derecho Público y Administrativo*, Año 5, Nº 5-2005, San José, Costa Rica 2005, pp. 76-95.

delegación legislativa a los efectos de emisión de decretos-leyes y no sólo en materias económicas y financieras (art. 203), lo que constituye un atentado a la garantía constitucional de la reserva legal en la regulación de los derechos constitucionales. La práctica en los últimos 10 años lo que muestra es que la legislación fundamental que se ha dictado en el país, está contenida en estos decretos leyes dictados, incluso, sin que se hubiera respetado la exigencia constitucional de la consulta pública obligatoria requerida en la Constitución para los proyectos de ley.

Por otra parte, el presidencialismo se ha exacerbado adicionalmente, con el esquema militarista que la Constitución de 1999, estableció, lo que ha conducido a que Venezuela, en la práctica tenga un gobierno militar, aun cuando el mismo no haya sido originado en un clásico golpe militar, comandado por un ex militar golpista en el cual la casi totalidad de los cargos públicos relevantes están ocupados por militares o exmilitares. Ese régimen militar se ha construido desde dentro del Estado, usando fraudulentamente instrumentos constitucionales. En cuanto a lo que se previó en la Constitución, en la misma se eliminó toda idea de sujeción o subordinación de la autoridad militar a la autoridad civil; dándose, al contrario, una gran autonomía a la autoridad militar y a la Fuerza Armada, con la posibilidad incluso de intervenir sin límites en funciones civiles, bajo la comandancia general del Presidente de la República. Ello se evidencia, por ejemplo, tanto de la incorporación de algunas regulaciones como de la ausencia de las mismas: Primero, se eliminó la tradicional prohibición que existía en el constitucionalismo histórico respecto del ejercicio simultáneo de la autoridad civil con la autoridad militar; segundo, se eliminó el control civil parlamentario en relación con la promoción de militares de altos rangos, y que había sido diseñado por los hacedores de la República a comienzos del Siglo XIX. Esa promoción es ahora una atribución exclusiva de la Fuerza Armada. Tercero, se eliminó la norma que establecía el carácter apolítico de la institución militar y su carácter no deliberante, lo cual abrió el camino para que la Fuerza Armada delibere e intervenga en los asuntos que estén resolviendo los órganos del Estado; cuarto, se eliminó de la Constitución la obligación de la Fuerza Armada de velar por la estabilidad de las instituciones democráticas que antes estaba prevista expresamente; quinto, y más grave aún, se eliminó la obligación de la Fuerza Armada de obedecer la Constitución y leyes, cuya observancia debía estar siempre por encima de cualquier otra obligación, como lo establecía la Constitución anterior; sexto, por vez primera en la historia del país, se le concedió a los militares el derecho al voto, lo cual ha mostrado ser políticamente incompatible con el principio de obediencia; séptimo, la nueva Constitución estableció el privilegio de que el Tribunal Supremo de Justicia debe decidir si hay méritos para juzgar a los militares de alto rango de la Fuerza Armada, lo cual siempre había sido un privilegio procesal reservado a altos funcionarios civiles, como el Presidente de la República; octavo, se sujetó el uso de cualquier tipo de armas en el país a la autoridad de la Fuerza Armada, control éste que antes estaba atribuido a la administración civil; noveno, se estableció la posibilidad de poder atribuir a la Fuerza Armada funciones de policía administrativa; y finalmente, décimo, se adoptó el concepto de la doctrina de seguridad nacional, definida de forma total, global y omnicomprensiva, conforme a la cual, como había sido desarrollada en los regímenes militares de América latina en los setenta, casi todo lo que suceda en la Nación concierne a la seguridad del Estado, aun el desarrollo económico y social[77].

Todo esto, como se dijo, ha dado origen a un esquema militar que es una novedad constitucional y ha venido conduciendo a una situación en la cual la Fuerza Armada, con el soporte del Jefe de Estado, se ha apoderado de la Administración civil del Estado, como ha venido ocurriendo en los últimos años. Todas estas disposiciones muestran un cuadro constitucional de militarismo verdaderamente único en la historia política y constitucional de América Latina, que no se encuentra ni siquiera en las Constituciones de los anteriores regímenes militares.

Con estos atentados al principio de la separación de poderes, Venezuela, con su Constitución llena de contradicciones constitucionales (una Federación centralizada y sin Senado; un Poder Legislativo y una delegación legislativa ilimitada; y una penta división del Poder con una concentración inusitada del poder en el órgano político representativo), ha constitucionalizado el camino hacia el autoritarismo. La democracia, por tanto, con ese esquema constitucional difícilmente ha podido ser efectiva, y menos aún, el Estado de derecho.

XIV

En todo caso, los efectos de la dependencia de los Poderes del Estado respecto del Poder Ejecutivo, a través del control de la Asamblea Nacional, han sido particularmente catastróficos en relación con el Poder Judicial, el cual después de haber sido intervenido por la Asamblea Nacional Constituyente en 1999, ha continuado siendo intervenido hasta el presente con la lamentable anuencia del propio Tribunal Supremo de Justicia el cual se ha negado a asumir el completo gobierno del Poder Judicial, permitiendo que conviva con él, una "Comisión de Reorganización del Poder Judicial" con poderes disciplinarios que son contrarios a lo que exige y manda la Constitución. A ello se suma el control político que la Asamblea Nacional ha asumido sobre los Magistrados del Tribunal Supremo, con la siempre "oportuna" advertencia de que pueden ser investigados y removidos incluso por mayoría de votos, como inconstitucionalmente se estableció en la Ley Orgánica del Tribunal Supremo de Justicia de 2004. Todo ello ha conducido a que la in-

77 Véase sobre el militarismo en la Constitución de 1999, Allan R. Brewer-Carías, "Razones para el Voto NO en el referéndum sobre la Constitución", (Documento de 30-11-1999), *Debate Constituyente (Aportes a la Asamblea Nacional Constituyente)*, Tomo III, *cit.*, p. 325 y ss.

dependencia del Poder Judicial venezolano ha venido siendo progresiva y sistemáticamente desmantelada.[78]

Teóricamente, sin embargo, el Artículo 254 de la Constitución declara el principio de independencia del Poder Judicial y establece que el Tribunal Supremo de Justicia gozará de "autonomía funcional, financiera y administrativa." Para garantizar la independencia y autonomía de los tribunales y jueces, el Artículo 255 prevé un mecanismo específico para asegurar la independencia del nombramiento de los jueces y para garantizar su estabilidad. En este sentido, la función judicial se considera una carrera en la cual la admisión, así como la promoción de los jueces dentro de la misma, debe ser el resultado de un concurso o examen público para garantizar que los candidatos estén adecuadamente calificados. Los candidatos deben ser electos por jurados de los circuitos judiciales y los jueces deben ser designados por el Tribunal Supremo de Justicia. La Constitución también crea un Comité de Postulaciones Judiciales (Artículo 270) para ayudar al Poder Judicial en la selección de los Magistrados del Tribunal Supremo de Justicia (Artículo 264) y para ayudar a las universidades de derecho en la selección de jueces para tribunales inferiores. Éste Comité de Postulaciones Judiciales debe estar integrado por representantes de diferentes sectores de la sociedad, como lo establece la ley. La Constitución también garantiza la estabilidad de todos los jueces, previendo que sólo pueden ser removidos o suspendidos de sus cargos mediante los procedimientos disciplinarios llevados por jueces disciplinarios que deben conformar una Jurisdicción Disciplinaria Judicial (Artículo 255).

Sin embargo, en la actualidad, ninguna de estas disposiciones constitucionales relativas a la designación de jueces, y a su estabilidad han sido implementadas, estando compuesto el Poder Judicial en más de un 90% por jueces temporales y transitorios, de remoción discrecional por la Comisión de Reestructuración y Funcionamiento del Poder Judicial y la Comisión Judicial del Tribunal Supremo.

---

78 Véase, *en general*, Allan R. Brewer-Carías, "La progresiva y sistemática demolición de la autonomía e independencia del Poder Judicial en Venezuela (1999-2004)" en *XXX Jornadas J.M Domínguez Escovar, Estado de Derecho, Administración de Justicia y Derechos Humanos*, Instituto de Estudios Jurídicos del Estado Lara, Barquisimeto 2005, pp. 33-174; Allan R. Brewer-Carías, "El constitucionalismo y la emergencia en Venezuela: entre la emergencia formal y la emergencia anormal del Poder Judicial" en Allan R. Brewer-Carías, *Estudios Sobre el Estado Constitucional (2005-2006)*, Editorial Jurídica Venezolana, Caracas 2007, pp. 245-269; y Allan R. Brewer-Carías "La justicia sometida al poder. La ausencia de independencia y autonomía de los jueces en Venezuela por la interminable emergencia del Poder Judicial (1999-2006)" en *Cuestiones Internacionales. Anuario Jurídico Villanueva 2007,* Centro Universitario Villanueva, Marcial Pons, Madrid 2007, pp. 25-57, *disponible* en www.allanbrewercarias.com, (Biblioteca Virtual, II.4. Artículos y Estudios N° 550, 2007) pp. 1-37. Véase también Allan R. Brewer-Carías, *Historia Constitucional de Venezuela*, Editorial Alfa, Tomo II, Caracas 2008, pp. 402-454.

En cuanto al Tribunal Supremo de Justicia, ignorando estas disposiciones constitucionales, como se ha dicho, la Asamblea Constituyente al dictar el régimen de Transición del Poder Público en diciembre de 1999,[79] removió a los quince Jueces de la antigua Corte Suprema de Justicia, y designó sin base constitucional o legal alguna, 20 nuevos Magistrados para el nuevo Tribunal Supremo de Justicia sin cumplir con las disposiciones constitucionales relativas a la postulación de candidatos por parte de un Comité de Postulaciones Judiciales integrado por representantes de los diferentes sectores de la sociedad.[80] Después de la elección de la nueva Asamblea Nacional en el año 2000, ésta tenía que cumplir con el mandato constitucional de promulgar la Ley Orgánica del Tribunal Supremo de Justicia, con el fin de determinar el número de Magistrados de cada una de sus Salas y disponer la composición, organización y funcionamiento del Comité de Postulaciones Judiciales, de forma de elegir, de manera definitiva, a los Magistrados del Tribunal Supremo de Justicia. Pero en lugar de promulgar tal Ley Orgánica, el 14 de noviembre de 2000, la Asamblea Nacional adoptó una "Ley Especial para la Ratificación o Designación de los Funcionarios del Poder Ciudadano y Magistrados y Magistradas del Tribunal Supremo de Justicia para su Primer Periodo Constitucional,"[81] mediante la cual creó una Comisión Parlamentaria integrada por una mayoría de parlamentarios si fuera la "Comisión de Postulaciones" que, en realidad, sólo podía estar exclusivamente integrada por representantes de diferentes sectores de la sociedad.

El Defensor del Pueblo en ese momento (que había sido uno de los Altos Funcionarios designados provisionalmente en diciembre de 1999) interpuso una acción de inconstitucionalidad con una solicitud de amparo contra la "Ley Especial", a los fines de proteger los derechos de participación política de los ciudadanos,[82] la cual hasta el presente no ha sido decidida. Sin embargo, en una decisión cautelar de amparo, los Magistrados de la Sala Constitucional, en lugar de inhibirse, decidieron que las disposiciones constitucionales para su propia designación no les eran aplicables, pues supuestamente ellos debían ser "ratificados" y no "designados."[83] El Defensor del

79 *Gaceta Oficial* N° 36.859 del 29 de diciembre de 1999. Sobre el régimen transitorio, véase Allan R. Brewer-Carías, *La Constitución de 1999. Derecho Constitucional Venezolano*, Vol. II, Editorial Jurídica Venezolana, Caracas 2004, pp. 1013-1025.

80 Véase Allan R. Brewer-Carías, "La participación ciudadana en la designación de los titulares de los órganos no electos de los Poderes Públicos en Venezuela y sus vicisitudes políticas" en *Revista Iberoamericana de Derecho Público y Administrativo*, Año 5 N° 5-2005, San José, Costa Rica 2005, pp. 76-95, *disponible en* www.allanbrewercarias.com, (Biblioteca Virtual, II.4. Artículos y Estudios N° 469, 2005) pp. 1-48.

81 *Gaceta Oficial* N° 37.077 del 14 de noviembre de 2000.

82 Véase *El Universal,* 14 de diciembre de 2000, pp. 1-2.

83 La Sala Constitucional adoptó el punto de vista de que ellos podían ser "ratificados" por la Ley Especial sin cumplir con la Constitución porque la Constitu-

Pueblo que impugnó la Ley Especial no fue confirmado en su cargo. La "Ley Especial" consolidó así la designación política anticipada de los Magistrados del Tribunal Supremo de Justicia y el control político del Poder Judicial a través de un proceso extra-constitucional de designaciones.

La Asamblea Nacional finalmente promulgó la Ley Orgánica del Tribunal Supremo de Justicia en 2004,[84] aumentando a 32 el total de Magistrados, pero el "Comité de Postulaciones Judiciales" para su designación que se reguló, tampoco no quedó integrado exclusivamente por representantes de los diferentes sectores de la sociedad, como lo requería la Constitución, sino por una mayoría de parlamentarios, además de otras personas no parlamentarios designados. En todo caso, la postulación y designación por medio del nuevo "Comité de Postulaciones" fue controlada completamente por el Poder Ejecutivo, lo que fue reconocido públicamente por el Presidente de dicho Comité Parlamentario de Postulaciones, quien luego fue designado Ministro del Interior y Justicia, cuando en Diciembre de 2004.[85]

---

ción sólo establecía la "postulación" de los Magistrados y no contemplaba la "ratificación" de los que ya estaban ocupando el cargo. La Sala decidió: "Consecuencia de la necesaria aplicación del Régimen de Transición de los Poderes Públicos el cual – como lo ha señalado esta Sala – tiene rango constitucional, es que es sólo con respecto a los Magistrados del Tribunal Supremo de Justicia que se aplicará el concepto de ratificación [concepto] que no está previsto en la Constitución, como resultado de lo cual la frase en el Artículo 21 del Régimen de Transición de los Poderes Públicos, conforme al cual se harán ratificaciones definitivas de conformidad con la Constitución, es inaplicable, ya que, como lo ha señalado previamente esta Sala, la Constitución actual no establecía (*sic*) normas sobre ratificación de Magistrados para el Tribunal Supremo de Justicia." Véase Tribunal Supremo de Justicia, Sala Constitucional, Decisión del 12 de diciembre de 2000 en *Revista de Derecho Público N° 84*, Editorial Jurídica Venezolana, Caracas, 2000, p. 109. Véanse comentarios en Allan R. Brewer-Carías, "La participación ciudadana en la designación de los titulares de los órganos no electos de los Poderes Públicos en Venezuela y sus vicisitudes políticas" en *Revista Iberoamericana de Derecho Público y Administrativo*, Año 5, N° 5-2005, San José, Costa Rica 2005, pp. 76-95, *disponible* en www.allanbrewercarias.com, (Biblioteca Virtual, II.4. Artículos y Estudios No. 469, 2005) pp. 1-48.

84 *Gaceta Oficial* N° 37.942 del 20 de mayo de 2004. Para los comentarios sobre esta ley, véase, *en general*, Allan R. Brewer-Carías, *Ley Orgánica del Tribunal Supremo de Justicia. Procesos y Procedimientos Constitucionales y Contencioso-Administrativos*, Caracas, 2004.

85 Declaró a la prensa: "Si bien los diputados tenemos la potestad de esta escogencia, el Presidente de la República fue consultado y su opinión fue tomada muy en cuenta." Añadió: "Vamos a estar claros, nosotros no nos vamos a meter autogoles. En la lista había gente de la oposición que cumplen con todos los requisitos. La oposición hubiera podido usarlos para llegar a un acuerdo en las últimas sesiones, pero no quisieron. Así que nosotros no lo vamos a hacer por ellos. En el grupo de postulados no hay nadie que vaya actuar contra nosotros." Véase *El Nacional*, Caracas, 13 de diciembre de 2004. La Comisión Interame-

La influencia del Presidente sobre el Tribunal Supremo fue admitida por él mismo cuando se quejó públicamente de que el Tribunal Supremo de justicia había dictado una importante sentencia N° 301 del 27 de febrero de 2007,[86] en la cual "reformó" la Ley de Impuesto sobre la Renta sin haber consultado previamente al "líder de la Revolución" y advirtió a los tribunales acerca de decisiones que se podían considerar "traición al Pueblo" o a "la Revolución."[87]

Por otra parte, en cuanto al resto de la composición del Poder Judicial, al contrario de las disposiciones constitucionales, desde 1999 ha estado constituido casi exclusivamente por jueces temporales y provisorios,[88] y no

---

ricana de Derechos Humanos sugirió en su Informe a la Asamblea General de la OEA para 2004 que "estas normas de la Ley Orgánica del Tribunal Supremo de Justicia habrían facilitado que el Poder Ejecutivo manipulara el proceso de elección de magistrados llevado a cabo durante 2004." Véase Comisión Interamericana de Derechos Humanos, *Informe sobre Venezuela 2004*, párrafo 180.

86 Tribunal Supremo de Justicia, Sala Constitucional, Decisión N° 301 del 27 de febrero de 2007 (Caso: *Adriana Vigilanza y Carlos A. Vecchio*) (Exp. N° 01-2862) en *Gaceta Oficial* N° 38.635 del 1 de marzo de 2007. Véanse comentarios en Allan R. Brewer-Carías, "El juez constitucional en Venezuela como legislador positivo de oficio en materia tributaria" en *Revista de Derecho Público* N° 109, Editorial Jurídica Venezolana, Caracas 2007, pp. 193-212, disponible en www.allanbrewercarias.com, (Biblioteca Virtual, II.4. Artículos y Estudios N° 508, 2007) pp. 1-36; y Allan R. Brewer-Carías, "De cómo la Jurisdicción constitucional en Venezuela, no sólo legisla de oficio, sino subrepticiamente modifica las reformas legales que "sanciona", a espaldas de las partes en el proceso: el caso de la aclaratoria de la sentencia de Reforma de la Ley de Impuesto sobre la Renta de 2007" en *Revista de Derecho Público* N° 114, Editorial Jurídica Venezolana, Caracas 2008, pp. 267-276, disponible en http://www.brewercarias.com/Content/449725d9-f1cb-474b-8ab2-41efb849fea8/Content/II.4.575.pdf.

87 "Muchas veces llegan, viene el Gobierno Nacional Revolucionario y quiere tomar una decisión contra algo por ejemplo que tiene que ver o que tiene que pasar por decisiones judiciales y ellos empiezan a moverse en contrario a la sombra, y muchas veces logran neutralizar decisiones de la Revolución a través de un juez, o de un tribunal, o hasta en el mismísimo Tribunal Supremo de Justicia, a espaldas del líder de la Revolución, actuando por dentro contra la Revolución. Eso es, repito, traición al pueblo, traición a la Revolución.." Discurso en el Primer Encuentro con Propulsores del Partido Socialista Unido de Venezuela desde el teatro Teresa Carreño, 24 de marzo de 2007, disponible en http://www.minci.gob.ve/alocuciones/4/13788/primer_encuentro_con.html, p. 45.

88 Un juez provisorio es un juez designado mediante un concurso público. Un juez temporal es un juez designado para cumplir una tarea específica o por un periodo específico de tiempo. En 2003, la Comisión Interamericana de Derechos Humanos indicó que había sido: "informada que sólo 250 jueces han sido designados por concurso de oposición de conformidad a la normativa constitucional. De un total de 1772 cargos de jueces en Venezuela, el Tribunal Supremo de Justicia reporta que solo 183 son titulares, 1331 son provisorios y 258

se han implementado los procesos de concurso público para la designación de los jueces con participación ciudadana. Por lo tanto, en general, los jueces carecen de estabilidad y dado que la legislación no ha implementado las normas constitucionales que crean la jurisdicción Disciplinaria Judicial, los asuntos de disciplina judicial actualmente están en manos de la "Comisión de Funcionamiento y Reestructuración del Sistema Judicial"[89] (no establecida en la Constitución, pero creada por la Asamblea Nacional Constituyente en 1999) que tiene facultad para remover jueces temporales sin las garantías del debido proceso y en las de la Comisión Judicial del Tribunal Supremo de Justicia que también tiene facultades discrecionales para remover a todos los jueces temporales.[90]

Con estos atentados al principio de la separación de poderes, Venezuela, con su Constitución llena de contradicciones constitucionales (una Federación centralizada y sin Senado; un Poder Legislativo y una delegación legislativa ilimitada; y una penta división del Poder con una concentración inusitada del poder en el órgano político representativo), ha constitucionalizado el camino hacia el autoritarismo. La democracia, por tanto, con ese esquema constitucional difícilmente ha podido ser efectiva, y menos aún, el Estado de derecho.

XV

Como puede apreciarse de todo lo anteriormente expuesto, lamentablemente, la génesis de la Constitución de 1999 estuvo signada por el fraude constitucional cometido en la convocatoria de la Asamblea Nacional Constituyente, y luego cometido por esta misma al violentar el orden jurídico y dar un golpe de Estado tanto contra la Constitución de 1961, cuya interpretación le había dado origen, como contra su producto final que fue la Constitución de 1999; y su evolución posterior, ha estado también signada, por una parte,

---

son temporales." *Reporte sobre la Situación de Derechos Humanos en Venezuela*; OAS/Ser.L/V/II.118. doc.4rev.2; 29 de diciembre de 2003, par. 174, *disponible* en http://www.cidh.oas.org/countryrep/Venezuela2003eng/toc.htm. La Comisión también agregó que "un aspecto vinculado a la autonomía e independencia del Poder Judicial es el relativo al carácter provisorio de los jueces en el sistema judicial de Venezuela. Actualmente, la información proporcionada por las distintas fuentes indica que más del 80% de los jueces venezolanos son 'provisionales.'" *Id.*, par. 161.

89 La Sala Político-Administrativa del Tribunal Supremo de Justicia ha resuelto que la remoción de jueces temporales es una facultad discrecional de la Comisión de Funcionamiento y Reestructuración del Sistema Judicial, la cual adopta sus decisiones sin seguir procedimiento administrativo alguno. Véase Decisión N° 00463-2007 del 20 de marzo de 2007; Decisión N° 00673-2008 del 24 de abril de 2008 (citada en la Decisión N° 1.939 del 18 de diciembre de 2008, p. 42). La Sala Constitucional ha establecido la misma posición en la Decisión N° 2414 del 20 de diciembre de 2007 y Decisión N° 280 del 23 de febrero de 2007.

90 Véase Tribunal Supremo de Justicia, Decisión N° 1.939 del 18 de diciembre de 2008 (Caso: *Gustavo Álvarez Arias et al.*)

por el fraude a la Constitución tanto en el desarrollo de la rechazada "reforma constitucional" de 2007, como de la aprobada "enmienda constitucional" de 1999, y por la otra, por el falseamiento o ilegítima mutación de la Constitución, obra de una Sala Constitucional controlada por el Poder Ejecutivo que ha estado al servicio del autoritarismo.

En esta forma, después de cuatro décadas de práctica democrática que tuvo Venezuela entre 1959 y 1999, durante esta última década entre 1999 y 2009, en fraude continuo a la Constitución efectuado por el Legislador y por el Tribunal Supremo de Justicia, guiados por el Poder Ejecutivo, a pesar de las excelentes normas constitucionales que están insertas en el Texto fundamental, se ha venido estructurando un Estado autoritario en contra de las mismas, que ha aniquilado toda posibilidad de control del ejercicio del poder y, en definitiva, el derecho mismo de los ciudadanos a la democracia.

Ello es lo único que puede explicar que un Jefe de Estado en pleno comienzo del Siglo XXI, pueda llegar a afirmar públicamente retando a sus opositores frente a las críticas por el uso desmedido de poderes de legislación delegada: "*Yo soy la Ley. Yo soy el Estado,*"[91] o "*La Ley soy yo. El Estado soy yo.*"[92] Por ello, pensar sólo que puedan pronunciarse por un Jefe de Estado de nuestros tiempos, lo que pone en evidencia es una tragedia institucional, precisamente caracterizada por la completa ausencia de separación de poderes, de independencia y autonomía del Poder Judicial y, en consecuencia, de gobierno democrático y de derecho ciudadano a la democracia.[93]

---

91 Expresión del Presidente Hugo Chávez Frías, el 28 de agosto de 2008. Ver en Gustavo Coronel, *Las Armas de Coronel*, 15 de octubre de 2008: http://lasarmasdecoronel.blogspot.com/2008/10/yo-soy-la-leyyo-soy-el-estado.html.

92 *Véase* en *El Universal,* Caracas 4–12–01, pp. 1,1 and 2,1. Esas frases, repetidas por el Presidente de Venezuela en 2001 y 2008, fueron textualmente atribuidas en 1661 a Luis XIV, al asumir, a la muerte del cardenal Mazarino, el ejercicio del poder sin nombrar un sustituto como ministro de Estado, quien sin embargo nunca la llegó a expresar. Véase Yves Guchet, *Histoire Constitutionnelle Française (1789–1958)*, Ed. Erasme, Paris 1990, p.8. Es también lo único que puede explicar, que un Jefe de Estado en 2009 pueda calificar a "la democracia representativa, la división de poderes y el gobierno alternativo" como doctrinas que "envenenan la mente de las masas." Véase la lo reseña sobre "Hugo Chávez seeks to cach them young," *The Economist*, 22-28 Agosto 2009, p. 33.

93 Véase el resumen de esta situación en Teodoro Petkoff, "Election and Political Power. Challenges for the Opposition", en *ReVista. Harvard Review of Latin America*, David Rockefeller Center for Latin American Studies, Harvard University, Fall 2008, pp. 12. Véase además, Allan R. Brewer-Carías, "Los problemas de la gobernabilidad democrática en Venezuela: el autoritarismo constitucional y la concentración y centralización del poder," en Diego Valadés (Coord.), *Gobernabilidad y constitucionalismo en América Latina*, Universidad Nacional Autónoma de México, México 2005, pp. 73-96.

Todo lo antes dicho pone en evidencia que la crisis política del país, precisamente la que estalló a partir de 1989 y que permitió el asalto al poder en 1999, diez años después no ha concluido, y más bien se prolonga ante la vista de todos, en medio de la más grande destrucción institucional que se haya producido en toda nuestra historia política, donde todos los valores del Estado de derecho y de la democracia han sido relegados con el mayor desprecio.

New York, Agosto 2009

NOVENA PARTE

LA PARTICIPACIÓN DE JUEZ CONSTITUCIONAL EN VENEZUELA EN EL PROCESO DE DESTRUCCIÓN DEL PRINCIPIO DEMOCRÁTICO REPRESENTATIVO (Madrid, Trujillo 2018)*

Al hablar del Tribunal Constitucional español, Eduardo García de Enterría lo calificó en su muy conocido libro sobre *La Constitución como Norma y el Tribunal Constitucional*, con razón, como el "comisario del poder constituyente, encargado de defender la Constitución y de velar por que todos los órganos constitucionales conserven su estricta calidad de poderes constituidos."[1]

Por ello, es ciertamente inconcebible, o si se quiere, sería una contradicción intrínseca que un Juez Constitucional pudiera tener como misión la de demoler el Estado de derecho y con ello, destruir las bases del sistema democrático. Sin embargo, después de más de cuarenta años de consolidación de una Justicia Constitucional autónoma e independiente en Venezuela impartida por la antigua Corte Suprema de Justicia (1958-1998),[2] eso fue lo que precisamente ocurrió en el país durante los últimos 20 años (1999-2019),

---

* Las ideas contenidas en esta parte fueron expuestas por el autor en las Ponencias preparada para las *Jornadas sobre el papel de la Justicia Constitucional en los procesos de asentamiento del Estado democrático en Iberoamérica,* Universidad Carlos III de Madrid, 8 y 9 de octubre de 2018; y para el *XII Congreso Nacional de Derecho Constitucional*, Universidad Privada Antenor Orrego, Trujillo, Perú, 18-20 octubre 2018.

1 Véase E. García de Enterría, *La Constitución como norma y el Tribunal constitucional,* Madrid, 1985, p. 198.

2 Véanse todos nuestros trabajos sobre el tema en: Allan R. Brewer-Carías, *Instituciones del Estado democrático de derecho. Constitución de 1961*, Colección Tratado de Derecho Constitucional, Tomo IV, Caracas 2015, 1180 pp.; *Derechos y garantías constitucionales en la Constitución de 1961 (La Justicia Constitucional),* Colección Tratado de Derecho Constitucional, Tomo V Caracas 2015, 1022 pp.

cuando la Sala Constitucional del Tribunal Supremo de Justicia, lejos de haber garantizado el Estado social y democrático de derecho y de justicia que quedó plasmado en el texto de la Constitución de 1999, ha sido el más importante instrumento utilizado por el régimen autoritario, ya dictatorial, para demoler sus bases y principios;[3] y ello, además en nombre de un supuesto "nuevo constitucionalismo" latinoamericano, y de la suplantación de la democracia representativa por una supuesta democracia participativa.

I. LA CONSTITUCIÓN VENEZOLANA DE 1999 Y SU GÉRMEN AUTORITARIO

Para ello, el Juez Constitucional en Venezuela ha utilizado todos los instrumentos de la justicia constitucional, tal como fueron regulados en la Constitución de 1999, la cual fue sancionada por una Asamblea Nacional Constituyente la cual aun cuando mal convocada y mal estructurada, después de una consulta popular y de haber sido electos sus miembros, la adoptó, habiéndose sometido a la aprobación del pueblo como poder constituyente originario, lo cual ocurrió mediante referendo del 15 de diciembre de 1999.[4]

La Constitución formuló la promesa de conformar un Estado Democrático y Social de derecho y de Justicia, con forma Federal y descentralizada, sobre la base de tres pilares político-constitucionales fundamentales, sobre los cuales puede decirse, retrospectivamente, que ninguno de ellos llegó a estructurarse realmente, [5] pues todos fueron traicionados: *primero*, un sistema de control del Poder Público mediante su separación horizontal y su distribución vertical;[6] *segundo*, un sistema político de gobierno democrático, de demo-

---

3 Sobre el tema nos hemos ocupado desde hace unos años. Véase por ejemplo: Allan R. Brewer-Carías, "El juez constitucional al servicio del autoritarismo y la ilegítima mutación de la Constitución: el caso de la Sala Constitucional del Tribunal Supremo de Justicia de Venezuela (1999-2009)", en *Revista de Administración Pública*, N° 180, Madrid 2009, pp. 383-418; "La ilegítima mutación de la Constitución por el juez constitucional y la demolición del Estado de derecho en Venezuela," en *Revista de Derecho Político*, N° 75-76, Homenaje a Manuel García Pelayo, Universidad Nacional de Educación a Distancia, Madrid 2009, pp. 289-325.

4 Véase sobre la Constitución de 1999, Allan R. Brewer-Carías, *La Constitución de 1999. Derecho Constitucional Venezolano*, Editorial Jurídica Venezolana, Caracas 2004, 2 vols.

5 Véase sobre esto Allan R. Brewer-Carías, *Estado totalitario y desprecio a la ley. La desconstitucionalización, desjuridificación, desjudicialización y desdemocratización de Venezuela,* Fundación de Derecho Público, (Con prólogo de José Ignacio Hernández), Editorial Jurídica Venezolana, Caracas 2015, 542 pp;.

6 Véase sobre esto Allan R. Brewer-Carías, "Los problemas del control del poder y el autoritarismo en Venezuela", en Peter Häberle y Diego García Belaúnde (Coordinadores), *El control del poder. Homenaje a Diego Valadés,* Instituto de Investigaciones Jurídicas, Universidad Nacional Autónoma de México, Tomo I, México 2011, pp. 159-188.

cracia representativa y participativa, que debía asegurar la legitimidad democrática de la elección directa e indirecta de los titulares de los órganos del Poder Público;[7] y *tercero*, un sistema económico de economía mixta conforme a principios de justicia social, basado en el principio de la libertad como opuesto al de economía dirigida,[8] con la participación de la iniciativa privada y del propio Estado como promotor del desarrollo económico y regulador de la actividad económica.

Yo mismo contribuí a la redacción de aquella Constitución como miembro independiente que fui de la Asamblea, –formando junto con otros tres miembros la exigua minoría opositora de cuatro constituyentes en una Asamblea de 161 miembros, totalmente dominada por los seguidores del entonces Presidente Hugo Chávez–; y puedo afirmar que transcurridas ya casi dos décadas desde que se sancionó, las promesas básicas insertas en su texto no se han cumplido, ninguno de los derechos básicos respecto de la Constitución se han respetado, pudiendo considerársela hoy en día como la muestra más vívida en el constitucionalismo contemporáneo, de una Constitución que ha sido violada y vulnerada desde antes incluso de que fuera publicada.[9] Y lo más grave es que todos los temores que advertí sobre la mis-

---

7 Véase sobre esto Allan R. Brewer-Carías, "La necesaria revalorización de la democracia representativa ante los peligros del discurso autoritario sobre una supuesta "democracia participativa" sin representación," en *Derecho Electoral de Latinoamérica. Memoria del II Congreso Iberoamericano de Derecho*, Bogotá, 31 agosto-1 septiembre 2011, Consejo Superior de la Judicatura, ISBN 978-958-8331-93-5, Bogotá 2013, pp. 457-482. Véase además, el texto de la Ponencia: "La democracia representativa y la falacia de la llamada "democracia participativa," *Congreso Iberoamericano de Derecho Electoral*, Universidad de Nuevo León, Monterrey, 27 de noviembre 2010.

8 Véase sobre la Constitución Económica, lo que hemos expuesto en Allan R. Brewer-Carías, *La Constitución de 1999. Derecho Constitucional Venezolano*, Tomo II, Editorial Jurídica venezolana, Caracas 2004 pp. 53 ss.; y en "Reflexiones sobre la Constitución Económica" en *Estudios sobre la Constitución Española. Homenaje al Profesor Eduardo García de Enterría,* Madrid, 1991, pp. 3.839 a 3.853. Véase, además, Henrique Meier, "La Constitución económica", en *Revista de Derecho Corporativo*, Vol. 1, N° 1. Caracas, 2001, pp. 9-74; Dagmar Albornoz, "Constitución económica, régimen tributario y tutela judicial efectiva", en *Revista de Derecho Constitucional*, N° 5 (julio-diciembre), Editorial Sherwood, Caracas, 2001, pp. 7-20; Ana C. Núñez Machado, "Los principios económicos de la Constitución de 1999", en *Revista de Derecho Constitucional,* N° 6 (enero-diciembre), Editorial Sherwood, Caracas, 2002, pp. 129-140; Claudia Briceño Aranguren y Ana C. Núñez Machado, "Aspectos económicos de la nueva Constitución", en *Comentarios a la Constitución de la República Bolivariana de Venezuela*, Vadell Hermanos, Editores, Caracas, 2000, pp. 177 y ss.

9 Véase lo que hemos expuesto en Allan R. Brewer-Carías, "La traición a la Constitución: el desmontaje del Estado de derecho por el Juez Constitucional en Venezuela," en *Revista de Derecho Público,* N° 145-146, (enero-junio 2016), Editorial Jurídica Venezolana, Caracas 2016, pp. 23-48.

ma antes de su aprobación popular, lamentablemente se cumplieron, sucediendo lo que incluso Roberto Viciano Pastor, sin quererlo, en 2000 vaticinó que podría ocurrir, que "la Constitución de 1999 será papel mojado y, como tal, inútil desde su primera frase."[10] Y así ha sido, lamentablemente.

En diciembre de 1999, en efecto, en la campaña del referendo aprobatorio de la Constitución, fundamenté mi propuesta por el voto "No," considerando que el proyecto de Constitución debía ser rechazado "por estar concebido para el *autoritarismo, el paternalismo estatal, el populismo y el estatismo insolvente*," expresando en un documento intitulado "Razones por el Voto No," de 30 de noviembre de 1999, lo siguiente:

> "en cuanto a la *Constitución política* en el Proyecto de Constitución, cuando se analiza globalmente, particularmente en los elementos antes mencionados, pone en evidencia un esquema institucional para el autoritarismo, que deriva de la combinación del centralismo de Estado, del presidencialismo exacerbado, de la partidocracia y del militarismo que constituyen los elementos centrales diseñados para la organización del Poder del Estado.
>
> Esa no es la Constitución política que la democracia requería para su perfeccionamiento, y que, al contrario, debía haber estado montada sobre la descentralización del poder, un presidencialismo controlado, la participación política y la sujeción de la autoridad militar a la civil. Con ese esquema no podemos estar de acuerdo, y de allí nuestro voto negativo el 15 de diciembre de 1999.
>
> Por su parte, en cuanto a la *Constitución social,* en el Proyecto, al enumerar el elenco de derechos humanos y de garantías y obligaciones estatales, analizada globalmente, lo que muestra es un marginamiento de la sociedad y de las iniciativas particulares, haciendo recaer sobre el Estado todas las obligaciones imaginables, imposible de cumplir. Es una Constitución concebida para el paternalismo, lo que se traduce en populismo.
>
> Esa no es la Constitución social que se requería para fundar una democracia social y participativa, para lo cual debió haber revalorizado la participación de todas las iniciativas privadas en los procesos educativos, de salud y de seguridad social, como actividades en las cuales tiene que existir una corresponsabilidad entre el Estado y la Sociedad.
>
> Por último, el Proyecto de Constitución, en su componente de Constitución económica, completa el cuadro paternalista de la Constitución social, inclinando el régimen constitucional hacia el Estado en lugar de hacia la iniciativa privada, originando un estatismo exagerado, con el riesgo de multiplicación de una voracidad fiscal incontrolable concebida para aplastar al contribuyente, al cual no se protege constitucionalmente.

---

10 Véase Roberto Viciano Pastor, "Presentación," en Asdrúbal Aguiar, *Revisión Crítica de la Constitución Bolivariana*, Libros El Nacional, Caracas 2000, p. 6.

Esa no es la *Constitución económica* que se requería para fundar la política de desarrollo económico que requiere el país, que tiene que apuntar hacia la creación de riqueza y empleo y que el Estado es incapaz de lograr sin la decisiva participación de las iniciativas privadas, que lejos de ser perseguidas, deben ser protegidas e incentivadas."[11]

A mis advertencias sobre el sesgo autoritario de la Constitución, que incluso había formulado desde 1998 cuando se pretendía convocar la Asamblea Constituyente violentando la Constitución de 1961,[12] es muy posible que haya sido a lo que se refirió el mismo Roberto Viciano Pastor en 2000, como "asesor" secreto que fue de la Asamblea Constituyente, en la Presentación que le hizo a un libro de Asdrúbal Aguiar, al advertir sobre "la voz de alarma acerca de un supuesto peligro que se cernía por el probable resultado autoritario de los trabajos de la Asamblea Constituyente," expresados según expresó, en "libelos que -dicho sea al margen- nadie ahora recuerda o quiere recordar."[13]

Lamentablemente, ante la tragedia que veinte años después resultó de aquél proceso constituyente de 1999, todos tendremos que recordar aquellos "libelos," y con más culpa, quienes no quisieron atenderlos ni entenderlos.

Y lo cierto fue que ni siquiera fue necesario esperar que la Constitución, una vez aprobada por el pueblo popularmente el 15 de diciembre de 1999, fuera publicada (lo que ocurrió el 30 de diciembre de 1999), para que a los pocos días, precisamente el 20 de diciembre de 1999 comenzara a ser violada, al haber decretado la Asamblea Constituyente, la cual ya había concluido sus funciones, un supuesto "Régimen Transitorio" no aprobado por el pueblo el cual se aplicó por varios lustros, configurándose como un golpe de Estado contra la Constitución.[14]

---

11 Véase "Razones por el Voto NO" en el referéndum sobre la Constitución (texto de fecha 30-11-99)," publicado en Allan R. Brewer-Carías, *Debate Constituyente (Aportes a la Asamblea Nacional Constituyente)* Tomo III (18 octubre - 30 noviembre 1999), Fundación de Derecho Púbico, Editorial Jurídica Venezolana, Caracas 2001, pp. 340-341.

12 Véase Allan R. Brewer-Carías, *Asamblea Constituyente y ordenamiento constitucional,* Serie Estudios N° 53, Biblioteca de la Academia de Ciencias Políticas y Sociales, Caracas 1999, 328 pp.

13 Véase Roberto Viciano Pastor, "Presentación," en Asdrúbal Aguiar, *Revisión Crítica de la Constitución Bolivariana*, Libros El Nacional, Caracas 2000, p. 4.

14 Véase Allan R. Brewer-Carías, *Golpe de Estado y proceso constituyente en Venezuela*, Universidad nacional Autónoma de México, México 2002. A ello se sumaron diversas "modificaciones" o "reformas" al texto introducidas con ocasión de "correcciones de estilo" para su publicación lo que ocurrió el 30 de diciembre de 1999. Véase Allan R. Brewer-Carías, "Comentarios sobre la ilegítima "Exposición de Motivos" de la Constitución de 1999 relativa al sistema de justicia constitucional", en la *Revista de Derecho Constitucional*, N° 2, Enero-Junio 2000, Caracas 2000, pp. 47-59.

Ese fue el origen de un régimen constitucional que en definitiva fue establecido para no ser cumplido, configurándose como una gran mentira desde su inicio,[15] en particular por lo que se refiere al establecimiento de un régimen político democrático representativo y participativo, que no ocurrió; al establecimiento de un Estado democrático de derecho y de justicia, fundamentado en el principio de la separación de poderes, lo cual no sucedió; a la consolidación de un Estado federal descentralizado, que al contrario fue una forma estatal que se abandonó; y al establecimiento de un Estado social, que no pasó de ser una vana ilusión propagandista, habiendo solo adquirido la deformada faz de un Estado populista para en definitiva empobrecer y hacer dependiente de una burocracia gigante e ineficiente a las personas de menos recursos, que hoy ya son casi todos los habitantes del país, que sufren las mismas carestías.[16]

II. LA CONSTITUCIÓN Y SU GARANTÍA MEDIANTE LA JUSTICIA CONSTITUCIONAL

La Constitución, sin embargo, en su texto, en contraste con lo que ocurrió, incorporó todos los principios imaginables del constitucionalismo democrático moderno, y entre todos, el de la supremacía constitucional formalmente expresado en su artículo 7 ("*La Constitución es la norma suprema y el fundamento del ordenamiento jurídico. Todas las personas y los órganos que ejercen el Poder Público están sujetos a esta Constitución*"), lo que implica que la Constitución debe prevalecer sobre la voluntad de todos los órganos constituidos del Estado, incluyendo el Juez Constitucional, por lo que su modificación sólo puede llevarse a cabo conforme se dispone en su propio texto, como expresión-imposición de la voluntad popular producto de ese poder constituyente originario.

La contrapartida de la obligación de los órganos constituidos de respetar la Constitución, de manera que el poder constituyente originario prevalezca sobre la voluntad de los órganos estatales constituidos, es el derecho constitucional que todos los ciudadanos tienen en un Estado Constitucional, a que se respete la voluntad popular expresada en la Constitución, es decir, *el derecho fundamental a la supremacía constitucional*.[17] Nada se ganaría con señalar que la Constitución, como manifestación de la voluntad del pueblo,

---

15 Véase sobre esto Allan R. Brewer-Carías, *La mentira como política de Estado. Crónica de una crisis política permanente. Venezuela 1999-2015* (Prólogo de Manuel Rachadell), Colección Estudios Políticos, N° 10, Editorial Jurídica Venezolana, Caracas 2015, 478 pp.

16 Ello ya lo habíamos advertido antes en Allan R. Brewer-Carías, *Reflexiones sobre el constitucionalismo en América*, Editorial Jurídica Venezolana, Caracas 2001.

17 Véase Allan R. Brewer-Carías, "El amparo a los derechos y libertades constitucionales (una aproximación comparativa)" en Manuel José Cepeda (editor), *La Carta de Derechos. Su interpretación y sus implicaciones*, Editorial Temis, Bogotá 1993, pp. 21-81.

debe prevalecer sobre la de los órganos del Estado, si no existiere el derecho de los integrantes del pueblo de exigir el respeto de esa Constitución, y además, la obligación de los órganos jurisdiccionales de velar por dicha supremacía.[18]

La supremacía de la Constitución, por otra parte, formalmente está asegurada en el propio texto constitucional al establecerse su carácter rígido, previéndose la necesaria e indispensable intervención popular para efectuar cualquier modificación o reforma a la Constitución;[19] y además, de todo un completísimo sistema de Justicia Constitucional para garantizar dicha supremacía, de carácter mixto o integral, que combina el llamado método difuso con el método concentrado de control de constitucionalidad.[20]

---

18 Véase por ejemplo, Jesús María Alvarado Andrade, "Prólogo" al libro de Allan R. Brewer-Carias, *Derecho Procesal Constitucional*, tercera edición, Editorial Jurídica Venezolana, Caracas, 2014. pp. 13-58.

19 En el texto se distinguen tres procedimientos diferentes para la reforma de la Constitución: la Reforma constitucional, la Enmienda constitucional y la Asamblea Nacional Constituyente. (artículo 340-47), correspondiendo al pueblo como "poder constituyente derivado" aprobar por referendo tanto la Enmienda como la Reforma Constitucional, o la convocatoria a Asamblea Nacional Constituyente. Véase Allan R. Brewer-Carías, "La intervención del pueblo en la revisión constitucional en América latina", en *El derecho público a los 100 números de la Revista de Derecho Público 1980-2005*, Editorial Jurídica Venezolana, Caracas 2006, pp. 41-52.

20 En cuanto a nuestros trabajos sobre el tema, véase Allan R. Brewer-Carías, véase Allan R. Brewer-Carías, *Judicial Review in Comparative Law*, Cambridge University Press, Cambridge, 1989; *El sistema mixto o integral de control de la constitucionalidad en Colombia y Venezuela*, Universidad Externado de Colombia (Temas de Derecho Público N° 39) y Pontificia Universidad Javeriana (*Quaestiones Juridicae* N° 5), Bogotá 1995; publicado también en *Revista Tachirense de Derecho*, Universidad Católica del Táchira, N° 5-6, San Cristóbal, enero-diciembre 1994, pp. 111-164; en *Anuario de Derecho Constitucional Latinoamericano,* Fundación Konrad Adenauer, Medellín-Colombia 1996, pp. 163-246; y en G. J. Bidart Campos y J. F. Palomino Manchego (Coordinadores), *Jurisdicción Militar y Constitución en Iberoamérica, Libro Homenaje a Domingo García Belaúnde*, Instituto Iberoamericano de Derecho Constitucional (Sección Peruana), Lima 1997, pp. 483-560; *El Sistema de Justicia Constitucional en la Constitución de 1999: Comentarios sobre su desarrollo jurisprudencial y su explicación a veces errada, en la Exposición de Motivos,* Editorial Jurídica Venezolana, Caracas, 2000; *Justicia Constitucional, Tomo VII, Instituciones Políticas y Constitucionales*, Editorial Jurídica Venezolana, Caracas, 1996; "La Justicia Constitucional en la Nueva Constitución" en *Revista de Derecho Constitucional*, N° 1, Septiembre-Diciembre 1999, Editorial Sherwood, Caracas, 1999, pp. 35-44; Allan R. Brewer-Carías, "La justicia constitucional en la Constitución de 1999", en *Derecho Procesal Constitucional*, Colegio de Secretarios de la Suprema Corte de Justicia de la Nación, A.C., Editorial Porrúa, México 2001, pp. 931-961; publicado también en *Reflexiones sobre el Constitucionalismo en América*, Editorial Jurídica Venezolana, Caracas, 2001,

En esa forma, la garantía de la supremacía constitucional se consagró formalmente, en primer lugar, mediante la asignación a todos los jueces de la República, en el ámbito de sus respectivas competencias y conforme a lo previsto en la Constitución y en la ley, de la obligación "de asegurar la integridad de la Constitución" (art. 334); en segundo lugar, además, mediante la asignación al Tribunal Supremo de Justicia en Sala Constitucional, es decir, a la Jurisdicción Constitucional (arts. 266,1 y 336), de la tarea de garantizar como "máximo y último intérprete de la Constitución," la "supremacía y efectividad de las normas y principios constitucionales," así como de velar "por su uniforme interpretación y aplicación" (art. 335); asignándole en concreto el control concentrado de la constitucionalidad de las leyes y demás actos estatales de rango legal, con poderes para anularlos con efectos *erga omnes*, al decidir, entre otras, la acción popular de inconstitucionalidad (art. 336); y además, en habérsele otorgado a todos los jueces de la República el carácter de jueces constitucionales en materia de amparo a los derechos y garantías constitucionales (art. 27).

Conforme a estas previsiones,[21] que son difíciles de encontrar juntas en otros sistemas constitucionales, en cuanto a la Sala Constitucional del Tribunal Supremo de Justicia de Venezuela como Jurisdicción Constitucional, la misma es, sin duda, el instrumento más poderoso diseñado para garantizar la supremacía de la Constitución y el Estado de Derecho, estando ella misma, por supuesto, como guardián de la Constitución, también sometida a sus normas. Como tal guardián, y como sucede en cualquier Estado de derecho, el sometimiento del tribunal constitucional a la Constitución es una preposición absolutamente sobreentendida y no sujeta a discusión, ya que sería inconcebible que el Juez Constitucional pueda violar la Constitución que precisamente está llamado a aplicar y garantizar.

Pero por supuesto, para garantizar que ello no ocurra, la Sala Constitucional, además de estar integrado por personas calificadas y juristas probos, debe gozar de absoluta independencia y autonomía, pues de lo contrario, si está sujeta a la voluntad del Poder, en lugar de ser el guardián de la Constitución se convierte en el instrumento más atroz para su destrucción.

Lamentablemente, esto ha sido lo que ha ocurrido en Venezuela en los últimos 20 años, durante los cuales la Sala Constitucional del Tribunal Supremo, lejos de haber actuado en el marco de las atribuciones expresas cons-

---

pp. 255-285; "Instrumentos de justicia constitucional en Venezuela (acción de inconstitucionalidad, controversia constitucional, protección constitucional frente a particulares)", en Juan Vega Gómez y Edgar Corzo Sosa (Coordinadores) *Instrumentos de tutela y justicia constitucional Memoria del VII Congreso Iberoamericano de Derecho Constitucional*, Instituto de Investigaciones Jurídicas, Serie Doctrina Jurídica, Nº 99, México 2002, pp. 75-99.

21 Véase Allan R. Brewer-Carías, *El sistema de justicia constitucional en la Constitución de 1999 (Comentarios sobre su desarrollo jurisprudencial y su explicación, a veces errada, en la Exposición de Motivos),* Editorial Jurídica Venezolana, Caracas 2000.

titucionales antes indicadas, ampliado sus competencias al margen de la Constitución, particularmente por vía de un endémico "proceso de interpretación abstracta de la Constitución"[22] que le ha permitido administrar una "justicia constitucional a la carta" a solicitud del gobierno, en particular, del Procurador General de la República, mediante la cual ha modificado y mutado ilegítimamente el texto constitucional, legitimando y soportando la estructuración progresiva de un Estado autoritario; ha desarrollado una carrera de destrucción de todos los principios del Estado democrático de derecho, falseado en más de una ocasión el contenido de la Constitución, "mutándola" ilegítima y fraudulentamente,[23] usurpando así las potestades del poder constituyente originario.

Y así sucedió, por ejemplo, con las sentencias mediante las cuales, se distorsionó el derecho a elegir representantes en fraude a la representación proporcional (2006); se avalaron las inconstitucionales inhabilitaciones políticas que afectaron el derecho de ex funcionarios públicos a ser elegidos (2008, 2011); se le arrebató a una diputada en ejercicio el poder continuar ejerciéndolas, revocándole inconstitucionalmente el mandato popular (2014); se le revocó ilegítima e inconstitucionalmente el mandato popular a varios Alcaldes, usurpando las competencias de la Jurisdicción Penal (2014);

---

22 Véase Sentencia N° 1077 de la Sala Constitucional de 22 de septiembre de 2000, caso: *Servio Tulio León Briceño*. Véase en *Revista de Derecho Público,* N° 83, Caracas, 2000, pp. 247 y ss. Este criterio fue luego ratificado en sentencias de fecha 9 de noviembre de 2000 (N° 1347), 21 de noviembre de 2000 (N° 1387), y 5 de abril de 2001 (N° 457), entre otras. Así, por la vía de la interpretación abstracta, la Sala se ha auto-atribuido competencias no sólo en materia de interpretación constitucional; sino en relación con los poderes de revisión constitucional de cualquier sentencia dictada por cualquier tribunal, incluso por las otras Salas del Tribunal Supremo de Justicia; con los amplísimos poderes de avocamiento en cualquier causa; con los supuestos poderes de actuación de oficio no autorizados en la Constitución; con los poderes de solución de conflictos entre las Salas; con los poderes de control constitucional de las omisiones del Legislador; con la restricción del poder de los jueces de ejercer el control difuso de la constitucionalidad de las leyes; y con la asunción del monopolio de interpretar los casos de prevalencia en el orden interno de los tratados internacionales en materia de derechos humanos. Véase en general sobre ello, Allan R. Brewer-Carías, "*Quis Custodiet Ipsos Custodes*: De la interpretación constitucional a la inconstitucionalidad de la interpretación," en *VIII Congreso Nacional de derecho Constitucional, Perú*, Fondo Editorial 2005, Colegio de Abogados de Arequipa, Arequipa, septiembre 2005, pp. 463-489; y en *Revista de Derecho Público*, N° 105, Editorial Jurídica Venezolana, Caracas 2006, pp. 7-27.

23 Véase sobre la ilegítima mutación constitucional por el Juez: Néstor Pedro Sagüés, *La interpretación judicial de la Constitución*, Buenos Aires 2006, pp. 56-59, 80-81, 165 ss. Véase sobre el caso venezolano: Allan R. Brewer-Carías, "El Juez Constitucional al servicio del autoritarismo y la ilegítima mutación de la Constitución: el caso de la Sala Constitucional del Tribunal Supremo de Justicia de Venezuela (1999-2009)," en *Revista de Administración Pública*, Centro de Estudios Políticos y Constitucionales, N° 180, Madrid 2009, pp. 383-418.

y en fin, se demolieron el principio del gobierno democrático electivo y representativo, al imponerle a los venezolanos un gobierno sin legitimidad democrática en 2013, sin determinar con certeza el estado de salud, o si estaba vivo, del Presidente Hugo Chávez Frías.

III. EL FRAUDE A LA REPRESENTACIÓN PROPORCIONAL AVALADO POR EL JUEZ CONSTITUCIONAL QUE DISTORSIONÓ EL DERECHO A ELEGIR REPRESENTANTES (2006)

Entre los primeros atentados contra la democracia representativa perpetrados por el Juez Constitucional, figura el realizado en relación con la elección directa de los representantes para integrar los órganos del Poder Legislativo, que como dice la Constitución, debe realizarse "mediante votaciones libres, universales, directas y secretas" a través de un sistema mixto en el cual se debe garantizar "el principio de la personalización del sufragio y la representación proporcional" (lo que se ratifica en los artículos 186 y 293), lo que debe permitir que un porcentaje de los representantes se elijan en circunscripciones uninominales y otro porcentaje en circunscripciones plurinominales, por listas cerradas y bloqueadas.

A tal efecto, desde la sanción de la Ley Orgánica del Sufragio y Participación Política de 1989 y del Estatuto Electoral del Poder Público de 2000, se había establecido un complejo sistema de escrutinio denominado "sistema nominal, con representación proporcional," sistema "proporcional personalizado" o "sistema de personalización y de representación proporcional" que comenzaba mediante la adjudicación de los puestos electos por representación proporcional en las circunscripciones plurinominales, para posteriormente sustraer de los puestos adjudicados en esa forma a los partidos, los que obtuvieran por mayoría de votos en las circunscripciones uninominales y, en esa forma, poder mantener el grado requerido de proporcionalidad entre los votos obtenidos y los puestos adjudicados. El sistema, por supuesto, opera cuando los candidatos son de un mismo partido postulados para la elección mayoritaria en los circuitos uninominales y para la elección por lista en las circunscripciones plurinominales, por lo que si un partido sólo postulaba para elecciones uninominales o para las elecciones en las circunscripciones por lista, no había deducción alguna que hacer.

Una forma de burlar la Constitución y la Ley y eliminar la proporcionalidad era, por tanto, que unos partidos se pusieran de acuerdo electoralmente, de manera que conforme al mismo objetivo electoral, unos presentasen candidatos solo en las circunscripciones uninominales y otros solo en las circunscripciones plurinominales, de manera que no se tuvieran que producir las sustracciones mencionadas; y esa fue la práctica política para burlar la Constitución que se desarrolló en Venezuela en 2005, aplicada por los partidos que apoyaban al gobierno de Hugo Chávez, denominada como el método de "las morochas."

Dicho mecanismo, que distorsionó fraudulentamente el principio de la representación proporcional, sin embargo, en lugar de haber sido corregido por el Juez Constitucional, fue avalado por la Sala Constitucional del Tribunal Supremo de Justicia, mediante sentencia N° 74 (Caso: *Acción Democrática vs. Consejo Nacional Electoral y demás autoridades electorales*) de 25 de enero de 2006,[24] en la cual la Sala no sólo permitió la burla del principio constitucional de la representación proporcional, sino que violó el texto Constitucional al abstenerse de impartir la justicia constitucional que le fue requerida y de controlar las actuaciones del Consejo Nacional Electoral.

La Sala Constitucional, simplemente, en la sentencia, "luego de un profundo análisis" consideró que la práctica "al no estar prohibida" en la ley, entonces automáticamente:

> "encuadra dentro del orden jurídico; y aun cuando pudiere afirmarse que no toda conducta permitida resulta *per se* ajustada a la Constitución, en el presente caso, tampoco encuentra la Sala afectación alguna al principio de representación proporcional, habida cuenta que el mecanismo de postulación adoptado y bajo el cual se inscribieron los candidatos a diputados para las elecciones del mes de diciembre de 2005 (incluso los del partido político accionante), no proscribe, rechaza, ni niega la representación proporcional."

La Sala Constitucional, además, para abstenerse de ejercer la justicia constitucional al conocer de una acción de amparo que había sido ejercida contra el Consejo Nacional Electoral por violación del derecho constitucional al sufragio, argumentó que supuestamente "el desarrollo de las garantías de la personalización del sufragio y la representación proporcional" debía hacerse, "a través de la reserva legal" y que "la intangibilidad de la técnica de la reserva legal *limita la actuación del Poder Judicial en esta materia*, en acatamiento del principio de la división del poder y la distribución de funciones;" – lo que equivalía al abandono pleno del ejercicio de sus funciones de control - agregando, además, que teniendo el Poder Electoral a su cargo garantizar el derecho al sufragio en la forma prevista en la Constitución, la Sala no podía "inmiscuirse en el ámbito de competencias de los órganos del Poder Público Nacional, determinado mediante la reserva legal." Mayor denegación de justicia constitucional es imposible encontrar, concluyendo la Sala con la afirmación reiterativa de que:

> "La cuestión del método matemático para la adjudicación de escaños o curules corresponden fundamentalmente a la competencia exclusiva del Poder Electoral y la regulación de la garantía de la personaliza-

---

24 Véase en *Revista de Derecho Público*, N° 105, Editorial Jurídica Venezolana, Caracas 2006, pp. 122-144. Véanse los comentarios a la sentencia en Allan R. Brewer-Carías, "El Juez Constitucional vs. el derecho al sufragio mediante la representación proporcional*,*" en el libro Allan R. Brewer-Carías, *Crónica sobre la "in" justicia constitucional. La Sala Constitucional y el autoritarismo en Venezuela*, Colección Instituto de Derecho Público, Universidad Central de Venezuela, N° 2. Editorial Jurídica Venezolana, Caracas 2007, pp. 337-348.

ción del sufragio y el sistema proporcional corresponden a la Asamblea Nacional, en cuanto técnica de la reserva legal a que alude la propia Constitución en su artículo 63."

Es decir, pura y simplemente, por conveniencia política, la Sala Constitucional, con graves errores jurídicos por ejemplo al referirse a la "reserva legal," incurrió en denegación de justicia supuestamente porque no tenía competencia para controlar la constitucionalidad de los actos de los otros poderes del Estado, particularmente los del Consejo Nacional Electoral, lo que no es otra cosa que la negación misma de la Justicia Constitucional y de los poderes de la Jurisdicción Constitucional.

Con esta sentencia, la Sala Constitucional violó el derecho constitucional a la representación proporcional en las elecciones de cuerpos representativos o deliberantes, pues como lo afirmó el Magistrado Pedro Rafael Rondón Haaz – cuando todavía había sentencias en el Tribunal Supremo con votos salvados –, al contrario de lo afirmado en la misma:

> [...] "el mecanismo electoral que se denunció en este proceso, y que coloquialmente se conoce como "las morochas", sí es *contrario al principio de representación proporcional, sí es contrario al derecho al sufragio y sí es contrario al derecho a la participación en los asuntos públicos*".
>
> [...] "se traduce en *un fraude a la Ley y más grave aún, en un fraude a la Constitución*, a través de un evidente *abuso de las formas jurídicas* en pro de conseguir una finalidad distinta a la que las normas constitucional y legal establecieron respecto del método de elecciones mixtas uninominal-lista y a través de un evidente *abuso de derecho* de las organizaciones con fines políticos a postular candidatos."

El tema fue incluso analizado por Dieter Nohlen, apreciado amigo y destacado experto en derecho electoral comparado, advirtiendo que "el efecto anticonstitucional del mecanismo de "las morochas" va mucho más lejos" pues "infringe el principio de la igualdad del sufragio, o sea, uno de los principios fundamentales de la democracia moderna."[25] En definitiva, coincidiendo con el Voto salvado del magistrado Rondón Haaz, puede decirse que es lamentable que en este caso, "la Sala Constitucional, órgano rector de la justicia constitucional en nuestro ordenamiento jurídico, no haya optado por la protección de los derechos fundamentales de toda la colectividad que fueron lesionados, no haya dado justa interpretación a los principios constitucionales que rigen nuestro sistema electoral ni haya encauzado debidamente la relación esencial y recíproca entre la democracia y la Ley."

---

25 Véase Dieter Nohlen y Nicolás Nohlen, "El sistema electoral alemán y el Tribunal Constitucional Federal. La igualdad electoral en debate – con una mirada a Venezuela", en *Revista de Derecho Público*, N° 109, Editorial Jurídica Venezolana, Caracas 2007.

IV. LAS INCONSTITUCIONALES INHABILITACIONES POLÍTICAS AVALADAS POR EL JUEZ CONSTITUCIONAL QUE AFECTARON EL DERECHO POLÍTICO A SER ELECTO (2008, 2011)

La Constitución venezolana de 1999 dispone expresamente que los derechos políticos corresponden a los ciudadanos, es decir, a los venezolanos que no estén sujetos a inhabilitación política ni a interdicción civil, y en las condiciones de edad previstas en Constitución (art. 39), agregando como principio general que su ejercicio "sólo puede ser suspendido por sentencia judicial firme en los casos que determine la ley" (art. 42).[26]

El régimen de los derechos políticos de los ciudadanos, conforme a los artículos 63 y siguientes de la Constitución es una materia de reserva constitucional, en el sentido de que la Constitución es la que puede establecer las restricciones y limitaciones a los mismos, no pudiendo el legislador disponer limitaciones no autorizadas en la Constitución. En consecuencia, aparte de las condiciones de edad, nacionalidad, residencia y de revocación de mandato que la Constitución regula, la misma establece que sólo pueden ser excluidos del ejercicio de los derechos políticos quienes hayan sido declarados entredichos, lo que en Venezuela puede ocurrir conforme a las previsiones de la legislación civil, solo mediante sentencia judicial dictada en un proceso de interdicción civil; así como quienes hayan sido declarados inhabilitados políticamente, lo que en Venezuela puede ocurrir conforme a las previsiones de la legislación penal, solo mediante condena judicial penal que la establezca como pena accesoria a una pena principal (art. 64), y, en general, a quienes hubiesen sido condenados "por delitos cometidos durante el ejercicio de sus funciones y otros que afecten el patrimonio público" (art. 65).

Entre los derechos políticos que garantiza la Constitución, se destaca con preeminencia el derecho de los ciudadanos a ser electos para cargos representativos, que en una sociedad democrática corresponde a todo ciudadano hábil políticamente, es decir, no sujeto a interdicción civil o a inhabilitación política, pudiendo sólo ser excluidos de su ejercicio aquellos que pierden la ciudadanía, lo cual como principio sólo puede ocurrir mediante decisión judicial adoptada por los tribunales de justicia en procesos generalmente penales, en los cuales esté garantizado el debido proceso.

Son incompatibles con una sociedad democrática, por tanto, las inhabilitaciones políticas impuestas a los ciudadanos por autoridades administrativas, es decir, por órganos del Estado que no sean tribunales judiciales y menos aún en procedimientos administrativos en los que no se respeten las debidas garantías del debido proceso. Lo contrario significaría que estaría en

---

26 Véase en general, nuestra propuesta sobre el régimen de los derechos políticos en el proyecto de Constitución de 1999, "Principios generales sobre derechos políticos" y "Derecho a la participación política," en Allan R. Brewer-Carías, *Debate Constituyente (Aportes a la Asamblea Nacional Constituyente), Tomo II (9 septiembre-17 octubre 1999)*, Fundación de Derecho Público-Editorial Jurídica Venezolana, Caracas 1999, pp. 119-142.

manos del gobierno de turno excluir a ciudadanos de su derecho a ser electos para cargos representativos, lesionándose así el desarrollo de una democracia pluralista, pues se podría excluir de su derecho a la participación política, al antojo gubernamental, a los miembros de la oposición democrática.

Y eso fue precisamente lo que ha ocurrido en Venezuela en los últimos lustros, donde una de las armas políticas más arteras utilizadas contra la oposición política democrática por el régimen autoritario instalado en el país en fraude a la Constitución y a la democracia, ha sido recurrir al expediente de la inhabilitación política impuesta mediante decisiones administrativas dictadas por el Contralor General de la República, a líderes de la oposición para excluirlos del ejercicio democrático, y por tanto, de la posibilidad de ser electos para cargos representativos, todo lo cual ha sido lamentablemente avalado por el Juez Constitucional en forma expresa.

Ello es completamente inconstitucional, pues como se ha dicho, el derecho a ser electo en Venezuela es un derecho político que sólo puede restringirse de acuerdo con la Constitución de 1999 mediante sentencia judicial dictada en un proceso penal conforme a las normas del Código Orgánico Procesal Penal, cuando un juez impone a un condenado la pena de inhabilitación política, que es siempre una pena accesoria a la pena principal de prisión o presidio.[27] Por ello es rigurosamente falso lo que afirmó la Sala Constitucional del Tribunal Supremo de Venezuela en sentencia Nº 1265 de 5 de agosto de 2008, en el sentido de que el artículo 65 de la Constitución, al disponer que "no podrán optar a cargo alguno de elección popular quienes hayan sido condenados o condenadas por delitos cometidos durante el ejercicio de sus funciones," supuestamente "no excluye la posibilidad de que tal inhabilitación pueda ser establecida, bien por un órgano administrativo *stricto sensu* o por un órgano con autonomía funcional, como es, en este caso, la Contraloría General de la República," agregando además, erradamente, que:

> "la norma, si bien plantea que la prohibición de optar a un cargo público surge como consecuencia de una condena judicial por la comisión de un delito, tampoco impide que tal prohibición pueda tener un origen distinto; la norma sólo plantea una hipótesis, no niega otros supuestos análogos."[28]

---

27 Véase Allan R. Brewer-Carías, "El derecho político de los ciudadanos a ser electos para cargos de representación popular y el alcance de su exclusión judicial en un régimen democrático" (O de cómo la Contraloría General de la República de Venezuela incurre en inconstitucionalidad e inconvencionalidad al imponer sanciones administrativas de inhabilitación política a los ciudadanos), en *Derechos Fundamentales: Libro homenaje a Francisco Cumplido Cereceda*, Asociación Chilena de Derecho Constitucional, Santiago de Chile, 2011..

28 Véase en http://www.tsj.gov.ve:80/decisiones/scon/Agosto/1265-050808-05-1853.htm

Al afirmar esto, la Sala Constitucional olvidó su propia afirmación expresada unos años antes en la sentencia Nº 2444 de 20 de octubre de 2004 (caso: *Tulio Rafael Gudiño Chiraspo*) en el sentido de que:

> "en materia de ejercicio de derechos, en este caso políticos, muy vinculados al carácter participativo del gobierno del Estado venezolano, las excepciones y/o restricciones son de derecho constitucional estricto y nuestra Constitución sólo dispone de dos medios para terminar anticipadamente el mandato o representación (salvo, por supuesto, la muerte o la renuncia). Estos son: el enjuiciamiento por delitos comunes o políticos -artículo 266- y la revocatoria del mandato -artículo 72-, una de las innovaciones de la nueva Carta Magna que confiere, precisamente, el carácter participativo a nuestra democracia."[29]

El mismo razonamiento de derecho constitucional estricto que se aplica a los casos de terminación de mandatos de elección popular, por supuesto se aplica a los casos de inhabilitación para el ejercicio del derecho político a ser electo, de la esencia del régimen democrático.

Ahora bien, en cuanto a las competencias de la Contraloría General de la República, efectivamente la Ley Orgánica de ese organismo (art. 105) le atribuyó directamente al Contralor "de manera exclusiva y excluyente, la potestad de decidir la "destitución" del funcionario responsable y además, de imponerle la sanción de "la inhabilitación para el ejercicio de sunciones públicas" por un tiempo determinado; tratándose como es obvio, de una sanción disciplinaria destinada a ser aplicada a funcionarios de nombramiento o designación, es decir, que ejerzan cargos públicos mediante designación o nombramiento por las autoridades administrativas (no aquellos electos por voto popular).

Por tanto, en Venezuela no hay fundamento constitucional o legal alguno para que se pueda considerar que el ejercicio de un derecho político esencial al principio democrático representativo como es el derecho a ser elegido para cargos de representación popular, pueda ser suspendido por una decisión administrativa de la Contraloría General de la República, que no tiene competencia para imponer la sanción de inhabilitación política. Ésta sólo la pueden imponer los jueces penales competentes, mediante una condena penal resultado de un proceso penal, estando referida la potestad sancionatoria atribuida a la Contraloría General de la República conforme a la Ley Orgánica (art. 105) que rige sus funciones en materia de inhabilitación para ejercer cargos públicos, a aquellos funcionarios públicos de la Administración que pueden ser "destituidos," y que son sólo los que pueden ser designados o nombrados por otras autoridades administrativas, lo que es completamente

29 Véase en http://www.tsj.gov.ve/decisiones/scon/Octubre/2444-201004-04-0425%20.htm

inaplicable a los funcionarios electos por sufragio universal y secreto como representantes populares.[30]

El tema, por lo demás, fue resuelto al plantearse ante la Comisión Interamericana de Derechos Humanos una denuncia de violación a su derecho político a ser electo por un ex Alcalde (Sr. Leopoldo López) al haberle impuesto la Contraloría General de la República la sanción administrativa de inhabilitación política por 15 años. El denunciante invocó la Convención Americana de Derechos Humanos, la cual también garantiza que dicho derecho solo puede ser restringido por decisión judicial, habiendo concluido el proceso con sentencia de la Corte Interamericana de Derechos Humanos de 1° de septiembre de 2011 (caso *Leopoldo López vs. Estado de Venezuela),* en la cual se condenó al Estado porque conforme a la Convención Americana de Derechos Humanos (art. 32.2), la restricción al derecho pasivo al sufragio (derecho a ser elegido) que se le había impuesto al Sr. Leopoldo López por la Contraloría General de la República de Venezuela mediante una decisión administrativa, no judicial, violaba la Convención. Como lo dijo la Corte Interamericana en su sentencia, una inhabilitación política solo podría tener origen en una "condena, por juez competente, en proceso penal," estimando que en el caso:

> "ninguno de esos requisitos se ha cumplido, pues el órgano que impuso dichas sanciones no era un "juez competente", no hubo "condena" y las sanciones no se aplicaron como resultado de un "proceso penal," en el que tendrían que haberse respetado las garantías judiciales consagradas en el artículo 8 de la Convención Americana" (Párr. 107).

La condena contra el Estado venezolano, sin embargo, fue cuestionada por la Procuraduría General de la República, habiendo llegado a presentar ante la Sala Constitucional del Tribunal Supremo de Justicia una bizarra "acción innominada de control de constitucionalidad" contra la sentencia de la Corte Interamericana; acción que insólitamente fue decidida por el Juez Constitucional, mediante sentencia N° 1547 de fecha 17 de octubre de 2011 (Caso *Estado Venezolano vs. Corte Interamericana de Derechos Humanos*),[31] declarando simplemente que la sentencia de la Corte Interamericana

---

30 Véase Allan R. Brewer-Carías, "La incompetencia de la Administración Contralora para dictar actos administrativos de inhabilitación política restrictiva del derecho a ser electo y ocupar cargos públicos (La protección del derecho a ser electo por la Corte Interamericana de Derechos Humanos en 2012, y su violación por la Sala Constitucional del Tribunal Supremo al declarar la sentencia de la Corte Interamericana como "inejecutable"), en Alejandro Canónico Sarabia (Coord.), *El Control y la responsabilidad en la Administración Pública, IV Congreso Internacional de Derecho Administrativo, Margarita 2012*, Centro de Adiestramiento Jurídico, Editorial Jurídica Venezolana, Caracas, 2012, pp. 293-371.

31 Véase en http://www.tsj.gov.ve/decisiones/scon/Octubre/1547-171011-2011-11-1130.htmll. Véase sobre la sentencia, Allan R. Brewer-Carías, "El ilegítimo "control de constitucionalidad" de las sentencias de la Corte Interamericana de

era inejecutable en Venezuela, ratificando así la violación del derecho constitucional a ser electo del Sr. López.

La Sala Constitucional, en esta forma, ratificó en esta sentencia lo que había resuelto unos años antes, a través de la sentencia N° 1.939 de 18 de diciembre de 2008 (Caso *Gustavo Álvarez Arias y otros*),[32] a petición de abogados de la Procuraduría General de la República, al declarar inejecutable en Venezuela otra sentencia de la Corte Interamericana de Derechos Humanos, dictada el 5 de agosto de 2008 (Caso: *ex-magistrados de la Corte Primera de lo Contencioso Administrativo, Apitz Barbera y otros vs. Venezuela*),[33] en la cual se condenaba al Estado venezolano por la inconstitucional e inconvencional destitución de los magistrados de la Corte Primera de lo Contencioso Administrativo.

Por último, en cuanto al tema de las decisiones de inhabilitación impuestas por la Contraloría General de la República, debe mencionarse adicionalmente que la Sala Constitucional del Tribunal Supremo, con anterioridad, y en franca violación de la Constitución, ya se había pronunciado en su sentencia N° 1265 de 5 de agosto de 2008 (caso *Ziomara del Socorro Lucena Guédez vs. Contralor General de la República*),[34] resolviendo que el artículo

---

Derechos Humanos por parte la Sala Constitucional del Tribunal Supremo de Justicia de Venezuela: el caso de la sentencia *Leopoldo López vs. Venezuela, 2011*," en Libro Homenaje Antonio Torres del Moral: *Constitución y democracia: ayer y hoy. Libro homenaje a Antonio Torres del Moral*. Editorial Universitas, Vol. I, Madrid, 2013, pp. 1.095-1124; en *Anuario Iberoamericano de Justicia Constitucional,* N° 16, Madrid (2012), pp. 355-387; y en la *Revista de Derecho Público*, N° 128 (octubre-diciembre 2011), Editorial Jurídica Venezolana, Caracas 2011, pp. 227-250

32 Véase en http://www.tsj.gov.ve/decisiones/scon/Diciembre/1939-181208-2008-08-1572.html. En sobre la sentencia, véase Allan R. Brewer-Caías, "La interrelación entre los Tribunales Constitucionales de América Latina y la Corte Interamericana de Derechos Humanos, y la cuestión de la inejecutabilidad de sus decisiones en Venezuela," en *Gaceta Constitucional. Análisis multidisciplinario de la jurisprudencia del Tribunal Constitucional*, Gaceta Jurídica, Tomo 16 Año 2009, Lima 2009, pp. 17-48; en *Anuario Iberoamericano de Justicia Constitucional*, Centro de Estudios Políticos y Constitucionales, N° 13, Madrid 2009, pp. 99-136; y en Armin von Bogdandy, Flavia Piovesan y Mariela Morales Antonorzi (Coodinadores), Direitos Humanos, *Democracia e Integracao Jurídica na América do Sul*, Lumen Juris Editora, Rio de Janeiro 2010, pp. 661-701. Véase la sentencia también en *Revista de Derecho Público*, N° 116, Editorial Jurídica venezolana, Caracas 2008, pp. 88 ss.; y otros comentarios en Allan R. Brewer-Carías, "El juez constitucional vs. La justicia internacional en materia de derechos humanos," en *Revista de Derecho Público*, N° 116, (julio-septiembre 2008), Editorial Jurídica Venezolana, Caracas 2008, pp. 249-260;

33 Ver página www.corteidh.or.cr. Excepción Preliminar, Fondo, Reparaciones y Costas, Serie C N° 182.

34 Véase en http://www.tsj.gov.ve:80/decisiones/scon/Agosto/1265-050808-05-1853.htm

105 de la Ley Orgánica de la Contraloría General de la República no era violatorio de la Constitución ni de la Convención Americana de Derechos Humanos, admitiendo que mediante ley se podían establecer sanciones administrativas de inhabilitación política contra ex funcionarios, impidiéndoles ejercer su derecho político a ser electos, como era el caso de las decisiones dictadas por la Contraloría General de la República.

V. EL ARREBATO POR EL JUEZ CONSTITUCIONAL DEL DERECHO DE LOS REPRESENTANTES ELECTOS A EJERCER SUS FUNCIONES: LA ILEGÍTIMA REVOCACIÓN DEL MANDATO DE UNA DIPUTADA A LA ASAMBLEA NACIONAL (2014)

El principio democrático representativo, por otra parte, impone la necesidad de respetar la voluntad popular de manera que los funcionarios electos puedan ejercer su cargo, no pudiendo ser removidos del mismo salvo por la propia voluntad popular expresada para revocarle el mandato, como se prevé en la Constitución (art. 72), o salvo mediante un juicio penal que se les siga cuya pena implique la inhabilitación política dictada con todas las garantías del debido proceso.

En Venezuela, sin embargo, ha sido el Juez Constitucional el que ha arrebatado a los funcionarios electos no solo su derecho a ser electos, sino además su derecho a ejercer los cargos para los que fueron electos, lo que ha ocurrido respecto de un diputado y unos alcaldes, sin tener competencia constitucional alguna para ello.

En efecto, conforme a lo establecido en la Constitución, los diputados que integran la Asamblea Nacional, quienes son electos por el pueblo mediante sufragio universal directo y secreto conforme a sus artículos 63 y 186 de la Constitución, "son representantes del pueblo y de los Estados en su conjunto, no sujetos a mandatos ni instrucciones, sino sólo a su conciencia" (art. 201), por lo que su voto en la Asamblea "es personal" (art. 201). Dado su origen popular, su mandato sólo puede ser revocado por el mismo pueblo que lo eligió en la "circunscripción" respectiva, como también lo indica el artículo 197 de la Constitución, siguiendo para ello las previsiones del artículo 72 de la misma, donde se regulan los referendos revocatorios de mandatos de elección popular.

Estas disposiciones constitucionales fueron desconocidas por la Sala Constitucional del Tribunal Supremo de Justicia, en sentencia N° 207 de 31 de marzo de 2014,[35] a través de la cual declaró inadmisible una demanda

---

35 Véase en http://www.tsj.gov.ve/decisiones/scon/marzo/162546-207-31314-2014-14-0286.HTML Véase además en *Gaceta Oficial* N° 40.385 de 2 de abril de 2014. Véanse los comentarios en Allan R. Brewer-Carías, "La revocación del mandato popular de una diputada a la Asamblea Nacional por la Sala Constitucional del Tribunal Supremo de oficio, sin juicio ni proceso alguno (El caso de la Diputada María Corina Machado)," en *Revista de Derecho Público,* N° 137 (Primer Trimestre 2014, Editorial Jurídica Venezolana, Caracas 2014, pp.

intentada por dos concejales del Municipio Baruta del Estado Miranda (José Alberto Zambrano García y David Ascensión) contra el entonces Presidente de la Asamblea Nacional Sr. Diosdado Cabello, por la usurpación de funciones y vías de hecho en que había incurrido al eliminarle el día 24 de marzo de 2014 sin tener competencia para ello, el carácter de diputado a la diputada María Corina Machado, porque ésta habría acudido en tal carácter de diputada a la reunión del Consejo Permanente de la Organización de Estados Americanos del día 21 de marzo de 2014, a exponer sobre la situación política de Venezuela, como su conciencia le exigía en representación del pueblo que la eligió, siendo para ello acreditada por la representación de Panamá.

En efecto, la Sala, después de desestimar la demanda por considerar que los concejales que la habían intentado carecían de la legitimación o cualidad necesaria para accionar, en lugar archivar el expediente (que era lo que correspondía), "aprovechó la ocasión" para, de oficio, –es decir, sin que nadie se lo pidiera–, "interpretar" el artículo 191 de la Constitución –mal interpretado, por cierto–, y de paso, pronunciarse (pero cuidándose de no "decidir") sobre la pérdida de la investidura de la diputada María Corina Machado, considerando que su mandato popular había quedado revocado "de pleno derecho."

Lo insólito es que la decisión del Juez Constitucional se pronunció en un juicio que había concluido por haberse declarado inadmisible la acción; en un *obiter dictum*, (literalmente: "dicho de paso" o "dicho de pasada,") sin garantía alguna del debido proceso, es decir, sin juicio ni pruebas, y sin siquiera oír a la diputada a quien se le había revocado su mandato para garantizarle su derecho a la defensa.

Como si ello no fuera suficiente, la Sala Constitucional no decidió lo que realmente le habían requerido los concejales demandantes y que era que el Diputado Cabello había incurrido "en usurpación de funciones, la violación del debido proceso y el menoscabo de los derechos políticos de los ciudadanos del Municipio Baruta y de todos los ciudadanos venezolanos," al haber anunciado "el día 24 de marzo al país, que haría cesar en sus funciones a la Diputada María Corina Machado por su participación en la Organización de Estados Americanos, lo cual fue ratificado en el día de ayer 25 de marzo, retirándola de la nómina de parlamentarios." Más bien, al declarar la inadmisibilidad de la acción propuesta, la Sala "decidió" en sentido contrario de lo solicitado, fuera de juicio, y en lugar de declarar que el Presidente de la Asamblea Nacional había incurrido en arbitrariedad y abuso de poder y pro-

165- 189; y en el libro: *El golpe a la democracia dado por la Sala Constitucional, (De cómo la Sala Constitucional del Tribunal Supremo de Justicia de Venezuela impuso un gobierno sin legitimidad democrática, revocó mandatos populares de diputada y alcaldes, impidió el derecho a ser electo, restringió el derecho a manifestar, y eliminó el derecho a la participación política, todo en contra de la Constitución)*, Colección Estudios Políticos N° 8, Editorial Jurídica Venezolana, segunda edición, (Con prólogo de Francisco Fernández Segado), Caracas 2015, pp. 235-275

teger al mandato popular de la diputada María Corina Machado, lo que hizo fue avalar lo que aquél había dicho para despojar a la diputada Machado de su curul de parlamentaria, afirmando, cínicamente, que actuaba "como máxima autoridad de la Jurisdicción Constitucional," y que:

> "si bien puede declarar inadmisible una demanda como la planteada en el caso de autos, también puede, para cumplir su función tuitiva y garantista de la Constitución, como norma suprema conforme lo expresa su artículo 7, analizar de oficio la situación de trascendencia nacional planteada, que tal y como se ha indicado, y así fue planteado en el escrito "afecta la institucionalidad democrática."

Lo cierto es que la Sala Constitucional, si bien podría entrar a analizar de oficio una "situación de trascendencia nacional" e interpretar la Constitución en el curso de un juicio, no tenía ni tiene competencia alguna para iniciar de oficio un proceso constitucional de interpretación de la Constitución,[36] fuera de un proceso en curso o que ya ha concluido, con la excusa de analizar una "situación de trascendencia nacional." Los procesos constitucionales sólo pueden iniciarse a petición de parte interesada, como la propia Sala lo tiene establecido, por lo que no fue más que un artilugio o subterfugio, para pretender revestir de "legalidad" su actuación, el que la Sala "aprovechara" el "expediente" de un proceso terminado formalmente (al haberse declarado inadmisible la demanda que había sido intentada), para entonces pasar con la excusa de interpretar el artículo 191 de la Constitución, a avalar la revocatoria del mandato popular a una diputada para lo que no tiene competencia, y menos sin siquiera oír a la interesada.

En realidad, con la sentencia, dictada como lo indicó su texto, como una "interpretación en beneficio de la Constitución" (sin que se sepa en el mundo del control de la constitucionalidad en el derecho comparado, qué puede entenderse por ello (pues no puede haber interpretación válida "en perjuicio" de la Constitución), lo que se puso en evidencia fue que la Sala Constitucional ya tenía instrucciones o sugerencias para confirmar la revocatoria del mandato a la diputada Machado, de inmediato, con o sin proceso, antes del día martes 1° de abril de 2014, para cuando estaba anunciada una movilización en Caracas a los efectos de acompañarla a la Asamblea Nacional a incorporarse en sus sesiones, a los efectos de que para ese momento la diputada Machado ya no fuera "formalmente" diputado. El Presidente de la

---

36 Véase sobre los poderes de actuación de oficio del Tribunal Supremo de Justicia, en Allan R. Brewer-Carías, "Régimen y alcance de la actuación judicial de oficio en materia de justicia constitucional en Venezuela", en *Estudios Constitucionales. Revista Semestral del Centro de Estudios Constitucionales*, Año 4, N° 2, Universidad de Talca, Santiago, Chile 2006, pp. 221-250. Publicado también en *Crónica sobre la "In" Justicia Constitucional. La Sala Constitucional y el autoritarismo en Venezuela,* Colección Instituto de Derecho Público. Universidad Central de Venezuela, N° 2, Editorial Jurídica Venezolana, Caracas 2007, pp. 129-159

Asamblea Nacional ya la había despojado de hecho de su mandato popular;[37] mientras que el Presidente de la República la había calificado como "ex diputada,"[38] y la Presidenta del Tribunal Supremo la había anunciado formalmente por dónde vendría la actuación de la Sala Constitucional, al declarar en la televisión el domingo 30 de marzo de 2014, que:

---

37 Como en efecto lo reportó la agencia EFE sobre lo dicho por Cabello: "Caracas. EFE.- El presidente de la Asamblea Nacional (Congreso unicameral) de Venezuela, Diosdado Cabello, informó este lunes que se le retiró la inmunidad parlamentaria a la diputada opositora María Corina Machado y que pedirá que sea juzgada por traición a la patria. Cabello dijo a periodistas que solicitará el Ministerio Público investigar si Machado cometió el delito de traición a la patria, por su participación en una sesión de embajadores de la Organización de Estados Americanos (OEA)." En efecto, el Presidente de la Asamblea Nacional, expresó según fue reseñado por Globovisión: "Cabello explicó que Machado violó el artículo 191 y el 149 de la Carta Magna, este último se refiere a la autorización a funcionarios públicos para aceptar cargos, honores o recompensas de gobiernos extranjeros..", "Hay que sumarle a la investigación (el delito de) tradición a la patria", dijo Cabello, / Aclaró que ya no hace falta allanarle la inmunidad parlamentaria a Machado "porque según el artículo 191, según este nombramiento (por parte de Panamá), y según sus actuaciones y acciones la señora Machado dejó de ser diputada"./ El presidente del Parlamento anunció que Machado no tendrá más acceso al Hemiciclo "por lo menos, en este periodo". "No tienen acceso porque ella ya no es diputada", recalcó." Véase "Cabello: Por el artículo 191 de la Constitución, María Corina machado "dejó de ser diputada", *Globovisión*, 24 de marzo de 2014, en http://globovision.com/articulo/junta-directiva-de-la-an-anuncia-rueda-de-prensa

38 Véase lo expresado por Nicolás Maduro: Primero: "El Presidente calificó a María Corina Machado de "exdiputada" y rechazó las intenciones de la parlamentaria de presentarse en la reunión de la Organización de Estados Americanos (OEA) que se realizó este viernes en Washington," en reseña de Alicia de la Rosa, El Universal, 23 de marzo de 2014, en http://www.eluniversal.com/nacional-y-politica/140323/maduro-califico-a-maria-corina-machado-de-exdiputada. Segundo: "Exdiputada", la llamó el presidente Nicolás Maduro el sábado, pero ayer el coordinador de la fracción del PSUV, Pedro Carreño, citó la Constitución para argumentar que Machado estaría fuera del Parlamento. "El Artículo 191 de la Constitución señala: 'Los diputados o diputadas a la AN no podrán aceptar o ejercer cargos públicos sin perder su investidura'. Machado es delegada de Panamá en OEA," en la reseña sobre "Presumen despojo de inmunidad de Machado", *La Verdad*, 24 de marzo de 2014, en http://www.laverdaddemonagas.com/noti-cia.php?ide=25132. Tercero: "Nicolás Maduro, indicó que "la exdiputada María Corina Machado la nombraron embajadora de la Organización de Estados Americanos, de un gobierno extranjero, se convirtió en funcionaria para ir a mal poner a Venezuela, a pedir la intervención", Reseña de M.C. Henríquez, ""Maduro: "La exdiputada de la AN, María Corina Machado fue a mal poner a Venezuela," 22 de marzo de 2014, en http://noticias24carabobo.com/actua-lidad/noticia/38925/maduro-la-exdiputada-de-la-an-maria-corina-machado-fue-a-mal-poner-a-venezuela/

"obviamente tiene consecuencias jurídicas" que la parlamentaria María Corina Machado haya "aceptado un destino diplomático en un país extranjero" pero indicó que era necesario esperar el pronunciamiento del Máximo Tribunal sobre ese tema.

Hemos tenido noticia por la prensa en el sentido de que ella en la condición de diputada habría aceptado un destino diplomático en un país extranjero. Obviamente tiene consecuencias jurídicas pero preferimos hacer el estudio, y de manera formal pronunciarnos en el Tribunal Supremo, esto no es una conclusión, es necesario esperar el pronunciamiento del Tribunal Supremo de Justicia."[39]

Las "consecuencias jurídicas," por supuesto ya estaban establecidas, de manera que al día siguiente se publicó la sentencia que comentamos, con ponencia conjunta de todos los magistrados para que no hubiera duda de su colusión, pero no sin antes aclarar la propia Presidenta del Tribunal Supremo, en el mismo programa de televisión donde ya anunciaba la "justicia" que iba a impartir, que en Venezuela:

"Hoy en día contamos con un Poder Judicial autónomo, independiente, apegado en sus actuaciones a la Constitución y a las leyes de manera irrestricta y haciendo cumplir la voluntad del pueblo; es al pueblo al que nos debemos, estamos allí haciéndole llegar al colectivo la seguridad que cuenta con un Poder Judicial cuyas decisiones dependen solamente del bien común, de lo que les beneficie, por cuanto esa es la misión, ese es el mandato que tenemos constitucional y legalmente."[40]

Pero no!! En este caso, como resulta de las propias expresiones públicas de la Presidenta del Tribunal Supremo de Justicia el día antes de tomar la decisión revocándole inconstitucionalmente el mandato a la diputada Machado, en lugar de quedar "patente" que el Tribunal actuaría con independencia (teniendo en cuenta que la independencia judicial es cuando un tribu-

---

39 Véase la reseña de lo que la magistrada Gutiérrez Alvarado expresó durante el programa José Vicente Hoy, transmitido por Televen, publicado por *@Infocifras*, 31 de marzo de 2014, en http://cifrasonlinecomve.wordpress.com/2014/03/30/-presidenta-del-tsj-actuacion-de-machado-tiene-consecuencias-juridicas/

40 Véase la "Nota de Prensa" del Tribunal Supremo de Justicia: "Aseguró la Presidenta del Tribunal Supremo de Justicia: Contamos con un Poder Judicial autónomo, independiente y apegado a la Constitución y las leyes," 30 de marzo de 2014, disponible en http://www.tsj.gov.ve/informacion/notasde-prensa/notasdeprensa.asp?codigo=11797. Debe destacarse que la Presidenta del Tribunal, Gladys Gutiérrez, afirmó que el Poder Judicial era una institución que supuestamente tiene la misión de "cumplir la voluntad del pueblo," como si se tratase de un órgano electo popularmente, lo cual no es cierto. El Poder Judicial y el Tribunal Supremo imparten justicia, y actúan "en nombre de la República y por autoridad de la ley" como lo expresa el artículo 253 de la Constitución, siendo su misión la de impartir justicia, única y exclusivamente aplicando la Constitución y las leyes de la República.

nal actúa sólo sometido a la Constitución y a la ley), lo que quedó "patente" fue lo que la misma funcionaria dijo en el antes indicado programa de televisión, en el sentido de que el Tribunal actuaría:

> "dando cumplimiento al principio de colaboración entre los Poderes, abogamos por los fines esenciales del Estado trabajando de manera coordinada, de manera armónica, con los demás Poderes del Estado."[41]

Es decir, había una decisión tomada entre todos los poderes del Estado para actuar de manera coordinada y en colaboración, de manera de arrebatarle en breve tiempo y sin debido proceso, pero con apariencia de legalidad (es decir, con auxilio de una decisión judicial), el mandato popular a una diputada a la Asamblea Nacional (que si es representante del pueblo). Esa era la "consecuencia jurídica" de la aplicación del artículo 191 de la Constitución a las actuaciones de la Diputado Machado, que la Presidenta del Tribunal Supremo había anunciado, y que operaba –dijo–:

> "de pleno derecho, ante la aceptación de una representación alterna de un país, indistintamente a su tiempo de duración, ante un órgano internacional por parte de la ciudadana María Corina Machado, quien estaba desempeñando su cargo de diputada a la Asamblea Nacional, lo cual constituye una actividad incompatible durante la vigencia de su función legislativa en el período para el cual fue electa, pues esa función diplomática no solo va en desmedro de la función legislativa para la cual fue previamente electo o electa, sino en franca contradicción con los deberes como venezolana (artículo 130 constitucional) y como Diputada a la Asamblea Nacional (artículo 201 *eiusdem*)."[42]

Esto, que se anunció en la "Nota de Prensa" del Tribunal Supremo, fue precisamente el texto del párrafo final de la sentencia dictada en el "caso," N° 207 de 31 de marzo de 2014, la cual, sin duda, quedará en los anales infames de la justicia, o de la "in" justicia en Venezuela.[43]

En todo caso, en cuanto a los Alcaldes demandantes en la acción intentada, hay que imaginarse la tremenda sorpresa que debieron haberse llevado, cuando al ir a clamar justicia ante el máximo Tribunal de la República en defensa de intereses colectivos y difusos como electores, contra la arbitrariedad del Presidente de la Asamblea Nacional y en defensa del mandato popu-

---

41 *Idem*.

42 Véase la Nota de Prensa del Tribunal Supremo de Justicia, de 31 de marzo de 2014: "Operó de pleno derecho. Tribunal Supremo de Justicia se pronuncia sobre la pérdida de la Investidura de la diputada María Corina Machado," en http://www.tsj.gov.ve/informacion/notasdeprensa/notasdeprensa.asp?codigo=11799.

43 Véase los antecedentes en Allan R. Brewer-Carías, *Crónica Sobre La "In" Justicia Constitucional. La Sala Constitucional y el autoritarismo en Venezuela*, Colección Instituto de Derecho Público, Universidad Central de Venezuela, N° 2 Caracas, 2007. 702 pp.

lar de la diputada María Corina Machado, electa con abrumadora mayoría en el Municipio Baruta, donde los concejales demandantes actuaban; se encontraron con que ese Tribunal no sólo declaró inadmisible su demanda, sino que con la sentencia dictada produjo el efecto que los demandantes buscaban evitar, ahorrándole al Presidente de la Asamblea Nacional la necesidad de incurrir en una inconstitucionalidad más, al decidir además, el propio Tribunal, la revocación del mandato de la diputada Machado, con la excusa de que "de pleno derecho," es decir, supuestamente sin que nadie tenga que resolverlo, había perdido su investidura, por haber aceptado que se la acreditara en la OEA, en la representación de Panamá, para hablar como diputada venezolana, sobre la situación política venezolana.

La Sala, para ello, hizo mención al artículo 191 de la misma Constitución que dispone que "los diputados a la Asamblea Nacional no podrán aceptar o ejercer cargos públicos sin perder su investidura, salvo en actividades docentes, académicas, accidentales o asistenciales, siempre que no supongan dedicación exclusiva" y sin más, concluyó que conforme al mismo, "de pleno derecho" la diputada Machado había "perdido su investidura" de diputado. La Sala Constitucional aplicó incorrecta e indebidamente dicha norma al caso de la diputada Machado, pues para que su texto tuviese "consecuencias jurídicas" habría sido necesario que un diputado aceptase o ejerciera "cargos públicos," se entiende, dentro del Estado venezolano,[44] a dedicación exclusiva, y en cualquiera de los órganos de los poderes del Estado.

El sentido de la norma, en el sistema de separación de poderes que regula la Constitución, en particular, en las relaciones entre el Poder Legislativo y el Poder Ejecutivo en el marco del sistema presidencial de gobierno, es evitar que se produzca una *turbatio* de funciones entre ambos poderes del Estado, evitando que los diputados electos a la Asamblea Nacional puedan ser nombrados para desempeñar cargos ejecutivos, que están sometidos al control del Poder Ejecutivo, y que luego de cesar en el ejercicio de éstos, puedan volver a realizar funciones legislativas y de control político desde la Asamblea, precisamente en relación con los órganos del Poder Ejecutivo del cual habrían formado parte.

Como lo decidió la propia Sala Constitucional en la sentencia N° 698 de 29 de abril de 2005, citada en la sentencia que comentamos:

> "un segundo destino público para un Diputado casi de seguro será en una rama distinta del Poder Público, con lo que se generaría una situación que debe siempre ser tratada con cuidado: la posible interferencia –y no colaboración– de una rama en otra. No puede olvidarse que el

44 José Ignacio Hernández interpretó con razón, que la referencia a cargo público en el artículo 191 de la Constitución es a "cargo público" como sinónimo de "cargo dentro del Estado". Véase en su trabajo: ¿María Corina Machado dejó de ser diputada?, publicado en *Prodavinci.com*, 24 de marzo de 2014, en http://noticias24carabobo.com/actualidad/noticia/38925/maduro-la-exdiputada-de-la-an-maria-corina-machado-fue-a-mal-poner-a-venezuela/

Poder Legislativo es contralor del Ejecutivo y a su vez controlado, de diferente manera, por el Judicial y por el Ciudadano. Una indefinición de roles pone en riesgo el principio de separación en el ejercicio del poder."[45]

Ese es el sentido y no otro, de la norma del artículo 191, por lo que conforme a ella, por tanto, para preservar la separación de poderes en el régimen presidencial de gobierno, un diputado, primero, no puede aceptar o ejercer un "cargo público" en cualquier otro órgano del Estado, y si lo hace pierde su investidura; segundo, puede ejercer un "cargo público" en actividades docentes, académicas, accidentales o asistenciales, siempre que no supongan dedicación exclusiva, en cuyo caso no pierde su investidura; y tercero, no puede ejercer "cargos públicos" en dichas actividades si ello supone dedicación exclusiva, y si lo hace, pierde su investidura..

De ello deriva que la aplicación de la norma, es decir, la "consecuencia jurídica" que se deriva de la misma, que es la posible "pérdida de investidura" del diputado, nunca es automática, es decir, no puede operar "de pleno derecho;" y ello, primero, porque si se trata de la aceptación o ejercicio de un "cargo público," no basta ni siquiera con que por ejemplo aparezca publicado el nombramiento en *Gaceta Oficial*, o que el mismo esté plasmado en una comunicación oficial, para que la "consecuencia jurídica" de la norma se produzca, sino que el "cargo público" de que se trate tiene que ser "aceptado" o debe ser "ejercido," y todo ello requiere ser probado. Segundo, porque si se trata del ejercicio de un cargo público en actividades docentes, académicas, accidentales o asistenciales, es necesario determinar si dicho ejercicio del cargo supone o no dedicación exclusiva, lo que de nuevo es casuístico y requiere de prueba.

Sin embargo, ignorando completamente el origen, el sentido, y el mismo texto de la norma que habla de "cargos públicos," y no de "actividades" la Sala Constitucional pasó a interpretarla incurriendo, de entrada, en un error de lectura y apreciación, al referirse a que la salvedad que hace el artículo es respecto de "otras actividades" que puede realizar el diputado "que no generan la pérdida de su investidura, señalando actividades docentes, académicas, accidentales o asistenciales, cuando el desempeño de las mismas no supongan dedicación exclusiva o desmedro de las funciones que ya ejerza." Esa errada interpretación aparentemente inadvertida, fue sin duda deliberada, para terminar "mutando" la Constitución, como ya lo ha hecho en otras ocasiones.[46] En todo caso, dicha interpretación es errada: la norma no establece

45 Véase la sentencia en http://www.tsj.gov.ve/decisiones/scon/abril/698-290405-03-1305.HTM.

46 Véase Allan R. Brewer-Carías, "El juez constitucional al servicio del autoritarismo y la ilegítima mutación de la Constitución: el caso de la Sala Constitucional del Tribunal Supremo de Justicia de Venezuela (1999-2009)", en *Revista de Administración Pública*, N° 180, Madrid 2009, pp. 383-418.

excepciones respecto de "actividades" que pueden o no ejercerse por los diputados sin perder su investidura.

Esta norma nada tiene que ver con alguna supuesta "ética parlamentaria o legislativa," sino con la preservación de la separación de poderes y persigue evitar que con el vaso comunicante que se pueda establecer con diputados que pasen al Ejecutivo y luego vuelvan a la Asamblea, se pueda empeñar la función de control y balance entre los poderes, es decir, evitar que los diputados pasen a ocupar cargos públicos en el Ejecutivo Nacional, a dedicación exclusiva, y luego pretendan volver a su curul en el parlamento, al cesar en el ejercicio de esos cargos. Si hay algún hecho público y notorio en el caso que fue sometido al Tribunal Supremo al demandarse la conducta de hecho y usurpadora del Presidente de la Asamblea, fue que María Corina Machado como diputada de la Asamblea Nacional, nunca aceptó ni ejerció "cargo público" alguno en el Ejecutivo Nacional, ni en la Administración Pública, ni en general, en ninguno de los otros órganos de los Poderes del Estado, por lo que la norma era completamente inaplicable a la situación generada por el hecho de haber sido acreditada, en su carácter de diputada a la Asamblea Nacional de Venezuela, en forma *ad hoc* y *ad tempore* en la representación de Panamá ante la OEA, para precisamente hablar en tal carácter de diputada a la Asamblea Nacional de Venezuela, sobre la crisis política y sobre la situación en el país.

Como lo expresó el propio Secretario General de la OEA, José Miguel Insulza, "la Diputada María Corina Machado intervino ante el Consejo Permanente de dicha Organización, en calidad de parlamentaria venezolana y que sólo a tal fin, la República de Panamá solicitó su acreditación en calidad de Representante Alterna," ratificando "que es una práctica usual de esta institución aceptar y permitir "la participación y uso de la palabra en sesiones de los órganos políticos de la OEA de representantes que no necesariamente tenían la nacionalidad del Estado miembro al que representaban", tal y como ocurrió en 2009, cuando la ex canciller hondureña, Patricia Rodas, se dirigió al Consejo Permanente como representante de Venezuela."[47]

Por lo demás, tampoco podía aplicarse al caso lo previsto en el artículo 149 de la Constitución, que dispone que "los funcionarios públicos no podrán aceptar cargos, honores o recompensas de gobiernos extranjeros sin la autorización de la Asamblea Nacional" (no del "Presidente de la Asamblea" como lo interpretó la Sala), pues además de que la norma sólo tiene como propósito regular un mecanismo de control político por parte del órgano representativo nacional en relación con las relaciones o vínculos que existan o se establezcan entre los funcionarios públicos y los gobiernos extranjeros, en la misma no se establece cuál pudiera ser la "consecuencia jurídica"

47 Véase "Insulza: Machado habló en la OEA en su condición de diputada venezolana," en *El Universal*, 28 de marzo de 2014, en http://www.eluniversal.com/nacional-y-politica/protestas-en-venezuela/140328/insulza-machado-hablo-en-la-oea-en-su-condicion-de-diputada-venezolana.

de la aceptación "cargos, honores o recompensas de gobiernos extranjeros" sin haber obtenido autorización de la Asamblea Nacional.[48]

Respecto del caso decidido por el Juez Constitucional, era obvio que la diputada Machado, al haber sido acreditada en la representación de Panamá ante el Consejo Permanente de la OEA fue para hablar como diputada de la Asamblea Nacional de Venezuela y no como "representante" de Panamá, lo que no pudo nunca significar que habría "aceptado" un cargo de un gobierno extranjero, y menos que esa actuación pudiera producir en forma alguna la pérdida de su investidura.[49]

El verdadero propósito de la Sala Constitucional al haber procedido a decidir en la sentencia N° 270, de oficio, sin proceso, torciendo la interpretación del artículo 191 de la constitución, para revocarle su mandato popular a la diputada María Corina Machado, fue en realidad seguir el lineamiento fijado por los otros Poderes del Estado, atendiendo a la "coordinación, "cooperación" y "colaboración" entre los mismos a lo cual hizo referencia la propia Presidente de la Sala Constitucional, la víspera de la decisión; y era que:

> "la aceptación de una representación (sea permanente o alterna), indistintamente a su tiempo de duración, ante un órgano internacional por parte de un Diputado o Diputada a la Asamblea Nacional que está desempeñando su cargo durante la vigencia del período para el cual fue electo o electa, constituye una actividad a todas luces incompatible, y no puede considerarse como actividad accidental o asistencial, pues esa función diplomática va en desmedro de la función legislativa para la cual fue previamente electo o electa."

Esta "interpretación," por supuesto, se insiste, es totalmente errada, pues que un diputado venezolano sea acreditado por la representación de un país que lo invite a asistir a una sesión de la OEA en el que se trataría el tema de Venezuela, para que hable en tal carácter de diputado de la Asamblea Nacional venezolana; no es aceptar o ejercer ningún "cargo público" –única posibilidad de que se aplique la incompatibilidad– en los términos de la Constitución. Por el contrario, tal "actividad" es completamente compatible con las funciones de diputado; es de la esencia de dicha función teniendo en

48 La única consecuencia jurídica vinculada a la norma, en todo caso, es la previsión del artículo 142 del Código Penal que sanciona, no sólo a los funcionarios sino en general a cualquier venezolano "que acepte honores, pensiones u otras dádivas de alguna nación que se halle en guerra con Venezuela" en cuyo caso se prevé un castigo de seis a doce años de presidio.

49 Para que pueda aplicarse alguna sanción a un diputado en tal caso, se requeriría de una regulación legal que prevea dicha conducta como delito, en cuyo caso, se le tendría que aplicar la pena que se establezca mediante un proceso penal con las garantías debidas. Véase Claudia Nikken, "Notas sobre el artículo 187.20 de la Constitución," en *Revista de Derecho Público*, Editorial Jurídica Venezolana, N° 137 (enero-marzo 2014).

cuenta, como lo dice la Constitución, que los diputados "son representantes del pueblo, no sujetos a mandatos ni instrucciones, sino a su conciencia" (art. 201), por lo que de su actuación sólo tienen que dar cuenta a sus electores (art. 197).

Sin embargo, con base en todas las distorsiones del texto, letra, espíritu y razón de la norma a las cuales hemos hecho referencia, la Sala concluyó con que:

> "Esa es la interpretación que debe dársele al artículo 191 de la Constitución concatenadamente a otras disposiciones como el artículo 149 eiusdem, en aras de preservar la ética como valor superior del ordenamiento jurídico, el respeto a las instituciones del Estado Venezolano y el deber de cumplir de acatar la Constitución, las leyes y las normas del ordenamiento jurídico de la República Bolivariana de Venezuela. Así se declara."

Después de esta "declaración," que no es otra que considerar que el artículo 191 de la Constitución no establece una incompatibilidad de la situación de diputado con el ejercicio o aceptación de un "cargo público," sino que establece otra cosa –que no es la que establece–, como es una supuesta incompatibilidad de la función legislativa con otras "actividades" que la Sala evaluó libremente, pasando entonces la Sala a arrebatarle el mandato popular a la diputada Machado, tal como la Presidenta del Tribunal Supremo lo había anunciado el día antes de que se dictara la sentencia.[50]

Lo cierto fue que como la decisión de arrebatarle la investidura parlamentaria a la diputada Machado, o sea, su mandato popular, estaba tomada, porque así lo querían todos los órganos de los Poderes del Estado, tal y como todos lo habían manifestado públicamente,[51] la Sala Constitucional concluyó la "causa" que no existía, y que había inventado, de oficio, siendo juez y parte, pero sin que la afectada pudiera participar, alegar o defenderse, afirmando impropiamente que la "aplicación de la consecuencia jurídica prevista en el artículo 191 de la Constitución resultaba ajustada al caso planteado,

---

50 Véase la reseña de lo que expresó durante el programa José Vicente Hoy, transmitido por Televen, publicado por *@Infocifras*, 31 de marzo de 2014, en http://cifrasonlinecomve.wordpress.com/-2014/03/30/presidenta-del-tsj-actuacion-de-machado-tiene-consecuencias-juridicas/.

51 Véase "Cabello: Por el artículo 191 de la Constitución, María Corina Machado "dejó de ser diputada", *Globovisión,* 24 de marzo de 2014, en http://globovision.com/articulo/junta-directiva-de-la-an-anuncia-rueda-de-prensa; y "Nicolás Maduro, indicó que "la exdiputada María Corina Machado la nombraron embajadora de la Organización de Estados Americanos, de un gobierno extranjero, se convirtió en funcionaria para ir a mal poner a Venezuela, a pedir la intervención", Reseña de M.C. Henríquez, "Maduro: "La exdiputada de la AN, María Corina Machado fue a mal poner a Venezuela," *Noticias24*, 22 de marzo de 2014, en http://noticias24ca-rabobo.com/actua-lidad/noticia/38925/maduro-la-exdiputada-de-la-an-maria-corina-machado-fue-a-mal-poner-a-venezuela/.

al operar de pleno derecho." La verdad es que nadie había planteado eso y en el expediente, en realidad, el único "caso planteado" había sido la denuncia de usurpación de funciones formulada mediante una acción de amparo por unos Concejales del Municipio Baruta contra el Presidente de la Asamblea Nacional, que la Sala declaró inadmisible, con lo cual el proceso o "caso" había quedado concluido.

La decisión de la Sala Constitucional de darle efectos "de pleno derecho," es decir, sin formula de juicio, a la consecuencia jurídica del artículo 191, que es la pérdida de la investidura de un diputado por aceptar o ejercer un "cargo público," aplicada a la diputada Machado, violó la misma norma que se quiso aplicar, pues como se dijo anteriormente, nunca dicha norma podría "operar de pleno derecho," requiriéndose que exista previamente una actividad probatoria en un juicio contradictorio, con partes, y respetándose las garantías judiciales debidas, primero, de la existencia de un "cargo público" determinado; segundo, de que dicho cargo público hubiera sido "aceptado o ejercido" efectivamente por el diputado; y tercero, que el mencionado "cargo público" supusiera "dedicación exclusiva." Sólo probando esos tres supuestos, es que la consecuencia jurídica de la aplicación de la norma podría aplicarse por el juez competente, en un proceso judicial.[52]

La Sala Constitucional no probó nada de eso, y solo afirmó que la Diputado María Corina Machado había aceptado "una representación alterna de un país, [...] ante un órgano internacional," considerando sin fundamentación o prueba alguna, que ello "constituye una actividad a todas luces incompatible durante la vigencia de su función legislativa," calificando falsamente dicha "actividad," es decir, el hecho de que hablara por Venezuela, como diputada venezolana, en una sesión del Consejo permanente de la OEA sobre Venezuela, como una "función diplomática," y estimando de nuevo sin fundamentación ni pruebas, que ello no sólo iba "en desmedro de la función legislativa para la cual fue previamente electa", sino, y es lo grave de la conclusión de la Sala, que su actuación fue "en franca contradicción con los deberes como venezolana (artículo 130 constitucional) y como Diputada a la Asamblea Nacional (artículo 201 *eiusdem*)." Y así de simple, concluyó "Así se declara."

Esta consideración final, además de inconstitucional, fue una infamia imperdonable en la cual incurrieron los magistrados de la Sala Constitucional, contra una diputada que lo que hizo fue cumplir su misión de representar al pueblo, sin sujeción a mandatos ni instrucciones sino conforme a su conciencia, como se lo mandaba precisamente el artículo 201 de la Constitución –y no en contra del mismo como maliciosamente lo indicó la Sala en su sentencia–, y en tal carácter, juzgó conforme su conciencia, que debía hablar

---

52 Véase sobre esto lo expuesto por Carlos J. Sarmiento Sosa, "La investidura parlamentaria y su pérdida," en *El Universal*, Caracas 27 de marzo de 2014, disponible en http://www.eluniversal.com/opi-nion/140327/la-investidura-parlamentaria-y-su-perdida.

ante la OEA como diputada venezolana, sobre Venezuela, en una sesión donde se discutiría la situación política del país.

La Sala Constitucional violó además el principio de separación de poderes al pretender juzgar, "sin juicio," la actuación de una diputada electa en representación del pueblo, y se dio el lujo de concluir una decisión, afirmando –condenándola–, que la Diputada con su actuación había contradicho sus "deberes como venezolana." Éstos deberes están indicados en el artículo 130 de la Constitución, y muy por el contrario, todos fueron cumplidos por ella al acudir ante la OEA: "honrar y defender a la patria, sus símbolos y valores culturales, resguardar y proteger la soberanía, la nacionalidad, la integridad territorial, la autodeterminación y los intereses de la Nación." Paradójicamente, todos esos deberes fueron violados y violentados por los que ejercen el poder en Venezuela bien "coordinadamente," en "cooperación" estrecha, en el marco del régimen autoritario que se ha establecido en los últimos veinte años.[53]

Sobre esta sentencia, propia de lo que en otros tiempos se denominaron los "jueces del horror,"[54] el Editorial de Analítica.com, del 2 de abril de 2014, titulado "El tribunal Supremo del mal," indicó con razón que:

> "En la Venezuela actual una sala parecida es la Sala Constitucional del Tribunal Supremo, que se ha caracterizado por ser el instrumento más dócil y más veloz en cumplir los requerimientos del régimen. Una de esas sentencias sumarias fue precisamente la que el Juez Constitucional dictó, entre gallos y medianoche, el lunes 31 de marzo de 2014, mediante la cual, sin un debido proceso, le arrebató de un solo plumazo

---

53 Véase Allan R. Brewer-Carías, *Authoritarian Government v. The Rule of Law. Lectures and Essays (1999-2014) on the Venezuelan Authoritarian Regime Established in Contempt of the Constitution,* Fundación de Derecho Público, Editorial Jurídica Venezolana, Caracas 2014.

54 La expresión es una derivación del título del libro de Ingo Müller, *Furchtbare Juristen. Die unbewältigte Vergangenheit unserer Justiz*, con traducción de Carlos Armando Figueredo bajo el título: *Los Juristas del Horror. La justicia de Hitler: El pasado que Alemania no puede dejar atrás*, Caracas 2006. El libro, como se nos dice acertadamente en su Prólogo, es una obra: "que todo ser humano debería leer con cuidado y atención, para evitar que la perversión de la justicia se repita. Que nunca más la justicia se politice y se coloque en posición de servilismos frente a un Poder Ejecutivo intransigente y antidemocrático. No hay justificación alguna para que en nombre de una revolución se le haga tanto daño a pueblo alguno." Esos "los juristas del horror, como más recientemente nos lo ha recordado el propio traductor de la obra, "fueron todos aquellos catedráticos del derecho, abogados, jueces, fiscales y filósofos que se prestaron para darle una supuesta armazón jurídica a una de las peores dictaduras que ha conocido la humanidad como fue la de Adolf Hitler." Véase Carlos Armando Figueredo, "Venezuela también tiene sus 'Juristas del Horror,'" en *Analitica.com*, 3 de abril de 2009, en http://www.analitica.com/va/politica/opinion/7272707.asp.

la inmunidad parlamentaria a la diputada María Corina Machado. Esta acción de la Sala Constitucional entrará en los libros de derecho constitucional como un ejemplo aberrante de extra limitación de atribuciones para cometer una violación contra la letra de la Constitución que prevé taxativamente las únicas causas mediante las cuales se le puede quitar la inmunidad y revocarle el mandato a un diputado que, no olvidemos, es el representante de la voluntad popular."[55]

Sn embargo, luego de esta decisión, y ante la pregunta de si el Tribunal Supremo respondía órdenes del Poder Ejecutivo, la Presidenta del Tribunal Supremo de Justicia, señaló con todo cinismo:

> "En el pasado se tomaban decisiones de acuerdo con invitaciones que recibían de otros poderes, hoy en día contamos con un Poder Judicial autónomo, independiente, apegado en sus actuaciones a la Constitución y las leyes de manera irrestricta. Y haciendo cumplir la voluntad del pueblo, es al pueblo al que nos debemos. Estamos haciendo llegar al colectivo la seguridad de que cuenta con un Poder Judicial cuyas decisiones dependen solamente del bien común."
>
> Gutiérrez agregó que toman decisiones conforme a las necesidades del pueblo venezolano y que la tarea del Tribunal Supremo de Justicia es "ponernos a la altura de las transformaciones que ha vivido nuestro país en los últimos tres lustros en dónde se ha avanzado en todos los ámbitos. La justicia no solo es clave jurídica sino clave social, es de todos conocido cómo se ha avanzado en la justicia desde lo social, cuando se atiende la educación, la alimentación, su seguridad, su salud y desde el Poder Judicial vamos acompañando esos esfuerzos (...) cumplimos con el mandato que el pueblo nos asigna."[56]

Simplemente, al dar esta declaración, a la Presidenta del Tribunal Supremo se le olvidó que conforme al artículo 252 de la Constitución, la justicia solo se puede impartir en nombre de la República y por autoridad de la ley, y no para cumplir supuestos "mandatos del pueblo."

VI. LA ILEGÍTIMA E INCONSTITUCIONAL REVOCACIÓN DEL MANDATO POPULAR DE ALCALDES POR EL JUEZ CONSTITUCIONAL, USURPANDO COMPETENCIAS DE LA JURISDICCIÓN PENAL (2014)

El Juez Constitucional en Venezuela, también lesionó el principio democrático, al revocar sin competencia alguna para ello el mandato de Acaldes, utilizando para ello el subterfugio de generar un incumplimiento de

---

55 Véase en http://www.analitica.com/va/editorial/8282103.asp.

56 Véase en "Presidenta del TSJ: actuación de Machado tiene consecuencias jurídicas," en *InfoCifras*, 30 de marzo de 017, en https://infocifras.org/-2014/03/30/presidenta-del-tsj-actuacion-de-machado-tiene-consecuencias-juridicas/.

mandamientos genéricos de amparo en relación con el cumplimiento de sus funciones municipales.

En efecto, la Ley Orgánica de Amparo sobre Derechos y Garantías Constitucionales de 1988, dispone en su artículo 29, lo que es una característica de toda decisión judicial y es la obligatoriedad de los fallos en materia de amparo, precisando que los jueces que las dicten, deben ordenar "que el mandamiento sea acatado por todas las autoridades de la República, so pena de incurrir en desobediencia a la autoridad" (art. 29). La Ley, sin embargo, en materia de desacato a los mandamientos de amparo, lo único que prevé es un tipo delictivo, disponiendo su artículo 31 que "quien incumpliere el mandamiento de amparo constitucional dictado por el Juez, será castigado con prisión de seis (6) a quince (15) meses." Ello implica que la Ley Orgánica de 1988, como sucede en general en América Latina,[57] no le otorgó al juez de amparo potestad sancionatoria directa alguna frente al desacato respecto de sus decisiones, teniendo el juez de amparo limitada su actuación en los casos de incumplimiento de las sentencias de amparo, a procurar el inicio de un proceso penal ante la jurisdicción penal ordinaria, a cuyo efecto debe poner en conocimiento del asunto al Ministerio Público para que sea éste el que dé inicio al proceso penal correspondiente ante los tribunales de la Jurisdicción Penal, tendiente a comprobar (o no) la existencia del delito y a imponer (de ser el caso) la sanción penal legalmente establecida, a que ya se ha hecho referencia.

Este régimen, sin embargo fue trastocado por la Sala Constitucional del Tribunal Supremo de Justicia, mediante sentencia N° 138 de 17 de marzo de 2014,[58] mediante la cual, usurpando las competencias de la Jurisdicción Penal, el Juez Constitucional se arrogó la potestad sancionatoria penal en mate-

---

57 Véase lo expuesto en Allan R. Brewer-Carías, *El proceso de amparo en el derecho constitucional comparado de América Latina* (edición mexicana), Colección Biblioteca Porrúa de Derecho Procesal Constitucional, Ed. Porrúa, México, 2016. 226 pp.; (edición peruana), Ed. Gaceta Jurídica, Lima 2016, 230 pp.

58 Véase en http://www.tsj.gov.ve/decisiones/scon/marzo/162025-138-17314-2014-14-0205.HTML. Véanse los comentarios en: Véase Allan R. Brewer-Carías, "La ilegítima e inconstitucional revocación del mandato popular de alcaldes por la Sala Constitucional del Tribunal Supremo, usurpando competencias de la jurisdicción penal, mediante un procedimiento "sumario" de condena y encarcelamiento (el caso de los Alcaldes Vicencio Scarano Spisso y Daniel Ceballo)," en *Revista de Derecho Público* N° 138, Editorial Jurídica Venezolana, Caracas, 2014, pp. 176 y ss.; .y en el libro: *El golpe a la democracia dado por la Sala Constitucional, (De cómo la Sala Constitucional del Tribunal Supremo de Justicia de Venezuela impuso un gobierno sin legitimidad democrática, revocó mandatos populares de diputada y alcaldes, impidió el derecho a ser electo, restringió el derecho a manifestar, y eliminó el derecho a la participación política, todo en contra de la Constitución)*, segunda edición, (Con prólogo de Francisco Fernández Segado), Caracas 2015, 426-pp. Editorial Jurídica Venezolana, segunda edición, Caracas 2015, pp. 175-234.

ria de desacato a sus decisiones de amparo; y al hacerlo, violó todas las garantías más elementales del debido proceso, entre las cuales están, que nadie puede ser condenado penalmente sino mediante un proceso penal ("instrumento fundamental para la realización de la justicia" -art. 257 de la Constitución-), en el cual deben respetarse el derecho a la defensa, el derecho a la presunción de inocencia, el derecho al juez natural (art. 49 de la Constitución), y la independencia e imparcialidad del juez (arts. 254 y 256 de la Constitución); juez que en ningún caso puede ser juez y parte, es decir, decidir en causa en la cual tiene interés.

En efecto, con ocasión de una acción de amparo interpuesta por un conjunto de asociaciones y cooperativas de comerciantes en representación de "derechos e intereses colectivos o difusos," conjuntamente con una petición de medida cautelar innominada, contra el Alcalde Vicencio Scarano Spisso y el Director de la Policía Municipal Salvatore Lucchese Scaletta del Municipio San Diego del Estado Carabobo,[59] para que removieran supuestas obstrucciones en las vías públicas del Municipio que se habían producido por protestas populares contra las políticas del Gobierno, la Sala Constitucional, mediante sentencia N° 136 de 12 de marzo de 2014, que les "fue notificada vía telefónica" a dichos funcionarios, acordó el amparo constitucional cautelar solicitado, y en líneas generales ordenó a los Alcaldes, entre múltiples actividades de tipo administrativo que son propias de la autoridad municipal, como son las de velar por la ordenación de la circulación, la protección del ambiente, el saneamiento ambiental, la prevención y control del delito, y en

---

59 Una demanda similar se intentó simultáneamente ante la Sala Constitucional por un abogado a título personal contra los Alcaldes de los Municipios Baruta y El Hatillo, originando una medida de amparo cautelar (sentencia N° 135 de 12 de marzo de 2014, en http://www.tsj.gov.ve/decisiones/scon/mar-zo/161913-135-12314-2014-14-0194.HTML); la cual, a petición del mismo abogado formulada a título personal, originó una decisión judicial de aplicación por efectos extensivos de la anterior medida judicial de amparo cautelar contra los Alcaldes de los Municipios Chacao, Lechería, Maracaibo y San Cristóbal (sentencia 137 de 17 de marzo de 2014 en http://www.tsj.gov.ve/decisiones/scon/marzo/162024-137-17314-2014-14-0194.HTML). Ello se anunció en la Nota de Prensa del Tribunal Supremo de Justicia de 24 de marzo de 2014. Véase en http://www.tsj.gov.ve/informa-cion/notasdeprensa/notasdeprensa.asp?codigo=11777, debe destacarse, sin embargo, que en la Nota de Prensa oficial del Tribunal Supremo informando sobre la primera decisión de detención del Alcalde del Municipio San Diego, se afirmó, que "Los alcaldes a quienes se sancionan son de los municipios donde presuntamente se han cometido mayor número de hechos delictivos como homicidios, destrucción de organismos públicos y privados, destrucción del ambiente, incendio de vehículos y cierre de vías, desde que se iniciaron las manifestaciones violentas en el país." Véase en http://www.tsj.gov.ve/in-formacion/notasde-prensa/notasdeprensa.asp?codigo=11768. Con ello, el Tribunal Supremo expresó claramente el propósito de su sentencia de amparo, que en definitiva no era el de proteger algún derecho ciudadano, sino el de sancionar a los Alcaldes de oposición, precisamente por ser de oposición

particular que debían realizar acciones y utilizar los recursos materiales y humanos necesarios:

> "a fin de evitar que se coloquen obstáculos en la vía pública que impidan, perjudiquen o alteren el libre tránsito de las personas y vehículos; se proceda a la inmediata remoción de tales obstáculos que hayan sido colocados en esas vías, y se mantengan las rutas y zonas adyacentes a éstas libres de basura, residuos y escombros, así como de cualquier otro elemento que pueda ser utilizado para obstaculizar la vialidad urbana y, en fin, se evite la obstrucción de las vías públicas del referido municipio."[60]

Cinco días después de dictada la referida sentencia acordando la medida de amparo cautelar, la Sala Constitucional, en sentencia N° 138 de 17 de marzo de 2014, sin que nadie se lo solicitara ni advirtiera, es decir, actuando de oficio, y con el propósito de sancionar directamente a los destinatarios de la medida cautelar por presunto desacato a la medida cautelar decretada, procedió a fijar un procedimiento *ad hoc* para ello, a los efectos de determinar "el presunto incumplimiento al mandamiento de amparo," identificando a su vez a la persona que habría incurrido en delito, anunciando además que "en caso de quedar verificado el desacato" (verificación procesal que la propia Sala haría en sustitución del juez penal), contrariamente a lo dispuesto en la Ley Orgánica de Amparo, la misma Sala impondría:

> "la sanción conforme a lo previsto en el artículo 31 de la Ley Orgánica de Amparo sobre Derechos y Garantías Constitucionales y remitirá la decisión para su ejecución a un juez de primera instancia en lo penal en funciones de ejecución del Circuito Judicial Penal correspondiente."

Es decir, la Sala Constitucional resolvió usurpar la competencia de la Jurisdicción Penal y anunció que verificaría la comisión del delito de desacato del mandamiento de amparo, identificando a los autores a quienes les impondría directamente la pena de prisión de seis (6) a quince (15) meses, prevista en el mencionado artículo 31 de la Ley Orgánica. Ni más ni menos, el Juez Constitucional se erigió en el perseguidor de los funcionarios públicos electos, responsables de los gobiernos municipales en los Municipios donde la oposición había tenido un voto mayoritario.

Al incurrir en este abuso de poder y usurpación de competencias exclusivas de los jueces de la Jurisdicción Penal, la Sala Constitucional, por su-

---

60 Contra esta decisión de mandamiento de amparo cautelar el Alcalde del Municipio se opuso a la misma mediante escrito de 18 de marzo de 2014, y al día siguiente, el día 19 de marzo de 2014, la Sala Constitucional con base en el argumento de que en el procedimiento de amparo no debe haber incidencias, declaró como "*Improponible* en derecho la oposición al mandamiento de amparo constitucional cautelar planteada por el ciudadano Vicencio Scarano Spisso." Véase la sentencia N° 139 de 19 de marzo de 2014 en http://www.tsj.gov.ve/decisiones/scon/marzo/162073-139-19314-2014-14-0205.HTML.

puesto, violó todos los principios más elementales de la garantía del debido proceso enumerados en el artículo 49 de la Constitución, entre ellos, el derecho de toda persona a ser juzgado a través de un proceso penal desarrollado ante jueces penales, que son el juez natural en la materia; el derecho a la defensa y el derecho a la presunción de inocencia.

En efecto, la Sala comenzó violando el derecho a la defensa y a la presunción de inocencia al fundamentar su decisión en el simple "dicho" de que:

> "por la prensa se ha difundido información de la que pudiera denotarse el presunto incumplimiento del mandato constitucional librado en la sentencia N° 136 de 12 de marzo de 2014, lo cual esta Sala califica como un hecho notorio y comunicacional (vid. Sentencia N° 98 del 15 de marzo de 2000).

Esta supuesta motivación inicial, por supuesto, fue absolutamente violatoria al debido proceso legal, pues implicó que la Sala pasó a tomar una decisión judicial sin desarrollar actividad probatoria alguna, lo que resulta de los siguientes hechos: primero, no indicó qué era lo que "la prensa" supuestamente había "difundido;" segundo, no identificó a qué "prensa" se refería, es decir, cuál o cuáles periódicos o medios de comunicación, y en qué fecha, habrían sido publicados; tercero, no hizo mención a la existencia de una supuesta "noticia" de hechos que hubieran acaecido que habría sido publicada; y cuarto, no precisó por qué, de lo que supuestamente se "difundió" en la "prensa," que no dijo, podía "denotarse el presunto incumplimiento" de un mandato de amparo constitucional.

Todo ello pone en evidencia, no sólo la violación del debido proceso legal, por violación al derecho a la defensa, sino además, el grave vicio de inmotivación de la sentencia, que la hace nula en los términos del Código de Procedimiento Civil.

Pero, además, por el hecho de calificar un "dicho" como "hecho notorio y comunicacional" en ese caso, lo que pretendió la Sala Constitucional fue dar por probados unos inexistentes "hechos" publicitados que no mencionó, pretendiendo invertir la carga de la prueba y violando con ello la presunción de inocencia al compelir a los Alcaldes que "probaran" lo contrario a algo que ni siquiera se decía que era. En el caso de la sentencia N° 136 de 12 de marzo de 2014, la "calificación" como un "hecho notorio y comunicacional" al dicho de que "por la prensa se ha difundido información de la que pudiera denotarse el presunto incumplimiento del mandato constitucional" equivale a considerar como un "hecho," a nada, y de la nada, como una grotesca burla al derecho y a la propia doctrina sobre el "hecho notorio público y comunicacional" contenida en la sentencia citada N° 98 del 15 de marzo de 2000 de la misma Sala.[61]

---

61 Sobre el tema véase Allan R. Brewer-Carías, "Sobre el tema del "hecho notorio" me he referido al comentar la doctrina jurisprudencial en la materia sentada

La consecuencia directa de la declaratoria de la Sala fue dar por probado, no un "hecho," sino un "dicho" y, por tanto, que los Alcaldes supuestamente debían entonces tratar de "desvirtuar" el "dicho" ya que no había ningún "hecho," todo lo cual significó una grave violación al derecho a la defensa, pues equivalió a compelir a alguien a "defenderse" de un "hecho" que ni siquiera se identificó.

Después del desaguisado cometido, la Sala Constitucional pasó a constatar que en la Ley Orgánica de Amparo de 1988 no estaba contemplado "procedimiento alguno para la valoración preliminar del posible incumplimiento de un mandamiento de amparo a efectos de su remisión al órgano competente," por lo que convocó al Alcalde y al Director General de la Policía Municipal del Municipio San Diego del Estado Carabobo, a una audiencia pública a realizarse dentro de las 96 horas siguientes (20 de mayo de 2014), para que expusieran "los argumentos que a bien tuvieren en su defensa," pero sin indicarles de qué es que tenían que defenderse, o cuáles eran los "hechos" que tenían que desvirtuar, violando de nuevo el derecho a la defensa de los Alcaldes notificados, y lo más grave, afirmando que conforme al artículo 23 de la Ley Orgánica, la falta de comparecencia de los citados "funcionarios municipales a la audiencia pública se tendría como aceptación de los hechos." Se insiste, no se indicó cuáles eran los supuestos hechos que se les "imputaban," que debían supuestamente contradecir, y respecto de los cuales debían "defenderse," de manera que si no acudían a la audiencia se daban por aceptados por ellos.

Mayor arbitrariedad, realmente, es imposible encontrar en una sentencia: que se ordene citar a alguien para que bajo la presunción de certeza de un "dicho", que se califica como "hecho notorio y comunicacional" y que por tanto no requiere prueba, comparezca ante el tribunal a defenderse y desvirtuar el supuesto "hecho", pero sin saber exactamente de qué deben defenderse, y todo bajo la amenaza de que si no comparece, se debe tener como que acepta los "hechos" que no conoce.

Por lo demás, la Ley Orgánica de Amparo (art. 31) solo establece un tipo delictivo en relación con el incumplimiento de un mandamiento de amparo constitucional dictado por el Juez, previendo en tal caso una sanción de prisión de seis (6) a quince (15) meses, correspondiendo su determinación exclusivamente a la Jurisdicción penal. Le está vedado al juez de amparo siquiera apreciar y hacer una calificación del delito al remitir los autos al

---

por el Tribunal Supremo de Justicia de Venezuela, en los trabajos: "Consideraciones sobre el 'hecho comunicacional' como especie del 'hecho notorio' en la doctrina de la Sala Constitucional del Tribunal Supremo," en *Revista de Derecho Público*, Nº 101, enero-marzo 2005, Editorial Jurídica Venezolana, Caracas 2005, pp. 225-232; y "Sobre el llamado 'hecho comunicacional' como fundamento de una acusación penal", en *Temas de Derecho Penal Económico, Homenaje a Alberto Arteaga Sánchez* (Compiladora Carmen Luisa Borges Vegas), Fondo Editorial AVDT, Obras colectivas OC Nº 2, Caracas 2007, pp. 787-816.

juez penal; todo lo cual había sido establecido con criterio invariable de la propia Sala Constitucional del Tribunal Supremo de Justicia.[62] En este caso, sin embargo, fue la Sala Constitucional la que asumió inconstitucionalmente la competencia de la Jurisdicción Penal para, actuando como juez y parte, resolver sobre el desacato, violando las garantías de la presunción de inocencia, al juez natural y a la doble instancia.[63]

Todo, por supuesto, estaba preparado y preestablecido, para desarrollar, violando la más elemental de las garantías al derecho proceso, un proceso sumario, teniendo la Sala como único objetivo, el encarcelar rápidamente a quienes "incumplieran" sus propias decisiones, sin prueba alguna del supuesto incumplimiento, invirtiendo la carga de la prueba y la presunción de inocencia, e incluso, con la posibilidad de condenar en ausencia, al "presu-

---

62 Véase sentencia de 31 de mayo de 2001 (Caso: *Aracelis del Valle Urdaneta*), citada en sentencia N° 74 de enero de 2003, en http://www.tsj.gov.ve/decisiones/scon/enero/74-240102-01-0934.HTM. Véase Sentencia N° 74 del 24 de enero de 2002. Véase en http://www.tsj.gov.ve/decisiones/scon/enero/74-240102-01-0934.HTM. Véase la reseña sobre las sentencias en Juan Francisco Alonso, "Con caso Scarano TSJ echó a la basura 12 años de jurisprudencia. Juristas alertan que Sala Constitucional no puede condenar a nadie", en *El Universal,* viernes 21 de marzo de 2014 12:00 AM, en http://www.eluniversal.com/nacional-y-politica/140321/con-caso-scarano-tsj-echo-a-la-basura-12-anos-de-jurisprudencia

63 La Sala Constitucional incluso, en la sentencia N° 138 de 17 de marzo de 2014, decidió que "en caso de quedar verificado el desacato, impondrá la sanción conforme a lo previsto en el artículo 31 de la Ley Orgánica de Amparo sobre Derechos y Garantías Constitucionales y remitirá la decisión para su ejecución a un juez de primera instancia en lo penal en funciones de ejecución del Circuito Judicial Penal correspondiente. Por ello, con razón, Juan Manuel Raffalli consideró que "este 'precedente' no solo supone el fin de un criterio reiterado sino que representa "una violación a la doble instancia, porque si el TSJ ya tomó una decisión ante quién puede apelar el Alcalde". Véase en Juan Francisco Alonso, "Con caso Scarano TSJ echó a la basura 12 años de jurisprudencia. Juristas alertan que Sala Constitucional no puede condenar a nadie", en *El Universal,* viernes 21 de marzo de 2014 12:00 AM, en http://www.eluniversal.com/nacional-y-politica/140321/con-caso-scarano-tsj-echo-a-la-basura-12-anos-de-jurisprudencia. Por todo ello, también con razón, el profesor Alberto Arteaga explicó que lo decidido "no tiene precedentes en el país. Es tan absurdo como una condena a pena de muerte. Si lo hizo la sala Constitucional, cuyas sentencias tienen carácter vinculante, cualquier tribunal que conozca de un procedimiento de amparo puede hacer lo mismo. Si damos por buena esta decisión cualquier alcalde puede ser destituido sin formula de juicio, como ocurrió con Scarano." Véase Edgard López, "Cualquier alcalde puede ser destituido como Scarano. Los penalistas Alberto Arteaga y José Luis Tamayo consideran que la Sala Constitucional violó la carta magna," en *El Nacional*, Caracas 21 de marzo de 2014, 12.01am, en http://www.el-nacional.com/politica/Cualquier-alcalde-puede-destituido-Scarano_0_376162596.html.

mir" la culpabilidad del supuestamente "imputado" cuando no compareciera a una audiencia fijada.

Mayor aberración jurídica que la antes reseñada es inconcebible, y más aún, proviniendo del Juez Constitucional el cual debería ser el garante de la supremacía e integridad de la Constitución.

Con ella, además, se abrió la puerta a la criminalización del ejercicio de la función administrativa al permitirse que cualquiera pueda acudir ante la Sala Constitucional y demandar a un funcionario administrativo basado en la protección de "derechos e intereses colectivos o difusos" para que ejerza sus funciones propias como lo pautan las leyes, provocándose con ello que el Juez Constitucional, inventando un desacato y mediante un procedimiento breve y sumario, invierta la carga de la prueba, para rápidamente sancionar por desacato y encarcelar a cualquier funcionario por el mal ejercicio de sus funciones. Y si se trata de un funcionario electo, como fue el caso de los alcaldes, la Sala, sin ser juez penal, llegó a declarar la inhabilitación política del funcionario, al encarcelarlo y separarlo de su cargo, es decir, revocarle en definitiva su mandato, violando el principio democrático representativo.

Y eso fue lo que ocurrió, como estaba anunciado, en el caso del Alcalde y del Director de la Policía Municipal del Municipio San Diego, luego de efectuada la audiencia que la sentencia Nº 138 de la Sala Constitucional había inconstitucionalmente fijado para el día 19 de marzo de 2014. La misma, en efecto, se realizó ante la Sala Constitucional, con una duración de más de ocho horas, y al final de la noche del mismo día 19 de marzo de 2014, según se informó oficialmente en la Nota de Prensa difundida por el Tribunal Supremo,[64] como había sido anunciado, la Sala Constitucional sancionó al Alcalde Vicencio Scarano Spisso y al Director de la Policía Municipal Salvatore Lucchese Scaletta, a cumplir diez meses y quince días de prisión, más las accesorias de Ley. Como si eso no hubiera sido suficiente, no sólo le impuso al Alcalde la "pena" accesoria de separarlo del ejercicio de su cargo por ese tiempo, sino más grave, de "cesarlo" definitivamente "en el ejercicio de sus funciones en el cargo de Alcalde del municipio San Diego del estado Carabobo," sin que existiera ley alguna que autorizara a la Sala Constitucional a "revocarle" el mandato a un Acalde como funcionario electo popularmente.

Esta decisión, por supuesto fue violatoria del principio establecido en el artículo 23.1 de la Convención Americana de Derechos Humanos (que conforme al artículo 23 de la Constitución tiene jerarquía constitucional en el país, a pesar de que -violando la propia Constitución-, el gobierno hubiera denunciado la Convención en 2013), que garantiza que toda restricción al ejercicio de derechos políticos debe estar basada en una "condena, por juez competente, en proceso penal." Pues lo que ocurrió en este caso fue que la Sala Constitucional usurpó las potestades de la Jurisdicción penal ordinaria,

64 Véase en http://www.tsj.gov.ve/informacion/notasdeprensa/notasdeprensa.asp?codigo=11771.

y procedió ella misma, directamente, a condenar penalmente a unos funcionarios, aun cuando sin seguir proceso penal alguno, a una pena de prisión; la pena accesoria que podía dictar sólo podía ser la "inhabilitación política" establecida en el artículo 24 del Código Penal, que establece que la misma "no podrá imponerse como pena principal, sino como accesoria a las de presidio o prisión y produce como efecto la privación de los cargos o empleos públicos o políticos que tengan el penado y la incapacidad, durante la condena, para obtener otros y para el goce del derecho activo y pasivo del sufragio."

Pero no. En este caso, la Sala ni siquiera aplicó esta pena accesoria de suspensión del ejercicio de sus funciones durante la condena (10 meses), sino que procedió a despojar al funcionario electo de su cargo, el cual, como consecuencia de la cesación decidida, no podía volver a ejercerlo. Ello por supuesto fue inconstitucional, pues la Sala Constitucional no tiene competencia para declarar la "falta absoluta" del Alcalde, es decir, revocarle en este caso su mandato.[65] Ello incluso llevó perentoriamente al Consejo Nacional Electoral a organizar a la carrera una elección municipal para elegir el nuevo alcalde,[66] en violación, por lo demás, de lo establecido en el artículo 87 de la ley Orgánica del Poder Público Municipal de 2010 que establece expresamente que "cuando la falta del alcalde se deba a detención judicial, la suplencia la ejercerá el funcionario designado por el Concejo Municipal, dentro del alto nivel de dirección ejecutiva," agregando que es el Consejo

---

65 Sobre esto, José Ignacio Hernández ha señalado con razón, que "al margen de las irregularidades del proceso que condujo a la detención del Alcalde Scarano, lo cierto es que él sigue siendo Alcalde, pues el mandato popular no se extingue por la sola detención judicial. Tanto más, acoto, cuando esa detención fue producto de un proceso violatorio derechos fundamentales. Al pretender convocar a elecciones en el Municipio San Diego, se está violando, por ello, el mandato popular, al crearse una ausencia absoluta que no está indicada expresamente. Ni el TSJ ni el CNE pueden crear nuevas causales de ausencia absoluta distintas a las establecidas en la Ley, pues ello implicaría desconocer, ilegítimamente, ese mandato popular. Eso es lo que está sucediendo, precisamente, con el Alcalde Scarano." Véase en José Ignacio Hernández, "¿Es constitucional que el CNE convoque elecciones en el Municipio San Diego?, en *Prodavinci,* 20 de marzo de 2014, en http://prodavinci.com/blogs/es-constitucional-que-el-cne-convoque-elecciones-en-el-municipio-san-diego-jose-ignacio-hernandez/.

66 Véase en Eugenio Martínez, "CNE prepara comicios para elegir sustituto en San Diego," en El Universal, 21 de marzo de 2014, Como lo escribió el periodista en la reseña de la rueda de prensa que se hizo sin preguntas: "La ausencia de preguntas no permitió aclarar interrogantes técnicas y legales sobre este proceso [...] Desde la perspectiva legal no fue posible precisar por qué el CNE admite la ausencia absoluta de Scarano cuando esta no fue dictada por un juez penal o por qué se avala la inhabilitación política del alcalde a través de un procedimiento especial no previsto taxativamente en las leyes." Véase en http://www.eluniversal.com/nacional-y-politica/140321/cne-prepara-comicios-para-elegir-sustituto-en-san-diego.

Municipal el que puede decidir convertir la falta temporal en absoluta cuando la "falta temporal se prolonga por más de noventa días consecutivos."[67]

Sobre esta masiva violación de los derechos civiles políticos del Alcalde revocado y encarcelado, la Defensora del Pueblo se limitó a afirmar que "Es imposible que con la presencia de todos los poderes públicos (en la audiencia contra Scarano) se cometa una ilegalidad;"[68] lo que equivale a decir que en un régimen autoritario las violaciones al ordenamiento jurídico son "legales" cuando se cometen –como en Venezuela– por todos los órganos del Estado.[69]

En todo caso, con el Tribunal Supremo y la Defensora del Pueblo como instrumentos para someter y encarcelar los alcaldes de oposición, el Presidente de la República (N. Maduro) al día siguiente de la sentencia del Juez Constitucional, y antes de que su texto se hubiese publicado, el día 20 de marzo de 2014 ya había comenzado a amenazar directamente a los demás Alcaldes, de que usaría al Tribunal Supremo para eliminarlos,[70] y lo mismo

---

67 Véase la Ley Orgánica del Poder Público Municipal en *Gaceta Oficial* N° 6.015 Extra. del 28 de diciembre de 2010

68 "La defensora del Pueblo, Gabriela Ramírez, le salió al paso a las críticas que desde distintos sectores se le han formulado al procedimiento realizado por la Sala Constitucional contra Scarano y defendió su legalidad," limitándose dicha funcionara a decir que "Es imposible que con la presencia de todos los poderes públicos se cometa una ilegalidad", afirmó, al tiempo que aseguró que el hoy exalcalde tuvo la oportunidad de defenderse de los señalamientos en una "audiencia muy larga". Véase en Juan Francisco Alonso, "Con caso Scarano TSJ echó a la basura 12 años de jurisprudencia. Juristas alertan que Sala Constitucional no puede condenar a nadie", en El Universal viernes 21 de marzo de 2014 12:00 AM, en http://www.eluniversal.com/na-cional-y-politica/140321/-con-caso-scarano-tsj-echo-a-la-basura-12-anos-de-jurisprudencia

69 Era como para recordarle a la defensora del Pueblo lo que el político español Iñaki Ianasagasti, destacaba en su comentario a la traducción del profesor Carlos Armando Figueredo del libro de Ingo Müller, Los Juristas del Horror, (1987) sobre el comportamiento de los jueces durante el nazismo en Alemania, en el sentido de que "la terrible conclusión que saca del libro es que los atropellos, las prisiones, las torturas y aún el exterminio en masa se hicieron de manera legal y apegada a la norma."

70 El día 20 de marzo de 2014, a las pocas horas de haber la Sala Constitucional dictado su decisión encarcelando al Alcalde del Municipio San Diego del Estrado Carabobo, Nicolás Maduro como Presidente de la República, refiriéndose al Alcalde del Municipio Chacao del Estado Miranda, le dijo: "Ramón Muchacho póngase las pilas, porque si el Tribunal Supremo de Justicia (TSJ) toma acciones con estas pruebas, usted se va de esa alcaldía ¿oyó? llamaríamos a elecciones, para que el pueblo de Chacao tenga un alcalde o una alcaldesa que de verdad lo represente"[...] Alertó que los manifestantes pueden protestar "todos los días que quieran, pero no pueden trancar las vías. En lo que lo hagan, entraremos y formará parte del expediente de desacato de Ramón Muchacho. Mírese en el espejo". Véase en "Maduro amenaza con elecciones en el municipio Chacao", en *El Universal*, jueves 20 de marzo de 2014 05:53 PM, en

hizo dos días más tarde el Gobernador del Estado Barinas en relación con Alcaldes de esa entidad.[71]

Las amenazas se comenzaron a concretar de inmediato, y así, la Sala Constitucional del Tribunal Supremo de Justicia, muy obediente y diligentemente, mediante sentencia Nº 150 de ese mismo día 20 de marzo de 2014, con base en las mismas solicitudes de "demandas de protección por intereses colectivos o difusos," y en vista de la extensión de la medida cautelar de amparo dictada por la sentencia Nº 135 de 12 de marzo de 2014 respecto del Alcalde del Municipio San Cristóbal del Estado Táchira, Sr. Daniel Ceballos, resolvió mediante sentencia Nº 137 de 17 de marzo de 2014, con la misma motivación de que "por la prensa se ha difundido información de la que pudiera denotarse el presunto incumplimiento del mandato de amparo constitucional" mencionado, lo cual la Sala igualmente lo calificó "como un hecho notorio y comunicacional," convocar a dicho Alcalde, a quien además se había detenido acusado de rebelión,[72] a que concurriera a la misma y famosa "audiencia oral" preconstituida[73] para en todo caso considerarlo culpable de desacato, condenarlo sin juicio penal en violación de todas las garantías del debido proceso, encarcelarlo y revocarle inconstitucionalmente su mandato popular. La audiencia tuvo lugar el 25 de marzo de 2014, y en ella, como lo anunció la Nota de Prensa del Tribunal Supremo, "se sancionó a Daniel Ceballos a cumplir 12 meses de prisión," decidiéndose además que "cesa en el ejercicio del cargo de alcalde del municipio San Cristóbal del Estado Táchira."[74]

---

http://www.eluniversal.com/nacional-y-politica/140320/maduro-amenaza-con-elecciones-en-el-municipio-chacao

71 Véase en Walter Obregón, "Adán Chávez amenazó con poner presos a dos alcaldes de Barinas. En un acto, el gobernador de Barinas advirtió al alcalde José Luis Machín (Barinas) y Ronald Aguilar (Sucre) que "podrían acabar como Scarano y Ceballos," en *El Universal,* viernes 21 de marzo de 2014 12:31 pm, en http://www.eluniversal.com/nacional-y-politica/protestas-en-venezuela/140321/adan-chavez-amenazo-con-poner-presos-a-dos-alcaldes-de-barinas

72 El día 19 de marzo de 2013 oficialmente se informó de la detención del Alcalde Daniel Ceballos por parte del Servicio Bolivariano de Inteligencia (Sebin) por supuesta decisión del Tribunal 1ro de Control de Táchira, el cual había ordenado su captura para juzgarlo por rebelión civil, en la cárcel militar de Ramo Verde (Caracas). Véase en http://www.vtv.gob.ve/articulos/2014/03/19/detenido-alcalde-de-san-cristobal-daniel-ceballos-por-rebelion-civil-y-agavillamiento-2064.html y en http://www.el-na-cional.com/politica/Detenidos-Sebin-Daniel-Ceballos-Scarano_0_376162385.html. El 22 de marzo, incluso, se anunciaba en los medios que sería presentado ante dicho juez penal de San Cristóbal.

73 Véase en http://www.tsj.gov.ve/decisiones/scon/marzo/162286-150-20314-2014-14-0194.HTML

74 Véase en http://www.tsj.gov.ve/informacion/notasdeprensa/notasde-prensa.asp?codigo=11784. En la Nota de Prensa se informa que se habría dado "es-

El Alcalde Ceballos, en todo caso, en esa audiencia del 25 de marzo de 2014 le expresó a todos los magistrados directamente, entre otras cosas, que estaba allí "porque no existe Estado de derecho y justicia," que del Juez Constitucional, no esperaba justicia, y que estaba "preparado para recibir una sentencia de unos verdugos que están a punto de consumar un Golpe de Estado contra el Pueblo de San Cristóbal." Se identificó como "un civil secuestrado en una prisión militar que comparte celdas con Enzo Scarano, un alcalde legítimo y depuesto y Leopoldo López, el hombre que con dignidad y valentía despertó al pueblo. Soy perfectamente consciente de por qué estoy aquí. Tengo muy claro las razones que me traen a este patíbulo." Y dichas razones, las resumió en la siguiente forma:

> "Estoy aquí porque el 8 de diciembre, los dignos ciudadanos de San Cristóbal me dieron el honor y el privilegio de gobernar a la capital del Táchira, otorgándome un mandato incuestionable: me eligieron con el 70% de los votos.
>
> Estoy aquí, porque durante 77 días he trabajado sin descanso durante día y noche, para ser digno de ese mandato que el pueblo me confirió: El de acatar las leyes y llevar a mi ciudad hacia un camino de prosperidad. Han sido los mejores 77 días de mi vida: gobernar a un pueblo valiente y libre que se resiste ante todas las dificultades.
>
> Estoy aquí porque he manifestado públicamente mi rechazo frente a un régimen que ha empobrecido a mi patria, que ha desfalcado sus arcas, que ha encarcelado a inocentes, que ha torturado a estudiantes, que ha asesinado a mis compatriotas. Es un régimen que no merece estar un minuto más en el Poder y contra el que siempre me opondré.
>
> Estoy aquí porque he defendido la Constitución que ha sido violentada en sus principios por una tiranía que ha burlado el sagrado principio de la separación de poderes."[75]

Lamentablemente, sin embargo, el texto de la sentencia adoptada en la audiencia del día 25 de marzo de 2014, y publicada con el Nº 263 el 11 de abril de 2014,[76] no recogió todo lo expresado por el Alcalde, y lo que hizo fue aplicar la "doctrina vinculante" que se había establecido antes, con lo cual igualmente, se lo enjuició, condenó penalmente, encarceló y se le revocó su mandato popular en contra de todos los principios del debido proce-

---

tricto cumplimiento al debido proceso" por el hecho de que se oyó al encausado y a la Asociación Civil que accionó contra él. Se le olvidó a la Sala Constitucional que conforme al artículo 49 de la Constitución, el debido proceso no se agota en el derecho a ser oído, sino a la defensa, a la presunción de inocencia, al juez natural, a la doble instancia entre otros, todos violados en dicha audiencia.

75 Véase en http://cifrasonlinecomve.wordpress.com/2014/03/28/alcalde-daniel-ceballos-le-da-hasta-por-la-cedula-a-los-magistrados-del-tsj/.

76 Véase en http://www.tsj.gov.ve/decisiones/scon/abril/162992-263-10414-2014-14-0194.HTML.

so; procediendo en este caso la Sala Constitucional, además, a "reformar" la Ley Orgánica de Amparo para tratar de justificar la usurpación que hizo de la competencia de la Jurisdicción penal,[77] concluyendo así su arremetida contra el mandato popular de Alcaldes. Por ello, con razón, al conocerse la sentencia, los profesores Alonso Medina, Alberto Arteaga y José Luis Tamayo expresaron, en rueda de prensa transmitida por el canal de internet de *El Nacional*:

> "su estupor frente a un acto de la Sala Constitucional que consideran "incalificable", porque a su ver y entender no respeta ninguna regla constitucional ni derecho a la defensa. Coinciden en señalar que en este día el Tribunal Constitucional abre una nueva etapa en la administración de la justicia en Venezuela al asumir ilegalmente una parodia de juicio penal, sin acusación por delante, actuando como juez de instrucción (no vigente en el ordenamiento jurídico venezolano actual), y dictando una condena que viola flagrantemente normas procesales y el principio de libertad. En este acto sin nombre, indican que se viola todo principio constitucional comenzando (1) por el Principio fundamental de la Competencia, que es de materia de orden público, y pasando por (2) el Principio de Juez Natural; (3) el Principio del Derecho a la Defensa; y (4) el principio del Debido Proceso. Además de que viola completamente el Código Orgánico Procesal Penal."[78]

VII. LA ARBITRARIA IMPOSICIÓN POR EL JUEZ CONSTITUCIONAL DE UN GOBIERNO SIN LEGITIMIDAD DEMOCRÁTICA (2013)

La Constitución de 1999 establece como principios generales esenciales del constitucionalismo democrático que el gobierno además de ser siempre "democrático, participativo, descentralizado, responsable, pluralista y de mandatos revocables," también debe ser siempre "electivo y alternativo."

Ello significa, particularmente en cuanto al gobierno electivo, que el mismo debe responder siempre al derecho de los ciudadanos a ser gobernados por funcionarios electos, de manera que si por ejemplo se trata del Presidente de la República, dicho cargo solo lo puede ejercer alguien que haya sido electo mediante sufragio universal, directo y secreto (art. 228). Sin embargo, entre enero y marzo de 2013, contrariando los más elementales prin-

---

77 Véase los comentarios a esta sentencia en "El fallido intento de la Sala Constitucional de justificar lo injustificable: la violación masiva de todos los principios del debido proceso en el caso de las sentencias no. 245 y 263 de 9 y 11 de abril de 2014, de revocación del mandato popular de Alcaldes," 11 de abril 2014, en http://allanbrewercarias.com/wp-content/uploads/2014/04/100.Brewer.-sobre-las-sentencias-del-caso-de-los-Alcaldes-de-San-Diego-y-San-Crist%C3%B3bal.-EL-FALLIDO-INTENTO-DE-JUSTIFICAR-L.pdf.

78 Véase en "La anti justicia", *VenEconomia.com*, 10 de abril de 2014, en http://www.veneconomia.com/site/modulos/m_visor.asp?pub=4228.

cipios de la justicia constitucional, el Juez Constitucional en Venezuela atentó abiertamente contra el principio democrático, imponiéndole a los venezolanos un gobierno sin legitimidad democrática, es decir, conducido por un funcionario que no fue electo por el pueblo, una vez que el Presidente de la República, Hugo Chávez después de ser reelecto en octubre de 2012, sin embargo, por enfermedad y luego quizás por su fallecimiento,[79] no pudo tomar posesión del cargo en la fecha constitucionalmente establecida para ello.

1. *Reelección presidencial, y falta temporal y falta absoluta del Presidente electo en 2012-2013*

Ello ocurrió con la emisión de dos sentencias de la Sala Constitucional del Tribunal Supremo de Justicia, Nº 2 de 9 de enero de 2013 y Nº 141 de 8 de marzo de 2013, dictadas al decidir sendos recursos de interpretación abstracta de la Constitución en un contexto condicionado por los siguientes hechos y situaciones jurídicas:

Primero, el Presidente Chávez había sido reelecto Presidente de la República el 7 de octubre de 2012 para el período constitucional 2013-2019. La reelección se produjo estando en ejercicio del cargo de Presidente por el período constitucional 2007-2013, para el cual había sido reelecto en 2006; período este que terminaba el 10 de enero de 2013.

Segundo, el Presidente Chávez, desde el día 9 de diciembre de 2012, había viajado a La Habana, luego de haber obtenido autorización de la Asamblea Nacional para ausentarse del territorio nacional por más de 5 días (art. 234, Constitución), para someterse a una operación quirúrgica, después de la cual nunca más se le vio en público.

Tercero, la ausencia del Presidente del territorio nacional constituyó una falta temporal (art. 234, Constitución) que constitucionalmente el Vicepresidente Ejecutivo estaba obligado a suplir, lo que en este caso, el Vicepresidente, quien era Nicolás Maduro, se negó a hacer, habiendo permanecido en Caracas, con viajes frecuentes a La Habana, conduciendo la acción de go-

---

79 Debe precisarse de entrada, para este comentario, que si bien el fallecimiento del Presidente Hugo Chávez fue "anunciado" oficialmente en Caracas el 5 de marzo de 2013, la fecha de su ocurrencia efectiva siempre estuvo oculta, después de haber sido operado en La Habana, Cuba, el 10 de diciembre de 2012, a partir de lo cual nunca más se lo vio en público. En julio de 2018, sin embargo, quien para esos tiempos era la Fiscal General de la República (Luisa Ortega Díaz), confirmó lo que siempre se había sospechado, y era que el Hugo Chávez habría fallecido efectivamente en La Habana, en diciembre de 2012 y no cuando se anunció tal hecho en marzo de 2013. Véase Ludmila Vinogradoff. "La exfiscal Ortega confirma que Chávez murió dos meses antes de la fecha anunciada," en *ABC International*, 16 de julio de 2018, en https://www.abc.es/internacional/abci-confirman-chavez-murio-meses-antes-fecha-anunciada-201807132021_noticia.html.

bierno sólo mediante una delegación de atribuciones que el Presidente Chávez había decretado el 9 de diciembre de 2012.

Cuarto, para tomar posesión del cargo de Presidente para el nuevo período constitucional 2013-2019, el Presidente Chávez debía juramentarse ante la Asamblea Nacional el día 10 de enero de 2013 (art. 231, Constitución).

Quinto, si ese día 10 de enero de 2013, el Presidente electo, por alguna causa sobrevenida no se podía juramentar ante la Asamblea Nacional, lo podía hacer posteriormente ante el Tribunal Supremo de Justicia (art. 231, Constitución).

Sexto, en esa fecha 10 de enero de 2013, en todo caso, comenzaba el nuevo período constitucional 2013-2019 (art. 231, Constitución), así no se produjera el acto formal de juramentación del Presidente electo, y éste se juramentase posteriormente ante el Tribunal Supremo; y

Séptimo, el Vicepresidente Ejecutivo Nicolás Maduro informó a la Asamblea Nacional el 8 de enero de 2013, que el Presidente de la República, dado su estado de salud, no iba a poder comparecer ante la Asamblea el día 10 de enero de 2013 para juramentarse en su cargo, informando que permanecía en La Habana.

Al día siguiente, la Sala Constitucional dictó la primera de las sentencias mencionadas, N° 2, dictada el 9 de enero de 2013,[80] destinada a resolver la situación jurídica derivada de la anunciada falta de comparecencia del Presidente Hugo Chávez, después de su reelección, para tomar posesión de su cargo el día siguiente 10 de enero de 2013, que era la fecha en la cual terminaba su período constitucional 2007-2013 y cuando comenzaba el período 2013-2019.

La Sala Constitucional se rehusó a considerar que se había producido una falta absoluta del Presidente electo, al no poder comparecer y tomar posesión de su cargo, por encontrarse fuera de Venezuela, supuestamente hospitalizado; y además, se abstuvo de tratar de conocer la realidad, y por ejemplo, solicitar prueba procesal que al menos certificara incluso si el Presidente estaba o no vivo;[81] y así, sin actividad probatoria para saber realmen-

80 Véase el texto de la sentencia en http://www.tsj.gov.ve/decisiones/scon/-Enero/02-9113-2013-12-1358.html. Véase los comentarios en Allan R. Brewer-Carías, "El juez constitucional y la demolición del principio democrático de gobierno. O de cómo la Jurisdicción Constitucional en Venezuela impuso arbitrariamente a los ciudadanos, al inicio del período constitucional 2013-2019, un gobierno sin legitimidad democrática, sin siquiera ejercer actividad probatoria alguna, violentando abiertamente la Constitución," en *Revista de Derecho Público*, N° 133 (enero-marzo 2013), Editorial Jurídica Venezolana, Caracas 2013, pp. 179-212.

81 En julio de 2018, como antes se dijo, quien para el momento en el cual se dictaron las sentencias que se comentan era la Fiscal General de la República (Luisa Ortega Díaz), confirmó lo que siempre se sospechó, y es que Hugo Chávez habría fallecido en La Habana en diciembre de 2012 y no en marzo de 2013

te sobre su estado de salud, la sala procedió a declarar que había una supuesta "continuidad administrativa" entre la gestión de un Presidente enfermo y ausente que terminaba su período el 10 de enero de 2013, y la que comenzaba el mismo día, con la ausencia del Presidente y sabiendo que obviamente no estaba en ejercicio de su cargo.

Con ese decreto de "continuidad administrativa," en realidad, lo que hizo el Juez Constitucional fue extenderle sus funciones al Vice Presidente Ejecutivo, Nicolás Maduro, instalándolo a la cabeza del Poder Ejecutivo, y a todo el Gabinete ejecutivo, afirmando, contra la realidad, que a pesar de que Chávez estaba ausente del país, sin embargo, supuestamente estaba "en ejercicio efectivo de su cargo," lo que obviamente era falso pues, si acaso estaba vivo, lo que se había informado era que estaba recluido en un Hospital en La Habana.[82] Así un Vicepresidente no electo y que había sido designado como Vice Presidente por el Presidente Chávez, cuyo mandato terminaba, fue instalado en el Poder Ejecutivo sin legitimidad democrática alguna, pues no era un funcionario electo popularmente.

Luego vino la segunda sentencia, N° 141, dictada el 8 de marzo de 2013,[83] que fue dictada tres días después de que el Vicepresidente Ejecutivo Nicolás Maduro anunciara el fallecimiento del Presidente Chávez, pero sin constatar tal circunstancia ni siquiera diciendo cuándo ese hecho habría ocurrido. Mediante esta decisión, la Sala Constitucional, pasó a asegurar que el Vicepresidente Ejecutivo que ya había sido impuesto como gobernante (sin haber sido electo) por la misma Sala, continuaría como Presidente Encargado y, además, habilitándolo, contra lo dispuesto en la Constitución, para poder presentarse como candidato presidencial sin separarse de su cargo.

Ambas sentencias, hechas a la medida del régimen autoritario, fueron abierta y absolutamente inconstitucionales y dictadas, además, en ausencia de la toda base probatoria: en enero, la Sala nunca tuvo a su vista informe médico alguno que indicara el estado de salud del Presidente Chávez, ni había fe de vida alguna del mismo; y en marzo, nunca tuvo a su vista la partida de defunción del Presidente Chávez para determinar la fecha de su falle-

---

cuando se anunció tal hecho. Véase Ludmila Vinogradoff, "La exfiscal Ortega confirma que Chávez murió dos meses antes de la fecha anunciada," en *ABC International*, 16 de julio de 2018, en https://www.abc.es/interna-cional/abci-confirman-chavez-murio-meses-antes-fecha-anunciada-201807132021_noticia.html.

82 Véase el texto de la sentencia en http://www.tsj.gov.ve/decisiones/scon/Enero/-02-9113-2013-12-1358.html.

83 Véase el texto de la sentencia en http://www.tsj.gov.ve.decisiones/scon/Marzo/141-9313-2013-13-0196.html. Véase los comentarios en Allan R. Brewer-Carías, "El Juez Constitucional y la ilegítima declaración, mediante una "nota de prensa," de la "legitimidad" de la elección presidencial del 14 de abril de 2013," en *Revista de Derecho Público*, N° 135, Editorial Jurídica Venezolana, Caracas 2013, pp. -207 y ss.

cimiento, basándose para resolver, solamente en el hecho de que el Vicepresidente había "anunciado" su deceso.

Ambas sentencias, violentaron el derecho ciudadano a la democracia y a ser gobernados por gobiernos de origen democrático; es decir, el derecho a la representación política, lo que implica que los gobernantes sean electos como resultado del ejercicio del derecho al sufragio, y el derecho a que el acceso al poder en cualquier caso se haga con arreglo a la Constitución y a las leyes, es decir, a los principios del Estado de derecho.

Esos derechos, en un Estado de derecho, deben ser garantizados por el Juez Constitucional quien es el llamado a asegurar no sólo que el ejercicio del poder por los gobernantes se realice de acuerdo con el texto de la Constitución y las leyes, sino que el acceso al poder se realice conforme a las previsiones establecidas en las mismas. Por tanto, resultaría totalmente inconcebible que en un Estado democrático de derecho, sea el propio Juez Constitucional el que viole el principio democrático, y sea dicho Juez el que designe para ocupar un cargo de elección popular, a quien no ha sido electo por el pueblo. Ello sería un contrasentido y un atentado al Estado de derecho, particularmente porque el Juez Constitucional no es controlable por ningún otro órgano.

Ese absurdo constitucional fue precisamente el que se produjo en Venezuela, entre enero y marzo de 2013, tiempo durante el cual, contrariando el principio democrático, el Juez Constitucional en Venezuela, a cargo de la Sala Constitucional del Tribunal Supremo de Justicia, fue precisamente el que violó abiertamente el principio democrático, sin que nadie pudiera controlarlo, dictando las dos sentencias mencionadas,[84] cuyo breve comentario es de interés para los anales de lo que no debe ocurrir con la Justicia Constitucional.

2 *La "continuidad administrativa" de un Presidente ausente y enfermo, inventada por la Sala Constitucional*

La sentencia de la Sala Constitucional del Tribunal Supremo de Justicia Nº 2 del día 9 de enero de 2013, se dictó con ocasión de resolver un recurso

84 Véase en general sobre esta actuación del Juez Constitucional: Allan R. Brewer-Carías, "El juez constitucional y la demolición del principio democrático de gobierno. O de cómo la Jurisdicción Constitucional en Venezuela impuso arbitrariamente a los ciudadanos, al inicio del período constitucional 2013-2019, un gobierno sin legitimidad democrática, sin siquiera ejercer actividad probatoria alguna, violentando abiertamente la Constitución; y posteriormente se negó a juzgar sobre la legitimidad de la elección presidencial de abril de 2013" en *Estudios sobre el Estado de derecho*, Colección Louza, 2013; y en el libro de Asdrúbal Aguiar (Compilador), *El Golpe de Enero en Venezuela (Documentos y testimonios para la historia),* Editorial Jurídica Venezolana, Caracas 2013, pp. 85-90. 97-106, 133-148 y 297-314. Igualmente, ese trabajo se recogió en mi libro *El golpe a la democracia dado por la Sala Constitucional*, Editorial Jurídica Venezolana, segunda edición, Caracas 2015, pp. 55-132.

de interpretación abstracta de la Constitución que había sido intentado por una abogado el 21 de diciembre de 2012,[85] para determinar el contenido y alcance del artículo 231 de la Constitución, en particular, "en cuanto a si la formalidad de la Juramentación prevista para el 10 de enero de 2013 constituye o no una formalidad *sine qua non* para que un Presidente Reelecto, continúe ejerciendo sus funciones y si tal formalidad puede ser suspendida y/o fijada para una fecha posterior."[86] El artículo cuya interpretación se requería, indica:

> "Art. 231. El candidato elegido o candidata elegida tomará posesión del cargo de Presidente o Presidenta de la República el diez de enero del primer año de su período constitucional, mediante juramento ante la Asamblea Nacional. Si por cualquier motivo sobrevenido el Presidente o Presidenta de la República no pudiese tomar posesión ante la Asamblea Nacional, lo hará ante el Tribunal Supremo de Justicia."

La solicitud de interpretación constitucional estaba sin duda motivada por una única razón, que era que para esa fecha, si acaso Chávez seguía vivo, estaría postrado en una cama de hospital fuera del país, y por tanto no iba a poder acudir a dicho acto de toma de posesión de su cargo. La norma a interpretar, en todo caso, evidentemente que no se refería ni se podía referir a la situación de un Presidente para que "continuase ejerciendo sus funciones," si acaso no acudía a la cita, pues en la fecha del inicio de un período constitucional (10 de enero), un Presidente que había sido electo seis años antes, terminaba su período constitucional y con ello el ejercicio de sus funciones, y en la misma fecha, el Presidente electo (o reelecto) el año anterior, debía iniciar en el ejercicio de sus funciones para el nuevo período constitucional; y ello mediante juramento ante la Asamblea Nacional. La única posibilidad de que el juramento se tomase en otra fecha, independientemente del inicio del período constitucional, era cuando por cualquier motivo sobrevenido – que debía probarse - el Presidente electo (o reelecto) no pudiera tomar posesión ante la Asamblea Nacional, en cuyo caso lo debía hacer posteriormente ante el Tribunal Supremo de Justicia. Nada, por tanto, había que interpretar en la norma.

Sin embargo, la solicitud de interpretación constitucional evidentemente no era una interpretación abstracta de la norma, sino que la misma estaba motivada por una razón estrictamente de hecho: el Presidente de la República, H. Chávez Frías, que había sido electo para el período constitucional 2007-2013, y en octubre de 2012 reelecto para el período 2013-2019, y que debía tomar posesión de su cargo el día 10 de enero de 2013, no iba a poder tomar el juramento previsto en la norma pues desde el 9 de diciembre de

---

85 Expediente N° 12-1358, Solicitante: Marelys D'Arpin.

86 Véase el texto de la sentencia en http://www.tsj.gov.ve/decisiones/scon/Enero/-02-9113-2013-12-1358.html.

2012 se encontraba en La Habana, Cuba, según se había informado oficial y públicamente, supuestamente postrado en una cama de hospital.

La Sala Constitucional, como se dijo, sin prueba alguna que diera fe de vida del Presidente, asumió que vivía pero no podía acudir a la toma de posesión de su cargo, procediendo entonces sin que se le hubiese probado el impedimento, a analizar dos derechos políticos involucrados en la situación fáctica antes mencionada: por una parte, el derecho político que tenía el ciudadano Hugo Chávez, si estaba vivo, para ejercer el cargo para el cual había sido electo (o reelecto), y por la otra, el derecho de todos los ciudadanos a estar gobernados por un gobernante electo popularmente. Para garantizarle *sine die* el primero de dichos derechos, es decir, el derecho a Chávez de poder algún día tomar posesión de su cargo, y sin que el tribunal constitucional desplegara actividad probatoria alguna para determinar su real estado de salud, la Sala Constitucional violó el derecho ciudadano a la democracia, y le impuso a los venezolanos la carga antidemocrática de estar gobernados a partir el 10 de enero de 2013, por funcionarios que no tenían legitimidad democrática pues no habían sido electos, también *sine die.*

La Sala en su sentencia, asumiendo sin pruebas que Chávez estaba vivo, luego de aceptar el carácter imprescindible del acto de la juramentación, pasó a determinar sobre "los efectos jurídicos de la asistencia o inasistencia al acto de 'toma de posesión y juramentación ante la Asamblea Nacional,' el 10 de enero próximo, por parte del Presidente reelecto," pasando así no ya a resolver una interpretación abstracta del artículo 231 de la Constitución, sino en realidad una cuestión de hecho, específicamente referida al estado de salud del Presidente de la República Hugo Chávez, quien, si acaso estaba vivo, supuestamente convalecía en un país extranjero en una cama de hospital, sin poder movilizarse, recuperándose de unas complicaciones postoperatorias, lo que sin duda hasta allí era un hecho notorio que no requería de pruebas. Y así pasó la Sala Constitucional a considerar en su sentencia "el derecho humano a la salud" del Presidente enfermo, mezclándolo con la necesidad de la "preservación de la voluntad popular –representada en el proceso comicial del 7 de octubre de 2012– y de continuidad de los Poderes Públicos."

Pero para resolver, nada hizo la Sala en aras de verificar cual era el real estado de la salud del Presidente, y poder determinar, si mientras acudía a juramentarse, encargaba o no al residente de la Asamblea de la Presidencia, a pesar de que -asumiendo que estaba vivo- su ausencia no pudiera ser considerada como una "falta absoluta" del Presidente, que es el supuesto que regula el artículo 233, al disponer que si se produce (muerte, por ejemplo) "antes de tomar posesión," el Presidente de la Asamblea Nacional es quien se encarga de la Presidencia. La Sala, sin embargo, nada hizo para determinar el estado de salud del Presidente, pasando a argumentar en su sentencia que "en el caso de una autoridad reelecta y, por tanto, relegitimada por la voluntad del soberano," como era el caso Chávez, reelecto en octubre de 2012, sería un

> "contrasentido mayúsculo considerar que, en tal supuesto, existe una indebida prórroga de un mandato en perjuicio del sucesor, pues la persona en la que recae el mandato por fenecer coincide con la persona que habrá de asumir el cargo."

Esta afirmación, en realidad, si era en sí misma un "contrasentido mayúsculo" y sin sentido alguno, pues en ningún caso en que se posponga el acto de toma de posesión de un Presidente se puede operar una "prorroga" del mandato del período constitucional que termina; por lo que la afirmación fue contradicha en la misma sentencia al afirmarse de seguidas que "tampoco existe alteración alguna del período constitucional pues el Texto Fundamental señala una oportunidad precisa para su comienzo y fin: el 10 de enero siguiente a las elecciones presidenciales, por una duración de seis años (artículo 230 *eiusdem*)."

Por ello, es que al no presentarse el Presidente electo Chávez al acto de toma de posesión, el nuevo mandato se inició indefectiblemente el 10 de enero de 2013 y para ello es que mientras no compareciera dicho Presidente electo para tomar posesión del nuevo mandato, quien se debía encargar de la Presidencia era el Presidente de la Asamblea Nacional. Nada cambiaba esta solución constitucional el hecho de que el Presidente electo Hugo Chávez hubiese sido a la vez "reelecto."

La Sala Constitucional, a renglón seguido pasó luego a referirse a otro aspecto jurídico relativo al ejercicio de cargos públicos, que nada tenía que ver con la norma constitucional que se buscaba interpretar, y fue el referido al "Principio de Continuidad Administrativa, como técnica que impide la paralización en la prestación del servicio público," según el cual, "la persona designada para el ejercicio de alguna función pública no debe cesar en el ejercicio de sus atribuciones y competencias, hasta tanto no haya sido designada la correspondiente a sucederle (vid. sentencia n° 1300/2005)." Ciertamente, se trata de un principio elemental del derecho administrativo de la función pública, destinada a los funcionarios nombrados o designados, pero que no se puede aplicar a la terminación de un período constitucional y al inicio del otro respecto de funcionarios electos.[87] La Sala Constitucional, en efecto, erradamente resolvió que:

87 Como lo expresó el profesor Ricardo Combellas en declaraciones a BBC Mundo: "Ese es un principio muy sano del derecho administrativo: que independientemente de los cambios en la dirección administrativa de los asuntos del estado, las funciones del gobierno continúan. Lo que está planteado es que ha terminado un período constitucional y que eso no es un supuesto de continuidad administrativa sino es un supuesto de renovación de los poderes públicos que tienen un plazo limitado en la Constitución." En Carlos Chirinos, "El limbo de consecuencias impredecibles", BBC Mundo, 11 de enero de 2013. En:

"En relación con el señalado principio de continuidad, en el caso que ahora ocupa a la Sala, resultaría inadmisible que ante la existencia de un desfase cronológico entre el inicio del período constitucional (10 de enero de 2013) y la juramentación de un Presidente reelecto, se considere (sin que el texto fundamental así lo paute) que el gobierno (saliente) queda ipso facto inexistente. No es concebible que por el hecho de que no exista una oportuna "juramentación" ante la Asamblea Nacional quede vacío el Poder Ejecutivo y cada uno de sus órganos, menos aún si la propia Constitución admite que tal acto puede ser diferido para una oportunidad ulterior ante este Supremo Tribunal."

Por supuesto, esta afirmación, absolutamente errada, pues si no hay comparecencia del Presidente al acto de toma de posesión, en ningún caso se produce "vacío del Poder Ejecutivo" alguno pues al terminar en esa fecha 10 de enero el período del Presidente en ejercicio, se debe encargar de la Presidencia el Presidente de la Asamblea Nacional.[88] Correspondiéndole como Presidente encargado designar el nuevo tren ejecutivo de Vicepresidente y Ministros, estando por supuesto obligados los anteriores a permanecer en sus cargos hasta ser reemplazados en virtud precisamente del señalado principio de continuidad administrativa.

Luego pasó la Sala Constitucional a considerar la situación de hecho específica del Presidente Hugo Chávez, asumiendo sin pruebas que estaba vivo, notando, a pesar de que la sentencia supuestamente era interpretativa abstracta, que:

"por si aún quedaran dudas, que en el caso del Presidente Hugo Rafael Chávez Frías, no se trata de un candidato que asume un cargo por vez primera, sino de un Jefe de Estado y de Gobierno que no ha dejado de desempeñar sus funciones y, como tal, seguirá en el ejercicio de las mismas hasta tanto proceda a juramentarse ante el Máximo Tribunal, en el supuesto de que no pudiese acudir al acto pautado para el 10 de enero de 2013 en la sede del Poder Legislativo.

De esta manera, a pesar de que el 10 de enero se inicia un nuevo periodo constitucional, la falta de juramentación en tal fecha no supone la pérdida de la condición del Presidente Hugo Rafael Chávez Frías, ni

---

http://www.bbc.co.uk/mundo/movil/noticias/2013/01/130110 venezuela_constityente_combellas_opinion_cch.shtml.

88 Es en este contexto que debe leerse lo reiterado por la misma Sala en la sentencia, "tal como señaló esta Sala en los antes referidos fallos números 457/2001 y 759/2001, que no debe confundirse "la iniciación del mandato del Presidente con la toma de posesión, términos que es necesario distinguir cabalmente". Efectivamente, el nuevo periodo constitucional presidencial se inicia el 10 de enero de 2013, pero el constituyente previó la posibilidad de que "cualquier motivo sobrevenido" impida al Presidente la juramentación ante la Asamblea Nacional, para lo cual determina que en tal caso lo haría ante el Tribunal Supremo de Justicia, lo cual necesariamente tiene que ser a posteriori."

como Presidente en funciones, ni como candidato reelecto, en virtud de existir continuidad en el ejercicio del cargo."

En estas afirmaciones, de nuevo, la Sala partió de supuestos falsos como indicar que la falta de comparecencia al acto de juramentación pudiese implicar "la pérdida de la condición de Presidente" del Presidente electo. De nuevo, hay que precisar que en el caso, el 10 de enero de 2013 el Presidente Hugo Chávez terminaba su mandato para el período 2007-2013 (ese día perdía su condición de Presidente para el período 2007-2013), y mientras no se juramentase para el nuevo período 2013-2019 no iniciaba su mandado, ni tenía la condición de Presidente para el nuevo período.

Lo que si era cierto es que la Sala no podía afirmar, sin prueba alguna, que estando Chávez supuestamente postrado en una cama de Hospital, por un postoperatorio, en La Habana, si es que estaba vivo, era "un Jefe de Estado y de Gobierno que no ha dejado de desempeñar sus funciones," lo que a todas luces, simplemente, era imposible físicamente. El mismo Presidente Chávez había previsto el 9 de diciembre de 2012 que su ausencia del país sería por un período de tiempo de más de 5 días y por ello él mismo solicitó la autorización correspondiente a la Asamblea Nacional para ausentarse del país (art. 235). Su falta temporal como Presidente encargado, en consecuencia, era un hecho notorio y evidente, que imponía la obligación en el Vicepresidente Ejecutivo de suplirla conforme a la Constitución, no siendo posible afirmar salvo probando con la certeza los hechos en el expediente, que durante su enfermedad y postración en La Habana, Chávez "no ha dejado de desempeñar sus funciones."

Por otra parte, en esta materia de falta temporal, menos sentido y fundamento constitucional tenía la errada afirmación de la Sala Constitucional de que la solicitud de autorización a la Asamblea Nacional que pueda formular el Presidente para ausentarse del territorio nacional por un lapso superior a cinco días, se refiere "exclusivamente a la autorización para salir del territorio nacional, no para declarar formalmente la ausencia temporal en el cargo." De nuevo, la Sala Constitución ignoró la Constitución: las faltas temporales en el ejercicio de la Presidencia constituyen una cuestión de hecho, que no se declara. Si el Presidente en gira por el interior del país, sufre un accidente de tránsito que lo mantiene inconsciente y hospitalizado por un tiempo, sin duda, se origina una falta temporal que suple el Vicepresidente, así el Presidente no la haya "decretado" anunciando que iba a tener el accidente con sus consecuencias.

Por lo demás, toda ausencia del territorio nacional se configura como una falta temporal (en el sentido de que temporalmente el Presidente no está en ejercicio de sus funciones por imposibilidad física), por lo que no es más que un gran disparate la afirmación que hizo la Sala Constitucional en su sentencia, en el sentido de que: "(ii) No debe considerarse que la ausencia del territorio de la República configure automáticamente una falta temporal en los términos del artículo 234 de la Constitución de la República Bolivariana de Venezuela, sin que así lo dispusiere expresamente el Jefe de Estado mediante decreto especialmente redactado para tal fin." Esto no tiene lógica y mucho menos sentido y asidero constitucional.[89]

No es serio afirmar que si un Presidente, por ejemplo, entra en un proceso comatoso por cualquier causa que se prolonga indefinidamente, ello no origina una falta temporal porque el Presidente no la previó anticipadamente ni la decretó, razón por la cual no surgiría la obligación del Vicepresidente de suplirla.

Pero además, también carece de toda base constitucional la afirmación infundada, realizada por la Sala Constitucional en la sentencia en el sentido de que "con posterioridad al 10 de enero de 2013, aun no compareciendo el Presidente Chávez a juramentarse y a tomar posesión de su cargo, "conserva su plena vigencia el permiso otorgado por la Asamblea Nacional, por razones de salud, para ausentarse del país por más de cinco (5) días," pues la autorización para ausentarse del país se le dio al Presidente Chávez en funciones, terminando su período constitucional el 10 de enero de 2013, razón por la cual la autorización sólo tenía efectos hasta la terminación del período constitucional en la cual se había dado.[90]

---

89 Sobre ello, Ricardo Combellas en declaraciones a BBC Mundo: "eso me parece un planteamiento absurdo, porque se le solicita al sujeto sobre el cual actúa la falta temporal que se pronuncie. Imagínese, no es el caso del presidente Chávez, sino de un presidente que esté incapacitado en una clínica recibiendo cuidado especial, incapaz de tomar voluntariamente una decisión. Entonces quedamos en un limbo jurídico si el presidente no se pronuncia. Poner ese requisito, que no establece la Constitución, me parece un exabrupto." En Carlos Chirinos, "El limbo de consecuencias impredecibles", *BBC Mundo*, 11-1-2013, en http://www.bbc.co.uk/mundo/movil/noticias/2013/01/130110venezuela-_constityente_combellas_opinion_cch.shtml

90 Como lo indicó Manuel Rachadell, "Chávez tiene el permiso de la Asamblea Nacional, otorgado por unanimidad del 9 de diciembre pasado [2012], para ausentarse del país "por un lapso superior a los cinco días consecutivos" (art. 235), el cual mantiene su vigencia hasta el vencimiento del período constitucional el 10 de enero próximo [2013], porque la Asamblea Nacional no puede dar permisos para el período siguiente. Llegados a esta fecha, si el Presidente electo no toma posesión del cargo, la Asamblea Nacional no tiene competencia para darle permiso ni prórroga para la juramentación de cumplir la Constitución." Véase Manuel Rachadell, "Tres observaciones a la carta de Maduro sobre la imposibilidad de juramentarse el Presidente electo ante la Asamblea Nacional." 9 de enero de 2013, en: http://t.co/Sd5R2EwX. De igual modo, como lo precisó Hérman Escarrá, "la no realización del acto de juramentación el 10 de enero de 2013 "no significa que no es Presidente de la República el Presidente," es decir, no significaba que el Presidente Chávez cuya falta absoluta no había sido informada como ocurrida, tenía la titularidad del cargo de Presidente de la República, condición que sin duda tenía después de haber sido electo. Sin embargo, como también lo precisó Jesús María Casal, "si el Jefe del Estado no hace acto de presencia en ese momento confirmaría en principio que está incapacitado para asumir el próximo mandato," o como lo expresó Jesús María Alvarado Andrade, "Si [el Presidente] no se juramenta en esa fecha no puede

Aún más infundada fue la afirmación de la Sala Constitucional en la sentencia de que con motivo de la ausencia del Presidente Chávez del territorio nacional desde el 10 de diciembre de 2012, en la situación que resultó de la operación a la que fue sometido el 11 de diciembre de 2012 según informaron los voceros oficiales del gobierno, "no se configura la vacante temporal del mismo al no haber convocado expresamente al Vicepresidente Ejecutivo para que lo supla por imposibilidad o incapacidad de desempeñar sus funciones." No causa sino asombro leer esta afirmación, ante normas tan precisas como las de los artículos 234 y 239.8 de la Constitución que prescriben, clara, pura y simplemente, que "las faltas temporales del Presidente serán suplidas por el Vicepresidente," y que entre las atribuciones del Vicepresidente está la de "suplir las faltas temporales del Presidente," lo cual opera automáticamente, resultado de una situación de hecho, sin que nadie lo decrete o lo decida, y sin que el Presidente deba "convocar al Vicepresidente" para que cumpla su obligación constitucional.

La segunda observación que debe formularse a lo afirmado en la sentencia de la Sala Constitucional, y que causa mayor asombro, por la absoluta y total carencia de pruebas que la sustenten, es la aseveración de que el Presidente Hugo Chávez, una vez que concluyó su mandato presidencial del período constitucional 2007-2013 el 10 de enero de 2013, sin ofrecer pruebas de que estaba vivo, sin embargo, como jefe de Estado y de Gobierno:

> "seguirá en el ejercicio de las mismas hasta tanto proceda a juramentarse ante el Máximo Tribunal, en el supuesto de que no pudiese acudir al acto pautado para el 10 de enero de 2013 en la sede del Poder Legislativo."

Primero, para hacer esta afirmación, de que el Presidente Chávez "seguirá en el ejercicio" de sus funciones "hasta tanto proceda a juramentarse ante el Máximo Tribunal," lo que se exigía de la Sala era que desplegara una labor probatoria sobre el estado de salud del Presidente para poder determinar precisamente primero, si estaba vivo, y en tal caso, si se presentaría efectivamente a juramentarse ante el Tribunal Supremo. A la Sala Constitucional de Venezuela, sin embargo, no le interesó probar nada sobre la salud del Presidente, y resolvió que aun estando fuera del territorio nacional, y de su enfermedad, sin probar nada, seguiría en ejercicio de sus funciones para el período constitucional ya concluido, y para el que se iniciaba sería juramentado cuando concurriera ante el Tribunal Supremo, sin haber siquiera determinado si ello era factible médicamente.

En los hechos que se sucedieron en enero de 2013, es evidente que al no presentarse el Presidente Chávez electo o reelecto, al concluir su período

---

ejercer constitucionalmente. Estaríamos en un desempeño del cargo de facto." Véase en Allan R. Brewer-Carías, La Mentira como política de Estado. Crónica de una crisis política permanente. Venezuela 1999-2015, (Prólogo de Manuel Rachadell), Colección Estudios Políticos, N° 10, Editorial Jurídica Venezolana, Caracas, 2015, pp. 337 y 338.

constitucional 2007-2013 ante la Asamblea Nacional el día 10 de enero de 2013 en el acto de la toma de posesión y juramentación de su cargo, simplemente, a pesar de que ineludiblemente el período constitucional 2013-2019 comenzó en esa fecha, el Presidente electo no podía comenzar a ejercer la presidencia para ese período constitucional 2013-2019 al no entrar en ejercicio del cargo, lo que le impedía poder cumplir sus nuevas funciones. Las del período 2007-2013, por tanto, concluyeron el 10 de enero, por lo que era una imposibilidad constitucional que a partir del 10 de enero de 2013, si no se juramentaba para el próximo período, pudiera seguir "en el ejercicio de las mismas;" pues como no se juramentó el 10 de enero ante la Asamblea no pudo asumir el ejercicio del cargo de Presidente para el período 2013-2019.[91] En consecuencia, fue un gran disparate y no tiene asidero constitucional alguno la afirmación de la Sala Constitucional de que:

> "(iv) A pesar de que el 10 de enero próximo se inicia un nuevo período constitucional, no es necesaria una nueva toma de posesión en relación al Presidente Hugo Rafael Chávez Frías, en su condición de Presidente reelecto, en virtud de no existir interrupción en el ejercicio del cargo."

Al contrario, precisamente porque el 10 de enero de 2013 se iniciaba un nuevo período constitucional, era absolutamente necesaria una nueva toma de posesión del Presidente Chávez Frías, en su condición de Presidente reelecto, en virtud de que el período constitucional 2007-2013 había terminado, y de que el ejercicio del cargo para el período 2013-2019 no se podía iniciar sin tal juramento, produciéndose en ese caso, inevitablemente, una real y efectiva interrupción en el ejercicio del cargo;[92] considerándose en

---

91 Como también lo ha indicado Manuel Rachadell, "La interpretación que le ha dado la fracción gubernamental en la Asamblea Nacional de que Chávez sigue siendo Presidente en ejercicio, cuya ausencia del acto de juramentación no tendría ninguna incidencia porque es una simple formalidad, que no es necesario que el Presidente de la Asamblea Nacional se juramente para cubrir la ausencia (que ni es temporal ni absoluta) del Presidente, porque tal función la ejerce, parcialmente, el Vicepresidente Ejecutivo de la República, carece de toda fundamentación en la Ley Suprema. No hay continuidad administrativa al concluir el período constitucional y comenzar el otro, ni siquiera en el supuesto de la reelección, y el nombramiento del Vicepresidente Ejecutivo caduca, como el del Presidente que lo ha designado, al vencimiento del período constitucional, el 10 de enero próximo." Véase Manuel Rachadell, "Tres observaciones a la carta de Maduro sobre la imposibilidad de juramentarse el Presidente electo ante la Asamblea Nacional." 9 de enero de 2013, en: http://t.co/Sd5R2EwX

92 Por ello, el profesor Román José Duque Corredor considera esta afirmación "falsa de toda falsedad" agregando que "La reelección no es un mecanismo del ejercicio del cargo o para el ejercicio del cargo, sino un derecho del funcionario que ejerce un cargo electivo de poderse postular como candidato para un nuevo período para ese cargo y no de continuar en el mismo cargo. De modo que, por tratarse de una nueva elección, si existe interrupción en su ejercicio. Si no fuera así, entonces, se trataría de un plebiscito y no de una elección, que es lo que pa-

todo taso, tal juramento ante la Asamblea Nacional como una especie de acto constitutivo de "fe de vida" del Presidente, de su propia existencia física, y de su capacidad para gobernar, realizado ante los representantes del pueblo. Y ello no puede eliminarse porque el electo haya sido reelecto, y menos aun cuando había permanecido ausente del país durante un mes, sin que la nación tuviera conocimiento claro de su estado.

Después de las "consideraciones para decidir," la Sala Constitucional puntualizó lo que debió ser el objeto de la interpretación solicitada, en el sentido de que "la Constitución establece un término para la juramentación ante la Asamblea Nacional, pero no estatuye consecuencia para el caso de que por "motivo sobrevenido" no pueda cumplirse con ella de manera oportuna y, por el contrario, admite expresamente esa posibilidad, señalando que pueda efectuarse la juramentación ante el Tribunal Supremo de Justicia;" resumen que implicaba, precisamente, pasar a determinar cuál era la realidad fáctica de la enfermedad y del estado de salud del Presidente de la República Hugo Chávez, y si estaba vivo, determinar cuál era la posibilidad médica real, fáctica, de que pudiera recuperar plenamente su salud para poder ejercer el cargo para el cual había sido electo; y en esa situación, determinar entonces quien debía encargarse de la Presidencia de la República mientras el Presidente electo por las causas sobrevenidas alegadas procedía, si ello hubiera sido factible conforme a las pruebas médicas, a tomar posesión del cargo.

La Sala Constitucional, sin embargo, en lugar de cumplir su función interpretativa de la segunda parte de la norma del artículo 231 de la Constitución, y de realizar la actividad probatoria conforme estaba obligada, se limitó a reafirmar lo que la propia norma constitucional dispone en el sentido de que la juramentación del Presidente reelecto podía ser efectuada en una oportunidad posterior al 10 de enero de 2013 ante el Tribunal Supremo de Justicia, de no poderse realizar dicho día ante la Asamblea Nacional, por supuesto, siempre que ello fuera factible; agregando sólo su apreciación de que le correspondía al propio Tribunal fijar dicho acto "una vez que exista constancia del cese de los motivos sobrevenidos que hayan impedido la juramentación." Es decir, en lugar de desplegar una actividad probatoria precisamente para decidir, constatando la salud del Presidente y las posibilidades de su recuperación, la Sala decidió sin pruebas, imponiendo un gobierno no electo democráticamente, dejando pendiente solo que luego se pudiera probar que los motivos que impidieron la juramentación habrían cesado. Ninguna posibilidad dejó abierta la Sala que pudiera llegar a probarse que el Presi-

---

rece piensan los Magistrados de la referida Sala que ha ocurrido con el candidato Hugo Chávez que se postuló para las elecciones del 7 de octubre de 20102 para ser Presidente para el nuevo período 2013-2019." Véase Román José Duque Corredor, Observaciones a la sentencia de la Sala Constitucional de 9 de enero de 2013. Véase en http://www.uma.edu.ve/interna/424/0/novedades_del_derecho_publico.

dente electo y ausente no podía en realidad llegar a juramentarse, y ejercer el cargo para el cual había sido electo, por razón de su salud.

De lo anterior, sin resolver la consecuencia jurídica derivada del hecho de que por un "motivo sobrevenido" el Presidente electo no pudo tomar posesión del cargo con su juramentación ante la Asamblea Nacional el día fijado constitucionalmente, la Sala concluyó su sentencia, afirmando como por arte de magia, sin que las "consideraciones para decidir" en realidad fundamentaran y condujeran a ello, que:

> "(vi) En atención al principio de continuidad de los Poderes Públicos y al de preservación de la voluntad popular, no es admisible que ante la existencia de un desfase cronológico entre el inicio del período constitucional y la juramentación de un Presidente reelecto, se considere (sin que el texto fundamental así lo paute) que el gobierno queda ipso facto inexistente. En consecuencia, el Poder Ejecutivo (constituido por el Presidente, el Vicepresidente, los Ministros y demás órganos y funcionarios de la Administración) seguirá ejerciendo cabalmente sus funciones con fundamento en el principio de la continuidad administrativa."

Sobre esto, que fue en definitiva la parte resolutiva de la sentencia mediante la cual la Sala pretendió legitimar una usurpación de autoridad,[93] la referencia al "Presidente" (H. Chávez) era inconstitucional porque el mismo no se iba a juramentar para tomar posesión de su cargo y entrar en ejercicio de sus funciones para el nuevo período constitucional, por lo que no tenía sentido alguno invocar el principio de continuidad administrativa y afirmar que continuaba "ejerciendo cabalmente sus funciones." Por lo demás, ello no pasaba de ser un buen deseo o un buen pensamiento, pues por las informaciones oficiales suministradas desde el gobierno, desde el 11 de diciembre de 2012 daban cuenta de que el Presidente estaba totalmente incapacitado para gobernar.[94] De manera que no era cierto, como lo afirmó la Sala Constitu-

---

93 Con razón la diputada María Corina Machado expresó el 11 de enero de 2013: "que el acto que vimos ayer no tiene precedentes. Dijo que Venezuela amaneció con un gobierno usurpado y el Vicepresidente, los ministros y la Procuradora General pretenden seguir ejerciendo sus cargos. "Todos los cargos de gobierno cesaron el pasado jueves y ante esa pretensión, todos sus actos son nulos, como lo establece el artículo 138 de la Constitución", recalcó. Reiteró que Diosdado Cabello ha violado su juramento, porque debió llamar a la sesión solemne de toma de posesión del nuevo período presidencial y agregó que "no reconocemos a Maduro como Vicepresidente, porque hay una situación de ilegitimidad profunda". Aseguró que en Venezuela no existe separación de poderes, "tenemos un TSJ sumiso, nuestra soberanía está siendo pisoteada". Véase reseña de Programa Primera página de Globovisión, 11 de enero de 2013, en http://www.lapatilla.com/site/2013/01/11/ma-ria-corina-nuestra-soberania-esta-siendo-pisoteada/

94 El 13 de enero de 2013, el Ministro de Información Villegas, informaba: "El presidente de Venezuela, Hugo Chávez, evoluciona favorablemente de la cirugía a la que fue sometido el pasado 11 de diciembre [2012], aunque aún necesita

cional, que el Poder Ejecutivo estaba conducido por el Presidente de la República, ni que éste pudiera ejercer su cargo, y menos "continuar" ejerciéndolo en forma alguna. En el cuadro de gravedad del Presidente, en realidad, a esa fecha, lo único que se sabía como signo de su condición era que en algún momento había "apretado" la mano del Vicepresidente de la República, según información suministrada por él mismo.[95] Al contrario de lo que afirmó la Sala, había una evidente falta efectiva del Presidente de la República del país y del ejercicio del cargo para el cual había sido electo.

Lo resuelto por la Sala Constitucional, por tanto, estando el "Presidente" de hecho impedido de ejercer cabalmente sus funciones, lo que en realidad significó fue la decisión que sus Magistrados adoptaron de poner el gobierno de Venezuela para el inicio del período constitucional 2013-2019, en manos de funcionarios que no habían sido electos popularmente, contrariando el principio democrático, como eran los otros mencionados en la sentencia: "el Vicepresidente, los Ministros y demás órganos y funcionarios de la Administración" indicando que seguirían "ejerciendo cabalmente sus funciones con fundamento en el principio de la continuidad administrativa," a pesar de que habían sido nombrados en el período constitucional anterior, y sin término alguno, es decir, *sine die*, y hasta cuando el propio Tribunal Supremo fijase la oportunidad de que el Presidente electo enfermo, si aparecía, se juramentase ante el mismo.

Lo que dio la Sala Constitucional con esta decisión no fue sino un golpe contra la Constitución,[96] vulnerando el derecho de los ciudadanos a ser gobernados por gobernantes electos, con el resultado de que a partir del 10 de enero de 2013, por voluntad la Sala Constitucional del Tribunal Supremo de Justicia, en Venezuela comenzó a gobernar un funcionario que según la pro-

---

"medidas específicas" para la solución de la "insuficiencia respiratoria" que se le originó como consecuencia de una infección. "A pesar de su delicado estado de salud después de la compleja intervención quirúrgica del 11 de diciembre pasado [2012] en los últimos días la evolución clínica general ha sido favorable", véase en http://www.lapatilla.com/site/-2013/01/13/villegas-en-minutos-comunicado-oficial-sobre-salud-de-chavez/.

95 "Maduro: "Chávez me apretó la mano con una fuerza gigantesca," indicando que "En uno de los saludos lo saludé (a Chávez) con la mano izquierda y me apretó con una fuerza gigantesca mientras hablábamos", comentó Maduro durante una entrevista exclusiva que ofreció al canal interestatal Telesur desde Cuba, donde se encuentra desde el pasado 29 de diciembre [2012] acompañando al gobernante y a sus familiares." Véase en Larazón.com, 2 de enero de 2013, en http://www.larazon.es/detalle_normal/noticias/554672/-maduro-chavez-me-apreto-la-mano-con-una-fuerza.

96 También puede calificarse la situación como golpe de Estado, pues, en definitiva, todo golpe contra la Constitución es un golpe de Estado. Véase Claudio J. Sandoval, ¿Golpe de Estado en Venezuela?, en El Universal, Caracas 10 de enero de 2013, en http://www.eluniversal.com/opinion/-130110/oea-golpe-de-estado-en-venezuela.

pia sentencia no estaba supliendo la ausencia del Presidente de la República electo y enfermo; funcionario que entonces sólo podía ejercer sus atribuciones establecidas en la Constitución (art. 239) y las enumeradas en el decreto de delegación de diciembre de 2013,[97] y quién no podía ejercer las atribuciones que sólo un Presidente en ejercicio podría ejercer. A esta absurda ingobernabilidad era a lo que condujo la sentencia de la Sala Constitucional; a raíz de la cual, por su insostenibilidad jurídica, el gobierno comenzó incluso a perseguir a quienes argumentaran o informaran sobre la interpretación que debía darse a las normas constitucionales y sobre la inconstitucional decisión del Tribunal Supremo y sus efectos;[98] de manera que hasta los estudiantes universitarios que comenzaron a protestar contra la sentencia de la Sala Constitucional, fueron por ello amenazados con cárcel.[99]

La secuela posterior, en todo caso, fue que el Presidente Chávez, como era de preverse o se sospechaba, efectivamente no compareció ante la Asamblea Nacional a tomar posesión del cargo para el período constitucional 2013-2019, quizás incluso porque ya había fallecido. Pero las noticias oficiales sin embargo decían otra cosa: Por ejemplo, el 22 de enero de 2013, el Ministro de Relaciones Exteriores Elías Jaua afirmó a su regreso a Cara-

---

97 Ello no impidió por ejemplo que el Vicepresidente, en virtud de la "continuidad administrativa" decretada por la Sala Constitucional, procediera a designar mediante Decreto N° 9350 de 11 de enero de 2013, "por delegación del Presidente," a un "Vicepresidente Encargado" para suplir su ausencia del territorio nacional para viajar a Cuba. Véase Decreto N° 9.350, de fecha 11 de enero de 2013 en *Gaceta Oficial* N° 40.088, de fecha 11 de enero de 2013.

98 El 9 de enero de 2013, el consultor jurídico de Globovisión, Ricardo Antela, explicó sobre el nuevo procedimiento administrativo sancionatorio abierto por la Comisión Nacional de Telecomunicaciones (CONATEL) contra la estación de TV, "por la difusión de cuatro micros informativos sobre el articulado de la Constitución", que a juicio del ente regulador, "incitan al odio, la zozobra y la alteración del orden público", prohibiendo de entrada "a la televisora retransmitir dichos mensajes o algunos similares." En horas de la tarde de ese mismo día el "presidente de la Asamblea Nacional, Diosdado Cabello; y el ministro Rafael Ramírez, habían sugerido al ente regulador "iniciar una investigación contra el canal por difundir el artículo 231 de la Constitución". Véase la información en http://globovision.com/articulo/conatel-notifica-a-globovision-de-nuevo-procedimiento-adminis-trativo-sancionatorio

99 El Gobernador del Estado Táchira, José Gregorio Vielma Mora, afirmó a la prensa "que los estudiantes de las universidades Católica y de Los Andes de esa entidad, que manifestaron en contra del fallo del Tribunal Supremo de Justicia, estaban ebrios y otros consumieron drogas para "valentonarse en contra de la autoridad". "Son delincuentes", aseveró. Advirtió al rector académico de la ULA, Omar Pérez Díaz y demás profesores, que irá a la Fiscalía a denunciarlos. "No mienta (Pérez Díaz), usted está promoviendo la violencia en Táchira. Les están pagando desde el extranjero. "Tienen armamento y municiones dentro de la universidad", acusó. De seguir protestando "van a ser tratados como bandas criminales e irán a la cárcel de Santa Ana". Véase en http://m.notitarde.com/nota.aspx?id=159398.

cas desde Cuba, que había “conversado con Chávez en La Habana,”[100] y el 18 de febrero de 2013 se anunció,[101] que había sido trasladado de una cama de hospital en La Habana a una cama de hospital en Caracas, informándose de la gravedad de su salud, al punto de que estaba impedido de poder hablar.[102] Incluso, a pesar de ello, parece que no le impidió al Vicepresidente Ejecutivo y otros Ministros, según lo anunciaron al país, que hubieran estado con el Presidente Hugo Chávez Frías en una supuesta “reunión de gabinete”

---

100 Véase la reseña de Ender Ramírez Padrino, “Jaua informó que se reunió con el presidente en La Habana,” *El Nacional*, 21 de enero de 2013, en http://www.el-nacional.com/politica/Jaua-asegura-converso-Chavez-Habana_0_122390427.html.

101 Véase la reseña en *El Universal*, Caracas 18 de febrero de 2013, “Chávez vuelve a Venezuela. El presidente de Venezuela, Hugo Chávez, regresó a Caracas procedente de La Habana, más de dos meses después de que viajara a Cuba para someterse a la cuarta operación de un cáncer que le fue diagnosticado en junio de 2011, y se encuentra en el hospital militar de Caracas,” en http://www.eluniversal.com/nacional-y-politica/salud-presi-dencial/130218/-chavez- vuelve-a-venezuela. A través de la cuenta Twitter @chavezcandanga, el Presidente supuestamente habría mandado un mensaje a las 2.30 de la madrigada con el siguiente texto: “Hemos llegado de nuevo a la Patria venezolana. ¡¡Gracias Dios mío!! Gracias ¡¡Pueblo amado!! Aquí continuaremos el tratamiento.”

102 El Ministro de Comunicación e Información, Ernesto Villegas, informó ese día en cadena de radio y televisión que al Presidente le persistía "un cierto grado de insuficiencia" y “presenta respiración a través de cánula traqueal que le dificulta temporalmente el habla,” sometido a un “tratamiento enérgico para la enfermedad de base, que no está exento de complicaciones,” oportunidad en la cual se publicitó una fotografía que se dijo era de 14 de febrero de 2013 del Presidente con sus hijas, que sin embargo, no mostraban en forma alguna lo que se anunciaba, ni por la vestimenta de los que posaron en la fotografía ni por la asepsia que una situación como la escrita requería. Continuó el Ministro informando que “después de dos meses de un complicado proceso postoperatorio, el paciente se mantiene consciente, con integridad de las funciones intelectuales, en estrecha comunicación con su equipo de gobierno y al frente de las tareas fundamentales inherentes a su cargo.” Sin embargo, el Ministro de Ciencia y tecnología Arreaza, informaba en el canal multiestatal Telesur, que Chávez "tiene dificultad para comunicarse verbalmente (...) Uno lo que tiene es que poner atención y él comunica perfectamente sus decisiones, cuando no las escribe (...) Pero perfectamente se comunica y se da a entender. No tiene la voz que lo caracteriza, pero esto es un proceso que es reversible y esperamos volverlo a escuchar.” Véase la reseña de María Lilibeth Da Corte, “Chávez respira por cánula traqueal que le dificulta hablar. Arreaza: Él comunica perfectamente sus decisiones, cuando no las escribe,” en *El Universal*, Caracas 16-2-2013, en http://www.eluniversal.com/nacional-y-politica/130216/chavez-respira-por-canula-traqueal-que-le-dificulta-hablar Véase igualmente en http://globovi-sion.com/articulo/ministro-villegas-en-breve-comunicado-y-fotografias-del-presidente-chavez

de nada menos que de cinco horas durante la noche el día 23 de febrero de 2013.[103]

3. *La falta absoluta del Presidente electo y la imposición por el Juez Constitucional de un Presidente no electo popularmente*

Unos días después, el 4 de marzo de 2013, sin embargo, ya el Ministro de Comunicaciones anunciaba al país que el estado de salud de Chávez era "muy delicado,"[104] lo que presagiaba un anuncio final, "luego de que se informara oficialmente de un deterioro en la salud del presidente Hugo Chávez"[105] informándose de inmediato el mismo día 5 de marzo de 2013, por el Vicepresidente Ejecutivo, que se había producido su fallecimiento. En esa forma, el juramento y la toma de posesión del cargo para el cual Chávez fue reelecto, nunca tuvo lugar.

El anuncio del fallecimiento del presidente electo Chávez planteó de nuevo una serie de cuestiones jurídicas que requerían solución urgente, las cuales giraban en torno a determinar jurídica y constitucionalmente –en medio del pastel de la falsa "continuidad administrativa– , quién, a partir del 5 de marzo de 2013, debía encargarse de la Presidencia de la República en ese supuesto de efectiva falta absoluta de un Presidente electo, no juramentado, mientras se procedía a una nueva elección presidencial. En virtud de que el Presidente Chávez ya era evidente que no tomaría posesión de su cargo, por haberse anunciado su falta absoluta, el absurdo e ilegítimo régimen de la "continuidad administrativa" impuesto por el Tribunal Supremo sin duda había cesado.

En esa situación, conforme al artículo 233 de la Constitución, el único de los supuestos de falta absoluta del Presidente que prevé,[106] aplicable en el

---

103 Véase "Maduro asegura que se reunió con Chávez por más de cinco horas," en *El Universal*, 23 de febrero de 2013, en http://www.eluniver-sal.com/nacional-y-politica/salud-presidencial/130223/ma-duro-asegura-que-se-reunio-con-chavez-por-mas-de-cinco-horas; y En "Maduro: Chávez continúa con cánula traqueal y usa distintas vías de entendimiento," Publicado por Caracas en Febrero 23, 2013, en http://venezuelaaldia.com/2013/02/ma-duro-chavez-continua-con-la-canula-traqueal-y-usa-distintas-vias-de-entendimiento/.

104 "Villegas, "El estado general sigue siendo delicado," en *Kikiriki*, 4 de marzo de 2023, en http://www.kiki-riki.org.ve/villegas-el-estado-general-sigue-siendo-delicado/.

105 Véase "Venezuela transmitirá reunión entre Maduro, Gabinete y militares: oficial," en Reuters, 5-3-2013, en http://ar.reuters.com/article/topNews/idARL1N0BX9B220130305

106 El artículo 233 dispone en la materia lo siguiente: "Cuando se produzca la falta absoluta del Presidente electo o Presidenta electa antes de tomar posesión, se procederá a una nueva elección universal, directa y secreta dentro de los treinta días consecutivos siguientes. Mientras se elige y toma posesión el nuevo Presidente o la nueva Presidenta, se encargará de la Presidencia de la República el Presidente o Presidenta de la Asamblea Nacional. // Si la falta absoluta del

caso, es la que se produce antes de que el Presidente electo tome posesión del cargo, que era el supuesto que había en definitiva ocurrido, en cuyo caso, dice la norma, el presidente de la Asamblea Nacional se encarga de la Presidencia de la República mientras se realiza una nueva elección y toma posesión el nuevo Presidente. En este caso, el presidente de la Asamblea no pierde su investidura parlamentaria, ni asume la Presidencia de la República, sino que solo se "encarga" temporalmente de la misma; y en el caso concreto, ello implicaba que el Presidente de la Asamblea Nacional, Diosdado Cabello debió de inmediato encargarse de la Presidencia de la República, *ex constitutione*.[107]

Sin embargo, ello no fue lo que ocurrió en la práctica política, incumpliendo el Presidente de la Asamblea Nacional el mandato de la Constitución, particularmente al haberse anunciado el mismo día 5 de marzo de 2013, por la Procuradora General de la República (quien era la esposa del Vice Presidente Nicolás Maduro) que con la muerte del Presidente Hugo Chávez, "inmediatamente se pone en vigencia el artículo 233, que establece que se encarga el Vicepresidente Nicolás Maduro (...) .Y la falta absoluta determina que el que se encarga es el Vicepresidente, Nicolás Maduro."[108]

Presidente o Presidenta de la República se produce durante los primeros cuatro años del período constitucional, se procederá a una nueva elección universal, directa y secreta dentro de los treinta días consecutivos siguientes. Mientras se elige y toma posesión el nuevo Presidente o la nueva Presidenta, se encargará de la Presidencia de la República el Vicepresidente Ejecutivo o la Vicepresidenta Ejecutiva".

107 Así por ejemplo lo consideró el diputado Soto Rojas, al señalar tras el fallecimiento del Presidente Chávez que **"Diosdado Cabello debe juramentarse y nuestro candidato es Nicolás Maduro"**, en referencia a las próximas elecciones que deben realizarse," en *6to. Poder*, 5-3-2013, en http://www.6topoder.com/venezuela/politica/diputado-soto-rojas-diosdado-cabello-debe-juramentarse-y-nuestro-candidato-es-nicolas-maduro/ Por ello, con razón, el profesor José Ignacio Hernández, explicó que "interpretando de manera concordada los artículos 231 y 233 de la Constitución, puede concluirse que ante la falta absoluta del Presidente electo antes de tomar posesión (mediante juramento), deberá encargarse de la Presidencia el Presidente de la Asamblea Nacional. Es ésa la conclusión que aplica al caso concreto, pues el Presidente Hugo Chávez falleció sin haber prestado juramento, que es el único mecanismo constitucional previsto para tomar posesión del cargo, con lo cual debería asumir la Presidencia quien fue designado como Presidente de la Asamblea Nacional." Véase José Ignacio Hernández, "A propósito de la ausencia absoluta del Presidente,", en PRODAVINCI, 5-3-2013, en http://prodavinci.com/-blogs/a-proposito-de-la-ausencia-absoluta-del-presidente-de-la-republica-por-jose-ignacio-hernandez-g/.

108 Véase "Muerte de Chávez. 06/03/2013 03:16:00 p.m.. Aseguró la Procuradora General de la República Cilia Flores: La falta absoluta determina que se encargará el Vicepresidente Maduro," en Notitarde.com, 7-3-2013, en http://www.notitarde.com/Muerte-de-Chavez/Cilia-Flores-La-falta-absoluta-determina-que-se-encargara-el-Vicepresidente-Maduro/2013/03/06/169847.

Y efectivamente, ello fue lo que ocurrió quedando evidenciado en *Gaceta Oficial* del mismo día, mediante la publicación del Decreto Nº 9.399 declarando Duelo Nacional, dado y firmado por Nicolás Maduro, ni siquiera como "Vicepresidente encargado de la Presidencia," sino como "Presidente Encargado de la República."[109] A ello se agregó la declaración dada por el Ministro de la Defensa al afirmar pocas horas después de darse a conocer oficialmente la muerte del Presidente Chávez, que "Ahora más que nunca, la FAN debe estar unida para llevar a Maduro a ser el próximo presidente electo de todos los venezolanos."[110] Luego vino el anuncio que hizo Presidente de la Asamblea Nacional, Diosdado Cabello, en horas de la noche del día 7 de marzo, en el sentido de que "el vicepresidente Nicolás Maduro será juramentado este viernes a las 7:00 de la noche como Presidente de la República encargado," indicando además, que "una vez juramentado, correspon-

---

109 *Gaceta Oficial* 40.123 de 5 de marzo de 2013. Con relación a este Decreto, que fue refrendado por todos los Ministros y publicado en *Gaceta Oficial*, Juan Manuel Raffalli apreció que "no hay duda de que Nicolás Maduro es el Presidente encargado de la República," llamando la atención respecto a que "Maduro no ha designado un Vicepresidente y si ostenta la doble condición de Presidente y Vicepresidente, no puede ser candidato," e indicando que "para que pueda ser candidato, tendría que designar a un Vicepresidente." Véase en "Raffalli: Maduro no puede ser candidato mientras también ostente la Vicepresidencia," en *6to. Poder*, Caracas 7-3-2013, en http://www.6topoder.com/venezuela/politica/raffalli-maduro-no-puede-ser-candidato-mientras-tambien-ostente-la-vicepresidencia/; y en "Dudas Constitucionales. ¿Maduro es Vicepresidente y encargado de la Presidencia, o es Presidente encargado a secas?, en *El Universal*, 8=3-2013, en http://www.eluniversal.com/opinion/-130308/du-das-constitucionales. Sin dejar de considerar que con ese Decreto, efectivamente y de hecho, el Vicepresidente Maduro asumió sin título alguno la Presidencia de la República, es decir, ilegítimamente; sin embargo consideramos que debe puntualizarse que de acuerdo con el texto de la Constitución, en cualquier caso en el cual se produzca una falta absoluta del Presidente en los términos del artículo 233 de la Constitución, tanto el Presidente de la Asamblea Nacional como del Vicepresidente, es sus respectivos casos, lo que deben y pueden hacer es "encargarse" de la Presidencia, pero nunca pasan a ser "Presidentes encargados de la República."

110 Véase en "Ministro de la Defensa venezolano: "La Fuerza Armada Nacional debe estar unida para llevar a Maduro a ser presidente", en Vínculocrítico.com. Diario de América, España y Europa, en http://www.vinculocritico.com/politica/venezuela/elecciones-venezuela/fuerzas-militares-venezolanas/muere-chavez/muerte-chavez/anuncio-muerte-chavez/ministro-defensa/vtv-/apoyo-de-militares-maduro-/294618 . En la nota publicada en ese diario se concluía con la siguiente reflexión "La clara posición expresada por el Ministro de la Defensa resulta preocupante para muchos ciudadanos, toda vez que bajo sus órdenes se encuentra la Fuerza Armada Nacional que debe velar por la seguridad de Venezuela, pero no obedecer a la voluntad de una sola persona y menos aún en materia electoral. Su posición no presagia una situación de imparcialidad, con la gravedad que ello conlleva para el futuro en democracia de dicha nación latinoamericana."

derá a Maduro convocar a nuevas elecciones para elegir al próximo jefe de Estado."[111]

Y finalmente, le correspondió a la Sala Constitucional del Tribunal Supremo de Justicia, en la ya indicada sentencia N° 141 dictada el 8 de marzo de 2013,[112] consolidar todo este fraude constitucional, al decidir un nuevo recurso de interpretación interpuesto por un ciudadano[113] solo dos días antes, el día 6 de marzo de 2013, en relación con la aplicación del artículo 233 de la Constitución a la situación concreta derivada de la anunciada falta absoluta del Presidente Chávez, que era la de un Presidente electo que no había tomado posesión de su cargo. La Sala, sin embargo, desconociendo la realidad, concluyó que la falta absoluta no se había producido antes de que Chávez tomara posesión de su cargo, como en efecto ocurrió –porque nunca tomó posesión–, sino después de la supuesta "continuidad administrativa" que inventó la propia Sala en la sentencia anterior, y que aseguraba que supuestamente había continuado en ejercicio del cargo, no siendo necesaria una nueva toma de posesión del Presidente electo.[114]

---

111 Véase Alejandra M. Hernández, "Maduro será juramentado mañana como Presidente encargado," *El Universal*, 7-3-2013, en http://www.eluniversal.com/nacional-y-politica/hugo-chavez-1954-2013/130307/maduro-sera-juramentado-manana-como-presidente-encargado; y "Nicolás Maduro asumirá hoy como Presidente," en http://www.eluniversal.com/nacional-y-politica/130308/nicolas-maduro-asumira-hoy-como-presidente.

112 Véase el texto de la sentencia en http://www.tsj.gov.ve.decisiones/scon/Marzo/141-9313-2013-13-0196.html. Véanse los comentarios en Allan R. Brewer-Carías, y "El Juez Constitucional y la ilegítima declaración, mediante una "nota de prensa," de la "legitimidad" de la elección presidencial del 14 de abril de 2013," en *Revista de Derecho Público*, N° 135, Editorial Jurídica Venezolana, Caracas 2013, pp. 207 y ss.

113 Esta vez por *Otoniel Pautt Andrade.*

114 Días después de dictada la sentencia, el 12 de marzo de 2013, en un programa de televisión, la Presidenta del Tribunal Supremo diría lo siguiente según la reseña de prensa que: "La Constitución debemos leerla muy claramente, a mí una de las cosas que más me preocupa es la falta de lectura por parte de algunas personas, o no diría falta de lectura (…) sino la falta gravísima y el engaño que hacen al pueblo cuando se refieren al texto constitucional saltándose párrafos para que se malinterprete el resultado," detalló durante el programa Contragolpe que transmite Venezolana de Televisión. / La magistrada cuestionó que hay quienes pretenden irrespetar la Constitución, al afirmar que debe ser el presidente de la Asamblea Nacional, en este caso Diosdado Cabello, quien debió asumir la Presidencia Encargada. / Refirió que el artículo 233 expresa que "mientras se elige y toma posesión el nuevo Presidente o nueva Presidenta se encargará de la Presidencia de la República el Vicepresidente Ejecutivo o la Vicepresidenta Ejecutiva. Yo estoy leyendo la Constitución, no estoy diciendo algo que a mí se me ocurre." Véase la reseña en http://www.vive.gob.ve/actualidad/noticias/designaci%-C3%B3n-de-nicol%C3%A1s-maduro-como-presidente-e-es-constitucional. Véase igualmente la reseña en http://www.el-

Por ello, la Sala concluyó que entonces debía convocarse a una elección universal, directa y secreta para elegir presidente, pero quedando encargado de la Presidencia Nicolás Maduro Moros, "quien para ese entonces ejercía el cargo de Vicepresidente Ejecutivo." Con ello, la Sala resolvió otro "escollo" jurídico, y dispuso que al "Presidente encargado" no se le aplicaba el "supuesto de incompatibilidad" para ser candidato previsto en el artículo 229 de la Constitución, permitiendo que Maduro pudiera postularse para participar en el proceso electoral para Presidente de la República, sin separarse de su cargo.[115]

Quedaron así muy convenientemente resueltas por el Poder Judicial todas las dudas e incertidumbres pasadas, que ya habían sido resueltas políticamente entre los órganos del Poder Ejecutivo y del Poder Legislativo. La Sala Constitucional, una vez más, interpretó la Constitución a la medida del régimen autoritario, mutándola y distorsionándola.

New York, Septiembre 2018

---

nacional.com/politica/Luisa-Estella-Morales-Maduro-Constitucion_0_152387380.html. Por lo visto no se percató la magistrada que quien analizó la Constitución "saltándose párrafos para que se malinterprete el resultado," fue ella misma y la Sala Constitucional que dictó la sentencia bajo su Ponencia, al ignorar (o saltarse) el primer párrafo sobre la falta absoluta del Presidente del artículo 233 que dispone que "Cuando se produzca la falta absoluta del Presidente electo o Presidenta electa antes de tomar posesión, se procederá a una nueva elección universal, directa y secreta dentro de los treinta días consecutivos siguientes. Mientras se elige y toma posesión el nuevo Presidente o la nueva Presidenta, se encargará de la Presidencia de la República el Presidente o Presidenta de la Asamblea Nacional." Tan esa parte fue "saltada" por la Sala que luego de copiar el texto íntegro del artículo la sentencia expresó, pura y simplemente que: "De la lectura de dicho precepto se observa que cuando se produce la falta absoluta del Presidente de la República se habrá de realizar una nueva elección y *se encargará de la Presidencia de la República el Vicepresidente Ejecutivo o la Vicepresidenta Ejecutiva.*" Basta comparar los dos textos para saber quién se saltó un párrafo de la norma para malinterpretarla.

115 La Sala Constitucional ratificó esta doctrina en sentencia N° 1116 de 7 de agosto de 2013.Véase en http://www.tsj.gov.ve/decisiones/scon/agosto/1116-7813-2013-13-0566.html.

DÉCIMA PARTE

LA PARTICIPACIÓN DEL JUEZ CONSTITUCIONAL EN LA DEMOLICIÓN DE LAS BASES CONSTITUCIONALES DE LA "DEMOCRACIA PARTICIPATIVA" *

(Pazo de Mariñan 2004 – L'Aquila 2014 – Paris 2015, New York 2017)

I. LA "DEMOCRACIA PARTICIPATIVA" EN LA CONSTITUCIÓN DE 1999

Las críticas a la democracia representativa, fundamentadas más por la forma y carácter de la representación que en la representatividad misma, han venido provocando en el constitucionalismo contemporáneo la introducción de reformas para consagrar en las Constituciones, tanto instrumentos de democracia directa como mecanismos para asegurar la participación ciudadana directa en la conducción de los asuntos públicos, sin la intermediación o mediatización de partidos o de asambleas.

De allí las reformas que se han venido introduciendo en los regímenes democráticos contemporáneos, al establecerse la posibilidad del ejercicio de la soberanía por el pueblo o derecho a la participación política, además de

---

* Este texto está conformado por diversos trabajos, comenzando por la Ponencia sobre "La participación ciudadana en la designación de los titulares de los órganos no electos de los Poderes Públicos en Venezuela y sus vicisitudes políticas," elaborada para la el *III Foro Iberoamericano de Derecho Administrativo sobre participación Ciudadana y Administración (Homenaje al Rector José Luis Meilan)*, La Coruña, Pazo de Mariñan, 6-9 octubre 2004. Publicado en *Revista Iberoamericana de Derecho Público y Administrativo*, Año 5, N° 5-2005, San José, Costa Rica 2005, pp. 76-95. Además, los estudios "El fin de la llamada "democracia participativa y protagónica" dispuesto por la Sala Constitucional en fraude a la Constitución, al justificar la emisión de legislación inconsulta en violación al derecho a la participación política," en *Revista de Derecho Público,* N° 137 (Primer Trimestre 2014, Editorial Jurídica Venezolana, Caracas 2014, pp. 157-164.

indirectamente mediante representantes, en forma directa. Como lo expresó la Constitución venezolana de 1999,[1] lo que contrasta con la tradición constitucional anterior que reducía el ejercicio de la soberanía al concepto de representación, agregando ahora que la soberanía también la puede ejercer el pueblo "directamente en la forma prevista en esta Constitución y en la Ley", regulándose a la vez, el derecho de participar en los asuntos públicos "directamente" (art. 62)[2].

La Constitución estableció entonces, además de la democracia representativa, mecanismos de democracia directa; los cuales por supuesto no agotan las posibilidades de participación política ni puede conducir a identificar los mecanismos de democracia directa introducidos en la Constitución con el concepto de "democracia participativa,"[3] que es mucho más amplio. Sin embargo, la confusión generalizada, por ejemplo, se aprecia de la sentencia de la Sala Electoral del Tribunal Supremo de Justicia, N° 170 del 22 de di-

---

1 Véase Allan R. Brewer-Carías, *La Constitución de 1999. Derecho Constitucional Venezolano,* Tomo I, Caracas, 2004, pp. 210 y ss.

2 Véase, en general, sobre la democracia participativa en la Constitución de 1999, Manuel Feo La Cruz, "La participación de la sociedad civil en el proceso de gestión pública. Retos y desafíos", en *El Derecho Público a comienzos del siglo XXI. Estudios homenaje al Profesor Allan R. Brewer-Carías,* Tomo I, Instituto de Derecho Público, UCV, Civitas Ediciones, Madrid, 2003, pp. 415-429; Yusby S. Méndez-Apolinar, "La obligación ciudadana de participar en los asuntos públicos, como expresión de la cultura democrática", en *El Derecho Público a comienzos del siglo XXI. Estudios homenaje al Profesor Allan R. Brewer-Carías,* Tomo I, Instituto de Derecho Público, UCV, Civitas Ediciones, Madrid, 2003, pp. 431-437; María L. Álvarez Chamosa; Paola A. A. Yrady, "La desobediencia civil como mecanismo de participación ciudadana", en *Revista de Derecho Constitucional,* N° 7 (enero-junio). Editorial Sherwood, Caracas, 2003, pp. 7-21; Ana P. Deniz, "La participación ciudadana en la Constitución de 1999", en *Revista de Derecho Constitucional,* N° 7 (enero-junio). Editorial Sherwood, Caracas, 2003, pp. 115-124; Fernando Flores Jiménez, "La participación ciudadana en la Constitución venezolana de 1999", en *Revista de Derecho Constitucional,* N° 5 (julio-diciembre). Editorial Sherwood, Caracas, 2001, pp. 75-88; Ángel Alegre Martínez, "Cultura de Derechos, Deberes y Participación", en *Revista de derecho del Tribunal Supremo de Justicia,* N° 5, Caracas, 2002, pp. 1 a 17.

3 Véase Humberto Njaim, "Las implicaciones de la democracia participativa: un tema constitucional de nuestro tiempo", en *Constitución y Constitucionalismo Hoy*. Editorial Ex Libris, Caracas, 2000, pp. 719-742; Ricardo Combellas, "La democracia participativa y la Constitución de la República Bolivariana de Venezuela", en *Derecho Constitucional. General y Particular. Actualizado con la Constitución de la República Bolivariana de Venezuela del 24-03-2000,* Tomo I, Universidad Santa María, Caracas, pp. 279-305; Luis Salamanca, "La Constitución venezolana de 1999: de la representación a la hiper-participación ciudadana", en *Revista de Derecho Público*, N° 82 (abril-junio). Editorial Jurídica Venezolana, Caracas, 2000, pp. 85-105.

ciembre de 2000 (Caso: *Club Social Layalina vs. Consejo Nacional Electoral*), al señalar que la Constitución:

> Plantea un nuevo marco conceptual y teleológico en materia de participación política del ciudadano en los asuntos públicos. Es así que, los artículos 5 y 6 de la Carta Fundamental, consagran un nuevo modelo de democracia participativa, evolucionando de la clásica concepción de la democracia representativa, limitada al ejercicio de la soberanía popular únicamente por medio de la elección periódica de representantes. Por el contrario, la novel Carta Magna establece que la soberanía se ejerce directamente en la forma prevista en la Constitución y en las leyes, e indirectamente mediante el sufragio, por los órganos que ejercen el Poder Público. En consonancia con tales principios, el texto constitucional dedica una serie de normas a la consagración y regulación de las pautas fundamentales de novedosos mecanismos en el ordenamiento jurídico venezolano que permiten la participación política del soberano en los asuntos que le conciernen, mecanismos que enumera el artículo 70 de la Constitución, entre los cuales se encuentra el referendo, en sus distintas modalidades: revocatorio, abrogatorio, consultivo y aprobatorio. De igual manera, se prevé la participación soberana en el ejercicio de los mecanismos de enmienda y reforma constitucional, así como en la iniciativa de convocatoria en la Asamblea Nacional Constituyente[4].

La Sala Constitucional del Tribunal Supremo de Justicia en sentencia N° 23 de 22 de enero de 2003 (Caso: *Interpretación del artículo 71 de la Constitución*), en cambio, en forma amplia identificó el principio de participación que informa a la estructura y la actuación del Estado y sirve al objetivo de legitimar al poder, que es además un derecho fundamental de carácter político "pues considera al individuo en tanto que miembro de una comunidad política determinada, con miras a tomar parte en la formación de una decisión pública o de la voluntad de las instituciones públicas"; derecho que influye en otros de carácter político establecidos en la Constitución, como los derechos al sufragio (art. 63), de petición (art. 51), de acceso a cargos públicos (art. 62), de asociación política (art. 67), de manifestación (art. 68), y a ser informados oportuna y verazmente por la Administración Pública (art. 143), así como también opera en derechos sociales, como el derecho a la salud (art. 84); derechos educativos (art. 102) y derechos ambientales (art. 127, primer aparte)[5].

La democracia participativa, por tanto, no se agota en los mecanismos de democracia directa, sino que se materializa además en otros instrumentos

---

4 Véase en *Revista de Derecho Público,* N° 84 (octubre-diciembre), Editorial Jurídica Venezolana, Caracas 2000, p. 168.

5 Véase en *Revista de Derecho Público*, N° 93-96, Editorial Jurídica Venezolana, Caracas 2003, (En prensa).

constitucionales dispuestos para la intervención directa e indirecta de los ciudadanos en la toma de decisiones en los asuntos públicos, los cuales sin embargo no han sido efectivamente desarrollados.

En cuanto a las formas de democracia directa, las enumera el artículo 70 de la Constitución, al describirse "los medios de participación y protagonismo del pueblo en ejercicio de su soberanía", así:

> ...en lo político: la elección de cargos públicos, el referendo, la consulta popular, la revocatoria del mandato, la iniciativa legislativa, constitucional y constituyente, el cabildo abierto y la asamblea de ciudadanos y ciudadanas cuyas decisiones serán de carácter vinculante....

Pero por supuesto, además de estos instrumentos de democracia directa hay otros medios cotidianos de participación política de los ciudadanos, como los propios de la democracia local que están por desarrollarse efectivamente, ya que sólo acercando el poder al ciudadano es que se pueden materializar, siendo en este nivel donde efectivamente puede hablarse de democracia participativa[6].

Además, están algunos mecanismos establecidos a nivel nacional que establecen la participación directa de los representantes de los sectores de la sociedad en la toma de determinadas decisiones, que son específicamente dos: primero, los mecanismos de participación ciudadana en la designación de altos funcionarios de los Poderes Públicos y segundo la participación ciudadana mediante la consulta popular obligatoria de los proyectos de ley.

II. LA PARTICIPACIÓN CIUDADANA EN LA ELECCIÓN EN SEGUNDO GRADO DE ALTOS FUNCIONARIOS DEL ESTADO Y SU COMPLETA INOPERANCIA POR LA ACCIÓN Y OMISIÓN DEL JUEZ CONSTITUCIONAL

Uno de los mencionados mecanismos de participación política directa de los ciudadanos en la conducción de los asuntos públicos, se reguló expresamente en la Constitución en el procedimiento para la elección en segundo grado de altos funcionarios del Estado (no electos directamente por el pueblo), por parte de la Asamblea Nacional, al preverse que las postulaciones para tales efectos solo se pueden formular por sendos "Comités de Postulaciones" que deben estar necesaria y solamente integrados por *representantes de los diversos sectores de la sociedad.*

Esta posibilidad de participación desde 1999 ha sufrido infinidad de vicisitudes políticas, no solo por la sanción de una legislación que la ha distorsionado, sino por la acción y la omisión tanto de la Asamblea Nacional como

6 Véase Allan R. Brewer-Carías. *Reflexiones sobre el constitucionalismo en América,* Editorial Jurídica Venezolana, Caracas 2001, pp. 48 y ss; y 137 y ss.

del Juez Constitucional, que han propiciado la demolición misma del principio de la participación ciudadana.[7]

1. *La penta división del poder público nacional*

Una de las innovaciones de la Constitución venezolana de 1999 fue, sin duda, el establecimiento de una penta división del Poder Público (art. 136), que quedó dividido en cinco poderes, siendo en tal sentido la única Constitución del mundo en la cual, además de los tres clásicos poderes (Poder Legislativo, Poder Ejecutivo y Poder Judicial), consagra otros dos poderes adicionales: el Poder Ciudadano, integrado por el Contralor General de la República, el Fiscal General de la República y el Defensor del Pueblo, y el Poder Electoral.

Sobre esta innovación constitucional, la Sala Electoral del Tribunal Supremo de Justicia, en sentencia N° 2 de fecha 10 de febrero de 2000, la justificó de la siguiente manera:

> La Constitución de la República Bolivariana de Venezuela, publicada en la Gaceta Oficial N° 36.860 del 30 de diciembre de 1999, modificó sustancialmente las bases del sistema político y del ordenamiento jurídico venezolano transformando las Instituciones que integran el Poder Público en sus diversas ramas. Una de las principales reformas concierne a la regulación de los derechos políticos (Título III, Capítulo IV, Sección Primera), tanto en lo que se refiere a la participación protagónica de los ciudadanos en los asuntos públicos mediante diversas modalidades especificadas en el correspondiente precepto constitucional (artículo 70), como respecto a la conformación orgánica de las Instituciones encargadas de instrumentar dicha participación (Cap. V del Poder Electoral).
>
> Es así como siguiendo esa línea transformadora, a la clásica trilogía de las ramas del Poder Público Nacional, esto es, Ejecutivo, Legislativo y Judicial, se adicionó el Poder Ciudadano y el Poder Electoral (artículo 136). Cabe destacar que esta modificación no ha obedecido a meras razones de técnica legislativa o de racionalidad en la distribución orgánica del Poder, sino que refleja -se insiste- en una concepción del Estado, y ello explica que se hayan consagrado sendos capítulos del Título referido a la organización del Poder Público Nacional destinados a regular esos dos nuevos Poderes, regulación constitucional que en el caso del Poder Electoral, expresa coherente y sistemáticamente la nueva concepción, pues supera claramente la tesis de la Constitución de 1961, que aludía genéricamente a unos órganos electorales, que debían ser contemplados en la Ley, con la finalidad

7 Véase Allan R. Brewer-Carías, "La participación ciudadana en la designación de los titulares de los órganos no electos de los Poderes Públicos en Venezuela y sus vicisitudes políticas", en *Revista Iberoamericana de Derecho Público y Administrativo*, Año 5, N° 5-2005, San José, Costa Rica 2005, pp. 76-95.

exclusiva de permitir el ejercicio periódico (cada tres o cinco años) del derecho al sufragio activo y pasivo.[8]

Todos los cinco poderes están regulados en la Constitución en plano de igualdad, con autonomía e independencia entre unos de otros, previéndose, para asegurarla, la legitimidad democrática de origen de los mismos siguiendo el principio democrático establecido en el artículo 6, conforme al cual el gobierno de Venezuela "es y será siempre democrático, participativo y electivo," lo que exige, precisamente, que todos los titulares de todos los órganos de los poderes públicos deben ser electos popularmente en forma democrática y participativa.

De allí la específica forma de elección prevista en la Constitución para la elección de absolutamente todos los titulares de los poderes públicos, consistente en su elección popular, es decir, por el pueblo, en forma directa en algunos casos, y en forma indirecta en otros, es decir, mediante elecciones de primer y de segundo grado; y todo con el objeto de asegurar que ningún Poder dependa de otro, y pueda haber contrapesos entre ellos.

En el *primer caso* de elección popular de primer grado, se trata de la elección popular directa por el pueblo, mediante sufragio universal y secreto, prevista para la elección del Presidente de la República (art. 228) y de los diputados a la Asamblea Nacional (art. 186); y en el segundo caso, de elección popular indirecta, en segundo grado, es la que se realiza en nombre del pueblo, por los diputados a la Asamblea Nacional que son sus representantes electos en forma directa, prevista para la elección de los titulares de los otros Poderes Públicos: de los Magistrados del Tribunal Supremo de Justicia (Poder Judicial) (art. 264, 265); del Contralor General de la República, del Fiscal General de la República y del Defensor del Pueblo (Poder Ciudadano) (art.279), y de los miembros del Consejo Nacional Electoral (Poder Electoral) (art. 296).

Ello implica, conforme a las previsiones constitucionales, que todos los titulares de los órganos de los poderes públicos tienen que ser electos popularmente, sea en forma directa o sea indirectamente; de manera que nadie que no sea electo en forma directa por el pueblo puede ejercer el cargo de Presidente de la República o de diputado a la Asamblea Nacional; y nadie que no sea electo indirectamente por el pueblo a través de una mayoría calificada de diputados a la Asamblea Nacional, puede ejercer los altos cargos de los Poderes Ciudadano, Electoral y Judicial.

En el *segundo caso* de elección popular indirecta, por tanto, solo la Asamblea Nacional actuando como cuerpo elector, de segundo grado puede elegir a los titulares de los órganos de los Poderes Ciudadano, Electoral y Judicial, y ello exclusivamente por la mayoría calificada de las 2/3 partes de los diputados a la misma como representantes del pueblo que son.

---

8 Exp. 004 (Caso: *Cira Urdaneta de Gómez contra el Consejo Supremo Electoral*), citada además en la sentencia N° 94 de 02-12-03 (Caso: *Robert Osuna y otros*) del Juzgado de Sustanciación de la Sala Constitucional del Tribunal Supremo de Justicia.

Entre estas dos formas de elección popular, por supuesto, lo que difiere es la técnica de la elección. En el caso de la elección directa por el pueblo, cada persona o elector vota por el candidato de su preferencia; en cambio que en la elección indirecta, el cuerpo electoral de segundo grado que es el integrado por los diputados a la Asamblea Nacional, tiene que llegar a un acuerdo para elegir, lo que es propio de la lógica democrática de funcionamiento cuando un grupo político no controla la mayoría calificada de los diputados. En estos casos, por más mayoritario que sea un partido político en la Asamblea, tiene que renunciar a pretensiones hegemónicas y necesariamente tiene que llegar a acuerdos, compromisos o consensos con las diversas fuerzas políticas, de manera que se pueda asegurar la mayoría calificada de los votos para la elección. En democracia, no hay otra forma de realizar una elección indirecta, y en ningún caso, la fuerza política que sea mayoritaria, pero que no controla la mayoría calificada de votos, puede pretender imponer su voluntad individualmente, pues ello sería antidemocrático.

En todo caso, en los supuestos de elección popular indirecta de los titulares de los Poderes Públicos Electoral, Judicial y Ciudadano, los principios constitucionales son precisos para hacer que responda tanto al principio democrático representativo como al principio democrático participativo que derivan del mencionado artículo 6 de la Constitución al exigir que "el gobierno es y será siempre democrático, participativo, electivo."

Y para reforzar el principio de la autonomía de los órganos de los Poderes Públicos Nacionales electos mediante elección de segundo grado, la Constitución estableció mecanismos de participación de representantes de la sociedad civil en la designación de los mismos.

En esta forma, conforme al artículo 6 de la Constitución, la lógica democrática representativas se garantizó en las dos formas de elección de las altas autoridades del Poder Público.

2. *La lógica democrática representativa en la elección indirecta*

En cuanto a la lógica democrático representativa que deriva de dicha norma, a los efectos de garantizar la mayor representatividad democrática en la elección popular indirecta de los Magistrados del Tribunal Supremo de Justicia, del Contralor General de la República, del Fiscal General de la República, del Defensor del Pueblo y de los miembros del Consejo Nacional Electoral, la Constitución dispone que la misma sólo puede hacerse con el voto de una mayoría calificada de las 2/3 de los diputados que integran la Asamblea Nacional.

Ello está establecido en forma expresa respecto de la elección del Contralor General de la República, del Fiscal General de la República y del Defensor del Pueblo (art.279), y de los miembros del Consejo Nacional Electoral (art. 296); y en forma implícita respecto de la elección de los Magistrados del Tribunal Supremo de Justicia al exigirse dicha votación calificada para su remoción (art. 264, 265). Con ello, el Constituyente, en lugar de establecer la elección popular directa de dichos altos funcionarios, al regular la elección indirecta sin embargo aseguró una representatividad democrática calificada.

En todo caso, lo importante a destacar de la lógica representativa del principio democrático en estos casos de elección indirecta de los altos funcionarios del Estado, es que la Asamblea Nacional, al efectuar la elección indirecta, no actúa constitucionalmente como cuerpo legislador ordinario o general, sino como cuerpo electoral, al punto que las competencias que le corresponden como tal cuerpo electoral ni siquiera están incluidas entre las competencias generales de la Asamblea Nacional enumeradas en el artículo 187 de la Constitución. Por ello, en el ejercicio de las competencias como cuerpo elector, para la elección en segundo grado de los titulares de los órganos del Poder Público, la Asamblea Nacional no puede actuar sujeta al régimen general de mayorías que se aplican y rigen para su funcionamiento general de la misma actuando como cuerpo legislador, estando en cambio sometida única y exclusivamente al régimen de mayoría calificada que regulan los artículos 264, 265, 279 y 296 de la propia Constitución.

Ahora bien, en cuanto al logro de la mayoría calificada votos de los diputados exigida para la elección indirecta, en una sociedad democrática, cuando un partido político no cuenta con dicha mayoría calificada, la elección de dichos funcionarios tiene que hacerse mediante acuerdos democráticos, para lograr un consenso. Y nada inconstitucional tiene el que dichas mayorías calificadas no se logren de inmediato. Ello lo señaló expresamente la Sala Constitucional del Tribunal Supremo en la sentencia Nº 2073 de 4 de agosto de 2003 (Caso: *Hermánn Escarrá Malaver y oros*) dictada para precisamente resolver sobre la omisión de la Asamblea Nacional en la elección de los miembros del Consejo Nacional Electoral, descartando toda situación de inconstitucionalidad cuando no se logran los acuerdos políticos necesarios, al señalar que:

> "el régimen parlamentario, en muchas oportunidades, exige la toma de decisiones por mayorías calificadas y no por mayorías absolutas o simples; y cuando ello sucede (lo que incluso puede ocurrir en el caso de la mayoría simple), si los integrantes de la Asamblea no logran el acuerdo necesario para llegar a la mayoría requerida, la elección no puede realizarse, sin que ello, en puridad de principios, pueda considerarse una omisión legislativa, ya que es de la naturaleza de este tipo de órganos y de sus votaciones, que puede existir disenso entre los miembros de los órganos legislativos nacionales, estadales o municipales, y que no puede lograrse el número de votos necesarios, sin que pueda obligarse a quienes disienten, a lograr un acuerdo que iría contra la conciencia de los votantes. Desde este ángulo no puede considerarse que existe una omisión constitucional que involucra la responsabilidad de los órganos aludidos en el artículo 336.7 constitucional."[9]

---

9 Véase en http://historico.tsj.gov.ve/decisiones/scon/agosto/2073-040803-03-1254%20Y%201308.HTM. Véanse los comentarios en Allan R. Brewer-Carías, "El control de la constitucionalidad de la omisión legislativa y la susti-

3. *La lógica democrática participativa en la elección indirecta*

Por su parte, en cuanto a la lógica democrático participativa en los casos de elección popular indirecta, ello implica, también para garantizar la mayor participación democrática, que la elección popular indirecta de los Magistrados del Tribunal Supremo de Justicia, del Contralor General de la República, del Fiscal General de la República, del Defensor del Pueblo y de los miembros del Consejo Nacional Electoral, no puede hacerse mediante la sola voluntad de los diputados de la Asamblea Nacional ni siquiera con la mayoría calificada exigida, sino que sólo puede hacerse mediante un procedimiento en el cual se debe asegurar la participación ciudadana, antes de que se efectúe la elección mediante dicha mayoría calificada.

Ello implica que la potestad de elección popular indirecta por parte la Asamblea Nacional está limitada, en el sentido de que sólo puede efectuarse respecto de los candidatos que sean nominados por sendos Comités de Postulaciones, que conforme a la Constitución son: el Comité de Postulaciones Judiciales (arts. 264, 270),[10] el Comité de Evaluación de Postulaciones del Poder Ciudadano (art. 279)[11] y Comité de Postulaciones Electorales (art. 295),[12] todos los cuales deben estar integrados exclusivamente con "representantes de los diversos sectores de la sociedad;" es decir, con personas provenientes de la sociedad civil, lo que implica que en los mismos no pueden tener cabida personas que sean funcionarios públicos. Por tanto, los diputados a la Asamblea Nacional no podrían formar parte de dichos Comités, siendo inconstitucional su inclusión en los mismos.[13]

Ahora bien, la lógica democrática tanto representativa como participativa en la elección popular indirecta de los titulares de los Poderes Públicos es

---

tución del Legislador por el Juez Constitucional: el caso del nombramiento de los titulares del Poder Electoral en Venezuela," en *Revista Iberoamericana de Derecho Procesal Constitucional,* N° 10 Julio-Diciembre 2008, Editorial Porrúa, Instituto Iberoamericano de Derecho Procesal Constitucional, México 2008, pp. 271-286.

10 De acuerdo con el artículo 270, el Comité de Postulaciones Judiciales "estará integrado por representantes de los diferentes sectores de la sociedad."

11 De acuerdo con el artículo 279, el Comité de Evaluación de Postulaciones del Poder Ciudadano, "estará integrado por representantes de diversos sectores de la sociedad."

12 De acuerdo con el artículo 295, el Comité de Postulaciones Electorales "estará integrado por representantes de los diferentes sectores de la sociedad."

13 Véase los comentarios sobre la inconstitucional práctica legislativa reguladora de los Comités de Postulaciones integradas, cada uno, con una mayoría de diputados, convirtiéndolas en simples "comisiones parlamentarias ampliadas," en Allan R. Brewer-Carías, "La participación ciudadana en la designación de los titulares de los órganos no electos de los Poderes Públicos en Venezuela y sus vicisitudes políticas", en *Revista Iberoamericana de Derecho Público y Administrativo*, Año 5, N° 5-2005, San José, Costa Rica 2005, pp. 76-95.

de tal naturaleza en la Constitución[14] que, por ejemplo, en cuanto a la elección de los titulares de los órganos del Poder Ciudadano, el artículo 279 dispone que si de la terna de candidatos para cada cargo que presente el Comité de Evaluación de Postulaciones del Poder Ciudadano ante la Asamblea Nacional, ésta, en un lapso no mayor de treinta días continuos, no logra concertar un acuerdo para elegir con el voto favorable de las dos terceras partes de sus integrantes al titular del órgano del Poder Ciudadano que esté en consideración, entonces, dispone la norma, "el Poder Electoral someterá la terna a consulta popular."

Es decir, que si en el funcionamiento democrático del proceso de selección de los titulares del Poder Ciudadano en la Asamblea Nacional no se logran los acuerdos y consensos para alcanzar la mayoría calificada necesaria para la elección popular indirecta, en un lapso de 30 días, entonces la elección del titular del órgano del Poder Ciudadano de que se trate, solo puede hacerse por elección directa del pueblo.

4. *Los Comités de Postulaciones integrados por representantes de la sociedad civil*

En cuanto a la legitimidad democrática participativa en la elección de los titulares de los Poderes Públicos no electos en forma directa, la ausencia de la misma en la Constitución de 1961 puede incluso considerarse que fue uno de los motivos principales que originó la crisis política y la necesidad de convocar una Asamblea Nacional Constituyente para adelantar la reforma constitucional como la que se hizo en 1999, que originó la reacción general de la sociedad contra la democracia meramente representativa de partidos, buscando su perfeccionamiento con aspectos de democracia directa.

En efecto, la crítica al sistema tradicional de designación de los altos funcionarios públicos no electos por el antiguo Congreso Nacional (Fiscal General, Contralor General, Magistrados de la Corte Suprema) que establecía la Constitución de 1961, y que le daba poder discrecional para ello mediante los acuerdos entre los partidos políticos, puede decirse que fue generalizada en el país. La queja se refería a la falta de participación de la socie-

---

14 A ello se agrega, como lo indica María Amparo Grau: la importancia de las funciones de dichos órganos del Poder Ciudadano, que requieren el mayor consenso en su selección, a estos competen atribuciones de control de la legalidad y actuación ética de los funcionarios públicos, control del uso legal y ético del dinero y de los bienes del Estado, la protección de los derechos humanos, la buena marcha de la justicia y la investigación y acción penal. Debe evitarse su dependencia política, de allí el necesario consenso para garantizar que este Poder sea un muro de contención a la arbitrariedad, a la corrupción y a la delincuencia." Véase en María Amparo Grau, "Golpe a la Constitución ¡de nuevo!," en *El Nacional*, Caracas, 24 de diciembre 2014.

dad civil en tales nombramientos, y al monopolio que ejercían los partidos políticos representados en el Congreso, en dichas designaciones[15].

Por ello, en la Asamblea Nacional Constituyente de 1999, en esta materia se impuso el principio de la participación sobre el principio de la representatividad, y si bien se le atribuyó a la Asamblea Nacional la competencia para elegir a los titulares de los órganos no electos directa y popularmente del Poder Público, la reforma más importante que se introdujo consistió en *quitarle a la Asamblea Nacional la potestad discrecional para hacer tal elección.*

En concreto, la Constitución reguló una forma precisa de *participación activa de la sociedad*, consistente en atribuirle a unos Comités de Postulaciones integrado por sus "representantes" la *potestad exclusiva* de hacer las postulaciones de candidatos para ocupar dichos altos cargos ante la Asamblea Nacional. El sistema constitucional adoptado, en consecuencia, por una parte, impide que se puedan formular postulaciones para tales designaciones directamente ante la Asamblea Nacional; y por otra parte, la Asamblea Nacional no podría elegir personas distintas a las postuladas por los Comités de Postulaciones.

Esos Comités se concibieron en la Constitución, como órganos intermedios, algunos permanentes, que obligatoriamente deben estar integrados por *representantes de los diferentes sectores de la sociedad,* es decir, de organizaciones no estatales. Los Comité de Postulaciones, por tanto, son diferentes a la Asamblea Nacional, por lo que los representantes populares no podrían formar parte de los mismos, ya que los diputados, por esencia, no son parte de la sociedad civil. Así lo estableció, además, la Sala Constitucional del Tribunal Supremo en sentencia N° 1395 de 21 de noviembre de 2000 (Caso: *William Dávila y otros vs. Ministerio de Finanzas*), al analizar el artículo 326 de la Constitución relativo a la seguridad de la Nación, señalando en forma muy restrictiva que:

> 1) Que la sociedad civil es diferente al Estado y a los entes que lo componen (Estados, Municipios, Institutos Autónomos, Fundaciones Públicas, Sociedades con capital de los Poderes Públicos, etc). En consecuencia, el Estado no puede formar parte, bajo ninguna forma directa o indirecta, de la sociedad civil. Fundaciones, Asociaciones, Sociedades o grupos, totalmente financiados por el Estado, así sean de carácter privado, no pueden representarla, a menos que demuestren que en su dirección y actividades no tiene ninguna influencia el Estado.
>
> 2) Que estando el Estado conformado por ciudadanos que pertenecen a fuerzas políticas, la sociedad civil tiene que ser diferente a esas fuerzas, cuyos exponentes son los partidos o grupos políticos. Consecuencia de ello, es que las organizaciones políticas no conforman la so-

15 Véase por ejemplo, Allan R. Brewer-Carías, *Los problemas del Estado de Partidos*, Editorial Jurídica Venezolana, Caracas 1988.

ciedad civil, sino la sociedad política cuyos espacios están delimitados por la Constitución y las leyes. Por lo tanto, todo tipo de participación partidista en personas jurídicas, desnaturaliza su condición de organizaciones representativas de la sociedad civil.

La sociedad civil la forman los organismos e instituciones netamente privados, mientras que la sociedad política es el dominio directo que se expresa en el Estado y en el gobierno jurídico, en el cual contribuyen los partidos en un régimen democrático...[16]

Sin embargo, a pesar de todas estar regulaciones constitucionales, y de la insistencia en el texto de la Constitución del tema de la participación política de los administrados, en la práctica política y legislativa, dicha participación no se ha asegurado, habiendo conservado y asegurado la Asamblea Nacional, materialmente el mismo poder discrecional que tenía el antiguo Congreso Nacional en la designación de los titulares de los órganos no electos del Poder Público, es decir, de los Magistrados del Tribunal Supremo de Justicia, del Fiscal General de la República, del Contralor General de la República y del Defensor del Pueblo, así como de los miembros del Consejo Nacional Electoral. Ello finalmente quedó evidenciado masivamente en 2014, con las inconstitucionales designaciones de los titulares de las ramas del Poder Público, que se configuraron como un golpe de Estado.[17]

III. LA ELECCIÓN EN SEGUNDO GRADO DE LOS MAGISTRADOS DEL TRIBUNAL SUPREMO Y LAS VICISITUDES DEL COMITÉ DE POSTULACIONES JUDICIALES

1. *El Comité de Postulaciones Judiciales*

La Constitución concibe al Comité de Postulaciones Judiciales (art. 270), como un órgano asesor del Poder Judicial para la selección de los candidatos a Magistrados del Tribunal Supremo de Justicia (art. 264). Igualmente, el Comité debe asesorar a los Colegios Electorales Judiciales para la elección de los jueces de la jurisdicción disciplinaria.

---

16 Expediente OO-1901. La Sala Electoral del Tribunal Supremo de Justicia, por su parte, en sentencia N° 30 del 28 de marzo de 2001 (Caso: *Víctor Maldonado vs. Ministerio de la Familia*) indicó que a llamada 'sociedad civil', debe ser entendida "como la organización democrática de la sociedad, *no estatal*, política, religiosa o militar, que busca fines públicos coincidentes con los del Estado", en *Revista de Derecho Público,* N° 85-88, Editorial Jurídica Venezolana, Caracas 2001, p. 340.

17 Véase Allan R. Brewer-Carías, "La elección popular indirecta de altos funcionarios del Estado en Venezuela y su violación por el Estado autoritario: el golpe de Estado de diciembre de 2014 dado con las inconstitucionales designaciones de los titulares de las ramas del Poder Público," en *Revista de Investigações Constitucionais. Journal of Constitutional Research*, v. 2, n. 2 (maio-agosto 2015), ISSN 2359-5639, pp. 63-92.

Este Comité de Postulaciones Judiciales, conforme lo indica el artículo 270 de la Constitución debe estar "integrado por *representantes de los diferentes sectores de la sociedad,* de conformidad con lo que establezca la ley".

En efecto, en particular, en cuanto a la elección de los Magistrados del Tribunal Supremo de Justicia, el artículo 264 de la Constitución, dispone que la postulación de candidatos a Magistrados sólo puede hacerse ante el Comité de Postulaciones Judiciales, por iniciativa propia de los candidatos o por organizaciones vinculadas a la actividad jurídica. Como órgano asesor del Poder Judicial para la selección de los candidatos a Magistrados del Tribunal Supremo de Justicia, el Comité de Postulaciones Judiciales es un órgano permanente que, además, debe asesorar a los Colegios Electorales Judiciales para la elección de los jueces de la jurisdicción disciplinaria.

Al exigirse que el Comité esté integrado "por representantes de los diferentes sectores de la sociedad, de conformidad con lo que establezca la Ley" (art. 270), se trata, en definitiva, de un *mecanismo directamente regulado en la Constitución* que asegura la participación de los "diversos sectores de la sociedad" en la gestión de asuntos públicos. No se trata de un mecanismo de consulta y mucho menos a través de mesa de diálogos, sino de participación activa.

2. *El procedimiento para la elección de Magistrados y su violación por la propia Asamblea Nacional Constituyente en 1999*

Ahora bien, el procedimiento constitucional previsto para la elección de los Magistrados del Tribunal Supremo, que debía ser regulado en la Ley, es el siguiente: El Comité, recibidas las postulaciones y "oída la *opinión de la comunidad,* efectuará una preselección para su presentación al Poder Ciudadano." Este órgano, integrado por el Fiscal General de la República, el Defensor del Pueblo y el Contralor General de la República (art. 273), debe efectuar "una segunda preselección que será presentada a la Asamblea Nacional, la cual hará la selección definitiva" (art. 264).[18]

Ahora bien, a pesar de las exigencias constitucionales, la forma de designación de los Magistrados ha sido sucesivamente violentada, comenzando incluso, por la propia Asamblea Nacional Constituyente, con las designaciones que hizo el 22 de diciembre de 1999, mediante el "Decreto sobre el Régimen Transitorio del Poder Público" dictado el 22 de diciembre de 1999,[19] dos días después de la "proclamación" de la Constitución y una semana después de haberse aprobado la Constitución mediante el referendo celebrado el 15 de diciembre de 1999, y sin previsión alguna en su texto para ello; y todo ello, antes de su entrada en vigencia, cuya publicación fue deli-

---

18 Véase nuestro voto salvado en esta materia en Allan R. Brewer-Carías, *Debate Constituyente, (Aportes a la Asamblea Nacional Constituyente),* Tomo III, Caracas 1999, pp. 201 y ss. y 290.

19 Véase en *Gaceta Oficial* N° 36.859 de 29-12-99.

beradamente demorada hasta el 30-12-99[20]. Las designaciones de altos funcionarios del Estado que con ese texto se hicieron, incluidos los Magistrados del Tribunal Supremo, no siguieron las previsiones constitucionales; indicando que los nombramientos serían "de carácter provisorio" hasta tanto la Asamblea Nacional realizase las elecciones o ratificaciones definitivas *de conformidad con la Constitución* (art. 20).

3. *El procedimiento para la elección de Magistrados y su violación por la Asamblea Nacional a partir de 2000*

Por tanto, la Asamblea Nacional electa en 2000, tenía el mandato constitucional (tanto en virtud del texto expreso de la Constitución, como en virtud del Régimen Transitorio del 22-12-99 al cual el Tribunal Supremo había reconocido rango constitucional) de elegir a los Magistrados en forma definitiva de conformidad con la Constitución.

Por supuesto, la forma de integración de los Comités de Postulaciones era esencial para que se aplicara la Constitución, por lo que la Asamblea Nacional estaba obligada *a llenar el vacío legal* mediante una legislación que regulase los Comités de Postulaciones. Pero la Asamblea Nacional, en 2000, en lugar de hacer lo que debía, legisló *para no legislar*, al sancionar una "Ley Especial para la Ratificación o Designación de los Funcionarios y Funcionarias del Poder Ciudadano y Magistrados y Magistradas del Tribunal Supremo de Justicia para el primer período constitucional" de 14 de noviembre de 2000[21]. Con dicha Ley especial la Asamblea Nacional violó tanto los artículos 264, 270 y 279 de la Constitución, como los artículos 20 y 33 del propio Decreto de la Asamblea Nacional Constituyente sobre Régimen de Transición del Poder Público; las cuales exigían que la Asamblea Nacional, una vez electa, realizara la elección definitiva de los altos funcionarios "de conformidad con la Constitución".

La referida Ley Especial para la elección de los altos funcionarios públicos del Poder Judicial y del Poder Ciudadano, sin embargo, violó la Constitución al establecer un régimen para tales elección sin conformarse a lo establecido en la misma, al no organizar los Comités de Postulaciones que exigía, integrados precisamente por representantes de los diversos sectores de la sociedad, y en cambio, los sustituyó por una Comisión Parlamentaria.

En efecto, la Ley Especial dispuso que la Asamblea Nacional para hacer la elección de los mencionados funcionarios públicos, designaría una "Comisión integrada por 15 diputados o diputadas, que actuará como Comisión de Evaluación de Postulaciones" (art. 3); la cual, una vez instalados sus miembros, debían seleccionar, "a través de mecanismos de consulta, una lista de 12 representantes de los diversos sectores de la sociedad, que presen-

---

20 Véase en *Gaceta Constituyente (Diario de Debates), Noviembre 1999-Enero 2000, cit.* Sesión de 22-12-9, N° 51, pp. 2 y ss. Véase *Gaceta Oficial* N° 36.859 de 29-12-99; y *Gaceta Oficial* N° 36.860 de 30-12-99.

21 *Gaceta Oficial* N° 37.077 de 14-11-00.

tará ante la Asamblea Nacional para que ésta proceda a designar, por mayoría absoluta, 6 representantes, quienes integrarán la Comisión y actuarán como miembros de la misma, con derecho a voz y voto" (art. 4).

Se dispuso, además, que "para hacer efectivos los principios de publicidad y participación de la ciudadanía," la Comisión debía implementar "dichos mecanismos a través de consultas y participación de las comunidades," para lo cual debía instrumentar "mesas de diálogo donde estén representados los diversos sectores de la sociedad y con las cuales se consultarán y evaluarán las postulaciones recibidas" (art. 5). Esos representantes debían ser designados por la Comisión de listas que presentaran "las diversas organizaciones de la ciudadanía interesadas en participar en el proceso" (art. 6). Las postulaciones recibidas para la designación de los integrantes de los Poderes Públicos Nacionales regulados en la Ley, debían ser objeto de consulta pública a los efectos de que se presentasen ante el Comité los respaldos u objeciones fundadas (art. 7). Como resultado del proceso, la Comisión debía elaborar una lista de postulados para ser sometida a la consideración de la Asamblea Nacional, para la elección definitiva (art. 9).

Basta leer dicha Ley Especial para evidenciar su inconstitucionalidad. Utilizando la fraseología participativa, fue una burla a la Constitución y constituyó el inicio de la continuada confiscación del derecho a la participación política de los administrados que, sin embargo, está reconocida en forma expresa en el Texto Constitucional. La Asamblea Nacional, para proceder a elegir a los mencionados altos funcionarios del Estado, por supuesto que tenía que dictar las respectivas leyes orgánicas que exigía la Constitución y llenar el vacío legal existente. Sin embargo, fue la propia Asamblea la que renunció a su deber de legislar lo que debía y, en su lugar, "prorrogó" el régimen transitorio por su carencia legislativa, dictando, en lugar de las leyes orgánicas respectivas, la Ley Especial mencionada, que violaba la Constitución[22].

Como consecuencia del procedimiento de elección establecido en la Ley, mediante sendos Acuerdos[23] la Asamblea Nacional eligió al Fiscal General de la República, al Defensor del Pueblo, al Contralor General de la República y a los Magistrados del Tribunal Supremo de Justicia, sin ajustarse a lo que disponían los artículos 264, 270 y 279 de la Constitución. La Asamblea Nacional, así, se burló de la Constitución, lo que incluso provocó que la Defensora del Pueblo en funciones, antes de ser injustificadamente sustituida, intentara una acción de nulidad por inconstitucionalidad con una pretensión de amparo contra la Ley Especial ante la Sala Constitucional del Tribunal Supremo, por violación precisamente del derecho a la participación política.

---

22 Véase en general, Carlos Luis Carrillo Artiles, "El desplazamiento del principio de supremacía constitucional por la vigencia de los interregnos temporales", *Revista de Derecho Constitucional,* N° 3, Caracas, 2000, pp. 86 y ss.

23 Publicados en *Gaceta Oficial* N° 37.105 de 22-12-00.

Lamentablemente, el Tribunal Supremo de Justicia, cuyos Magistrados habían sido producto del régimen transitorio, legitimó la omisión del legislador y justificó la violación de la Constitución en una decisión adoptada por la Sala Constitucional, precisamente al abrirse el juicio de nulidad de la Ley Especial iniciado por la Defensora del Pueblo, el 12 de diciembre de 2000, días antes de la elección por la Asamblea Nacional de los referidos altos funcionarios del Estado;[24] decisión en la cual la Sala se fundamentó en la interminable transitoriedad constitucional derivada del proceso constituyente de 1999. Para poner término al mismo, la Asamblea Nacional debía dictar las Leyes Orgánicas necesarias para que las nuevas instituciones pudieran entrar definitivamente en funcionamiento. Por ello, la afirmación que de seguidas hizo la misma Sala Constitucional:

> La normalización total de las instituciones nuevas como el Poder Ciudadano y el Tribunal Supremo de Justicia requieren de Leyes Orgánicas que desarrollen el texto constitucional, y mientras ellas no se dicten, las mismas se rigen por dos cuerpos legales coexistentes e integrativos: Decreto sobre el Régimen de Transición de Poder Público y la Constitución de la República Bolivariana de Venezuela, en lo que se complementan.
>
> Por ello, en fallo de esta Sala, de fecha 30 de junio de 2000 (caso Defensoría del Pueblo), la Sala enfatizó que cuando las Leyes Orgánicas respectivas se dictaren, cesaría definitivamente el régimen provisorio que gobierna a las instituciones, actualmente carentes de dichas Leyes especiales, pero mientras tanto, conformaban un solo bloque constitucional el Régimen Transitorio del Poder Público y la Constitución de la República Bolivariana de Venezuela, tal como lo ha apuntado esta Sala en fallos de fecha 14 de marzo y 28 de marzo de 2000.

De manera que el Régimen Transitorio estaría vigente hasta que la Asamblea Nacional dictase las referidas leyes orgánicas, por lo que conforme a la doctrina de la Sala, mientras esas leyes orgánicas no se dictasen, el régimen transitorio y provisorio continuaría indefinidamente. Pero en lugar de exhortar a la Asamblea Nacional a dictar dichas leyes, la Sala lo que hizo fue "legitimar" el contenido de la "Ley Especial" mencionada que no contenía las regulaciones que debían contener las leyes orgánicas indicadas, aceptando así, la burla a la Constitución.[25] No se debe dejar de mencionar que en la "Exposición de Motivos" que acompañó el Proyecto de Ley Especial, se afirmó como motivación la "falta de disposiciones expresas que regulen la designación de los integrantes del Poder Ciudadano y de los Magis-

24 Véase en *Revista de Derecho Público*, N° 84, (octubre-diciembre), Editorial Jurídica Venezolana, Caracas, 2000, pp. 108 y ss.

25 El Director General de la Defensoría del Pueblo, Juan Navarrete, calificó la decisión del Tribunal Supremo de Justicia como un abuso de poder. Véase *El Universal*, Caracas, 14-12-00, p. 1-2.

trados del Tribunal Supremo de Justicia", (que sólo la Asamblea Nacional podía dictar), constatando que "aún no existen los órganos que han de intervenir en tal designación" (que sólo la Asamblea Nacional podía regular), por lo cual se señalaba que "la Asamblea Nacional debe cubrir el vacío legal".

No se percató la Asamblea Nacional que el vacío legal debía cubrirlo ella misma, no mediante la Ley Especial que violaba la Constitución, sino mediante la sanción, precisamente, de las leyes orgánicas que exigía la Constitución con las cuales se pondría final al régimen provisorio y transitorio. Al renunciar a su obligación, la Asamblea Nacional "prorrogó" deliberadamente dicho régimen, el cual quedó vigente a su antojo, y el Tribunal Supremo así lo avaló, renunciando a su obligación de "asegurar la integridad de la Constitución" (art. 334) y garantizar su "supremacía y efectividad" (art. 335).[26]

4. *El procedimiento para la designación de Magistrados y su violación por la Ley Orgánica del Tribunal Supremo de Justicia de 2004 y 2010*

La Ley Orgánica del Tribunal Supremo de Justicia, en todo caso, se dictó cuatro años después, en mayo de 2004,[27] repitiéndose en sus disposiciones el texto de las normas constitucionales sobre el Comité de Postulaciones Judiciales como órgano asesor del Poder Judicial (Artículo 13, párrafo 1°), que debe ser designado por un período de 2 años, por mayoría simple de la Asamblea Nacional, "como máximo órgano representativo de la sociedad venezolana" (artículo 13, párrafo 2°).

Sin embargo, en lugar de estar integrado sólo y exclusivamente "por representantes de los diversos sectores de la sociedad" como exige la Constitución, la Ley Orgánica dispuso que estaría integrado por "once (11) miembros principales, con sus respectivos suplentes, cinco (5) de lo cuales serán elegidos del seno del órgano legislativo nacional, y los otros seis (6) miembros, de los demás sectores de la sociedad, los cuales se elegirán en un procedimiento público (Art. 13, párrafo 2°). Los diputados a la Asamblea Nacional, por esencia, no podrían considerarse representantes de la sociedad civil.

Se trataba, en todo caso, nuevamente de una "Comisión parlamentaria ampliada," con sede en la propia Asamblea Nacional (Art. 13) y, cuyos gastos, corría a cargo de la propia Asamblea, lo que confirmaba el carácter parlamentario de la "Comisión".

---

26 Véase lo expuesto en Allan R. Brewer-Carías, *Golpe de Estado y Proceso Constituyente en Venezuela,* UNAM, México, 2002, pp. 389 y ss.

27 *Gaceta Oficial* N° 37.942 de 20-05-2004. Véase los comentarios a la Ley en Allan R. Brewer-Carías, *Ley Orgánica del Tribunal Supremo de Justicia. Procesos y procedimientos constitucionales y contencioso-administrativos*, Caracas, 2004.

La exigencia constitucional de un Comité de Postulaciones Judiciales "integrado por representantes de los diversos sectores de la sociedad," resultaba de nuevo violentada, y con ello, el derecho ciudadano a la participación política, y como a raíz de la nueva Ley Orgánica se aumentaba el número de Magistrados de 20 a 35, con las nuevas designaciones se pretendía aumentar el control del Poder Político sobre el Tribunal Supremo.[28]

En la Ley Orgánica, en todo caso, se regularon mecanismos de consulta pública para la selección de los candidatos a Magistrados.; previéndose un proceso de preselección de candidatos que debía ser público, a cuyo efecto, el Comité de Postulaciones Judiciales debía convocar a los interesados mediante un aviso, que se debía publicar al menos en 3 diarios de circulación nacional, el cual debía contener los requisitos que debían reunir de conformidad con la Constitución y la Ley Orgánica, y el lugar y plazo de recepción de las mismas; el cual no debía ser mayor de 30 días continuos (Artículo 14, párrafo 1°).

Una vez concluidas las postulaciones, el Comité de Postulaciones Judiciales, conforme al artículo 14, párrafo 2° de la Ley, debía hacer publicar el día hábil siguiente, en un diario de circulación nacional, los nombres de los postulados con indicación expresa que los interesados podían impugnar ante ese mismo órgano, mediante prueba fehaciente, a cualquiera de los candidatos en un plazo de 15 días continuos, contados a partir de la publicación de la lista. Vencido dicho lapso, el Comité de Postulaciones Judiciales debía pronunciarse sobre las objeciones recibidas en un lapso de 8 días continuos, y debía notificar por cualquier medio al afectado, para una audiencia dentro de los 3 días siguientes, a fin de que expusiera sus alegatos o probanzas destinadas a contradecir las impugnaciones hechas en su contra.

El Comité de Postulaciones Judiciales debía aprobar, por las 2/3 partes de sus integrantes, el baremo que se debía utilizar para la preselección de los postulados; y conforme al artículo 14, párrafo 5°, preseleccionar entre los postulados un número no inferior al triple de los cargos de Magistrados del Tribunal, y al día siguiente debía remitir al Poder Ciudadano la lista de preseleccionados con sus respectivos expedientes. En el Poder Ciudadano, el Comité de Evaluación de Postulaciones del Poder Ciudadano, dentro de los 10 días continuos a la recepción de la documentación enviada por el Comité de Postulaciones Judiciales, debía hacer una segunda preselección para ser presentada a la Asamblea Nacional, a fin de que realizase la selección definitiva dentro de los 5 días continuos a la recepción de la documentación enviada por el Comité de Evaluación de Postulaciones del Poder Ciudadano (Artículo 14, párrafo 6°).

---

28 Por ello, el Presidente de la República decía en relación con la Ley Orgánica, que "Tan pronto llegue a las puertas de Miraflores (Palacio de Gobierno), la firmaré para que se activen los mecanismos previstos para revisar uno a uno los requisitos para ser magistrado...A ver si los cumplen", *El Nacional*, Caracas 17-05-2004, p. A-6

En los meses siguientes a la publicación de la Ley Orgánica, entre junio y julio, se cumplió el procedimiento antes indicados, a los efectos de la designación de 15 nuevos Magistrados dado el aumento del número de los mismos de 20 a 35 conforme a la nueva Ley, y la Asamblea Nacional había elaborado la lista de los postulados. En ella había hasta diputados del partido de gobierno, incluso con altos cargos políticos en el mismo, que para tales efectos supuestamente habrían "renunciado" a su filiación partidista, y algunos altos funcionarios públicos, como el Presidente del Poder Electoral quien aspiraba a cambiar de lugar. Ello provocó todo tipo de protestas a nivel nacional[29] e internacional.[30]

Con posterioridad, en la reforma de la Ley Orgánica del Tribunal Supremo de 2010, se continuó con la inconstitucional conformación del Comité de Postulaciones, de manera que nunca se ha conformado como o exige la Constitución, habiéndose electo a los magistrados del Tribunal Supremo, siempre violándose la Constitución.

5 *La inconstitucional elección de los Magistrados del Tribunal Supremo de Justicia en 2014*

Uno de los pasos fundamentales dado por el régimen autoritario en Venezuela para lograr el total acaparamiento y control de los Poderes Públicos por parte del partido de gobierno, ocurrió el 28 de diciembre de 2014 con la "elección," por parte de la Asamblea Nacional, de doce de los magistrados del Tribunal Supremo de Justicia

Conforme a lo establecido en los artículos 264 y 265 de la Constitución, como se ha dicho, se prevé la elección popular en segundo grado de los magistrados del Tribunal Supremo de Justicia por la Asamblea Nacional, como cuerpo elector, y si bien en dichas normas no se precisa como en los otros casos de funcionamiento del cuerpo elector que la elección debe hacerse con el voto de las 2/3 partes de los diputados que integran la Asamblea, al preverse sin embargo que la remoción de los mismos sólo puede realizarse con el voto de dichas 2/3 partes, se debe entender dentro de la lógica constitucional democrática que rige la elección popular de segundo grado, que la elección también tiene que realizarse mediante dicha mayoría calificada.

Ello se estableció como principio en el artículo 38 de la Ley Orgánica del Tribunal Supremo de Justicia de 2010, pero con una lamentable e incongruente previsión, al regularse la designación de los Magistrados del

---

29 Véase por ejemplo, las impugnaciones de candidatos "partidistas" en *El Nacional*, Caracas, 02-07-2004, p. A-4; 16-07-2004, p. A-6.

30 Véase por ejemplo, el informe de Human Rights Watch, *Manipulando el Estado de Derecho. Independencia del Poder Judicial amenazada en Venezuela*, junio de 2004, Vol. 16. Nº 3 (B), en el cual se denunció el texto de la Ley Orgánica como instrumento para el control del Tribunal Supremo de Justicia por el gobierno. Véase las referencias en *El Nacional*, Caracas, 18-06-2004, p. A-2; 20-06-2004, p. A-4.

Tribunal Supremo de Justicia por la Asamblea Nacional por un período único de 12 años, conforme al siguiente procedimiento:

> "Cuando sea recibida la segunda preselección que consigne el Poder Ciudadano, de conformidad con el artículo 264 de la Constitución y la presente Ley, en sesión plenaria que sea convocada, por lo menos, con tres días hábiles de anticipación, la Asamblea Nacional hará la selección definitiva con el voto favorable de las dos terceras (2/3) partes de sus miembros. En caso de que no se logre el voto favorable de la mayoría calificada que se requiere, se convocará a una segunda sesión plenaria, de conformidad con este artículo; y si tampoco se obtuviese el voto favorable de las dos terceras (2/3) partes, se convocará a una tercera sesión y, si en ésta tampoco se consiguiera el voto favorable de las dos terceras (2/3) partes de los miembros de la Asamblea Nacional, se convocará a una cuarta sesión plenaria, en la cual se harán las designaciones con el voto favorable de la mayoría simple de los miembros de la Asamblea Nacional".

Mediante la previsión de la última parte de este artículo 38 de la Ley Orgánica, en definitiva, si no se logra reunir la mayoría calificada de los diputados de la Asamblea para la elección de los Magistrados, los mismos se podrían elegir con una mayoría simple de los diputados presentes, lo cual como hemos expresado en otro lugar, "es completamente incongruente" con la mayoría requerida para su remoción conforme al artículo 265 de la Constitución. [31]

Ahora bien, precisamente conforme a esa incongruencia legislativa, el 27 de diciembre de 2014 se informó en la prensa por el Presidente de la Asamblea Nacional, que en virtud de que en la sesión de ese día, "no hubo *mayoría calificada*, dos terceras partes con 110 diputados, para la designación de magistrados para el Tribunal Supremo de Justicia,[...] *convocó a una cuarta sesión extraordinaria para este domingo* 28 de diciembre a las 10:00 am," anunciando simplemente que *"Vamos a designarlos con el voto favorable de la mayoría simple (99 diputados).*"[32]

Y efectivamente eso fue lo que ocurrió en la sesión de la Asamblea Nacional del 28 de diciembre de 2014, en la cual, con una votación de mayoría simple,[33] los diputados oficialistas designaron a doce magistrados del Tribu-

---

31 Véase Allan R. Brewer-Carías y Víctor Hernández Mendible, *Ley Orgánica del Tribunal Supremo de Justicia 2010*, Editorial Jurídica Venezolana, Caracas 2010, p. 34p.

32 Véase en: "AN convoca a cuarta sesión para designar a magistrados del TSJ," en Globovisión.com, Caracas 27 de diciembre de 2014, en http://globovision.com/an-convoca-a-cuarta-sesion-para-designar-a-magistrados-del-tsj-2/

33 Véase en: "AN designa a los magistrados del TSJ," en Globovisión.com, 28 diciembre de 2014, en http://globovision.com/an-designa-a-los-magistrados-del-tsj/

nal Supremo de Justicia,[34] sin que además se hubiera garantizado efectivamente la participación de los diversos sectores de la sociedad en el Comité de Postulaciones Judiciales, el cual, en la Ley Orgánica del Tribunal Supremo de Justicia, se configuró como una comisión parlamentaria "ampliada," controlada por la Asamblea Nacional.

IV. LA INCONSTITUCIONAL ELECCIÓN EN SEGUNDO GRADO DE LOS TITULARES DEL PODERE CIUDADANO Y LAS VICISITUDES DE IMPLEMENTACIÓN DEL COMITÉ DE EVALUACIÓN DE POSTULACIONES DEL PODER CIUDADANO

Conforme al artículo 273 de la Constitución el Poder Ciudadano se ejerce por el Consejo Moral Republicano integrado por el Defensor del Pueblo, el Fiscal General de la República y el Contralor General de la República, órganos que tienen a su cargo, como atribución común de conformidad con la Constitución y la ley, prevenir, investigar y sancionar los hechos que atenten contra la ética pública y la moral administrativa; velar por la buena gestión y la legalidad en el uso del patrimonio público, el cumplimiento y la aplicación del principio de la legalidad en toda la actividad administrativa del Estado, e igualmente, promover la educación como proceso creador de la ciudadanía, así como la solidaridad, la libertad, la democracia, la responsabilidad social y el trabajo (art. 274).

Los órganos del Poder Ciudadano, conforme a la Constitución, también son autónomos e independientes, y su organización y funcionamiento debe establecerse en ley orgánica, a cuyo efecto la Asamblea Nacional en 2001, sancionó la Ley Orgánica del Poder Ciudadano.[35]

Ahora bien, a los efectos de la elección de los titulares de los órganos del Poder Ciudadano por la Asamblea Nacional, la Constitución dispone en su artículo 279, que el propio Consejo Moral Republicano debe convocar un Comité de Evaluación de Postulaciones del Poder Ciudadano, el cual también debe estar integrado "por *representantes de los diversos sectores de la sociedad.*" Dicho Comité debe adelantar un proceso público de cuyo resultado se debe obtener una terna por cada órgano del Poder Ciudadano, que debe ser sometida a la consideración de la Asamblea Nacional la cual, mediante el voto favorable de las 2/3 partes de sus integrantes, elegirá en un lapso no mayor de 30 días continuos, al titular del órgano del Poder Ciudadano que esté en consideración. Si concluido este lapso no hay acuerdo en la Asamblea Nacional, el Poder Electoral debe someter la terna a consulta popular.

El artículo 279 dispone, sin embargo, que en caso de no haber sido convocado el Comité de Evaluación de Postulaciones del Poder Ciudadano, la

---

34 Véase el Acuerdo de la Asamblea Nacional con los nombramientos, en ***Gaceta Oficial*** **Nº 40.570, 29 de diciembre de 2014, y Nº 6.165 Extra., 28 de diciembre de 2014.**

35 *Gaceta Oficial* Nº 37.310 de 25-10-2001.

Asamblea Nacional debe proceder, dentro del plazo que determine la ley, a la elección del titular del órgano del Poder Ciudadano correspondiente. Por último, la misma norma dispone que los integrantes del Poder Ciudadano pueden ser removidos de sus cargos por la Asamblea Nacional, previo pronunciamiento del Tribunal Supremo de Justicia, de acuerdo con lo establecido en la ley.

En cuanto al Comité de Evaluación de Postulaciones del Poder Ciudadano, que conforme a esta norma debía estar integrado por representantes de diversos sectores de la sociedad, como antes se señaló, la Asamblea Nacional sancionó en 2000, la mencionada "Ley Especial para la Ratificación o Designación de los Funcionarios y Funcionarias del Poder Ciudadano y Magistrados y Magistradas del Tribunal Supremo de Justicia para el primer período constitucional" de 14 de noviembre de 2000,[36] la cual, en nuestro criterio como antes se analizó, violó el artículo 279 de la Constitución, que imponía a la Asamblea Nacional, una vez electa, realizar la elección definitiva del los integrantes del Poder Ciudadano "de conformidad con la Constitución." Nuevamente, en lugar de crear el Comité mencionado, la Ley Especial creó una "Comisión parlamentaria" para los nombramientos, los cuales se hicieron, incluso a pesar de la impugnación de la Ley Especial por la Defensora del Pueblo, quien luego fue removida de su cargo.

En 2001, en todo caso, la Asamblea Nacional estaba obligada constitucionalmente a llenar el vacío legal que había justificado la llamada transitoriedad constitucional, y proceder a regular detalladamente la forma de integración del Comité de Evaluación de Postulaciones del Poder Ciudadano, para precisamente asegurar la participación ciudadana mediante su integración con representantes de diversos sectores de la sociedad. Sin embargo, de nuevo la Asamblea se negó a legislar en esta materia, a pesar de haber sancionado la Ley Orgánica del Poder Ciudadano en 2001,[37] al establecer en su artículo 23, que el Comité debía estar integrado "en un número no mayor de 25 miembros" pero "cuyos requisitos serán establecidos en el Ordenamiento Jurídico Interno del Consejo Moral Republicano," confiscándose de nuevo el derecho ciudadano a la participación política.

En efecto, en esta Ley se repitió la norma constitucional en el sentido de que la integración del Comité se debe hacer "con *representantes de diversos sectores de la sociedad,*" indicándose sólo que "El Consejo Moral Republicano procurará la participación del mayor número de sectores en la designación de los miembros del Comité de Evaluación de Postulaciones" (Art. 26); y nada más.

Lo que debió se materia de regulación por la propia Asamblea Nacional en una Ley Orgánica a los efectos de asegurar la participación de los sectores de la sociedad civil en el proceso de postulación de los titulares de los órganos superiores del Poder Ciudadano, se remitió a una regulación interna que deber-

36 *Gaceta Oficial* Nº 37.077 de 14-11-00.

37 *Gaceta Oficial* Nº 37.310 de 25 de octubre de 2001.

ían dictar los propios titulares transitoriamente designados de dichos órganos, en una normativa interna; normativa que,, sin embargo, cuatro años más tarde no había sido dictada.[38]

Con posterioridad, las designaciones de los titulares de los órganos del Poder Ciudadano siempre se hicieron al margen de la Constitución,[39] habiendo sido más que notoria la violación a la Constitución, en la "designación" efectuada en 2014, por mayoría simple de voto de diputados de la Asamblea nacional, como si estuviese actuado como órgano legislador general, y no como cuerpo elector de segundo grado.

En efecto, el artículo 279 es uno de los que en esta materia dice esencialmente lo que expresan las palabras de su propio texto, sin que sea necesaria interpretación alguna, en cuanto a que la elección de dichos altos funcionarios la hace la Asamblea Nacional "*mediante el voto favorable de las dos terceras partes de sus integrantes*," lo que responde a la lógica constitucional representativa y participativa de la configuración de la Asamblea como cuerpo elector.

Ello implica, *primero*, que para garantizar la máxima representatividad de la elección a que debe realizar en segundo grado, en representación del pueblo, la Asamblea Nacional debe elegir a los titulares del Poder Ciudadano mediante el voto favorable de las dos terceras partes de los integrantes de la misma; y *segundo*, que para garantizar la máxima participación ciudadana en la elección, la Asamblea Nacional, para tal efecto, no puede elegir a quien sólo escoja y decida dicha mayoría calificada de diputados, sino sólo puede elegir entre los candidatos que se le propongan en una terna que le debe presentar el Comité de Evaluación de Postulaciones del Poder Ciudadano, el cual debe estar integrado por "representantes de diversos sectores de la sociedad."

La única excepción a esta lógica constitucional democrática representativa y participativa que el texto fundamental le impone a la Asamblea Nacional actuando como tal órgano elector, no se refiere al principio democrático representativo del mismo, sino sólo al principio democrático participativo, al disponer que en caso de no que no se haya podido convocar el Comité de Evaluación de Postulaciones del Poder Ciudadano y, por tanto, aún en ausencia del mecanismo de participación popular que regula la Constitución, la Asamblea Nacional debe proceder como tal órgano elector, "a la designación

---

38 El Consejo Moral Republicano dictó mediante Resolución Nº CMR-2003-006 de 23-05-2003 sobre la Estructura Organizativa y Funcional de dicho Consejo (*Gaceta Oficial* Nº 37.719 de 26-06-2003), en la cual sin embargo, nada se estableció en relación con el Comité de Evaluación de Postulaciones del Poder Ciudadano.

39 Véase por ejemplo lo expuesto en Allan R. Brewer-Carías, "Sobre el nombramiento irregular por la Asamblea Nacional de los titulares de los órganos del poder ciudadano en 2007," en *Revista de Derecho Público*, Nº 113, Editorial Jurídica Venezolana, Caracas 2008, pp. 85-88

del titular o la titular del órgano del Poder Ciudadano correspondiente," por supuesto, únicamente en la forma indicada con el voto favorable de las dos terceras partes de sus integrantes, pues dicha lógica democrática representativa no está sujeta a excepción alguna.

Por tanto, no es necesario siquiera ser curioso en leyes, para leer y entender bien lo que la norma dice.

Sin embargo, en un evidente fraude a la Constitución,[40] y mutando su contenido, todo ejecutado como parte de una conspiración para violarla y cambiarla con violencia institucional; conspiración en la cual participaron el Presidente de la Asamblea Nacional y un grupo de diputados, la Presidenta del Consejo Moral Republicano y sus otros miembros, y los magistrados de la Sala Constitucional del Tribunal Supremo de Justicia, el 22 de diciembre de 2014 la Asamblea Nacional procedió a "designar" al Contralor General de la República, al Fiscal General de la República y al Defensor del Pueblo sin sujetarse a la mayoría calificada con la cual sólo puede actuar como órgano elector, procediendo a hacerlo con el voto de una mayoría simple de los diputados como si se tratase de una actuación más del órgano legislativo general, violando el principio democrático representativo de la elección popular indirecta de dichos altos funcionarios de los Poderes Públicos establecido den la Constitución.[41]

---

40 Lo que no ha sido infrecuente en la conducta de los Poderes Públicos en los últimos tres lustros. Véase por ejemplo, lo indicado en Allan R. Brewer-Carías: *Reforma constitucional y fraude a la constitución (1999-2009)*, Academia de Ciencias Políticas y Sociales, Caracas 2009; "Reforma Constitucional y fraude a la Constitución: el caso de Venezuela 1999-2009," en Pedro Rubén Torres Estrada y Michael Núñez Torres (Coordinadores), La reforma constitucional. Sus implicaciones jurídicas y políticas en el contexto comparado, Cátedra Estado de Derecho, Editorial Porrúa, México 2010, pp. 421-533; "La demolición del Estado de Derecho en Venezuela Reforma Constitucional y fraude a la Constitución (1999-2009)," en *El Cronista del Estado Social y Democrático de Derecho*, N° 6, Editorial Iustel, Madrid 2009, pp. 52-61; "El autoritarismo establecido en fraude a la Constitución y a la democracia, y su formalización en "Venezuela mediante la reforma constitucional. (De cómo en un país democrático se ha utilizado el sistema eleccionario para minar la democracia y establecer un régimen autoritario de supuesta "dictadura de la democracia" que se pretende regularizar mediante la reforma constitucional)" en el libro: Temas constitucionales. Planteamientos ante una Reforma, Fundación de Estudios de Derecho Administrativo, FUNEDA, Caracas 2007, pp. 13-74.

41 Como lo observó Sergio Sáez, apenas se adoptó la decisión de la Asamblea Nacional:"Queda en el ambiente el sabor amargo de complicidad entre los poderes. Unos por no cumplir con sus obligaciones ante la evidencia de haber estado acéfala la Contraloría General de la República por tanto tiempo; otros ante la proximidad del vencimiento de los restantes titulares del Consejo Moral Republicano, y haber planteado la imposibilidad que de cumplir con el proceso contemplado en la Constitución, para salvaguardar la reelección de sus miembros; otro poder al buscar los vericuetos de la Ley para desprenderse de la res-

Este fraude constitucional, como lo destacó José Ignacio Hernández, se cometió en "seis actos,"[42] que en esencia fueron los siguientes:

Primer acto: El Consejo Moral Republicano, integrado por los titulares de los tres órganos que lo forman (Contraloría General de la República, Fiscalía General de la República y Defensor del Pueblo), en septiembre de 2014, y bajo la presidencia de la Fiscal General de la República, elaboró, conforme al artículo 279 de la Constitución, unas *Normas Relativas para la convocatoria y conformación del Comité de Evaluación de Postulaciones del Poder Ciudadano, que debía ser integrado* "por representantes de diversos sectores de la sociedad," y cuyos miembros debían haber sido designados por dicho Consejo Moral Republicano. A tal efecto, sus miembros se declararon en sesión permanente.[43]

Segundo acto: A finales de noviembre de 2014, la Presidenta del Consejo Moral Republicana informó públicamente que no había habido "consenso" para designar a los miembros del Comité de Evaluaciones, sin dar explicación de naturaleza alguna, sobre todo cuando en ese momento todos los titulares de dichos órganos eran funcionarios que seguían la línea política del gobierno y de su partido. Nadie, por supuesto, podrá creer jamás que esos altos funcionarios gubernamentales no pudieron ponerse de acuerdo en designar unos miembros de dicho Comité de Evaluaciones.

Tercer acto: La "razón" de no haber llegado a un consenso en el Poder Ciudadano para nombrar los miembros del Comité de Evaluación, fue para dar curso al tercer acto, que consistió en que días después, la Asamblea Nacional, sin competencia alguna para ello, el 2 de diciembre de 2014 designo a los miembros del referido Comité de Evaluación de Postulaciones del Poder Ciudadano. Sin embargo, ningún órgano del Estado que no sea el Consejo Moral Republicano, tiene competencia constitucional alguna para designar dichos miembros del Comité de Postulaciones, por lo que al haber efectuado la Asamblea Nacional la designación de dicho Comité, violó el artículo 279 de la Constitución. Si el Consejo Moral Republicano incumple su obli-

---

ponsabilidad de verse obligado a escoger los titulares en cumplimiento estricto de la Ley; y, el último, al hacer uso de su capacidad discrecional nuevamente para mutar la Constitución en lugar de interpretarla ajustada al legítimo canon del Derecho Constitucional." Véase en Sergio Sáez, "Bochorno y desgracia en la Asamblea Nacional," 23 de diciembre de 2014, en http://www.academia.edu/9879823/Venezuela_Bochorno_y_desgracia_en_la_Asamblea_de_Ing._Sergio_Saez y en http://www.frentepatriotico.com/inicio/2014/12/24/bochorno-y-desgracia-en-la-asamblea-nacional/.

42 Véase José Ignacio Hernández, "La designación del Poder Ciudadano: fraude a la Constitución en 6 actos;" en *Prodavinci,* 22 de diciembre, 2014, en http://prodavinci.com/blogs/la-designacion-del-poder-ciudadano-fraude-a-la-constitucion-en-6-actos-por-jose-i-hernandez/.

43 Véase la nota: "Consejo Moral activa conformación del Comité que evaluará postulaciones de aspirantes al Poder Ciudadano," en http://www.cmr.gob.ve/index.php/noticia/84-cmr-aspirante.

gación constitucional de designar a los miembros del Comité, lo que puede hacer la Asamblea es proceder a la elección popular indirecta del titular del órgano, con la mayoría calificada exigida constitucionalmente, y nada más.

Cuarto acto: El Presidente de la Asamblea Nacional, el viernes 19 de diciembre de 2014, declaró públicamente que la Asamblea procedería a designar a los titulares de los órganos del Poder Ciudadano, aun cuando sabía que no tendría posibilidad de reunir los votos de las 2/3 partes de los diputados como lo exigía la Constitución. Para superar ese escollo, sin embargo, lo que hizo el mismo día de su anuncio, fue solicitar a la Sala Constitucional del Tribunal Supremo de Justicia la "interpretación constitucional" del artículo 279 de la Constitución, el cual como se dijo no requiere interpretación, para que ésta "avalara" la posibilidad de la elección de los titulares de los órganos del Poder Ciudadano por parte de la Asamblea con el voto de solo una mayoría simple, ignorando su status, en esos casos, de órgano elector que sólo puede decidir con una mayoría calificada de las 2/3 partes de sus miembros.

Paralelamente, el Presidente de la Asamblea Nacional procedió a convocar a una sesión de la Asamblea a realizarse al día siguiente sábado 20 de diciembre de 2014. Sin embargo, como seguramente habría constatado que la Sala Constitucional no podía sacar de un día para otro la sentencia que él mismo había solicitada se dictara, dicha sesión convocada para el sábado 20 de diciembre fue entonces estratégicamente diferida para el lunes 22 de diciembre de 2014. Así se le dejaba el tiempo del fin de semana a la Sala Constitucional para que dictara sentencia interpretativa solicitada.

Quinto acto: La Sala Constitucional, entonces, muy diligentemente y con ponencia conjunta, pudo elaborar la sentencia solicitada entre los días sábado 20 y domingo 21 de diciembre de 2014, la cual fue publicada el lunes 22 de diciembre de 2014, justo antes de que tuviera lugar la sesión de la Asamblea Nacional que se había convocado para "elegir" los titulares de los poderes públicos.

La Sala Constitucional, en dicha sentencia, concluyó en esencia, y por supuesto en forma inconstitucional, que como el segundo párrafo del artículo 279 de la Constitución supuestamente no especificaba cuál debía ser la mayoría que se requería para designar a los representantes del Poder Ciudadano –lo que por supuesto no era necesario pues ya estaba indicado en el primer párrafo de la norma– , entendiendo entonces que esa designación era por la "mitad más uno de los diputados y diputadas presentes en la sesión parlamentaria que corresponda," ignorando el carácter de órgano elector de segundo grado de la Asamblea Nacional que tiene en esos casos, para poder realizar, en representación del pueblo, una elección popular indirecta.

Sexto acto: En esa forma, la Asamblea Nacional procedió a "designar" a los titulares de los órganos del Poder Ciudadano, y entre ellos, ratificando en la Fiscalía General de la República, a la misma Fiscal General de la República quien como Presidenta del Consejo Moral Republicano "no había logrado" un consenso para designar a los miembros del Comité de Evaluación de Postulaciones del Poder Ciudadano, y quien había conspirado con los otros mencionados funcionarios para cambiar con violencia institucional la Constitución. Su nombramiento ilegítimo, fue reincidente, pues también había sido nombrada ilegítimamente en 2007.[44]

La Asamblea Nacional, además, "designó" como Contralor General de la República que el órgano constitucional con la función de controlar en particular a los funcionarios del Poder Ejecutivo, a un funcionario del propio Poder Ejecutivo que en ese momento estaba ejerciendo el cargo de Procurador General de la República, es decir, "designó" Contralor General nada menos que al "abogado del Estado" sujeto a las instrucciones del Poder Ejecutivo. Y como Defensor del Pueblo "designó" a un conocido militante del partido de gobierno, ex Gobernador del uno de los Estados de la República[45].

---

44 Véase el comentario en Allan R. Brewer-Carías, "Sobre el nombramiento irregular por la Asamblea Nacional de los titulares de los órganos del poder ciudadano en 2007", en *Revista de Derecho Público*, N° 113, Editorial Jurídica Venezolana, Caracas 2008, pp. 85-88.

45 Véase el Acuerdo de la Asamblea Nacional en *Gaceta Oficial* N° 40.567 de 22 de diciembre de 2014. Así resumió el periodista Alex Velázquez lo ocurrido en la Asamblea Nacional para justificar la inconstitucional decisión de elegir con mayoría simple de diputados presentes a los titulares del Poder Ciudadano: "El chavismo jugó sus cartas. En las cuatro horas que duró la sesión extraordinaria de ayer, la bancada oficialista de la Asamblea Nacional se garantizó –en contra de lo que señala la Constitución, pero con el visto bueno del TSJ– el control del Poder Ciudadano.[…]. ¿Cómo lo hicieron? Con una explicación engorrosa, el diputado Pedro Carreño dijo que los 110 votos que ordena el artículo 279 de la Constitución solo son necesarios si la selección se hace luego de que el Consejo Moral Republicano instala el Comité de Postulaciones del Poder Ciudadano. Pero como eso no ocurrió, la carta magna señala que le corresponde a la Asamblea la designación y "no menciona cuántos votos son necesarios" en ese caso. Como le toca al Parlamento, dijo el diputado, se aplica el Reglamento Interior y de Debate, que indica que las decisiones de la Asamblea serán por mayoría absoluta –la mitad más uno de los presentes–, "salvo las que la Constitución o este reglamento especifiquen". En caso de que quedara alguna duda, el presidente del Parlamento, Diosdado Cabello, sorprendió con un anuncio: acudió el 19 de diciembre al TSJ a pedir "de urgencia" que la Sala Constitucional aclarara cuántos votos son necesarios. "Como no soy abogado, y para que no vengan a decir que soy bruto, fui al TSJ para que explique el proceso de selección del Poder Ciudadano", dijo. La respuesta fue publicada ayer mismo en la página del máximo tribunal. Reafirmó, exacta, la tesis de Carreño: que como el dictamen recae en la Asamblea porque el Consejo Moral no realizó el proceso, las decisiones "se toman por mayoría absoluta, salvo las que la Constitución o el reglamento especifiquen". El diputado Stalin González (UNT) aclaró que no son dos procedimientos distintos y que en ambos casos se necesitan las dos terceras partes de los diputados. Se preguntó si el comité nunca se instaló, precisamente, para cometer fraude a la Constitución.". Véase Alex Vásquez, "Imponen al Poder Ciudadano al margen de la Constitución," en *El Nacional*, 23 de diciembre de 2014, en http://www.el-nacional.com/politica/Imponen-Poder-Ciudadano-margen-Constitucion_0_542345921.html.

Como bien lo intuyó José Ignacio Hernández en su análisis del caso, el primer acto de la conspiración estuvo a cargo de la Fiscal General de la República, como Presidenta del Consejo Moral Republicano, al supuestamente "no haber podido" llegar a un "acuerdo" o "consenso" con los otros titulares del Poder Ciudadano (Contralor General y Defensor del Pueblo) para designar los miembros del Comité de Evaluación de Postulaciones del Poder Ciudadano. Con ello, permitió que se abriera la posibilidad del fraude constitucional en la designación de los titulares del Poder Ciudadano por la Asamblea Nacional, sin la mayoría calificada que exigía su condición de órgano elector, recurriéndose en forma aislada al segundo párrafo del Artículo 279 de la Constitución, y mediante una interpretación constitucional" a la medida, proceder así a su elección por mayoría simple. Por ello, el tercer acto de la conspiración estuvo a cargo del Presidente de la Asamblea Nacional al diferir la sesión de la misma prevista para la designación mencionada, y solicitar a la Sala Constitucional dicha "interpretación constitucional" de la norma, con lo que tuvo lugar el quinto acto de la conspiración, esta vez a cargo de los magistrados de la Sala Constitucional, al pronunciarse en sentencia de 22 de diciembre de 2014 en el sentido solicitado, desconocer el status de cuerpo elector de la Asamblea Nacional en estos casos, y materializar el fraude constitucional, permitiendo la elección de los titulares del Poder Ciudadano por mayoría simple de votos de los diputados presentes, como si se tratase de un acto más de un órgano legislador.

De todo esto, José Ignacio Hernández concluyó indicando, con razón, que:

> "con esa designación, se materializó el fraude a la Constitución: una mayoría de las 2/3 partes pasó a ser una mayoría "simple" o "absoluta". La designación de los representantes del Poder Ciudadano por la mayoría simple o absoluta de los integrantes de la Asamblea puede ser calificado técnicamente de "fraude a la Constitución", pues la violación de la Constitución resulta de una serie de actos que en apariencia son válidos, pero en el fondo implican una clara violación al Artículo 279 de la Constitución, de acuerdo con el cual la designación de los representantes del Poder Ciudadano debe hacerse por la mayoría de las 2/3 partes de los integrantes de la Asamblea Nacional. De hecho, el Artículo 279 constitucional fue modificado, para avalar la designación de los representantes del Poder Ciudadano por mayoría "simple" o "absoluta". [46]

El artífice del fraude constitucional, en todo caso, finalmente fue la Sala Constitucional del Tribunal Supremo, al dictar la mencionada sentencia que fue la N° 1864 de 22 de diciembre de 2014,[47] en respuesta a la solicitud que

46 Véase José Ignacio Hernández, "La designación del Poder Ciudadano: fraude a la Constitución en 6 actos;" en *Prodavinci,* 22 de diciembre, 2014, en http://prodavinci.com/blogs/la-designacion-del-poder-ciudadano-fraude-a-la-constitucion-en-6-actos-por-jose-i-hernandez/.

47 La sentencia se publicó inicialmente el 22 de diciembre de 2014 en http://www.tsj.gob.ve/decisiones/scon/diciembre/173494-1864-221214-2014-

le formuló "el ciudadano General de División[48] Diosdado Cabello Rondón, en su condición de Presidente de la Asamblea Nacional" "de interpretación acerca del contenido y alcance del artículo 279 de la Constitución," alegando dicho peticionante, incorrecta y falsamente, que la:

"Constitución establece claramente dos procedimientos para la designación y cada uno con su metodología. En la primera acepción cuando la Asamblea recibe la terna del comité de postulaciones del Poder Ciudadano, se establecen tres condiciones: a) el lapso para la designación (30 días), b) votación por las (2/3) dos terceras partes y c) de no tenerse dicha votación procede el Poder Electoral al sometimiento de la terna a consulta pública.

Para el segundo procedimiento cuando el Poder Ciudadano no logra conformar el comité de evaluación de postulaciones del Poder Ciudadano, el constituyente impone a la Asamblea Nacional la responsabilidad directa de dicha designación, sin otro requerimiento que el lapso de 30 días. En ese sentido se asume que al no estar expresamente establecida la votación calificada, el procedimiento de designación es por mayoría absoluta, a tenor de lo establecido en el artículo 89 del Reglamento de Interior y Debates de la Asamblea Nacional."

La premisa de la cual partió el mencionado "general de división" para formular su recurso de interpretación es falsa, pues la norma constitucional cuya "interpretación" se buscaba no establece sino un solo procedimiento para que la Asamblea Nacional actuando como cuerpo elector y con un mecanismo de participación ciudadana, elija a los titulares de los mencionados Poderes Públicos, con el voto de las 2/3 partes de sus miembros, siendo la segunda parte del artículo una excepción exclusivamente referida al mecanismo de participación ciudadana previsto, que no afecta el sistema de votación. Por tanto, en realidad, la norma no da origen a "duda compleja" alguna, siendo sencillamente falso el argumento del Presidente de la Asamblea de que primero, "las dos terceras partes solamente son requeridas para el caso, en que

14-1341.HTML. A los pocos días se montó en: http://historico.tsj.gov.ve/decisiones/scon/diciembre/173494-1864-221214-2014-14-1341.HTML.

48 Así apareció en la página web del Tribunal Supremo de Justicia cuando personalmente la consulté el mismo día 22 de diciembre de 2014 (en http://www.tsj.gob.ve/decisiones/scon/diciembre/173494-1864-221214-2014-14-1341.HTML). Posteriormente el texto de la sentencia fue modificado en dicha página web, eliminándose el grado militar de esa persona, y por supuesto, sin que el lector pueda saber en qué otros aspectos el texto de la sentencia pudo haber sido ilegítimamente modificado. Véase en http://historico.tsj.gov.ve/decisiones/scon/diciembre/173494-1864-221214-2014-14-1341.HTML Véase sobre esto, lo indicado en la Nota: "Sala Constitucional forjó sentencia que autoriza nombrar autoridades con mayoría simple,"enhttps://cloud-1416351791-cache.cdn-cachefront.net/sala-constitucional-forjo-sentencia-que-autoriza-nombrar-autoridades-con-mayoria-simple/#.VJ2Y5U9KGAE.twitter

se haya convocado al Comité de Evaluación de Postulaciones del Poder Ciudadano," y segundo de que en caso de que "no se haya convocado al Comité de Evaluación de Postulaciones del Poder Ciudadano, entonces procedería la designación de los titulares del mismo por la mayoría absoluta o simple."

Con estas premisas falsas, y conforme se adujo, se solicitó "con urgencia" a la "docta Sala Constitucional del Tribunal Supremo de Justicia, última y máxima intérprete de nuestra Carta Magna," la interpretación del artículo 279 de la Constitución.

Y efectivamente, la Sala Constitucional, sin mayor argumentación, y sin referirse a la supuesta "duda razonable en cuanto al contenido, alcance y aplicabilidad de las normas constitucionales, respecto del supuesto fáctico" en que se encontraba el militar accionante, actuando además como Presidente de la Asamblea Nacional, muy diligente y sumisamente, durante un fin de semana, hizo lo que aquél le pidió (¿ordenó?). Para ello, consideró que el asunto era de mero derecho, eliminó el derecho de los diputados que tuvieran otra opinión distinta sobre la "interpretación" solicitada y sobre su actuación en el cuerpo elector, a ser oídos y a formular alegatos, en violación del artículo 49 de la Constitución, procediendo a decidir "sin más trámites," sin tomar en cuenta "los valores y principios axiológicos en los cuales se asienta el Estado Constitucional venezolano" como Estado democrático, que exige que los titulares del Poder Ciudadano sean designados mediante elección popular de segundo grado por la Asamblea Nacional con el voto de las 2/3 partes de los diputados, que son los términos establecidos en la Constitución.

Al contrario, la Sala lo que decidió fue que ese carácter de cuerpo elector de la Asamblea Nacional actuando con mayoría calificada, sólo existiría cuando el Consejo Moran Republicano "haya convocado un Comité de Evaluación de Postulaciones del Poder Ciudadano," de manera que supuestamente, si el mismo no se convoca, la Asamblea deja de ser cuerpo elector, y pasa a ser el órgano legislativo general, pudiendo entonces proceder a realizar la elección de dichos altos funcionarios, con mayoría simple, conforme al Reglamento Interior y de Debates de la Asamblea Nacional (art. 89), entendiendo por ello la "mayoría absoluta, que es aquella consistente en la manifestación afirmativa de la mitad más uno de los diputados y diputadas presentes."[49] Es decir, ni siquiera la mitad más uno de los diputados electos

49 Como se informó en *El Carabobeño* sobre lo dicho por Pablo Aure: "El Gobierno nacional utiliza al Tribunal Supremo de Justicia para violar la Constitución nacional y permanecer en el poder, afirmó Pablo Aure, coordinador del movimiento Valencia se Respeta. Puso como ejemplo "la confabulación de la Asamblea Nacional con la Sala Constitucional del Tribunal Supremo de Justicia para "con un grosero ardid" interpretar el artículo 279 de la Constitución que establece que, para nombrar el Poder Ciudadano, se requiere la aprobación de las dos terceras partes de los integrantes de la Asamblea Nacional. Sin embargo, la Sala Constitucional de manera fraudulenta interpretó que dicho porcentaje solo se requiere en el caso de que los candidatos a conformar el Poder Ciudadano sean propuestos por el Comité de Evaluación de Postulaciones del

que componen la Asamblea, sino sólo de los presentes en la sesión, lo que por supuesto es contrario a "los valores y principios axiológicos en los cuales se asienta el Estado Constitucional" que en este caso son los principios democráticos que derivan del carácter de cuerpo elector de segundo grado que la norma le asigna a la Asamblea Nacional.

Como lo ha destacado María Amparo Grau, a la Sala Constitucional "no le está dado dictar sentencias contrarias al requisito que el texto, claro, diáfano y meridiano de la Constitución expresa, aunque el partido de gobierno confío que la solución del tema saldría de la sabia decisión de este órgano judicial."[50] Pero en lugar de haber sido una sabia decisión, la interpretación dada por la Sala es tan absurda que de una elección popular en segundo grado atribuida a un cuerpo elector como la Asamblea nacional asegurando una máxima representatividad democrática con el voto de las 2/3 partes de los diputados electos, pasó a permitir la elección de los altos funcionarios de los Podres Públicos con la mayoría simple (la mitad más uno) de los diputados presentes en la sesión respectiva, lo que es una distorsión total del sentido democrático de la elección de segundo grado regulada.

De manera que al contrario de lo decidido por la Sala, la no especificación en el segundo párrafo del artículo 279 Constitucional de un régimen de mayoría específico para la adopción del nombramiento por la Asamblea Nacional, de los titulares del Consejo Moral Republicano, lo que tiene que entenderse es que ello no cambia el régimen de mayoría calificada previsto en la norma, no teniendo ningún asidero constitucional indicar que se aplica la mayoría absoluta propia del funcionamiento ordinario del órgano legislador.

Con lo decidido por la Sala, por tanto, lo que se produjo fue una mutación constitucional totalmente ilegitima, pues conservando el mismo texto del artículo 279 de la Constitución, la Sala Constitucional cambió su propósito y sentido, desnaturalizando el carácter de cuerpo elector de segundo grado de la Asamblea Nacional que sólo puede actuar con el voto de las 2/3 partes de los diputados electos, permitiendo en cambio que con una mayoría simple de los diputados presentes en una sesión se pueda "elegir" a los titulares del Poder Ciudadano; todo ello, para materializar la conspiración para cambiar con violencia institucional la Constitución, que desarrollaron junto con la Sala, la

---

Poder Ciudadano. Pero, como de allí no partió la propuesta, bastaba con una mayoría simple, señaló Aure. Eso es una barbaridad, porque es ilógico pensar que la Constitución sea menos exigente para nombrar a esos funcionarios, en el caso de que los mismos hubiesen sido previamente preseleccionados por un comité de evaluación de postulaciones, pues la calificación para tales nombramientos, no viene dada por la forma de su preselección sino por la importancia de los cargos del Poder Ciudadano, explicó la autoridad universitaria" Véase en Alfredo Fermín, "Aure: El Gobierno utiliza al TSJ para violar la Constitución," en *El Carabobeño,* Valencia, 24 de diciembre de 2014.

50 Véase en María Amparo Grau, "**Golpe a la Constitución ¡de nuevo!,**" en *El Nacional*, Caracas, 24 de diciembre 2014.

Fiscal General de la República y los otros miembros del Consejo Moral Republicano, y el Presidente y algunos diputados de la Asamblea Nacional.

Sobre ello, Román José Duque Corredor observó con razón que:

> "La anterior interpretación resulta acomodaticia y forzada porque al no poder obtener el partido oficial las dos terceras partes requeridas, en el lapso constitucionalmente establecido, se debía someter a una consulta popular las designaciones, por lo que por esta Sentencia se sustituyó la soberanía popular por una mayoría simple, dado que estando bajo discusión en la Asamblea Nacional la designación de los miembros del Poder Ciudadano, mediante los debates pertinentes, y puesto que el Consejo Moral Republicano había enviado las respectivas ternas, subrepticiamente éste participa que no se había cumplido con la designación del Comité de Postulaciones por falta de acuerdo entre ellos para que así se designara al Poder Ciudadano por la Asamblea Nacional y no por la voluntad popular. En todo caso, en el supuesto negado que pudiera hacerlo la Asamblea Nacional, el principio intangible para la designación del Poder Ciudadano, conforme se desprende del artículo 279, constitucional, es el de la votación una mayoría calificada de dos terceras partes y no por una mayoría simple. Con esta Sentencia se violaron normas de la Constitución relativas a la legitimidad de los miembros del Poder Ciudadano y de respeto a la soberanía popular por la interpretación torticera que efectúo la Sala Constitucional."[51]

V. EL COMITÉ DE POSTULACIONES ELECTORALES Y LA CONFISCACIÓN DEL DERECHO CIUDADANO A LA PARTICIPACIÓN

1. *La autonomía y despartidización de los órganos electorales*

Como se ha dicho, otra innovación de la Constitución de 1999 fue haber elevado a rango constitucional como órgano del Poder Electoral, al órgano de control electoral, el cual conforme a la anterior Constitución de 1961 (art. 113), sólo tenía rango legal. La misión esencial de los órganos del Poder Electoral es la de garantizar la igualdad, confiabilidad, imparcialidad, transparencia y eficiencia de los procesos electorales, así como la aplicación de la personalización del sufragio y la representación proporcional (art. 293).[52]

---

51 Véase Carta de Román Duque Corredor por designación del Defensor del Pueblo, al Presidente del Instituto Latinoamericano del Ombudsman, 27 de diciembre de 2014, en http://cronicasvenezuela.com/2014/12/27/carta-de-romn-duque-corredor-por-designacin-del-defensor-del-pueblo/

52 Véase María A. Correa de Baumeister, "El Poder Ciudadano y el Poder Electoral en la Constitución de 1999", en *El Derecho Público a comienzos del siglo XXI. Estudios homenaje al Profesor Allan R. Brewer-Carías,* Tomo I, Instituto de Derecho Público, UCV, Civitas Ediciones, Madrid, 2003, pp. 982-995; Rafael Méndez García, "Estudio del Poder Electoral (controles)", en *Bases y principios del sistema constitucional venezolano (Ponencias del VII Congreso*

De acuerdo con el artículo 292 de la Constitución, el Poder Electoral se ejerce por el Consejo Nacional Electoral como ente rector y, como organismos subordinados a éste, por la Junta Electoral Nacional, la Comisión de Registro Civil y Electoral y la Comisión de Participación Política y Financiamiento. El artículo 294 de la Constitución, precisa que los órganos del Poder Electoral se rigen por los principios de independencia orgánica, autonomía funcional y presupuestaria, despartidización, imparcialidad y participación ciudadana; descentralización de la administración electoral, transparencia y celeridad del acto de votación y escrutinios.

En particular, como consecuencia de la llamada "despartidización" de los órganos del Poder Electoral, que eliminaba la participación directa que antes tenían los partidos políticos en el control de los procesos electorales al tener representantes en el antiguo Consejo Supremo Electoral, la Sala Electoral del Tribunal Supremo de Justicia en sentencia Nº 71 de 23 de junio de 2000 consideró que los artículos 75 y 76 de la Ley Orgánica del Sufragio y Participación Política habían quedado tácitamente derogados por la Constitución en lo que se refiere al derecho que tenían los partidos políticos para designar representantes ante el máximo organismo electoral.[53] En esa misma sentencia y en otras anteriores y posteriores, la Sala, sin embargo, aclaró que esa despartidización "no comporta la necesaria exclusión de todo tipo de mecanismo de participación de los partidos políticos en los procesos electorales."[54]

En todo caso, la autonomía de los órganos del Poder Electoral persigue básicamente asegurar su sujeción exclusivamente a la Constitución y a la ley, y garantizar su no sujeción respecto de los partidos políticos o respecto de las mayorías parlamentarias; y fue para garantizar dicha autonomía, que la Constitución limitó el poder discrecional que había tenido el anterior Congreso para la designación de los titulares del órgano superior del Poder Electoral, quitándole entonces también a la Asamblea Nacional toda discrecionalidad para efectuar dichos nombramientos.

Los integrantes del Consejo Nacional Electoral son electos por la Asamblea Nacional con el voto de las 2/3 partes de sus integrantes; duran siete años

---

Venezolano de Derecho Constitucional realizado en San Cristóbal del 21 al 23 de Noviembre de 2001), Volumen II, pp. 355-383; Alfonso Rivas Quintero, *Derecho Constitucional,* Paredes Editores, Valencia-Venezuela, 2002, pp. 517 y ss.; Ricardo Combellas, *Derecho Constitucional: una introducción al estudio de la Constitución de la República Bolivariana de Venezuela,* Mc Graw Hill, Caracas, 2001, pp. 203 y ss.; e Hildegard Rondón de Sansó, *Análisis de la Constitución venezolana de 1999,* Editorial Ex Libris, Caracas, 2001, pp. 265 y ss.

53 Véase en *Revista de Derecho Público*, Nº 82, (abril-junio), Editorial Jurídica Venezolana, Caracas, 2000, pp. 236 y ss.

54 Véase las sentencias de la Sala Electoral Nº 10 de 25-02-2000 en *Revista de Derecho Público*, Nº 81 (enero-marzo), Editorial Jurídica Venezolana, Caracas, 2000, pp. 170 y ss. y Nº 7 de 05-02-2001 en *Revista de Derecho Público*, Nº 85-88, Editorial Jurídica Venezolana, Caracas, 2001, pp. 188 y ss.

en sus funciones y deben ser elegidos por separado: los tres postulados o postuladas por la sociedad civil al inicio de cada período de la Asamblea Nacional, y los otros dos a la mitad del mismo (art. 296).

En efecto, el artículo 296 de la Constitución exige que el Consejo Nacional Electoral debe estar integrado por cinco personas no vinculadas a organizaciones con fines políticos; exigiendo que tres de ellos sean postulados por la sociedad civil, uno por las Facultades de ciencias jurídicas y políticas de las Universidades Nacionales, y uno por el Poder Ciudadano. Los tres integrantes postulados por la sociedad civil deben tener seis suplentes en secuencia ordinal, y cada designado por las Universidades y el Poder Ciudadano tendrá dos suplentes, respectivamente.

Se estableció así, una primera limitación al poder de elección de segundo grado por parte de la Asamblea Nacional, al exigirse que la misma no pueda libremente escoger a los designados, sino que los mismos deben necesariamente ser postulados por los sectores e instituciones indicados. Pero la Constitución fue más limitante aún al crear en el artículo 295, un "Comité de Postulaciones Electorales de candidatos a integrantes del Consejo Nacional Electoral", el cual debe estar "integrado por *representantes de los diferentes sectores de la sociedad*, de conformidad con lo que establezca la ley".

Es decir, que los candidatos postulados por la sociedad civil, las Facultades de Derecho y el Poder Ciudadano, tienen que ser presentados por ante el Comité de Postulaciones Electorales, y es este Comité el que debe hacer la selección y, en definitiva, hacer la propuesta a la Asamblea. La Asamblea Nacional, por tanto, no puede designar persona alguna que no venga incluida en las propuestas del Comité de Postulaciones. En esta forma se quiso garantizar en el propio texto de la Constitución un mecanismo de participación de la sociedad civil en la designación de los miembros del Consejo Nacional Electoral: primero, al indicar que necesariamente tres de los cinco miembros del órgano electoral deben ser postulados "por la sociedad civil" y segundo, al exigir que todas las postulaciones se deban presentar necesariamente ante un Comité de Postulaciones Electorales, que tiene que estar integrado exclusivamente "por representantes de los diferentes sectores de la sociedad, de conformidad con lo que establezca la ley".

2. *El incumplimiento de la Constitución y el secuestro del Poder Electoral perpetrado por la Asamblea Nacional Constituyente en 1999*

Ahora bien, a pesar de todas las anteriormente indicadas previsiones constitucionales, como se ha dicho, la misma Asamblea Nacional Constituyente que había redactado la Constitución, violó su texto iniciando un largo proceso de secuestro del Poder Electoral que se ha prolongado hasta el presente.

En efecto, en la Constitución aprobada por referendo el 15 de diciembre de 1999, en sus Disposiciones Transitorias nada se regulaba sobre la posible designación inmediata de los titulares de los órganos del Poder Electoral, por lo que los miembros del Consejo Supremo Electoral existente, debían permanecer en sus cargos, hasta tanto la nueva Asamblea Nacional que se eligiese, a su vez eligiese sus sustitutos conforme al procedimiento y criterios de transparencia de postulación y selección previstos en la nueva Constitución. Nada en contrario se disponía en la Constitución aprobada por el pueblo.[55]

La primera manifestación de secuestro del Poder Electoral por el poder político, y la primera violación de la Constitución de 1999, luego de su aprobación en el referendo de 15 de diciembre de 1999, y antes de su publicación el 30 de diciembre de 1999, por tanto, fue realizada por la propia Asamblea Nacional Constituyente en los días posteriores al referendo aprobatorio, mediante la emisión del antes mencionado Decreto de "Régimen de Transición del Poder Público," el 22 de diciembre de 1999.[56]

Así, ante la ausencia de alguna regulación en las Disposiciones Transitorias de la nueva Constitución que se refiriera a cesación en sus cargos de los titulares de los órganos del Poder Público y al nombramiento de nuevos funcionarios para ello, el afán sobrevenido de quienes controlaban el Poder del Estado de asaltar todos los poderes mediante la sustitución de todos los titulares de los órganos del Estado sin esperar la elección de la nueva Asamblea Nacional; la Asamblea Nacional Constituyente, sin tener competencia constitucional alguna para ello y, por tanto, en forma ilegítima, dictó el mencionado Decreto de Régimen de Transición, destituyendo a todos los titulares del Poder Público constituido (excepto el Presidente de la República), creando entonces un "vacío institucional" que la propia Asamblea luego se encargaría de llenar a su gusto y discreción. Así se nombró en el mismo Decreto a los miembros del primer Consejo Nacional Electoral post constitucional, pero por supuesto, sin que la Asamblea Constituyente respetara las precisas normas que ella misma había diseñado para garantizar la autonomía e independencia del Poder Electoral y las normas que regulaban el derecho a la participación política de la sociedad civil.

En esta forma la Asamblea Nacional Constituyente, careciendo totalmente de competencia para ello, y en forma ilegítima, en el Decreto del 22 de diciembre de 1999 se auto atribuyó competencia para designar a los integrantes del Consejo Nacional Electoral (art. 40), designaciones que realizó días después con carácter provisorio, al nombrar a personas, todas vinculadas al nuevo poder y a los partidos que apoyaban al gobierno, lo que incluso

---

55 En realidad, la única previsión del texto constitucional sobre designación inmediata de algún funcionario público fue la relativa al Defensor del Pueblo, cargo que era creación de la nueva Constitución. Por ello fue la única solución constitucional que con razón se previó en las Disposiciones Transitorias (Novena) aprobadas por el pueblo, atribuyéndole expresamente a la Asamblea Nacional Constituyente su nombramiento provisional, hasta tanto la nueva Asamblea Nacional que se eligiese designare definitivamente a dicho funcionario.

56 Véase *Gaceta Constituyente (Diario de Debates), Noviembre 1999-Enero 2000*, Sesión de 22-12-9, N° 51, pp. 2 y ss. Véase *Gaceta Oficial* N° 36.859 de 29-12-99; y *Gaceta Oficial* N° 36.860 de 30-12-99

no garantizaba la imparcialidad electoral necesaria, burlándose del artículo 296 de la nueva Constitución. Así, el nuevo Poder Electoral inició sus funciones, "dejando sin efecto las elecciones efectuadas en los gremios profesionales a partir del 30 de diciembre de 1999" y suspendiendo "todos los procesos electorales en curso en los gremios profesionales" disponiendo que los mismos sólo podían realizarse a partir del segundo semestre de 2000.[57]

Pero además, la Asamblea Nacional Constituyente en su Decreto de 22 de diciembre de 1999, se había auto atribuido competencia para fijar la oportunidad de las primeras elecciones para los cargos representativos previstos en la Constitución (art. 39), y para dictar un Estatuto Electoral del Poder Público que debería regir en los primeros comicios para la elección de todos los cuerpos representativos legislativos y los órganos ejecutivos del Poder Público, que sancionó el 30 de enero de 2000,[58] con el cual se derogó parcialmente la Ley Orgánica del Sufragio y Participación Política. En la misma fecha, la misma Asamblea Nacional Constituyente, sin autoridad alguna para ello, mediante otro Decreto fijó para el día 28 de mayo del 2000 la realización de las primeras elecciones nacionales, estadales y municipales y para representantes ante el Parlamento Andino y el Parlamento Latinoamericano. En el Estatuto Electoral a fin de controlar sus decisiones, se dispuso que las relativas a "la organización de los comicios previstos en el presente Estatuto Electoral (los primeros procesos comiciales de 2000) requerirán del voto de una mayoría calificada de por lo menos cuatro (4) de sus integrantes" (art. 29).

Dichas elecciones, ante el fracaso del Consejo Nacional Electoral nombrado por la propia Asamblea Constituyente, tuvieron que ser suspendidas con la intervención de la Sala Constitucional del Tribunal Supremo (a la cual el Estatuto Electoral otorgaba la competencia exclusiva en materia de amparo contra las decisiones del Consejo Nacional Electoral, art. 30, Parágrafo Primero), mediante sentencia N° 483 de 29 de mayo de 2000 (Caso: *Queremos Elegir y otros*) en la cual se declaró con lugar un amparo constitucional con efectos *erga omnes,*[59] debiendo entonces realizarse varios meses después, en agosto de 2000.

3. *El incumplimiento de la Constitución y el continuado secuestro del Poder Electoral por la Comisión Legislativa Nacional en 2000*

Como consecuencia de ese fracaso del Consejo Nacional Electoral en la organización de las elecciones que se le habían encomendado, políticamente sus integrantes se vieron obligados a renunciar pues de lo contrario habrían sido removidos. La sustitución de los mencionados funcionarios la asumió la "Comisión Legislativa Nacional", órgano legislativo también transitorio no

57 Resolución N° 000204-25 de 04-02-2000, *Gaceta .Oficial* N° 36.892 de 15-02-2000.

58 Véase en *Gaceta Oficial* N° 36.884 de 03-02-00.

59 Véase en *Revista de Derecho Público*, N° 82, (abril-junio), Editorial Jurídica Venezolana, Caracas 2000, pp. 332 y ss.

regulado en la Constitución y, por tanto, ilegítimo, que había sido también nombrado a dedo por la misma Asamblea Nacional Constituyente en el mismo Régimen de Transición del Poder Público de 22 de diciembre de 1999. Dicha Comisión, entonces, designó un nuevo Consejo Nacional Electoral, para lo cual no respetó la estricta normativa constitucional sobre el Comité de Postulaciones Electorales y la participación de la sociedad civil. La selección de candidatos se hizo mediante una "Comisión parlamentaria ampliada," la cual oyó a diversos sectores de las organizaciones de la sociedad, resultando el nombramiento como miembros del Consejo Nacional Electoral, de un grupo de personas, la mayoría independientes.[60] Ese Consejo Nacional Electoral fue el que organizó las elecciones de agosto de 2000, y dada su composición, para fines del año 2002 aparecía con una mayoría de miembros independientes del poder político.

4. *El nuevo incumplimiento de la Constitución y la confiscación del derecho a la participación de la sociedad civil realizado por la Asamblea Nacional a partir de 2000*

La urgencia del poder político para volver a controlar el Poder Electoral mediante el nombramiento definitivo de los integrantes del Consejo Nacional Electoral en sustitución de los que habían sido transitoriamente nombrados con anterioridad, llevó a la Asamblea Nacional, aún cuando bien tardíamente, a sancionar el 20 de septiembre de 2000, la Ley Orgánica del Poder Electoral promulgada el 19 de noviembre de 2002.[61]

Dicha Ley Orgánica, sin embargo, a pesar de las exigencias constitucionales, no respetó la exigencia constitucional respecto de la integración del Comité de Postulaciones Electorales con representantes de los diversos sectores de la sociedad. En cambio, lo que estableció fue de nuevo una "Comisión parlamentaria ampliada" con el nombre de Comité de Postulaciones. En efecto, el artículo 19 de la Ley Orgánica dispuso que el "Comité de Postulaciones Electorales está integrado por veintiún (21) miembros, de los cuales once (11) son Diputadas o Diputados designados por la plenaria de la Asamblea Nacional con las dos terceras (2/3) partes de los presentes, y diez (10) postuladas o postulados por los otros sectores de la sociedad", con lo que se confiscó el derecho a la participación política de los diversos sectores de la sociedad civil de integrar en forma exclusiva el Comité de Postulaciones. Al contrario, violándose la norma constitucional, se conformó un "Comité" con mayoría de Diputados los cuales, por ser parte del Poder Legislativo, no son parte de la sociedad civil, tal y como la ha definido la citada doctrina de propia Sala Constitucional del Tribunal Supremo.

Adicionalmente, debe señalarse que el 22 de enero de 2003, con ocasión de la presentación ante el Consejo Nacional Electoral de más de tres millones de firmas respaldando la solicitud de convocatoria a un referendo con-

---

60 Véase Decreto publicado en *Gaceta Oficial* N° 36.965 de 05-06-2000.

61 Véase en *Gaceta Oficial* N° 37.573 de 19-11-2002.

sultivo sobre la renuncia del Presidente de la República, la Sala Electoral del Tribunal Supremo en diversas sentencias dictadas en 2002 y 2003,[62] había paralizado el funcionamiento del máximo órgano electoral al resolver sobre el quórum de su funcionamiento, habiendo quedado en suspenso el derecho a la participación política.

5. *El continuado incumplimiento de la Constitución y el secuestro del Poder Electoral por la Sala Constitucional del Tribunal Supremo al conocer de la omisión del Legislador a partir de 2003, y sus secuelas políticas*

A pesar de que la Ley Orgánica del Poder Electoral se había sancionado en noviembre de 2002, y de que se había constituido en la Asamblea Nacional, aun inconstitucionalmente, el Comité de Postulaciones; a pesar de haberse cumplidos los pasos previos para la elección de los miembros del Consejo Nacional Electoral mediante la recepción y selección de postulaciones conforme a lo que la Ley Orgánica del Poder Electoral; sin embargo, los diputados en la Asamblea no pudieron lograr acuerdos para la elección de los Rectores del nuevo Consejo Nacional Electoral que pudieran tomar decisiones, como la que se había acordado en la "Mesa de Negociación y Acuerdos entre el Gobierno y la Oposición," con la mediación de la Organización de Estados Americanos, para convocar un referendo revocatorio presidencial.

Ello motivó que se ejercieran ante la Sala Constitucional diversos recursos contra la omisión de la Asamblea Nacional en elegir a los Rectores del Consejo Nacional Electoral, lo que motivó la emisión de la sentencia N° 2073 de 4 de agosto de 2003 (Caso: *Hermann Escarrá Malavé y otros*)[63] mediante la cual la Sala, si bien consideró como se ha dicho que la falta de acuerdos parlamentarios, es algo normal en la actuación de los órganos democrático representativos, en ese caso, consideró que la omisión en la designación de los miembros del Consejo Nacional Electoral -aun sin ser ilegítima- podía conducir a ejercer la competencia prevista en el artículo 336.7 de la Constitución y declararla inconstitucional; a cuyo efecto la instó a hacer las designaciones de los Rectores del Consejo Nacional Electoral, con una serie de lineamientos, otorgándole un plazo de 10 días para que cumpliera

---

62 Véase Allan R. Brewer-Carías, *La Sala Constitucional vs. el Estado democrático de derecho (El secuestro del Poder Electoral y de la Sala Electoral del Tribunal Supremo y la confiscación del derecho a la participación política)*, Caracas, 2004, pp. 60 y ss.

63 Véase en http://historico.tsj.gov.ve/decisiones/scon/agosto/2073-040803-03-1254%20Y%201308.HTM. Véanse los comentarios en Allan R. Brewer-Carías, "El control de la constitucionalidad de la omisión legislativa y la sustitución del Legislador por el Juez Constitucional: el caso del nombramiento de los titulares del Poder Electoral en Venezuela," en *Revista Iberoamericana de Derecho Procesal Constitucional*, N° 10, Julio-Diciembre 2008, Editorial Porrúa, Instituto Iberoamericano de Derecho Procesal Constitucional, México 2008, pp. 271-286

con su obligación. La Sala, además, anunciaba que si no lo hacía dentro de dicho término, ella corregiría en lo que fuese posible la situación que naciera de la omisión concreta, que no era otra que: "Si transcurrido el lapso aquí señalado, la Asamblea Nacional no ha procedido a nombrarlos, la Sala lo hará dentro de un término de diez (10) días continuos."

En la sentencia, a todo evento, la Sala hizo los siguientes razonamientos y dejó sentado los siguientes criterios, que enmarcaron la forma conforme a la cual se operaría el secuestro del Poder Electoral: [64]

En *primer lugar*, que en caso de omisión de nombramientos, las designaciones que pudiera hacer la Sala no podían ser sino provisorias, pero "acompañadas o no de los lineamientos que según este sentenciador se consideren necesarios para el cumplimiento de la función." Siendo provisorios los nombramientos, los nombrados cesarían en sus funciones cuando el órgano competente asumiera su competencia e hiciera los nombramientos, "en el tiempo que lo crea conveniente; o cuando la propia Sala -por motivos justificados- les revoca el cargo conferido." La Sala Constitucional, así, anunciaba desde el inicio que como consecuencia de la omisión legislativa en hacer los nombramientos, para el caso de que la propia Sala lo hiciera, se arrogaba la potestad también de revocarlos.

En *segundo lugar*, la Sala consideró que para realizar los nombramientos provisorios, debía "adaptarse a las condiciones que la Ley exige al funcionario," pero aclarando sin embargo, que "debido a la naturaleza provisoria y a la necesidad de que el órgano funcione," la Sala no requería *"cumplir paso a paso las formalidades legales que exige la Ley al elector competente, ya que lo importante es llenar el vacío institucional, hasta cuando se formalice lo definitivo."* Se desligaba así la Sala de las exigencias legales que en cambio sí debía cumplir el elector omiso, para la elección popular de segundo grado y para llenar el "vacío institucional" que ella misma había contribuido a crear. Para ello dejó sentado el criterio de que "de corresponder a esta Sala llenar los vacíos, ella puede hacerlo con personas de la lista de postulados admitidos como aspirantes a Rectores, o *puede hacerlo con personas fuera de la lista*, o combinando ambos grupos. Con respecto a las personas, a tomarse en cuenta, que no hayan sido presentadas por el Comité de Postulaciones, éstas deberán reunir los mismos requisitos legales que los postulados".

Insistió la Sala sobre su desvinculación con la Ley para hacer las designaciones provisorias señalando que al ser "urgente y necesario el funcionamiento del Poder Electoral y por ello, y por ser provisorio, no aplica en todo su alcance la Ley Orgánica del Poder Electoral, sino lo establecido en el artículo 296 constitucional en cuanto a la procedencia de los rectores electo-

64 Véase en general sobre estas decisiones Allan R. Brewer-Carías, La sala Constitucional vs. El Estado democrático de derecho,*(El secuestro del Poder Electoral y de la Sala Electoral del Tribunal Supremo y la confiscación del derecho a la participación política).* Ediciones El nacional, Caracas 2004.

rales, los cuales no deben tener vinculación con organizaciones políticas, lo que significa que no tienen militancia política pública, ni se hayan manifestado públicamente a favor de partidos políticos o grupos electorales favorables al gobierno, a la oposición, o a cualquier otra tendencia política". La Sala Constitucional, sin embargo, consideró que los Rectores que pudiere nombrar debían cumplir los requisitos del artículo 9 de la Ley Orgánica del Poder Electoral.

En *tercer lugar*, la Sala Constitucional constató la existencia del "vacío institucional," a pesar de que existiera un Consejo Nacional Electoral, el cual conforme al Decreto sobre Régimen de Transición del Poder Público, consideró que tenía "carácter provisorio." Consideró la Sala que "la falta de designación de los rectores, en el lapso legal, constituye un vacío que debe esta Sala llenar, si no lo hace la Asamblea Nacional," pues la propia Sala Constitucional en sentencia precedente N° 2816 de 18 de noviembre de 2002 (Caso: *Consejo Nacional Electoral*),[65] había materialmente paralizado, por supuesto inconstitucionalmente, el funcionamiento del Consejo Nacional Electoral que había sido designado por la Asamblea Constituyente en 2000. Por esta parálisis de funcionamiento, era imperioso para el funcionamiento del sistema político la elección de los nuevos miembros del Consejo Nacional Electoral.

En *cuarto lugar*, la Sala Constitucional decidió que en virtud de que "el nombramiento de los rectores -así sean provisorios- se trata de un hecho que trasciende lo jurídico, a partir de esta fecha, podrá oír a los Presidentes o Secretarios Generales de las organizaciones políticas representadas en la Asamblea, así como a los representantes de la sociedad civil que ella escoja, utilizando para determinar quienes conforman a la sociedad civil, el criterio expuesto por la Sala en fallos del 23 de agosto de 2000 y 21 de noviembre de 2000 (Casos: *Ruth Capriles Méndez y William Dávila Barrios y otros)*; e, igualmente, podrá consultar al Poder Ciudadano y a los representantes de las facultades de Ciencias Jurídicas y Políticas que considere necesarios, a fin de cumplir con lo dispuesto en el artículo 296 constitucional". En esta forma, la Sala anunciaba que si suplía la omisión del Legislador, no sólo lo haría con criterio jurídico sino político. Se apartaba así, la Sala, de lo que había expresado en sentencia N° 457 de 5 de abril de 2001 (Caso: *Francisco Encinas Verde y otros*) en la cual había clarificado que si bien "la Jurisdicción Constitucional es *eo ipso*, jurisdicción sobre lo político... no es equiparable a jurisdicción política." La Sala, en la sentencia N° 2073 que comentamos, al contrario, anunciaba que actuaría como jurisdicción política.

En *quinto lugar*, en forma congruente con el anuncio de injerencia en lo político, la Sala Constitucional anunció no sólo que "si la Asamblea no hace los nombramientos, los hará la Sala", sino que podía "señalar a los rectores algunas disposiciones -que sin alterar su independencia- sean por ellos cum-

65 Véase en http://historico.tsj.gov.ve/decisiones/scon/noviembre/2816-181102-02-1662.HTM.

plidas, y pudiendo, igualmente, proveer la integración de alguno o todos de los órganos subordinados, señalando quien los dirigirá, y decretando un cronograma de actuaciones para que el ente cumpla sus cometidos". Es decir, la Sala Constitucional anunciaba que iría mucho más allá que a suplir la omisión legislativa, y prescribiría lineamientos que los nombrados debían cumplir y haría nombramientos adicionales, quitándole tal potestad a los miembros del Consejo Nacional Electoral que nombrara. La salvedad respecto de la independencia del Poder Electoral, por tanto, no era más que un simple saludo a la bandera.

En *sexto lugar*, la Sala Constitucional, al reconocer el derecho de los ciudadanos a solicitar referendos consultivos y revocatorios, y constatar que para la fecha no existía una legislación sobre los mismos que garantizaran su ejercicio, prescribió que "a fin que no se haga nugatorio tal derecho, y para lograr la primacía de las normas constitucionales, la Sala estima que el Consejo Nacional Electoral puede dictar normas dirigidas al ejercicio de esos derechos políticos, los cuales perderán vigencia cuando se dicten las normas respectivas por la Asamblea Nacional; a objeto de garantizar el carácter normativo de la Constitución". Es decir, la Sala Constitucional, al constatar ahora de oficio la omisión legislativa en dictar las leyes reguladoras de ese derecho ciudadano, también de oficio se pronunciaba sobre tal omisión, "autorizando" al Consejo Nacional Electoral nada menos que para suplir al Legislador y dictar "leyes orgánicas" que son las que pueden regular los derechos políticos conforme al artículo 203 de la Constitución, agregando en su decisión que "para lograr la consulta electoral, el Consejo Nacional Electoral provisorio, deberá regular los referendos, la autenticidad de quienes los solicitan, etc., a fin de dar cumplimiento a la Disposición Transitoria Tercera citada, que es del tenor siguiente: 'Tercera: El Consejo Nacional Electoral dentro del primer año siguiente a su instalación elaborará el Proyecto de Ley de Registro del Estado Civil de las Personas, el Proyecto de Ley de los Procesos Electorales y de Referendos, y lo presentará ante la Asamblea Nacional.'"

Una cosa ciertamente era la competencia del Consejo Nacional Electoral para elaborar los proyectos de ley, y otra cosa era "regular" esas materias como lo "autorizaba" la Sala, al insistir que "La Sala estima que el Consejo Nacional Electoral puede dictar normas dirigidas al ejercicio de esos derechos políticos, los cuales perderán vigencia cuando se dicten las normas respectivas por la Asamblea Nacional".

Luego de la sentencia, la Sala Constitucional, transcurridos los 10 días que le había otorgado a la Asamblea Nacional para cumplir su obligación, al no haber logrado la mayoría de la Asamblea poder imponer su criterio y obtener el apoyo de las 2/3 partes de sus integrantes en el nombramiento de los miembros del Consejo Nacional Electoral, procedió a suplir la omisión de la Asamblea Nacional pero no sólo desde el punto de vista jurídico sino político, por lo que la mayoría que la Asamblea Nacional no pudo lograr en su propio seno, lo lograría a través de la Sala Constitucional del Tribunal Supremo, y con ello el control político del Consejo Nacional Electoral. No en balde la propia Sala Constitucional había anunciado en su sentencia previa N° 2073 de 4 de agosto de 2003, que dichos nombramientos "trasciende lo jurídico."

En la sentencia N° 2341 del 25 de agosto de 2003 (Caso: *Hermánn Escarrá M. y otros*),[66] la Sala Constitucional, en efecto, para adoptar las decisiones respecto de la omisión constatada, señaló lo siguiente:[67]

En *primer lugar*, reiteró el criterio de que como se trataba de un nombramiento provisional no previsto en la Ley Orgánica del Poder Electoral, pero producto de la omisión del nombramiento de los rectores electorales, la Sala, "*en lo posible*, aplicará la Ley Orgánica del Poder Electoral con las variables necesarias derivadas de la naturaleza de las medidas provisorias." Es decir, la Sala reiteraba que se desvinculaba de los términos de la Ley Orgánica, la cual aplicaría sólo "en lo posible," usurpando una competencia que es exclusiva de la Asamblea Nacional.[68] Por ello precisó que "en las designaciones, la Sala nombrará rectores principales o suplentes a las personas que postuló la sociedad civil, el Poder Ciudadano y las Universidades Nacionales que podían hacerlo; *ello sin menoscabo de su poder para la elección de personas fuera de los que fueron candidateados*". En tal sentido la Sala nombró a los miembros del Consejo Nacional Electoral y a sus suplentes "de acuerdo con el artículo 13 de la Ley Orgánica del Poder Electoral"

En *segundo lugar*, la Sala declaró que garantizaría "al Poder Electoral que ella nombre en forma provisoria, la mayor autonomía, tal como corresponde a uno de los Poderes Públicos"; pero en la propia sentencia procedió "con el fin de facilitar la integración del Consejo Nacional Electoral y sus

---

66 Véase en http://historico.tsj.gov.ve/decisiones/scon/agosto/PODER%20ELECTORAL.HTM Véanse los comentarios en Allan R. Brewer-Carías, "El control de la constitucionalidad de la omisión legislativa y la sustitución del Legislador por el Juez Constitucional: el caso del nombramiento de los titulares del Poder Electoral en Venezuela," en *Revista Iberoamericana de Derecho Procesal Constitucional,* N° 10 Julio-Diciembre 2008, Editorial Porrúa, Instituto Iberoamericano de Derecho Procesal Constitucional, México 2008, pp. 271-286

67 Véase Allan R. Brewer-Carías, *La Sala Constitucional vs. el Estado democrático de derecho (El secuestro del Poder Electoral y de la Sala Electoral del Tribunal Supremo y la confiscación del derecho a la participación política)*, Caracas, 2004, pp. 37 y ss.

68 Véase Allan R. Brewer-Carías, "El secuestro del Poder Electoral y la confiscación del derecho a la participación política mediante el referendo revocatorio presidencial: Venezuela 2000–2004", en *Boletín Mexicano de Derecho Comparado,* Instituto de Investigaciones Jurídicas, Universidad Nacional Autónoma de México, N° 112. México, enero–abril 2005 pp. 11–73; y "La autonomía e independencia del Poder Electoral y de la Jurisdicción Electoral en Venezuela, y su secuestro y sometimiento por la Jurisdicción Constitucional," Ponencia presentada al *III Congreso Iberoamericano de Derecho Electoral*, Facultad de Estudios Superiores de Aragón de la Universidad Nacional Autónoma de México, Estado de México, 27-29 Septiembre de 2012.

órganos subordinados", a designarlos estableciendo "su composición, así como la del Consejo de Participación Política, el cual de manera provisoria y ante el vacío constitucional, funcionará como un ente consultivo del Poder Electoral. Para este último nombramiento, la Sala tomó en cuenta las consultas que se hicieron a los partidos políticos representados en la Asamblea Nacional y que se llevaron a cabo en el Tribunal". En esta forma, en la sentencia, la Sala Constitucional procedió a limitar la autonomía del Cuerpo que nombraba,[69] designando ella misma quién sería su Presidente y su Vicepresidente, violando lo establecido en el artículo 296 de la Constitución que expresamente establece que: "Los integrantes del Consejo Nacional Electoral escogerán de su seno a su Presidente, de conformidad con la Ley". La Sala Constitucional, además, volvió a secuestrar y violar la autonomía del Poder Electoral al cercenarle al Consejo Nacional Electoral su potestad conforme a la Ley Orgánica del Poder Electoral, para designar a los titulares de los órganos del Poder Electoral; designando en la propia sentencia al Secretario y al Consultor Jurídico del Consejo Nacional Electoral; a los integrantes de los órganos subordinados (Junta Nacional Electoral; Comisión de Registro Civil y Electoral; Comisión de Participación Política y Financiamiento), integrándolos con miembros principales y suplentes del organismo, en la forma como la propia Sala lo determinó; y a los miembros de un Consejo de Participación Política.

En *tercer lugar,* la Sala reiteró el criterio de que "podrá desarrollar la normativa que le asigna la Ley Orgánica del Poder Electoral". El Consejo Nacional Electoral debía "elaborar los proyectos de leyes que le corresponden con exclusividad conforme a las Disposición Transitoria Tercera de la citada Ley, y presentarlas ante la Asamblea Nacional" así como dictar "la normativa tendente a la reglamentación de los procesos electorales y los referendos, en desarrollo de la Ley Orgánica del Poder Electoral, en particular la que regula las peticiones sobre los procesos electorales y referendos, así como las condiciones para ellos, la autenticidad de los peticionarios, la propaganda electoral, etc., así como resolver las dudas y vacíos que susciten las leyes electorales".

Los miembros del Consejo Nacional Electoral y todos los otros funcionarios del cuerpo nombrados por la Sala Constitucional, fueron juramentados por ella el día 27 de agosto de 2003; y a partir de entonces, ese Consejo Nacional Electoral secuestrado por la Sala Constitucional y controlado por el gobierno y los partidos que lo apoyaban, comenzó a confiscarle a los ciudadanos el derecho a la participación política. No es de extrañar, por tanto, los resultados del referendo revocatorio presidencial efectuado el 15 de agosto de 2004, conducido por un órgano electoral, que como lo afirmó el Secretario General de la Organización de Estados Americano, Cesar Gaviria, quién fue observador internacional destacado en el mismo, "atendiera a líneas par-

---

69 Véase Allan R. Brewer-Carías, *La Justicia Constitucional. Procesos y procedimientos constitucionales*, México, 2007, p. 392.

tidistas"[70]. Gaviria además, constataría, que "Chávez tenía una enorme mayoría en la Asamblea Constituyente, y en los procesos hay una concentración de amigos del Presidente y de gente de sus partidos en el CNE (Consejo Nacional Electoral) y en el Tribunal Supremo"[71].

En todo caso, para constatar ese control, basta hacer una referencia a un aspecto, poco analizado, del proceso de referendo revocatorio presidencial efectuado el 15 de agosto de 2004, y es cómo el Consejo Nacional Electoral cambió el carácter "revocatorio" constitucional del referendo y lo convirtió en un referendo "ratificatorio" que no está previsto en la Constitución.

En efecto, el artículo 72 de la Constitución, al establecer el derecho ciudadano a la revocatoria de mandatos de cargos de elección popular, establece lo siguiente:

> ***Artículo 72.*** Todos los cargos y magistraturas de elección popular son revocables.
>
> Transcurrida la mitad del período para el cual fue elegido el funcionario o funcionaria, un número no menor del veinte por ciento de los electores o electoras inscritos en la correspondiente circunscripción podrá solicitar la convocatoria de un referendo para revocar su mandato.
>
> Cuando igual o mayor número de electores o electoras que eligieron al funcionario o funcionaria hubieren votado a favor de la revocación, siempre que haya concurrido al referendo un número de electores o electoras igual o superior al veinticinco por ciento de los electores o electoras inscritos, se considerará revocado su mandato y se procederá de inmediato a cubrir la falta absoluta conforme a lo dispuesto en esta Constitución y en la ley.
>
> La revocación del mandato para los cuerpos colegiados se realizará de acuerdo con lo que establezca la ley.
>
> Durante el período para el cual fue elegido el funcionario o funcionaria no podrá hacerse más de una solicitud de revocación de su mandato.

De esta norma resulta que para que un referendo revocatorio sea válido, no sólo se requiere que al menos el 20% de los electores inscritos en la circunscripción de que se trate solicite la convocatoria a referendo; sino que al menos participe en el referendo un 25% de los electores inscritos. Ello, al decir de la Sala Constitucional del Tribunal Supremo de Justicia, en sentencia Nº 2750 de 21 de octubre de 2003, busca que un referendo "aunque hubiera sido convocado correctamente, no tendrá valor alguno si existe escasa participación"; lo que tiene por objeto "evitar que pueda ser revocado el

---

70 Véase en *El Nacional*, Caracas, 26-08-2004, p. A-2.

71 Véase en *El Nacional*, Caracas 27-08-2004, p. A-8. El Presidente de la República, al día siguiente, acusaría a Gaviria de "ambiguo, irresponsable, indigno y mentiroso". Véase en *El Nacional*, Caracas, 28-08-2004, pp. A-1 y A-2.

mandato de un funcionario electo con base en el resultado de un referendo con alta abstención".

Pero en cuanto a los votos necesarios para que se produzca la revocatoria del mandato, que debe ser en un número igual o mayor de los votos de los electores que eligieron al funcionario, la Sala Constitucional en la misma sentencia señaló:

> El artículo 72 también dispone que sólo se revocará el mandato del funcionario si votan a favor de ello al menos una cantidad de personas igual al número de quienes lo eligieron en su momento, como una manera de impedir que funcionarios que alcanzaron su puesto con altos porcentajes de apoyo popular puedan perderlo por simple mayoría[72].

En consecuencia, a los efectos de que se produzca la revocatoria del mandato de elección popular se requiere, en *primer lugar,* que se produzca un quórum de asistencia consistente en que concurran al referendo un número de electores igual o superior al 25% de los electores inscritos en el Registro Civil y Electoral. Sobre esto, la Sala Constitucional en sentencia N° 1139 de 5 de junio de 2002 (Caso: *Sergio Omar Calderón Duque y William Dávila Barrios)* ha interpretado:

> Que el quórum mínimo de participación efectiva en el referéndum revocatorio, debe estar representado necesariamente –por lo menos-, por el 25% de los electores inscritos en el Registro Electoral de la circunscripción correspondiente para el momento de la celebración de los comicios referendarios"[73].

En *segundo lugar*, se requiere que voten a favor de tal revocatoria un número de electores inscritos en el Registro Electoral para el momento de la celebración del referendo, igual o mayor de los que eligieron al funcionario. Sobre ello, la Sala Constitucional precisó en la misma sentencia N° 1139 de 5 de junio de 2002 (Caso: *Sergio Omar Calderón y William Dávila B.*) que:

> La revocación del mandato no es producto de la arbitrariedad, sino una consecuencia lógica que se deriva del principio de soberanía popular, pues, por ser el pueblo soberano, puede ejercer el poder con la finalidad de dejar sin efecto el mandato de sus representantes elegidos popularmente, que han dejado de merecerles confianza, por haberse desempañado en el ejercicio de sus funciones de forma inconveniente o contraria a los intereses populares o del Estado en general, quienes quedan entonces sometidos a la decisión del cuerpo electoral.

---

72 Caso: *Carlos Enrique Herrera Mendoza, (Interpretación del artículo 72 de la Constitución (Exp. 03-1989).*

73 Véase en *Revista de Derecho Público,* N° 89-92, Editorial Jurídica Venezolana, Caracas 2002, p. 171. Criterio seguido en la sentencia N° 137 de 13-02-2003 (Caso: *Freddy Lepage Scribani y otros*) (Exp. 03-0287).

> Siendo así las cosas, considera la Sala que el requerimiento del constituyente de 1999, cuando estableció en el segundo aparte del artículo 72, determinadas condiciones cuantitativas para que se considere revocado el mandato del funcionario electo, tiene como propósito demostrar fehacientemente la veracidad de los resultados obtenidos en el referéndum revocatorio ejecutado, de manera que no haya duda sobre la pérdida tan grave de popularidad del funcionario que deviene en ilegítimo, y la desaprobación de su gestión, por lo que resulta lógico que se exija que su revocación se produzca en virtud de la misma cantidad de votos, e incluso uno más, de los que previamente lo favorecieron cuando quedó investido del cargo público que ejercía, siempre que un quórum mínimo considerable de electores inscritos en el Registro Electoral hayan concurrido a desaprobar la gestión del mandatario cuestionado.
>
> Según los planteamientos anteriores, interpreta la Sala que el quórum mínimo de participación efectiva en el referéndum revocatorio, debe estar representado necesariamente -por lo menos-, por el 25% de los electores inscritos en el Registro Electoral de la circunscripción correspondiente para el momento de la celebración de los comicios referendarios, y además, que la votación favorable a la revocación debe ser igual o mayor que la que el funcionario obtuvo cuando fue electo, sin que puedan someterse tales condiciones numéricas a procesos de ajuste o de proporción alguno[74].

En consecuencia, conforme a esta doctrina de la Sala y a la expresa disposición constitucional, se produce la revocación de un mandato de elección popular como consecuencia de un referendo revocatorio, cuando "la votación favorable a la revocación [sea] igual o mayor que la que el funcionario obtuvo cuando fue electo". Y nada más. Se trata de un referendo revocatorio de mandatos de elección popular y no de un referendo "ratificatorio" de tales mandatos, el cual no existe en el texto constitucional. Precisamente por ello, nada indica la Constitución para el caso de que si bien voten a favor de la revocación de un mandato un número de electores superior al número de votos que obtuvo el funcionario cuando fue electo, sin embargo, en la votación refrendaria se pronuncien por la "no revocación" un número mayor de votos. Ello podría ocurrir, pero conforme al texto de la Constitución, no tendría efecto alguno, pues es la regulación constitucional lo que establece es un referendo revocatorio: basta que la votación favorable a la revocación sea igual o mayor que la que el funcionario obtuvo cuando fue electo, para que quede revocado. Y ello es así, incluso a pesar de que el Registro Electoral haya variado con el transcurso del tiempo.

Sin embargo, de manera evidentemente inconstitucional, en las *Normas para regular los procesos de Referendos Revocatorios de mandatos de Elección Popular* dictadas por el Consejo Nacional Electoral en 25 de septiembre

74 *Idem*, .p. 171.

de 2003[75], si bien se estableció que se considera revocado el mandato "si el número de votos a favor de la revocatoria es igual o superior al número de los electores que eligieron al funcionario", se agregó la frase: "y no resulte inferior al número de electores que votaron en contra de la revocatoria" (Art. 60). Con este agregado, en una norma de rango sublegal, se restringió el derecho ciudadano a la participación política mediante la revocación de mandatos populares, al establecerse un elemento que no está en la Constitución relativo al voto por la "no revocación". Con ello se trastocó la naturaleza "revocatoria" del referendo que regula el artículo 72 de la Constitución, y en evidente fraude a la Constitución, se lo convirtió en un referendo "ratificatorio" de mandatos de elección popular.

Lo inaudito de este fraude constitucional, es que dicho criterio luego sería avalado por la propia Sala Constitucional del Tribunal Supremo en la sentencia Nº 2750 de 21 de octubre de 2003 (Caso: *Carlos E. Herrera Mendoza, Interpretación del artículo 72 de la Constitución*), en la cual señaló que:

> Se trata de una especie de relegitimación del funcionario y en ese proceso democrático de mayorías, incluso, si en el referendo obtuviese más votos la opción de su permanencia, debería seguir en él, aunque voten en su contra el número suficiente de personas para revocarle el mandato.[76]

En realidad, en un referendo "revocatorio" no puede haber votos por "la permanencia" del funcionario; lo que puede haber son votos por la revocación del mandato o por la no revocación. El voto por la "no revocación" del mandato es un voto negativo (No); y un voto negativo no puede ser convertido en un voto positivo (Si) por la permanencia del funcionario. Ello sería cambiar la naturaleza del referendo revocatorio, lo que efectivamente ocurrió en Venezuela, correspondiendo a la Sala Constitucional ratificar el trastocamiento de la naturaleza de la revocación del mandato, convirtiéndola en un mandato para "relegitimar" o para "ratificar" mandatos de elección popular, cuando ello no fue la intención del constituyente ni resulta del texto del artículo 72 de la Constitución.

Lo único que la Constitución regula es la revocación de mandatos, y para ello, lo único que exige en materia de votación es que un número "igual o mayor de electores que eligieron al funcionario hubieren votado a favor de la revocación". En el caso del Presidente de la República, Hugo Chávez, el mismo había sido electo en agosto de 2000 con 3.757.774 votos, por lo que bastaba para que su mandato fuese revocado, que el voto a favor de la revocación superara esa cifra. Como lo anunció el Consejo Nacional Electoral el 27 de agosto de 2004, el voto a favor de la revocación del mandato del Pre-

---

75 Resolución Nº 030925-465 de 25-09-2003.

76 Exp. 03-1989.

sidente de la República en el referendo mencionado fue de 3.989.008, por lo que constitucionalmente su mandato había quedado revocado.

Sin embargo, ya se había cambiado ilegítimamente la Constitución, e independientemente de las denuncias de fraude que se formularon respecto del referendo revocatorio del 15 de agosto de 2004, el Consejo Nacional Electoral el mencionado día 27 de agosto de 2004, no sólo dio los datos definitivos de la votación efectuada en el referendo revocatorio, sino que acordó "ratificar" al Presidente de la República en su cargo hasta la terminación del período constitucional en enero de 2007. En efecto, en la *página web* del Consejo Nacional Electoral del día 27 de agosto de 2004, apareció la siguiente nota:

> El presidente del Consejo Nacional Electoral, Francisco Carrasquero López, se dirigió al país en cadena nacional para anunciar las cifras definitivas y oficiales del evento electoral celebrado el pasado 15 de agosto, *las cuales dan como ratificado en su cargo al Presidente de la República*, Hugo Rafael Chávez Frías, con un total de 5 millones 800 mil 629 votos a favor de la opción "No".
>
> En la contienda electoral participaron 9 millones 815 mil 631 electores, de los cuales 3.989.008 se inclinaron por la opción "Sí" para revocar el mandato del Presidente Chávez. La totalización arrojó que la opción "No" alcanzó el 59,25% de los votos, mientras el "Sí" logró el 40,74% del total general, y la abstención fue del 30,02%.
>
> Vale destacar que para estos comicios el Registro Electoral se incrementó significativamente, alcanzando un universo de 14. 027.607 de electores con derecho a sufragar en el RR.
>
> Con base en la expresión de la voluntad popular, el Consejo Nacional Electoral, este viernes 27 de agosto, *ratificará en la Presidencia de la República* Bolivariana de Venezuela a Hugo Chávez Frías, quien culminará su período constitucional en el año 2006.

Y en efecto, en acto solemne efectuado ese día, el Consejo Nacional Electoral acordó "ratificar" al Presidente de la República en su cargo, a pesar de que un número de electores mayor que los que lo eligieron hubieran votado a favor de la revocación de su mandato. Otro tanto haría la Asamblea Nacional, sin que esa figura de la ratificación estuviese prevista en norma constitucional alguna.[77]

Y hacia el futuro, en cuanto a la elección sucesiva de los Rectores del Consejo Nacional Electoral, a partir de 2004, la Sala Constitucional continuó ejerciendo el "monopolio" de designar a sus miembros, en contra de todas las previsiones constitucionales, siempre alegando una "omisión legislativa," sustituyendo a la Asamblea Nacional, y sin respetar ninguna de las previsiones de la Constitución que buscaban asegurar la participación de la sociedad

---

77 Véase *El Nacional*, Caracas, 28-08-2004, pp. A-1 y A-2

civil para la postulación de candidatos a ser electos como tales Rectores,[78] como por ejemplo ocurrió en 2014.[79]

6. La nueva usurpación de las funciones de la Asamblea Nacional, como cuerpo elector, por la Sala Constitucional del Tribunal Supremo

En efecto, el día 22 de diciembre de 2014, al no poder la fracción parlamentaria del partido de gobierno designar por su cuenta, sin acuerdo alguno con los otros grupos parlamentarios, a los miembros del Poder Electoral, específicamente del Consejo Nacional Electoral, por no reunir la mayoría calificada de las 2/3 partes de los diputados, el entonces Presidente de la Asamblea Nacional, Sr. Diosdado Cabello, anunció públicamente "que el Tribunal Supremo de Justicia se encargará de designar a los rectores y suplentes del Consejo Nacional Electoral (CNE), pues no se lograron las dos terceras partes necesarias en el Parlamento para la designación," [80] como si dicho órgano judicial tuviese competencia alguna para hacer esa "designación" en sustitución de la Asamblea Nacional.

La decisión inconstitucional de la Asamblea Nacional se reportó en otra noticia de prensa, indicándose que:

> "La designación de los nuevos rectores del Consejo Nacional Electoral (CNE) fue enviada por la Asamblea Nacional al Tribunal Supremo

---

78 Véase Allan R. Brewer-Carías, "El control de la constitucionalidad de la omisión legislativa y la sustitución del Legislador por el Juez Constitucional: el caso del nombramiento de los titulares del Poder Electoral en Venezuela," en *Revista Iberoamericana de Derecho Procesal Constitucional,* N° 10 Julio-Diciembre 2008, Editorial Porrúa, Instituto Iberoamericano de Derecho Procesal Constitucional, México 2008, pp. 271-286; "La Jurisdicción Constitucional al servicio de la política: de cómo el Juez Constitucional ha secuestrado y sometido al Poder Electoral y a la Jurisdicción Electoral en Venezuela," en *La Justicia Constitucional en el Estado Social de derecho. Homenaje al Dr. Néstor Pedro Sagües, II Congreso Internacional de Derecho Procesal Constitucional,* (Coordinador Gonzalo Pérez Salazar), Universidad Monteávila, Funeda, Especialización en Derecho Procesal Constitucional, Caracas 2012, pp. 125-149.

79 Véase Allan R. Brewer-Carías, "El golpe de Estado dado en diciembre de 2014, con la inconstitucional designación de las altas autoridades del Poder Público," en *Revista de Derecho Público,* N° 140 (Cuarto Trimestre 2014, Editorial Jurídica Venezolana, Caracas 2014, pp. 495-518; "La elección popular indirecta de altos funcionarios del Estado en Venezuela y su violación por el Estado autoritario: el golpe de Estado de diciembre de 2014 dado con las inconstitucionales designaciones de los titulares de las ramas del Poder Público," en *Revista de Investigações Constitucionais. Journal of Constitutional Research*, v. 2, n. 2 (maio-agosto 2015), ISSN 2359-5639, pp. 63-92.

80 Véase "TSJ decidirá cargos de rectores del CNE", Noticias "Globovisión, Caracas, 22 diciembre de 2014, en http://globovision.com/tsj-decidira-cargos-de-rectores-del-cne/

de Justicia (TSJ) por no contar con la mayoría requerida por la Constitución de la República Bolivariana de Venezuela y por ello corresponde a la sala Constitucional del TSJ designar a los rectores del Poder Electoral."[81]

En consecuencia, se informó en la prensa que: "Cabello leyó y firmó la comunicación que fue enviada "de inmediato" al máximo órgano de justicia del país."[82]

Esta decisión del Presidente de la Asamblea Nacional, por supuesto, fue esencialmente inconstitucional, pues la misma, como cuerpo elector en segundo grado, y menos su Presidente, no puede delegar sus funciones constitucionales en órgano alguno del Estado, y menos en el Tribunal Supremo de Justicia.

Por lo demás, es falso que cuando no se logre la mayoría calificada requerida de votos de diputados para la elección de los miembros del Consejo Nacional Electoral, por falta de acuerdos entre los partidos, ello pueda considerarse como una "omisión inconstitucional" (como lo decidió la Sala Constitucional en 2003); y también es falso que en esos casos "corresponda" al Tribunal Supremo de Justicia, realizar tal elección. Al contrario, el Tribunal Supremo carece de competencia para realizar dicha elección; y mucho menos competencia tiene con el argumento de que en la Asamblea Nacional "no se pudo contar con la mayoría requerida por la Constitución."

La Sala Constitucional, en efecto, es ningún caso puede suplir la voluntad popular expresada en segundo grado que solo puede emanar de la Asamblea Nacional, como cuerpo elector, por lo que al hacer la "elección" de dichos funcionarios, como en efecto lo hizo en diciembre de 2014, incurrió en usurpación de autoridad que conforme al artículo 138 de la Constitución "es ineficaz y sus actos son nulos."

Es muy probable que el Presidente de la Asamblea Nacional, para haber tomado la inconstitucional decisión de transferir a la Sala Constitucional el ejercicio de las funciones de la Asamblea, haya recordado la inconstitucional actuación de la Sala Constitucional del Tribunal Supremo en 2003, al haber designado a los miembros del Consejo Nacional Electoral, en forma provisoria, al ejercer el control de constitucionalidad de la omisión legislativa en haber hecho la elección, que en ese entonces fue requerido por un ciudadano en ejercicio de la competencia establecida en el artículo 336.7 de la Constitución, para declarar las omisiones del poder legislativo.

En relación con esta competencia de la Sala Constitucional de controlar la inconstitucionalidad de la omisión legislativa, hemos considerado que la misma no puede conducir a la sustitución del legislador y a dictar la ley o

---

81 Véase "Designación de rectores y suplentes del CNE pasa al TSJ," en *Informe21.com*, Caracas, 22 de diciembre de 2014, en http://informe21.com/cne/designacion-de-rectores-y-suplentes-del-cne-pasa-al-tsj

82 Véase "TSJ decidirá cargos de rectores del CNE", Caracas Noticias "Globovisión, 22 diciembre de 2014 en http://globovision.com/tsj-decidira-cargos-derectores-del-cne/

medida respectiva, obviando la función de deliberación de la representación popular, como la misma Sala lo ha decidido. En efecto, en sentencia N° 1043 de 31 de mayo de 2004 (Caso: *Consejo Legislativo del Estado Zulia*), la Sala sostuvo que a pesar de la complejidad de la materia la Jurisdicción Constitucional, difícilmente la misma podría llegar a suplir la omisión del Legislador en su totalidad, señalando que:

> "es constitucionalmente imposible incluso para esta Sala, pese a su amplia competencia constitucional, transformarse en legislador y proporcionar a la colectividad las normas que exige", sin embargo ha considerado que si está facultada para proporcionar soluciones a aspectos concretos, incluso por medio de la adopción de reglas generales que ocupen temporalmente el lugar de las normas ausentes, pero no para corregir por completo la inactividad del legislador y dictar las normas que se requieran."[83]

En esta línea, en todo caso, en el caso específico antes mencionado ocurrido en 2003, con motivo del recurso por omisión legislativa de la Asamblea Nacional en haber efectuado la elección de los miembros del Consejo Nacional Electoral (Rectores), por la peculiaridad de la situación de entonces, la Sala Constitucional declaró como inconstitucional la omisión legislativa, y se sustituyó en el ejercicio de tal atribución, aunque con carácter provisional, particularmente porque había sido la propia Sala la que había provocado la inmovilidad del Consejo Nacional Electoral nombrado en 2000, con graves consecuencias políticas, que se agravaban si no se elegían los nuevos miembros.[84]

En 2014, en una situación similar, como se ha dicho, el Presidente de la Asamblea Nacional considerando erradamente que al no haberse logrado la mayoría calificada para designar a los rectores del Consejo Nacional Electoral, supuestamente, en forma automática, le "correspondía" a la Sala Constitucional proceder a hacer los nombramientos, se dirigió a la misma en fecha 22 de diciembre de 2014, solicitando se procediese a materializar esa usurpación de autoridad, lo que la Sala Constitucional ejecutó, muy diligentemente, mediante sentencia N° 1865 de 26 de diciembre de 2014.[85]

La solicitud del Presidente de la Asamblea, como lo resume la sentencia, en efecto, se limitó a señalar que en la Asamblea "no se logró alcanzar la

83 Véase sentencia N° 1043 de 31–5–2004 (Caso: *Consejo Legislativo del Estado Zulia*), en *Revista de Derecho Público*, N° 97–98, Editorial Jurídica Venezolana, Caracas 2004, p. 408.

84 Véase Allan R. Brewer-Carías, *La Justicia Constitucional. Procesos y procedimientos constitucionales*, México, 2007, pp. 392 ss.

85 La sentencia inicialmente la consulté en http://www.tsj.gob.ve/decisiones/scon/diciembre/173497-1865-261214-2014-14-1343.HTML Posteriormente sólo está disponible en http://historico.tsj.gov.ve/decisiones/scon/diciembre/173497-1865-261214-2014-14-1343.HTML.

mayoría requerida por la Constitución en su artículo 296, de las dos terceras partes de sus integrantes, para la designación de los Rectores y Rectoras del Consejo Nacional Electoral postulados o postuladas por la Sociedad Civil," razón por la cual decidió remitir "a ese máximo Tribunal, la presente información, para su consideración y fines correspondientes, según lo establecido en la Constitución de la República Bolivariana de Venezuela, en su artículo 336, numeral 7." De ello, la Sala Constitucional fue la que "dedujo" que se trataba de una solicitud de declaratoria de inconstitucionalidad de una omisión, para lo cual argumentó sobre su competencia en la materia prevista en el mencionado artículo 336.7 de la Constitución, haciendo referencia a su jurisprudencia, desde su sentencia N° 1.556 del 9 de julio de 2002.

Sin embargo, dicha norma, como resulta de su propio texto, sólo autoriza a la Sala Constitucional a declarar que la Asamblea Nacional por ejemplo, no ha dictado una decisión prevista en la Constitución, como una ley o una medida indispensable para garantizar el cumplimiento de la Constitución, como es la elección de altos funcionarios del Estado, ordenando a la Asamblea a dictar la norma o medida, y eventualmente fijar los lineamientos para la corrección de la omisión, pero nunca puede la Sala Constitucional sustituir la voluntad de la Asamblea Nacional como órgano legislativo ni como cuerpo electoral de segundo grado, ni por tanto, dictar por si misma ni la ley ni la medida de la específica competencia de la Asamblea.

Ahora bien, la Sala, en este caso de 2014, al analizar la legitimación activa del Presidente de la Asamblea para remitir al máximo Tribunal, "la presente información, para su consideración y fines correspondientes," dado el carácter de acción popular de la acción por omisión, expresó falsamente que ejercía – como se indica en la sentencia - "la representación del órgano parlamentario y en ejercicio de la cual declaró la imposibilidad de ese cuerpo deliberante de designar a los Rectores y Rectoras del Consejo Nacional Electoral," supuestamente habiendo solicitado a la Sala "*supla la aludida omisión*," lo cual no era cierto.

Eso no lo dijo en su solicitud el mencionado funcionario. Una cosa es controlar la inconstitucionalidad de la omisión que es lo que dispone el artículo 336.7 de la Constitución, norma que fue a lo única a lo cual hizo referencia indirecta el solicitante, y otra cosa es pedirle a la Sala que "supliera" a la Asamblea, es decir, que hiciera la "elección" en lugar del cuerpo elector, lo cual no podía hacer por ser ello inconstitucional. Pero ello fue lo que en definitiva hizo la Sala Constitucional, en un "proceso" que discrecionalmente consideró como de mero derecho, decidiéndolo "sin necesidad de abrir procedimiento alguno," para negarle a los interesados, como por ejemplo, a los propios diputados de la Asamblea Nacional que no estuviesen conformes con la petición, su derecho a ser oídos, violándose así el artículo 49 de la Constitución.

Por otra parte, como bien lo observó José Ignacio Hernández, "en este caso, quien ejerció la omisión fue, precisamente, el Presidente de la Asamblea Nacional, que es el órgano controlado por la acción de omisión.

Al hacer ello, se llegó a una situación paradójica: la Asamblea Nacional se demandó a sí misma. En efecto, quien demandó la omisión legislativa fue el Presidente de la Asamblea, órgano que según la demanda habría incurrido en esa omisión. Una especie de "auto-demanda", tan incoherente, que devela la inconstitucionalidad de la sentencia comentada."[86]

Para decidir el caso, la Sala Constitucional, además de narrar lugares comunes sobre la penta división del Poder Público, e indicar que todos los cinco poderes nacionales, entre ellos el Poder Electoral deben contar con titulares electos conforme a los términos establecidos en la Constitución, se refirió a la información dada a la Sala por el propio Presidente de la Asamblea Nacional, lo que además consideró que era un "hecho notorio comunicacional," en el sentido de que no se había logrado "acuerdo de la mayoría respectiva de los integrantes de ese órgano al que le compete la designación de los rectores del Consejo Nacional Electoral," de lo cual la Sala evidenció inconstitucionalmente y contrariando el principio democrático representativo que rige los órganos deliberantes, "la ocurrencia de una omisión por parte del órgano parlamentario nacional," además de constatar que se habían agotado los procedimientos previstos en el artículo 296 del Texto Fundamental y en el artículo 30 de la Ley Orgánica del Poder Electoral, todo lo cual, a juicio de la Sala Constitucional, había sido reconocido por el Presidente de la Asamblea Nacional.

Precisó la Sala, que "la omisión de designación es un hecho objetivo que se constata de la solicitud que efectuó el Presidente de la Asamblea Nacional, y que obedece a que no existe en el órgano parlamentario la mayoría calificada, consistente en el voto favorable de las dos terceras partes de sus integrantes, tal como lo exige el artículo 296 del Texto Fundamental," de lo cual entonces dedujo la Sala Constitucional," que había "la existencia de la omisión por parte de la Asamblea Nacional de designar a los Rectores y Rectoras del Consejo Nacional Electoral conforme a las postulaciones realizadas por la sociedad civil."

Bastó este simple e infundado razonamiento para que entonces, la Sala Constitucional "en atención al mandato estatuido en los artículos 296, 335 y 336, numeral 7, de la Constitución," resolviese, no conminar a la Asamblea a que cumpliera sus funciones fijándole por ejemplo un plazo para ello como había ocurrido en el antecedente jurisprudencial de 2003, sino pasar directamente a "designar" a los miembros del Consejo Nacional Electoral, por

86 Véase José Ignacio Hernández, "La inconstitucional designación de los rectores del CNE," en *Prodavinci*, Caracas 27 de diciembre de 2014, en http://prodavinci.com/blogs/la-inscostitucional-designacion-de-los-rectores-del-cne-por-jose-ignacio-hernandez/

supuesto olvidándose totalmente de las previsiones sobre participación ciudadana previstas en la Constitución, así: "como primera rectora principal a la ciudadana Tibisay Lucena, y como sus suplentes a los ciudadanos Abdón Rodolfo Hernández y Alí Ernesto Padrón Paredes; como segunda rectora principal a la ciudadana Sandra Oblitas, y como sus suplentes a los ciudadanos Carlos Enrique Quintero Cuevas y Pablo José Durán; y como tercer rector principal al ciudadano Luis Emilio Rondón, y como sus suplentes a los ciudadanos Marcos Octavio Méndez y Andrés Eloy Brito." Luego de ello, la Sala convocó a los Rectores y Rectoras designados como principales y suplentes para su juramentación, la cual se llevó a cabo en la propia Sala el día lunes 29 de diciembre de 2014.

La designación de estos rectores del Consejo Nacional Electoral por la Sala Constitucional, por otra parte, fue hecha en forma definitiva para el período constitucional correspondiente, abandonándose la idea de la "provisionalidad" en la designación que había prevalecido en el antecedente jurisprudencial mencionado de 2003.

Todo ello, por supuesto, fue absolutamente inconstitucional, pues en la Asamblea Nacional, en diciembre de 2014, en realidad, no hubo omisión inconstitucional alguna por parte de la Asamblea Nacional en la elección, al punto de que el propio Presidente de la misma ni siquiera usó la palabra "omisión" en su solicitud. Es falso, por tanto lo afirmado por la Sala Constitucional en el sentido de que la referida "omisión de designación" haya sido un "hecho objetivo que se constata de la solicitud que efectuó el Presidente de la Asamblea Nacional," pues éste nada dijo al respecto.[87] Lo único que expresó el solicitante fue que no se logró la mayoría calificada de las 2/3 partes de sus integrantes para que se pudiera materializar la elección de los miembros del Consejo Nacional Electoral, y ello como la misma Sala Constitucional lo decidió en otra sentencia de 2003 antes citada, no es ni puede ser inconstitucional en sí mismo. De ello, sin embargo, fue la Sala Constitucional la que falsamente dedujo que dicha mayoría calificada no existía ("no existe en el órgano parlamentario"), y que había "la imposibilidad" de hacer la elección, deduciendo entonces, como consecuencia, una supuesta "existencia de la omisión por parte de la Asamblea Nacional."

En un órgano deliberante como la Asamblea Nacional, se insiste, el que no se lleguen a acuerdos parlamentarios mediante discusión y consensos, en ocasiones determinadas, no significa que haya "omisión" y menos inconstitucional. De ello se trata la democracia, precisamente de acuerdos y consensos cuando una sola fuerza política no controla la mayoría requerida para decidir. En esos casos, tiene que llegar a un acuerdo con las otras fuerzas

---

87 Por ello José Ignacio Hernández indicó, con razón, que "se declaró una omisión que en realidad no existía." Véase José Ignacio Hernández, "La inconstitucional designación de los rectores del CNE," en *Prodavinci*, Caracas 27 de diciembre de 2014, en http://prodavinci.com/blogs/la-inscostitucional-designacion-de-los-rectores-del-cne-por-jose-ignacio-hernandez/,

políticas. Como lo expresó la propia Sala Constitucional en 2003, en la antes mencionada sentencia Nº 2073 de 4 de agosto de 2003 (Caso: *Hermánn Escarrá Malaver y oros*),[88] cuando "los integrantes de la Asamblea no logran el acuerdo necesario para llegar a la mayoría requerida, la elección no puede realizarse, sin que ello, en puridad de principios, pueda considerarse una omisión legislativa, ya que es de la naturaleza de este tipo de órganos y de sus votaciones, que puede existir disenso entre los miembros de los órganos legislativos, y que no puede lograrse el número de votos necesarios, sin que pueda obligarse a quienes disienten, a lograr un acuerdo que iría contra la conciencia de los votantes." En esos casos, por tanto no hay inconstitucionalidad alguna sino necesidad de que las fuerzas políticas lleguen a un acuerdo, cediendo y acordándose mutuamente, que es lo propio en la democracia.

Como lo observó Román José Duque Corredor, la Sala Constitucional:

> "consideró como una omisión inconstitucional la falta del acuerdo político entre los integrantes de la Asamblea Nacional para alcanzar la mayoría de las 2/3 partes necesarias para designar los Rectores del CNE, cuando no se trata de falta alguna para dictar una ley o alguna medida jurídica indispensable para que se cumpla la Constitución, sino de la falta del consenso, en las discusiones parlamentarias, para lograr la decisión política requerida para la legitimidad democrática de origen de un órgano del Poder Público. Ese desacuerdo político no es propiamente una inactividad de la Asamblea Nacional, como lo quiere hacer ver la Sala Constitucional."[89]

Por tanto, al decidir la Sala Constitucional, de oficio, que por no haberse logrado una determinada mayoría en la Asamblea, como la quería el partido de gobierno, ya ello implicaba que "no existía" la posibilidad de lograr dicha mayoría, que por tanto había "la imposibilidad" de hacer la elección, y había una "omisión inconstitucional," lo que estableció en definitiva fue que la democracia parlamentaria en sí misma es inconstitucional, siendo al contrario, "constitucional," la situación en la cual un partido imponga su voluntad sin necesidad de llegar a acuerdos con los otros partidos o grupos políticos representados en la Asamblea.

---

88 Véase en http://historico.tsj.gov.ve/decisiones/scon/agosto/2073-040803-03-1254%20Y%201308.HTM. Véanse los comentarios en Allan R. Brewer-Carías, "El control de la constitucionalidad de la omisión legislativa y la sustitución del Legislador por el Juez Constitucional: el caso del nombramiento de los titulares del Poder Electoral en Venezuela," en *Revista Iberoamericana de Derecho Procesal Constitucional,* No. 10 Julio-Diciembre 2008, Editorial Porrúa, Instituto Iberoamericano de Derecho Procesal Constitucional, México 2008, pp. 271-286

89 Véase Román José Duque Corredor, "El logaritmo inconstitucional: 7 Magistrados de la Sala Constitucional son iguales a 2/3 partes de la representación popular de la Asamblea Nacional,: Caracas 29 de diciembre de 2014, en http://www.frentepatriotico.com/inicio/2014/12/29/logaritmo-inconstitucional/

Se trató, en definitiva, de una decisión que legitimó el autoritarismo, considerándose en ella como "constitucional" que el partido de gobierno adoptase decisiones sin oposición alguna, y al contrario, como "inconstitucional" que entre en juego la democracia parlamentaria representativa, y que en alguna sesión de la Asamblea el partido de gobierno no lograse imponer su voluntad por no disponer de la mayoría calificada de las 2/3 partes de los diputados, y tuviera que llegar a acuerdos o consensos con otros grupos.[90]

Y en medio de este absurdo, fue todavía más absurdo que en forma muy antidemocrática, la Sala Constitucional no sólo hubiera usurpado la voluntad popular que debía expresar en segundo grado la Asamblea Nacional como órgano elector en estos casos para decidir con mayoría calificada de votos de las 2/3 partes de sus miembros, sino que hubiera considerado "constitucional" el hecho de que sus siete magistrados, que son personas no electas por voto directo, usurpando dicha condición de órgano elector que solo corresponde a la Asamblea nacional, sustituyeran la voluntad de los 2/3 de sus diputados, y hubieran "elegido" sin cumplir los requisitos constitucionales, a los miembros del Consejo Supremo Electoral.

Toda esta aberrante situación la resumió Román José Duque Corredor, al analizar lo que llamó el "logaritmo inconstitucional":

> "La Sala In-Constitucional, o mejor dicho , la Sala Celestina, del Tribunal Supremo de Justicia, manipula torticeramente los artículos 336.7 y 296, de la Constitución, para designar para el Consejo Nacional Electoral, en lugar de las 2/3 partes de los integrantes de la Asamblea Nacional, los postulados por el PSUV que no obtuvieron el acuerdo de esa mayoría calificada. Para ello dicha Sala declaró como inconstitucio-

---

90 Como lo ha destacado José Ignacio Hernández, "La existencia de mayorías calificadas para designar a ciertos funcionarios, como es el caso de las dos terceras partes de los integrantes de la Asamblea necesarias para designar a los Rectores del CNE, tiene un claro propósito: forzar al acuerdo de voluntades entre los distintos partidos políticos, evitando que el partido de la mayoría simple (o absoluta) dicte todas las decisiones. Esto es así, pues si un solo partido político en la Asamblea puede dictar todas las decisiones, sin tener que pactar con otros partidos, estaríamos ante lo que Alexis de Tocqueville llamó la "tiranía de la mayoría". [...] Por eso es que la Constitución de 1999 no permite a la Sala Constitucional asumir la designación de los Rectores del CNE, pues esa designación solo podía ser efectuada por la voluntad de las dos terceras partes de los diputados de la Asamblea. Es decir, no basta –no debe bastar– la voluntad de uno solo para efectuar esa designación. La Sala Constitucional asumió, así, de manera unilateral, una designación que por Constitución debía ser plural. Lo hizo, además, ignorando a esas dos terceras partes de la Asamblea –que es una entidad distinta a quien preside la Asamblea– pues ni siquiera siguió previo juicio." Véase José Ignacio Hernández, "La inconstitucional designación de los rectores del CNE," en *Prodavinci*, Caracas 27 de diciembre de 2014, en http://prodavinci.com/blogs/la-inscostitucional-designacion-de-los-rectores-del-cne-por-jose-ignacio-hernandez/

nal el que en las sesiones parlamentarias los diputados no hubieren alcanzado esa mayoría de las 2/3 partes y consideró competente a sus 7 Magistrados para sustituir esa mayoría calificada en un nuevo logaritmo. Es decir, que exponencialmente 7 Magistrados equivalen a 110 diputados. Con esta fórmula la Sala Celestina designó los Rectores del CNE que 99 oficialistas no pudieron designar. La base de este logaritmo inconstitucional es la tergiversación de normas constitucionales que para que esa designación tenga la legitimidad democrática de una elección de segundo grado, exigen un consenso o una gran mayoría de la representación popular por la que sufragó el pueblo al elegir la Asamblea Nacional. Con esas 2/3 partes lo que la Constitución pretende es garantizar la autenticidad de la base popular de dicha designación. En otras palabras, que la exigencia de esa mayoría calificada es una manera de que la soberanía popular indirectamente intervenga en la conformación del Poder Electoral, cuya titularidad le corresponde en los términos del artículo 5° de la Constitución. [...]

En base, pues, a su torticera interpretación, la Sala Constitucional, de nuevo en su función de Sala Celestina del gobierno y de ejecutora de ordenes cuartelarías, mediante un logaritmo inconstitucional sustituyó a las 2/3 partes de la representación popular de la Asamblea Nacional, es decir, a 110 de sus diputados, por sus 7 Magistrados, con lo que una vez más contribuye con la perdida de vigencia y con la desinstitucionalización del Estado de Derecho democrático en Venezuela."[91]

Reflexión final

Como resulta de lo anteriormente expuesto, uno de las consecuencias de la crisis de la democracia de partidos que estalló en Venezuela durante los años ochenta y noventa del Siglo pasado, fue la generalizada reacción contra la forma de designación, por el antiguo Congreso, de los titulares de los altos cargos públicos no electos popularmente, es decir, de los Magistrados de la antigua Corte Suprema de Justicia, del Fiscal General de la República, del Contralor General de la República y de los miembros del Consejo Nacional Electoral.

Tales nombramientos los hacía el antiguo Congreso de la República mediante acuerdos entre los dirigentes de los partidos mayoritarios que habían dominado la escena política durante cuarenta años alternándose en el ejercicio del Poder Ejecutivo; acuerdos que luego ejecutaba el Congreso. Ello fue rechazado en forma general por la sociedad civil, por lo que una de las cuestiones que dominó los debates en la Asamblea Nacional Constituyente, fue la reacción contra esa forma de designación, lo que motivó que, al contrario, en el texto de la Constitución de 1999 se hubieran establecido todo

---

91 Véase Román José Duque Corredor, "El logaritmo inconstitucional: 7 Magistrados de la Sala Constitucional son iguales a 2/3 partes de la representación popular de la Asamblea Nacional,: Caracas 29 de diciembre de 2014, en http://www.frentepatriotico.com/inicio/2014/12/29/logaritmo-inconstitucional/

tipo de limitaciones a la nueva Asamblea Nacional para efectuar tales nombramientos, con el objeto de restringir la total discrecionalidad que tenía en antiguo Congreso en la materia, y por ende, eliminar la influencia que en tales designaciones tenían los partidos políticos.

Y fue precisamente, como reacción a los antiguos procederes políticos, que en la Constitución se establecieron los diversos Comités de Postulaciones que hemos analizados anteriormente, que debían estar integrados todos, "por *representantes de los diversos sectores de la sociedad;*" Comités a los cuales corresponde la potestad exclusiva de postular los candidatos a Magistrados del Tribunal Supremo de Justicia, Fiscal General de la República, Defensor del Pueblo, Contralor General de la República y Rectores del Consejo Nacional Electoral.

Se trató, sin duda, de un mecanismo mediante el cual la Constitución garantizó la posibilidad de la participación directa de los ciudadanos, a través de los representantes de los diversos sectores de la sociedad, en el proceso de selección y postulación de los altos funcionarios mencionados del Estado. Sin embargo, la práctica política de los últimos lustros, en lugar mostrar la implementación de este mecanismo de democracia participativa constitucionalmente establecido, de carácter sin duda excepcional en el constitucionalismo comparado, lo que puso en evidencia fue la elaboración de toda suerte de normas y la adopción de variadas decisiones para hacer nugatoria la aplicación de las referidas normas participativas.

Y cuando al fin se regularon legalmente los referidos Comités, en realidad, lo que el Legislador estableció en evidente fraude a la Constitución, fueron unas "Comisiones parlamentarias ampliadas", en las cuales las mismas tácticas políticas partidistas de designación que se querían proscribir, se han enseñoreado en el Parlamento, dominado por lo demás, por los nuevos partidos que apoyan al Presidente de la República.

Con ese mecanismo de designación violatorio de la Constitución, contrariamente a lo que quiso el Constituyente, los diversos órganos del Poder Público se han tornado en más dependientes del Poder, habiendo surgido en el orden constitucional un sistema de concentración de los Poderes que está reñido con los principios de autonomía e independencia que derivan de la penta división del Poder Público, que como una innovación constitucional única en el mundo, se ha quedado en el papel. Con ello, lamentablemente, la participación política de los ciudadanos constitucionalmente garantizada, también se ha quedado en el papel y ha sido burlada por quienes desde el parlamente controlan el Poder.

VI. EL FRAUDE A LA CONSTITUCIÓN COMETIDO POR EL JUEZ CONSTITUCIONAL CONTRA EL DERECHO A LA PARTICIPACIÓN CIUDADANA EN LA CONSULTA DE LEYES (2014, 2017)

La Constitución de 1999, además de regular directamente el mecanismo de participación ciudadana en la conformación de los Comités de postulaciones para la elección de los altos funcionarios del Estado no electos popularmente en forma directa, como antes se ha analizado también estableció un mecanismo de participación ciudadana directa en el proceso de elaboración de las leyes al disponer en forma general que la Asamblea Nacional o las Comisiones Permanentes, *durante el procedimiento de discusión y aprobación de los proyectos* de leyes, deben consultar a los ciudadanos y a la sociedad organizada para oír su opinión sobre los mismos, teniendo derecho de palabra en su discusión los representantes de la sociedad organizada, "en los términos que establezca el reglamento de la Asamblea Nacional" (art. 211).

La norma se incluyó en la sección relativa al procedimiento de formación de las leyes, cuya elaboración y sanción en una de las "funciones propias" (art. 134 de la Constitución) del órgano legislativo, es decir, de la Asamblea Nacional en ejercicio del Poder Legislativo. Por ello, evidentemente, en la norma se identifican con precisión a los órganos del Estado que deben primariamente cumplir con dicha obligación que son los que normalmente participan en el procedimiento de formación de las leyes, es decir, la propia Asamblea Nacional o las Comisiones Permanentes de las mismas. Y no podría ser de otro modo, pues dichos órganos son los que normalmente legislan.

Sin embargo, lo importante de dicha norma no es su aspecto formal de regulación de un "procedimiento legislativo" específico y, en el mismo, la identificación de cuál órgano del Estado es el que debe cumplir específicamente con la obligación de consultar al pueblo la legislación que se proyecta; sino su aspecto sustantivo, en cuanto a la regulación en el propio texto constitucional, de un *derecho constitucional de los ciudadanos y de la sociedad organizada* a ser consultados en el proceso de formación de las leyes que se proyecta que han de regirlos, que es un derecho correlativo a una obligación impuesta a los órganos que ejercen la función normativa de rango legal de consultar al pueblo sobre los proyectos de leyes antes de su sanción.

Bajo este ángulo sustantivo del derecho y de la obligación establecidos en el artículo 211, lo importante, por tanto, no es cuál órgano específico del Estado sanciona la ley, y a través de cuál procedimiento, sino el derecho constitucional a la participación ciudadana que establece la norma y la obligación de los órganos del Estado de asegurar dicha participación, en este caso, mediante consulta pública de los proyectos de leyes.

La ley, como se ha dicho, puede sancionarse por la Asamblea Nacional en ejercicio del Poder Legislativo, cumpliendo la función normativa como "función propia" de la misma; o por el Presidente de la República en ejercicio del Poder Ejecutivo, cumpliendo la función normativa en virtud de delegación legislativa.

En ambos casos, la obligación constitucional establecida en el artículo 211 de la .Constitución, al margen de las normas generales que garantizan el derecho a la participación ciudadana (art. 62 y 70), originan un correlativo derecho constitucional específico de los ciudadanos y de la sociedad organizada a ser consultada no sólo sobre las políticas públicas, sino especialmente sobre los proyectos de leyes con las cuales van a regularlos, antes de que se sancionen, independientemente de que tengan la "forma" de ley o de decreto ley. Lo contrario significaría sostener que el derecho ciudadano a la participación política consagrado constitucionalmente, sólo estaría garantizado en el caso de leyes dictadas por la Asamblea Nacional pero no de leyes dictadas por el Poder Ejecutivo a través de decretos leyes, lo que por supuesto no tendría sentido alguno.

Al contrario, el sentido del derecho constitucional consagrado en el artículo 211 de la Constitución implica que cuando la Asamblea Nacional, en ejercicio del Poder Legislativo y de la función normativa, sanciona una ley, o cuando el Presidente de la República en ejercicio del Poder Ejecutivo y de la función normativa derivada de una delegación legislativa, dicta decretos leyes, en todo caso, se debe siempre consultar a los ciudadanos antes de la sanción definitiva del texto legal, de manera que si esta se produce sin someter el proyecto de ley previamente a consulta pública, en particular, a los ciudadanos y a la sociedad organizada, se viola el derecho a la participación establecido en el artículo 211 de la Constitución y además, por derivación, se violan las previsiones generales que establecen el derecho político a la participación que están en los artículos 62 y 70 de la Constitución.

Sin embargo, esta previsión, propia también de la llamada "democracia participativa," puede decirse que nunca se ha cumplido a cabalidad, por no haberse realizado en el país consulta popular efectiva alguna sobre los proyectos de ley sancionadas en los últimos lustros en la forma prescrita en la Constitución.[92] Además, la posibilidad de participación popular se disipó totalmente en virtud de que hasta 2016, la Asamblea Nacional simplemente dejó de legislar y delegó en el Poder Ejecutivo la legislación básica del país, al punto de que más del 90% de las leyes vigentes en Venezuela en un régimen que se había proclamado como democrático, fueron dictadas a través de decretos leyes mediante legislación delegada por el Presidente de la República, los cuales, por supuesto, nunca fueron consultados a los ciudadanos.

Tal ha sido el descaro de violación de la Constitución en esta materia que, por ejemplo, en solo dos días de diciembre de 2015, entre el 28 y 29, y en plenas fiestas navideñas y de fin de año, la Asamblea Nacional que terminaba su período, durante sesiones extraordinarias, al unísono con el Presidente de la República y con el objeto de privar de poderes a la nueva Asamblea que iba a tomar posesión el 5 de enero de 2016, dictaron más de 30 leyes –en sólo dos días– cuyo contenido y propósito solo fue conocido cuan-

---

92 Véase por ejemplo, "Apreciación general sobre los vicios de inconstitucionalidad que afectan los Decretos Leyes Habilitados" en *Ley Habilitante del 13-11-2000 y sus Decretos Leyes*, Academia de Ciencias Políticas y Sociales, Serie Eventos N° 17, Caracas 2002, pp. 63-103; y "El derecho ciudadano a la participación popular y la inconstitucionalidad generalizada de los decretos leyes 2010-2012, por su carácter inconsulto," en *Revista de Derecho Público,* N° 130, (abril-junio 2012), Editorial Jurídica Venezolana, Caracas 2012, pp. 85-88.

do salieron publicadas en la *Gaceta Oficial*.[93] Lo mismo ya había pasado en diciembre de 2010 cuando la Asamblea Nacional que entonces también estaba terminando su período constitucional, a la carrera e igualmente durante sesiones extraordinarias, sancionó no solo la reforma de la Ley Orgánica del Tribunal Supremo de Justicia, sino todas las leyes Orgánicas del Poder Popular, las cuales no fueron tampoco objeto de consulta popular en la forma prescrita en la Constitución, y solo fueron conocidas a aparecer publicadas en la *Gaceta Oficial*.[94]

Y lo peor de ello, es que de nuevo, fue el Juez Constitucional, es decir, la Sala Constitucional del Tribunal Supremo, actuando completamente bajo control del Poder Ejecutivo, el que en 2014 cohonestó, en fraude a la Constitución,[95] el incumplimiento de la exigencia constitucional de participación popular, estableciendo sin razón alguna que el principio participativo solo se aplicaba cuando la Asamblea Nacional era la que legislara, pero no cuando el Ejecutivo lo hiciera; y luego en 2017, el mismo Juez Constitucional se encargó de interpretar que la "consulta popular" respecto de las leyes que regula expresamente la Constitución se podía realizar al margen de la misma, no por la Asamblea Nacional o las Comisiones Permanentes *durante el procedimiento de discusión y aprobación de los proyectos* como lo prevé el artículo 211, sino fuera del proceso legislativo, en cualquier forma, sin control alguno.

---

93 Además, finalmente, basta solo constatar que durante las sesiones extraordinarias celebradas entre el 23 y el 30 de diciembre de 2015, en plena fiestas navideñas, la Asamblea "discutió" y sancionó 20 leyes, sin que se hubiese hecho consulta popular alguna. Véase por ejemplo *Gaceta Oficial* N° 40.819 de diciembre de 2015.

94 Véase por ejemplo *Gaceta Oficial* N° 6.011 Extra. de 21 de diciembre de 2010.

95 La Sala Constitucional del Tribunal Supremo de Justicia en la sentencia N° 74 de 25-01-2006 señaló que un *fraude a la Constitución* ocurre cuando se destruyen las teorías democráticas "mediante el procedimiento de cambio en las instituciones existentes aparentando respetar las formas y procedimientos constitucionales", o cuando se utiliza "del procedimiento de reforma constitucional para proceder a la creación de un nuevo régimen político, de un nuevo ordenamiento constitucional, sin alterar el sistema de legalidad establecido, como ocurrió con el *uso fraudulento de los poderes* conferidos por la ley marcial en la Alemania de la Constitución de *Weimar*, forzando al Parlamento a conceder a los líderes fascistas, en términos de dudosa legitimidad, la plenitud del poder constituyente, otorgando un poder legislativo ilimitado"; y que un *falseamiento de la Constitución* ocurre cuando se otorga "a las normas constitucionales una interpretación y un sentido distinto del que realmente tienen, que es en realidad una modificación no formal de la Constitución misma", concluyendo con la afirmación de que "*Una reforma constitucional sin ningún tipo de límites, constituiría un fraude constitucional*". Véase en *Revista de Derecho Público,* Editorial Jurídica Venezolana, N° 105, Caracas 2006, pp. 76 ss. Véase Néstor Pedro Sagües, *La interpretación judicial de la Constitución*, Buenos Aires 2006, pp. 56-59, 80-81, 165 ss.

1. *La "eliminación" de la consulta pública respecto de los decretos leyes dispuesta por el Juez Constitucional (2014)*

La previsión sobre democracia participativa establecida en la Constitución, en efecto, puede decirse que nunca se han aplicado, particularmente porque desde cuando se utilizó por primera vez, en 2000, al inicio del régimen autoritario, la modalidad de legislar masivamente mediante legislación delegada, es decir, a través de decretos leyes dictados por el Presidente de la República en Consejo de Ministros en ejecución de una ley habilitante en los términos del artículo 203 de la Constitución de 1999; ninguno de los decretos leyes fue sometido a consulta popular alguna.

Respecto de dichos decretos leyes, por otra parte, a pesar de que fueron impugnados por razones de inconstitucionalidad, precisamente, entre otros vicios, por violación del derecho ciudadano a la participación política al haber sido dictados inconsultamente,[96] nunca fueron objeto de revisión por la Sala Constitucional, la cual nunca se pronunció al respecto hasta 2014.

El resultado fue que la legislación básica del país, dictada en los últimos veinte años, ha sido sancionada mediante decretos leyes conforme a sucesivas leyes habilitantes, no habiéndose respetado en ningún caso el procedimiento de consulta popular, ni garantizado el derecho de los ciudadanos ni de la sociedad organizada a participar en el proceso de formación de las leyes conforme al artículo 211 de la Constitución.

En la única ocasión en la cual la Sala Constitucional se pronunció en un caso de impugnación de un decreto ley por violación del derecho constitucional a la participación ciudadana fue mediante sentencia No. 203 de 25 de marzo de 2014 (Caso *Síndica Procuradora Municipal del Municipio Chacao del Estado Miranda, impugnación del Decreto Ley de Ley Orgánica de la Administración Pública de 2008*),[97] en la cual por primera entró a conocer de

---

96 Véase Allan R. Brewer-Carías, "Apreciación general sobre los vicios de inconstitucionalidad que afectan los Decretos Leyes Habilitados" en *Ley Habilitante del 13-11-2000 y sus Decretos Leyes*, Academia de Ciencias Políticas y Sociales, Serie Eventos N° 17, Caracas 2002, pp. 63-103; "El derecho ciudadano a la participación popular y la inconstitucionalidad generalizada de los decretos leyes 2010-2012, por su carácter inconsulto," en *Revista de Derecho Público,* N° 130, (abril-junio 2012), Editorial Jurídica Venezolana, Caracas 2012, pp. 85-88; y "El fin de la llamada "democracia participativa y protagónica" dispuesto por la Sala Constitucional en fraude a la Constitución, al justificar la emisión de legislación inconsulta en violación al derecho a la participación política," en *Revista de Derecho Público,* N° 137 (Primer Trimestre 2014, Editorial Jurídica Venezolana, Caracas 2014, pp. 157-164.

97 Véase sentencia N° 203 de 25 de marzo de 2014. Caso *Síndica Procuradora Municipal del Municipio Chacao del Estado Miranda, impugnación del Decreto Ley de Ley Orgánica de la Administración Pública de 2008,* en http://www.tsj.gov.ve/decisiones/scon/marzo/162349-203-25314-2014-09-0456.HTML. La Ley impugnada fue publicada en *Gaceta Oficial* N° 5.890 Extra. de 31 de julio de 2008. Véase Allan Brewer-Carías, "El fin de la llamada

la denuncia de inconstitucionalidad formulada, declarándola sin embargo sin lugar, por considerar simplemente que como la legislación no se dictó por la Asamblea Nacional sino por el Poder Ejecutivo, entonces, en fraude a la Constitución, la Sala estimó que las leyes dictadas mediante decretos leyes no exigían la previa consulta popular.

Es decir, en definitiva, la Sala admitió una forma de "evadir" la obligación del Estado de asegurar la participación popular, y de burlarse del derecho ciudadano a la participación política, olvidándose de la supuesta "democracia participativa y protagónica," extinguiéndola con dicha sentencia.

Con ello, la Sala Constitucional, lo que hizo fue formalizar un fraude más a la Constitución, al establecer que el derecho a la participación política en materia de formación de las leyes se puede ignorar, o simplemente no existe, con el sólo hecho de que la ley que se le va a aplicar al ciudadano sea dictada mediante decreto ley en uso de delegación legislativa, y no mediante una ley de la Asamblea Nacional. En otros términos, que una forma de burlar el derecho ciudadano a la participación política mediante consulta popular de las leyes en una "democracia participativa y protagónica," es que el Poder legislativo simplemente delegue la legislación al Poder Ejecutivo y así se obvia la obligación de legislar. Ello, se insiste, no es más que un fraude a la Constitución.

En la mencionada sentencia Nº 203 de 25 de marzo de 2014, en efecto, el Juez Constitucional declaró sin lugar la acción de inconstitucionalidad que había intentado por la Síndica Procuradora Municipal del Municipio Chacao del Estado Miranda contra el Decreto Ley de Ley Orgánica de la Administración Pública de 2008, denunciando que dicho decreto ley no había sido sometido al procedimiento de consulta popular que exigía el artículo 211 de la Constitución, considerando en cambio, que los ciudadanos solo tenían derecho constitucional a participar en el proceso de formación de las leyes cuando las mismas las dictase la Asamblea Nacional, pero no cuando fueran dictadas por el Poder Ejecutivo mediante una delegación legislativa. La sentencia, así, aseguró la forma de burlar el derecho ciudadano a la participación política mediante consulta popular de las leyes en una "democracia participativa y protagónica."

Pero para configurar este fraude, lo más insólito de la sentencia fue que en la misma, contradictoriamente, la Sala Constitucional, procedió a constatar con lujo de detalles, lo contrario, es decir, que el derecho a la participación política se encuentra establecido dentro de los derechos políticos de los ciudadanos, para lo cual procedió a citar exhaustivamente la Exposición de Motivos de la Constitución cuando expresa que "se reconoce la necesidad de

---

"democracia participativa y protagónica" dispuesto por la Sala Constitucional en fraude a la Constitución, al justificar la emisión de legislación inconsulta en violación al derecho a la participación política," en *Revista de Derecho Público,* Nº 137 (Primer Trimestre 2014, Editorial Jurídica Venezolana, Caracas 2014, pp. 157-164.

la intervención del pueblo en los procesos de formación, formulación y ejecución de las políticas públicas, lo cual redundaría en la superación de los déficits de gobernabilidad que han afectado nuestro sistema político debido a la carencia de sintonía entre el Estado y la sociedad;" a citar el artículo 62 de la Constitución que entre otras cosas establece que "es obligación del Estado y deber de la sociedad facilitar la generación de las condiciones más favorables para su práctica;" a indicar que "en nuestro derecho constitucional se consagra un sistema dual de ejercicio de la participación política" de democracia indirecta y de democracia directa, en el cual ninguna de las dos prevalece sobre la otra; a precisar que "el sistema democrático envuelve la conjunción de los principios de representación y el principio de participación;" a reconocer como "principio fundamental en el desarrollo de los postulados democráticos que deben regir un Estado de Derecho," y entre ellos, el principio de "publicidad de sus actuaciones," que es el que permite a los ciudadanos "ejercer cabalmente su derecho a la participación política;" y a citar indiscriminadamente autores como Alessandro Pizzorusso, *Lecciones de Derecho Constitucional*, Centro de Estudios Constitucionales, 1984, p. 104, 110), Carl Schmitt; *Teoría de la Constitución*, Madrid, Alianza, 1982, p. 174); y Norberto Bobbio, *Diccionario de Política*, Madrid 1983, pp. 1209-1210).

Con estas citas cualquier lector habría sacado la conclusión de que lo que procedía era la declaración de que la falta de consulta pública de las leyes dictadas mediante decretos leyes, en el marco de la "democracia participativa y protagónica" prevista en la Constitución, violaba el derecho ciudadano a la participación política. Pero la Sala Constitucional, al contrario, y contradictoriamente a los postulados y doctrina que citó, lo que decidió fue que en Venezuela se puede impunemente violar el derecho ciudadano a la participación política que garantiza la consulta pública de los proyectos de leyes, si estos se dictan mediante decretos leyes.

Para llegar a esta conclusión, la Sala Constitucional utilizó dos argumentos: Primero, al "descubrir" que el ejercicio del derecho a participar por parte de los ciudadanos es de "ejercicio facultativo de los ciudadanos en la presentación de las observaciones al igual a lo que ocurre en la iniciativa legislativa, por ende su falta de ejercicio no acarrea sanción alguna por su inejecución por parte de los ciudadanos."

El argumento, por supuesto, no tiene lógica ni consecuencia jurídica algunas, pues el ejercicio de los derechos por los ciudadanos cuando implica el goce de la libertad en la realización de una actividad, como por ejemplo, el derecho de votar, el derecho a expresar el pensamiento, el derecho al libre tránsito, el derecho de petición, el derecho a manifestar, el derecho a tener una religión, el derecho a participar, siempre es de ejercicio facultativo, pues nadie puede ser obligado a votar, a escribir o hablar públicamente, a circular, a manifestar, a tener una religión o a participar. Todos son libres de ejercer esos derechos, por ello son de ejercicio facultativo, pero ello no implica que por ese "ejercicio facultativo" dejen de ser derechos ni ello excluye la obligación del Estado de garantizar y asegurar su ejercicio. La falta de aseguramiento y garantía por parte del Estado es la que acarrea una sanción, y es la nulidad de la acción u omisión del Estado, y nada tiene que ver eso con la falta de ejercicio por parte del ciudadano que efectivamente es libre.

Pero la Sala Constitucional para formalizar el fraude a la Constitución y a la democracia "participativa y protagónica" que se pregona, recurrió a un segundo argumento, aún más absurdo y es el hecho de que supuestamente el "procedimiento legislativo" establecido en el artículo 211 del Texto Constitucional, y el "procedimiento legislativo" para la emisión de decretos leyes, serían distintos, por lo que "el supuesto fáctico de la aplicación de la norma así como el sujeto pasivo difieren palmariamente entre ambos." Lo cierto, sin embargo, es que como se ha dicho, lo esencial de la norma no es el aspecto formal o procedimental sino el sustantivo relativo al derecho constitucional que consagra.

Con base en esa distinción formal, la Sala Constitucional, consideró que la obligación establecida en el artículo 211 de la Constitución, supuestamente contiene un "imperativo" "dirigido al órgano legislativo de acuerdo con sus funciones naturales –formación de leyes–" siendo que en cambio, "el supuesto de la ley habilitante es un supuesto excepcional en el proceso legislativo."

Se olvidó así, sin embargo, la Sala Constitucional, de nuevo, que el texto del artículo 211 lo que establece en realidad es un derecho específico a la participación política de los ciudadanos en el proceso de formación de las leyes, siendo su esencia, por supuesto, el de la "participación" sea cual fuere la forma de emisión de las leyes, si mediante sanción parlamentaria o mediante emisión de un decreto ley. Lo importante y esencial en una democracia "participativa y protagónica" es el derecho a la participación, no los aspectos procedimentales que se regulen.

Pero lo más insólito de la sentencia, fue la conclusión a la cual llegó la Sala después de argumentar erradamente que los ciudadanos supuestamente tienen derecho de participar en el procedimiento de formación de las leyes sólo cuando la ley la dicta la Asamblea Nacional, pero no cuando la dicta el Poder Ejecutivo mediante decreto ley, al expresar, como lo hubiera hecho el personaje "Cantinflas," que:

> "Lo anterior, no implica como erradamente se podría pretender que el Presidente de la República no está sujeto a la apertura de los mecanismos de participación cuando hace uso de las potestades legislativas previamente aprobadas, sino que en virtud de la excepcionalidad que implica la habilitación legislativa, el procedimiento de formación difiere estructural y funcionalmente del procedimiento en el órgano legislativo por lo que su incidencia varía en cuanto a su formación, no solo en cuanto a la representatividad de los funcionarios encargados de su discusión y aprobación sino en cuanto a los lapsos para su ejercicio; por lo que el ejercicio de dicho derecho se desarrolla en atención a uno de los

principios fundamentales que rige el sistema democrático como es la publicidad."

¿Qué dijo o quiso decir la Sala Constitucional en este párrafo?, realmente es indescifrable, pero no así la conclusión rotunda a la cual llegó a renglón seguido de dicho párrafo, sin fundamento alguno, en el sentido de que:

> "visto que el procedimiento establecido en el artículo 211 de la Constitución de la República Bolivariana de Venezuela, *no podría ser exigido al Presidente de la República por carecer de especificidad el procedimiento de formación de leyes dentro del marco de una ley habilitante*".

O sea, que cuando se dictan leyes mediante decretos leyes en ejecución de una ley habilitante no hay "procedimiento de formación de las leyes," es decir, supuestamente se estaría dentro del "reino de la arbitrariedad," y los ciudadanos en "democracia participativa y protagónica" no podrían gozar ni ejercer su derecho constitucional de participar en el proceso de formación de la ley que los va a regir.

Ello, por supuesto, no tiene sentido alguno, pues el derecho a la participación ciudadana en materia de formación de las leyes es absoluto, sea cual fuere el procedimiento de formación de las mismas; de lo contrario, bastaría acudir a una ley habilitante y dictar decretos leyes para, en fraude a la Constitución, quitarle al ciudadano su derecho a participar.

La Sala Constitucional, sin embargo, en la sentencia, trató de seguir justificando el fraude a la Constitución, expresando que la "inaplicación" del derecho a la participación previsto en el artículo 211 de la Constitución, supuestamente:

> "deviene igualmente en cuanto al procedimiento de discusión ante la Cámara en el cual se maneja un proyecto legislativo, a diferencia de la presentación y promulgación de Decretos los cuales responden a una excepcionalidad o a una urgencia en cuanto a su realización, por ende, se aprecia que mal puede exigirse la aplicación del artículo 211 de la Constitución de la República Bolivariana de Venezuela" en el caso [del decreto ley impugnado de la Ley Orgánica de la Administración Pública].

Ello, por supuesto, no tiene fundamento alguno en el texto de la Constitución de 1999, donde se reguló la delegación legislativa en sentido amplio, sin que necesariamente exista excepcionalidad, extraordinariedad o urgencia alguna en la sanción de una ley habilitante (arts. 203 y 236.8),[98] lo cual, por

---

98 Véase Allan R. Brewer-Carías, "El régimen constitucional de los Decretos Leyes y de los actos de gobierno" en *Bases y Principios del Sistema Constitucional Venezolano* (Ponencias del VII Congreso Venezolano de Derecho Constitucional realizado en San Cristóbal del 21 al 23 de noviembre de 2001), Asociación Venezolana de Derecho Constitucional, Universidad Católica del Táchira, San Cristóbal, 2002, pp. 25-74; y Las potestades normativas del Presi-

lo demás, nunca se ha invocado en la sanción de las múltiples leyes habilitantes que se han sancionado a lo largo de los últimos veinte años.

Pero, además, al tratar de justificar lo injustificable, al Sala Constitucional llegó a argumentar que a pesar de que el decreto ley impugnado no se sometió a consulta popular como lo imponía el artículo 211 de la Constitución, violándose el derecho constitucional a la participación política, sin embargo, tal:

> "derecho a la participación política no se vio conculcado o restringido en virtud que en función del conocimiento público y notorio de la promulgación de la Ley Habilitante los ciudadanos pueden presentar o formular proyectos sobre la discusión de las materias delegadas al Ejecutivo Nacional, para garantizar el ejercicio del derecho a la participación política."

El mismo errado y falso razonamiento lo repitió la sentencia al indicar que "cuando se promulga dicha habilitación existe una notoriedad en cuanto a la potestad conferida" en razón de lo cual dijo la Sala, "la participación puede ser realizada por parte de las comunidades organizadas con la finalidad de formular propuestas y opiniones".

O sea, que sin que se lleguen a conocer por los ciudadanos los proyectos de decretos leyes a ser dictados en forma clandestina e inconsulta en ejecución de la ley habilitante, supuestamente el derecho a la participación política quedaría asegurado, según la Sala, por el hecho de que al conocerse la sanción de una ley habilitante cualquiera puede presentar al Ejecutivo algún proyecto de ley para su aprobación. El argumento, por supuesto, no soporta análisis alguno, porque simplemente, el proyecto de ley emitido mediante decreto ley en ejecución de la ley habilitante nunca fue del conocimiento de los ciudadanos o de la sociedad organizada.

Por último, debe mencionarse que en materia de derecho ciudadano a la participación política en relación con el ejercicio de potestades normativas por parte del Poder Ejecutivo, la obligación de consulta pública no sólo está establecida en el mencionado artículo 211 de la Constitución, que fue violado abiertamente en el caso del decreto ley impugnado (en este caso de Ley Orgánica de la Administración Pública de 2008), sino en la propia Ley Orgánica de la Administración Pública desde que fue sancionada inicialmente en 2001. En el artículo 130 de la misma se dispone que para la adopción de "normas reglamentarias o de otra jerarquía" por los órganos del Poder Ejecutivo, entre las cuales sin duda están los decretos leyes, éstos están obligados a "iniciar un proceso de consulta pública y remitir el anteproyecto a las comunidades organizadas," de tal importancia desde el punto de

---

dente de la República: los actos ejecutivos de orden normativo", en *Tendencias Actuales del Derecho Constitucional, Homenaje a: Jesús María Casal Montbrun* (Coordinadores: Jesús María Casal, Alfredo Arismendi A. y Carlos Luis Carrillo), Tomo I, Caracas 2007.

vista de la "democracia participativa y protagónica" que se pregona, al punto de que el artículo 140 de la misma Ley Orgánica dispone no sólo que el respectivo órgano del Poder Ejecutivo "no podrá aprobar normas para cuya resolución sea competente, ni remitir a otra instancia proyectos normativos que no sean consultados," sino que "las normas que sean aprobadas por los órganos o entes públicos o propuestas por éstos a otras instancias serán nulas de nulidad absoluta si no han sido consultadas según el procedimiento previsto" en la propia Ley Orgánica.

Esta obligación por supuesto, se aplicaba al decreto ley de reforma de la propia Ley Orgánica de la Administración Pública, pues estaba prevista en su texto desde 2001, razón por la cual es incomprensible que la Sala Constitucional haya considerado en su sentencia que habría "imposibilidad de aplicar el procedimiento establecido en la Ley Orgánica de la Administración Pública, por ser ésta la ley impugnada" cuando dicho procedimiento era obligatorio y estaba incluido en el texto de la Ley Orgánica desde 2001, siendo el decreto ley impugnado de 2008 sólo una reforma de dicha Ley.

En definitiva, la Sala Constitucional al concluir en su sentencia resolvió que el decreto ley que había sido impugnado, supuestamente no habría contrariado "elementos esenciales de validez formal" previstos en la Constitución "referente a la violación del derecho a la participación política," a pesar de que no había sido sometido a consulta pública para asegurar la participación de los ciudadanos y de la sociedad organizada en el procedimiento de formación del mismo, como le exige la Constitución y la Ley Orgánica de la Administración Pública. Con esta sentencia de muerte a la llamada "democracia participativa y protagónica," en definitiva, lo que hizo la Sala Constitucional fue formalizar el fraude a la Constitución, para eludir la obligación de garantizar la participación política, sujetando a dicha consulta solamente a las leyes sancionadas por la Asamblea Nacional, y excluyendo de la misma a leyes sancionadas por el Poder Ejecutivo en ejecución de una delegación legislativa, incluso si en la práctica, estas últimas han sido las más numerosas en los últimos casi veinte años de vigencia de la Constitución.

2. *La burla a la participación ciudadana por el Juez Constitucional al eliminar, pura y simplemente, la obligación constitucional de la consulta pública de los proyectos de ley durante el proceso de su formación (2017)*

Pero no quedó allí la burla a la "democracia participativa y protagónica" por parte de la Sala Constitucional, pues posteriormente procedió a eliminar totalmente la consulta popular respecto de las propias leyes aprobadas por la Asamblea Nacional, mutando inconstitucionalmente el mencionado artículo 211 de la Constitución. Con la misma, pura y simplemente, desapareció la obligación directamente impuesta a "la Asamblea Nacional o las Comisiones Permanentes," para que "durante el procedimiento de discusión y aprobación de los proyectos de leyes," consulten dichos proyectos no sólo "a los otros órganos del Estado," sino "a los ciudadanos y ciudadanas y a la sociedad organizada para oír su opinión sobre los mismos."

Más clara, en todo caso, no puede ser la Constitución en la previsión sobre esta obligación en cuanto a especificar: los *sujetos obligados* (la Asamblea Nacional o las Comisiones Permanentes); la *oportunidad de cumplimiento de la obligación* (durante el procedimiento de discusión y aprobación de los proyectos de leyes); los *sujetos a ser consultados* (los ciudadanos y la sociedad organizada); y el *objeto de la consult*a (oír su opinión sobre los proyectos).

Sin embargo, a pesar de ello, fue la propia Sala Constitucional del Tribunal Supremo, mediante sentencia N° 355 de 16 de mayo de 2017 (Caso: *impugnación de la Ley de reforma de la Ley Orgánica del Poder Público Municipal*),[99] la que simplemente eliminó la obligación en la forma como fue establecida constitucionalmente.

La Ley impugnada en el caso, había sido la de reforma de la Ley Orgánica del Poder Público Municipal de 2010,[100] que fue una de las leyes orgánicas sancionadas a la carrera, en absoluto secreto, junto con el conjunto de Leyes Orgánicas del Poder Popular, en unas breves sesiones extraordinarias celebradas en diciembre de ese año por la Asamblea Nacional que estaba concluyendo su mandato (2015-2010).

La misma fue objeto de cinco demandas de nulidad por inconstitucionalidad intentadas por diversos Alcaldes, Síndicos, funcionarios y ciudadanos residentes de varios Municipios del país, por diversos motivos, entre ellos, precisamente por el hecho de que el proyecto de ley no fue sometido a la consulta popular que establece el artículo 211 de la Constitución, máxime cuando por "los lapsos en que se llevó a cabo la reforma de la ley impedían a todo evento la realización de la consulta" (fines de diciembre de 2010).

La única información recibida en juicio sobre la materia, según informó la sentencia, fue la contenida en un "Informe" sin fecha elaborado por el Presidente de la Comisión Permanente del Poder Popular y Comunicación de la Asamblea, indicando que entre julio y septiembre de 2010 se habían realizado unas "jornadas del proceso de consulta con las comunidades, organizaciones sociales e instituciones del Estado" de los proyectos de leyes del Poder Popular, reconociendo el Informe que "la propuesta de la reforma de la Ley Orgánica del Poder Público Municipal se originó a partir de la consulta popular

---

99 Véase en http://historico.tsj.gob.ve/decisiones/scon/mayo/199013-355-16517-2017-11-0120.HTML . Véase los comentarios a esta sentencia en Emilio J. Urbina Mendoza, "Todas las asambleas son sufragios, y muchos sufragios también son asambleas. La confusión lógica de la sentencia 355/2017 de la Sala Constitucional del Tribunal Supremo de Justicia y la incompatibilidad entre los conceptos de sufragio y voto asambleario," y José Ignacio Hernández G., "Sala Constitucional convalida la desnaturalización del Municipio. Notas sobre la sentencia N° 355/2017 de 16 de mayo," en *Revista de Derecho Público*, No. 150-151 (enero-junio 2017), Editorial Jurídica Venezolana, Caracas 2017, pp. 107-116 y 349-352.

100 Véase en *Gaceta Oficial* Extra. 6.015 del 28 de diciembre de 2010.

del bloque de Leyes del Poder Popular," y que "en este caso [...] el *objeto de la consulta no fue directamente la Ley reformada.*"

Mas clara confesión de la violación de la Constitución era imposible. Sin embargo, el Juez Constitucional pasó a "revisar" la "estructura" del artículo 211, buscar en el *Diccionario de la Real Academia de la Lengua Española* el significado de las palabras "consultarán" y "oír," para concluir en que la obligación constitucional impuesta al "cuerpo legislativo" se reduce a "que lleve a cabo de la mejor manera la solicitud de opiniones a los posibles interesados," aceptando, en contra de la Constitución, que:

> "también se cumple con este extremo constitucional cuando el proceso de apropiación del fin y de los medios normativos para alcanzarlo, opera en una fase previa a la instancia legislativa, esto es, cuando como manifestación de su consciencia política, son los colectivos sociales los que diagnostican la necesidad de reformar artículos de leyes ya existentes para la coherencia en la mejor configuración del cuerpo social, que fue precisamente lo que ocurrió en el caso de autos, dando fundamento a la desestimación de la denuncia planteada en este aspecto, aun cuando la consulta, desde la perspectiva jurídica –ya no política- sea un mecanismo auxiliar de consulta conexo al proceso legislativo, pero que no se mimetiza con la función legislativa."

O sea, pura retórica con referencias dispersas sobre temas como la "conciencia política," los "colectivos sociales," y la "configuración del cuerpo social" para terminar la Sala Constitucional apreciando en este caso, "que la sociedad tuvo oportunidad de participar en la elaboración y corrección del proyecto de ley correspondiente," eliminando así de un plumazo, la obligación constitucional tan precisamente establecida en el artículo 211 sobre la forma y modo de la consulta popular de los proyectos de leyes, que no admite excepción y menos su relajamiento total al reducirla a que no se sabe quién, en el aparato del Estado, "lleve a cabo de la mejor manera la solicitud de opiniones."

DÉCIMA PRIMERA PARTE

EL DILEMA ENTRE EL DERECHO COLECTIVO A LA DEMOCRACIA Y EL DERECHO INDIVIDUAL LA REELECCIÓN PRESIDENCIAL EN AMÉRICA LATINA Y EL ROL DEL JUEZ CONSTITUCIONAL

(San José, 2019) *

Quiero comenzar agradeciendo la invitación que me ha formulado la Sala Constitucional del Tribunal Supremo, por intermedio de su magistrado presidente Castillo Víquez, y de mi apreciado amigo el Letrado Olman Rodríguez, para participar en este evento conmemorativo del trigésimo aniversario de la creación de este tribunal constitucional en Costa Rica, que tanto ha aportado al desarrollo de la justicia constitucional no solo en este país, sino en América.

Y el agradecimiento es doble. Por una parte, por el honor que me han hecho al invitarme a participar en este evento conmemorativo, y por la otra, a la vida misma, que afortunadamente me ha sido larga y fructífera, lo suficiente para haber podido regresar a esta Sala Constitucional, precisamente treinta años después de cuando vine aquí por primera vez, en mayo de 1990, como invitado para participar en *Mesa Redonda de los Magistrados de la Sala Constitucional de la Corte Suprema de Costa Rica,* organizada recién constituida la Sala, en aquél momento a requerimiento de mi querido y recordado amigo Rodolfo Pisa Escalante.

---

* Texto de la Conferencia sobre "Jurisdicción constitucional en el contexto latinoamericano y democracia: El rol del Juez Constitucional en el dilema entre el derecho a la democracia y la reelección presidencial," en *Seminario Trigésimo Aniversario de la creación de la Sala Constitucional de la Corte Suprema de Justicia*, San José, Cota Rica, 5-27 de septiembre de 2019. Para la elaboración de este texto he partido del estudio sobre "El Juez Constitucional y la Reelección Presidencial en América Latina" escrito para la Obra Homenaje al Magistrado Milton Ray Guevara, Santo Domingo, 2019.

En aquella oportunidad, el 2 de mayo de 1990, expuse sobre los "Aspectos relevantes de la justicia constitucional en la Ley 7135 de la Jurisdicción Constitucional de 11 de octubre de 1989" que venía de sancionarse, habiendo centrado buena parte de mi exposición, no solo a destacar los aspectos medulares del sistema de justicia constitucional concentrada que venía de consolidarse con dicha Ley, atribuyéndole a la Sala Constitucional el monopolio de declarar la inconstitucionalidad de las leyes, sino dentro del mismo sistema, en referirme específicamente a la acción de amparo, y a los problemas de su concentración total en la Sala Constitucional. En cuanto a la posibilidad de desarrollar el método difuso de justicia constitucional que había tenido su asidero, aún cuando nunca ensayado, en la vieja Ley Orgánicas del Poder Judicial, ya había sido descartada en la misma reforma constitucional que dio origen a la Sala Constitucional.

I. SUPREMACÍA CONSTITUCIONAL Y JURISDICCIÓN CONSTITUCIONAL

En ese contexto constitucional y legal, mis comentarios de entonces se centraron específicamente en analizar temas procesales, referidos a las acciones, consultas y recursos que conforme la Constitución y la Ley de la Jurisdicción Constitucional se podían intentar ante la Sala para asegurar la supremacía de la Constitución, asegurándose en Costa Rica, aun cuando con carácter concentrado, la misma garantía judicial de la supremacía constitucional y de la limitación de los poderes de los órganos del Estado por la Constitución, que tuvo su origen en la doctrina jurisprudencial establecida desde finales del Siglo XVIII en los Estados Unidos, partiendo entre otros de lo resuelto por el Juez William Paterson en una de las más viejas decisiones de la Corte Suprema de los Estados Unidos de América sobre la materia, en el caso *Vanhorne's Lessee v. Dorrance* (1795) referido a la supremacía constitucional y a la nulidad de los actos estadales contrarios a la Constitución, afirmando en relación con las leyes estadales, el principio de que:

> "... si un acto legislativo se opone a un principio constitucional el primero debe dejarse de lado y rechazarse por repugnante. Sostengo que es una posición clara y sonora que, en tales casos, es un deber de todo tribunal el adherirse a la Constitución y declarar tal acto nulo y sin valor."[1]

El principio jurisprudencial, de la supremacía constitucional y el control judicial de la constitucionalidad de las leyes de los estados de la federación norteamericana, en todo caso, puede decirse que tuvo su fundamento consti-

---

1. *Vanhorne's Lessec v. Dorrance*, 2 Dallas 304 (1795). *Véase* el texto S.I. Kutler (ed), *The Supreme Court and the Constitution, Readings in American Constitutional History*, N.Y. 1984, p. 8. Véase los comentarios sobre la ecisión en el caso *Vanhorne's Lessee v. Dorrance, 1776* en Allan R. Brewer-Carías, *Judicial Review in Comparative Law,* Cambridge University Press, Cambridge 1989.

tucional,[2] en la llamada "Cláusula de Supremacía" (artículo VI, Sección 2) de la Constitución de los Estados Unidos de 1787, en la cual se dispuso que:

> "Esta Constitución, y las leyes de los Estados Unidos que se expidan con arreglo a ella, y todos los Tratados celebrados o que se celebren bajo la autoridad de los Estados Unidos, serán la suprema Ley del país y los jueces de cada Estado estarán obligados a observarlos, a pesar de cualquier cosa en contrario, que se encuentre en la Constitución o las leyes de cualquier Estado".

En todo caso, ese fue el mismo principio que ocho años después, desarrolló la propia Corte Suprema de los Estados Unidos, pero al confrontar, no las leyes de los estados sino las leyes federales y la Constitución, llevando al Juez John Marshall, en el conocido caso *Marbury vs Madison,* resuelto por la Corte Suprema de los Estados Unidos en 1803, a establecer as bases generales del sistema de justicia constitucional, para lo cual se preguntó, sobre el principio de supremacía constitucional:

> "¿Con qué propósito se limitan los poderes y dichas limitaciones se establecen por escrito [en la Constitución], si esos límites, en cualquier momento, pueden ser traspasados por aquellos a quienes debían supuestamente limitar? [Respondiendo:] La diferencia entre un gobierno con poderes limitados y uno con poderes ilimitados deja de existir, cuando las limitaciones no obligan a las personas sobre las cuales se imponen y cuando los actos prohibidos y los permitidos son de igual obligatoriedad."[3]

Es decir, en definitiva, nada se lograría con tener una Constitución como ley suprema estableciendo derechos fundamentales y límites a los poderes del Estado, si no se asegura que la misma debe prevalecer, en caso de conflicto entre una ley y la Constitución, considerándose a tal efecto como un deber de todo juez el poder decidir cuál entre las dos debe ser la norma que ha de aplicar en un caso concreto. Es decir, como en definitiva lo estableció por el Juez Marshall en el mismo caso *Marbury v. Madison* (1803):

> "Aquellos que aplican las normas a casos particulares, deben necesariamente exponer e interpretar aquella regla, de manera que, si una Ley se encuentra en oposición a la Constitución, la Corte debe determinar cuál de las reglas en conflicto debe regir el caso."

---

2 Véase en particular A. Hamilton, *The Federalist* (ed. B. F. Wright), Cambridge Mass. 1961, *letter* N° 78, pp. 491–493. Véanse, además, los comentarios de Alexis de Tocqueville, *Democracy in America* (ed. J. P. Mayer and M. Lerner), London, 1968, vol. I, p. 120.

3 *Marbury vs. Madison*, 5. U.S. (1 Cranch) 137; 2 L, Ed. 60 (1803). Véase el texto en R. A. Rossum and G. A. Tarr, *American Constitutional Law, Cases and Interpretation*, Nueva York 1983, p. 70. Véanse los comentarios sobre la decisión en el caso *Masbury v. Madison,* 1803 en Allan R. Brewer-Carías, *Judicial Review in Comparative Law,* Cambridge University Press, Cambridge 1989.

Concluyendo con la afirmación rotunda de que:

"Esta es la real esencia del deber judicial. Sí, en consecuencia, los tribunales deben ver la Constitución, y la Constitución es superior a cualquier acto ordinario de la Legislatura, es la Constitución, y no tal acto ordinario, la que debe regir el caso al cual ambas se aplican."[4]

La Cláusula de supremacía de la Constitución de los Estados Unidos, combinada con la doctrina del caso *Malbury vs. Madison*, es lo que explica que en la primera Constitución dictada en el mundo hispanoamericano que fue la Constitución federal de los Estados de Venezuela de 1811, se expresara ya en forma general en su artículo 227, el principio de que:

"La presente Constitución, las leyes que en consecuencia se expidan para ejecutarla y todos los Tratados que se concluyan bajo la autoridad del Gobierno de la Unión serán la Ley Suprema del Estado en toda la extensión de la Confederación, y las autoridades y habitantes de las Provincias estarán obligados a obedecerlas y observarlas religiosamente sin excusa ni pretexto alguno; *pero las leyes que se expidieren contra el tenor de ella no tendrán ningún valor,* sino cuando hubieren llenado las condiciones requeridas para una justa y legítima revisión y sanción".

Se recogió, así, no solo el principio de la supremacía, sino más importante aún, la doctrina de la garantía objetiva de la Constitución, al sancionar con la nulidad absoluta a las leyes contrarias a la misma, agregando que las mismas "no tendrán ningún valor." Es decir, como lo afirmó el Juez Marshall en la sentencia:

"No cabe la menor duda de que todos los que tienen una Constitución escrita y estable la consideran como la ley fundamental y suprema de la nación, y por consiguiente, para estos gobiernos, un acto legislativo contrario a la Constitución es nulo."[5]

Ello, incluso, se estableció todavía más expresamente en la misma Constitución venezolana de 1811 en relación a los derechos fundamentales al establecer el último de los artículos del Capítulo relativo a los derechos del hombre de la misma Constitución, que para precaver toda transgresión a los derechos declarados se los declaró "exentos y fuera del alcance del Poder general ordinario del gobierno" agregando que "toda ley contraria a ella que se expida por la legislatura federal, o por las provincias *será absolutamente nula y de ningún valor"* (art. 199).

II. LOS MÉTODOS DE LA JUSTICIA CONSTITUCIONAL

Allí, en todo caso, está el origen de los sistemas de justicia constitucional en el Continente, independientemente de que a lo largo de los últimos

---

4. *Idem*

5 *Idem.*

doscientos años se haya desarrollado conforme a dos vertientes según los órganos judiciales del Estado a los cuales se encomienda se ejercicio, que pueden ser todos o los tribunales de un país o solo uno de ellos, como la Corte Suprema o un Tribunal Constitucional, lo que he originado la clásica y siempre útil distinción entre el método difuso y método concentrado de control de constitucionalidad.[6]

El primero, el método difuso, es el que surgió en el constitucionalismo norteamericano como el poder general de todos los jueces en los casos concretos sometidos a su conocimiento, de velar por la supremacía constitucional frente a las leyes, pudiendo desaplicarlas y considerarlas nulas y sin valor, aplicando preferentemente la Constitución. Este método difuso fue el que se desarrolló desde comienzos del siglo XIX, en Argentina, donde ha permanecido como el único método de justicia constitucional que se aplica, habiéndose desarrollado también en otros países como Brasil, Colombia, Guatemala, Perú, Nicaragua, Venezuela y República Dominicana.

Éste en efecto, se caracteriza por la atribución de la justicia constitucional a un solo órgano del Estado, que puede ser la Corte Suprema de Justicia o un tribunal constitucional especializado. En el primer supuesto, puede tratarse de una competencia atribuida a la Corte Suprema de Justicia en Pleno como es el caso de Panamá, Paraguay, Brasil, Nicaragua, México, o a una Sala Constitucional de la misma, como sucede en Costa Rica, El Salvador, Honduras y Venezuela. En el segundo supuesto, se trata de una competencia atribuida a una Corte o Tribunal Constitucional especialmente creado para ejercer la justicia constitucional, como son los que existen en Bolivia, Chile, Colombia, Ecuador, Guatemala, Perú y República Dominicana.[7]

Dentro de todos esos sistemas, el sistema puede ser exclusivamente concentrado como es el caso por ejemplo de Bolivia, Costa Rica, Chile, Paraguay y Panamá, correspondiendo la justicia constitucional en el caso de Costa Rica a la Sala Constitucional como Jurisdicción Constitucional, con el carácter común de ser "intérprete supremo de la Constitución," según el calificativo que por ejemplo le atribuyó la Ley Orgánica que creó el Tribunal Constitucional en España;[8] o de "comisario del poder constituyente, encargado de defender la Constitución y de velar por que todos los órganos constitucionales conserven su estricta calidad de poderes constituidos," como lo

6 Véase Allan R. Brewer-Caeías, *Judicial Review in Comparative Law*, Cambridge University Press, Cambridge 1978; *La Justicia Constitucional (Procesos y Procedimientos Constitucionales)*, Editorial Porrúa/ Instituto Mexicano de Derecho Procesal Constitucional, México 2007,

7 *Véase* Allan R. Brewer–Carías, *Judicial Review..., cit.*, pp. 182 y ss., *El control concentrado de la constitucionalidad de las leyes,* Editorial Jurídica Venezolana, Caracas 1994, pp. 127 y ss.

8 Art. 1. Ley Orgánica del Tribunal constitucional. Oct. 1979, *Boletín Oficial del Estado,* N° 239.

entendió Eduardo García de Enterría;[9] siendo además, en ese contexto, el instrumento por excelencia para garantizar la vigencia de los derechos fundamentales.

III. LA JUSTICIA CONSTITUCIONAL COMO GARANTÍA DE LOS DERECHOS CIUDADANOS A LA SUPREMACÍA DE LA CONSTITUCIÓN Y A LA DEMOCRACIA

Este último aspecto elemental del rol de la Justicia Constitucional como garantía de los derechos fundamentales, debe en todo caso enfatizarse, pues en el mundo contemporáneo, por la importancia que ha tenido la progresiva ampliación del contenido de las declaraciones de los mismos tanto en el ámbito interno como en el ámbito internacional a través de Tratados y Convenciones, integrados junto con las Constituciones en el denominado bloque de constitucionalidad; además de los ya clásicos derechos civiles, políticos, sociales, culturales, económicos, ambientales y de los pueblos indígenas, establecidos con la característica de justicables,[10] en el mundo contemporáneo se han venido desarrollando bajo el signo de la progresividad, nuevos de derechos colectivos de los ciudadanos vinculados con los más esenciales principios clásicos del constitucionalismo, como son la idea misma de Constitución como norma suprema y el régimen político democrático, que tiende a consolidarse a pesar de que no hayan dejado de aparecer regímenes autoritarios constituidos, precisamente, en fraude a la Constitución y a la democracia.

Ello ha conducido, sobre todo en el ámbito de los derechos políticos, que además de ellos clásicos derechos constitucionales individualizados como el derecho a votar y a ser electo, se pueda identificar el derecho ciudadano a la Constitución, y además, el derecho ciudadano a la democracia.

En primer lugar, está el *derecho a la Constitución,*[11] considerada esta como ley suprema producto de la voluntad del pueblo expresada como pacto

---

9 Véase E. García de Enterría, *La Constitución como norma y el Tribunal constitucional,* Madrid, 1985, p. 198.

10 Véase sobre esto, Allan R. Brewer-Carías, *Mecanismos nacionales de protección de los derechos humanos (Garantías judiciales de los derechos humanos en el derecho constitucional comparado latinoamericano),* Instituto Interamericano de Derechos Humanos, San José, 2005, pp. 61 ss.

11 Véase Allan R. Brewer-Carías, "Sobre las nuevas tendencias del derecho constitucional: del reconocimiento del derecho a la Constitución y del derecho a la democracia", en *VNIVERSITAS, Revista de Ciencias Jurídicas (Homenaje a Luis Carlos Galán Sarmiento)*, Pontificia Universidad Javeriana, facultad de Ciencias Jurídicas, N° 119, Bogotá 2009, pp. 93-111; y "Algo sobre las nuevas tendencias del derecho constitucional: el reconocimiento del derecho a la Constitución y del derecho a la democracia," en Sergio J. Cuarezma Terán y Rafael Luciano Pichardo (Directores), *Nuevas tendencias del derecho constitucional y el derecho procesal constitucional*, Instituto de Estudios e Investigación Jurídica (INEJ), Managua 2011, pp. 73-94.

de la sociedad, y que tienen los ciudadanos a los efectos de velar porque la misma se respete y se mantenga en vigencia conforme a la voluntad popular que la adoptó. Por ello podemos hablar, en este caso, de un derecho fundamental de los ciudadanos a la supremacía de la Constitución,[12] el cual por supuesto es justiciable, y para ello es que se constituyen los tribunales constitucionales.

Si bien el derecho a la supremacía constitucional como derecho fundamental puede ser nuevo en su conceptualización, su esencia se estableció desde los orígenes del constitucionalismo, como se evidencia de la elaboración que hizo Alexander Hamilton en *El Federalista*, en 1788, por cuando al referirse al papel de los jueces como intérpretes de la ley, señalando:

> "Una Constitución es, de hecho, y así debe ser vista por los jueces, como ley fundamental, por tanto, corresponde a ellos establecer su significado así como el de cualquier acto proveniente del cuerpo legislativo Si se produce una situación irreconocible entre los dos, por supuesto, aquel que tiene una superior validez es el que debe prevalecer; en otras palabras, la Constitución debe prevalecer sobre las leyes, así como la intención del pueblo debe prevalecer sobre la intención de sus agentes" [13].

De esta afirmación, deriva, además del fundamento de la Justicia Constitucional, el fundamento mismo del derecho ciudadano a que la voluntad popular expresada en la Constitución sea respetada por quienes gobiernan, quienes en su gestión no pueden pretender hacer prevalecer su voluntad frente a la voluntad popular del pueblo expresada en la Constitución.

Además, por ello, el mismo Hamilton, al desarrollar el principio del poder de los jueces para declarar la nulidad de los actos legislativos contrarios a la Constitución, y argumentar que ello no significaba dar superioridad del Poder Judicial sobre el Legislador, señaló que ello:

> "Lo único que supone es que el poder del pueblo es superior a ambos; y que en los casos en que la voluntad del legislador declarada en las leyes, esté en oposición con la del pueblo declarada en la Constitución, los Jueces deben estar condicionados por la última, antes que por las primeras".

---

12 Al tema me he referido en diversos trabajos, y entre ellos, en el libro Allan R. Brewer-Carías, *Mecanismos nacionales de protección de los derechos humanos (Garantías judiciales de los derechos humanos en el derecho constitucional comparado latinoamericano),* Instituto Interamericano de Derechos Humanos, San José, 2005, pp. 74 ss. Debo recordar aquí, que el tema lo discutí en múltiples ocasiones con mi entrañable amigo Rodolfo Piza Escalante, quien fue Juez de la Corte Interamericana de Derechos Humanos y Magistrado de la importante Sala Constitucional de la Corte Suprema de Costa Rica.

13 *The Federalist* (ed. por B.F. Wrigth), Cambridge, Mass. 1961, pp. 491-493.

Concluyó Hamilton señalando que:

"Ningún acto legislativo contrario a la Constitución puede ser válido. Negar esto, significaría afirmar que el subalterno es más importante que el principal; que el sirviente está por encima de sus patrones; que los representantes del pueblo son superiores al pueblo mismo".

De estas proposiciones de Hamilton lo que más nos interesa destacar aquí, aparte del poder de la Corte Suprema de los Estados Unidos de ejercer el control judicial judicial review), es la idea misma antes expuesta de que en virtud de que la Constitución es manifestación de la voluntad del pueblo, el principal derecho constitucional de los ciudadanos es el *derecho a dicha Constitución y a su supremacía*, es decir, al respecto de la propia voluntad popular expresada en ella. Nada se ganaría con decir que la Constitución como manifestación de la voluntad del pueblo, es ley suprema que debe prevalecer sobre la de todos los órganos del Estado y sobre la actuación de los individuos, si no existiese el derecho de los integrantes del pueblo, es decir, de los ciudadanos a dicha supremacía y, además, a exigir el respeto de esa Constitución, lo que se traduce en el derecho a la tutela judicial efectiva de la propia Constitución; derecho que se refiere tanto a la parte orgánica de la Constitución como a la parte dogmática, para cuya preservación se establecen un conjunto de garantías, entre ellas la acción de amparo.

Ese derecho implica, además, en cuanto a la parte orgánica de la Constitución, el derecho ciudadano a la separación de poderes y el derecho a la distribución territorial del poder o a la autonomía de las instituciones político territoriales; y en cuanto a la parte dogmática, el derecho a la efectividad y goce de los derechos constitucionales mediante las garantías establecidas en la Constitución.

De todo lo anterior resulta entonces que en el constitucionalismo contemporáneo propio del Estado Constitucional y democrático de derecho, es posible identificar el mencionado derecho ciudadano a la Constitución, que a la vez, como hemos visto, se desdobla en el derecho ciudadano a la supremacía constitucional, el derecho ciudadano a la tutela efectiva de la Constitución, el derecho ciudadano al amparo a los derechos y garantías constitucionales, y el derecho ciudadano a la desobediencia civil e incluso, a la rebelión frente a rupturas ilegítimas de la Constitución.

Allí no cabe, por supuesto, ningún derecho de controlar "la constitucionalidad de la Constitución," como se realizó por los Tribunales Constitucionales en Nicaragua (2009), en Honduras (2015) y en Bolivia (2017), como se comenta más adelante, los cuales manipulando el "bloque de constitucionalidad" hicieron prevalecer el derecho político individual a ser electo sobre el derecho político colectivo a la alternabilidad democrática, inventándose un supuesto "derecho político a la reelección" que no existe como tal en una sociedad democrática.

Al contrario de lo que ocurrió en esos Tribunales constitucionales, por ejemplo, el Tribunal Constitucional de la República Dominicana en sentencia de 6 de septiembre de 2018,[14] al declarar la inadmisibilidad de una acción de inconstitucionalidad ejercida contra una Disposición de la propia Constitución de 2015 que limitaba específica y temporalmente la reelección presidencial (Disposición Transitoria vigésima), advirtió que "solo pueden ser cuestionados vía la acción de inconstitucionalidad las leyes, los decretos, reglamentos, resoluciones y ordenanzas, normas y textos infraconstitucionales, o sea colocados jerárquicamente por debajo de la Constitución," no procediendo en forma alguna contra disposiciones "integradas al cuerpo de la Constitución;" decidiendo en consecuencia que "el contenido de la Constitución es inimpugnable por medio de demandas de garantías o mediante el ejercicio de procedimientos constitucionales" (par. 9.12). Es decir, el Tribunal Constitucional de la República Dominicana fue contundente en esta materia al decidir, de la lectura del artículo 267 de la Constitución que regula la acción de inconstitucionalidad, que:

> "resulta la imposibilidad de que cualquier órgano distinto a la Asamblea Nacional Revisora modifique la Constitución, pues permitir que el Tribunal Constitucional o cualquier órgano del Estado modifique o anule alguna disposición de la Constitución sería usurpar el Poder Constituyente, atentar contra el orden constitucional y democrático perpetrándose un golpe a la Constitución" (par. 9.13).

En definitiva, como lo ratificó el Tribunal en la misma sentencia:

> "ningún órgano constituido, sea autoridad judicial o de otro poder público, puede reformar la Constitución sin intervención del órgano constituyente. Esta es una garantía esencial a la vigencia del Estado social y democrático de derecho, uno de cuyos pilares es la Supremacía de la Constitución y el respeto d a la soberanía popular" (par. 9.15).

Pero, en segundo lugar, además del derecho a la Constitución, en las nuevas tendencias del derecho constitucional derivado igualmente de la propia concepción de dicho Estado democrático de derecho, también puede identificarse el *derecho a la democracia,*[15] de lo que resulta que ésta debe ser considerada, no sólo como un régimen político determinado, sino como un derecho ciudadano colectivo, trayendo como consecuencia que los derechos políticos hayan dejado de estar reducidos a los que generalmente se habían establecido expresamente en las Constituciones, como son los clásicos derecho al sufragio, al desempeño de cargos públicos, a asociarse en partidos políticos y, más recientemente, a la participación política.

---

14 Nº TC/0352/18.

15 Véase Allan R. Brewer-Carías, "Prólogo: Sobre el derecho a la democracia y el control del poder", al libro de Asdrúbal Aguiar, *El derecho a la democracia. La democracia en el derecho y la jurisprudencia interamericanos. La libertad de expresión, piedra angular de la democracia*, Editorial Jurídica Venezolana, Caracas 2008, pp. 19 ss. .

Además de esos derechos, en efecto, en el mundo contemporáneo ya podemos hablar de otros derechos políticos que se derivan del régimen democrático, como es el mencionado derecho ciudadano a la democracia, o a un régimen político en el cual se garanticen sus *elementos esenciales* tal como fueron enumerados por la *Carta Democrática Interamericana* de la OEA 2001, que también forma parte del bloque de constitucionalidad -aún cuando en general no se mencione y que son, además del derecho al respeto a los derechos humanos y las libertades fundamentales, los siguientes derechos políticos colectivos: el derecho de acceso al poder y su ejercicio con sujeción al Estado de derecho; el derecho a la celebración de elecciones periódicas, libres, justas y basadas en el sufragio universal y secreto, como expresión de la soberanía del pueblo; el derecho al funcionamiento de un régimen plural de partidos y organizaciones políticas y el derecho a la separación e independencia de los poderes públicos (art. 3). A ellos se agregan, conforme a la propia Carta Democrática Interamericana, además del derecho al respeto de los derechos sociales y del derecho el respeto de la libertad de expresión y de prensa, otros derechos políticos colectivos, como son el derecho a la transparencia de las actividades gubernamentales; el derecho a la probidad y la responsabilidad de los gobiernos en la gestión pública; el derecho a la subordinación constitucional de todas las instituciones del Estado a la autoridad civil legalmente constituida; y el derecho al respeto al Estado de derecho de todas las entidades y sectores de la sociedad (art. 4), lo que implica en definitiva el derecho ciudadano al control del ejercicio del poder.

Por ello es que precisamente en el mundo contemporáneo, la democracia no sólo se define como el gobierno del pueblo mediante representantes elegidos, sino además y por sobre todo, como un gobierno sometido a controles, y no solo por parte del Poder mismo conforme al principio de la separación de los poderes del Estado, sino por parte del pueblo mismo, es decir, de los ciudadanos, individual y colectivamente considerados, y precisamente a ello es que tienen derecho los ciudadanos cuando hablamos del derecho a la democracia.

Todos esos nuevos derechos políticos colectivos a la democracia, por supuesto también se han desarrollado en las Constituciones con la posibilidad, por supuesto, de ser también derechos justiciables.

IV. LA JUSTICIA CONSTITUCIONAL Y LA GARANTÍA DE LOS PRINCIPIOS DEMOCRÁTICOS

En efecto, más allá de solo garantizar la supremacía constitucional, es evidente que en un Estado de derecho, el tribunal constitucional tiene también por misión velar por la vigencia de los principios del Estado de derecho, tal como lo explicó que Manuel García Pelayo, al considerar al tribunal constitucional como "un órgano constitucional destinado a dar plena existencia al Estado de derecho y a asegurar la vigencia de la distribución de poderes establecida por la Constitución."[16] Es decir, un órgano constitucional actuando como máximo y último intérprete de la Constitución, para garantizar no solo su supremacía y efectividad, sino la vigencia de los principios constitucionales que rigen la organización política de la sociedad, entre los cuales están, precisamente, los que conforman un Estado de derecho, que son, entre otros, el principio de la soberanía popular, el principio democrático representativo, el principio de la alternabilidad del gobierno, el principio de la separación de poderes, el principio del ejercicio del poder sometido a controles, el principio del pluralismo político, el principio de la primacía de la dignidad humana y de garantía de los derechos del hombre, el principio de la responsabilidad del Estado y de los gobernantes, y el principio de la subordinación de todas las instituciones del Estado a la autoridad civil legalmente constituida.

Esos principios democráticos, son tan viejos en el constitucionalismo moderno, como el principio mismo del control de constitucionalidad, correspondiendo precisamente a los órganos de la Jurisdicción Constitucional, en el Estado de derecho, resguardar, proteger y garantizarlos, y muy particularmente el principio democrático representativo, es decir, que los titulares de los órganos del Estado y en particular del gobierno se elijan conforme a un sistema electoral que garantice el ejercicio de los derechos políticos, entre ellos el derecho a votar y a ser electo, para la elección legítima de los representantes del pueblo, y que los mismos ejerzan sus funciones conforme a lo estipulado en la Constitución, respetando los principios democráticos antes mencionados, como el de la alternabilidad republicana.

No olvidemos que el constitucionalismo moderno la democracia como régimen político republicano de gobierno representativo, puede decirse que se formuló en la práctica a partir de 1776, en lo que luego serían los Estados Unidos de América, precisamente cuando hubo la necesidad de idear para el nuevo mundo, una nueva alternativa de gobierno frente al único conocido hasta entonces y durante las centurias anteriores, que era el de las Monarquías absolutas hereditarias, donde no cabía para nada la alternabilidad en el gobierno. Para esa sustitución, recordemos también el importante papel que tuvieron los escritos de Thomas Paine, sin duda, el ideólogo más importante de la independencia norteamericana.

Cuando en enero de 1776 Paine se pronunció por la separación de las Colonias norteamericanas de la Monarquía británica, y formuló por primera vez en las mismas la idea de la independencia, lo hizo dejando claro que el nuevo régimen político a establecer no podía ser el de la "locura del Gobierno hereditario de los reyes," o de "la absurdidad de la sucesión hereditaria," la cual consideró en su obra *Common Sense*, como "un insulto y una imposición sobre la posteridad, porque siendo todos los hombres iguales en su origen, ninguno por su nacimiento pudo tener un derecho para establecer para

16 Véase M. García Pelayo, "El Status del Tribunal constitucional," en *Revista Española de Derecho Constitucional,* N° 1, Madrid, 1981, p. 15.

siempre su misma familia con una perpetua preferencia sobre todas las demás."[17]

La propuesta de Paine que apuntaba a lo que es la esencia del principio de la alternancia en el poder, que luego plasmó en muchos de sus escritos, partió de la idea simple de lo que en 1795 llamó la división primaria de los formas de gobierno, que era: primero, el gobierno republicano por elección de representantes, y segundo, el gobierno de sucesión hereditaria; considerando que había sido precisamente dicha división el origen de las revoluciones que se sucedieron durante los últimas décadas del siglo XVIII en los Estados Unidos y en Francia, basadas en el conflicto entre "el sistema representativo fundado sobre los derechos del pueblo; y el sistema hereditario fundado en la usurpación,"[18] no solo el formado con Monarcas de sangre, sino incluso el establecido por dictadores citando nada menos que a su perseguidor, Maximillien Robespierre, actuando en representación de la Convención; considerando en definitiva al "sistema representativo como la invención de mundo moderno."[19]

Y así, precisamente, se forjaron los regímenes republicanos basados en la elección y representación, es decir, gobiernos representativos regidos por el principio de la alternancia en el poder, como contrapuestos al régimen de gobierno hereditario, caracterizado por la permanencia en el poder de los gobernantes, considerando Paine, simplemente, que no tenía "derecho de existir."[20]

En ese contexto de gobiernos republicanos representativos se formaron por tanto todas las democracias occidentales, y en cuanto a los sistemas de gobiernos presidenciales, estos se establecieron sobre la base de dos derechos políticos: primero, el derecho colectivo del pueblo a la democracia y a la representación; y segundo, los derechos políticos individuales de los ciudadanos a elegir sus representantes y a ser electos.

Y así, progresivamente se fue estableciendo el principio de la igualdad en el voto, sin exclusiones discriminatorias, de manera que nadie fuera excluido del derecho a votar ni nadie fuera excluido de su derecho a ser electo, por razones de raza, sexo, clase o condición social, por ejemplo; pero velando que el derecho a ser electo no significara entronización en el ejercicio del poder, razón por la cual se sujetó al principio de la alternabilidad republicana.

---

17 Véase Manuel García de Sena, *La independencia de Costa Firme justificada por Thomas Paine treinta años ha*, (1811), edición conmemorativa del Bicentenario de la Constitución de los Estados Unidos de América, (Estudio preliminar de Pedro Grases), Ministerio de Relaciones Exteriores Caracas 1987, pp. 83-84.

18 Véase en *Thomas Pain Reader* (Ed. Michael Foot and Isaac Kramnick), Penguin Books, 1987, p. 453.

19 *Idem*, p. 454.

20 *Idem*, p. 454.

V. LA DEMOCRACIA, ENTRE LOS DERECHOS POLÍTICOS INDIVIDUALES A ELEGIR Y SER ELECTO, Y EL DERECHO COLECTIVO A LA ALTERNABILIDAD REPUBLICANA

Es decir, frente esos dos derechos políticos individuales que son pilares de la democracia, como son el derecho a votar y a ser electo, está el otro derecho colectivo a la democracia misma, es decir, a que la sociedad esté regida por un régimen democrático basado en la representación, de manera que el pueblo pueda variar la representación sin constreñimientos políticos.

Bajo ese contexto, por tanto, a nadie se le ha ocurrido la idea de decir que limitar el derecho individual de una persona a elegir solo mediante votación universal, directa y secreta, proscribiendo toda forma de voto basada en alguna representación corporativa, sectorial o fascista, pudiera ser una limitación odiosa e intolerable al derecho individual a elegir. Al contrario, esa limitación es necesaria pues con ella se resguarda el derecho de todos los ciudadanos a ser representados globalmente, como pueblo, que es una de las manifestaciones del derecho colectivo a la democracia.

E igualmente, a nadie se le había ocurrido la idea de decir que limitar el derecho de una persona a ser reelecto, por ejemplo, para ejercer el cargo de presidente de la República, reduciendo la posibilidad por ejemplo a solo dos períodos, pudiera ser una limitación odiosa e intolerable al derecho individual a ser electo, basado en el inaceptable argumento de que pudiera existir un supuesto "derecho humano a la reelección."[21] Al contrario, ese derecho no existe y esa limitación es necesaria pues con ella se garantiza el derecho colectivo de todos los ciudadanos a estar representados conforme a las exigencias cambiantes de una sociedad, como pueblo, y evitar que los electos en democracia se puedan convertir en especie de nuevos "monarcas" supuestamente electos, perpetuándose en el poder.

---

21 Por ello, A. Mejía Rivera y Rafael Jerez Moreno, han titulado su comentario a la sentencia de Honduras "La reelección presidencial en Honduras, la sentencia espuria y la falacia de un derecho humano," en el libro *La reelección presidencial en Centroamérica: ¿Un derecho absoluto?,* (Coordinador Joaquín A. Mejía R., y con trabajos de Víctor Orozco S. Gonzalo Carrión Salvador Lulio Marenco Contreras Rafael Jerez Moreno Matilde Guadalupe Hernández Carlos Rafael Urquilla Bonilla Alfredo Ortega Gisela de León Ana Marcia Aguiluz), Editorial Diakonia, Honduras, 2018. Por su parte, Roberto Viciano Pastor y Gabriel Moreno González, con razón, al estudiar las sentencias de diversos tribunales constitucionales de América Latina se plantean el tema haciendo referencia al "pretendido «derecho humano» a la reelección o la utilización torticera del control de convencionalidad," en "Cuando los jueces declaran inconstitucional la Constitución: la reelección presidencial en América Latina a la luz de las últimas decisiones de las cortes constitucionales," en *Anuario Iberoamericano de Derecho Constitucional*, Centro de Estudios Políticos y Constitucionales, N° 22, Madrid 2018, pp. 165-198, disponible en https://recyt.fecyt.es/index.php/AIJC/article/view/69137 y en https://doi.org/10.18042/cepc/aijc.22.06.

De allí el principio indisoluble que forma parte del derecho a la democracia que es el de la alternabilidad democrática, como signo esencial de su funcionamiento, lo que implicó que desde el inicio de la democracia moderna, en particular en los Estados Unidos, se hubiese adoptado la convención política de que el presidente de los Estados Unidos no debía ejercer el cargo sido durante dos períodos consecutivos, la cual fue sentada por George Washington, Thomas Jefferson, James Madison y James Monroe. El único presidente que no respetó la convención fue Franklin D. Roosevelt, a mitades del siglo pasado, quien ejerció la Presidencia durante tres periodos en plena guerra mundial y fue electo incluso para un cuarto período, pero murió al poco tiempo (1945). De esa experiencia resultó la propuesta formulada por el Congreso en 1947, de aprobar la Vigesimosegunda Enmienda a la Constitución, ratificada en 1951, en la cual se dispone expresamente que "Ninguna persona podrá ser elegida para el cargo de presidente más de dos veces."

En el mundo latinoamericano, este principio de la alternabilidad republicana o de la alternancia en el gobierno[22] para evitar el entronizamiento por vía de sufragio de alguna especie de "monarcas" en el poder y, al contrario, asegurar el derecho colectivo del pueblo a la democracia representativa, puede decirse que se estableció desde el mismo inicio de la República.

Así, en la primera Constitución de ámbito nacional que se sancionó en la América Hispana, que fue la Constitución Federal de los Estados de Venezuela del 21 de diciembre de 1811, se incorporó al constitucionalismo venezolano e hispanoamericano el principio de la alternabilidad republicana al preverse en su artículo 188, lo siguiente:

> "Artículo 188. Una dilatada continuación en los principales funcionarios del Poder Ejecutivo es peligrosa a la libertad, y esta circunstancia reclama poderosamente una rotación periódica entre los miembros del referido Departamento para asegurarla."

Es decir, desde el inicio del constitucionalismo latinoamericano se incorporó el principio de que debía haber una rotación periódica en los titulares del Poder Ejecutivo, considerándose, con razón, que la dilatada continuidad en el ejercicio de sus funciones era peligrosa a la libertad, pues no era otra cosa que el equivalente a un "monarca" con derecho a sucesión propia.

Pocos años después, Simón Bolívar, al terminar el proceso de liberación de los territorios de Venezuela y proceder a la reconstitución del Estado devastado por la guerra, lo expuso de presentación del proyecto de Constitución al Congreso de 1819, reunido en Angostura, expresando que:

---

22 Las expresiones "alternativo" o "alternabilidad" cuando se refieren a cargos en ejercicio del poder, conforme al *Diccionario de la Real Academia Española,* significa que las personas deben *turnarse sucesivamente* en los mismos o que éstos deben desempeñarse por turnos.

"...La continuación de la autoridad en un mismo individuo frecuentemente ha sido el término de los gobiernos democráticos. Las repetidas elecciones son esenciales en los sistemas populares, porque nada es tan peligroso como dejar permanecer largo tiempo en un mismo ciudadano el poder. El pueblo se acostumbra a obedecerle y él se acostumbra a mandarlo; de donde se origina la usurpación y la tiranía. ... nuestros ciudadanos deben temer con sobrada justicia que el mismo Magistrado, que los ha mandado mucho tiempo, los mande perpetuamente."[23].

Conforme a ello, el principio se recogió en el texto de la Constitución de 1819 al preverse límites a la reelección respecto del presidente de la República, indicándose en el artículo 3, sección primera del Título 7°, que "la duración del presidente será de cuatro años, y no podrá ser reelegido más de una vez sin intermisión."

Con ello se inició entonces la tradición de establecer en las Constituciones latinoamericanas límites a la reelección presidencial, los cuales se recogieron en el artículo 107 de la Constitución de Colombia de 1821.

En la Constitución venezolana de 1830, sancionada una vez reconstituido el Estado de Venezuela al disolverse la Gran Colombia, el principio enunciado en la Constitución de 1811 y formulado por el Libertador, se incorporó expresamente en forma directa como cláusula pétrea, al establecerse que

"Art. 6. El Gobierno de Venezuela *es y será siempre* republicano, popular, representativo, responsable y *alternativo*."

Este texto se recogió posteriormente en casi todos los 26 textos constitucionales posteriores que ha tendido Venezuela en toda su historia constitucional,[24] y se conservó en la Constitución de 1999 (art 6), habiendo sido

---

23 Véase en Simón Bolívar, *Escritos Fundamentales*, Caracas, 1982.

24 Véase el texto de todas las Constituciones en Allan R. Brewer-Carías, *Las Constituciones de Venezuela*, 2 vols., Academia de Ciencias Políticas y Sociales, Caracas 2008. Véase además, Allan R. Brewer-Carías, *Historia Constitucional de Venezuela*, 2 vols., Editorial Alfa, Caracas 2008. En la historia constitucional del país, en realidad, la prohibición de la reelección presidencial inmediata solamente dejó de establecerse en las Constituciones de los gobiernos autoritarios: en la efímera Constitución de 1857; en las Constituciones de Juan Vicente Gómez de 1914, 1922, 1925, 1928, 1929 y 1931, y en la Constitución de Marcos Pérez Jiménez de 1953. La prohibición, en cambio, respecto del presidente de la República, en el período democrático iniciado en 1958 fue más amplia y se extendió en la Constitución de 1961 a los dos períodos siguientes (10 años). La flexibilización del principio, en cambio, se produjo en la Constitución de 1999, en la cual se permitió la posibilidad de reelección presidencial de inmediato y por una sola vez, para un nuevo período. Conforme a ella, ya se reeligió al Presidente Chávez en 2006, y a pesar de que fue sancionada por una Asamblea Nacional Constituyente enteramente controlada por él, diez años después el mismo Presidente ya reelecto, es quien propuso reformarla.

considerado por la Sala Electoral del Tribunal Supremo de Justicia de Venezuela en sentencia nº 51 de 18 de marzo de 2002, como un "principio general y presupuesto democrático," indicando que el mismo significa "el ejercicio sucesivo de un cargo por personas distintas, pertenezcan o no a un mismo partido."

Por tanto, en nuestro criterio, entre los principios democráticos que debe preservar el Juez Constitucional está, sin duda, ese principio de la alternabilidad republicana, como expresión del derecho colectivo de los ciudadanos a la democracia, tendiente a asegurar que las personas no se perpetúen en el ejercicio del poder, y que se asegure la participación en el ejercicio del poder de todos; o en otros términos, que se asegure la alternancia en el poder de diversas personas, así sean del mismo grupo político, y se evite la permanencia indefinida en el ejercicio del poder de determinadas personas.

Esto, por supuesto, toca el meollo de uno de los temas actualmente más debatidos relativos a la democracia contemporánea en América Latina, y es el relativo a la reelección presidencial, que ha buscado resolverse teniendo e cuenta, dentro del bloque de constitucionalidad, solo los derechos individuales de los ciudadanos a elegir y a ser electos, ignorándose la existencia, frente a esos derechos, del derecho colectivo del pueblo a la democracia, y en ella, a la alternancia en el ejercicio del poder.

Ello debe exigir al intérprete constitucional, la necesidad de ponderar y determinar la necesaria prevalencia que pueda existir entre unos y otros derechos, y en particular entre el ejercicio de unos derechos individuales y el de un derecho colectivo.

Sin embargo, al contrario, entre las soluciones judiciales que se observan en los países de América Latina, desde que se planteó la discusión ante la Sala Constitucional de Costa Rica en 2003, las soluciones judiciales al dilema planteado con las pretensiones de continuismo en el poder mediante la consagración de la reelección presidencial, no se ha hecho poniendo en la balanza, por una parte, el derecho colectivo a la democracia y a la alternancia en el poder, y por la otra, los derechos individuales a elegir y ser electo; sino que se ha hecho considerando solo estos derechos políticos individuales en el marco del mal uso del "bloque de constitucionalidad" llegándose al absurdo de hacer prevalecer unas normas sobre otras, en desmedro del derecho a la democracia.

Esto ha ocurrido en decisiones de varios tribunales constitucionales de América latina,[25] cuyas sentencias son precisamente a las cuales quiero refe-

25 Véase entre otros trabajos: Ernesto Cárdenas y Federico Corredor, "El juez constitucional y la reelección presidencial en América Latina," en *Revista de Economía Institucional*, vol. 20, nº 38, primer semestre/2018, pp. 45-70.; en http://www.scielo.org.co/pdf/rei/v20n38/0124-5996-rei-20-38-00045.pdf; y el libro *La reelección presidencial en Centroamérica: ¿Un derecho absoluto?,* (Coordinador Joaquín A. Mejía R., y con trabajos de Víctor Orozco S. Gonzalo Carrión Salvador Lulio Marenco Contreras Rafael Jerez Moreno Matilde Gua-

rirme en esta exposición. Me específicamente a las dictadas por los Tribunales constitucionales de Venezuela, Nicaragua, Honduras y Bolivia.

VI. EL CASO DE COSTA RICA, O DE CÓMO LA SALA CONSTITUCIONAL EVADIÓ DECIDIR SOBRE EL SUPUESTO DERECHO POLÍTICO A LA REELECCIÓN (2003)

En primer lugar, debemos hacer mención a la sentencia dictada por Sala Constitucional de la Corte Suprema de Costa Rica, de 4 de abril de 2003,[26] en un juicio iniciado mediante una acción de inconstitucionalidad que se intentó contra la reforma constitucional del artículo 132.1 de la Constitución Política, en la cual se alegó no sólo que en el procedimiento de reforma se había violentado lo dispuesto en el artículo 195 de la Constitución Política, sino que la prohibición impuesta en la reforma a los expresidentes de la República de volver a ocupar la primera magistratura, se consideraba inconstitucional, pues con ello se le suprimían sus derechos a elegir y a ser electo. Además, se estimó que con la reforma impugnada se violentaban los artículos 1, 2, 23 y el 24 de la Convención Americana sobre Derechos Humanos y los derechos de libertad de elegir y de ser elegidos, así como la democracia electoral, llegándose a argumentar que la prohibición a la reelección violentaba:

> "no solo el fuero humano de ser elegido en condiciones de igualdad -discriminándolos por haber ejercido antes la presidencia de la república-, sino el de todos los costarricenses de votar en elecciones periódicas que garanticen la libre expresión de la voluntad de los electores, en este caso, la libre voluntad de reelegir a un expresidente de la república en condiciones de igualdad."

Dos motivos de inconstitucionalidad fueron entonces los que se plantearon ante la Sala Constitucional: uno de forma, por no haberse seguido el procedimiento constitucional prescrito para aprobar una reforma a la Constitución; y otro de fondo, por considerar que la reforma sancionada violaba derechos garantizados en la Constitución y en la Convención Americana de Derechos humanos.

Sobre lo segundo, la Procuraduría General de la República argumentó en el proceso, con toda razón, que la Ley de la Jurisdicción Constitucional no estableció expresamente la posibilidad de que la Sala pudiera conocer de acciones de inconstitucionalidad contra el contenido de la Constitución Política, como lo decidió también en la antes mencionada sentencia el Tribunal Constitucional de república Dominicana en 2018, considerando que los Tribunales Constitucionales deben estar subordinados a la Constitución, no pudiendo sustituir la voluntad de un pueblo, "quien la delega en una Asam-

---

dalupe Hernández Carlos Rafael Urquilla Bonilla Alfredo Ortega Gisela de León Ana Marcia Aguiluz), Editorial Diakonia, Honduras, 2018

26 Exp. O2-005494-0007-CO

blea Constituyente o en la Asamblea Legislativa que actúa conforme al artículo 195." Agregó, además, la Procuraduría, que la Sala nunca había declarado "la inconstitucionalidad de una norma de la Constitución tomando como parámetro de constitucionalidad los instrumentos internacionales vigentes en el país," considerando, además, con razón, que "la prohibición de la reelección no viola principios esenciales del Estado de derecho."

La Sala Constitucional, en su sentencia,[27] declaró su propia competencia para conocer de la acción de "la inconstitucionalidad de la reforma constitucional aquí impugnada," es decir, "de la reforma del artículo 132 inciso 1), de la Constitución Política de 1949, realizada mediante ley No. 4349 del 11 de julio de 1969," que restringió la posibilidad de la reelección presidencial; en su carácter de órgano constitucional "encargado de garantizar la supremacía de las normas y principios constitucionales y tutelar los derechos y garantías fundamentales."

Para decidir, la Sala Constitucional pasó revista al tema de la reelección presidencial en la historia de Costa Rica, destacando cómo, desde el inicio, y al contrario del caso antes mencionado de Venezuela, las Asambleas Constituyentes mostraron una clara tendencia a reconocer el derecho de reelección a aquellas personas que ejercieran el Poder Ejecutivo. Ello fue así hasta la reforma constitucional de 1949, en la cual se estableció un límite temporal a la reelección presidencial para los que "hubieran servido la Presidencia en cualquier lapso dentro de los ocho años anteriores al período para cuyo ejercicio se verificare la elección (artículo 132 inciso 1). En todos los casos, las regulaciones constitucionales las habían adoptado Asambleas Constituyente, siendo la reforma adoptada mediante la Ley No. 4349 de 11 de julio de 1969, que fue la impugnada, la única vez en la cual la reelección se reguló por la Legislatura, estableciéndose la posibilidad de "la reelección por una sola vez, a todas aquellas personas que en ese momento, ostentaban la condición de expresidentes."

La Sala, por otra parte, se refirió al "derecho de elección, como derecho político," al cual consideró como "un derecho fundamental," agregando que históricamente, conforme a la Constitución Política de 1949, "fue la voluntad popular a través de la Constituyente, la que dispuso que existiera la reelección presidencial, con el fin de garantizarse el pueblo el efectivo derecho de elección;" y haciendo referencia a l Convención Americana de Derechos Humanos (artículo 23), en particular al derecho de los ciudadanos a "votar y ser elegidos," con la posibilidad de que se establezcan por ley limitaciones solo "por razones de edad, nacionalidad, residencia, idioma, instrucción, capacidad civil o mental, o condena, por juez competente, en proceso penal." La sala, de allí, concluyó con la afirmación de que:

---

27 La sentencia se dictó bajo la Ponencia de la magistrada Ana Virginia Calzada Miranda. La Sala estuvo integrada por: Luis Fernando Solano C.(Presidente), Luis Paulino Mora M., Carlos M. Arguedas R., Ana Virginia Calzada M., Adrián Vargas B., Gilbert Armijo S., y Ernesto Jinesta L.

"La reelección, según se desprende de la voluntad popular suscrita históricamente, establece la posibilidad para el ciudadano de elegir libremente a sus gobernantes, por lo que al reformarse la Constitución en detrimento de la soberanía del pueblo, y en desgaste de sus derechos fundamentales, lo que se produjo en este caso fue la imposición de más limitaciones que las ya existentes en razón de edad, nacionalidad, residencia, idioma, instrucción, capacidad civil o mental, o condena."

Con base en esta premisa, la Sala consideró que "de resultar inconstitucional la forma en que la Asamblea Legislativa suprimió este derecho, implicaría que su restauración deba sujetarse al procedimiento correspondiente," pasando a analizar la forma cómo se sancionó la reforma constitucional por la Asamblea Legislativa, de lo cual concluyó con la afirmación de que:

"la Asamblea Legislativa carece de competencia para hacer una reforma parcial que afecte los derechos fundamentales y las decisiones políticas fundamentales, por el procedimiento establecido en el artículo 195 de la Constitución Política. La Asamblea Nacional Constituyente estableció en el numeral 132 de la Constitución regulaciones a los derechos políticos de quienes aspiren al cargo de presidente o vicepresidente de la República. En el caso que nos ocupa en esta decisión judicial, el inciso 1) prohibía la reelección únicamente para aquellos que hubieren ejercido la Presidencia en cualquier lapso dentro de los ocho años anteriores al período para cuyo ejercicio se verificare la elección. La reforma operada por Ley No. 4349 prohibió en forma total la reelección presidencial, afectando negativamente derechos políticos de los ciudadanos y al actuar así, la Asamblea Legislativa, en ejercicio del Poder Constituyente de reforma parcial, excedió los límites de su competencia."

De ello, la Sala concluyó su sentencia decidiendo que una reforma constitucional mediante la cual se limite un derecho político dado por el constituyente originario, como era el relativo a la reelección presidencial, debía hacerse "a través del mecanismo de reforma general previsto en el artículo 196 constitucional," considerando en consecuencia que "la reforma al artículo 132 de la Constitución Política, operada mediante la Ley N° 4349, se produjo una violación al procedimiento previsto según lo señalado," declarándola nula.

Debe precisarse que la Sala, en su decisión, no se pronunció sobre el fondo de lo que era el debate constitucional en materia de reelección presidencial, en el marco del principio democrático, que exige optar, ante limitaciones impuestas a la reelección, entre la protección de los derechos individuales de los ciudadanos a elegir y ser electos, y el derecho colectivo a la alternabilidad republicana en el gobierno, el cual, sin embargo, ni se mencionó. Aclaró, en todo caso la Sala, que con especial fundamento en el principio democrático, en realidad:

"lo revisado por este Tribunal es el procedimiento mediante el cual se produjo la reforma constitucional aquí impugnada, no sobre la conveniencia del instituto de reelección presidencial, por cuanto tal decisión es una competencia que le corresponde en forma exclusiva al poder constituyente originario."

El tema central de la discusión sobre la existencia o no de un supuesto derecho a la reelección, o de la prevalencia de la aplicación en esta materia de la Convención Americana sobre Derechos Humanos en relación con la Constitución, que se planteó en los alegatos ante la Sala, sin embargo no fueron considerados por la misma, limitándose la sentencia a anular la previsión mencionada del artículo 132 de la Constitución que prohibía la reelección, por no ajustársela reforma al procedimiento previsto en la Constitución, con lo cual, en todo caso se abrió la posibilidad para permitir de nuevo la elección de Óscar Arias para otro mandato (2006-2010).

VII. EL CASO DE VENEUELA, O DE CÓMO EL TRIBUNAL CONSTITUCIONAL DESCONOCIÓ EL PRINCIPIO PÉTREO A LA ALTERNABILIDAD REPUBLICANA (2009)

En Venezuela, como se ha dicho, desde 1811 se estableció el principio democrático republicano de la alternabilidad en el gobierno, a cuyo efecto, a través de toda la historia del país, en las Constituciones se estableció la prohibición de la reelección presidencial inmediata, lo cual sin embargo, tuvo escasas excepciones, que fueron insertadas en las Constituciones sancionadas en los gobiernos autoritarios, como fue el caso de la efímera Constitución de 1857; de las Constituciones de Juan Vicente Gómez de 1914, 1922, 1925, 1928, 1929 y 1931, y de la Constitución de Marcos Pérez Jiménez de 1953.[28]

La prohibición de la reelección inmediata, en cambio, respecto del presidente de la República, fue más amplia en el período democrático iniciado en 1958, habiéndose extendido en la Constitución de 1961 a los dos períodos siguientes (10 años).

La Constitución de 1999, por su parte, flexibilizó el principio de la alternabilidad, habiendo sido la única en la historia constitucional que permitió la posibilidad de reelección presidencial de inmediato aun cuando limitándola por una sola vez, para un nuevo período constitucional. En consecuencia, fue conforme a la Constitución que en 2006 se reeligió a Hugo Chávez para un segundo período; quien al año siguiente, en 2007, fue quien propuso reformar la Constitución, para eliminar de su texto el principio de la alternabilidad republicana y en cambio establecer el principio de la reelección indefinida, a los efectos de perpetuarse en el poder, como era su proyecto.[29]

---

28 Véase Allan R. Brewer-carías, *Las Constituciones de Venezuela,* 2 vols., Academia de Ciencias Políticas y Sociales, Caracas 2008. Véase igualmente, Allan R. Brewer-Carías, *Historia Constitucional de Venezuela*, 2 vols., Editorial Alfa, Caracas 2008.

29 Véase sobre la propuesta de reforma constitucional de 2007 los comentarios en Allan R. Brewer-Carías, *La reforma constitucional de 2007 (Comentarios al*

Como se dijo, sin embargo, el principio de la alternabilidad del gobierno, desde el mismo inicio de la República fue establecido como un principio de carácter pétreo. La Constitución dice: "El gobierno es y será siempre alternativo" (art. 6), buscándose evitar el continuismo o a la permanencia en el poder por una misma persona; principio que solo podría ser modificado mediante el mecanismo de una Asamblea Nacional Constituyente. Dicho principio, por supuesto, no se puede confundir con el principio del gobierno "electivo" o el más general principio "democrático" que el mismo artículo 6 de la Constitución establece, pues una cosa es poder elegir a los gobernantes, y otra cosa es el principio de alternabilidad que impide poder escoger al mismo gobernante ilimitadamente.[30]

La Sala Constitucional del Tribunal Supremo, sin embargo, a comienzos de 2009, y luego de que el pueblo mediante referendo de diciembre de 2007 rechazara el proyecto de reforma constitucional que pretendía eliminar el principio de la alternabilidad republicana estableciendo la reelección indefinida del presidente de la República, para "facilitar" la posibilidad de reformar el principio mediante una "Enmienda constitucional" para eliminar la alternabilidad republicana; mediante sentencia N° 53 de 3 de febrero de 2009 procedió a "interpretar" el artículo 6 de la Constitución afirmando, en contra de su texto, que el principio de la alternabilidad "lo que exige es que el pueblo como titular de la soberanía tenga la posibilidad periódica de escoger sus mandatarios o representantes," confundiendo fraudulentamente "gobierno alternativo" con "gobierno electivo." Por ello, fue falso lo que afirmó la Sala Constitucional en la misma sentencia en relación con el principio de la alternabilidad, el sentido de que "sólo se infringiría el mismo si se impide esta posibilidad al evitar o no realizar las elecciones."

Con su sentencia, la Sala Constitucional lo que hizo fue mutar ilegítimamente el texto de la Constitución pues, al contrario de lo que afirmó, la eliminación de la causal de inelegibilidad para el ser electo para cargos públicos derivada de su ejercicio previo por parte de cualquier ciudadano, sí trastocaba el principio de alternabilidad en el ejercicio del poder.

Se insiste, lo argumentado por la Sala Constitucional se refirió al principio de gobierno "electivo" que en los términos del mismo artículo 6 de la Constitución, es el que implica que "el electorado, como actor fundamental del proceso democrático, acuda a procesos comiciales periódicamente en los que compitan, en igualdad de condiciones, las diversas opciones políticas

---

proyecto inconstitucionalmente sancionado por la Asamblea Nacional el 2 de noviembre de 2007), Colección Textos Legislativos, N° 43, Editorial Jurídica Venezolana, Caracas 2007.

30 Véase sobre el principio de la alternabilidad republicana en Venezuela, en Allan R. Brewer-Carías, "El Juez Constitucional vs. la alternabilidad Republicana. (La reelección continua e indefinida)," en *Revista de Derecho Público*, N° 117, Editorial Jurídica Venezolana, Caracas 2009, pp. 205 ss.; y en *Analitica.com, 2019*, en http://www.analitica.com/va/politica/opinion/6273405.asp

que integran el cuerpo social;" pero no al principio de gobierno "alternativo" que implica que no se pueda elegir indefinidamente una misma persona para el mismo cargo, así haya hecho un "buen gobierno."

El principio de la alternabilidad, para evitar el continuismo en el poder, precisamente implica la limitación que el pueblo, como poder constituyente originario, se impuso a sí mismo, en cuanto a la "oportunidad de decidir entre recompensar a quienes estime como sus mejores gobernantes, o bien renovar completamente las estructuras del poder cuando su desempeño haya sido pobre." Esa "oportunidad" quedó reducida en la Constitución a la posibilidad de una sola reelección de inmediato, por una sola vez para un período inmediato. Por tanto, establecer la reelección continúa como se pretendía con la reforma constitucional de 2007, sí alteraba el principio fundamental del gobierno "alternativo", que es distinto del principio del gobierno "electivo," necesitándose para su reforma, dada la formulación pétrea del artículo 6 de la Constitución (es y será siempre), no de alguna modificación constitucional por los procedimientos de Enmienda ni de Reforma Constitucional, sino solo mediante la convocatoria de una Asamblea Nacional Constituyente.

La Sala Constitucional, sin embargo, con su sentencia No. 53 de 03-02-2009, una vez más al servicio del autoritarismo,[31] lo que hizo fue mutar la Constitución a través de una interpretación, modificando ilegítimamente el sentido del principio del gobierno 'alternativo" que el pueblo dispuso al aprobar mediante referendo la Constitución de 1999, que siempre debía regir sus gobiernos, y que el mismo pueblo ratificó en 2007 al rechazar, también mediante referendo, la reforma constitucional que pretendía introducir la reelección presidencial indefinida.

La inconstitucional sentencia, en todo caso, lo que implicó fue que se despejara fraudulentamente el camino para que el régimen autoritario pudiera someter a referendo en el mismo año 2009, una Enmienda Constitucional para borrar del texto el principio pétreo de la prohibición de reelección indefinida, que conforme a la Constitución solo podía modificarse mediante la convocatoria a una Asamblea Nacional Constituyente. En definitiva, la Enmienda se aprobó, en fraude a la Constitución y a la voluntad popular, quedando totalmente eliminado en Venezuela el principio de la alternabilidad republicana.[32]

---

31 Véase Allan R. Brewer-Carías, "El Juez Constitucional al servicio del autoritarismo y la ilegítima mutación de la Constitución: el caso de la Sala Constitucional del Tribunal Supremo de Justicia de Venezuela (1999-2009)", en *Revista de Administración Pública*, N° 180, Madrid 2009, pp. 383-418.

32 Véase los comentarios a la Enmienda de 2009 en Allan R. Brewer-Carías, *Reforma constitucional y fraude a la Constitución (1999-2009)*, Academia de Ciencias Políticas y Sociales, Caracas 2009.

VIII. EL CASO DE NICARAGUA O DE CÓMO EL TRIBUNAL CONSTITUCIONAL DECLARÓ "INCONSTITUCIONAL" NORMAS DE LA CONSTITUCIÓN (2009)

Al contrario de lo que sucedió en República Dominicana en 2018, donde como hemos comentado, el Tribunal Constitucional se negó a conocer de una acción que pretendía se declarara inconstitucional una disposición que limitaba la reelección presidencial contenida en la propia Constitución, en Nicaragua, nueve años antes había ocurrido lo contrario.

En efecto, la Sala Constitucional de la Corte Suprema de Justicia, mediante sentencia de N° 504 del 19 de octubre de 2009,[33] a pesar de la prohibición constitucional expresa que prohibía la reelección, al decidir una acción de amparo constitucional que se había intentado contra una decisión del Consejo Supremo Electoral rechazando la presentación de diversas candidaturas por parte de ex funcionarios que buscaban precisamente la reelección prohibida en sus cargos, en la materia, resolvió para permitirla, proceder pura y simplemente a "reformar" o "mutar" la Constitución, declarando inconstitucional la norma constitucional que prohibía dicha reelección presidencial, y en consecuencia declarándola inaplicable.[34]

En efecto, el artículo 147.a de la Constitución entonces vigente en 2009 establecía que:

> "No podrá ser candidato a presidente ni vicepresidente de la República: a) El que ejerciere o hubiere ejercido en propiedad la Presidencia de la República en cualquier tiempo del período en que se efectúa la elección para el período siguiente, ni el que la hubiere ejercido por dos períodos presidenciales."

Se trataba, como resulta del propio texto, de una prohibición constitucional clara y diáfana prohibiendo la reelección presidencial, que no podría ser cambiada o reformada sino mediante los mecanismos de reforma constitucional.

---

33 Véase sobre el caso de Nicaragua: Iván Escobar Fornos, "Relaciones y tensiones de la Justicia Constitucional con los poderes del Estado: crisis permanente (Democracia, gobernabilidad y el Tribunal Constitucional)," en *Anuario Iberoamericano de Justicia Constitucional*, N° 15, Centro de Estudios Políticos y Constitucionales, Madrid 2011, pp. 67-137.

34 Véase lo que expusimos en Allan R. Brewer-Carías, *La patología de la Justicia Constitucional*, Editorial Jurídica Venezolana, Caracas 2014, pp. 197-199; y en *Los jueces constitucionales. controlando el poder o controlados por el poder. Algunos casos notorios y recientes (Estados Unidos, Nicaragua, Bolivia, Paraguay, Reino Unido, Suráfrica, Venezuela, Honduras, República Dominicana, El Salvador, Colombia, Perú, Costa Rica, Chile, Brasil),* Segunda edición corregida y aumentada, Colección Biblioteca de Derecho, Ediciones Olejnik, Santiago de Chile, Buenos Aires, Madrid 2018.

Sin embargo, no ocurrió así, habiendo sido en este caso, el Juez Constitucional el que decidió mutar la Constitución al conocer de un proceso que, además, estaba prohibido en la legislación.

En efecto, el caso que originó esta sentencia, se inició con la decisión adoptada por el Consejo Supremo Electoral de Nicaragua, de rechazar la petición que diversos candidatos en procesos electorales le habían formulado unos días antes de la sentencia, solicitando que se admitieran sus postulaciones para la reelección, argumentando, para ello, que el Consejo les debía aplicar el principio de igualdad a todos los funcionarios públicos en materia electoral, ignorando las previsiones constitucionales.

El Consejo Supremo Electoral, por supuesto, con base en la mencionada norma constitucional, rechazó las solicitudes que se le formularon, fundamentándose en todo caso en el argumento final de que el organismo carecía de competencia para resolver sobre tales materias.

Las decisiones del Consejo Supremo Electoral en Nicaragua, conforme a la legislación vigente son definitivas, y contra las mismas, de conformidad con el artículo 52.5 de la Ley de Amparo, no procede acción de amparo, por lo que al intentarse acciones de amparo contra las decisiones de rechazo de las solicitudes para reelección, la Sala Constitucional debió haberlas declarado inadmisibles.

Sin embargo, a pesar de esta restricción legal, la Sala Constitucional del Tribunal Supremo de Justicia entró a conocer de la acción de amparo propuesta, procediendo a decidir, en definitiva, que la referida norma constitucional que prohibía expresamente la reelección presidencial era "inaplicable," por considerarla violatoria del principio de la igualdad, con lo cual no sólo entro a juzgar la "inconstitucionalidad" de la Constitución, lo que es un despropósito, sino que decidió, en forma totalmente ilegítima, mutar la Constitución, eliminando así del texto fundamental la rígida prohibición constitucional establecida en relación con la reelección presidencial.[35]

Con posterioridad, la decisión de la Sala Constitucional fue ratificada por la Corte Plena de la Corte Suprema de Justicia, en sentencia del 30 de septiembre de 2010, con el objeto de darle efectos *erga omnes* a la decisión.

En esta forma, como consecuencia de la sentencia de la Sala Constitucional del 19 de octubre de 2009 dictada sólo cuatro días después de que se habían presentado las postulaciones iniciales ante el Consejo Supremo Electoral, en Nicaragua se cambió la Constitución sin haberse seguido los procedimientos de revisión de la misma, permitiéndose en consecuencia la posibilidad de reelección presidencial del presidente Daniel Ortega.

---

35 Véase Sergio J. Cuarezma Terán and Francisco Enríquez Cabistán, *Nicaragua National Report*, XVIII International Congress of Comparative Law, Washington, July 2010, p. 43; Allan R. Brewer-Carías, *Constitutional Courts as Positive Legislators*, Cambridge University Press, New York 2011, p. 101.

Para ello, la Sala consideró que la norma del artículo 147.4.a y 147.b de la Constitución violaba el derecho a la igualdad, el derecho al sufragio y el derecho a la personalidad consagrados en los artículos, 27, 47, 48, 50 y 51 de la Constitución, entre otros, declarando en consecuencia que la norma era inconstitucional en la parte antes mencionada.[36]

La sentencia consideró en efecto, que el derecho a la igualdad podía considerarse violado porque el artículo 147 contenía una "interdicción electoral solo para el presidente" lo cual consideró la Sala que "representa un trato desigual, cuando como queda claro hay igualdad de condiciones...". Afirmó además la Sala Constitucional

> "que los principios constitucionales que informan nuestra Constitución Política en su Preámbulo y Parte Dogmática, prevalecen sobre el resto de Disposiciones Constitucionales que conforman nuestra Constitución Política...".

De seguidas, la Sala Constitucional, además de referirse a los "principios constitucionales" que informan los derechos fundamentales, hizo mención a:

> "la Soberanía, al igual que la igualdad, la unidad centroamericana, la independencia, la autodeterminación, la paz social, el bien común, la libertad, la justicia, el respeto a la dignidad de la persona humana, el pluralismo político, social y étnico, la cooperación internacional, el respeto a la libre autodeterminación de los pueblos."

Con base en ello, la Sala Constitucional concluyó afirmando, sin mucha ilación, que los miembros del Consejo Supremo Electoral no podían:

> "negarse a cumplir con la voluntad del pueblo soberano, de elegir y ser elegido de manera directa como sus representantes a los ciudadanos

---

36 Véase el comentario a la sentencia, el Dr. Iván Escobar Fornos, Magistrado de la Corte Suprema de Justicia de Nicaragua, quien indicó que: "Se ha considerado que ésta no es una interpretación [de la Constitución] como se pretende sino más bien una derogación de la prohibición de la reelección antes señalada". Véase Iván Escobar Fornos, "Relaciones y tensiones de la Justicia Constitucional con los poderes del Estado: crisis permanente (Democracia, gobernabilidad y el Tribunal Constitucional)" *ob. cit.*, pp. 67-137; y en Ensayo presentado por el autor ante la Mesa Redonda Jurídica Internacional organizada por la Fundación Alexandre Guzmán y el Instituto de Pesquisa de Relaciones Internacionales (del *Itamarati*, Brasil), Septiembre, 2010, p. 33; citado en el documento de presentado por Renaldy J. Gutiérrez, *Estado de Derecho, Misión de la Federación Interamericana de Abogados (Las Experiencias de Nicaragua y El Salvador), ¿Justicia Constitucional o Activismo Judicial?,* presentado en el Seminario de derecho comparado sobre separación de poderes del Estado y la "Political Questions Doctrine" en los Estados Unidos de América, organizado por Sala Constitucional de la Corte Suprema de Justicia en cooperación con Duquesne University (Pittsburh), San José, Costa Rica, 28 y 29 de marzo de 2012.

que crean conveniente, aplicando de manera inescrutable [sic] los principios fundamentales de igualdad, libertad y soberanía, de no ser así ocurriría una muerte política para los recurrentes, violando también el derecho al reconocimiento de la personalidad y capacidad jurídica... y el reconocimiento de los derechos inherentes a la persona humana consignados en las Declaraciones Universales de Derechos Humanos..."

De ello concluyó la Sala afirmando que la decisión accionada en amparo, del Consejo Supremo Electoral del 16 de octubre de 2009, transgredía:

> "los ya referidos principios constitucionales de los ciudadanos nicaragüenses, por lo cual resulta falta de motivación y congruencia, violando el derecho de petición y a obtener una resolución fundada en derecho; en consecuencia, debe ampararse a los recurrentes."

La consecuencia de todos estos argumentos, fue entonces la decisión de la Sala Constitucional de "declarar la inaplicabilidad del Art. 147 de la Constitución, "únicamente en la parte relativa a la prohibición de la reelección presidencial," por existir "una antinomia constitucional con respecto a "los principios constitucionales antes referidos."

Es decir, la Sala Constitucional de la Corte Suprema en Nicaragua en una forma por demás bizarra, declaró la inconstitucionalidad de una norma constitucional, con lo cual mutó la Constitución, permitiendo así la reelección presidencial en dicho país en particular del presidente Daniel Ortega, que era el propósito buscado, lo que se materializó en las elecciones generales de noviembre de 2011, y luego, en las elecciones de 2016. [37]

IX. EL CASO DE HONDURAS O DE CÓMO EL TRIBUNAL CONSTITUCIONAL DESAPLICÓ LA CONSTITUCIÓN IGNORANDO LA EXISTENCIA DEL DERECHO COLECTIVO A LA ALTERNABILIDAD

En Honduras se siguió el ejemplo de Nicaragua, aun cuando después de antecedentes tortuosos y de previsiones constitucionales más severas.[38]

En efecto, la Constitución de Honduras, vigente en 2009, podía considerarse como uno de los pocos textos constitucionales latinoamericanos que establecía mecanismos relativamente sencillos para su reforma, excluyendo la intervención del pueblo en el procedimiento de reforma, permitiendo en su artículo 373 la adopción de las reformas constitucionales por el Congreso, como poder constituyente derivado, mediante el voto de los dos tercios de la

---

37 Véase los comentarios en Allan R. Brewer-Carías, *Los jueces constitucionales: controlando al poder o controlados por el poder Algunos casos recientes*, Editorial Jurídica Venezolana, Caracas 2017, pp. 406 ss.

38 Véase Allan R. Brewer-Carías, *Reforma Constitucional, Asamblea Constituyente, y control Judicial: Honduras (2009), Ecuador (2007) y Venezuela (1999),* Serie Derecho Administrativo N° 7, Universidad Externado de Colombia, Bogotá 2009.

totalidad de sus miembros; las cuales, además, debían ser ratificadas por la subsiguiente legislatura ordinaria, por igual número de votos.

Esta forma relativamente sencilla del procedimiento de reforma constitucional, sin embargo, puede decirse que tenía su contrapartida en la inclusión, en la misma Constitución, de una importante cláusula pétrea referida a diversos aspectos constitucionales sustantivos que no podían reformarse en la forma prevista en la misma.

En efecto, el artículo 374 de la Constitución disponía que no podían ser reformados mediante el mencionado procedimiento de reforma constitucional, "los artículos constitucionales que se refieren a la forma de gobierno, al territorio nacional, al período presidencial, a la prohibición para ser nuevamente presidente de la República, el ciudadano que lo haya desempeñado bajo cualquier título y referente a quienes no pueden ser presidente de la República por el período subsiguiente."[39]

La Constitución de Honduras, por otra parte, preveía expresamente la consecuencia de la violación de estas normas constitucionales, por ejemplo, en materia de limitación a la reelección presidencial (artículo 239 que disponía que "el ciudadano que haya desempeñado la titularidad del Poder Ejecutivo no podrá ser Presidente o Designado"), al disponer que "*El que quebrante esta disposición o proponga su reforma*, así como aquellos que *lo apoyen directa o indirectamente*, cesarán de inmediato en el desempeño de sus respectivos cargos, y quedarán inhabilitados por diez años para el ejercicio de toda función pública."

Además, el artículo 4 de la misma Constitución de Honduras, después de declarar que "la forma de gobierno es republicana, democrática y representativa" agregaba que "la alternabilidad en el ejercicio de la Presidencia de la República es obligatoria," disponiendo que "La infracción de esta norma

---

39 Una norma de este tipo, como se dijo, no es frecuente en América Latina, y quizás es sólo comparable con las previsiones de la Constitución de Guatemala donde también se establece en el artículo 281 de la Constitución que "en ningún caso podrán reformarse los artículos 140 (independencia del Estado y al sistema de gobierno), 141 (soberanía popular), 165, inciso g) (desconocimiento del mandato del Presidente después de vencido su período constitucional), 186 (prohibiciones para optar a cargos de Presidente y Vicepresidente) y 187 (prohibición de reelección), ni en forma alguna toda cuestión que se refiera a la forma republicana de gobierno, al principio de no reelección para el ejercicio de la Presidencia de la República, ni restársele efectividad o vigencia a los artículos que estatuyen alternabilidad en el ejercicio de la Presidencia de la República, así como tampoco dejárseles en suspenso o de cualquier otra manera de variar o modificar su contenido." Véase Allan R. Brewer-Carías, "Modelos de revisión constitucional en América Latina", en *Boletín de la Academia de Ciencias Políticas y Sociales*, enero-diciembre 2003, N° 141, Caracas 2004. pp. 115-156; y en Walter Carnota y Patricio Marianello (Directores), *Derechos Fundamentales, Derecho Constitucional y Procesal Constitucional,* Editorial San Marcos, Lima 2008, pp. 210-251.

constituye delito de traición a la Patria," llegando tan lejos como prever en su artículo 42.5 como una de las causales de la pérdida de "la calidad de ciudadano", el hecho de "incitar, promover o apoyar el continuismo o la reelección del Presidente de la República."

Ese fue el contexto jurídico constitucional de la alternabilidad republicana concebida, al igual a como está en la Constitución de Venezuela, como principio pétreo, que el entonces presidente José Manuel Zelaya comenzó a plantear en 2009 la posibilidad de proceder a convocar una Asamblea Nacional Constituyente como mecanismo de reforma constitucional no previsto ni regulado en la Constitución (entre otros aspectos para incluir la reelección indefinida del Presidente de la República). Zelaya, en esa forma, sin duda, trató de seguir los pasos diseñados en el precedente que se había desarrollado en Venezuela en 1999, y que luego se siguió en Ecuador y Bolivia, basado en interpretaciones constitucionales tortuosas,[40][41] fundamentadas un supuesto principio de "nuevo constitucionalismo" que despreciaba la supremacía de la Constitución.[42]

El intento de reformar la Constitución mediante la dicha convocatoria de una Asamblea Nacional Constituyente fue, en definitiva, bloqueada por decisión del Juzgado de Letras de lo Contencioso Administrativo de Tegucigalpa,, el cual como tribunal contencioso administrativo asumió su función, y procedió a controlar la constitucionalidad y legalidad de las actuaciones del presidente de la República, llegando, mediante sentencia de 27 de mayo de 2009, a suspender los efectos de los actos ejecutivos dictados con tal propósito, en particular, el decreto ejecutivo N° PCM-05-2009 de 23 de marzo de 2009, en el cual se había ordenado realizar una "amplia consulta popular" para que la ciudadanía hondureña pudiera expresar libremente su acuerdo o no con " *la convocatoria a una Asamblea Nacional Constituyente que apruebe una nueva Constitución Política.*"[43]

El día anterior a la sentencia, sin embargo, es decir, el 26 de mayo de 2009, el Presidente de la República en Consejo de Ministros emitió un "nue-

---

40 Véase Allan R. Brewer-Carías, *Golpe de Estado y proceso constituyente en Venezuela*,-Universidad nacional Autónoma de México, 2012.

41 Véase Allan R. Brewer-Carías, "La configuración judicial del proceso constituyente o de cómo el guardián de la Constitución abrió el camino para su violación y para su propia extinción", en *Revista de Derecho Público*, N° 78-80, Editorial Jurídica Venezolana, Caracas 1999, pp. 55-73.

42 Véase Allan R. Brewer-carías, *El "nuevo constitucionalismo latinoamericano" y la destrucción del Estado democrático por el juez constitucional. El caso de Venezuela*, Colección Biblioteca de Derecho Constitucional, Ediciones Olejnik, Santiago de Chile, Madrid, Buenos Aires, 2018.

43 Véase en Allan R. Brewer-Carías, *Reforma Constitucional, Asamblea Constituyente, y control Judicial: Honduras (2009), Ecuador (2007) y Venezuela (1999),* Serie Derecho Administrativo N° 7, Universidad Externado de Colombia, Bogotá 2009.

vo" Decreto Ejecutivo N° PCM-19-2009, que solo fue publicado un mes después (25 de Junio de 2009, N° 31.945), mediante el cual se decidió anular y dejar "sin ningún valor y efecto" el Decreto PCM-05-2009 que ordenaba la consulta popular, a partir de su emisión; y lugar de la misma, mediante un nuevo Decreto N° PCM-20-2009 dictado el mismo día 26 de mayo de 2009, el Presidente dispuso que se realizase, no una consulta popular, sino "*una encuesta nacional de opinión,*" en este caso para que el pueblo decidiera directamente "*la convocatoria a una Asamblea Nacional Constituyente.*"[44]

El mismo día del anuncio presidencial del decreto N° PCM-27-2009, el 29 de mayo de 2009, los abogados del Ministerio Público que actuaban como parte demandante en el proceso contencioso administrativo, solicitaron aclaratoria de la sentencia interlocutoria de suspensión de efectos que se había dictado, y el Juez Titular, ante la evidente "reedición" del acto suspendido, mediante sentencia de 27 de mayo del 2009 acordó que la suspensión de efectos ya decidida, se extendía a cualquier otro acto administrativo "así como cualquier cambio de denominación en el procedimiento de consulta o interrogatorio, que implique evadir el cumplimiento de la sentencia interlocutoria que se aclara."

Contra las decisiones del Juzgado de Letras de lo Contenciosos Administrativo, el Presidente de la República en su condición de Titular del Poder Ejecutivo intentó una bizarra acción de amparo por ante la Corte de Apelaciones de lo Contencioso Administrativo en Tegucigalpa, la cual mediante sentencia de 16 de junio de 2009, consideró que siendo el proceso contencioso administrativo desarrollado ante el Juzgado de Letras, un proceso en el cual las partes eran el Ministerio Público como demandante, y el Estado de Honduras como demandado, la acción de amparo que pudiera intentarse contra las decisiones dictadas en el proceso sólo podían ser interpuestas por las partes interesadas en el mismo; de lo que concluyó resolviendo que:

> "siendo el demandado, el Estado de Honduras, resulta obvio que quien interpone el amparo [el presidente de la República] carece de legitimación para ejercer la presente acción, puesto que constitucionalmente el representante legal del Estado es la Procuraduría General de la República, quien no ha interpuesto recurso alguno y por ende ha consentido la sentencia y la aclaración recurrida."

El Juzgado contencioso administrativo cumplió con conminar en tres oportunidades al presidente de la República a cumplir con el fallo dictado, pero la respuesta del presidente fue desacatar las decisiones judiciales y anunciar que procedería con la encuesta convocada. Ello provocó la emisión de una nueva sentencia día 24 de junio de 2009, ordenando a las Fuerzas Armadas de Honduras, por medio del Jefe del Estado Mayor Conjunto, "el *inmediato decomiso* de toda la documentación y material necesario y relacionado con la encuesta de opinión que el Poder Ejecutivo, en *abierta viola-*

44 *Idem.*

ción a la orden emanada de este Juzgado, pretende realizar el día domingo 28 de junio de dos mil nueve." El Jefe del Estado Mayor Conjunto de las Fuerzas Armadas, al acatar la decisión judicial, fue destituido de su cargo por el presidente de la República.

Contra ello, dicho Jefe del Estado mayor y el Fiscal Especial para la Defensa de la Constitución, actuando a favor de *los intereses generales de la sociedad y del orden jurídico constitucional*, interpusieron sendos recursos de amparo contra la resolución presidencial mencionada por ante la Sala Constitucional de la Corte Suprema de Justicia (Registro Nos. 881 y 883-09), la cual luego de acumular los recursos, y el 25 de junio de 2009 decidió suspender de manera "provisional del acto reclamado," ordenando el "inmediato cumplimiento a lo ordenado" en la providencia que se ordenó comunicar al Presidente de la República.

Éste desacató públicamente y de nuevo las decisiones judiciales, lo que motivó que el Fiscal General de la República, "en representación de los más altos intereses generales de la Sociedad Hondureña," compareciera ante la Corte Suprema de Justicia, formulando requerimiento fiscal en contra del presidente de la República José Manuel Zelaya Rosales, a acusándolo como responsable, a título de autor, de los delitos contra la forma de gobierno, traición a la patria, abuso de autoridad y usurpación de funciones, en perjuicio de la administración pública y el Estado de Honduras; solicitando se librase contra él orden de captura, para que luego de que se le comunicasen los hechos que se le imputaban, se le recibiera su declaración de imputado, se le suspendiera en el ejercicio del cargo, y se autorizase allanamiento de morada. Solicitaron, además, que la Corte Suprema instruyera a las Fuerzas Armadas de Honduras a través del Jefe del Estado Mayor Conjunto, la facultad de hacer que se cumplieran los mandatos judiciales y procedieran hacer efectiva la orden de captura del acusado Presidente.

De allí en adelante la historia es conocida: El día 28 de junio de 2009, en efecto, la orden judicial no fue ejecutada tal como se ordenó por la Corte Suprema, y el presidente Zelaya después de haber sido detenido en su residencia durante la noche conforme a lo ordenado en la orden judicial, sin embargo, fue ilegalmente extrañado del país y un avión se lo trasladó a Costa Rica, esto último, indudablemente, en violación de lo previsto en los artículos 81 y 102 de la Constitución.[45]

Pero en el espíritu de la diatriba política que quedó de aquellos incidentes, el tema de la prohibición constitucional sobre la reelección presidencial quedó políticamente pendiente, de manera que seis años después volvió a plantearse, pero esta vez mediante acciones de inconstitucionalidad contra los artículos 239 y 42.5 de la Constitución, y contra el artículo 330 del Código Penal intentadas ante la Sala Constitucional del Tribunal Supremo de Justicia, por un grupo de diputados y un expresidente (Rafael Leonardo Callejas Romero), solicitando de la Sala que declarase la inconstitucionalidad e

45 *Idem.*

inaplicabilidad de dichas normas a los recurrentes, por considerar que las mismas violaban derechos y garantías constitucionales, entre ellas, la libertad de expresión, el debido proceso, el derecho a la igualdad, el derecho a ser electo y a la libre representación, a la libre participación en condiciones de igualdad en justas presidenciales garantizados en la Constitución, la Declaración Universal de Derechos Humanos, la Convención Americana sobre Derechos Humanos y el Pacto Internacional de Derechos Civiles y Políticos. No se mencionó, sin embargo, la muy importante Carta Democrática Interamericana la cal fue ignorada en el proceso.

Se trataba, de nuevo, del absurdo de pretender que un Juez Constitucional decidiera sobre la inconstitucionalidad de la propia Constitución, lo que efectivamente ocurrió.

La Sala Constitucional, en efecto, decidió las acciones propuestas mediante sentencia de 22 de abril de 2015,[46] para lo cual comenzó por declarar su propia competencia para "resolver sobre las acciones contra la constitucionalidad de la norma fundamental, en caso de colisionar esta con otra de igual rango y contenido esencial," pudiendo "derogar" dicha norma; así como sobre las acciones de inconstitucionalidad que se intenten contra las leyes como el Código Penal.

En cuanto a la primera de estas "competencias" la Sala consideró que si bien no tenía competencia para reformar la Constitución, partiendo de la supuesta existencia de un 'bloque de constitucionalidad y de convencionalidad," estimó que en el caso planteado, "aun tratándose de normas originarias," era supuestamente evidente "la colisión entre derechos fundamentales inherentes a la persona humana también contenidos en la propia Constitución, y la infracción de principios y normas internacionales de derechos humanos, por lo que las normas impugnadas pierden su aplicabilidad, evidenciando a contradicción entre principios constitucionales disímiles o entre principios constitucionales y normas también constitucionales." Ello, a juicio de la Sala, obligaba a Juez Constitucional a interpretar la Constitución y a "escoger una interpretación sobre otra e incluso a aplicar una norma sobre otra o a desaplicar alguna" lo que no implicaba, -dijo- desligarse de la norma sino escoger y aplicar la que corresponde. Para ello, en todo caso, la Sala solo consideró los derechos políticos individuales a elegir y a ser electo, pero ignoró totalmente toda consideración sobre el derecho político colectivo a la democracia y a la alternabilidad republicana, que sin duda inspiraba la norma pétrea de la Constitución que se impugnó.

---

46 Véase en http://www.poderjudicial.gob.hn/Documents/FalloSCONS230-42015.pdf.Véase por ejemplo, los comentarios de Álvaro Albornoz, "Análisis de la sentencia de la Sala de lo Constitucional de Honduras que elimina artículos constitucionales pétreos y establece la reelección presidencial indefinida," en *Eléutera*, 1 de mayo de 2009, en http://www.eleutera.org/analisis-del-fallo-que-elimina-articulos-constitucionales-petreos-y-establece-la-reeleccion-presidencial-indefinida/

La sala, en efecto resolvió, que la misma, en el caso:

"Ha debido escoger entre varias normas la libertad de expresión, los derechos políticos y la libertad de creencias o conciencia frente a la norma que permite la reelección; haciéndolo así, porque todos ellos tienen el mismo rango y vigencias constitucionales; y como consecuencia procede la inaplicabilidad de las normas contenidas en los artículos 42, numeral 5 y 239 de la Constitución, por cuanto restringen derechos y garantías de igual rango constitucional, existiendo incompatibilidad con otros derechos fundamentales estipulados en la misma Constitución y en los tratados, convenciones y pactos internacionales sobre derechos manos suscritos y ratificados por el Estado hondureño, como ha quedado plenamente motivado."

La consecuencia de ello fue entonces la declaración por la Sala Constitucional de la inconstitucionalidad de las previsiones de los artículos 239 y 42.5 de la Constitución, declarándolos inaplicables, extendiendo su decisión a declarar igualmente inaplicables los artículos 4 (último párrafo) y 374 de la misma Constitución sobre la restricción a la reelección presidencial.

En cuanto al artículo 330 del Código Penal, la Sala Constitucional declaró su inconstitucionalidad por los mismos argumentos, afirmando que no solo estaba viciado por contener una sanción penal desproporcionada y contraria a la razonabilidad, sin "contraviene la libertad de expresión" garantizada en la Constitución y en la Declaración Universal de los Derechos Humanos, la Convención Americana sobre Derechos Humanos y el Pacto Internacional de Derechos Civiles y Políticos.

Así, a la Sala Constitucional de la Corte Suprema de Justicia de Honduras, se limitó a ponderar entre derechos políticos individuales a elegir y ser electo, sin tomar en cuenta el derecho político colectivo que debe prevalecer sobre ambos, como es el derecho del pueblo a la alternabilidad republicana en el gobierno, el cual justifica las limitaciones a la reelección; procediendo por la vía de conocer de una absurda "acción de inconstitucionalidad contra normas constitucionales," a reformar inconstitucionalmente la Constitución, para permitir la reelección presidencial.

Como se resumió en el diario *El País* en 2017:

"Las ambiciones de reelección que al expresidente Manuel Zelaya le costaron el cargo en Honduras, expulsado por un golpe de Estado en 2009, las repite casi sin oposición ni escándalo internacional el actual mandatario, Juan Orlando Hernández. Con el camino despejado por la Sala Constitucional, la cual controla, el Tribunal Electoral aprobó en diciembre su candidatura para un segundo mandato."[47]

47 Véase el reportaje de Carlos Salinas, "El presidente de Honduras busca una polémica reelección. El Tribunal Electoral aprobó en diciembre la candidatura

X. EL CASO DE BOLIVIA Y EL SUPUESTO "DERECHO HUMANO A LA REELECCIÓN" PRESIDENCIAL (2015)

El mismo tema de la reelección presidencial se planteó en Bolivia, donde el presidente Evo Morales pretendió, en 2015, mediante referendo, introducir el principio de la reelección indefinida para perpetuarse en el poder y eliminar la restricción que establecía la Constitución que limitaba el ejercicio de cargos electivos a solo dos períodos, pretensión que fue rechazada por el pueblo mediante referéndum.[48]

Ante el rechazo popular de la pretensión presidencial, de nuevo, Tribunal Constitucional Plurinacional salió presto a resolver la pretensión de Morales, y en la misma orientación de lo decidido por la Sala Constitucional de la Corte Suprema de Honduras, procedió a desarrollar un absurdo proceso, declarando inconstitucionales las normas de la propia Constitución, e ignorando el derecho del pueblo a la democracia, y a la alternabilidad republicana. Ello lo hizo mediante sentencia No. 84 dictada el 28 de noviembre de 2017, decidiendo el derecho de una sola persona a ser reelecto cuantas veces quisiera tenía prevalencia frente el derecho de todo un pueblo a la alternabilidad republicana, no solo inserto en la Constitución, sino expresado formalmente por el pueblo en el referendo mencionado.[49]

El proceso constitucional que se siguió ante el Tribunal Constitucional Plurinacional, en efecto, se inició mediante una "acción de inconstitucionalidad abstracta" interpuesta por un grupo de diputados a la Asamblea Legislativa Plurinacional; quienes demandaron:

Primero, la inconstitucionalidad de los artículos de la Ley de Régimen Electoral (Ley 026 de 30 de julio de 2010), en los cuales, *siguiendo lo pautado en la Constitución,* se dispone que el Presidente, Vicepresidente (art. 52), los Gobernadores (art. 64), los Asambleístas Departamentales (art. 65), los Alcaldes (art. 71), y los Concejales (art. 72), "podrán ser reelectas o re-

---

de Hernández para un segundo mandato," en El País, 8 de febrero de 2017, en https://elpais.com/internacional/2017/02/07/america/1486507036_256528.html

48 Véase la reseña "Bolivia dice "No" en referendo a otra reelección de Evo Morales," en *BBCMundo*, 24 de febrero de 2016, en http://www.bbc.com/mundo/noticias/2016/02/160223_bolivia_evo_morales_referendo_resultado_ep

49 Véase Allan R. Brewer-Carías, "Las nuevas "monarquías hereditarias" latinoamericanas, la democracia como disfraz y la reelección indefinida de los gobernantes. El caso de la sentencia 084 del Tribunal Constitucional Plurinacional de Bolivia de 28 de noviembre de 2017, 2 diciembre de 2017, en http://allanbrewercarias.net/site/wp-content/uploads/2017/12/180.-Brewer.doc-Sentencia-No.-84-Bolivia-y-las-nuevas-monarquias.pdf. Véase además, Roberto Viciano Pastor y Gabriel Moreno González, "Cuando los jueces declaran inconstitucional la Constitución: la reelección presidencial en América Latina a la luz de las últimas decisiones de las cortes constitucionales," en *Anuario Iberoamericano de Derecho Constitucional*, Centro de Estudios Políticos y Constitucionales, N° 22, Madrid 2018, pp. 165-198, en https://doi.org/10.18042/-cepc/aijc.22.06.

electos de manera continua por una sola vez," alegando que los mismos supuestamente eran contrarios a los artículos 26 y 28 de la Constitución Política del Estado en concordancia con los artículos 13, 256 y 410.11 de dicha Norma Suprema; y de los artículos 1.1, 23, 24 y 29 de la Convención Americana sobre Derechos Humanos (CADH)); artículos que en definitiva lo que establecen es el derecho a ser electo, sin discriminaciones. Se ignoró, sin embargo, en esta enumeración de instrumentos internacionales, lo dispuesto en la Carta Democrática Interamericana sobre el derecho a la democracia.

El argumento formulado ante el Tribunal, en todo caso, era falaz, pues los artículos mencionados de la Ley de Régimen Electoral que establecen la limitación de la reelección solo por una sola vez, son copia fiel y exacta de lo que dispone la Constitución en sus artículos 156,168, 285.11 y 288, por lo que no podían ser inconstitucionales, pues primero habría que demandar la "inconstitucionalidad de la Constitución," que es lo que veladamente quisieron hacer al formular su segundo petitorio.

Por ello, *segundo*, los demandantes no solicitaron de entrada la declaratoria de inconstitucionalidad de dichos artículos 156,168, 285.11 y 288 de la Constitución, que eran los que establecían la limitación democrática de que los titulares de cargos electivos no podían ser reelectos de manera continua sino una sola vez, sino que lo que solicitaron del Tribunal junto con una acción de inconstitucionalidad de artículos de una Ley, fue como en el caso de Honduras, antes analizado, que se declarara "la inaplicabilidad de los arts. 156,168, 285.11 y 288 de la CPE respecto a la limitación de la reelección por una sola vez de manera continua" por considerar que con ello existiría una "contradicción intra-constitucional de los arts. 26 y 28 de la misma Norma Suprema y por contradecir convencionalmente los arts. 1.1, 23, 24 y 29 de la citada CADH, concordante con los arts. 13, 133, 256 y 410.11 de la CPE," es decir, por supuestamente ser contrarias al derecho al sufragio pasivo, previsto en dichas normas.

Sin embargo, *tercero*, después de esa solicitud de "inaplicabilidad" de las normas constitucionales, los solicitantes terminaron demandando al Tribunal que declarara "la inconstitucionalidad" de las mismas normas contenidas en los artículos 156, 168, 285, y 288 de la Constitución que limitan la reelección "de manera continua por una sola vez."

Los motivos de la acción, como se indicó, básicamente fueron los siguientes:

1. Que la Constitución incorpora a los Tratados y Convenios internacionales en materia de derechos humanos y normas de derecho comunitario en el bloque de la Constitucionalidad (art. 411.11), cediendo en el artículo 256.1 su jerarquía a favor de ellos, al indicar que dichos Tratados y Convenios internacionales cuando declaren derechos más favorables a los contenidos en la Constitución, se aplicarán de manera preferente sobre ésta.

2. La Constitución agrega además en sus artículos 13.IV y 256, que los derechos y deberes consagrados en la misma se deben interpretar de con-

formidad con los tratados internacionales de derechos humanos ratificados por Bolivia, cuando éstos prevean normas más favorables.

3. La Convención Americana sobre Derechos Humanos de 22 de noviembre de 1969, aprobada y ratificada por Bolivia mediante Ley 1430 de 11 de febrero de 1993, dispone en su artículo 23 que los derechos políticos contenidos en su texto, no pueden ser reglamentados sino "exclusivamente" por razones de edad, nacionalidad, residencia, idioma, instrucción, capacidad civil o mental, o condena por juez competente, en proceso penal, criterios que los impugnantes consideraron que constituyen *'numerus clausus'*.

4. Que la Constitución por una parte reconoce los derechos políticos de los ciudadanos, entre ellos el de ser electos (arts. 26, 28), y por la otra, como una "paradoja," limita el ejercicio de dicho derecho al establecer que los electos a cargos electivos, solo pueden ser reelectos por una sola vez de manera continua (lo que repite la Ley de Régimen Electoral), limitación que no está establecida en la Convención Americana sobre Derechos Humanos.

5. Que de ello resulta que la Convención "claramente enuncia derechos más amplios e irrestrictos, por lo que el Tribunal Constitucional Plurinacional debe efectuar una interpretación conforme a los arts. 13, 256 y 410.11 y de la CPE; y, 1.1, 23, 24 y 29 de la CADH," particularmente de acuerdo al art. 256 de la Constitución, que obliga al Estado a aplicar los tratados e instrumentos internacionales, de manera preferente a la Constitución.

6. Que como consecuencia, el Tribunal en este caso, debería aplicar de forma preferente los artículos 26 de la Constitución; y, 1.1, 23, 24 y 29 de la Convención Americana, "por encima" de los arts. 156, 168 y 285.11 y 288 de la Constitución, "debido a que vulneran derechos fundamentales dentro del ordenamiento jurídico boliviano y derechos humanos en el ámbito del derecho internacional," resultando de todo ello que al "contradecirse con otras normas constitucionales," "no sólo son inconstitucionales, sino también inconvencionales, pues lesionan y niegan mejores derechos políticos contenidos en el "Pacto de San José de Costa Rica."

7. Que por todo ello, además, los artículos 156, 168, 285.11 y 288 de la Constitución según los impugnantes "se contraponen" con otros artículos 26, 28, 256 y 410.11 de la propia Constitución al restringir el goce del derecho a ser electo como derecho político y reconocido además en la Convención Americana (arts. 1.1, 23, 24 y 29); vulnerando de manera "inconstitucional e inconvencional" derechos humanos más favorables, constitucionalizando disposiciones completamente discriminatorias para el goce efectivo de los derechos humanos, poniendo límite sin justificación alguna al goce de los derechos políticos para que todos los ciudadanos puedan ser reelectos como autoridades de representación popular, mientras el soberano así lo desee;" pues "quien elige es el soberano a través del voto, en consecuencia no se puede limitar la 'participación' y posibilidad de ser electo.

8. Que al establecerse la restricción en la Constitución, "el Estado boliviano incumplió compromisos al disponer constitucionalmente normas que deniegan el ejercicio de derechos," de lo que resulta que "los artículos de la

Norma Suprema señalados, al establecer la limitación de la reelección por una sola vez de manera continua, restringen derechos humanos, como son los derechos políticos y al confrontarse con los arts. 1.1, 23, 24 y 29 de la CADH se constituyen en inconvencionales."

De todo lo anterior, según lo resumió el Tribunal Constitucional, los accionantes demandaron la inconstitucionalidad de las previsiones de los artículos 52, 64, 65, 71, 72, de la Ley del Régimen Electoral en las que se dispone conforme lo prevén los artículos 156, 168, y 285 de la Constitución, que los electos en cargos electivos solo "podrán ser reelectas o reelectos de manera continua por una sola vez;" por "ser presuntamente contrarios a los artículos 26 y 28 de la Constitución, concordantes con los artículos 13, 256 y 410.11 de la misma Constitución y los arts. 1.1, 23, 24 y 29 de la Convención Americana; y además demandaron "la inaplicabilidad de los mencionados artículos 156, 168, 285.11 y 288 de la CPE, respecto a la limitación de reelección por una sola vez de manera continua, alegando la misma contrariedad con las normas mencionadas.

A los efectos de decidir, el Tribunal reafirmó su competencia para para velar por la supremacía de la Constitución Política y ejercer "el control "normativo de constitucionalidad," en particular, al conocer de las acciones de inconstitucionalidad, que "son de puro derecho y tienen por objeto *declarar la inconstitucionalidad de toda norma jurídica incluida en una Ley, decreto o cualquier género de resolución no judicial* que sea contraria a la Constitución Política del Estado," a instancia de las autoridades públicas señaladas en el artículos 73 y 74 del Código Procesal Constitucional, entre quienes están los miembros de la Asamblea Legislativa Plurinacional.

Dicho control de constitucionalidad, como lo insistió el Tribunal es para verificar "*la compatibilidad o incompatibilidad de las disposiciones legales impugnadas* con *las normas de la Constitución Política del Estado,"* reconociéndose como parte del llamado bloque de constitucionalidad a los Tratados Internacionales de derechos humanos, "como normas de rango constitucional," lo que "no solo implica su reconocimiento de su jerarquía constitucional," sino su "aplicación preferente cuando garanticen de mejor manera la vigencia de los derechos humanos" (art. 256 Constitución); y además, de acuerdo con los artículos 13.IV y 256 de la Constitución), su interpretación de acuerdo a lo que determinen los tratados internacionales que en materia de derechos humanos hayan sido ratificados por Bolivia.

Pero además, con base en lo anterior, el Tribunal Constitucional se refirió al control de convencionalidad que le corresponde conforme a la Convención Americana, incluso "respecto de la mismísima Constitución Política del Estado, así como de las leyes, decretos, reglamentos y demás resoluciones," en relación con la misma; de manera que si de dicha "contrastación se advierte la existencia de incompatibilidad entre las normas de la Constitución y demás disposiciones infraconstitucionales con los términos de dicha Convención, corresponde igualmente la aplicación preferente de una norma favorable sobre otra;" control de convencionalidad que el Tribunal Constitucional Plurinacional boliviano además, "debe efectuar "*no como una potestad, sino como un deber*" dentro la acción de inconstitucionalidad abstracta" de la cual esté conociendo.[50]

Con base en lo anterior, y a lo establecido en el artículo 256.1 de la Constitución, fue que entonces el Tribunal Constitucional ignorando la existencia de la Carta Democrática Interamericana y de las previsiones sobre el derecho a la democracia en ella establecidas, procedió a considerar que un tratado en materia de derechos humanos que declara derechos más favorables a los contenidos en la Constitución, "debe ser aplicado con preferencia a ésta," considerando que con ello estaba habilitado:

> "a examinar el fondo de la pretensión planteada y verificar si los arts. 156, 168, 285.11 y 288 de la CPE restringen los derechos establecidos en el art. 23 del "Pacto de San José de Costa Rica", ratificado por Bolivia a través de la Ley 1430 de 11 de febrero de 1993."

Después de analizar el régimen de los derecho políticos en la Constitución de Bolivia, conforme a la jurisprudencia del propio Tribunal, en particular ´"la facultad que tiene toda persona, sin distinción alguna, de elegir y ser elegido; y, como resultado del proceso eleccionario, acceder a ejercer la función pública por decisión popular de los votantes;" y las previsiones de la Convención Americana de Derechos Humanos en la materia, el Tribunal recordó lo expresado en una sentencia de 2012 (SCP 0112/2012 de 27 de abril), sobre las eventuales "antinomias" o "contradicciones" entre normas del Texto Constitucional como una suerte de preceptos "constitucionales inconstitucionales," respecto de las cuales el Tribunal decidió que le correspondía al mismo resolverlas "invariablemente a favor de las *normas constitucionales-principios*, dada la primacía interpretativa absoluta de los principios sobre las demás normas de la Constitución."

La colisión entre preceptos constitucionales, a juicio del Tribunal, ponía en evidencia "la existencia de diferentes clases de normas dentro de la Constitución y la distinta gradación jerárquica y validez que tienen cada una de ellas," lo que obligaba al Juez Constitucional a determinar cuál es la norma que puede considerarse de rango superior y cuál era la que debía considerarse como "inconstitucional al interior de la propia Constitución." Ello lo consideró el Tribunal Constitucional como una competencia propia o "facultad extendida," para poder realizar:

---

50 Como lo expresaron *Roberto Viciano Pastor y Gabriel Moreno González*, en este caso, de lo que se trató fue "del control de convencionalidad utilizado torticeramente por el Tribunal Constitucional de Bolivia," en "Roberto Viciano Pastor y Gabriel Moreno González, "Cuando los jueces declaran inconstitucional la Constitución: la reelección presidencial en América Latina a la luz de las últimas decisiones de las cortes constitucionales," en *Anuario Iberoamericano de Derecho Constitucional*, Centro de Estudios Políticos y Constitucionales, No 22, Madrid 2018, pp. 165-198, en https://doi.org/10.18042/cepc/aijc.22.06.

"el control de constitucionalidad de las propias normas constitucionales, cuidando que en todo su entramado, no existan normas disonantes con los valores supremos, principios fundamentales derechos y garantías que consagra el orden constitucional, garantizando armonía y coherencia en sus términos."

Para ejercer su competencia en esta materia, el Tribunal entonces estableció una delicadísima distinción entre *normas constitucionales principios* y *normas constitucionales reglas*, considerando precisamente que las primeras prevalecen sobre las segundas; pudiendo en definitiva ejercer el control de constitucionalidad sobre las últimas en relación con las primeras.

Y así fue que procedió en este caso cuando analizó las normas de la Constitución que establecen las restricciones democráticas para la reelección de los cargos electivos, solo por una vez consecutiva, afirmando de entrada sin mayor argumentación que:

"los arts. 156, 168, 285 y 288 de la CPE, al establecer simple y llanamente el tiempo de mandato que rige para cada una de las autoridades que regulan sus preceptos y determinar la posibilidad de que pueden ser reelectas o reelectos por una sola vez de manera continua; no cabe duda de que se constituyen en *normas constitucionales-reglas*."

Es decir, el Tribunal, para determinar la *norma constitucional-principios,* en este caso, solo atendió al derecho político individual de los ciudadanos a ser electos y a ejercer cargos electivos, conforme se regula en los artículos 26, 28 y 144.11 de la Constitución, los que sin duda "constituyen un elemento preponderante para el fortalecimiento y la realización del principio democrático," y que:

"implica la posibilidad de presentarse como una opción para participar en la vida política estatal, desempeñando los cargos o funciones de carácter público; y, el derecho a participar en el poder público o ejercer la función pública, lo que significa que la persona previo cumplimiento de los requisitos previstos por el ordenamiento jurídico sea admitida para participar activamente en los cargos públicos, en plena igualdad de condiciones entre varones y mujeres."

De ello, el Tribunal Constitucional dedujo, que no cabía duda en que el artículo 26 de la Constitución:

"al consagrar derechos fundamentales y establecer principios constitucionales vinculados a la participación política y al ejercicio democrático, se constituye en una *norma constitucional-principio*, puesto que resguarda los principios democráticos y de soberanía popular, los cuales se materializan en la conformación de los órganos de poder a través del voto, dejando que sea el soberano quien en última instancia decida a través del sufragio quiénes serán sus gobernantes."

Sin embargo, el Tribunal Constitucional ignoró otras previsiones de la Constitución que también consagran *normas constitucionales principio* derivadas del *principio democrático*, y en particular, del derecho del pueblo en su conjunto a la democracia, como derecho colectivo, y a su funcionamiento plural y alternativo, incluso en el marco de instrumentos internacionales que el Tribunal ignoró completamente, de los cuales forma parte Bolivia, como la Carta Democrática Interamericana.

Bajo el ángulo miope que guió el razonamiento del Tribunal, el mismo, al analizar el contenido de los artículos 156, 168, 285.11 y 288 de la Constitución, no entendió el significado democrático del principio de la alternabilidad republicana que reflejado en dichas normas, que debían considerarse como *normas constitucionales principio,* establecían la restricción a la reelección de los electos en cargos electicos, y evitar el entronizamiento antidemocrático de los gobernantes en el poder; y, al contrario procedió a considerar, no la regulación de aspecto sustancial de la alternabilidad democrática en dichas normas, sino que las mismas lo que regulaban eran "aspectos bien puntuales," como el período de los mandatos y la reelección limitada a una sola vez de manera continua; considerando erradamente entonces que las previsiones solo contenían

> "regulaciones precisas y específicas, vinculadas con cuestiones de carácter fáctico, como ser el periodo de mandato de determinadas autoridades del Estado, la posibilidad de su reelección y el número de veces que es posible hacerlo, reglas que como rasgo característico pueden ser aplicadas por vía de subsunción, a diferencia de los principios que lo son aplicados a través de ponderación, por lo que es posible afirmar que los indicados artículos de la Norma Suprema, se constituyen en normas constitucionales-regla."

No entendió el Tribunal Constitucional el sentido de *norma constitucional-principio* que tienen las previsiones constitucionales que limitan la reelección de los funcionarios electos, como garantía del principio democrático que, conforme a los principios de la Carta Democrática Interamericana, es mucho más que la sola elección de gobernantes.

Por ello, la miopía del Tribunal en considerar las importantes previsiones de los artículos 156, 168, 285.11 y 288 de la Constitución de Bolivia, como simples *normas constitucionales-reglas* al consagrar las limitaciones a la reelección "por una sola vez de manera continua," cuando se trataba en realidad de *normas constitucionales-principios* derivadas del principio democrático de la alternabilidad republicana, llevó erradamente al Tribunal Constitucional a considerar con toda simpleza, que dichas normas supuestamente contradecían o se oponían a lo que establecen los artículos 26 y 28 de la misma Constitución, que fueron consideradas como las únicas *normas constitucionales-principios*. En realidad, el Tribunal Constitucional no entendió o no quiso entender que la limitación o restricción impuesta en el goce y ejercicio de los derechos políticos a ser electo y ejercer funciones públicas respecto de la reelección, no es otra cosa que una consecuencia de la necesidad de preservación del principio democrático mediante la garantía de la alternabilidad republicana evitando que los gobernantes se puedan perpetuar en el poder.

En consecuencia, en realidad no había ninguna contradicción o antinomia entre los artículos 156, 168, 285.11 y 288 de la Constitución, que *no eran normas constitucionales-reglas* sino *normas constitucionales-principios,* tanto como son las de los artículos 26 y 28 de la misma, y éstas, pues contra lo que dijo el Tribunal, "en la parte de aquéllas que limitan la reelección a una sola vez de manera continua de las autoridades," precisamente contenían *normas constitucionales-principios,* razón por la cual no fue más que un error inexcusable, o un olvido, haber resuelto la supuesta "antinomia" en favor "de las *normas constitucionales-principios* que establecen el derecho individual a ser electo, determinando su aplicación preferente frente a las supuestas *normas constitucionales reglas* que en realidad no eran tales sino *normas constitucionales-principios* garantes del principio democrático de la alternabilidad.

Por otra parte, el supuesto control de convencionalidad ejercido por el Tribunal Constitucional respecto de las propias normas constitucionales de la Constitución de Bolivia, con base en lo dispuesto en el artículo 23 de la Convención Americana en relación con las restricciones al derecho pasivo al sufragio, es decir, el derecho a ser electo y a ocupar cargos públicos, fue errado en cuanto a la previsión de que el ejercicio de dicho derecho, solo puede "ser reglamentado por la Ley exclusivamente por razones de edad, nacionalidad, residencia, idioma, instrucción, capacidad civil o mental, o condena, por juez competente, en proceso penal," que la Comisión Interamericana de Derechos Humanos, ha considerado como "*limitaciones numerus clausus.*"

De entrada, hay que observar que la limitación a la restricción a los derechos que regula la Convención solo se refiere a las que puedan reglamentarse mediante Ley, y la propia Corte Interamericana ha precisado que por Ley ha de entenderse el acto que emana del cuerpo legislativo electo popularmente. La Convención no se refiere a las restricciones que puedan estar establecidas en la Constitución misma de los Estados, como serían, por ejemplo, las derivadas del régimen de limitaciones a la reelección para la preservación del principio democrático y asegurar la alternancia democrática.

Y en el caso de Bolivia, es claro que las previsiones sobre la limitación a la reelección solo por una vez y en forma continua, no tienen su fuente en la ley sino en la Constitución y si están previstas en la Ley de Régimen Electoral es solo porque con la misma se está ejecutando lo que prevé la Constitución.

Fue falsa, por tanto, la afirmación del Tribunal Constitucional de que conforme a la Convención Americana "ninguna norma de derecho interno de los Estados Parte, podría ampliar las restricciones a estos derechos, estableciendo otras causales diferentes a las expresamente señaladas en la Convención Americana sobre Derechos Humanos." No es cierta la afirmación, pues la Convención es clara en establecer que la limitación a la restricción a los derechos políticos solo está dirigida a las reglamentaciones legales y no a las previstas en la Constitución, [51] y menos a aquellas que tienen por propósito preservar el principio democrático y cuidar a los Estados de los gobernantes que se perpetúan en el poder y escogen a sus propios sucesores, y que son limitaciones constitucionales que derivan precisamente de la preservación "de la forma democrática representativa de gobierno."

Por tanto, como bien lo expresó el mismo Tribunal, la Convención lo único que estableció fueron unas "causales por las que se autoriza al *legislador* a reglamentar el ejercicio de los derechos políticos, estableciendo restricciones y limitaciones," lo que implica que en el caso de "la prohibición de ser reelecto y/o el número de veces en que ello sería posible," no podría establecerse por el Legislador exclusivamente. En cambio, si la restricción es establecida por el Constituyente en el texto de la Constitución, la restricción convencional no se aplica. Por ello las "tres condiciones necesarias desarrolladas por la Comisión" para el establecimiento de las restricciones al ejercicio del derecho a ser electo, que son que debe: "1) ser prescrita por la ley; 2) ser necesaria para la seguridad de todos y guardar relación con las demandas justas de una sociedad democrática; 3) su aplicación se ciña estrictamente a las circunstancias específicas enunciadas en el artículo 32.2, y ser proporcional y razonable a fin de lograr esos objetivos."

O como lo ha expresado la Comisión Interamericana en criterio que cita el Tribunal Constitucional: "la restricción debe encontrase prevista en una ley, no ser discriminatoria, basarse en criterios razonables, atender a un propósito útil y oportuno que la torne necesaria para satisfacer un interés público imperativo, y ser proporcional a ese objetivo."

Es falso, por tanto, que el artículo 23 de la Convención Americana "en relación a los arts. 156, 168, 285.11 y 288 de la Constitución declare derechos más favorables," al no restringir directamente la reelección de quienes hayan sido electos para cuerpos representativos; así como es falso que dichos artículos constitucionales al restringir la reelección "por una sola vez de manera continua" (arts. 156 y 168) o "de manera continua por una sola vez" (arts. 285 y 288), establezcan restricción o limitación que mermen o disminuyan el derecho individual a ser electo, que debe ceder al derecho del pueblo a la democracia y al principio alternativo del gobierno. Dichas normas, en efecto, "anulan toda posibilidad de ejercicio del derecho a la participación política y a ser elegido en elecciones periódicas y auténticas que proclama la

51 Sobre el sentido de la regulación del derecho a ser electo en la Convención Americana véase lo que hemos expuesto en Allan R. Brewer-Carías, "El derecho político de los ciudadanos a ser electos para cargos de representación popular y el alcance de su exclusión judicial en un régimen democrático (O de cómo la Contraloría General de la República de Venezuela incurre en inconstitucionalidad e inconvencionalidad al imponer sanciones administrativas de inhabilitación política a los ciudadanos), en *Revista Elementos de Juicio*, Año V, Tomo 17, Bogotá 2012, pp. 65-104

Convención" a quienes ya han sido electos y busquen la reelección para más de un período constitucional, pero para preservar el principio democrático que es un valor superior conforme a lo que se establece en la Constitución y no en una Ley aislada, sin sustento constitucional.

Por tanto, erró el Tribunal Constitucional al pretender ejercer un "control de convencionalidad" declarando:

> "la aplicación preferente de la norma convencional indicada por sobre los señalados artículos de la Constitución Política del Estado, en la parte de su texto que limitan la reelección de las y los asambleístas del Órgano Legislativo, de la Presidenta o Presidente y de la Vicepresidenta y Vicepresidente del Estado, de las máximas autoridades ejecutivas de los gobiernos autónomos y de los integrantes de los Concejos y Asambleas de dichos Gobiernos, "a una sola vez de manera continua", en estricta observancia del mandato contenido en el art. 256.1 de la CPE."

Ello, por lo demás, no implica ningún "trato discriminatorio" como en cambio sí ocurriría si en una Ley se excluyese del derecho a ser electo a una persona o grupo de personas, por ejemplo, por su raza, credo, condición social o situación económica. Pero una restricción al ejercicio de un derecho individual político de una persona, que busca la preservación del principio democrático, es decir, del derecho de todo el pueblo a la democracia, prevista no en una Ley sino en la Constitución, no puede considerarse en forma alguna como discriminatoria, pues "se sustenta precisamente, en una justificación objetiva y razonable," como es asegurar que los gobernantes no se perpetúen en el poder pisoteando el derecho a la alternabilidad republicana, que el Tribunal no quiso ver.

Por último, teniendo las previsiones de los artículos 52, 64,65, 71, y de la Ley de Régimen Electoral su fundamento en lo previsto en las normas contenidas en los artículos 156, 168, 285.11 y 288 de la Constitución, que son las que establecen las restricciones a la reelección por una sola vez de manera continua, en forma alguna podían declarase inconstitucionales y menos, como lo expresó el Tribunal "bajo los fundamentos desarrollados en el presente fallo constitucional."

El Tribunal Constitucional Plurinacional de Bolivia, y en esto nadie puede llamarse a engaño, ignorando los principios democráticos más elementales, dictó un fallo, abusando del "control de convencionalidad," con el único propósito de asegurarle a una sola persona, el Sr. Evo Morales, la posibilidad de poder perpetuarse en el poder.

El control de convencionalidad cuando se ejerce en el ámbito interno, es para reforzar los derechos fundamentales mediante el principio de progresividad, [52] y, por supuesto, no para asegurarle a una persona individualmente

52 Véase sobre el control de convencionalidad lo que hemos expuesto en Allan R. Brewer-Carías, "El control de convencionalidad, su conceptualización y su ne-

considerada, ignorando el derecho ciudadano a la democracia, que pueda reelegirse cuantas veces quiera, a pesar de estar ello prohibido en la Constitución, y lograrlo de manos de un Juez Constitucional, sin reformar la Constitución, solamente pretendiendo que aplica preferentemente la Convención Americana de Derechos Humanos, ignorando en paralelo el alcance del derecho ciudadano a la democracia[53] y por supuesto, ignorando lo dispuesto en la Carta Democrática Interamericana de septiembre de 2001.

REFLEXIÓN FINAL

De las decisiones antes comentadas, y en particular de las adoptadas por los tribunales constitucionales de Honduras y Bolivia, lo más importante a destacar es el más absoluto desconocimiento de que los derechos políticos en el mundo democrático contemporáneo han comenzado a dejar de estar reducidos a los derechos políticos individuales que generalmente se han establecido expresamente en las Constituciones, como son los clásicos derecho a elegir y a ser elegido, al desempeño de cargos públicos, a asociarse en partidos políticos y, más recientemente, a la participación política; y en la actualidad abarcan derechos políticos colectivos, del pueblo en su conjunto, como el propio derecho a la democracia, a la separación de poderes o a la alternabilidad republicana.

Es decir, en el mundo contemporáneo, además de los clásicos derechos políticos individuales, hoy también debe hablarse de todos los derechos políticos colectivos que se derivan del régimen democrático, es decir, derechos del pueblo a que se estructure un régimen político en el cual se garanticen

---

cesario deslinde respecto del control de constitucionalidad"," en *Liber Amicorum en honor al Dr. Juan Manuel Pellerano Gómez*, Santo Domingo, República Dominicana, 2013; y "Algo más sobre el marco conceptual del control de convencionalidad a la luz de la jurisprudencia de la Corte Interamericana de Derechos Humanos," en Jorge Fernández Ruiz (Coordinador), *Libro homenaje a la jurista Victoria Adato Green*, Universidad Nacional Autónoma de México-Facultad de Derecho, México, 2013 pp. 67-94

53 Véase Allan R. Brewer-Carías, "Prólogo: Sobre el derecho a la democracia y el control del poder", al libro de Asdrúbal Aguiar, *El derecho a la democracia. La democracia en el derecho y la jurisprudencia interamericanos. La libertad de expresión, piedra angular de la democracia*, Editorial Jurídica Venezolana, Caracas 2008, pp. 19 ss.; "Sobre las nuevas tendencias del derecho constitucional: del reconocimiento del derecho a la Constitución y del derecho a la democracia", en *VNIVERSITAS, Revista de Ciencias Jurídicas (Homenaje a Luis Carlos Galán Sarmiento)*, Pontificia Universidad Javeriana, facultad de Ciencias Jurídicas, N° 119, Bogotá 2009, pp. 93-111; y "Algo sobre las nuevas tendencias del derecho constitucional: el reconocimiento del derecho a la constitución y del derecho a la democracia," en Sergio J. Cuarezma Terán y Rafael Luciano Pichardo (Directores), *Nuevas tendencias del derecho constitucional y el derecho procesal constitucional*, Instituto de Estudios e Investigación Jurídica (INEJ), Managua 2011, pp. 73-94.

sus *elementos y componentes esenciales* de la democracia, tal como fueron enumerados por la *Carta Democrática Interamericana* de la OEA 2001.

En democracia, sin duda, los ciudadanos como pueblo tienen unos derecho colectivos a todos esos elementos esenciales, que existen además de todos los otros derechos políticos individualizados, configurándose dichos derechos como derechos colectivo de todos, lo que implica por ejemplo, el derecho ciudadano de carácter colectivo a la separación de poderes, al Estado de derecho, al pluralismo político y a la alternabilidad republicana, que en definitiva son todos derechos destinados a garantizar el control efectivo del ejercicio del poder por parte de los gobernantes, y a través de ellos, del Estado.

Un derecho a la democracia, por supuesto, sólo puede configurarse en un Estados con un régimen democrático y de derecho, siendo inconcebible en los Estados con regímenes autoritarios donde, precisamente, los anteriormente mencionados elementos esenciales no pueden estar garantizados por la ausencia de alternancia o de controles respecto del ejercicio del poder, aun cuando pueda tratarse de Estados en los cuales, en fraude a la Constitución y a la propia democracia, los gobiernos puedan haber tenido su origen en algún ejercicio electoral.

No hay que olvidar que "Es una experiencia eterna – como hace varias centurias lo enseñó Charles Louis de Secondat, Barón de Montesquieu- que todo hombre que tiene poder, tiende a abusar de él; y lo hace, hasta que encuentra límites", de lo que dedujo su famoso postulado de que "para que no se pueda abusar del poder es necesario que por la disposición de las cosas, el poder limite al poder"[54].

De esta apreciación física fue que se derivó, precisamente, el principio y derecho colectivo del pueblo a la separación de poderes que establecieron todas las Constituciones que se formularon después de las revoluciones norteamericana y francesa, convirtiéndose no sólo en uno de los pilares fundamentales del constitucionalismo moderno, sino además, de la propia democracia tanto como régimen político como derecho ciudadano para asegurar que quienes sean electos para gobernar y ejercer el poder estatal en representación del pueblo, no abusen del mismo, ni se perpetúen en el poder.

Doscientos años después, pero con su origen en aquellos postulados, en el orden constitucional interno de los Estados democráticos de derecho es posible entonces identificar un derecho a la democracia conformado por los antes mencionados derechos a los *elementos y componentes fundamentales,* enumerados también en la misma *Carta Democrática Interamericana*, y que en una democracia, tienen el más importante y mayor valor y rango constitucional, como *normas constitucionales-principio,* entre los cuales está el derecho a la alternabilidad republicana, como derecho colectivo de todos los ciudadanos derivado del derecho a la democracia, y que tiene que prevalecer sobre el derecho individual de una persona a ser electa, de manera de evitar

---

54 Véase Charles Louis de Secondat, Barón de Montesquieu, *De l'Espirit des Lois* I, (ed. G. Tunc), Paris 1949, Libro XI, Cáp. IV, PP 162-163.

que se consolide el establecimiento de una suerte de "nuevas monarquías," como la que los tribunales constitucionales han querido regularizar en Nicaragua, Honduras o en Bolivia en las sentencias antes comenzadas, aplicando indebida e inapropiadamente un "control de convencionalidad" sobre las propias normas de la Constitución, pero ignorando las previsiones de la carta democrática Interamericana.

New York, agosto de 2019

DÉCIMA SEGUNDA PARTE

DEMOCRACIA, CORRUPCIÓN Y TRANSPARENCIA (Buenos Aires, 2019) *

Uno de los tópicos más importantes del funcionamiento de los Estados en el mundo contemporáneo es el de la corrupción, que los está corroyendo, como fenómeno que se origina entre muchos otros factores, por la falta de transparencia en su conducción, y que está afectando directamente la operatividad misma de los regímenes democráticos, cuyas bases se ven afectadas por la misma. Estas notas, por ello, tienen por objeto analizar precisamente el tema de la corrupción y transparencia en el marco general de la democracia constitucional.

Y para tratar de manejar las mismas ideas, entendemos por "corrupción" la acción o efecto de corromper, es decir, "hacer que un cuerpo o sustancia orgánica se descomponga, de manera que huela mal o no se pueda utilizar." Es decir, corrupción, es "depravar" o "echar a perder algo;" sinónimo de descomposición, de podredumbre o de putrefacción;[1] proceso que no solo ocurre con las sustancias orgánicas sino con las propias instituciones, en particular con las instituciones del Estado, y con la democracia misma, las cuales también se depravan, se descomponen y se corrompen.

En cuanto a la "transparencia," entendemos por ella, la característica de un cuerpo cuando "deja pasar la luz, y permite que a través de su masa se vea lo que hay detrás;" sinónimo de lo lucido, nítido, limpio o diáfano; lo

---

* Texto de la exposición en la sección sobre "Corrupción y Transparencia" del *XIV Congreso Iberoamericano de Derecho Constitucional*, Sesión sobre "Corrupción y Transparencia," Instituto Iberoamericano de Derecho Constitucional, Buenos Aires, 23 de mayo 2019.

1 De acuerdo con el *Diccionario de la Lengua Española*, de la Real Academia Española, el término corromper se relaciona con la idea de alterar, trastocar la forma de alguna cosa, echar a perder, depravar, dañar, sobornar o cohechar al juez, o a cualquier persona con dádivas o de otra manera; definiendo la corrupción como la acción o efecto de corromper o corromperse.

contrario a lo cerrado, misterioso o inexplicable, que es lo que alimenta fines obscuros, e impide que la corrupción se detecte. Es decir, transparencia es expresión de lo abierto y asequible, de lo que puede conocerse y racionalizarse, que es lo que permite desarrollar la sensación de tranquilidad y serenidad, contraria a la sensación de angustia y perturbación causadas por lo que es misterioso y desconocido.[2]

Por ello, al referirse a la transparencia en la Administración del Estado, hace más de ochenta años el Juez Louis Brandeis de la Suprema Corte de los Estados Unidos la sintetizó en la conocida rase de que "la luz del sol es el mejor desinfectante,"[3] en la misma línea de la representación de la Administración Pública como la "casa de cristal" (*la maison de verre*),[4] en el sentido de que debe ser visible y asequible, donde la libertad de información y el derecho ciudadano de acceso a la información pública estén privilegiados, en forma contraria la opacidad y al secretismo.[5]

Y por "democracia," para también estar claro en una noción común y no nos compliquemos innecesariamente con definiciones incompletas, entendemos que es, como lo precisa la Carta Democrática Interamericana, el régimen político donde esté garantizado: (i) que el poder del Estado esté organizado conforme a un sistema de separación e independencia de poderes; (ii) que el acceso al poder y su ejercicio se realice con sujeción al Estado de derecho, (iii) mediante elecciones periódicas, libres, justas y basadas en el sufragio universal y secreto, como expresión de la soberanía del pueblo, (iv) realizadas en un régimen plural de partidos y organizaciones políticas; (v) donde se respetan y protejan los derechos humanos y las libertades fundamentales, en particular, los derechos sociales, y la libertad de expresión y de prensa (Art. 3); donde también esté garantizada: (vi) la transparencia de las actividades gubernamentales; (vii) la probidad y la responsabilidad del gobierno en la gestión pública; (viii) y la subordinación constitucional de todas las instituciones del Estado a la autoridad civil legalmente constituida; es decir, en fin, (ix) donde el respeto al Estado de derecho por el gobierno y por todas las entidades y sectores de la sociedad esté garantizado (Art. 4).

---

2 *V.* Jaime Rodríguez-Arana, "La transparencia en la Administración Pública," en *Revista Vasca de Administración Pública*, N° 42, Oñati 1995, p. 452.

3 *V.* Louis Brandeis, "What publicity can do?" en *Harper's Weekly December 20, 1913*

4 En el sentido de lo dicho por el presidente de Costa Rica, Luis Guillermo Solís Rivera, "Deseo que el Gobierno –empezando por el propio Despacho presidencial– funcione como una gran vitrina o *"casa de cristal,"* que permita al ciudadano examinar y escrutar el desempeño de quienes administramos el Estado," en Foros, "Una casa de cristal," Extracto del discurso del presidente de la República, *La Nación*, San José, 9 de mayo de 2014, en https://www.nacion.com/opinion/foros/una-casa-de-cristal/6XAPU3J2PBDMDAGOMX26R2GWKA/story/.

5 *V.* Jaime Rodríguez-Arana, "La transparencia en la Administración Pública," en *Revista Vasca de Administración Pública*, N° 42, Oñati 1995, p. 452.

Eso es democracia, y lo importante de concebirla conforme a esos nueve elementos y componentes, que en realidad no son más que expresiones de viejos y nuevos derechos políticos de los ciudadanos, es que, con ellos, en conjunto y en definitiva, lo que se busca es asegurar la posibilidad de que el ejercicio del poder político esté sometido a controles efectivos, tanto por parte de los ciudadanos, como por parte de los órganos del propio Estado.

De eso se trata la democracia, del ejercicio del poder en nombre de los ciudadanos mediante representantes electos, y del derecho de aquellos tanto a controlar como a exigir que se controle dicho ejercicio, lo que no sólo impone la necesidad de que funcione un sistema de separación de poderes, sino que los ciudadanos puedan participar en el ejercicio del control.

Esa democracia, así definida, como régimen político para asegurar el control del ejercicio del poder, tiene que estar montada sobre la transparencia, que solo existe cuando está garantizado el derecho ciudadano de acceso a la información administrativa y, además, el derecho de acceso a la Justicia para poder ejercer, reclamar y defender sus derechos, y en particular, poder exigir el control judicial sobre la gestión gubernamental, lo que solo es posible si se hace ante jueces autónomos e independientes.

En ese sentido es que la transparencia puede considerarse como el antídoto más poderoso contra la corrupción, de manera que puede decirse que cuando hay corrupción es por falta de transparencia, y porque, en definitiva, no existe una real democracia. Ésta, por tanto, no se materializa solo con que las Constituciones de los Estados estén formalmente llenas de enunciados y calificativos principistas sobre la misma, y menos, si son contradichas por la práctica política del gobierno.

Las deficiencias de la democracia y la ausencia de transparencia vienen a ser, por tanto, la principal causa de corrupción, generándose un círculo vicioso, como lo viene de destacar Patricia Moreira, Directora de Transparencia Internacional, en el último Informe Internacional emitido este mes, en el sentido de que "al socavar la corrupción las instituciones democráticas, éstas, débiles, son menos capaces de controlarla" [6] en las dos vertientes en las cuales se presenta, tanto como corrupción administrativa, como corrupción institucional o política.

La primera, la corrupción administrativa, que sin duda es la que más acapara la atención de la opinión, es la que deriva del enviciamiento del

6 Véase "How corruption weakens democracy," *Transparency International Survey,* 29 de enero de 2019. En el mismo documento se cita a Delia Ferreira Rubio, jefe de Transparency International, quien expresó: "**Our research makes a clear link between having a healthy democracy and successfully fighting public sector corruption. Corruption is much more likely to flourish where democratic foundations are weak and, as we have seen in many countries, where undemocratic and populist politicians can use it to their advantage.**" Véase en https://www.transparency.org/news/feature/cpi_2018_global_analysis

manejo de los bienes y recursos públicos y, en general, la que deriva de la viciada gestión de la cosa pública, particularmente cuando los funcionaros, por falta de controles y de transparencia, disponen de dichos recursos al servicio de sus propios intereses o de particulares que se enriquecen ilícitamente a costa del Estado.

La segunda, la corrupción política o institucional, que es más grave, pues generalmente es la causa principal de la anterior, es la que resulta del desmantelamiento de la democracia, y de la perversión del funcionamiento de las instituciones del Estado, poniéndolas, no al servicio de los ciudadanos, sino al servicio de parcialidades o proyectos políticos personales de los gobernantes, o de la propia burocracia, desviando las funciones del Estado, y convirtiendo los derechos ciudadanos en vanas ilusiones.

Como lo resumió un antiguo rector de una de las prestigiosas Universidades privadas venezolanas, José Ignacio Moreno León, en la actualidad, la corrupción no sólo es un problema de la Administración, sino que ha:

> "afectado a las estructuras de los Estados, lesionando su eficiencia y credibilidad; ha afectado sobre todo al Poder Judicial con graves daños al Estado de derecho; ha penetrado en las fuerzas armadas y policiales, debilitando su papel de garantes de la seguridad nacional y la paz; ha aparecido en el poder legislativo, sembrando dudas en la objetividad y eficiencia del proceso de formación de las leyes; ha incidido en el poder electoral; ha dañado gravemente la institucionalidad democrática; y en fin, ha afectado a los entes contralores del Estado, propiciando la impunidad de los delitos contra la cosa pública y la pérdida de transparencia en la gestión pública."[7]

Corrompe, por tanto, quien se lucra de la cosa pública, pero también corrompe quien trastoca el funcionamiento institucional del Estado para beneficio personal o de un grupo o partido; corrompe quien deja robar desde el seno de la Administración, pero también corrompe quien pervierte la democracia para destruirla. Es decir, corrupto, es quien en su gestión de la cosa pública se enriquece ilegítimamente y permite o alienta que otros se enriquezcan ilegítimamente; pero también es corrupto quien descalabra las instituciones del Estado para ponerlas a su servicio y obtener fines distintos a aquellos para las cuales fueron concebidas.

En ambos casos, quienes así actúan al amparo del poder, al dejar el gobierno tienen en común que nunca podrán decir que lo dejaron en la misma forma como entraron; nunca podrán decir como lo hizo Sancho Panza al terminar su gobernación de la ínsula Barataria – en la fina y figurativa pluma de Cervantes –, que desnudo había nacido, que desnudo se hallaba, que des-

7 Véase José Ignacio Moreno León, "La corrupción en América Latina: amenaza a la gobernabilidad democrática," en *Pizarrón Latinoamericano*, Universidad Metropolitana, Centro de Estudios latinoamericanos Arturo Uslar Pietri, Año 7, Vol. 9, p. 19.

nudo de dinero había entrado al gobierno y que de él, igualmente así salía, siendo ello la mejor prueba –dijo– de que había "gobernado como un ángel."[8]

Gobernar como un ángel, a la vista de todos, es decir, con transparencia, y no inmerso en las tinieblas de los secretos de la burocracia; entrar en el gobierno sin dinero y salir del mismo igual como se entró; y rendir cuentas de la gestión pública realizada de manera que se puedan constatar sus resultados, parecen ser las reglas eternas esenciales de una gestión de gobierno, "bien al revés," como también en su momento lo advirtió Sancho Panza, "de como suelen salir los gobernadores de otras ínsulas," lo que lamentablemente sigue sucediendo hoy en tantas partes del mundo.

Al contrario de gobernar como ángeles, en estos tiempos parece que enriquecerse en el poder es el trágico desiderátum de tantos, así como lo es el ejercicio abusivo del poder haciendo mal uso del mismo, con la consecuente perversión de las instituciones del Estado y de los mecanismos de control,[9] y muy particularmente la depravación del Poder Judicial que es la mayor de todas las corrupciones políticas, pues termina garantizando la impunidad.

El tema, por supuesto no es nada nuevo, y si bien es cierto que hoy afecta a todos los Estados del mundo contemporáneo, y está presente en todos los países, ya había llevado a Simón Bolívar en 1824 a decretar la pena de muerte que debía ser aplicada – dijo – "irremisiblemente" a los funcionarios que tomasen parte en fraudes contra la hacienda pública, "bien sea interviniendo como principal, bien sea sabiendo el fraude y no delatándolo."[10]

---

8 Dijo Sancho Panza: "Que desnudo nací, desnudo me hallo; ni pierdo ni gano; quiero decir que sin blanca entré en este gobierno, y sin ella salgo," agregando, en cuanto a la rendición de cuentas que se le pedía que "cuando más que saliendo yo desnudo, como salgo, no es menester otra señal para dar a entender que he gobernado como un ángel. Véase Cervantes, Don Quijote de la Mancha, Capítulo LIII, "Del fatigado fin y remate que tuvo el gobierno de Sancho Panza," en http://www.cervantesvirtual.com/obra-visor/el-ingenioso-hidalgo-don-quijote-de-la-mancha--0/html/fef04e52-82b1-11df-acc7-002185ce6064_19.html

9 Por ejemplo, José Ignacio Moreno León, exrector de la Universidad Metropolitana de Caracas, Venezuela, definió la corrupción como "una conducta abusiva, en relación a los patrones y normas legales de comportamiento respecto a una función pública o a un recurso para lograr, de manera irregular un beneficio injustificado;" o como "la conducta transgresora de las normas sociales, emprendida por una persona o por un grupo de personas." Véase José Ignacio Moreno león, "La corrupción en América Latina: amenaza a la gobernabilidad democrática," en *Pizarrón Latinoamericano*, Universidad Metropolitana, Centro de Estudios latinoamericanos Arturo Uslar Pietri Ano 7, Vol. 9, pp. 11 ss.

10 Véase el texto del decreto de 18 de marzo de 1824, dado por Simón Bolívar, Libertador Presidente, en Lima, Perú, en Luis Alva Castro, *Bolívar en la Libertad*, Instituto Víctor Raúl Haya de la Torre, Lima 2003, pp. 67 y 68, en http://www.comunidadandina.org/bda/docs/CAN-CA-0001.pdf. Luego, me-

Si en nuestros tiempos se aplicaran medidas de ese tipo, sin duda ya nuestros países estarían diezmados, sin funcionarios ni Administración, pues bien sabemos que la corrupción es hoy, como lo reconoció hace unos años el presidente del Banco Mundial, un problema en "cada uno de los países del mundo," [11] llegando a calificar el fenómeno como el "enemigo público número uno" del mundo desarrollado,[12] pero que en el mundo en desarrollo tiene ya características y efectos de pandemia.[13]

Por ello, lo realmente novedoso del fenómeno es que ahora tiene un carácter global,[14] como "fenómeno maligno que se da en todos los países, grandes y pequeños, ricos y pobres," aun cuando "con efectos especialmente devastadores en el mundo en desarrollo," afectando "infinitamente a los más pobres," como lo reconoció el Secretario General de las Naciones Unidas en

---

diante el decreto de 12 de enero de 1825, Bolívar estableció igualmente la pena de muerte tanto para los funcionarios que cometiesen actos de corrupción en el gobierno como para los jueces que permitiesen la impunidad. Véase en "Documento 10062 Decreto del Libertador emitido en Lima el 12 de enero de 1825, por medio del cual establece las medidas destinadas a la extirpación de la dilapidación de los fondos nacionales, practicada por algunos funcionarios públicos," en ttp://www.archivodellibertador.gob.ve/escritos/buscador/spip.php?-article8279. Igualmente véase en https://cavb.blogspot.com/2012/06/decretada-pena-de-muerte-para.html.

11 Eso dijo el Presidente del Banco Mundial, Jim Yong Kim, en "World Bank Will Track own Funds as "Corruption is Everywhere", Published: Friday, 20 April 2018 17:39, en Jelter Meers, en https://www.occrp.org/en/27-ccwatch/cc-watch-briefs/7980-world-bank-will-track-own-funds-as-corruption-is-everywhere.

12 También lo dijo el mismo Presidente del Banco Mundial, Jim Yong Kim en "Corruption is "Public Enemy Number One" in Developing Countries, says World Bank Group. president Kim, December 19, 2013, en http://www.worldbank.org/en/news/press-release/2013/12/19/corruption-developing-countries-world-bank-group-president-kim.

13 Por ello el presidente del Banco Mundial en 2013 al referirse a los efectos perniciosos de la corrupción en los países en desarrollo, expresó que "cada dólar que mete en sus bolsillos un funcionario corrupto o una persona de negocios corrupta, es un dólar robado a una parturienta que necesita asistencia médica; a una niña o niño que merece educación; o a las comunidades que necesitan agua, calles y escuelas. V. "Corruption is "Public Enemy Number One" in Developing Countries, says World Bank Group. president Kim," December 19, 2013, en http://www.worldbank.org/en/news/press-release/2013/12/19/corruption-developing-countries-world-bank-group-president-kim.

14 Los estimados del Fondo Monetario Internacional, en 2016, indican que la corrupción en el sector público le costaba a la economía global ese año más de US$ 1.5 trillones (es decir, 1.500 millones de millones de dólares: US$ 1.500.000.000.000). Véase en "World Bank Will Track Own Funds as "Corruption is Everywhere", Published: Friday, 20 April 2018 17:39, en Jelter Meers, en https://www.occrp.org/en/27-ccwatch/cc-watch-briefs/7980-world-bank-will-track-own-funds-as-corruption-is-everywhere.

2003, aprobarse la *Convención de Naciones Unidas sobre la Corrupción*, "porque desvía los fondos destinados al desarrollo, socava la capacidad de los gobiernos de ofrecer servicios básicos, alimenta la desigualdad y la injusticia y desalienta la inversión y las ayudas extranjeras."[15]

De allí, incluso, el también carácter "trasnacional" de la corrupción, en el sentido de que "no es ya un mal aislado, circunscrito a determinados países o regiones del planeta," sino que está ahora además vinculado a otras "actividades criminales como el tráfico de drogas, el lavado de dinero, y otros hechos perversos, por lo general relacionados con organizaciones delictivas con ramificaciones en varios países."[16]

No es de extrañar, por tanto, que la corrupción haya provocado tantos escándalos recientes, que en tantos países han llegado a desestabilizar gobiernos e instituciones democráticas, al punto de que en nuestra América Latina podemos decir que tenemos un récord de jefes de Estado acusados y perseguidos por corrupción.

La corrupción, por tanto, como también lo advirtió el Secretario General de Naciones Unidas, apenas se firmó la citada *Convención de Naciones Unidas sobre la Corrupción en* 2003:

> "es una plaga insidiosa que tiene un amplio espectro de consecuencias corrosivas para la sociedad. Socava la democracia y el estado de derecho, da pie a violaciones de los derechos humanos, distorsiona los mercados, menoscaba la calidad de vida y permite el florecimiento de la delincuencia organizada, el terrorismo y otras amenazas a la seguridad humana."[17]

Eso fue también lo que expresó el año pasado (2018) el Presidente del Perú, Martín Vizcaya (designado como consecuencia de la renuncia del mandatario anterior precisamente por hechos vinculados a actos de corrupción), al referirse a "la corrupción sistémica," como "la nueva amenaza a la gobernabilidad democrática de la región," constatando que la "corrupción y la impunidad son dos caras de una misma moneda" que forman "una combinación nefasta que amenaza la gobernabilidad," ante lo cual concluyó afirmando que la transparencia era "uno de los antídotos más poderosos y efica-

15 Véase Kofi A. Annan, "Prefacio," *Convención de las Naciones Unidas contra la Corrupción*, Oficina de las Naciones Unidas contra la Droga y el delito, Viena, Naciones Unidas Nueva York, 2004, p. iii.

16 Véase José Ignacio Moreno León, "La corrupción en América Latina: amenaza a la gobernabilidad democrática," en *Pizarrón Latinoamericano*, Universidad Metropolitana, Centro de Estudios latinoamericanos Arturo Uslar Pietri, Ano 7, Vol. 9, p. 19.

17 Véase Kofi A. Annan, "Prefacio", *Convención de las Naciones Unidas contra la Corrupción*, Oficina de las Naciones Unidas contra la Droga y el delito, Viena, Naciones Unidas Nueva York, 2004, p. iii.

ces contra la expansión del sistema de corrupción, además de ser un pilar fundamental de su gobierno."[18]

Y precisamente por ese carácter global y trasnacional del fenómeno de la corrupción en el mundo contemporáneo, es que es imposible que en un foro como este, no hagamos referencia a los más notorios casos recientes de corrupción global en el continente, tanto de corrupción administrativa como de corrupción política, que han minado las bases mismas de nuestras democracias.

En relación con la corrupción administrativa, es imposible no mencionar la más grande operación de corrupción transnacional que se ha montado políticamente en nuestros países, como fue la desarrollada por la empresa brasileira Odebrecht, a la sombra del propio Estado de su sede, y de muchos otros Estados.

Visto globalmente, el fenómeno solo pude explicarse porque obedeció a una política pública global, bien definida, conducida por el gobierno de un Estado, utilizando a una empresa privada, y a través de ésta, utilizando a los gobiernos; lo que permite pensar que en dicha empresa, además de las gerencias técnicas necesarias para el diseño y ejecución de obras públicas en materialmente todos los países latinoamericanos, también haya llegado a estructurar otra especie de "gerencia" específica, destinada a planificar el pago de comisiones y repartir dinero a granel a funcionarios públicos y candidatos para cargos públicos en todas las elecciones imaginables y así, asegurar los contratos de construcción. Solo de esa manera puede entenderse la escala global del fenómeno.

Es decir, no hay otra forma de explicar la magnitud de esa "empresa" de corrupción administrativa, sino entendida como una política planificada que se desarrolló en torno a las actividades de dicha empresa constructora, incluso en el marco de convenios de "cooperación" internacional, como fue el suscrito entre Venezuela y Brasil,[19] que permitió en mi país ignorar formalmente todas las leyes sobre licitación y selección de contratistas, además de haber contribuido al financiamiento de campañas políticas.

En Venezuela, y nos referimos al caso – con toda pena – porque es nuestro país, la corrupción institucional que la afecta es de tal naturaleza, que a pesar de que los **escándalos de corrupción administrativa han envuelto a** Odebrecht **en materialmente todos los países del Continente, llevándose consigo a las tinieblas de los calabozos o de los sepulcros a los más altos funcionarios, sin embargo, en Venezuela, país que tiene** el

---

18 Véase lo declarado por Martín Vizcarra, presidente del Perú, en la reseña, "Cumbre de las Américas es una respuesta contra la corrupción, afirma Vizcarra," 13 de abril de 2018, en http://www.viiicumbreperu.org/cumbre-de-las-americas-es-una-respuesta-contra-la-corrupcion-afirma-vizcarra/

19 Véase Jean Manzano, "Las obras pendientes de Odebrecht en Venezuela," en *El Estímulo*, 27/03/2018, en http://elestimulo.com/elinteres/infografia-las-obras-pendientes-de-odebrecht-en-venezuela/

trágico récord de ocupar el primer lugar en el índice de percepción de corrupción en todo el Continente americano.[20] **el tema de Odebrecht** paradójicamente **ni se menciona;[21] la situación de impunidad es tal, que parecería que dicha empresa** nunca hubiese trabajado en Venezuela,[22] cuando la evidencia está a la vista, en el más grande cementerio de hierro y concreto compuesto por monumentales obras, todas inconclusas,[23] pero ciertamente pagadas,[24] que hoy se aprecian a todo lo largo del territorio nacional.

En todo caso, la globalización del fenómeno de la corrupción administrativa, producto de la corrupción institucional y del descalabro de la democracia, evidenciada, entre otros, con el caso Odebrecht, fue la que acaparó la atención de nuestro continente cuando en 2018 se celebró en Lima la *Octava Cumbre de las Américas,* cuyo tema central fue, precisamente, la "Goberna-

---

20 Véase la información de Transparencia Internacional en https://www.transparency.org/news/pressrelease/el_indice_de_percepcion_de_la_corrupcion_-2017_muestra_una_fuerte_presencia

21 Solo un grupo de Magistrados que habían sido designados para el Tribunal Supremo, y quienes, perseguidos en el país, se encuentran en el exilio, han sido quienes se han referido al caso de la corrupción provocada por Odebrecht, llegando a emitir una opinión condenatoria contra el presidente de la República. Véase el reportaje: "TSJ en el exilio ordena 18 años y tres meses de prisión para Maduro por corrupción. La sentencia del Tribunal Supremo en el exilio indica que el gobernante Nicolás Maduro deberá cumplir su condena en la cárcel de Ramo Verde. Además, le obliga a resarcir al país por 35.000 millones de dólares," en Diario Las Américas,15 de agosto de 2018, en https://www.diariolasamericas.com/america-latina/tsj-el-exilio-ordena-18-anos-y-tres-meses-prision-maduro-corrupcion-n4160164

22 Véase Jorge González, *Odebrecht. la historia completa.: Los secretos de un escándalo de corrupción que desestabilizó a América Latina,* y Francisco Duran, Oderecht. *La empresa que capturaba gobiernos*, Kindel edition, en https://www.amazon.com/s/ref=nb_sb_noss_1?__mk_es_US=%C3%85M%C3%85%C5%BD%C3%95%C3%91&url=search-alias%3Dstripbooks&field-keywords=odebrecht. No es de extrañar, por tanto, la decisión del Tribunal Administrativo de Cundinamarca, en Colombia adoptada en diciembre de 2018, condenando a la empresa a una multa multimillonaria (800.000 dólares), inhabilitando a la empresa por 10 años contratar con entidades pública en Colombia. Véase la información en "Odebrecht es inhabilitada en Colombia y la multan con $251 millones," en *TVNNoticias*, 13 de diciembre de 2018, en https://www.tvn-2.com/mundo/suramerica/Odebrecht-inhabilitada-Colombia-multan-millones_0_5190231014.html

23 Véase por ejemplo "Maduro: Obras inconclusas de Odebrecht en Venezuela serán terminadas," en *El Impulso*, 26 de marzo de 2018, en http://www.elimpulso.com/featured/maduro-obras-inconclusas-odebrecht-venezuela-seran-terminadas.

24 Véase Diego Oré, "Lista de las obras inconclusas de Odebrecht en Venezuela," en *La Razón*, en https://www.larazon.net/2017/06/lista-las-obras-inconclusas-odebrecht-venezuela/.

bilidad democrática frente a la corrupción,"[25] reconociéndose que "la prevención y el combate" contra la misma es la pieza clave "para el fortalecimiento de la democracia y el Estado de derecho en nuestros países."

Allí, los Jefes de Estado reconocieron que:

> "la corrupción debilita la gobernabilidad democrática, la confianza de la ciudadanía en las instituciones y tiene un impacto negativo en el goce efectivo de los derechos humanos y el desarrollo sostenible de las poblaciones de nuestro hemisferio, al igual que en otras regiones del mundo."

En ese panorama global, por tanto, no es de extrañar que también, durante el año 2018, candidatos presidenciales como Luis Manuel López Obrador en México, hubieran centrado su discurso de campaña en el propósito de "erradicar la corrupción y la impunidad," para que "haya transparencia" –dijo– ,[26] agregando en su discurso, sin embargo, una afirmación que en mi criterio es totalmente errada, al considerar que la corrupción supuestamente era el "resultado del régimen político" "neoliberal," llegando a afirmar que: "el distintivo del neoliberalismo es la corrupción,"[27] y que en los regímenes neoliberales la corrupción se "la principal función del poder político."[28]

Esas afirmaciones, que inicialmente aparecían como referidas al calor de una campaña electoral en el contexto específico del proceso político mexicano del momento, sin embargo, en abril de 2019 el mismo presidente López Obrador se encargó de generalizarlas, cuando hizo referencia al la-

---

25 Véase en *El Comercio,* 14 de abril 2018, en https://elcomercio.pe/politica/cumbre-americas-paises-compromiso-lima-noticia-512110. En 2018, en la misma línea de acción, los Jefes de Estado y de Gobierno reunidos en la 30ª Asamblea de la Unión Africana reunida en Addis Ababa, Etiopía lanzaron una nueva campaña con n solo e importante propósito que fue luchar contra la corrupción a través del Continente africano. Véase Samuel Kaninka, "The African Union kicks off 2018 with an anti-corruption campaign," en https://voices.transparency.org/the-african-union-kicks-off-2018-with-an-anti-corruption-campaign-b4c233eab262; y en http://www.viiicumbreperu.org/compromiso-de-lima-gobernabilidad-democratica-frente-a-la-corrupcion/.

26 Véase los diversos discursos de Luis Manuel López Obrador de 2018, en https://www.google.com/search?q=lopez+obrador+discurso+zocalo&rlz=1C1CHBD_enUS787US787&oq=lopez+obrados+discursos+&aqs=chrome.3.69i57j015.11798j0j8&sourceid=chrome&ie=UTF-8.

27 Véase en https://adnpolitico.com/presidencia/2018/12/01/este-es-el-discurso-integro-de-lopez-obrador-al-tomar-posesion. Igualmente, en https://www.lapagina.com.sv/internacionales/el-neoliberalismo-es-la-corrupcion-andres-manuel-lopez-obrador-al-asumir-como-presidente-de-mexico/.

28 *Idem.*

mentable fallecimiento del presidente Alan García del Perú, vinculándolo con el caso Odebrecht[29] y de nuevo relacionando corrupción con liberalismo.

Con ello pensamos que el presidente de México apuntó mal al conceptualizar el fenómeno de la corrupción en el mundo, pues el mismo en mi criterio en forma alguna puede considerarse como el producto de una específica política económica gubernamental, y menos aún, de alguna política "neoliberal," entendida ésta como la que propugna el desarrollo de la economía basada en el libre juego de sus fuerzas del mercado, producto del ejercicio de la libertad económica, sin injerencia ni participación determinante del Estado.

La corrupción administrativa, - y hoy el antiguo candidato ya en ejercicio del poder, muy posiblemente ya debe estar dándose cuenta -, en realidad es el resultado de la corrupción institucional o política, que corroe a los Estados, producto del mal funcionamiento de la democracia al borrarse los mecanismos de control, convirtiéndose lo que debería ser la "casa de cristal," en una barraca de hierro, donde la transparencia se sustituye por la opacidad.

Atribuir en forma simplista el fenómeno de la corrupción a determinadas políticas económicas como las políticas neoliberales, podría conducir erradamente a afirmar, en contraste, que una política económica estatista basada en la intervención del Estado en la economía como regulador y titular de los medios de producción, sería entonces el mejor antídoto contra la corrupción y la impunidad.

Ello no sería más que una falacia deductiva, y para constatarlo, basta recordar lo que ocurrió a partir de 2000, a la vista de todo el mundo contemporáneo, precisamente en Venezuela, donde se desarrolló el mayor y más depravado esquema y sistema público de corrupción que haya florecido en toda la historia del mundo (antiguo, moderno o contemporáneo), por su magnitud y por los niveles estrambóticos de los recursos públicos dilapidados; precisamente en un país en el cual, muy lejos de haberse desarrollado políticas neoliberales, lo que al contrario se desarrolló durante los últimos 20 años, fue una política económica estatista, socialista, populista y militarista, donde el Estado asumió la conducción total de la economía, eliminó la iniciativa privada y destruyó la producción privada, la cual materialmente hoy no existe, convirtiéndose el sistema económico del país en uno de economía totalmente pública, conducida por una masa burocratizada, amorfa, ineficiente y corrupta, y que dilapidó en veinte años un ingreso petrolero de más de 850.000 millones de dólares.[30]

---

29 Véase el reportaje: "López Obrador toma el suicidio de Alan García para criticar corrupción y neoliberalismo," en *proceso.com.mx*, 18 de abril de 2019, en https://www.proceso.com.mx/580259/lopez-obrador-toma-el-suicidio-de-alan-garcia-para-criticar-corrupcion-y-neoliberalismo.

30 Véase la información de hace unos años, en el reportaje de Ángel Bermúdez, "Cómo Venezuela pasó de la bonanza petrolera a la emergencia económica," en

Entre esos recursos dilapidados por la corrupción es imposible no hacer mención, por ejemplo, a lo que ocurrió con la industria petrolera, convirtiendo el país que hace varias décadas era el más grande exportador de petróleo del mundo, y que hoy sigue teniendo las mayores reservas petroleras del mundo, en un país que ni siquiera produce para abastecer el consumo local,[31] existiendo ya hoy día escasez de gasolina para automóviles. Tampoco es posible dejar de mencionar, por ejemplo, los 40.000 millones de dólares que supuestamente se destinaron hace unos años para un plan de emergencia eléctrica, que se dilapidaron ignominiosamente, sumiendo al país en la más absoluta de las tinieblas, como resultó del *blackout* de varios días que ocurrió en marzo de este año (2019),[32] que tiene hoy día al país en una situación de racionamiento eléctrico.

Ese régimen estatista es, por otro lado, lo único que explica que ingentes cantidades de dinero de las cuales se dispuso a mansalva, proveniente de los ingresos derivados del boom petrolero,[33] terminaron financiando abiertamente campañas electorales de candidatos presidenciales y de otro tipo, en casi todos los países del continente; hasta donde viajó el dinero sucio en maletas y maletines, en aviones oficiales, incluso hasta estas tierras australes.[34]

En fin, ese régimen político autoritario de economía estatista y centralizada, producto de la corrupción institucional de la democracia, igualmente es lo único que explica, tal como se anunció en abril de 2019), que en un mes – un solo mes – se hubieran gastado en una sola agencia de un banco estatal situada en Francia (del Banco de Desarrollo de Venezuela), más de 6 millones de euros para el pago de galletas, comida e insumos de oficina. Así lo alertaron las mismas autoridades francesas.[35]

BBC Mundo, 25 de febrero de 2016, en https://www.bbc.com/mundo/noticias/2016/02/160219_venezuela_bonanza_petroleo_crisis_economica_ab.

31 Véase toda la información en Allan R. Brewer-Carías, *Crónica de una destrucción. Concesión, Nacionalización, Apertura, Constitucionalización, Desnacionalización, Estatización, Entrega y Degradación de la Industria Petrolera,* Editorial Jurídica Venezolana, Caracas, 2018, 730 pp.

32 Véase Allan R. Brewer-Carías, *Crónica constitucional de una Venezuela en las tinieblas 2018-2019,* Ediciones Olejnik, Santiago de Chile, Buenos Aires, Madrid 2019.

33 Se ha calculado en la Asamblea Nacional de Venezuela que en los últimos años el régimen dilapidó entre 300.000 y 400.000 millones de dólares. Véase la reseña, "Aseguran que régimen de Maduro robó al menos $300 mil millones," en Diario Las Américas, 13 de septiembre de 2018, en https://www.diariolasamericas.com/america-latina/aseguran-que-regimen-maduro-robo-al-menos-300-mil-millones-n4162288.

34 Véase Carlos Tablante y Marcos Tarre, *El gran saqueo. Quiénes y cómo se robaron el dinero de los venezolanos,* La hoja del Norte, Caracas 2015.

35 Véase en Maru Morales, "Bandes Francia pagaba 6 millones de euros al mes para galletas e insumos de oficina," en *Crónica Uno*, 3 de abril de 2019, en

Con ese saqueo impune –estas no son sino algunas muestras–, se produjo el milagro de haber convertido a uno de los países que hace veinte años era aún de los más prósperos y desarrollados económicamente del continente; en el país más endeudado y miserable del mundo,[36] el cual, como antes indicamos, trágicamente ocupa el nivel de corrupción más elevado del Continente, y entre los más corruptos del mundo.[37] Y no precisamente a causa de ninguna política neoliberal.

Al contrario, a causa de una política que ha conducido que todo, o casi todo, depende del Estado y de la actuación de su Administración y de sus funcionarios, que ha desarrollado un régimen político autoritario, con un democracia pervertida y distorsionada, donde no hay control entre los poderes, y carente de libertades; donde la transparencia desapareció, convirtiéndose a la Administración Pública, para el ciudadano, en un gran centro venal y de chantaje, ante la cual, para poder recibir los más mínimos y elementales servicios, todos los ciudadanos, comenzando por los de a pie, tienen que pagar en forma previa e inmediata para recibir los servicios más elementales,[38] y lo más grave, renunciando a veces a ejercer su libertad a cambio de recibir dádivas.

Más trágico no puede ser lo que ocurrió en Venezuela donde, por ejemplo, la prestación de los más precarios y elementales servicios de atención médica, ha quedado supeditada al grado de apoyo al gobierno; llegándose al extremo de que en la ilegítima reelección presidencial de mayo de 2018, la entrega de comida y de otros subsidios a la población menos favorecida, solo se produjo a cambio de que las personas votaran por el candidato del gobierno.[39] Sobre ello, incluso, en marzo de 2019, un grupo de médicos cubanos,

---

http://cronica.uno/bandes-francia-pagaba-6-millones-de-euros-al-mes-para-galletas-e-insumos-de-oficina/

36 Véase la reseña "Venezuela tiene el mayor índice de miseria en el mundo, según Bloomberg," en Agencia Bloomberg, 19 de febrero de 2018, en https://gestion.pe/economia/venezuela-mayor-indice-miseria-mundo-bloomberg-227585

37 Véase la reseña "Venezuela, entre los 12 países más corruptos del mundo según Transparencia Internacional. Venezuela es el latinoamericano peor situado, en el puesto 169, al mismo nivel que Irak," en El Nuevo Diario, 21 de febrero de 2018, en https://www.elnuevodiario.com.ni/internacionales/456471-venezuela-corrupcion-transparencia-internacional/. Véase igualmente en https://www.transparency.org/news/pressrelease/el_indice_de_percepcion_de_la_corrupcion_-2017_muestra_una_fuerte_presencia.

38 Véase Allan R. Brewer-Carías, "De la Casa de Cristal a la Barraca de Hierro: el Juez Constitucional Vs. El derecho de acceso a la información administrativa," en *Revista de Derecho Público*, Nº 123, (julio-septiembre 2010), Editorial Jurídica Venezolana, Caracas 2010, pp. 197-206.

39 Véase el reportaje de Jim Wyss y Cody Weddle, "Maduro usa el hambre como arma política a cambio de votos," en *El Nuevo Herald*, 16 de mayo de 2018. En el reportaje se recogen las apreciaciones de Luis Lander quien afirmó que: "en

de los contratados durante los últimos veinte años para trabajar sin licencia médica en Venezuela en los programas de atención de salud del régimen en las zonas populares, llegaron a denunciar públicamente que recibieron órdenes "de solo prestar servicios médicos a quienes votaran por Maduro, y de negarle tales servicios a quien no manifestara respaldo al gobierno."[40]

Las causas de la corrupción, por tanto, son otras muy distintas a la que apuntó el presidente López Obrador, y tienen que ver, insistimos, con el mal funcionamiento de los mecanismos de control establecidos en los regímenes democráticos, pues en los regímenes autoritarios simplemente desaparecen; es decir, tienen que ver, precisamente, con el mal funcionamiento de los antes mencionados elementos y componentes esenciales de la democracia, entre los cuales destaca el principio de siempre, el de la separación de poderes, y el de la independencia y autonomía efectiva de los mismos, y entre

---

un país donde la mayoría depende de los subsidios para sobrevivir, el sistema se ha convertido en una herramienta electoral poderosa y perniciosa," que "está siendo claramente utilizado para amenazar a los votantes," quienes temen "que si no votan, podrían perder sus alimentos subsidiados por el gobierno." Igualmente, se recogen la apreciaciones de Michael Penfold, cuando afirmó que el perverso mecanismo "no solo anima a los partidarios del gobierno a ir a las urnas, dice, sino que intimida a los votantes de la oposición a no morder la mano que literalmente los alimenta," agregando que si bien la compra de votos es tan antigua como las elecciones mismas, "esta nueva forma de clientelismo es posiblemente la más desarrollada y autoritaria de América Latina, y representa una amenaza colosal para el retorno de la democracia en Venezuela". Véase en https://www.elnuevoherald.com/noticias/mundo/america-latina/venezuela-es/article211236754.html.

40 Véase Nicholas Casey, "Trading Lifesaving Treatment for Maduro Votes," en *The New York Times*, New York, 17 de marzo de 2019, pp. 1 y 18. En el reportaje se recogen declaraciones de 16 médicos cubanos, donde exponen con todo dramatismo lo ocurrido, es decir, "un sistema de manipulación política deliberada en el que sus servicios se usaron para afianzar los votos del Partido Socialista Unido de Venezuela (PSUV), a menudo a través de la coerción," utilizándose muchas tácticas, "desde simples recordatorios para votar por el gobierno hasta denegar tratamiento a los simpatizantes de la oposición que tienen enfermedades mortales." "Los médicos cubanos comentaron que se les ordenó ir puerta por puerta en barrios pobres para ofrecer medicinas y advertir a los residentes que se les cortaría el acceso a los servicios médicos si no votaban por Maduro o por sus candidatos. Muchos dijeron que sus superiores les instruyeron a hacer las mismas amenazas en consultas a puerta cerrada con pacientes que buscaban tratamiento para enfermedades crónicas." Véase igualmente el reportaje en castellano en Nicholas Casey, "Nicolás Maduro usó a médicos cubanos y a los servicios de salud para presionar a los votantes," en *The New York Times.es*, 17 de marzo de 2019, en https://www.nytimes.com/es/2019/03/17/-maduro-voto-medicinas-cuba/. Sobre el mismo tema véase el reportaje: "Votos a cambio de comida y medicinas, el método electoral de Maduro en 2018," en *el Periódico*, 18 de marzo de 2019, en https://www.elperiodico.com/es/internacional/20190318/votos-comida-medicinas-metodo-electoral-maduro-7360323

ellos, del Poder Judicial, cuya ausencia y deformación es lo que conduce a la impunidad; en fin, tienen que ver con las limitaciones impuestas al acceso a la información pública y al mal funcionamiento de los sistemas para exigir la rendición de cuentas de la gestión pública.[41]

Y ello fue precisamente lo que sucedió en Venezuela –y citamos a nuestro país como ejemplo, para no perdernos en teorías–, país que otrora fue envidiado por la estabilidad de sus instituciones democráticas, donde se produjo una total depravación de las instituciones del Estado,[42] las cuales una vez corrompidas, desnaturalizaron el principio de la legitimidad democrática de los representantes del pueblo; distorsionaron el sistema electoral; neutralizaron o aniquilaron el principio de la separación de poderes; sometieron los poderes del Estado al control del Ejecutivo; trastocaron el principio de la descentralización política, centralizándose el poder, y con ello, eliminaron la posibilidad misma de participación ciudadana; eliminaron el derecho de acceso a la información y toda posibilidad para que los ciudadanos pudieran exigir transparencia en la gestión pública; eliminaron la autonomía del Poder Judicial; y convirtieron al Juez Constitucional[43] en el más perverso instrumento del autoritarismo[44] para moldear y malear la Constitución. El Juez

---

41 Por ello fue, precisamente, que los Jefes de Estado y de Gobierno de los países americanos en la ya mencionada *Octava Cumbre de las Américas* de Lima, de abril de 2018 a lo que se comprometieron fue a adoptar medidas de orden institucional para "fortalecer las instituciones democráticas para la prevención y combate de la corrupción en el Hemisferio," entre las cuales destacan el fortalecimiento de "la autonomía e independencia judicial con el objeto de promover el respeto al Estado de Derecho y el acceso a la justicia, así como promover e impulsar políticas de integridad y transparencia en el sistema judicial," la consolidación de "la autonomía e independencia de los órganos de control superior," y el fomento de "medidas que promuevan la transparencia y rendición de cuentas" en todos los órdenes vinculados con el manejo de recursos públicos. Véase en *El Comercio,* 14 de abril 2018, en https://elcomercio.pe/politica/cumbre-americas-paises-compromiso-lima-noticia-512110.

42 Véase Allan R. Brewer-Carías, *Principios del Estado de derecho. Aproximación histórica*, Cuadernos de la Cátedra Mezerhane, Dade College, Miami, Editorial Jurídica Venezolana International, Miami 2016.

43 Véase Allan R. Brewer-Carías, *Práctica y distorsión de la justicia constitucional en Venezuela (2008-2012)*, Colección Justicia N° 3, Acceso a la Justicia, Academia de Ciencias Políticas y Sociales, Universidad Metropolitana, Editorial Jurídica Venezolana, Caracas 2012; La patología de la Justicia Constitucional, Editorial Jurídica Venezolana, tercera edición, Caracas, 2015.

44 Véase Allan R. Brewer-Carías, *Crónica sobre la "In" Justicia Constitucional. La Sala Constitucional y el autoritarismo en Venezuela*, Colección Instituto de Derecho Público. Universidad Central de Venezuela, N° 2, Editorial Jurídica Venezolana, Caracas 2007; y "El juez constitucional al servicio del autoritarismo y la ilegítima mutación de la Constitución: el caso de la Sala Constitucional del Tribunal Supremo de Justicia de Venezuela (1999-2009)", en *Revista de Administración Pública*, N° 180, Madrid 2009, pp. 383-418; y en

Constitucional, abandonando su rol esencial de preservar la supremacía constitucional, pasó al contrario a asegurar la impunidad de sus violaciones, trastocándose el régimen, globalmente, en una paradójica y bizarra "dictadura judicial"[45] para destruir[46] y corromper la democracia.

Ese proceso llevó incluso al Tribunal Supremo, por ejemplo, a cerrar toda posibilidad de transparencia, primero, en 2010, al negar el derecho ciudadano de acceso a la más elemental información administrativa como es la relativa a las remuneraciones pagadas a los funcionarios, nada menos que de la Contraloría General de la República, considerando que frente a tal derecho ciudadano que se ejercía, el derecho a la privacidad o "intimidad económica" de los funcionarios era el que insólitamente privaba;[47] y, al poco tiempo

---

IUSTEL, Revista General de Derecho Administrativo, Nº 21, Madrid junio 2009.

45 Véase sobre ello Allan R. Brewer-Carías, *Dictadura judicial y perversión del Estado de derecho*, Editorial Jurídica Venezolana, Caracas 2016.

46 Véase Allan R. Brewer-Carías, *Dismantling Democracy. The Chávez Authoritarian Experiment*, Cambridge University Press, New York 2010; *Estado totalitario y desprecio a la ley. La desconstitucionalización, desjuridificación, desjudicialización y desdemo-cratización de Venezuela*, Fundación de Derecho Público, Editorial Jurídica Venezolana, segunda edición, (Con prólogo de José Ignacio Hernández), Caracas 2015; *Authoritarian Government v. The Rule Of Law. Lectures and Essays (1999-2014) on the Venezuelan Authoritarian Regime Established in Contempt of the Constitution*, Fundación de Derecho Público, Editorial *Jurídica Venezolana,* Caracas 2014.

47 La Sala Constitucional llegó a argumentar que en Venezuela "no existe una ley general que obligue a que se hagan públicos los salarios de los funcionarios del gobierno, en cambio en otros países, como los Estados Unidos de Norteamérica o Canadá, la gran mayoría de los salarios de los altos funcionarios del gobierno federal se aprueban y se fijan por Ley, lo que implica su publicidad obligatoria. En cambio, en nuestro ordenamiento jurídico, la información sobre las remuneraciones de los funcionarios públicos está señalada bien de manera global en las partidas presupuestarias que se incluyen anualmente en la Ley de Presupuesto, donde se indican los montos asignados a cada ente u órgano de la administración pública para las remuneraciones de personal; o bien en los Manuales de Cargos y Salarios, en los que no se distingue a qué funcionario en concreto le pertenece la remuneración, pues ello es información que pertenece al ámbito íntimo de cada individuo. / Por otra parte, el carácter reservado de la declaración de impuesto sobre la renta, o de la declaración de bienes que los funcionarios públicos realizan ante la Contraloría General de la República demuestra que tal información no es un dato de difusión pública, pues se trata de información que se contrae a la esfera privada o intimidad económica de los funcionarios." *V. Caso Asociación Civil Espacio Público,* sentencia de la Sala Constitucional del Tribunal Supremo de Justicia Nº 745 de 15 de julio de 2010, en http://www.tsj.gov.ve/decisiones/scon/Julio/745-15710-2010-09-1003.html. *V.* sobre dicha sentencia, Allan R. Brewer-Carías, "De la Casa de Cristal a la Barraca de Hierro: el Juez Constitucional Vs. El derecho de acceso a la informa-

después, en 2015, a negar el derecho ciudadano a conocer los indicadores económicos del país, liberando el Tribunal Supremo al Banco Central de su obligación de publicarlos[48] convirtiéndose así, Venezuela, desde 2015, en un país en el cual simplemente no hay indicadores económicos oficiales conocidos.[49]

En ese proceso desenfrenado que venimos de señalar, desarrollado en contra de previsiones expresas de la Constitución, fue el propio Juez Constitucional el que en Venezuela dio un *golpe de Estado* continuado,[50] que también se produce cuando los órganos del Estado irrumpen contra la Constitución.[51] Y fue en esa forma cómo, en Venezuela, la Sala Constitucional del

---

ción administrativa," en *Revista de Derecho Público*, N° 123, (julio-septiembre 2010), Editorial Jurídica Venezolana, Caracas 2010, pp. 197-206.

48 *V.* sentencia N° 935 de 4 de agosto de 2015 (Caso *Asociación Civil Transparencia Venezuela*), en http://historico.tsj.gob.ve/decisiones/spa/agosto/180378-00935-5815-2015-2015-0732.HTML. *V.* sobre dicha sentencia Allan R. Brewer-Carías, "El secreto y la mentira como política de Estado y el fin de la obligación de transparencia De cómo el Tribunal Supremo de Justicia liberó inconstitucionalmente al Banco Central de Venezuela de cumplir su obligación legal de informar al país sobre los indicadores económicos, arrebatándole a los ciudadanos sus derechos a la trasparencia gubernamental, de acceso a la justicia y de acceso a la información administrativa," 10 agosto 2015, en http://www.allanbrewercarias.com/Content/449725d9-f1cb-474b-8ab2-41efb849fea3/Content/Brewer.%20LO%20SECRETO%20Y%20LA%20MENTIRA%20COMO%20POL%C3%8DTICA%20DE%20ESTADO%20Y%20-EL%20FIN%20DE%20LA%20OBLIGACI%C3%93N%20DE%20TRANSPARENCIA.pdf.

49 Basta consultar la prestigiosa Revista *The Economist*, para constatar cómo en su última página, donde siempre se publican los indicadores económicos de los países del mundo, Venezuela dejó de existir para esos efectos. A fines de mayo de 2019, sin embargo, por primera vez en varios años, el Banco Central de Venezuela publicó algunos indicadores económicos, con los cuales se confirmó la catástrofe ocurrida en el país en los años recientes. Véase el reportaje de Forbes, "Banco Central confirma hundimiento de la economía venezolana," en *Msn.noticias*, 29 de mayo de 2019, en https://www.msn.com/es-mx/noticias/otras/banco-central-confirma-hundimiento-de-la-econom%C3%ADa-venezolana/ar-AAC5k7k

50 Véase Allan R. Brewer-Carías, *El golpe a la democracia dado por la Sala Constitucional (De cómo la Sala Constitucional del Tribunal Supremo de Justicia de Venezuela impuso un gobierno sin legitimidad democrática, revocó mandatos populares de diputada y alcaldes, impidió el derecho a ser electo, restringió el derecho a manifestar, y eliminó el derecho a la participación política, todo en contra de la Constitución)*, Colección Estudios Políticos N° 8, Editorial Jurídica Venezolana, segunda edición, (Con prólogo de Francisco Fernández Segado), Caracas, 2015.

51 *V.* Diego Valadés, *Constitución y democracia,* UNAM, México 2000, p. 35; y "La Constitución y el Poder" en Diego Valadés y Miguel Carbonell (Coordi-

Tribunal Supremo de Venezuela, actuando siempre controlada por el Poder Ejecutivo, llegó incluso a arrogarse la totalidad del poder del Estado, habiendo asumido, en medio de la más global corrupción institucional, el liderazgo en el proceso de depredación de las instituciones democráticas del país, afianzando el autoritarismo.

Todo ello se acrecentó hace dos años, después del triunfo de la oposición en las elecciones parlamentarias del 6 de diciembre de 2015, a partir de lo cual el Juez Constitucional asumió la misión precisa de impedir que la representación popular, encarnada en la nueva electa Asamblea Nacional, pudiera llegar a ejercer sus funciones constitucionales.

Hasta entonces el régimen autoritario había estado habituado a tener el poder total, razón por la cual era obvio que sus conductores no podían tolerar que la oposición democrática controlara la Asamblea Nacional. Por ello, a partir de 2016 el régimen definió como estrategia que fuera el Tribunal Supremo el que aniquilara a la Asamblea Nacional, lo que comenzó a ejecutar incluso antes de que la misma se instalara en enero de 2016,[52] suspendiendo la proclamación de los diputados electos en un Estado de la República (Amazonas), y así romper la mayoría calificada que había logrado la oposición en el parlamento. El Tribunal Supremo, meses después, luego de que dichos diputados se juramentaron el 28 de julio de 2016, declaró, no solo de que tal juramentación era invalida, inexistente e inefectiva, sino de que todos los "actos o actuaciones *que en el futuro* dictare la Asamblea Nacional" también serían nulos e inexistentes.[53]

A ello le siguieron una serie sucesiva de sentencias del Juez Constitucional declarando en "desacato," no a los diputados que supuestamente habrían incumplido una medida judicial cautelar, sino a la Asamblea Nacional *in toto*,[54] como organización –lo que no tiene asidero jurídico alguno–, y además nulas todas sus actuaciones futuras, a lo que siguió la decisión del

---

nadores), *Constitucionalismo Iberoamericano del siglo XXI*, Cámara de Diputados, UNAM, México 2000, p. 145.

52 Véase sentencia de la Sala Electoral N° 260 de 30 de diciembre de 2015, en http://historico.tsj.gob.ve/decisiones/selec/diciembre/184227-260-301215-2015-2015-000146.HTML. Véase los comentarios en Allan R. Brewer-Carías, *Dictadura Judicial y perversión del Estado de derecho*, Ediciones Iustel, Madrid 2017, pp.154 ss.

53 Véase sentencia de la Sala Electoral N° 108 de 1 de agosto de 2016, en http://www.tsj.gov.ve/decisiones/scon/marzo/162025-138-17314-2014-14-0205.HTML. Véase los comentarios en Allan R. Brewer-carías, *Dictadura Judicial y perversión del Estado de derecho*, Ediciones Iustel, Madrid 2017, pp. 33 ss.

54 Comenzando con la sentencia No. 808 de 2 de septiembre de 2016. Véase http://historico.tsj.gob.ve/decisiones/scon/septiembre/190395-808-2916-2016-16-0831.HTML. Véase los comentarios en Allan R. Brewer-carías, *Dictadura Judicial y perversión del Estado de derecho*, Ediciones Iustel, Madrid 2017, pp. 191 ss.

Poder Ejecutivo de simplemente quitarle el presupuesto a la Asamblea Nacional, negándole los recursos para su funcionamiento.[55]

Es decir, a través de unas cien sentencias dictadas a partir de 2016, la Sala Constitucional aniquiló la representación popular, [56] y produjo una "alteración grave del orden democrático," producto de la corrupción política o institucional del régimen, contra lo cual no sólo reaccionó la propia Asamblea Nacional,[57] sino el Secretario General de la Organización de Estados

---

55 Véase Yelesza Zavala, "Maduro: Si la AN está fuera de ley yo no puedo depositarle recursos," en *NoticieroDigital.com*, 2 de agosto de 2016, en http://www.noticierodigital.com/forum/viewtopic.php?t=38621

56 Así, sucesivamente, la Sala Constitucional procedió (i) a declarar la inconstitucionalidad de todas – si todas - las leyes sancionadas por la Asamblea Nacional desde que se instaló en enero de 2016; (ii) a someter la función de legislar de la Asamblea Nacional a la obtención de un Visto Bueno por parte del Poder Ejecutivo; (iii) a eliminar todas las funciones de control político de la Asamblea Nacional sobre el gobierno y la Administración Pública, y por tanto, cualquier asomo de control parlamentario de la corrupción administrativa; (iv) a eliminar la posibilidad de aprobar votos de censura contra a los ministros; (v) a eliminar la obligación del presidente de la República de presentar su Memoria anual ante la Asamblea Nacional asumiendo la propia Sala Constitucional tal función; (vi) a eliminar la función legislativa en materia de presupuesto, convirtiendo la ley de Presupuesto en un decreto ejecutivo para ser presentado, no ante la Asamblea Nacional, sino ante la Sala Constitucional, con lo cual desapreció la disciplina presupuestaria; (vii) a eliminar incluso la potestad de la Asamblea Nacional de emitir opiniones políticas como resultado de sus deliberaciones, anulando todos los Acuerdos que se adoptaron; (viii) a eliminar la potestad de la Asamblea de revisar sus propios actos y de poder revocarlos; y finalmente (ix) a eliminar el control parlamentario sobre la declaratoria de estados de excepción. Véanse los comentarios a todas estas sentencias en Allan R. Brewer-Carías, *Dictadura judicial y perversión del Estado de derecho*, Editorial Jurídica Venezolana, Caracas 2016; *La consolidación de la tiranía judicial. el Juez Constitucional controlado por el Poder Ejecutivo, asumiendo el poder absoluto,* Colección Estudios Políticos, N° 15, Editorial Jurídica Venezolana International. Caracas / New York, 2017.

57 Ante todo ello, ciertamente la Asamblea Nacional reaccionó en mayo de 2016 ("Acuerdo exhortando al cumplimiento de la Constitución, y sobre la responsabilidad del Poder Ejecutivo Nacional, del Tribunal Supremo de Justicia y del Consejo Nacional Electoral para la preservación de la paz y ante el cambio democrático en Venezuela," 10 de mayo de 2016, disponible en http://www.asambleanacional.gob.ve/uploads/documentos/doc_d75ab-47932d0de48f142a739ce13b8c43a236c9b.pdf) denunciando precisamente la ruptura del orden constitucional y democrático en el país, a manos del Juez Constitucional y del Poder Ejecutivo, los cuales corrompiendo las instituciones del Estado, desconocieron la soberanía popular.(Dicho Acuerdo de la Asamblea Nacional fue específicamente analizado por el muy importante grupo de los 22 expresidentes latinoamericanos que integran la *Iniciativa Democrática de España y las Américas (IDEA)*, en una Declaración de fecha 13 de mayo de 2016, en la cual destacaron todos los signos de la corrupción del Estado de de-

Americanos, Dr. Luis Almagro, quien procedió a solicitar (en mayo de 2016) la convocatoria del Consejo Permanente de la Organización para aplicar a Venezuela precisamente la Carta Democrática Interamericana (art. 20).[58]

Para ello denunció, aun cuando ya para entonces no era nada nuevo,[59] que en el país ya no existía "una clara separación e independencia de los poderes públicos" dándose "uno de los casos más claros de cooptación del Poder Judicial por el Poder Ejecutivo,"[60] con un Tribunal Supremo integrado en forma "completamente viciada tanto en el procedimiento de designación como por la parcialidad política de prácticamente todos sus integrantes."[61] Esas fueron sus palabras.

---

recho en el país, exigiéndole al presidente de Venezuela, respetar "sin restricciones el mandato de cambio democrático y constitucional que decidió la mayoría del pueblo de Venezuela el 6 de diciembre de 2015," exhortándolo a no utilizar "a los demás poderes del Estado para impedir u obstaculizar las acciones que adelanta constitucionalmente la Asamblea Nacional para resolver la grave crisis que aqueja al país," denunciando finalmente "el activismo político partidista del Tribunal Supremo de Justicia," y en general, "el desconocimiento por el Ejecutivo Nacional y por el Tribunal Supremo de Justicia, de la autoridad de la Asamblea Nacional, cuerpo representativo del pueblo venezolano, cuya legitimidad deriva de la expresión mayoritaria del electorado y de la soberanía popular". Véase IDEA, "Declaración sobre la ruptura del orden constitucional y democrático en Venezuela," 13 de mayo de 2016, disponible en http://www.fundacionfaes.org/es/preview/no-ticias/45578). El Acuerdo legislativo adoptado, en todo caso, fue ipso facto suspendido en sus efectos por el propio Juez Constitucional (sentencia Nº 478 de 14 de mayo de 2016) al decidir una disparatada acción de amparo constitucional intentada por el Estado contra el Estado, es decir, por el abogado de la República (Procurador General de la República), contra los diputados de la Asamblea Nacional. Véase en http://historico.tsj.gob.ve/decisiones/scon/junio/188339-478-146-16-2016-16-0524.HTML.

58 Véase la comunicación del Secretario General de la OEA de 30 de mayo de 2016 con el *Informe sobre la situación en Venezuela en relación con el cumplimiento de la Carta Democrática Interamericana*, en oas.org/documents/spa/press/OSG-243.es.pdf.

59 Ello, por supuesto no es nada nuevo, como lo observamos ya en 2002: Allan R. Brewer-Carías, *La crisis de la democracia venezolana. La Carta Democrática Interamericana y los sucesos de abril de 2002*, Los Libros de El Nacional, Colección Ares, Caracas 2002. Véase además un resumen de las violaciones a la Carta Democrática hasta 2012 en Allan R. Brewer-Carías y Asdrúbal Aguiar, en Asdrúbal Aguiar, *Historia Inconstitucional de Venezuela. 1999-2012*, Editorial Jurídica Venezolana, Caracas 2012, pp. 511-534.

60 Véase la comunicación del Secretario General de la OEA de 30 de mayo de 2016 con el *Informe sobre la situación en Venezuela en relación con el cumplimiento de la Carta Democrática Interamericana*, p. 73. Disponible en oas.org/documents/spa/press/OSG-243.es.pdf.

61 *Idem*, p. 127. Disponible en oas.org/documents/spa/press/OSG-243.es.pdf.

En esa situación, como lo expresó el mismo Secretario General Almagro en agosto de 2016, lo que se apreciaba en Venezuela era, simplemente, "el lamentable final de la democracia," o sea "la terminación del Estado de Derecho," considerando –dijo– que ya "ningún foro regional o subregional podía desconocer la realidad de que *hoy en Venezuela no hay democracia ni Estado de Derecho*."[62]

Y ello era evidente, porque la corrupción institucional global del Estado venezolano ya había tenido efectos perversos en esos foros internacionales, particularmente en la OEA, a través del control de votos de los Estados a cambio de la factura petrolera, particularmente antes de la llegada del Dr. Almagro a la Secretaría General.

Para no especular, basta recordar sobre ello las explicaciones que en 2014 dio el ex canciller del Perú, Luis Gonzalo Posada,[63] tocando uno de los secretos más publicitados sobre el funcionamiento de la OEA, que según dijo entonces, en aquél momento era que el organismo que "defendía los intereses del régimen venezolano," refiriéndose entonces a la vergonzosa decisión adoptada unos días antes, con el voto de 22 países de los 38 que se expresaron, que siguieron ciegamente la línea del gobierno venezolano, rechazando la invitación que el gobierno de Panamá le había hecho a la diputada venezolana María Corina Machado para que hablara sobre la situación política en el país y sobre la represión del gobierno contra los estudiantes. Ese rechazo lo calificó el ex canciller del Perú como la consumación, en la OEA, de un "golpe de estado chavista;" agregando que –cito–:

> "Hoy el chavismo ha demostrado su inmenso poder dentro de la organización al manejar los 17 votos del Caribe a través de petróleo barato, además del de sus socios políticos [de entonces] como Argentina, Brasil, Uruguay, Ecuador y Bolivia. Todos ellos en su conjunto hacen una mayoría absoluta de 22 votos contra 11 países, que no están en esa línea."

De ello, agregó el canciller peruano se estaba "ante una institución controlada a través de la influencia petrolera," que tenía – dijo - "el padrinazgo

62 V. el texto de la exposición del Secretario General Luis Almagro ante el Consejo Permanente de la OEA, 23 de junio de 2016, en:http://www.elnacional.com/politica/PresentacindelSecretarioGeneraldelaOEAante_NACFIL20160623_0001.pdf; y el texto de la carta abierta del Secretario General Luis Almagro a Leopoldo López, de 22 de agosto de 2016, en *Lapatilla.com*, 23 de agosto de 2016, en http://www.lapatilla.com/site/2016/08/22/almagro-a-leopoldo-lopez-tu-injusta-sentencia-marca-un-hito-el-lamentable-final-de-la-democracia-carta/.

63 Véase Rodrigo Cruz, "Hoy se ha consumado un golpe de estado chavista en la OEA. El ex canciller Luis Gonzales Posada aseveró que el organismo interamericano defiende los intereses del régimen venezolano", en El Comercio, Lima 21 de marzo de 2014, en http://elcomercio.pe/politica/internacional/hoy-se-ha-consumado-golpe-estado-chavista-oea-noticia-1717550.

de 3 países que aparentemente están comprometidos por la democracia, pero que a la hora de la verdad se constituyen en centro de protección de un modelo político autoritario."

Se refería "directamente al Brasil, a la Argentina y a Uruguay," agregando que ello era muy grave:

> "porque cualquier tema sustantivo para los países americanos no podrá tratarse si no se tiene el beneplácito de Venezuela, quien es el que gobierna esta institución desde hace muchos años,"

Todo ello lo denunció el canciller del Perú en 2014, considerando que el secretario general de entonces le debía "su elección al chavismo," y afirmando que la OEA había terminado siendo "un organismo formado por un régimen totalitario," constituyendo ello –agregó– una "página de oscuridad que se está escribiendo en América Latina" que no se podía "mantener en silencio."[64]

Ese trágico panorama de corrupción institucional internacional, que afortunadamente comenzó a cambiar a raíz de la elección del Dr. Luis Almagro como secretario general de la Organización, en su momento tuvo, sin embargo, varias secuelas, entre las cuales estuvo, por ejemplo, la elección de algunos de los jueces de la Corte Interamericana de Derechos Humanos en 2012,[65] quienes en algunos casos, lamentablemente, no supieron o no quisieron independizarse del chantaje del régimen autoritario que los eligió.

Ello, en nuestro criterio ocurrió al menos en un caso, que conocemos bien, el caso *Allan R. Brewer-Carías vs. Venezuela*, decidido en 2014,[66] con los votos de los jueces nacionales de Brasil y Uruguay, países que en ese momento, en palabras del ex canciller Gonzalo Posada (junto con Uruguay y Argentina) se habían constituido "en centro de protección de un modelo político autoritario" de Venezuela; a quienes se sumó el juez nacional de Colombia, país que aun cuando Gonzalo Posada no lo incluyó en el grupo de protección del modelo autoritario venezolano, tenía a Hugo Chávez, como "su nuevo mejor amigo," en medio del proceso de paz que adelantaba bajo

---

64 Rodrigo Cruz, "Hoy se ha consumado un golpe de estado chavista en la OEA. El ex canciller Luis Gonzales Posada aseveró que el organismo interamericano defiende los intereses del régimen venezolano", El Comercio, Lima 21 de marzo de 2014, en http://elcomercio.pe/politica/internacional/hoy-se-ha-consumado-golpe-estado-chavista-oea-noticia-1717550.

65 En la XLII Asamblea General de la OEA celebrada en Cochabamba, se eligió como jueces, además de al distinguido y honorable juez Eduardo Ferrer Mac-Gregor (México), a los señores Humberto Sierra Porto (Colombia) y Roberto de Figueiredo Caldas (Brasil), quienes se agregaron a los cuatro jueces que estaban en ejercicio, quienes eran los honorables y distinguidos jueces Manuel Ventura Robles (Costa Rica) y Eduardo Vio Grossi (Chile), y los señores Diego García Sayán (Perú); y Alberto Pérez Pérez (Uruguay).

66 *V.* la sentencia en http://www.corteidh.or.cr/docs/casos/articulos/seriec_278_esp.pdf.

su manto; [67] y además se sumó, el juez nacional de Perú, quien al momento de dictarse la sentencia era nada menos que candidato a la secretaría general de la misma OEA, y quien mientras juzgaba a los Estados, estaba en campaña buscado votos de los mismos Estados para que apoyaran su candidatura.[68]

La emisión de esa sentencia coincidió, además, con el ejercicio de la más abierta e indebida presión política que Venezuela ejerció contra la propia Corte Interamericana de Derechos Humanos, expresada por el entonces Canciller, Nicolás Maduro en el texto de la denuncia de la Convención Americana de Derechos Humanos dirigida en 2012[69] al Secretario General de la

---

67 Expresión utilizada por el entonces candidato Juan Manuel Santos, y luego presidente de Colombia en relación con el Presidente de Venezuela, Véase el reportaje "Santos dice que Chávez es "su nuevo mejor amigo." Asegura además que si bien ninguno de los dos ha sido "santo de la devoción" del otro, él decidió que de llegar a la presidencia debía mejorar las relaciones con su vecino, lo cual comenzó en agosto con el restablecimiento de los lazos diplomáticos," en Revista Semana, o de noviembre de 2010, en http://www.semana.com/mundo/articulo/santos-dice-chavez-su-nuevo-mejor-amigo/124284-3. Este vínculo continuó posteriormente, después del fallecimiento de Chávez. Véase por ejemplo, el reportaje "Colombia y Venezuela, de nuevo mejores amigos. Cancilleres y ministros de ambos países evaluaron las cooperaciones en seguridad, energía y comercio", *Revista Semana,* 2 agosto 2013, en http://www.semana.com/nacion/articulo/colombia-venezuela-nuevo-mejores-amigos/352865-3.

68 Es decir, el juez que debía juzgar a los Estados estaba en campaña para buscar el apoyo de los mismos, comenzando por Venezuela y sus aliados; lo que provocó la emisión de una "Constancia de Desistimiento" por parte de los honorables Jueces Eduardo Vio Grossi y Manuel Ventura, expresando "su disconformidad" con la desviada decisión de permitir que el juez candidato a la Secretaría de la OEA, pudiese participar en las deliberaciones de las sentencias

69 La denuncia, formulada mediante comunicación N° 125 de 6 de septiembre de 2012, se hizo en ejecución, incluso de los exhortos que le había hecho la Sala Constitucional al Ejecutivo tanto en 2008 (Véase la sentencia de la Sala Constitucional N° 1.939 de 18 de diciembre de 2008 conocida como: *Abogados Gustavo Álvarez Arias y otros*, y que más bien debió denominarse *Estado de Venezuela vs. Corte Interamericana de Derechos Humanos*, porque el Sr. Álvarez y los otros en realidad sino los abogados del Estado (Procuraduría General de la República). En la misma, Sala declaró inejecutable en el país la sentencia que había dictado la Corte Interamericana de Derechos Humanos Primera cuatro meses antes, el 5 de agosto de 2008, en el *caso Apitz Barbera y otros ("Corte Primera de lo Contencioso Administrativo") vs. Venezuela*, en la cual se había condenado al Estado Venezolano por violación de los derechos al debido proceso de unos jueces de la Corte Primera de lo Contencioso Administrativo, quienes habían sido destituidos de sus cargos sin garantías judiciales algunas. Véase Allan R. Brewer-Carías, "La interrelación entre los Tribunales Constitucionales de América Latina y la Corte Interamericana de Derechos Humanos, y la cuestión de la inejecutabilidad de sus decisiones en Venezuela," en Armin von Bogdandy, Flavia Piovesan y Mariela Morales Antoniazzi (Coordinadores), Direitos Humanos, Democracia e Integraçao Jurídica na América do Sul, Lumen Juris Editora, Rio de Janeiro 2010, pp. 661-70; y en Anuario Iberoame-

OEA,[70] donde acusó a la Comisión y a la Corte Interamericanas de estar "secuestradas por un pequeño grupo de burócratas, desaprensivos" que habían convertido al Sistema Interamericano, en "arma política arrojadiza destinada a minar la estabilidad" del país, "adoptando una línea de acción injerencista en los asuntos internos" del gobierno, y de ignorar, para decidir los casos, que era necesario "el agotamiento de los recursos internos del Estado."

Y lo más grave fue que para fundamentar esa acusación, el entonces Canciller llegó con toda insolencia a referirse no sólo a varios casos decididos (casos *Ríos, Perozo y otros; Leopoldo López*; *Usón Ramírez*; *Raúl Díaz Peña*), sino un caso que estaba pendiente de decisión ante la Corte como fue precisamente el caso antes mencionado, caso *Allan R. Brewer-Carías vs. Venezuela.*

Sobre ese caso, en particular, el entonces Canciller Maduro, en su comunicación, expresó falazmente, que el mismo había sido "admitido por la Comisión sin que el denunciante –refiriéndose a Allan R. Brewer-Carías–

---

ricano de Justicia Constitucional, Centro de Estudios Políticos y Constitucionales, N° 13, Madrid 2009, pp. 99-136); como en 2012 (Véase sentencia de la Sala Constitucional N° 1547 de fecha 17 de octubre de 2011 (Caso *Estado Venezolano vs. Corte Interamericana de Derechos Humanos*), en http://www.tsj.gov.ve/decisiones/scon/Octubre/1547-171011-2011-11-1130.html dictada con motivo de otra "acción innominada de control de constitucionalidad" que fue intentada de nuevo por los abogados del Estado contra otra sentencia de la Corte Interamericana de Derechos Humanos, esta vez la de 1° de septiembre de 2011 dictada en el caso Leopoldo López vs. Estado de Venezuela, en la cual la Corte Interamericana de Derechos Humanos había condenado al Estado venezolano por la violación del derecho al sufragio pasivo del ex Alcalde Sr. Leopoldo López cometida por la Contraloría General de la República al establecer administrativamente una "pena" de inhabilitación política, contra el mismo, considerando que dicho derecho político conforme a la Convención (art. 32.2) solo podía ser restringido, mediante sentencia judicial que imponga una condena penal, ordenando la revocatoria de las decisiones inconvencionales).

70 Véase el texto en http://www.minci.gob.ve/wp-content/uploads/2013/09/Carta-Retiro-CIDH-Firmada-y-sello.pdf. Véase, entre otros, Carlos Ayala Corao, "Inconstitucionalidad de la denuncia de la Convención Americana sobre Derechos Humanos por Venezuela" en *Revista Europea de Derechos Fundamentales*, Instituto de Derecho Público, Valencia, España, N° 20/2° semestre 2012; en Estudios Constitucionales, Centro de Estudios Constitucionales de Chile, Universidad de Talca, año 10, N° 2, Chile, 2012; en la *Revista Iberoamericana de Derecho Procesal Constitucional*, Instituto Iberoamericano de Derecho Procesal Constitucional y Editorial Porrúa, N° 18, Julio-Diciembre, 2012; en la *Revista de Derecho Público*, N° 131, Caracas, julio-septiembre 2012; en el *Anuario de Derecho Constitucional Latinoamericano 2013*, Anuario 2013, Konrad Adenauer Stiftung: Programa Estado de Derecho para Latinoamérica y Universidad del Rosario, Bogotá, Colombia 2013 (disponible en: Fundación Konrad Adenauer www.kas.de/uruguay/es/publications/20306/ y en Biblioteca Jurídica Virtual del Instituto de Investigaciones Jurídicas de la UNAM, México: www.juridicas.unam.mx/ publica/rev/cont.htm?=dconstla).

hubiera agotado los recursos internos," lo que era falso, y que la Comisión había instado al Estado venezolano a "adoptar medidas para asegurar la independencia del poder judicial" que ya estaba degradado, acusando a la Comisión y a la Corte de tener –citamos– un "comportamiento irregular injustificadamente favorable Brewer Carías," la cual –dijo el entonces canciller– desde "la sola admisión de la causa, apuntaló la campaña internacional de desprestigio contra Venezuela, acusándole de persecución política."

Mas claro no podía ser el mensaje del Estado elector de los jueces recién electos, contra el denunciante Allan R. Brewer-Carías, contra el caso ante la Corte y contra los mismos jueces, advirtiéndoles a éstos sobre lo "importante" y "grave" que era el caso Brewer-Carías, particularmente, en relación con el tema del agotamiento de los recursos internos.

En esa situación, no es difícil imaginar que pasó dos años después, cuando se dictó la sentencia (Nº 277 26 de mayo de 2014) en el mencionado caso *Allan R. Brewer-Carías vs. Venezuela,*[71] en la cual, con el Voto conjunto negativo de los honorables Jueces Manuel E. Ventura Robles (Costa Rica) y Eduardo Ferrer Mac-Gregor Poisot (México), que es lo único bueno del fallo, la Corte Interamericana, desconociendo su más tradicional jurisprudencia sentada desde 1987 en el caso *Velásquez Rodríguez Vs. Honduras,*[72]

---

71 *V.* la sentencia en http://www.corteidh.or.cr/docs/casos/articulos/seriec_278_-esp.pdf. *V.* sobre esta sentencia: Allan R. Brewer-Carías, *El Caso Allan R. Brewer-Carías vs. Venezuela ante la Corte Interamericana de Derechos Humanos. Estudio del caso y análisis crítico de la errada sentencia de la Corte Interamericana de Derechos Humanos Nº 277 de 26 de mayo de 2014,* Colección Opiniones y Alegatos Jurídicos, Nº 14, Editorial Jurídica Venezolana, Caracas 2014

72 *V.* Caso *Velásquez Rodríguez Vs. Honduras.* Excepciones Preliminares. Sentencia de 26 de junio de 1987. Serie C Nº 1. En dicho caso *Velásquez Rodríguez,* la Corte en efecto consideró lo siguiente: "91. La regla del previo agotamiento de los recursos internos en la esfera del derecho internacional de los derechos humanos, tiene ciertas implicaciones que están presentes en la Convención. En efecto, según ella, los Estados Partes se obligan a suministrar recursos judiciales efectivos a las víctimas de violación de los derechos humanos (art. 25), recursos que deben ser sustanciados de conformidad con las reglas del debido proceso legal (art. 8.1), todo ello dentro de la obligación general a cargo de los mismos Estados, de garantizar el libre y pleno ejercicio de los derechos reconocidos por la Convención a toda persona que se encuentre bajo su jurisdicción (art. 1). Por eso, cuando se invocan ciertas excepciones a la regla de no agotamiento de los recursos internos, como son la inefectividad de tales recursos o la inexistencia del debido proceso legal, no sólo se está alegando que el agraviado no está obligado a interponer tales recursos, sino que indirectamente se está imputando al Estado involucrado una nueva violación a las obligaciones contraídas por la Convención. En tales circunstancias la cuestión de los recursos internos se aproxima sensiblemente a la materia de fondo." Por ello, en definitiva, como lo observó el profesor Héctor Faúndez, al referiré al caso Allan R. Brewer-Carías vs. Venezuela, "Curiosamente, la sentencia de la Corte Interamericana, apartándose de su práctica anterior, omitió examinar esta excepción

simplemente ordenó el archivo del expediente, ignorando que Brewer-Carías sí había agotado el único recurso interno disponible que era la solicitud de nulidad o amparo penal,[73] negándole su derecho de acceso a la justicia internacional; y protegiendo en cambio a un Estado corrupto,[74] que además se había burlado sistemáticamente de las propias decisiones de la Corte. Ésta, en su sentencia, sin embargo, se abstuvo de entrar a juzgar lo que estaba más que probado,[75] que era que en Venezuela no había Poder Judicial ni Ministe-

---

preliminar junto con el fondo de la controversia, a fin de determinar si, en efecto, la presunta víctima había sido objeto del ejercicio arbitrario del poder público, sin que hubiera recursos efectivos disponibles para subsanar esa situación, o sin que la víctima tuviera acceso a esos recursos. Como muy bien observan los jueces disidentes, esta es la primera vez en la historia de la Corte que ésta no entra a conocer el fondo del litigio para decidir si es procedente una excepción preliminar por falta de agotamiento de los recursos internos." *V.* Héctor Faúndez Ledesma, "El agotamiento de los recursos de la jurisdicción interna y la sentencia de la Corte Interamericana de Derechos Humanos en el caso: Brewer-Carías (Sentencia n° 277 de 26 de mayo de 2014)," en *Revista de Derecho Público*, No. 139, Editorial Jurídica Venezolana, Caracas 2014, p. 216

73 Los jueces Ferrer Mac Gregor y Ventura Robles, en su Voto Conjunto Negativo fueron claros y tajantes al considerar que "En el presente caso, los representantes del señor Brewer utilizaron los medios de impugnación previstos en la legislación venezolana –recursos de nulidad absoluta– para poder garantizar sus derechos fundamentales en el procedimiento penal" (párr. 50).

74 Con el voto favorable de los Jueces Humberto Antonio Sierra Porto (Colombia), Presidente y Ponente; Roberto F. Caldas (Brasil), Diego García-Sayán (Perú) y Alberto Pérez Pérez (Uruguay). Véase la sentencia en http://www.corteidh.or.cr/docs/casos/articulos/seriec_278_esp.pdf. El Juez Eduardo Vio Grossi, el 11 de julio de 2012, apenas el caso se presentó ante la Corte, muy honorablemente se excusó de participar en el mismo conforme a los artículos 19.2 del Estatuto y 21 del Reglamento, ambos de la Corte Interamericana, recordando que en la década de los ochenta se había desempeñado como investigador en el Instituto de Derecho Público de la Universidad Central de Venezuela, cuando Brewer Carías era Director del mismo, precisando que aunque ello había acontecido hacía ya bastante tiempo, "no desearía que ese hecho pudiese provocar, si participase en este caso en cuestión, alguna duda, por mínima que fuese, acerca de la imparcialidad," tanto suya "como muy especialmente de la Corte." La excusa le fue aceptada por el Presidente de la Corte el 7 de septiembre de 2012, después de consultar con los demás Jueces, estimando razonable acceder a lo solicitado.

75 Dos meses antes de dictarse la sentencia, sobre la situación del Poder judicial en Venezuela, enteramente corrompido, por falta de independencia y autonomía, la *Comisión Internacional de Juristas*, dió "cuenta de la falta de independencia de la justicia en Venezuela, comenzando con el Ministerio Público" que actúan "sin garantías de independencia e imparcialidad de los demás poderes públicos y de los actores políticos. *V.* en http://icj.wpengine.netdna-cdn.com/wp-content/uploads/2014/06/VENEZUELA-Informe-A4-elec.pdf.

rio Público autónomos e independientes.[76] En esa situación, ordenar que la víctima fuera su país, a perder su libertad, para entonces "acudir a esos recursos," como la propia Corte lo había decidido infinidad de veces, no era sino "una formalidad que carece de sentido."[77]

---

76 *V.* entre otros trabajos: Allan R. Brewer-Carías, "La progresiva y sistemática demolición institucional de la autonomía e independencia del Poder Judicial en Venezuela 1999-2004, " en *XXX Jornadas J.M Domínguez Escovar, Estado de derecho, Administración de justicia y derechos humanos*, Instituto de Estudios Jurídicos del Estado Lara, Barquisimeto, 2005, pp. 33-174; "La justicia sometida al poder [La ausencia de independencia y autonomía de los jueces en Venezuela por la interminable emergencia del Poder Judicial (1999-2006)]" en *Cuestiones Internacionales. Anuario Jurídico Villanueva 2007,* Centro Universitario Villanueva, Marcial Pons, Madrid 2007, pp. 25-57, y en *Derecho y democracia. Cuadernos Universitarios*, Órgano de Divulgación Académica, Vicerrectorado Académico, Universidad Metropolitana, Año II, N° 11, Caracas, septiembre 2007, pp. 122-138. Publicado en *Crónica sobre la "In" Justicia Constitucional. La Sala Constitucional y el autoritarismo en Venezuela*, Colección Instituto de Derecho Público. Universidad Central de Venezuela, N° 2, Editorial Jurídica Venezolana, Caracas 2007, pp. 163-193; "Sobre la ausencia de independencia y autonomía judicial en Venezuela, a los doce años de vigencia de la constitución de 1999 (O sobre la interminable transitoriedad que en fraude continuado a la voluntad popular y a las normas de la Constitución, ha impedido la vigencia de la garantía de la estabilidad de los jueces y el funcionamiento efectivo de una "jurisdicción disciplinaria judicial"), en *Independencia Judicial,* Colección Estado de Derecho, Tomo I, Academia de Ciencias Políticas y Sociales, Acceso a la Justicia org., Fundación de Estudios de Derecho Administrativo (Funeda), Universidad Metropolitana (Unimet), Caracas 2012, pp. 9-103; "The Government of Judges and Democracy. The Tragic Situation of the Venezuelan Judiciary," en *Venezuela. Some Current Legal Issues 2014, Venezuelan National Reports to the 19th International Congress of Comparative Law, International Academy of Comparative Law, Vienna, 20-26 July 2014*, Academia de Ciencias Políticas y Sociales, Caracas 2014, pp. 13-42.

77 *Caso Velásquez Rodríguez Vs. Honduras. Excepciones Preliminares*. Sentencia de 26 de junio de 1987. Serie C N° 1, párr. 68. Como la propia Corte Interamericana lo interpretó en otra ocasión, "no pueden considerarse efectivos aquellos recursos que, por las condiciones generales del país o incluso por las circunstancias particulares de un caso dado, resulten ilusorios," lo que ocurre "cuando su inutilidad haya quedado demostrada por la práctica, porque el Poder Judicial carezca de la independencia necesaria para decidir con imparcialidad." Véase: Corte IDH: *Garantías judiciales en estados de emergencia* (arts. 27.2, 25 y 8 Convención Americana sobre Derechos Humanos). Opinión Consultiva OC-9/87 del 6 de octubre de 1987. Serie A N° 9; ¶ 24. Igualmente, Corte IDH, *Caso Bámaca Velásquez Vs. Guatemala*. Fondo. Sentencia de 25 de noviembre de 2000. Serie C N° 70; ¶ 191; Corte IDH, *Caso Tribunal Constitucional Vs. Perú. Fondo, Reparaciones y Costas.* Sentencia de 31 de enero de 2001. Serie C N° 71, ¶ 90; Corte IDH, *Caso Bayarri Vs. Argentina.* Excepción Preliminar, Fondo, Reparaciones y Costas. Sentencia de 30 de octubre de 2008. Serie C N° 187, ¶ 102; Corte IDH, *Caso Reverón Trujillo Vs. Venezuela.* Excepción Preliminar, Fondo, Reparaciones y Costas. Sentencia de 30 de junio de 2009. Serie

Esa decisión, como lo expresaron los magistrados de la Sala Constitucional de la Corte Suprema de Justicia de Costa Rica, país sede de la Corte Interamericana, pesará "como una sombra en la trayectoria y jurisprudencia de la Corte Interamericana,"[78] como quien escribe, personalmente no dejará de recordarlo cada vez que pueda, sobre todo porque con la misma se protegió a un Estado corrupto hasta los tuétanos,[79] y se le negó justicia a la víctima, sin razón jurídica alguna.[80]

C Nº 198, ¶ 61; Corte IDH, *Caso Usón Ramírez Vs. Venezuela.* Excepción Preliminar, Fondo, Reparaciones y Costas. Sentencia de 20 de noviembre de 2009. Serie C Nº 207, ¶ 129; Corte IDH. *Caso Abrill Alosilla y otros Vs. Perú.* Fondo Reparaciones y Costas. Sentencia de 4 de marzo de 2011. Serie C Nº 223, ¶ 75

78 Opinión de los Magistrados Jinesta Lobo, Castillo Víquez, Rueda Leal, Hernández López y Salazar Alvarado, expresada en Nota separada a la sentencia Nº 2015-11568 del 31 de julio de 2015; sentencia, dictada en el juicio de habeas corpus a favor del ciudadano Dan Dojc, en el proceso de extradición que se le seguía en Costa Rica a petición del Estado venezolano. *V.* el texto de la sentencia en http://jurisprudencia.poder-judicial.go.cr/SCIJ_PJ/busqueda/jurisprudencia/jur_Documento.aspx?param1=Ficha_Sentencia&nValor1=1 &nValor2=644651&strTipM=T&strDirSel=directo&_r=1. *V.* la noticia de prensa sobre dicha sentencia en http://www.nacion.com/sucesos/poder-judicial/Sala-IV-extradicion-cuestiona-Venezuela_0_1504049615.html.

79 *Idem.* En la Nota anexa a la comunicación de denuncia de la Convención, el entonces Canciller fue más explícito en cuanto a la campaña de presión política que con la misma Venezuela ejercía contra la Corte en relación con este caso aún no decidido, que provocaba precisamente el retiro de Venezuela, donde se indicó lo que sigue: "*Caso Allan Brewer Carías contra Venezuela.* El 8 de septiembre de 2009, la Comisión admitió la petición hecha el 24 de enero de 2007 por un grupo de abogados, en la cual se alegaba que los tribunales venezolanos eran responsables de la "persecución política del constitucionalista Allan R. Brewer Carías en el contexto de un proceso judicial en su contra por el delito de conspiración para cambiar violentamente la Constitución," en el contexto de los hechos ocurridos entre el ll y el 13 de abril de 2002." / Cabe destacar que al mencionado señor Brewer Carías se le sigue juicio en Venezuela por su participación en el golpe de Estado de Abril de 2002, por ser redactor del decreto mediante el cual se instalaba un Presidente de facto, se abolía la Constitución Nacional, se cambiaba el nombre de la República, se desconocían todas las instituciones del Estado; se destituían a todos los miembros y representantes de los Poderes Públicos, entre otros elementos. / Al admitir la petición, la CIDH instó al Estado venezolano a "Adoptar medidas para asegurar la independencia del poder judicial" con lo cual prejuzgaba que dicha independencia no existía. / El 7 de marzo de 2012, la Comisión informo al Estado venezolano que el caso sería llevado a la Corte, a pesar de qué no. se habían agotado los recursos internos. Este ejemplo es más grave, debido a que el juicio penal contra Allan Brewer no se ha podido llevar a cabo en Venezuela, en virtud de que nuestra legislación procesal penal no permite que el juicio pueda realizarse en ausencia del imputado, y es el caso que el imputado Brewer Carías huyó del país, como se conoce públicamente encontrándose prófugo de la justicia hasta la fecha." Aparte de que yo no participé en conspiración alguna, ni redacté decreto alguno, ni me

Y si no hay justicia, como lo escribió Quevedo hace siglos: "Si no hay justicia, Qué difícil es tener razón!!"

Afortunadamente, nuevos aires soplan en la Corte Interamericana, al quedar en absoluta minoría la anterior mayoría controlada; estando la Corte ahora conducida por su honorable Presidente, Eduardo Ferrer Mac Gregor, quien junto con el entonces Juez Manuel Ventura, honrosamente firmaron el Voto negativo en nuestro caso.

Toda la anterior situación de corrupción política nacional e institucional, desarrollada tanto a nivel nacional como a nivel global y trasnacional que hemos querido ejemplificar con el caso específico de Venezuela, se produjo, no como consecuencia de alguna política económica neoliberal, ni por la carencia de regulaciones constitucionales, legislativas y convencionales, pues tenemos todas las imaginables para poder implementar los necesarios mecanismos de control sobre la Administración del Estado para lucha contra la corrupción, sino por la degradación de las instituciones democráticas.

En nuestro Continente americano no hay país que no tenga leyes anticorrupción con severas sanciones; que no disponga de una Contraloría general o Tribunal de Cuentas para vigilar sobre la disposición de los dineros, bienes, ingresos y gastos públicos; que no tenga leyes sobre protección del patrimonio público; o que no tenga leyes sobre transparencia y acceso a la información; o que no se haya adherido a las Convenciones internacionales contra la Corrupción, como la de las Naciones Unidas de 2003 y la Interamericana de 1996. Es decir, en todos nuestros países tenemos

---

fugué en forma alguna, y de que el proceso aludido estaba extinguido desde diciembre de 2007 por una Ley de Amnistía dictada por el Presidente de la República mediante delegación legislativa sobre los hechos ocurridos entre el 11 y 13 de abril de 2002, lo que no se percató el Canciller de Venezuela, al acusar a la Comisión de haber prejuzgado sobre la inexistencia de independencia judicial en Venezuela, cuando instó al Estado al admitir la denuncia para que adoptara las medidas necesarias "para asegurar la independencia del poder judicial;" es que el propio Estado, en esta comunicación dirigida a la Corte Interamericana en relación con un caso pendiente de decisión, prejuzgaba sobre los hechos que originaron la persecución política y daba por culpable a la víctima de lo que injustamente se le acusó, violándose de nuevo su derecho a la presunción de inocencia.

80 La sentencia fue considerada por los honorables Jueces Ferrer Mac Gregor y Ventura Robles en su Voto Conjunto Negativo, como contradictoria con: "la línea jurisprudencial del propio Tribunal Interamericano en sus más de veintiséis años de jurisdicción contenciosa, desde su primera resolución en la temática de agotamiento de los recursos internos como es el *caso Velásquez Rodríguez vs. Honduras*, creando así un preocupante precedente contrario a su misma jurisprudencia y al derecho de acceso a la justicia en el sistema interamericano" (párrafo 47). / Considerando, además, dichos jueces que la decisión, era "un retroceso que afecta al sistema interamericano en su integralidad," con "consecuencias negativas para las presuntas víctimas en el ejercicio del derecho de acceso a la justicia."

regulaciones concretas para definir las políticas y prácticas de prevención de la corrupción; para crear los órganos de prevención de la misma; para establecer mecanismos para asegurar la rendición de cuentas; para asegurar la probidad en la contratación pública para prevenir la corrupción; en fin, para asegurar la transparencia, los procedimientos administrativos y la información pública, y la participación de la sociedad, en la lucha contra la corrupción.

Es decir, no podemos pedir más normas ni procedimientos; debemos apuntar hacia otro lado, y convencernos que si no se establece un régimen político en el cual las instituciones del Estado y su Administración responden realmente a los principios de un régimen democrático, sometido a controles,[81] tal como lo postula la Carta Democrática Interamericana, nada se podrá lograr contra la corrupción; un régimen político en el cual efectivamente "el poder pueda limitar al poder,"[82] pues en definitiva, sólo controlando al Poder es que pueden materializarse todos los elementos y componentes fundamentales de la democracia, y entre ellos, la transparencia administrativa en el ejercicio del gobierno; la rendición de cuentas por parte de los gobernantes; y el acceso a la información administrativa y a la Justicia, la cual tiene que estar a cargo de jueces autónomos e independientes que puedan asegurar que no haya impunidad.

Y todo ello, en un régimen conducido por partidos políticos que estén determinados, individualmente y en conjunto, a asegurar que los mecanismos de control funcionen.

Si no hay un régimen democrático, y si en el mismo no hay este compromiso, al contrario, todas las normas constitucionales, legales y convencionales que pueda haber se tornarán papel mojado en la lucha contra la corrupción, y volveremos, Congreso tras Congreso, reunión tras reunión, a seguir tratando este mismo tema recurrentemente, como si fuera algo nuevo, que no lo es.

7 de junio de 2019.

Buenos Aires, 23 de mayo de 2019.

---

81 Véase sobre ello lo expuesto en Allan R. Brewer-Carías, *Constitución, Democracia y Control del Poder*, Centro Iberoamericano de Estudios Provinciales y Locales (CIEPROL), Consejo de Publicaciones/Universidad de Los Andes/Editorial Jurídica Venezolana. Mérida, octubre 2004.

82 Como lo postuló Charles Louis de Secondat, Barón de Montesquieu, *De l'Espirit des Lois* I, Libro XI, Cáp. IV, 162-163 (ed. G. Tunc, Paris 1949).

DÉCIMA TERCERA PARTE

EL TRÁGICO CUADRO DE LO QUE PUEDE OCURRIR CUANDO NO HAY DEMOCRACIA COMO REGIMEN POLÍTICO: LA MASIVA VIOLACIÓN DE LOS DERECHOS HUMANOS: EL INFORME BACHELET: DESAHUCIO AL RÉGIMEN (Nueva York, 2019) *

El *Informe Bachelet*, de 4 de julio de 2019, tuvo por objeto mostrar una "visión general de la situación de los derechos humanos" en Venezuela de enero de 2018 a mayo de 2019,[1] destacando lo que denominó: "*patrones de violaciones que afectan directa e indirectamente a todos los derechos humanos: civiles, políticos, económicos, sociales y culturales*" (§ 2); es decir, todos los derechos de los venezolanos, afectando además a toda la población.

En sí mismo, el *Informe* constituye un desahucio al régimen: es decir, una notificación formal de que debe desalojar el poder en Venezuela y pronto, es más, "de inmediato."

A tal efecto, el *Informe* explica y documenta concienzudamente, una vez evaluada "la credibilidad y la fiabilidad de todas las fuentes y contrastada la información recopilada para confirmar su validez" (§ 8), todas esas

---

* Texto del estudio redactado con ocasión de la presentación del Informe sobre violaciones a los derechos humanos en Venezuela por la Alta Comisionada de las naciones Unidas Michel Bachelet, 4 de julio de 2019.

1 Véase "Informe de la Alta Comisionada de las Naciones Unidas para los Derechos Humanos sobre la situación de los derechos humanos en la República Bolivariana de Venezuela," 4 de julio de 2019, en https://www.ohchr.org/-EN/HRBodies/HRC/RegularSessions/Session41/Documents/A_HRC_41_18_SP.docx. Los "comentarios del Estado" ("Comentarios sobre errores de hecho del Informe de la Alta Comisionada de Naciones Unidas para los derechos humanos sobre la situación de derechos humanos de la República Bolivariana de Venezuela"), pueden consultarse en https://www.ohchr.org/-EN/HRBodies/HRC/RegularSessions/Session41/Documents/A_HRC_41_18_Add.1.docx

violaciones. Pone en evidencia no sólo un cuadro de horror intolerable, que afecta todos los ángulos de la dignidad humana, sino lo más importante, que *el único culpable y responsable de ello es el régimen de Estado totalitario que existe*, que ha estado conducido por un gobierno que actúa como una especie de "manada" irresponsable y maligna; que asaltó el poder a partir de 1999 para destruir, aniquilar y perseguir todo lo que podía existir de instituciones y valores en el país, y para someter a sus designios una población inerme, asegurándose con una burocracia amorfa e incompetente, y con toda una suerte de grupos criminales, poder seguir controlando todos los hilos del poder para provecho propio.

Por eso, después de la lectura del *Informe*, la única conclusión que puede sacarse, interpretado adecuadamente, es que aparte de evidenciar a grandes rasgos el horror que vive el país, lo que por lo demás, constituyen "hechos comunicacionales," de todos conocidos, y que por tanto no requieren de mayor prueba, lo que plantea sobre todo en sus recomendaciones son una serie de medidas que solo podrían aplicarse e implementarse por otro gobierno, no por el que causó todos los espantos denunciados. Se requiere de un gobierno democrático, democráticamente electo, y funcionando conforme a los parámetros de un Estado de derecho.

Es decir, las recomendaciones que formula, y lo sabe la Sra. Bachelet, simplemente son de aplicación imposible por parte del régimen que gobierna Venezuela desde 1999; razón por la cual debe interpretarse su denuncia autorizada sobre las violaciones sistemáticas a todos los derechos humanos en el país, como "un mensaje directo" al régimen depredador, de que debe desalojar el poder, que "tiene que irse, que debe cesar la usurpación y restablecerse el orden democrático. Y nada más."[2]

Ese es, en mi criterio, la forma como debemos apreciar el *Informe*, para que no sea un informe más de los tantos que se han formulado en materia de violaciones a los derechos humanos, en tantos países, y podamos seguir los venezolanos y los gobiernos democráticos que han venido apoyando el proceso de transición hacia la democracia conducida por la Asamblea Nacional, en la tarea de hacer cesar la usurpación y poder restablecer el Estado de derecho y los mecanismos de protección a los derechos humanos en el país.

I. EL RECONOCIMIENTO POR LA ALTA COMISIONADA DEL PROCESO DESMANTE- LAMIENTO DE LAS INSTITUCIONES DEMOCRÁTICAS

El *Informe* en efecto, constata, como lo hemos denunciado desde 1999, que el régimen ha desmantelado todas las instituciones democráticas, y eliminado toda idea de separación de poderes, habiendo desaparecido del funcionamiento del Estado toda forma de control sobre el mismo; de lo que se deriva que en Venezuela lo que existe es un Estado incontrolado manejado por un grupo irresponsable de gobernantes y de vocación opresora.

2 Tweet, 6 de julio de 2019.

1. *La desaparición de la separación de poderes*

El *Informe*, en efecto, da cuenta cómo:

"Durante al menos una década, el Gobierno, así como las instituciones controladas por el Gobierno han aplicado leyes y políticas que han acelerado la *erosión del Estado de derecho y el desmantelamiento de las instituciones democráticas*, incluyendo la Asamblea Nacional (§ 30).

Sobre la Asamblea Nacional, el *Informe Bachelet* fue enfático en afirmar, en nota al pie de página (26), que "La Asamblea Nacional Constituyente, [...] establecida en agosto de 2017 tras un proceso electoral carente de inclusión política y viciado de irregularidades," [...] asumió *de facto* las responsabilidades constitucionales de la Asamblea Nacional."

El *Informe,* además, destaca en otra nota al pie de página (23):

"La Lista *Tascón* fue uno de los primeros indicadores de la discriminación y persecución por motivos políticos. La lista, una base de datos de más de tres millones de personas venezolanas que en 2003-2004 apoyaron la organización un referéndum para revocar el mandato del entonces Presidente Hugo Chávez, fue utilizada para despedir masivamente a funcionarios/as públicos/as" (§ 30).

"Estas medidas tienen como objetivo neutralizar, reprimir y criminalizar a opositores/as políticas y críticas al Gobierno (§ 30).

"Esta tendencia se ha aumentado desde 2016, después de que la oposición ganara la mayoría de los escaños de la Asamblea Nacional, lo cual llevó a un *incremento de la represión selectiva de la oposición política y a una restricción incesante del de por sí limitado espacio democrático*" (§ 30).

2. *La ausencia de Justicia: la desaparición de un Poder Judicial confiable y de su autonomía e independencia*

En ese marco, en particular, respecto de las violaciones masivas a los derechos humanos denunciados en el *Informe*, que resulta imposible poder controlar por la erosión total de las instituciones del Estado llamados a ello, en el mismo se analiza, en particular, la grave situación de la justicia y de los demás órganos de control del Estado.

A. Falta de autonomía e independencia

Sobre la situación del Poder Judicial, de la justicia y del derecho ciudadano de acceso a la misma, en el *Informe* se afirma lo siguiente:

"Durante más de un decenio, Venezuela ha adoptado e implementado una serie de leyes, políticas y prácticas que han *restringido el espacio democrático, debilitado las* instituciones *públicas y menoscabado la* **independencia** *del poder judicial*" (§ 76).

"La *falta de independencia y la corrupción en el poder judicial* son también obstáculos importantes a los que se enfrentan las víctimas en su **búsqueda** de justicia y reparación" (§ 56).

La justicia así, además de ser inocua para la protección de los derechos humanos, ha sido el instrumento por excelencia para perseguir la disidencia, como lo destaca el *Informe*, al mencionar que:

"En 2019, la Corte Suprema de Justicia ha levantado la inmunidad parlamentaria a 22 diputados de la Asamblea Nacional, entre ellos el Presidente de la Asamblea Nacional. Muchos de ellos han sido acusados de traición, conspiración, instigación a la insurrección, rebelión civil" (§ 37).

B. Violación de las garantías judiciales y desaparición del derecho de acceso a la justicia y a la protección judicial

El *Informe* señala que el "Gobierno ha reconocido que existe un problema de acceso a la justicia para todas las personas," (§ 53), dando cuenta de que las personas que por ejemplo han reclamado por las que "murieron durante las protestas masivas de 2017 siguen enfrentando obstáculos generalizados a sus derechos a la verdad, a la justicia y a la reparación" (§ 55).

Indicando, además, que:

"La mayoría de las víctimas de las violaciones de los derechos humanos señaladas en el presente *Informe* no han tenido un acceso efectivo a la justicia y a una reparación adecuada" (§ 43).

"Según las y los entrevistadas/os, pocas personas presentan denuncias por miedo a represalias y por falta de confianza en el sistema de justicia. Cuando lo hacen, las autoridades no investigan o no llevan a cabo investigaciones prontas, efectivas, exhaustivas, independientes, imparciales y transparentes" (§ 54).

"las autoridades judiciales han invertido la carga de la prueba al rechazar abrir investigaciones a menos que las víctimas identificaran a los responsables" (§ 43).

C. La situación global de impunidad

La ausencia de justicia y de acceso a la misma genera la situación global de impunidad que caracteriza la situación en el país, sobre lo cual el *Informe* indica que:

"El Estado ha denegado sistemáticamente los derechos de las víctimas de violaciones de los derechos humanos a la verdad, la justicia y la reparación. La impunidad ha permitido que se repitan las violaciones de los derechos humanos, ha envalentonado a los autores, y ha dejado de lado a las víctimas" (§ 80).

"Siguen existiendo factores de impunidad identificados en 2018, entre ellos la falta de cooperación de las fuerzas de seguridad y de las fuerzas armadas con las investigaciones, la manipulación de la escena del crimen y de las pruebas por parte de las fuerzas de seguridad, las demoras indebidas en las actuaciones judiciales, la elevada rotación de los/as fiscales y los/as jueces/juezas, así como la inmunidad de facto de oficiales superiores" (§ 56).

3. *La desaparición de las otras funciones de control y de la autonomía e independencia de los órganos del Poder Ciudadano*

El desmantelamiento de las instituciones democráticas y del principio de la separación de poderes, antes mencionado, no sólo ha afectado al Poder Legislativo y a quien debe ejercerlo que es la Asamblea Nacional, sino que en materia de protección de derechos humanos ha afectado también a los órganos del Poder Ciudadano, sobre las cuales en el *Informe* se expresa que:

"Las instituciones responsables de la protección de los derechos humanos, tales como la Fiscalía General, los/as jueces/juezas y la Defensoría del Pueblo, generalmente *no llevan a cabo investigaciones prontas, efectivas, exhaustivas, independientes, imparciales y transparentes* sobre violaciones de derechos humanos y otros crímenes cometidos por actores estatales, *no llevan a las personas responsables ante la justicia, ni protegen a personas víctimas y testigos*. Dicha *inacción contribuye a la impunidad y a la repetición* de las violaciones" (§ 33).

"Las *autoridades no han investigado con prontitud, efectividad, exhaustividad, independencia, imparcialidad y transparencia las denuncias creíbles de torturas y malos tratos, incluyendo casos de violencia sexual y de género, no han puesto a los presuntos responsables a disposición de la justicia*" (§ 43).

"El Ministerio Público *ha incumplido con regularidad su obligación de investigar y llevar a juicio a las personas responsables* de los hechos y el Defensor del Pueblo *ha guardado silencio ante las violaciones de los derechos humanos*" (§ 57).

"Ninguna de esas instituciones, así como tampoco el Gobierno o la policía dan protección a las víctimas y testigos de violaciones a los derechos humanos" (§ 57).

"Además, el Fiscal General *ha participado de una retórica pública de estigmatización y desacreditación de la oposición y de quienes critican al Gobierno*, violando así el *principio de presunción de inocencia*" (§ 57).

4. ***Recomendaciones:***

Entre las Recomendaciones, sobre toda esta situación de destrucción de las instituciones democráticas y de eliminación del principio de la separación de poderes, el *Informe* hace un llamado al régimen, "para que de manera inmediata:"

"(j) Adopte medidas efectivas para restablecer la independencia del sistema judicial y garantizar la imparcialidad de la Fiscalía General y del Defensor del Pueblo."

Es evidente que para poder implementar esta recomendación es indispensable desalojar a los asaltantes del poder, y establecer en el país un régimen democrático, funcionando en un Estado de derecho, que es el único que puede permitir restablecer la independencia y autonomía de todos los poderes públicos.

II. EL RÉGIMEN Y EL ESTADO COMO RESPONSABLES DE LA VIOLACIÓN MASIVA DE LOS DERECHOS ECONÓMICOS Y SOCIALES

En ese estado de desmantelamiento de los principios e instituciones democráticas, el Estado incontrolado, manejado por una burocracia insaciable, es el responsable directo por acción, error u omisión de las violaciones a los derechos sociales, particularmente al derecho a la alimentación y al derecho a la salud, a lo cual el *Informe* dedica sus primeras observaciones, indicando que:

"El ACNUDH considera que existen motivos razonables para creer que se han cometido graves violaciones de los derechos económicos y sociales, incluidos los derechos a la alimentación y la salud, en Venezuela" (§ 75).

El *Informe,* además, reconoció que "El Gobierno se negó a reconocer la magnitud de la crisis hasta hace poco y no adoptó las medidas apropiadas" (75); destacando que "El Gobierno ha atribuido la culpa de la crisis económica a las sanciones impuestas a Venezuela" (§ 26).

Sobre ello, el *Informe* fue enfático al precisar que "La economía venezolana, especialmente su industria petrolera y los sistemas de producción de alimentos, ya estaban en crisis antes de que se impusiera cualquier sanción sectorial" (§ 27), si bien reconoció que "Las recientes sanciones económicas están agravando la crisis económica" (§ 75).

Lo cierto, en todo caso, es que la crisis y la violación masiva de los derechos fundamentales a la alimentación y a la salud se debió a la política o a la ausencia de política gubernamental, sobre lo cual el *Informe* destacó que:

"El *desvío de recursos, la corrupción y la falta de mantenimiento en la infraestructura pública, así como la subinversión*, han tenido como resultado violaciones al derecho a un nivel adecuado de vida, entre otros, debido al deterioro de servicios básicos como el transporte público y el acceso a electricidad, agua y gas natural" (§ 12).

1. *Sobre la violación del derecho a la alimentación y de la obligación del Estado de que la población no padezca de hambre.*

En particular, en cuanto a las "violaciones al derecho a la alimentación, *incluida la obligación del Estado para garantizar que la población no padezca hambre*" (§ 13), en el *Informe* se destaca específicamente que:

"El Gobierno *no ha demostrado* que ha utilizado todos los recursos disponibles para garantizar la realización progresiva del derecho a la alimentación, ni tampoco que hubiere buscado, sin éxito, asistencia internacional para abordar dichas deficiencias (§ 13).

"las políticas económicas y sociales adoptadas durante la última década *han debilitado los sistemas de producción y distribución de alimentos, aumentando la cantidad de personas que dependen de programas de asistencia alimentaria*" (§ 15).

"La falta de acceso a alimentos tiene un impacto especialmente adverso en las mujeres ... Fuentes locales reportaron algunos casos *de mujeres que se vieron forzadas a intercambiar comida por sexo*" (§ 14).

2. *Sobre la violación del derecho a la salud*

Como se da cuenta en el *Informe*, "En cuanto al derecho a la salud en Venezuela, la situación es grave" (§ 17), siendo las:

"Violaciones al derecho a la salud [...] resultado del *incumplimiento del Gobierno de sus obligaciones fundamentales*, las cuales son irrenunciables, aún por motivos económicos" (§ 20).

"Las violaciones de las obligaciones fundamentales estuvieron vinculadas a una *falta generalizada de disponibilidad de y acceso a fármacos y tratamientos esenciales, al deterioro de las condiciones en hospitales, clínicas y maternidades, a la falta de factores subyacentes determinantes de la salud*, incluyendo agua y nutrición adecuada, al deterioro en la inmunización y salud preventiva y a las restricciones en el acceso a la salud sexual y reproductiva" (§ 20).

En materia de salud, además, como lo destaca el *Informe:* "Los apagones han causado daños irreparables, como se revela en *reportes* que indican que 40 pacientes murieron como resultado del apagón de marzo de 2019" (§ 19).

El *Informe* agrega que:

> "También se producen violaciones al derecho a la salud por el hecho de que *el Gobierno no publique datos sobre la salud pública, que son esenciales para la concepción y puesta en práctica de una respuesta adecuada* a la actual crisis sanitaria que padece el país" (§ 20).

Todo ello ha provocado, según se constata en el *Informe*, no sólo "éxodo de doctores/as y personal de enfermería, (§ 16), sino "graves *carencias en la atención médica* básica y de medicamentos" y del 60 al 100 por ciento de fármacos" (§ 16), al punto que "*los pacientes tienen que suministrar todos los productos de primera necesidad*" (§ 16), con la consecuencia de que muchas "personas murieron debido a la falta de insumos en hospitales" (§ 19); sino que "*enfermedades* que anteriormente estaban controladas y habían sido erradicadas, entre ellas enfermedades evitables con vacunas como sarampión y difteria, *han reaparecido*" (§ 17).

A lo anterior se agrega el "riesgo de contraer el VIH y otras enfermedades de transmisión sexual, así como la tasa de embarazos no deseados y de embarazos en adolescentes" (§ 18); y el aumento de la "mortalidad materna" por la "falta de personal cualificado para atender el parto, la falta de suministros médicos y las condiciones en los hospitales, lo cual ha llevado a muchas mujeres a salir del país para dar a luz" (§ 18).

3. *Sobre la discriminación política impuesta en los programas de alimentación y salud*

La destrucción generalizada de las instituciones en el país, progresivamente provocó que las "Misiones Bolivarianas, como "programas destinados a luchar contra la pobreza y la exclusión social" (§ 22), fueran paulatinamente convirtiéndose en instrumentos de dominación, ya que como lo destaca el *Informe*, "los *venezolanos/as dependen cada vez más de los programas sociales para acceder a niveles mínimos de ingresos y alimentos*" (§ 22).

Ello implicó, entre otras consecuencias graves, que, como lo destacó el *Informe*:

> "Conforme se agudizaba la crisis económica, las autoridades empezaron a *utilizar los programas sociales de forma discriminatoria, por motivos políticos*, y como instrumento de *control social*" (§ 75).

De ello da amplia cuenta el *Informe*, refiriéndose por ejemplo, a los "Comités Locales de Abastecimiento y Producción (CLAP)" y a los "Consejos Comunales" las cuales "junto con las fuerzas militares y de seguridad" tienen la misión de "distribuir asistencia alimentaria," pero que no llegaba a muchas "personas quienes, a pesar de no contar con acceso suficiente a alimentos, *no fueron incluidas* en las listas de distribución de las cajas CLAP *porque no eran partidarias del Gobierno*" (§ 22).

Similar referencia se hace en el *Informe* respecto del programa "Carnet de la Patria" indicándose que se trata de:

> "una tarjeta mediante la cual todos los programas serían a partir de ahora entregados, incluyendo el nuevo sistema de transferencias directas de dinero a las familias. La lista de personas beneficiarias de estos programas *es manejada por las estructuras locales del partido oficial, en vez de por las instituciones gubernamentales*. Las personas entrevistadas reportaron que las/los integrantes de estas estructuras locales *monitorean la actividad política de las personas beneficiarias*" (§ 23).

En particular, en el *Informe* se hace un amplio análisis del impacto discriminatorio de los programas sociales gubernamentales en relación con las mujeres, indicando que las mismas, si bien en su "mayoría cargan con el cuidado de la casa y de la familia, son el principal grupo beneficiado por los programas de salud, vivienda y alimentación" (§ 24), constituyendo además, según información suministrada por el gobierno, "el 72 por ciento de la membresía de los Consejos Comunales," (§ 24), sin embargo:

> "la *discriminación con base en motivos políticos y el control social* mediante los carnets tiene un impacto diferenciado en la habilidad de las mujeres para hacer valer sus derechos" (§ 24).

El *Informe* da cuenta de cómo en casos en los cuales mujeres, incluso "lideresas locales, quienes han sido señaladas por su activismo," al haber participado "en marchas anti-gubernamentales," fueron:

> "*amenazadas* por otros líderes y lideresas comunitarios/as y por *grupos armados civiles pro-gubernamentales* (los llamados "colectivos armados"), y excluidas de los programas sociales. Las mujeres reportaron que en ocasiones preferían no exigir sus derechos, incluido el derecho a pronunciarse en contra del Gobierno, por miedo a represalias" (§ 24).

4. *Una de las consecuencias de la violación de los derechos económicos y sociales: el éxodo de los venezolanos*

En el *Informe* se concluye que las violaciones a los "derechos a la alimentación y la salud son los factores principales" (§ 70), de que:

> "El número de personas que se han visto obligadas a dejar Venezuela ha *aumentado dramáticamente* desde 2018, alcanzando más de 4 millones para el 6 de junio de 2019 (https://r4v.info/en/situations/platform)" (§ 69).

Entre los factores que han motivado dicho éxodo, en el *Informe* se enumeran el hecho de que "muchas personas buscan *protección de su derecho a vivir con dignidad*" (§ 70); "Otros factores son la violencia y la inseguridad, el colapso de los servicios básicos y el deterioro del sistema de educación,"

(§ 70), otro factor es la "*falta de acceso a atención* de salud prenatal y postnatal y la insuficiencia de mecanismos de protección frente a la violencia doméstica" (§ 70); y en fin, "La *persecución por motivos políticos* también está obligando a muchos/as venezolanos/as" (§ 70).

Destaca, además, el *Informe*, que:

> "Las violaciones de los derechos económicos y sociales que impulsan la migración también afectan a las condiciones en que las personas dejan el país, la manera como se desplazan y las situaciones de vulnerabilidad que afrontan durante la migración" (§ 71).

5. *Recomendaciones:*

Entre las Recomendaciones del *Informe*, sobre todas estas violaciones a los derechos económicos y sociales, el mismo hace un llamado al régimen, "*para que de manera inmediata*:"

> "(a) Adopte todas las medidas necesarias para garantizar la *disponibilidad y la accesibilidad de alimentos, agua, medicamentos esenciales y servicios de atención de la salud*, incluidos programas amplios de atención de la salud preventiva, prestando especial atención a los servicios maternos e infantiles, incluida la atención de la salud sexual y reproductiva."

Y además, hace un llamado al régimen para que:

> "b) *Asigne la máxima cantidad posible de recursos* disponibles a la realización gradual de los derechos económicos y sociales de una manera *transparente y responsable* que permita evaluar los gastos;
>
> (c) Autorice el *libre acceso a la información* de interés público;
>
> d) Garantice que todos los programas sociales se implementen de manera *transparente, no politizada y no discriminatoria*, con la aplicación de medidas eficaces de supervisión y rendición de cuentas;
>
> (e) Aumente la cobertura de la *vacunación* contra enfermedades evitables y adopte medidas adecuadas para controlar los brotes de enfermedades transmisibles;
>
> (f) Dé prioridad a las medidas para *disminuir los embarazos precoces y cuide que todos los planes* relativos a los derechos sexuales y reproductivos contengan indicadores mensurables y un mecanismo de seguimiento."

Por supuesto, para poder implementar estas recomendaciones es indispensable desalojar a los asaltantes del poder, y establecer en el país un régimen democrático, funcionando en un Estado de derecho, que es el único que puede imponer un cambio en la política económica y social con el propósito de garantizar el goce de los derechos humanos.

III. EL RÉGIMEN Y EL ESTADO COMO RESPONSABLE DE LA VIOLACIÓN MASIVA DE LOS DERECHOS CIVILES Y POLÍTICOS

En el estado de desmantelamiento de los principios e instituciones democráticas del que da cuenta el *Informe*, el mismo Estado incontrolado, manejado por la misma burocracia insaciable y corrupta, es también el responsable directo por acción, error u omisión de las violaciones a los derechos civiles y políticos, particularmente al derecho a la libertad de expresión, a la seguridad y libertad individuales, a las que el *Informe* dedica sus segundas observaciones.

1. *Sobre las violaciones a la libertad de opinión y expresión*

En relación con la libertad de opinión y expresión, el *Informe Bachelet*, explica cómo durante los últimos años:

> "el Gobierno ha tratado de *imponer una hegemonía comunicacional* imponiendo su propia versión de los hechos y creando un ambiente que *restringe los medios de comunicación independientes*" (§ 28).

Como lo destacó el *Informe*, "esta situación ha continuado empeorando en 2018-2019 (§28), dando cuenta de que:

> "Han tenido que *cerrar docenas de medios impresos y el Gobierno clausuró* emisoras de radio e hizo que dejaran de emitir canales de televisión" (§28).
>
> Aumentaron las *detenciones de periodistas*, incluyendo de periodistas extranjeros quienes fueron *expulsados o dejaron el país* inmediatamente después de su liberación. Actualmente hay centenares de periodistas venezolanos/as exiliados/as" (§ 28).

Ante esta situación generalizada, además de constatar que la misma ha conducido a "*detenciones arbitrarias de personas por expresar opiniones* en redes sociales" (§ 29), el *Informe* observa que:

> "Internet y las redes sociales se han convertido en los principales medios de comunicación e información de la población, *limitando aún más el acceso a la información independiente* de las personas que no tienen acceso a internet" (§ 28).

Sin embargo, frente a ello, lo cierto es que según el *Informe*:

> "La velocidad de la internet está disminuyendo paulatinamente, incluyendo por la falta de inversión en infraestructura" (§28).
>
> "Asimismo, en los años recientes, el Gobierno ha *bloqueado sitios web* de noticias independientes y ha bloqueado regularmente las principales redes sociales" (§ 28).

2. *Sobre las violaciones a libertad y seguridad personales, la represión selectiva y la persecución por motivos políticos*

A. El instrumento para las violaciones: el desarrollo masivo de cuerpos y medidas de seguridad

Las masivas violaciones a los derechos civiles y políticos que se detallan en el *Informe*, y que muestran un cuadro de verdadero horror, ha sido posible por el desarrollo deliberado, como política represiva del Estado, de un marco de instituciones y medidas de seguridad destinadas a reprimir cualquier disidencia.

El *Informe* destaca, que además de haber mantenido desde 2016 "'estado de excepción', que desde entonces ha sido renovado cada 60 días", el gobierno:

> "activó el Plan Zamora, un plan de seguridad estratégico cívico-militar para la operación conjunta de las fuerzas armadas, milicias y civiles" (§ 31).
>
> "Estas políticas implican un *aumento de la militarización de las instituciones del Estado* (§ 31).
>
> "Asimismo, extienden la *utilización de la población en tareas de inteligencia y defensa*, por medio de estructuras locales tales como los Consejos Comunales, las Unidades de Batalla Bolívar y Chávez (UBChs), los Comités Locales de Abastecimiento y Producción (CLAP) y las Redes de Articulación y Acción Sociopolítica (RAAS)" (§ 31).

El *Informe* también destacó cómo:

> "Las medidas se han adoptado con la finalidad declarada de preservar el orden público y la seguridad nacional contra presuntas amenazas internas y externas, han *aumentado la militarización de las instituciones del Estado y el empleo de la población civil en tareas de inteligencia y defensa*" (§ 75).

En cuanto al aparato de seguridad estructurado por el gobierno, como lo describe el *Informe*, incluye:

> "a la Guardia Nacional Bolivariana (GNB) (parte de las Fuerzas Armadas), a la Policía Nacional Bolivariana (PNB) y a sus Fuerzas de Acciones Especiales (FAES), al Cuerpo de Investigaciones Científicas, Penales y Criminalísticas (CICPC), al Servicio Bolivariano de Inteligencia Nacional (SEBIN) y a la Dirección General de Contrainteligencia Militar (DGCIM)."

En relación con dichos cuerpos, el *Informe* detalla en cuanto a la Guardia Nacional Bolivariana (GNB) (parte de las Fuerzas Armadas) y a la Policía Nacional Bolivariana (PNB), que las mismas:

> "han sido responsables *del uso excesivo de la fuerza en manifestaciones* al menos desde 2014" (§ 32).

En cuanto a las Fuerzas de Acciones Especiales (FAES), y al Cuerpo de Investigaciones Científicas, Penales y Criminalísticas (CICPC), el *Informe* destaca que habiendo sido:

> "una unidad de respuesta rápida creada en 2017 para combatir el crimen organizado, *han sido presuntamente responsables de numerosas ejecuciones extrajudiciales* en operaciones de seguridad, al igual que el CICPC" (§ 32).

En cuanto al Servicio Bolivariano de Inteligencia Nacional (SEBIN) y a la Dirección General de Contrainteligencia Militar (DGCIM)." el *Informe* indica que:

> "han sido responsables de detenciones arbitrarias, maltratos y tortura de opositores/as políticos/as y de sus familiares" (§ 32).

Y por último, en cuanto a los "*colectivos armados*" el *Informe* destaca que:

> "contribuyen a este sistema ejerciendo control social en las comunidades locales, y *apoyando a las fuerzas de seguridad en la represión de manifestaciones* y de la disidencia" (§ 32).

B. La política persecutoria contra la oposición y la disidencia

Una de las conclusiones del *Informe*, es que todo este aparataje "ha *permitido al Gobierno cometer numerosas violaciones de los derechos humanos*" refiriéndose en particular a que:

> "Las autoridades han *atacado especialmente a determinadas personas y grupos, entre ellos a miembros de la oposición política* y a quienes se considera que constituyen amenazas para el Gobierno por su capacidad para articular posiciones críticas y movilizar a otras personas. Esta *represión selectiva se manifiesta en una multitud de violaciones de los derechos humanos*, que pueden constituir *persecución por motivos políticos* (§ 77).

Por ello, el *Informe* da cuenta que el desarrollo y utilización de los cuerpos de seguridad para perseguir y reprimir:

> "van acompañadas de una *retórica pública*, utilizada también por autoridades de alto rango, que *desacredita y ataca de manera constante a quienes critican al Gobierno* o se oponen a él" (§ 34).
>
> La *oposición política*, los/as activistas de derechos humanos y los/as periodistas, entre otros/as, son con frecuencia blanco de discursos que los tildan de "*traidores" y "agentes desestabilizadores*" (§ 34).

"Los medios de comunicación progubernamentales *difunden ampliamente esta retórica*, por ejemplo, a través del programa televisivo semanal "Con el mazo dando," presentado por el Presidente de la Asamblea Nacional Constituyente (ANC)" (§ 34).

Adicionalmente, destaca el *Informe* que:

"leyes y reformas legislativas han facilitado la *criminalización de la oposición y de cualquier persona crítica al Gobierno* mediante disposiciones vagas, aumentos de sanciones por hechos que están garantizados por el derecho a la libertad de reunión pacífica, el uso de la jurisdicción militar para personas civiles, y restricciones a ONGs para representar a víctimas de violaciones" (§ 35).

C. La política persecutoria contra trabajadores, empleados, funcionarios y disidentes y sus familiares por razones políticas

En relación con persecuciones en materia laboral, por razones políticas, en el *Informe* se dio cuenta de que:

"En 2018-2019, se *despidió y detuvo arbitrariamente a varios dirigentes sindicales y a muchos/as* trabajadores/as que habían protestado en demanda de salarios y condiciones de trabajo decentes" (§ 36).

"Decenas de *profesionales de la salud* que protestaron por el estado en que se encontraba la atención de salud en el país fueron *despedidos/as y/o amenazados*" (§ 36).

"Al *personal universitario crítico al Gobierno se le amenazó con el impago de los salarios*, se le impidió el acceso a sus centros de trabajo y viajar al extranjero y fue detenido arbitrariamente" (§ 36).

"*Los/as defensores/as de los derechos humanos fueron víctimas de campañas de difamación* en los medios de comunicación progubernamentales, y *sometidos/as a vigilancia, intimidación, hostigamiento, amenazas y detención arbitraria*" (§ 36).

"También se *atacó a disidentes chavistas*, a militares disidentes y a funcionarios" (§ 36).

Respecto de las mujeres disidentes el *Informe* indica que:

"han sufrido ataques en función de su género mediante comentarios sexistas, *violencia de género en línea y humillaciones públicas*" (§36).

En general se constató que:

"La *represión selectiva contra miembros de la oposición y líderes sociales infunde miedo* al mostrar las consecuencias que puede acarrear el oponerse o meramente criticar al Gobierno o el expresar disentimiento" (§ 36).

Respecto de los familiares de perseguidos, el *Informe* indicó que "Los ataques contra familiares de opositores/as políticos/as son parte de la *represión selectiva*" (§ 38); habiendo documentado "un número creciente *de detenciones arbitrarias de familiares, particularmente de mujeres, de presuntos opositores políticos*" (§ 36).

3. *Represión al derecho a manifestar y la violación al derecho a la seguridad personal y a la vida*

El *Informe* hace especial énfasis en la represión que ha tenido lugar en contra del derecho político a manifestar, donde la característica ha sido el uso excesivo de la fuerza y muertes en las manifestaciones contra el Gobierno que han quedado impunes

El *Informe*, en efecto constató que en ciertas protestas políticas o manifestaciones contra el Gobierno que "aumentaron en número e intensidad a partir de 2014" las fuerzas de seguridad:

> "la GNB, la PNB, las FAES y algunas policías estatales y municipales presuntamente *hicieron un uso excesivo de la fuerza de manera deliberada, con la finalidad de infundir miedo y desalentar* futuras manifestaciones" (§ 39).

A ello se sumó que:

> "*Colectivos armados también recurrieron a la violencia contra manifestantes, a menudo en coordinación con las fuerzas de seguridad*. En muchos casos, estas acciones produjeron muertes y heridas graves" (§ 39).

En general, se indicó en el *Informe*, que "Las fuerzas de seguridad llevaron a cabo *allanamientos ilegales* de domicilios en contra de manifestantes" (§ 40), detuvieron a muchas personas "*por motivos políticos*" "en el contexto de las manifestaciones," (§ 41), y además, en relación específica con las mujeres manifestantes, las mismas "fueron *detenidas arbitrariamente, así como maltratadas o torturadas*" (§ 40).

4. *La violación al derecho a la integridad personal: detenciones arbitrarias, desapariciones forzadas, torturas y malos tratos*

En el *Informe* se hizo especial insistencia en las privaciones arbitrarias de libertad de centenas de personas, por razones políticas, destacando que:

> "el Gobierno ha utilizado las *detenciones arbitrarias* como uno de *los principales instrumentos para intimidar y reprimir a la oposición política y cualquier expresión de disensión*, real o presunta, al menos desde 2014" (§ 41).

Destacando que:

> "En la mayoría de los casos las *detenciones* se llevaron a cabo en respuesta a que las personas estaban ejerciendo sus derechos humanos,

en particular la *libertad de opinión, expresión, asociación y reunión pacífica*" (§ 42).

El *Informe* también se refirió a los casos de:

"...*desapariciones forzadas* hasta que las autoridades revelaron el paradero de las personas detenidas, días o semanas después de sus detenciones" (§ 43).

El *Informe* se refirió, además, en relación a las detenciones por razones políticas, que:

"detenciones de un número significativo de personas privadas de libertad *no cumplen las reglas internacionales mínimas* sobre tratamiento humano de los/as reclusos/as y constituyen a menudo malos tratos" (§ 45).

"En general, los centros de detención, especialmente centros de detención preventiva, están a menudo *superpoblados y son insalubres*" (§ 45).

"Las personas detenidas tienen *acceso limitado a la alimentación, agua, saneamiento, luz solar e instalaciones* de recreación. Su acceso a la asistencia sanitaria básica es restringida e incluso denegada" (§45).

Otro aspecto destacado en el *Informe* se refiere a la tortura y tratos crueles a los detenidos, indicándose que:

"En la mayoría de estos casos, se sometió a las mujeres y los hombres *detenidos a una o más formas de tortura o trato o pena cruel, inhumana o* degradante, *como la aplicación de corriente eléctrica, asfixia con bolsas de plástico, simulacros de ahogamiento, palizas, violencias sexuales, privación de agua y comida, posturas forzadas y exposición a temperaturas extremas*" (§ 43).

"Las fuerzas de seguridad y los servicios de inteligencia, especialmente el SEBIN y la DGCIM, *recurrieron de manera habitual a esas medidas para extraer información y confesiones, intimidar y sancionar a las personas detenidas* (§ 43).

En particular en relación con las mujeres, el *Informe* destaca:

"casos de violencia sexual y de género contra mujeres y niñas durante su detención, en particular por efectivos del SEBIN y de la DGCIM así como por oficiales de la GNB (§ 44).

"*agresiones físicas tales como arrastrarlas por el pelo y tocamientos inapropiados, amenazas de violación, desnudez forzada e insultos sexistas y de género*, con la finalidad de humillarlas y castigarlas, así como para extraerles confesiones" (§ 44).

5. *Las operaciones de seguridad, el uso excesivo de la fuerza y el desprecio a la vida*

El *Informe* al referirse a las operaciones de seguridad, califica a las "FAES como un "escuadrón de la muerte" o un "grupo de exterminio" (§ 47), siendo considerada por "informes de ONGs," como las "responsables de centenares de muertes violentas" (§ 47).

Para cometer los abusos y atropellos, de los testimonios recibidos, el *Informe* identificó el "*modus operandi" similar*, utilizado por las FAES, así:

> "Las FAES llegarían en camionetas negras sin placas de matrícula y bloquearían los puntos de acceso en la zona. Vestían de negro, sin ninguna identificación personal, con pasamontañas cubriendo sus rostros. También llevarían armas largas" (§48).

Con esa forma de proceder, destaca el *Informe*, las FAES:

> "*irrumpieron en sus hogares, se apoderaron de sus pertenencias y ejercieron violencia de género* contra las mujeres y las niñas, incluyendo la desnudez forzada" (§ 48).
>
> "Las FAES separarían a los hombres jóvenes de otros miembros de la familia antes de dispararles. Según sus familiares, *casi todas las víctimas habían recibido uno o más disparos* en el tórax (§ 48).

6. *El encubrimiento como política de Estado*

Sobre la actuación de las FAES, en esos operativos, el *Informe* destaca:

> "cómo las FAES *manipularon la escena del crimen y las pruebas*. Habrían *plantado armas y drogas y habrían disparado sus armas contra las paredes o en el aire* para *insinuar un enfrentamiento* y demostrar que la víctima se habría "resistido a la autoridad" (§49).
>
> "En muchos casos, las FAES *llevaron a las víctimas al hospital, aunque éstas ya estaban muertas*, aparentemente con el propósito de *manipular los cuerpos y modificar la escena del crimen*" (§49).
>
> "Las autoridades clasifican las *muertes violentas* resultantes de las operaciones de seguridad como "*resistencia a la autoridad*" (§ 50).
>
> "La información analizada por el ACNUDH indica que *muchas de esas muertes violentas pueden constituir ejecuciones extrajudiciales*" (§ 50).

El *Informe* destaca el caso de:

> "hombres *jóvenes* ejecutados por las FAES en represalia por su papel en las protestas antigubernamentales en 2019" (§ 52); y que:

"Estas *ejecuciones extrajudiciales tuvieron lugar durante allanamientos ilegales de domicilios después de las manifestaciones y siguieron el mismo modus* operandi descrito anteriormente" (§ 52).

Por todo ello, en las conclusiones del *Informe* se indicó que"

"Miles de personas, principalmente hombres jóvenes, *han sido matadas en supuestos enfrentamientos* con fuerzas estatales en los últimos años" (§ 78).

"Existen motivos razonables para creer que *muchas de esas muertes constituyen ejecuciones extrajudiciales* perpetradas por las fuerzas de seguridad, en particular las FAES" (§ 78).

"Al ACNUDH le preocupa que las autoridades puedan estar utilizando a las FAES, y posiblemente a otras fuerzas de seguridad, como parte de una *política de control social*" (§ 78).

7. *Recomendaciones*

Entre las Recomendaciones del *Informe*, sobre todas estas violaciones a los derechos civiles y políticos, el mismo hace un llamado al régimen, "*para que de manera inmediata*:"

"(b) Adopte de inmediato medidas para cesar, *subsanar y prevenir las violaciones de los derechos humanos, en particular las violaciones graves, como la tortura y las ejecuciones extrajudiciales*.

(c) Lleve a cabo *investigaciones* prontas, efectivas, exhaustivas, *independientes, imparciales y transparentes de las violaciones de los derechos humanos*, incluidas las muertes de indígenas, y lleve a los responsables ante la justicia;

(d) *Ponga en libertad a todas las personas privadas arbitrariamente de su libertad*;

(e) *Detenga, condene públicamente, castigue y prevenga todos los actos de persecución y represión selectiva por motivos políticos*, incluidas la retórica estigmatizadora y las campañas de desprestigio;

(f) Adopte medidas efectivas para *proteger a las personas defensoras de los derechos humanos* y a las *personas profesionales de los medios de comunicación*;

(g) *Cese toda intimidación y ataques contra los pueblos indígenas*, incluidos/as sus líderes y lideresas, y garantice su protección y adopte todas las medidas necesarias para proteger sus derechos individuales y colectivos, incluido su derecho a la tierra;

(h) *Detenga y prevenga el uso excesivo de la fuerza durante las manifestaciones*;

(i) *Disuelva las FAES* y establezca un mecanismo nacional imparcial e independiente, con apoyo de la comunidad internacional, para *investigar las ejecuciones extrajudiciales llevadas a cabo en el curso de operaciones de seguridad*, asegurar que sus responsables rindan cuentas, así como que las víctimas sean reparadas;

(k) Garantice el *derecho de las víctimas a interponer recursos* y obtener reparaciones con un enfoque sensible al género, así como su protección contra la intimidación y las represalias.

Y además que:

"(g) *Revoque las clausuras de medios de comunicación y ponga fin a otras medidas de censura* contra los medios de comunicación; garantice el acceso a Internet y a las redes sociales, incluidos los sitios web de noticias, y la imparcialidad de los órganos oficiales en la asignación de las frecuencias del espectro radioeléctrico;

(h) *Desarme y desmantele a los grupos armados civiles progubernamentales* (los llamados "colectivos armados") y garantice la investigación de sus delitos;

(i) *Proteja a las personas*, incluidas las que están migrando, frente a abusos, corrupción y extorsiones por parte de agentes del Estado."

Por supuesto, para poder implementar estas recomendaciones es igualmente indispensable desalojar a los asaltantes del poder, y establecer en el país un régimen democrático, funcionando en un Estado de derecho, que es el único que puede garantizar el goce de los derechos humanos.

IV. EL RÉGIMEN Y EL ESTADO COMO RESPONSABLES DE LA VIOLACIÓN DE LOS DERECHOS DE LOS PUEBLOS INDÍGENAS

La situación general de los derechos humanos reseñada en el *Informe*, según su propio texto, "en particular, "ha perjudicado desproporcionadamente los derechos económicos y sociales de muchos pueblos indígenas" (§ 61).

Sobre ello, en el *Informe* se detalla, que:

"*Hay violaciones de los derechos colectivos de los pueblos indígenas* a sus tierras, territorios y recursos tradicionales: (§ 62) que.

"Han perdido el control de sus tierras, incluso debido a la militarización por parte de los agentes del Estado. Su presencia ha provocado *violencia e inseguridad* en sus territorios en los últimos años, a lo que se suma la presencia de bandas criminales organizadas y grupos armados" (§ 62).

En particular se hace referencia a los efectos nocivos que ha tenido:

"la *extracción de minerales*, especialmente en los estados Amazonas y Bolívar, incluyendo la región del Arco Minero del Orinoco, [que] ha dado lugar a *violaciones de diversos derechos colectivos,* entre otros los derechos a mantener costumbres, modos de vida tradicionales y una relación espiritual con su tierra" (§63).

"La minería también provoca *graves daños ambientales y en la salud*, como el aumento del paludismo y la contaminación de las vías fluviales" § (63).

En particular, en el *Informe* se hace referencia a "las comunidades Pemón que se oponen al Gobierno (64), detallándose que:

"El 22 febrero, unos *soldados abrieron fuego contra miembros de la comunidad pemón* de Kumaracapay, a tres de los cuales mataron y a 12 hirieron" § (66).

Entre las Recomendaciones del *Informe*, sobre todas estas violaciones a los derechos de os pueblos indígenas, especial énfasis se pudo en la muerte de indígenas por las fuerzas de seguridad, haciendo un llamado al régimen, "para que *de manera inmediata:*"

"(c) Lleve a cabo *investigaciones* prontas, efectivas, exhaustivas, *independientes, imparciales y transparentes* de las violaciones de los derechos humanos, incluidas las muertes de indígenas, y lleve a los responsables ante la justicia."

De nuevo, y por supuesto, para poder implementar estas Recomendaciones es igualmente indispensable desalojar a los asaltantes del poder, y establecer en el país un régimen democrático, funcionando en un Estado de derecho, que es el único que puede garantizar el goce de los derechos humanos.

APRECIACIÓN FINAL

Como señalamos al inicio, después del cuadro de horror expuesto por la Alta Comisionada de las naciones Unidas en materia de Derechos Humanos, Michel Bachelet, luego de haber visitado a Venezuela entre el 20 y 22 de junio de 2019, al hacer en sus "Recomendaciones" un "*llamamiento al Gobierno de Venezuela para que de manera inmediata*" haga cesar todas las acciones y omisiones de los órganos del mismo que son las que han provocado, durante lustros, las horrendas violaciones a los derechos humanos sintetizadas en el *Informe*, no puede entenderse en otra forma que no sea una conminación a que ese abandone el poder.

Todas las Recomendaciones formuladas en el Informe, y ello lo sabe la Sra. Bachelet, *sólo podrían ejecutarse e implementarse por un gobierno democrático, actuando en un todo sometido a un Estado de derecho*; razón por la cual, al no ser el régimen actual un gobierno democrático, las recomendaciones son un llamamiento al Gobierno a que se aparte del poder "de manera inmediata" y pueda producirse la transición a la democracia y el cese de la usurpación, y la realización de elecciones libres, que es lo único que puede garantizar la implementación de las recomendaciones del *Informe*.

Y para constatarlo, basta con mencionar que mientras la misma Sra. Bachelet se encontraba en Caracas, precisamente el día 21 de junio de 2o19, mientras se reunía, como lo indicó en el *Informe*, con "el Presidente Nicolás Maduro, el Vicepresidente, el Ministro de Relaciones Exteriores y altos cargos de 17 ministerios (Incluidos los ministerios para Relaciones Interiores, Defensa, Salud, Economía, y Educación)" (§4), funcionarios del Servicio Bolivariano de Inteligencia y de la Dirección General de Contrainteligencia Militar, *en esos mismos momentos estaban deteniendo* en un café de Caracas, junto con otros oficiales, al Capitán de fragata de la Armada venezolana Rafael Acosta Arévalo,[3] quien solo unos días después de concluir su visita y antes de presentar su *Informe*, el 29 de junio, habría muerto a consecuencia de torturas recibidas.[4] La última vez que se lo vio vivo, un día antes, fue en una silla de ruedas presentado ante un juez, donde lo único que pudo articular fue un llamado de "auxilio" a su abogado.[5]

Mayor burla a lo que sería una de las Recomendaciones del *Informe Bachelet* (que el Gobierno: "Adopte de inmediato medidas para cesar, subsanar y prevenir las violaciones de los derechos humanos, *en particular las violaciones graves, como la tortura y las ejecuciones extrajudiciales*"), es ciertamente imposible concebir.

---

3 Véase el reportaje de Sandra Guerrero, "El cadáver del capitán Acosta Arévalo lleva ocho días en la morgue," en *El Nacional*, 6 de julio de 2019, en http://www.el-nacional.com/noticias/sucesos/cadaver-del-capitan-acosta-arevalo-lleva-ocho-dias-morgue_287620

4 Véase el reportaje: "Venezuela: Denuncian que militar detenido fue torturado hasta morir. El capitán de corbeta Rafael Acosta Arévalo estaba detenido desde la semana pasada. La fiscalía de Venezuela lo investigaba por un supuesto plan para derrocar y asesinar a Nicolás Maduro. La activista Tamara Suju denunció que fue torturado hasta morir," en *El Comercio*, 29 de junio de 2019, en https://elcomercio.pe/mundo/venezuela/venezuela-rafael-acosta-arevalo-capitan-corbeta-murio-torturado-agentes-direccion-general-contrainteligencia-militar-dgcim-denuncia-tamara-suju-noticia-650701.

5 Véase el reportaje: "Comunidad internacional pide investigación por muerte de Rafael Acosta Arévalo por presuntas torturas," en *CNN Español*, 3 Julio, 2019, en https://cnnespanol.cnn.com/2019/07/03/comunidad-internacional-pide-investigacion-muerte-por-presuntas-torturas-contra-militar-venezolano/

Igualmente, días antes de que la Sra. Bachelet presentara su Informe, en una brutal represión conducida por miembros de la Policía Nacional Bolivariana (PNB) contra una manifestación pacífica de vecinos que reclamaban por ausencia de servicios de gas doméstico en el Estado Táchira, un joven adolescente recibió un disparo de perdigones a "quemarropa" que lo dejó ciego.[6]

Igualmente, *mayor burla* a lo que sería una de las Recomendaciones del *Informe Bachelet* (que el Gobierno, de inmediato: "Detenga y prevenga el *uso excesivo de la fuerza durante las manifestaciones*;"), también es, ciertamente, imposible concebir.

Como lo apreció Mary Anastasia O'Brady: "Los hallazgos puestos del conocimiento de la ONU, testimonian lo que grupos humanitarios han estado denunciando desde hace años: que Venezuela es un pozo de brutalidad patrocinado por el Estado;"[7] de manera que sólo cambiando el régimen que comanda ese Estado, es que dicho pozo podrá ser limpiado y desinfectado.

New York, 8 de julio de 2019.

---

6 Véase el reportaje: "La brutal represión de Maduro dejó ciego a un adolescente de 16 años. Rufo Chacón había ido a reclamar por la falta de gas junto con su madre en el estado de Táchira cuando le dispararon directamente al rostro. Lo van a operar, pero los médicos ya confirmaron que no podrá volver a ver." En *Infoae*, 2 de julio de 2019, en https://www.infobae.com/america/venezuela/-2019/07/02/un-adolescente-de-16-anos-perdio-sus-ojos-por-la-brutal-represion-del-regimen-de-nicolas-maduro-durante-una-protesta-en-venezuela/.

7 "The findings put into the U.N. record what the humanitarian groups have been documenting for years: Venezuela is a pit of state-sponsored brutality." Véase Mary Anastasia O'Brady, "Life and Death in Caracas," en *The Wall Street Journal*, New York, 8 de julio de 2019, p. A15.

DÉCIMA CUARTA PARTE

A MODO DE RECAPITULACIÓN: DEMOCRACIA, PARTICIPACIÓN Y DESCENTRALIZACIÓN EN LA CONSOLIDACIÓN DEL ESTADO DEMOCRÁTICO Y SOCIAL DE DERECHO (Bogotá, 2019) *

I. UN MOTIVO PARA RECORDAR: LOS APORTE AL CONSTITUCIONALISMO DEMOCRÁTICO DE LA LEY FUNDAMENTAL DE LA REPÚBLICA FEDERAL DE ALEMANIA DE 1949

Estando en el año del jubileo de la Ley Fundamental de la República Federal de Alemania, cuando se celebran los 70 años de su sanción en Bonn el 23 de mayo de 1949, bien vale la pena recordar la importancia de la misma, entre otros aspectos, por haber acuñado por primera vez en un texto constitucional contemporáneo el concepto de Estado democrático y social de derecho. Esa tendencia fue luego seguida en muchas otras Constituciones en Europa y América, como por ejemplo es el caso de la Constitución española de 1978 (art. 10: Estado social y democrático de Derecho), de la Constitución de Colombia de 1991 (art. 1: un Estado social de derecho, organizado en forma de República unitaria, descentralizada, con autonomía de sus entidades territoriales, democrática, participativa y pluralista), y de la Constitución de Venezuela de 1999 (art. 2: "Estado democrático y Social de derecho y de justicia").

Pero la Constitución alemana no se quedó, por supuesto, en la sola acuñación del concepto, utilizando la expresión "Estado federal democrático y social" (art. 20.1), sino que lo fue moldeando en su articulado, como un principio fundamental, comenzando por la declaración sobre los *derechos fundamentales*, con el reconocimiento por el pueblo alemán, de "los dere-

---

* Texto del estudio publicado en el *Anuario Iberoamericano de Derecho Constitucional 2019*, Fundación Konrad Adenauer, Bogotá 2019. Publicado igualmente en la Obra Homenaje al profesor Dieter Nohlen, 2019.

chos humanos inviolables e inalienables como fundamento de toda comunidad humana, de la paz y de la justicia en el mundo" (art. 1.2); de la obligación de "todo poder público" de respetar y proteger "la dignidad humana que es intangible" (art. 1.1), y declarar que todos los derechos fundamentales declarados en la Constitución "vinculan a los poderes legislativo, ejecutivo y judicial como derecho directamente aplicable" (art. 1.3). Estas previsiones son tan importantes que la Constitución las reguló como cláusulas pétreas, no reformables (art. 79.3).

Partiendo de esa base esencial, la Constitución alemana estableció como principio fundamental del "orden estatal" que reguló, el de la *democracia representativa* al indicar que "todo poder del Estado emana del pueblo," siendo este poder "ejercido por el pueblo mediante elecciones y votaciones y por intermedio de órganos especiales de los poderes legislativo, ejecutivo y judicial (art. 20.2). El principio de la *democracia representativa* se reafirmó al asegurarla en el marco de la *descentralización política* o de distribución vertical del poder, no sólo a nivel federal, sino en los Länder, distritos y municipios, donde se dispuso que "el pueblo debe tener una representación surgida de elecciones generales, directas, libres, iguales y secretas" (28.1).

En esta forma, además del principio fundamental del orden estatal anunciado en el artículo 20.2 citado, que es el de la *separación de poderes,* con el componente esencial de que "los jueces son *independientes* y están sometidos únicamente a la ley" (97.1); se reguló el principio de la *distribución vertical del poder* en el marco de la federación como esquema para la *descentralización y la participación política.*

La norma del artículo 20, por otra parte, agregó, además, un tercer principio que fue el de la *supremacía constitucional* y el *principio de legalidad,* al disponer que "el poder legislativo está sometido al orden constitucional; los poderes ejecutivo y judicial, a la ley y al Derecho" (art. 20.3). Principios todos éstos tan esenciales del orden estatal que en el propio texto constitucional se declaró que "contra cualquiera que intente eliminar este orden todos los alemanes tienen el *derecho de resistencia* cuando no fuere posible otro recurso" (art. 20.4).

Todos los anteriores principios definidos en el artículo 20 de la Constitución son de tanta importancia que en la misma se los reguló como cláusulas pétreas, no reformables (art. 79.3).

Entre los principios fundamentales del orden estatal establecidos en la Constitución, se destaca, vinculado al de la *democracia representativa* en todos los niveles territoriales de gobierno (Länder, distritos y municipios), el derecho a la *participación política,* para lo cual una pieza fundamental establecida en la Constitución fue la *descentralización política*, producto de la distribución del poder en el sistema federal, garantizándose además un régimen municipal estableciéndose el derecho de los municipios "a regular bajo su propia responsabilidad, dentro del marco de las leyes, todos los asuntos de la comunidad local," y asegurándoseles "el derecho de autonomía administrativa," el cual "abarca también las bases de la propia responsabilidad financiera" (art. 28.2).

Tan importante es la forma federal del Estado en la Constitución que la misma se reguló como una cláusula pétrea, no reformable. Por ello, el artículo 79.3 dispone que "no está permitida ninguna modificación de la presente Ley Fundamental que afecte la organización de la Federación en Länder, o el principio de la participación de los Länder en la legislación."

Luego de establecer todos estos principios del Estado democrático, a lo largo de su articulado la Constitución de Bonn reiteró el propósito fundamental del orden estatal de asegurar su respeto en todas las circunstancias, haciendo específica referencia (i) a "los principios del Estado de Derecho" (art. 16.2); (ii) al "orden constitucional de los Länder" para que responda "a los principios del Estado de Derecho republicano, democrático y social" (art. 28.1), y que la legislación de la Federación asegure "defensa del régimen fundamental de libertad y democracia" (art. 73.10); (iii) a que pueda hacerse uso de la Fuerza Armada para preservar "el régimen fundamental de libertad y democracia de la Federación o de un Land" (art. 87.a.4) y que pueda decretarse el estado de emergencia "para la defensa contra un peligro que amenace la existencia del régimen fundamental de libertad y democracia de la Federación o de un Land" (art. 91.1); y (iv) a que se puedan establecer ciertas restricciones a algunos derechos fundamentales para "proteger el régimen fundamental de libertad y democracia" (arts. 10.1; 11.2; 18; 21.2).

Además, en el texto de la Constitución, en relación con la nueva realidad europea, en una reforma posterior se agregó el principio de que para "la realización de una Europa unida," la República Federal de Alemania contribuirá al desarrollo de la Unión Europea que está obligada a la salvaguardia de los principios democráticos, del Estado de Derecho, social y federativo y del principio de subsidiaridad y garantiza una protección de los derechos fundamentales" (art. 23.1)

Todos estos principios recogidos en la Constitución de Bonn de 1949 para la organización del Estado, en el marco general de un "Estado democrático y social de derecho," por supuesto, lo que vinieron fue a reafirmar en uno de los países mayormente afectado a mitades del siglo pasado por el nazismo destructivo de la democracia y la guerra, todos los principios fundamentales que conformaron el constitucionalismo moderno y que se fueron diseminando en el mundo democrático con los principios que derivaron de las revoluciones norteamericana (1776) y francesa (1789), de finales del siglo XVIII, y la revolución hispanoamericana (1810) de principios del siglo XIX.[1]

---

1 Véase Allan R. Brewer-Carías, *Principios del Estado de derecho. Aproximación histórica,* Cuadernos de la Cátedra Mezerhane sobre democracia, Estado de derecho y derechos humanos, Miami Dade College, Programa Goberna Las Américas, Editorial Jurídica Venezolana International. Miami-Caracas, 2016. 360 pp.; *Reflexiones sobre la revolución norteamericana (1776), la revolución*

Entre esos principios, que es a los que queremos insistir en estas notas, se destacan los referidos a la democracia, la participación y la descentralización, que siguen estando en el debate del derecho constitucional.

II. SOBRE LA DEMOCRACIA REPRESENTATIVA Y EN DEBATE CONSTITUYENTE EN VENEZUELA EN 1999

El principio de la democracia representativa comenzó a ser efectivamente en la historia del constitucionalismo moderno, el principio predominante en los regímenes políticos de occidente cuando la soberanía, como supremo poder de decisión en una sociedad determinada, pasó de ser el poder de un Monarca absoluto, sin límites, de la cual era titular "por la gracia de Dios," y comenzó a ser el poder del pueblo, ejercido mediante representantes.

Por ello, desde las mencionadas revoluciones, el constitucionalismo moderno ha estado signado por el principio de la democracia representativa, es decir, que en virtud de residir la soberanía en el pueblo, éste la ejerce mediante representantes electos (democracia representativa), estando descartada cualquier idea de gobiernos basados exclusivamente en mecanismos de democracia directa, como Asambleas, consultas populares o referendos, entre otros factores, por la imposibilidad de su operatividad en las sociedades contemporáneas.

La democracia directa, en realidad, ni ha existido ni puede existir en el mundo contemporáneo, por lo que no es más que un engaño pretender formularla como solución alternativa frente a la democracia representativa, la cual, lejos de desaparecer lo que hay que perfeccionarla. Sus defectos, vicios, problemas o deformaciones, lo que tienen que provocar es lograr su perfeccionamiento y transformación para hacerla más representativa del pueblo y para permitir que el ciudadano pueda participar más y efectivamente en los asuntos públicos, lo que solo es posible acercando el poder al ciudadano, es decir, distribuyendo el Poder Público en el territorio, de manera que en cada comunidad y localidad territorial exista una forma de gobierno, en la cual se pueda participar políticamente.

La democracia, por tanto, lo que requiere es de revalorización, como gobierno del pueblo, por el pueblo y para el pueblo, fundamentada en los valores que la conforman como régimen político y que son mucho más que la elección regular de representantes, como la *igualdad,* la *libertad,* la *tolerancia,* el *pluralismo*, la *dignidad de la persona humana,* el *sometimiento al derecho* y la *limitación del Poder,* los cuales, por lo demás, han quedado plasmados en la Carta Democrática Interamericana de 2001.[2] Por ello, en

---

francesa (1789) y la revolución hispanoamericana (1810-1830) y sus aportes al constitucionalismo moderno, 2ª Edición Ampliada, Serie Derecho Administrativo No. 2, Universidad Externado de Colombia, Editorial Jurídica Venezolana, Bogotá 2008, 369 pp.

2 Entendemos por democracia, conforme a la *Carta Democrática Interamericana* de 2001, el régimen político en el cual esté garantizado: (i) que el poder del Es-

democracia, ningún Poder puede ser ilimitado, ni puede haber concentración del poder político ni en unas solas manos ni en un grupo de personas, sino que, al contrario, tiene que estar distribuido y separado de manera que el Poder sea quien frene al Poder.

Por ello a la democracia representativa hay que preservarla y revalorizarla, repudiando el discurso autoritario que pretende sustituirla por un régimen político donde no existan los valores mencionados; y eso es lo que se ha venido escondiendo tras el discurso autoritario que pregona "sustituir" la democracia representativa por la democracia participativa.[3]

La idea de buscar reemplazar la democracia representativa por una supuesta "democracia participativa y protagónica" se comenzó a plantear Venezuela, en concreto, a raíz de la instalación de la Asamblea Nacional Constituyente en 1999, que había sido promovida por Hugo Chávez, tema sobre el cual, es su discurso dado en la sesión de instalación de la misma, en agosto de 1999, expresó la necesidad de que los Constituyentes diseñaran "una auténtica democracia representativa, participativa y protagónica," insistiendo que no bastaba "hablar de democracia participativa como si ese fuese el fin" sino que "la participación debía ser un instrumento para lograr un fin," porque, se preguntaba, "¿de qué nos vale que todos participen hablando, levantando la mano o discurseando o escribiendo?"

Frente a ello, Chávez planteó el concepto de "democracia participativa y protagónica" como "protagonismo popular" que –dijo– era "un concepto

---

tado esté organizado conforme a un sistema de separación e independencia de poderes; (ii) que el acceso al poder y su ejercicio se realice con sujeción al Estado de derecho, (iii) mediante elecciones periódicas, libres, justas y basadas en el sufragio universal y secreto, como expresión de la soberanía del pueblo, (iv) realizadas en un régimen plural de partidos y organizaciones políticas; (v) donde se respetan y protejan los derechos humanos y las libertades fundamentales, en particular, los derechos sociales, y la libertad de expresión y de prensa (Art. 3); y donde también esté garantizada: (vi) la transparencia de las actividades gubernamentales; (vii) la probidad y la responsabilidad del gobierno en la gestión pública; (viii) y la subordinación constitucional de todas las instituciones del Estado a la autoridad civil legalmente constituida; es decir, en fin, (ix) donde el respeto al Estado de derecho por el gobierno y por todas las entidades y sectores de la sociedad esté garantizado (Art. 4). Eso es democracia, y lo importante de concebirla conforme a esos nueve elementos y componentes, que en realidad no son más que expresiones de viejos y nuevos derechos políticos de los ciudadanos, es que, con ellos, en conjunto y en definitiva, lo que se busca es asegurar la posibilidad de que el ejercicio del poder político esté sometido a controles efectivos, tanto por parte de los ciudadanos, como por parte de los órganos del propio Estado.

3 Véase Allan R. Brewer-Carías, "La democracia, la descentralización y la participación, en el centro del debate en la Asamblea Nacional Constituyente (1999)," publicado en el *Diario El Mundo*, Caracas, 16-6-99, p. 6; 23-06-99, p. 6; 30-06-99, p. 6; 07-07-99, p.6; y 14-07-99, p. 12; 21-07-99, p. 6; 28-07-99, p. 6; 04-08-99, p. 6-.

bolivariano, democrático y eminentemente revolucionario," que se acerque a "los mecanismos de una democracia directa" dándole "al pueblo diversos mecanismos como los plebiscitos, los referenda, las asambleas populares, las consultas populares, las iniciativas de leyes." Todos estos mecanismos, propuso Chávez a los Constituyentes debían quedar "insertados en la nueva Carta Fundamental para que sea vinculante la participación y para que no sea, sencillamente, un participar por participar, sino un instrumento de construcción, de protagonismo y de democracia verdadera, de participación efectiva, vital para construir un país, un rumbo, un proyecto."[4]

Incluso, conforme a esas ideas, en el documento que presentó el Chávez, como Presidente, a la consideración de la Asamblea Nacional Constituyente con el título "*Ideas Fundamentales para la Constitución Bolivariana de la V República,*" en el artículo correspondiente a la soberanía, no se hizo referencia alguna al sufragio como principio de la democracia representativa, para la conformación de los órganos del Poder Público, mediante los cuales, indirectamente, el pueblo puede ejercer la soberanía. Igualmente, en el *Proyecto de articulado formulado para el Título I de la Constitución por esa Comisión Constitucional,* tampoco se hizo referencia alguna al principio fundamental de la democracia representativa, que es uno de los valores y principios de nuestra historia republicana, reduciéndolo conceptualmente a la democracia directa.[5] Ello llevó a que en el Informe Final de la *Comisión de Régimen Político*, se excluyera toda referencia al ejercicio indirecto de la soberanía y a la democracia representativa, proponiéndose entonces incluir entre las Disposiciones Fundamentales de la Constitución, el siguiente artículo:

> "*Artículo.* La República de Venezuela es democrática porque su esencia misma radica en la *participación activa* del pueblo en la formación y ejecución de las decisiones públicas, siendo dicha participación el medio necesario para lograr el protagonismo que garantice el completo desarrollo individual colectivo".

Ante esta propuesta insistimos en que "democracia requiere tanto de la participación directa, en tanto que "participación activa", como de la participación indirecta, mediante el ejercicio indirecto del Poder, esencia de la *democracia representativa*."[6]

---

4 Véase Allan R. Brewer-Carías, *Asamblea Constituyente y Proceso Constituyente (1999),* Colección Tratado de Derecho Constitucional, Tomo VI, Editorial Jurídica Venezolana, Caracas 2013, pp. 393 ss.

5 *Idem*. pp. 646 ss.

6 Véase el texto "Principios generales sobre derechos políticos. Comunicación dirigida al presidente y demás miembros de la Comisión Constitucional en la sesión del 06-10-1999," en Allan R. Brewer-Carías, *Asamblea Constituyente y Proceso Constituyente (1999),* Colección Tratado de Derecho Constitucional, Tomo VI, Editorial Jurídica Venezolana, Caracas 2013, pp. 642 ss.

En todo caso, si bien dicha propuesta no fue aprobada, el discurso autoritario, basado además en las críticas que se habían hecho durante años sobre el funcionamiento de la democracia representativa y sobre el monopolio de la representación que habían asumido los partidos políticos, en nombre de un supuesto y engañoso "nuevo constitucionalismo,"[7] tuvo sus efectos directos en la eliminación del texto constitucional del carácter "representativo" del gobierno democrático, contrariando la tradición constitucional que se remontaba al texto de la Constitución de 1811 (143, 144 y 145),[8] con formulación expresa a partir de la Constitución de 1858 en un texto (art. 7. El gobierno de Venezuela es y será siempre republicano, popular, representativo, responsable y alternativo), que se conservó siempre hasta entonces (1999).

En los trabajos de las Comisiones de la Asamblea Nacional Constituyente, sin duda, el discurso antidemocrático representativo había calado, por lo que en el artículo 6 de la Constitución sancionada, al definirse el gobierno de la República, se estableció que el mismo sería siempre "democrático, participativo, electivo, descentralizado, alternativo, responsable, pluralista y de mandatos revocable," eliminándose de la terminología constitucional el carácter "representativo' de la democracia, sustituyéndose dicho calificativo por el carácter "electivo" de la misma.

En todo caso, ante la propuesta formulada en tal sentido, en mi carácter de miembro independiente electo de la Asamblea, en septiembre de 1999 dirigí una comunicación a la Comisión Constitucional y a la Comisión de Régimen Político sobre "la regulación del principio democrático representativo y participativo,"[9] en la cual planteé, advirtiendo de entrada que consideraba que "sería un fraude constitucional que hayamos elegido una Asamblea Constituyente en democracia," el que sin embargo se "buscara o propugnara acabar con la democracia y con los principios del republicanismo representativo, y establecer cualquier sistema de gobierno autoritario o autocrático." Y agregaba:

> "Por tanto, el principio fundamental que limita las labores de la Asamblea Nacional Constituyente es el de la democracia representativa, es decir, que la soberanía popular tiene que ejercerse, mediante elecciones, por representantes del pueblo.

---

7 Véase Allan R. Brewer-Carías, *"El "nuevo constitucionalismo latinoamericano" y la destrucción del Estado democrático por el Juez Constitucional. El caso de Venezuela"*, Colección Biblioteca de Derecho Constitucional, Ediciones Olejnik, Madrid, Buenos Aires, 2018.

8 Véase el texto de todas las Constituciones de Venezuela en Allan R. Brewer-Carías, *Las Constituciones de Venezuela,* Biblioteca de la Academia de Ciencias Políticas y Sociales, 2 vols. Caracas, 2008.

9 Véase Allan R. Brewer-Carías, *Asamblea Constituyente y Proceso Constituyente (1999),* Colección Tratado de Derecho Constitucional, Tomo VI, Editorial Jurídica Venezolana, Caracas 2013, pp. 518 ss., 523 ss.

Ello implica que nadie, pero nadie, puede atribuirse la representación del pueblo y que, además, el mismo pueblo no puede ejercer directamente la soberanía, sino a través de representantes, o mediante los mecanismos de democracia directa que se regulen.

El principio del gobierno republicano de democracia representativa, en consecuencia, tiene que ser respetado y resguardado por la Asamblea Nacional Constituyente, por ser un imperativo derivado de la voluntad popular manifestada en el *Referéndum Consultivo* del 25 de abril de 1999. Se consultó al pueblo sobre las bases para la elección de la Asamblea Nacional Constituyente y el pueblo, en ejercicio de su derecho de participación, decidió como Poder Constituyente Originario que la Asamblea tiene como límite los principios y valores de nuestra historia republicana, es decir, entre otros, el de que la soberanía popular se ejerce mediante la elección de representantes del pueblo.

Pretender sustituir el principio republicano de democracia representativa por una supuesta democracia directa, podría significar, en definitiva, centralizar y concentrar el poder, autocráticamente, lo cual sería esencialmente antidemocrático.

La democracia, ciertamente, tiene que ser más participativa y más representativa, lo cual exige entre otros factores distribuir territorialmente, pero efectivamente, el Poder, de manera que esté cerca de los ciudadanos. Pero en todo caso, ese poder en el cual debe participarse, sólo puede ejercerse mediante representación, por funcionarios electos."[10]

Por ello, en definitiva, luego de que en la sesión plenaria de la Asamblea Nacional Constituyente del 12 de noviembre de 1999, se aprobara la norma del artículo 6 de la Constitución eliminándose el calificativo de "representativo" del gobierno sustituyéndolo por el calificativo de "electivo," salvé mi voto insistiendo en la necesidad de que se mantuviera el calificativo de "representativo" al definir al gobierno de la República como democrático, ya que la representación es de la esencia de la democracia.[11]

10 Sobre lo anterior véase Allan R. Brewer-Carías, *Poder Constituyente Originario y Asamblea Nacional Constituyente,* Caracas 1991, págs. 287-288).

11 Véase Allan R. Brewer-Carías, *Asamblea Constituyente y Proceso Constituyente (1999),* Colección Tratado de Derecho Constitucional, Tomo VI, Editorial Jurídica Venezolana, Caracas 2013, pp. 523.

III. LA DEMOCRACIA Y LOS PELIGROS DEL DISCURSO AUTORITARIO[12]

El debate constituyente sobre el tema de la democracia representativa y la eliminación del término en la Constitución venezolana de 1999, en todo caso, lo que evidenció fue que, si algo había resultado de la práctica democrática que la mayoría de los países de América Latina, fue la toma de conciencia de que la democracia, como régimen político, no podía quedar reducida a garantizar solo la elección de los gobernantes. Más bien, lo que se evidenció es que tenía que ser concebida como una alianza global entre los gobernados, que eligen, y los gobernantes electos, dispuesta para garantizar, por una parte, que el ejercicio del poder por los últimos fuera efectivo, y por la otra, la participación de los primeros en la conducción política de la sociedad, todo basado en la primacía que debe tener el ser humano, y con él, su dignidad y sus derechos.

Pero llegar a esta conclusión no fue ni ha sido fácil. Los ciudadanos de nuestros países, de cara a nuestras democracias, ha tenido que enfrentar y siguen enfrentando tremendas incomprensiones y distorsiones que, tanto de buena como de mala fe, derivan de un discurso político persistente que se solaza en la crítica de las muchas deficiencias que ha mostrado la práctica de la democracia representativa, la cual, efectivamente, en muchos países ha terminado por no representar a los diversos componentes de la población. Esa práctica democrática, por otra parte, en muchos casos no ha logrado servir de instrumento para la efectiva construcción de sociedades donde el ciudadano logre sentirse realmente incluido, y participe efectivamente en el quehacer político que en muchas ocasiones ha quedado secuestrado por los partidos políticos.

Ello fue lo que dio origen, entre otros factores, al clamor que tan seguidamente aún se oye en nuestros países latinoamericanos por la construcción de una "democracia participativa," la cual, la verdad sea dicha, muchos demócratas confunden con la "democracia directa," llegando incluso a preferirla respecto de la "democracia representativa;" y muchos otros, no demócratas, la esgrimen con el deliberado propósito de, precisamente, acabar con esta última, confundiendo la movilización popular con la participación.

En todo caso, todo ello ha conducido al establecimiento de un falso enfrentamiento entre la "democracia representativa," a la cual se ataca despiadadamente, y la "democracia participativa," por la cual se clama, a veces incluso planteando el tema como una dicotomía que no existe, como si la

12 Véase Allan R. Brewer-Carías, "La democracia representativa y la falacia de la llamada "democracia participativa," en Jorge Fernández Ruiz (Coordinador), *Estudios de Derecho Electoral. Memoria del Congreso Iberoamericano de Derecho Electoral*, Universidad Nacional Autónoma de México, Coordinación del Programa de Posgrado en Derecho, Facultad de Estudios Superiores Aragón, Facultad de Derecho Y Criminología, Universidad Autónoma de Nuevo León, México 2011, pp. 25 a 36.

segunda –la democracia participativa– pudiera sustituir a la primera; falsa dicotomía en la cual ciertamente, y sin quererlo, muchos demócratas han caído inadvertidamente buscando de buena fe el perfeccionamiento de la democracia representativa; y también, queriéndolo y de mala fe, muchos otros falsos demócratas la han propugnado, ocultando la faz y las fauces del autoritarismo, pretendiendo sustituir la democracia representativa, en fraude a la propia democracia.

Todo ello exige, así sea repetitivo, reflexionar sobre la democracia representativa y su significado político; sobre las exigencias de la participación ciudadana, en el sentido de que la democracia, sin dejar de ser representativa, debe asegurar la inclusión del ciudadano en el proceso político; y sobre la falsedad de los cantos de sirenas que se siguen oyendo con la persistente difusión, aun cuando con menos intensidad ya transcurridos más de veinte años de la introducción en América Latina de las ejecutorias del denominado "nuevo constitucionalismo latinoamericano," –precisamente en Venezuela, de la mano de Hugo Chávez–[13], de la llamada "democracia participativa" para acabar con la representación.

Es cierto que aún, en muchos países, y a pesar de lo dispuesto en la Carta Democrática Interamericana de 2001, la democracia representativa ha seguida reducida materialmente a ser un mecanismo dispuesto para la sola elección de gobernantes, –y por ello aún se habla tanto de democracia formal–, sin lograr satisfacer las exigencias de participación de los ciudadanos, quienes sin duda se han sentido excluidos del proceso político. Y también es cierto que, ante tantas insatisfacciones de vieja data, todavía no se ha logrado realmente implementar lo que es necesario para hacer de la democracia representativa el instrumento de inclusión política que pueda asegurar la participación ciudadana.

Y es precisamente en medio de esas realidades, de estas insatisfacciones y de las frustraciones que derivan, donde con mayor fuerza soplan los vientos del falaz discurso autoritario, que vendiendo la idea de la participación, en realidad lo que busca es sustituir la democracia representativa pero, contradictoriamente, en nombre de una supuesta participación, eliminar el único instrumento político que puede efectivamente permitir la participación ciudadana que es el sufragio acompañado de la descentralización política, siendo ésta última la que puede dar origen al desarrollo de gobiernos locales, que es, en definitiva, donde se puede asegurar la inclusión política. [14]

---

13 Véase lo expuesto en Allan R. Brewer-Carías, *El "nuevo constitucionalismo latinoamericano" y la destrucción del Estado democrático por el Juez Constitucional. El Caso de Venezuela*, Colección Biblioteca de Derecho Constitucional, Ediciones Olejnik, Madrid, Buenos Aires 2018.

14 Entendemos por *descentralización política*, en consecuencia, el proceso de distribución vertical del poder público entre diversos niveles territoriales de gobierno, constituidos con autonomía política, normativa y administrativa, y cuyas autoridades deben ser siempre electas mediante sufragio universal, directo

Lo que debe tenerse claro desde las trincheras democráticas, es que esta llamada democracia participativa en el discurso autoritario, que busca excluir la representación mediante sufragio a nivel local y, con ello, todo vestigio de descentralización política, pretendiendo que funcione montada sobre instituciones de democracia directa como asambleas de ciudadanos y consejos comunales a la usanza de los soviets de hace más de cien años, en realidad, es imposible que pueda permitir y asegurar una efectiva participación política del ciudadano en la conducción de los asuntos públicos, como sólo la descentralización y la municipalización pueden lograr.

En realidad, en ese discurso autoritario de la democracia participativa, lo único que la misma ofrece es la posibilidad de movilización popular conducida y manejada desde el centro del poder, mediante paridos únicos como mecanismos de dominación, por lo que de democracia sólo tiene el nombre, el cual es hábilmente utilizado por quienes se aprovechan de tantos fracasos políticos de democracias representativas reducidas a asegurar la elección de gobernantes.

Desde hace años hemos estado en presencia, en realidad, sobre todo en el mundo latinoamericano, de un engañoso slogan propagandístico, el cual, sin embargo, hay que reconocerlo, no deja de tener su atractivo, sobre todo porque quienes claman por que se asegure más participación piensan que ello se puede logar con la sola movilización popular. [15]

---

y secreto. La descentralización política es, por tanto, un concepto totalmente diferente al de la "descentralización administrativa" o funcional que se produce en la Administración Pública, con la creación de institutos autónomos, corporaciones o empresas estatales; y de la "desconcentración administrativa," que implica solo la transferencia de competencias en diversos niveles de una misma organización administrativa, como sucede, por ejemplo, de un órgano de la Administración central a una dependencia regional de la misma Administración central. Véase Allan R. Brewer-Carías, *Principios del régimen jurídico de la organización administrativa venezolana*, Editorial Jurídica Venezolana, Caracas 1991; y *Derecho Administrativo, Tomo II (La organización administrativa y la Administración Pública nacional. Los Estados y la Administración Pública estadal. Los Municipios y la Administración Pública municipal),* Universidad Externado de Colombia, Universidad Central de Venezuela, Bogotá 2006.

15 Entendemos por *participación política*, como opuesto a exclusión, todo mecanismo mediante el cual el ciudadano pueda participar - ser parte - en la conducción de los asuntos públicos, lo que se logra, por supuesto, en primer lugar, mediante el ejercicio de derecho al sufragio para elegir y de votar en referendos de cualquier naturaleza y en segundo lugar, mediante la membresía en partidos políticos y otras sociedades intermedias, que tiene por objeto participar en la vida política de un país, pero con mayor eficiencia e intensidad, en tercer lugar, mediante la su integración efectiva en los diversos mecanismos que deben instrumentarse en os niveles territoriales inferiores de la distribución vertical del poder, en las entidades locales, municipales o comunales. Si éstas no están adecuadamente establecidas, para la conducción de la vida loca, la necesidad de

Pero como antes dije, la verdad es que el slogan lo que oculta es un feroz modelo de gobierno autoritario que creíamos superado en nuestro Continente, como se ha evidenciado en Venezuela durante los últimos veinte años, donde apareció envuelto con ropa militar de camuflaje, con pintas populares y de legalidad, con algún apoyo de masas empobrecidas que lo que han recibido han sido dádivas, pero sin que se hubiese generado riqueza ni empleo.

Así, por ejemplo, en Venezuela vimos florecer un neo populismo rico o petrolero desatado y rampante, que lo que ha hecho es repartir para lograr apoyos populares, pero sin lograr disminuir la pobreza, y más bien aumentarla y generalizarla, y por sobre todo, sin asegurar la democracia como forma de vida.[16]

En medio de toda esta confusión, y de los discursos tanto democráticos como autoritarios que, a la vez, y al unísono, desde sus propias trincheras claman por la democracia participativa, la verdad es que lo que se impone es comenzar por tratar de poner orden en el debate y distinguir lo que es realmente la democracia como régimen político que por esencia, es contrario al autoritarismo.

Para ello, necesariamente hay que comenzar por replantearnos los principios básicos de la propia democracia, y tratar de poder situar entonces el concepto de la democracia participativa donde corresponde, que es precisamente donde haya efectiva representación en el ámbito de la vida y del gobierno local.

IV. SOBRE LOS ELEMENTOS ESENCIALES DE LA DEMOCRACIA Y EL CONTROL DEL EJERCICIO DEL PODER

En el mundo contemporáneo, sin duda, la democracia como régimen político ya no hay otra forma de definirla que no sea identificando sus elementos esenciales y sus componentes fundamentales, los cuales por lo demás, desde 2001 se encuentran plasmados en un excepcional instrumento internacional destinado precisamente a regularla, como es la *Carta Democrática Interamericana* de la Organización de los Estados Americanos; cuyos elementos básicos, incluso en 2007 han sido recogidos en la *Carta Africana de la Democracia, las Elecciones y la Gobernabilidad.*

Allí se identifica a la democracia, como un régimen político en el cual tienen que estar garantizados los siguientes *elementos esenciales*: el respeto a los derechos humanos y las libertades fundamentales; el acceso al poder y su ejercicio con sujeción al Estado de derecho; la celebración de elecciones periódicas, libres, justas y basadas en el sufragio universal y secreto, como expresión de la soberanía del pueblo; la existencia de un régimen plural de

---

participación política quedará insatisfecha, si queda reducida solo a los dos tradicionales mecanismos mencionados.

16 Véase lo expuesto en Allan R. Brewer-Carías, *La mentira como política de Estado. Crónica de una crisis política permanente. Venezuela 1999-2015,* Editorial Jurídica Venezolana, Caracas 2015, La mentira

partidos y organizaciones políticas, y la separación e independencia de los poderes públicos (Art. 3).

Todos los ciudadanos, en un régimen democrático, puede decirse que tienen derecho a la democracia[17] y, en consecuencia, a todos esos elementos esenciales, es decir, derecho al respeto de sus derechos, al Estado de derecho, al sufragio, a los partidos políticos, a la separación de poderes, los cuales pueden ser considerados, por lo demás, como derechos políticos, siendo el sufragio solo uno de ellos.

Lo importante de concebir a la democracia conforme a esos elementos, no sólo es tomar conciencia de que ella no se agota en el sufragio, sino que todos ellos, en conjunto, lo que buscan es asegurarles a los ciudadanos la posibilidad de ejercer un control efectivo del ejercicio del poder por parte de los gobernantes. De eso se trata la democracia, del ejercicio del poder en nombre de los ciudadanos y de la posibilidad real para estos de controlar dicho ejercicio, el cual necesariamente presupone, además, otros componentes esenciales de la democracia, como la transparencia de las actividades gubernamentales, la probidad y la responsabilidad de los gobiernos en la gestión pública; el respeto de los derechos sociales y de la libertad de expresión y de prensa; la subordinación constitucional de todas las instituciones del Estado, incluyendo e componente militar, a la autoridad civil legalmente constituida, y el respeto al Estado de derecho por todas las entidades y sectores de la sociedad (Art. 4).

Por tanto, la democracia es mucho más que elecciones y participación, configurándose como un sistema político dispuesto para asegurar el control del poder, que es a lo que en definitiva el ciudadano en una democracia tiene derecho, incluso participando en su ejercicio. Por ello la importancia, por ejemplo, del principio de la separación de poderes, del cual en definitiva dependen todos los otros elementos de la democracia, pues sólo controlando al Poder es que puede haber elecciones libres y justas, así como efectiva representatividad; sólo controlando al poder es que puede haber pluralismo político; sólo controlando al Poder es que podría haber efectiva participación democrática en la gestión de los asuntos públicos; sólo controlando al Poder es que puede haber transparencia administrativa en el ejercicio del gobierno, así como rendición de cuentas por parte de los gobernantes; sólo controlando el Poder es que se puede asegurar un gobierno sometido a la Constitución y las leyes, es decir, un Estado de derecho y la garantía del principio de legalidad; sólo controlando el Poder es que puede haber un efectivo acceso a la justicia de manera que ésta pueda funcionar con efectiva autonomía e inde-

17 Véase Allan R. Brewer-Carías, "Algo sobre las nuevas tendencias del derecho constitucional: el reconocimiento del derecho a la constitución y del derecho a la democracia," en Sergio J. Cuarezma Terán y Rafael Luciano Pichardo (Directores), en *Nuevas tendencias del derecho constitucional y el derecho procesal constitucional*, Instituto de Estudios e Investigación Jurídica (INEJ), Managua 2011, pp. 73-94.

pendencia; y en fin, sólo controlando al Poder es que puede haber real y efectiva garantía de respeto a los derechos humanos.

De lo anterior resulta, por tanto, que sólo cuando existe un sistema de control efectivo del poder es que puede haber democracia, y sólo en esta es que los ciudadanos pueden encontrar asegurados sus derechos debidamente equilibrados con los poderes Públicos.

Por ello es que antes calificaba a la democracia como una alianza destinada a asegurar el control del poder, lo que implica entre otros, tres derechos políticos claves que los ciudadanos tienen, y que son, además del derecho a la separación de poderes, el derecho a la distribución vertical o territorial del poder para asegurar la participación política; y el derecho al control judicial del ejercicio poder, para asegurar la vigencia de los derechos humanos y el sometimiento del Estado al derecho.

Lo cierto es que, como lo enseña la historia de la humanidad, demasiada concentración y centralización del poder, como ocurre en cualquier régimen autoritario, por más velo democrático que lo cubra por su eventual origen electoral, inevitablemente conduce a la tiranía; y el mundo contemporáneo ha tenido demasiadas experiencias que ya han mostrado toda suerte de tiranos que precisamente usaron el voto popular para acceder al poder, y que luego, mediante su ejercicio incontrolado, desarrollaron gobiernos autoritarios, contrarios al pueblo, el cual fue movilizado al antojo de los gobernantes quienes acabaron con la propia democracia y con todos sus elementos, comenzando por el respeto a los derechos humanos. Allí está precisamente el caso de Venezuela en los últimos veinte años.

Por ello, los gobiernos autoritarios no soportan la existencia de un sistema de descentralización política o de distribución vertical del poder público hacia entidades territoriales dotadas de autonomía política que estén efectivamente más cerca del ciudadano, que es lo único que puede garantizar la efectiva posibilidad de la participación política democrática en la toma de decisiones y en la gestión de los asuntos públicos. Allí está precisamente el caso de la República Federal de Alemania, partiendo precisamente de las previsiones de la Constitución de Bonn de 1949.

Es decir, y es bueno destacarlo siempre, porque se olvida, cuando se habla de democracia participativa, ésta es sólo posible cuando el poder está cerca del ciudadano, lo que sólo se logra multiplicando autoridades locales dotadas de autonomía política.[18] Y tan imbricada está la participación a la descentralización, que en los países altamente descentralizados, como la participación es cotidiana, no existe el clamor por la participación que en cambio se aprecia en los países altamente centralizados.

---

18 Allan R. Brewer-Carías, "El Municipio, la descentralización política y la democracia" en *XXV Congreso Iberoamericano de Municipios, Guadalajara, Jalisco, México, 23 al 26 de octubre del 2001*, 53-61 (México 2003); y *Reflexiones sobre el constitucionalismo en América*, (Editorial Jurídica Venezolana, Caracas 2001, pp. 105-125 y 127-141.

Por ello, la participación política no es simple movilización popular ni se logra estableciendo mecanismos asamblearios de democracia directa. La participación política es la cotidianeidad de la vida ciudadana, que en democracia sólo se asegura a nivel local, en unidades territoriales políticas y autónomas descentralizadas donde se practique el autogobierno mediante representantes electos en forma directa, universal y secreta.

Por ello es que nunca ha habido autoritarismos descentralizados, y menos aún autoritarismos que hayan podido permitir el ejercicio efectivo del derecho a la participación política. Al contrario, en nombre de ésta, lo que han impuesto es la exclusión política al concentrar el poder en unos pocos, independientemente de que hayan sido electos, eliminando incluso el sufragio universal en supuestos niveles comunitarios y participativos.

Por ello, insisto, es que los autoritarismos temen y rechazan tanto la descentralización política como la participación democrática, y en su lugar, lo que usualmente hacen es concebir parapetos políticos de control del poder a través de asambleas de ciudadanos controladas por el poder central o por un partido de gobierno, como los Consejos Comunales que se crearon en Venezuela,[19] configurados como instituciones de manejo centralizado, dispuestas para hacerle creer al ciudadano que participa, cuando lo que se hace es, si acaso, movilizarlo en forma totalmente controlada y para controlarlos, asegurando su dependencia del poder.

De todo lo anterior resulta, por tanto, que para pueda existir democracia como régimen político, no son suficientes las declaraciones contenidas en los textos constitucionales que hablen de derecho al sufragio y de participación ciudadana; ni siquiera de separación de poderes. Tampoco bastan las declaraciones constitucionales sobre "democracia participativa" o incluso sobre descentralización del Estado; ni las solas enumeraciones de los derechos humanos.

Además de todas esas declaraciones, lo que es necesario en la práctica política democrática, es que se pueda asegurar efectivamente la posibilidad de controlar el poder. Solo así es que se puede hablar de democracia, la cual, por lo demás, además de implicar siempre la representación, es un sistema

---

19 Ley de los Consejos Comunales en *Gaceta Oficial* N° 5.806 Extraordinaria de 10 de abril de 2006; reformada en 2009, *Gaceta Oficial* N° 39.335 de 28 de diciembre de 2009. Véase Allan R. Brewer-Carías, **"El inicio de la desmunicipalización en Venezuela: La organización del Poder Popular para eliminar la descentralización, la democracia representativa y la participación a nivel local", en *AIDA, Opera*** *Prima de Derecho Administrativo. Revista de la Asociación Internacional de Derecho Administrativo*, 49-67 (Universidad Nacional Autónoma de México, Facultad de Estudios Superiores de Acatlán, Coordinación de Postgrado, Instituto Internacional de Derecho Administrativo "Agustín Gordillo", Asociación Internacional de Derecho Administrativo, México, 2007; y *Ley de los Consejos Comunales*, Editorial Jurídica venezolana, Caracas 2009.

para la participación. Lo único es que esta última no puede quedar reducida a participar en elecciones o votaciones.

V. SOBRE LA DEMOCRACIA: LA REPRESENTACIÓN Y LA PARTICIPACIÓN

Lo que queda claro, en todo caso, es que el ejercicio de la democracia como derecho ciudadano implica siempre la conjunción de dos principios fundamentales, el principio de la representación y el principio de la participación, que no son excluyentes, pues el sufragio, es decir, votando para elegir representantes en realidad es la forma primaria de participar en la vida política, como lo puede ser también votar en algún referendo.

Ello es así, incluso, aun cuando tengan circunstancialmente peso diverso, como por ejemplo cuando la democracia siendo representativa sólo asegure en forma deficiente la participación. Lo contrario, en cambio, no es posible en el sentido de que no puede haber democracia que sea supuestamente participativa, sin representación, es decir, sin sufragio universal directo y secreto. Es decir, la democracia representativa que no asegura la efectiva participación, es deficiente; pero la supuesta democracia participativa que no asegura la representación es inexistente. De ello resulta, por tanto, que la dicotomía que por incomprensión o por destrucción se trata de establecer entre "democracia representativa" y "democracia participativa," es falsa.

En efecto, si a algo se contrapone la representación, es a la democracia directa, de manera que la dicotomía en cuanto a la forma de ejercicio de la democracia, está entre la democracia "indirecta" (o representativa) y la democracia "directa"[20] (o asamblearia).

Otra cosa es el tema de la participación, que si a algo se contrapone, no es a la representación, sino a la exclusión. La dicotomía en este caso, está entre democracia de inclusión o participativa y democracia de exclusión o exclusionísta; es decir, entre un régimen democrático en el cual el ciudadano tenga efectiva participación en la conducción de los asuntos públicos, y un régimen democrático en el cual el ciudadano, aparte de elegir, esté excluido de participar en ello.

Y esto es precisamente lo que no se tiene claro cuando se habla equivocadamente de "democracia participativa" como supuestamente "contrapuesta" a la "democracia representativa," lo que ocurre en todos los frentes: por una parte, desde la mismas trincheras democráticas, queriendo en realidad referirse, sin saberlo, a la necesidad de introducir a la democracia representativa mecanismos de democracia directa; y por la otra, desde las trincheras autoritarias, confundiendo los conceptos para propugnar la eliminación o minimización de la representatividad y establecer una supuesta relación directa entre un líder y el pueblo, a través de los mecanismos institucionales del Estado dispuestos para movilizar a la población y hacer creer que con

---

20 Véase en general, Luis Aguiar de Luque, *Democracia directa y Estado Constitucional*, Editorial Revista de Derecho Privado, Edersa, Madrid 1977.

ellos se participa, cuando en realidad a lo que conducen es su control y a la destrucción de la democracia.

Partiendo del supuesto de que la democracia representativa o democracia indirecta, es y seguirá siendo de la esencia de la democracia, de manera que nunca podrá haber una democracia que sólo sea asamblearia, refrendaria o de cabildos abiertos permanentes, el tema central a resolver es cómo hacer de la democracia un régimen de inclusión política, es decir, participativa, donde el ciudadano sea efectivamente parte de su comunidad política, y pueda contribuir a toma de las decisiones que le conciernen; de manera que la participación no quede reducida a votar en elecciones o en consultas populares.

Hay que recordar que incluso de acuerdo con el *Diccionario de la Lengua*, participar, en realidad, es "estar incluido," lo que no debe confundirse con mecanismos de democracia directa como las iniciativas legislativas, las consultas populares, los cabildos abiertos y los referendos. Participar, en efecto, en el lenguaje común, es "ser parte de..."; es "pertenecer a...", es "incorporarse a...," "contribuir a...," estar "asociado a..." o "comprometerse a..."; es "tener un rol en...", es tomar parte activa en, estar envuelto en o tener una mano en...; es en fin, "asociarse con...", es "compartir con..." o "tener algo que ver con..."

Por ello, la participación política para el ciudadano no es otra cosa que ser parte de o estar incluido en una comunidad política, en la cual el individuo tenga un rol específico de carácter activo conforme al cual contribuye a la toma de decisiones. Ello se materializa, por ejemplo, sin duda, en el ejercicio del derecho al sufragio o en votar en referendos o consultas populares, que son formas primarias mínimas de participación; o en ser miembro de sociedades intermedias.

Pero la participación no se agota allí, pues para estar incluido es necesario que el ciudadano pueda ser parte efectiva de su comunidad política; permitiéndosele desarrollar, incluso, la conciencia de su efectiva pertenencia a un determinado orden social y político, por ejemplo, a una comunidad; a un lugar; a una tierra; a un campo; a una comarca; a un pueblo; a una región; a una ciudad; en fin, a un Estado.[21]

En todo caso, el tema central a resolver siempre que se trata de la participación democrática, es determinar cómo y en qué lugar la misma puede realizarse. Como lo advirtió hace años Giovanni Sartori cuando se refería a quienes primero habían hablado sobre el tema de la "democracia participativa," diciendo:

> "O el autor de la democracia participativa se decide a clarificar positivamente dónde está lo que corresponde a cuál participación (de cuál naturaleza) y en cuáles lugares (¿en todas partes?); o nos quedamos con un animal que no logró identificar."

---

21 Véase en general, Norberto Bobbio, *El futuro de la democracia,* Fondo de Cultura Económica, México 1992, p. 42.

Sobre ello, con razón, agregaba, que lo que había era "mucho ruido" y "mucha polémica furiosa," provocando dudas sobre si efectivamente había "nacido algo nuevo."[22]

VI. LA PARTICIPACIÓN COMO ESENCIA HISTÓRICA DE LA DEMOCRACIA Y COMO FENÓMENO DE LA VIDA LOCAL

La verdad, sin embargo, es que la democracia participativa no era ni es nada nuevo; ha estado siempre, desde los mismos días de las Revoluciones Francesa y Norteamericana del Siglo XIX, en muchos países hoy con democracias consolidadas. Ha estado siempre, allí, en el nivel más ínfimo de los territorios políticos de los Estados, en las Asambleas locales, en los Municipios, en las Comunas. Lo que pasa es que muchos no la han querido reconocer, e insisten en confundirla.

Es decir, muchos no han querido entender *qué es*, efectivamente, participar en política, y *dónde es* que se puede realmente participar, aun siendo ello parte en la corriente sanguínea de la propia democracia, de manera que, incluso, quienes la ejercen y la viven cotidianamente ni se dan cuenta de ella; ni le prestan atención *(they take it for granted*) y, por ello, a veces no se la logra identificar. Ello sucede, por ejemplo, en las democracias europeas, que son democracias inclusivas, en las cuales, por ello, ni siquiera el tema de la "democracia participativa" es tema de discusión política, pues la participación es asunto de todos los días.

En todo caso, y vale la pena recordarlo, la democracia participativa puede decirse que fue descubierta para Europa en las mismas tumultuosas décadas iniciales del nacimiento del Estado constitucional contemporáneo por quien puede considerarse el primer gran constitucionalista moderno, Alexis de Tocqueville, cuando en 1831 se topó, de frente, sin quererlo, - como en general se han hecho los grandes descubrimientos - con el régimen de gobierno local de asambleas que funcionaba desparramado en todo el territorio de las colonias inglesas en la costa este de Norteamérica, y que hervía en los *Town Halls*. Él había ido a estudiar el régimen carcelario en el naciente Estado americano, y lo que resultó fue su gran obra *La Democracia en América* publicada en 1835.[23]

Esas instituciones comunales, decía De Tocqueville, "son a la libertad lo que las escuelas vienen a ser a la ciencia; la ponen al alcance del pueblo, le hacen paladear su uso político y lo habitúan a servirse de ella."[24]

Pero para cuando eso escribía De Tocqueville, debe recordarse que ya en Europa misma, esa democracia local también estaba en procedo de configurarse como uno de los productos más acabados, y a veces incomprendidos,

---

22 Giovanni Sartori, *¿Qué es democracia?*, Altamira Editores, Bogotá, 1994.

23 Alexis de Tocqueville, *La democracia en América*, Fondo de Cultura Económica, México 1973, pp. 79 y ss.

24 *Idem.*, p. 78.

de la propia Revolución Francesa. Ello, incluso, lo advirtió el propio De Tocqueville en su otra clásica obra del constitucionalismo histórico, *El Antiguo Régimen y la Revolución*, escrito veinte años después, al constatar que:

> "La administración local tiene un contacto diario con [los ciudadanos]; toca continuamente sus puntos más sensibles; influye en todos los pequeños intereses que forman el gran interés que se pone en la vida; es el objeto principal de sus temores y también el de sus esperanzas más queridas; los mantiene vinculados a ella por una infinidad de lazos invisibles que los arrastran sin que se den cuenta"[25].

Sin quererlo, puede decirse que De Tocqueville había descubierto la "participación política," precisamente desarrollada en los gobiernos locales representativos en el sentido de participación política como democracia de inclusión, en la cual el ciudadano toma parte personalmente en un proceso decisorio, interviniendo en actividades estatales y en función del interés general,[26] lo cual sólo puede tener lugar efectivamente en los estamentos territoriales más reducidos, en el nivel local, comunal o municipal.

Es decir, sólo en los niveles político territoriales inferiores de la organización del Estado es que se puede montar una organización participativa que permita la incorporación del ciudadano individual, o en grupos o en comunidades, en la vida pública, y particularmente, en la toma de decisiones públicas generales o de orden administrativo.

Como lo señaló Jaime Castro, uno de los destacados Alcaldes que tuvo la ciudad de Bogotá en el pasado:

> "La democracia moderna no se concibe sin audaces formas de participación ciudadana y comunitaria en el ejercicio del poder a nivel local y regional. Sin la garantía de que todas y todos pueden y deben participar en la preparación de las decisiones que se piensen tomar sobre temas de interés general, en su adopción y ejecución, esto último mediante el control que realicen sobre la gestión de las autoridades y los particulares que ejerzan funciones públicas. Sólo esas formas democráticas de participación le cambian la cara a las instituciones y permiten hablar de un nuevo régimen político."[27]

---

25 Alexis de Tocqueville, *El Antiguo Régimen y la Revolución*, Alianza Editorial, Tomo I, Madrid 1982, p. 15.

26 Véase por ejemplo, en relación con la administración de justicia, Alberto González, "Participación en la Administración de Justicia" en Jorge Londoño U. (Compilador), *Constitucionalismo, participación y democracia*, Librería Jurídica Ethos, Uniboyacá, Bogotá-Tunja, 1997, pp. 76-77.

27 Véase Jaime Castro, *La cuestión territorial*, Editorial Oveja Negra, Bogotá 2003, pp. 201-202. Por ello, eso es lo único que explica que en un excelente libro sobre *Las democracias. Entre el Derecho Constitucional y la Política,* de los profesores Olivier Duhamel y Manuel José Cepeda Espinosa en sus más de 400 páginas donde los autores analizan los regímenes democráticos contem-

Pero por supuesto, para la concepción de ese "nuevo régimen político" el cual, como decía, sin embargo, es tan antiguo como la democracia misma, el tema central que tiene que resolverse es determinar el nivel territorial que se requiere para que pueda haber participación como cotidianeidad democrática, y la opción en esta materia, tal como ocurre por ejemplo en Norteamérica, y en todos los países otros europeos con democracias arraigadas como Francia, Alemania, España e Italia, está en el municipio autónomo desparramado en todos los rincones del Estado, en cada villa, pueblo y caserío, situado bien cerca del ciudadano, con representantes electos democráticamente mediante sufragio universal, directo y secreto.

Definitivamente, al contrario, no es viable; simplemente no es posible la opción para la participación, cuando la misma se sitúa en el gran municipio urbano o rural, ubicado demasiado lejos del ciudadano, o cuando se pretende desarrollarla en entes locales sin autonomía, dependientes del poder central, utilizados como mecanismos para ejecutar políticas populistas de reparto y dominación popular, controladas por el partido de gobierno, como fue el caso de los consejos comunales establecido en Venezuela durante la última década del régimen autoritario.

En esta materia, en efecto, la práctica democrática de los países europeos muestra una realidad incontestable en cuanto al predominio de la existencia en cada Estado de una multiplicidad de municipios con autoridades electas democráticamente mediante sufragio, y entre ellos, incluso, de muchos municipios pequeños. Alemania, por ejemplo, tiene algo más de 16.000 municipios, de los cuales un 75% tiene menos de 5.000 habitantes; y España, tiene más de 8.000 municipios, de los cuales un 85% también tiene menos de 5.000 habitantes. En España, incluso, el 61% de todos los municipios tienen menos de 1.000 habitantes.[28] Es más, en una sola de las Comunidades Autónomas españolas, por ejemplo, la de Castilla y León, hay 2.248 Municipios, de los cuales más de la mitad, es decir, 1.540 Municipios tienen menos de 500 habitantes.[29] O sea en una sola Comunidad Autónoma española, con un área territorial diez veces inferior a la de toda Colombia, hay el doble de

poráneos de Europa y América Latina, solo fue, en la única página, donde los autores usaron la expresión de "democracia de participación" para referirse al sistema suizo Véase Olivier Duhamel y Manuel José Cepeda Espinosa, *Las Democracias. Entre el Derecho Constitucional y la Política*, TM Editores. Universidad de los Andes. Facultad de Derecho, Bogotá, 1997, p. 56. Precisamente, el régimen constitucional de Suiza, entre otros factores por la superficie incluso del país, es el paradigma del federalismo y del régimen local o cantonal.

28 Véase Torsten Sagawe, "La situación de los pequeños municipios en Europa: con especial referencia a la República Federal de Alemania", en Luis Villar Borla et al, *Problemática de los pequeños Municipios en Colombia ¿Supresión o reforma?*, Universidad Externado de Colombia, Bogotá 2003, p. 40.

29 *Informe sobre el Gobierno Local,* Ministerio para las Administraciones Públicas. Fundación Carles Pi i Sunyer dÉtudis Autonòmics y Locals, Madrid 1992, p. 27 ·

municipios que en ese país. Allá, en Castilla y León, sin duda, hay participación de todos los días, aun cuando los propios ciudadanos castellanos no lo crean o no se den cuenta. En cambio, en contraste, y este es un caso extremo, en un país como Venezuela, con un territorio que también tiene diez veces más área que el de Castilla y León, algo inferior al de Colombia, sólo hay 338 Municipios, es decir, solo un décimo de los que existen en el país castellano. Por eso es que en Venezuela, con esa estructura territorial de gobiernos locales, simplemente no hay ni podrá haber real participación política.[30]

Lo cierto, en todo caso, es que la Revolución Francesa, entre los muchos aportes que dio al constitucionalismo moderno, estuvo el de la participación ciudadana, al haber desparramado el poder que hasta entonces estaba concentrado en pocas manos de la Monarquía y de los señores feudales,[31] en más de 40.000 Comunas, como allí se denomina a los municipios, lo que permitió que el Municipio se comenzara a ubicar, en Europa, en cuanta aldea, pueblo, villas y ciudad existía, bien cerca del ciudadano. Todo comenzó en los mismos días de la Revolución, el 4 de agosto de 1789, veinte días antes de que la Asamblea Nacional adoptara la declaración de los Derechos del Hombre y del Ciudadano, cuando la misma Asamblea Nacional declaró irrevocablemente abolidos "todos los privilegios particulares de provincias, principados, cantones, ciudades y comunidades de habitantes, sean pecuniarios o de cualquier otra naturaleza;"[32] eliminándose así los antiguos reinos y las antiguas e históricas circunscripciones territoriales. A ello le siguieron, los Decretos de 14 y 22 de diciembre del mismo año 1789, mediante los cuales se estableció una uniformización territorial general que antes no existía, al dividir el país en Departamentos, éstos en Distritos, los Distritos en Cantones y éstos en Comunas, que fueron las municipalidades, creándose así el Poder Municipal. A tal fin, el primer Decreto dispuso la supresión y abolición que "las Municipalidades existentes en cada villa, burgo, parroquia o comunidad,"[33] con las denominaciones que tuvieren, y se agregó que serían

30 En nuestros países de América Latina la situación no es muy diferente: Argentina: 1.617 municipios; Bolivia: 312 municipios; Brasil: 5.581 municipios; Chile: 340; Cuba: 169 municipios; Ecuador: 1.079 municipios; El Salvador: 262 municipios; Guatemala: 324 municipios: en Honduras: 293 municipios; México: 2.418 municipios; Nicaragua: 143 municipios; Paraguay: 212 municipios; Perú: 1.808 municipios; República Dominicana: 90 municipios; Uruguay: 19 municipios. Véase las referencias en Allan R. Brewer-Carías, *Reflexiones sobre el constitucionalismo en América*, Editorial Jurídica Venezolana, Caracas 2001, pp. 139 y ss.

31 Véase en general, Eduardo García de Enterría, *Revolución Francesa y administración contemporánea*, Taurus Ediciones, Madrid 1981, pp. 17, 41, 46, 49, 50, 56.

32 Véase Luciano Vandelli, *El Poder Local. Su origen en la Francia revolucionaria y su futuro en la Europa de las regiones*, Ministerio para las Administraciones Públicas, Madrid 1992, p. 28, nota 10.

33 Véase Albert Soboul, *La révolution française*, Gallimard, París 1981, pp. 198 y ss.

sustituidas por "colectividades locales del reino" tanto en las ciudades como en el campo, con la misma naturaleza y situadas en el mismo plano constitucional, con el nombre común de municipalidad, que tenían en su cabeza al alcalde. Con ello resultó la sustitución definitiva de las cartas, fueros y privilegios locales, con lo cual, como producto de la revolución según lo observó De Tocqueville, las instituciones municipales resultaron ser "las mismas para todas las partes del territorio y para todos los hombres que los habitan."[34]

Para ello, en el segundo Decreto se dividió el territorio francés de manera uniforme en departamentos, distritos y cantones, suprimiéndose los intendentes, y además se dispuso que "en cada villa, burgo, parroquia y comunidad del campo habrá una municipalidad."[35] Este principio se consagró luego, expresamente, en la Constitución de 1791, al regular en su título "La división del Reino", que: "El Reino es uno e indivisible: su territorio se distribuye en 83 Departamentos, cada Departamento en Distritos, cada Distrito en Cantones." Fue esa creación de Municipios uniformes en todo el territorio de Francia, por tanto, lo que condujo a la sustitución definitiva de las cartas, fueros y privilegios locales, siendo las instituciones locales entonces, las mismas para todas las partes del territorio y para todos los ciudadanos.

De ello resultó que en 1791 en la Francia revolucionaria había 43.915 municipios, que comenzaron a llamarse comunas, y fueron las que en definitiva dieron origen a los más de 34.000 municipios o comunas que hoy existen en ese país. Estas entidades municipales, además de las funciones propias de la Administración general que les podían ser delegadas, ejercían el "poder municipal", concepto que venía de los escritos de Benjamín Constant y de las propuestas de reforma del ministro *Turgot* (1775),[36] y que luego se arraigaría en el constitucionalismo iberoamericano, de manera que por ejemplo, aparece en Venezuela, a partir de la Constitución de 1857 (arts. 6 y 85).

Y de nuevo, comparemos esa realidad con la nuestra, donde en países con territorio que doblan el área del de Francia, como son Colombia y Venezuela, solo tenemos escasos 1.100 o 338 Municipios, respectivamente.

Frente a estas realidades, es que entonces hay que preguntarse sobre el porqué será entonces que en los países que llamamos democráticamente desarrollados como los europeos, donde impera la fragmentación municipal, con municipios autónomos cuyas autoridades son electas mediante sufragio universal, directo y secreto, no se plantea con tanta urgencia la necesidad de la participación ciudadana (porque es de todos los días, en las pequeñas comunidades); y, en cambio en todos nuestros países latinoamericanos, donde al contrario, hay muy pocos municipios para sus enormes territorios y su

---

34 Véase Alexis de Tocqueville, *El Antiguo Régimen y la Revolución*, t. I., Alianza Editorial, Madrid, 1982, pp. 99, 201.

35 Véase Albert Soboul, *La révolution française*, Gallimard, París 1981, pp. 198 y ss.

36 Véase Eduardo García de Enterría, *Revolución Francesa y Administración contemporánea*, Taurus Ediciones, Madrid 1981, pp. 72, 76, 135.

población, es donde más se grita contra nuestras insuficiencias democráticas clamándose a la vez por una "democracia participativa."

Creo que la respuesta es obvia, sobre todo cuando se tiene en cuenta que el contraste que he señalado respecto de la situación en América Latina y en Francia, se repite en relación con todos los demás países europeos. Me refiero, siempre teniendo en cuenta las cifras de los 1.100 Municipios colombianos o los 338 venezolanos, a los 2.539 Municipios que existen en Bélgica; a los 16.121 Municipios que hay en la Alemania unificada;[37] a los 8.104 Municipios que hay en Italia y a los más de 3.000 cantones que hay en Suiza.[38] O sea, solo en Suiza, con un territorio algo mayor que el Departamento de Santander de Colombia, hay tres veces más municipios que en toda Colombia.

Lamentablemente, la conformación del municipio en América Latina, aun cuando tributario de los principios organizativos del municipalismo europeo, tomó otro rumbo en su distribución territorial. Hay que recordar, de lo antes dicho, que tres principios configuraron el régimen municipal napoleónico que como modelo se desparramó en Europa:[39] primero, el principio de la creación de un municipio por cada colectividad local –incluso de dimensiones mínimas- abarcando desde el pequeño pueblo rural hasta el gran centro urbano; segundo, el principio de la uniformidad e igualdad formal del régimen de los municipios a pesar de la diversidad territorial, geográfica y demográfica de los mismos a lo largo y ancho de los territorios estatales; y tercero, las reglas generales de funcionamiento de la tutela, como instrumento de control sobre las entidades locales.

Hacia América, sin embargo, con la excepción del proceso inicial que se plasmó en la Constitución de 1812 de la Provincia de Caracas,[40] sólo hicieron la travesía del Atlántico a comienzos del siglo XIX algunos aspectos del régimen de municipalización uniforme, pero ni el primero ni el último de los principios, es decir, ni el de la generalización de colectividades locales en todo el territorio, ni el del control de tutela, llegaron a nuestras costas; y al contrario, desde el inicio del Siglo XIX, el municipio si bien se arraigó en las ciudades capitales, se siguió ubicando en niveles territoriales muy alejados

---

37 Véase Torsten Sagawe, "La situación de los pequeños municipios en Europa: con especial referencia a la República Federal de Alemania", en Luís Villar Borla et al, *Problemática de los pequeños Municipios en Colombia ¿Supresión o reforma?*, Universidad Externado de Colombia, Bogotá 2003, pp. 42-43.

38 Véase Luciano Vandelli, *El Poder Local. Su origen en la Francia revolucionaria y su futuro en la Europa de las regiones*, Ministerio para las Administraciones Públicas, Madrid 1992, pp. 179; Allan R. Brewer-Carías, *Reflexiones sobre el constitucionalismo en América*, Editorial Jurídica Venezolana, Caracas 2001, pp. 139 y ss.

39 Véase Luciano Vandelli, *El Poder Local..., cit.,* pp. 153 y ss.

40 Véase Allan R. Brewer-Carías, *La Constitución de la Provincia de Caracas de 31 de enero de 1812. Homenaje al Bicentenario*, Academia de Ciencias Políticas y Sociales, Colección Estudios No. 100, Caracas 2011.

de los pueblos, implantándose además el principio de la autonomía municipal, inexistente en el modelo europeo napoleónico. Este último, en efecto, hay que recordar, en Francia sólo se introdujo con las reformas de Mitterand en 1982[41] mediante la Ley de Libertad de las Comunas; y en España con la Ley de Bases del Régimen Local de 1985.

En todo caso, el diferente rumbo que tomó la institución municipal en su implantación territorial derivó, primero, del condicionamiento territorial que en las tierras americanas impuso el desarrollo institucional del proceso colonial, que como se dijo, terminó por ubicar a los Municipios en las capitales provinciales, abarcando enormes territorios; y segunda, por el proceso de conformación del régimen republicano luego de la Independencia, que no sólo acogió el esquema de Municipios establecidos en ámbitos territoriales cada vez más y más alejados de los ciudadanos y de sus comunidades, sino que trató al poder municipal con recelo, particularmente desde el Poder Central que se estaba conformando. No debe olvidarse, incluso, que cuando el Gran Estado concebido por Bolívar en 1821 se implantó, como Estado de Colombia, comprendiendo los territorios de Venezuela, Colombia y Ecuador, el mismo Libertador llegó a suprimir los Municipios en 1828, considerando que eran "una verdadera carga para los ciudadanos, y producen muy pocas utilidades al público."[42]

Pero lo cierto es que en los 200 años que han transcurrido desde la consolidación del Estado de Venezuela independiente establecido en 1819, el panorama territorial de la distribución vertical del poder en los países latinoamericanos ha variado muy poco, careciendo nuestros países del nivel político territorial necesario para que la democracia pueda efectivamente ser participativa, que es el gobierno local. Y nos empeñamos en buscar en otras partes soluciones, que la verdad, no encontraremos.

Y aquí volvemos a lo que afirmábamos al inicio, sobre que la democracia participativa está indisolublemente ligada, no a la democracia directa como erradamente se pretende promocionar, sino a la descentralización política y la municipalización, de manera que la misma no se puede materializar con solo propuestas de incorporación al régimen democrático, de instrumentos como los referendos o las consultas o las iniciativas populares, o de consejos comunales controlados por el poder central, y mucho menos eliminando en estos el sufragio y la representación.

En realidad, la participación política como cotidianeidad democrática o como parte de la democracia como forma de vida, sólo puede darse a nivel local. No hay otra instancia para ello en los Estados; lo demás es falacia y

---

41 Sobre la aplicación de la Ley de 2 de marzo de 1982, véase en general, André Terrazoni, *La décentralization a l'épreuve des faits*, Librairie Générale de droit et de jurisprudence, Paris1987.

42 Véase el decreto de Supresión de las Municipalidad de 17 de noviembre de 1828, en Allan R. Brewer-Carías, *Las Constituciones de Venezuela*, Academia de Ciencias Políticas y Sociales, Vol. I, Caracas 2008, p. 681.

engaño, o mecanismos de democracia directa que son otra cosa. Por ello es que el tema de la "democracia participativa," precisamente no tiene tanta notoriedad en los países europeos, donde la participación es de todos los días, en las pequeñas cosas que pueden tratarse en esos pequeños municipios urbanos y rurales.

La participación política o la democracia participativa están, por tanto, íntimamente unidas al localismo y a la descentralización política, y ésta, a la limitación del poder, lo que es consustancial con la democracia. Por ello, Eduardo García de Enterría afirmó con razón que el régimen local "da curso al derecho ciudadano a participar en todos, completamente en todos los asuntos públicos que afectan a la propia comunidad;"[43] de manera que como también dijo Sebastián Martín Retortillo, hace más de cuarenta años cuando España aún no había entrado en el proceso de transición hacia la democracia, la participación efectiva del ciudadano común, siempre presupone la descentralización.[44]

De manera que sin temor a equivocarnos podemos afirmar que no puede haber participación política sin descentralización política territorial, es decir, sin que exista una multiplicidad de poderes locales y regionales; sin ellos, en definitiva, no puede haber una democracia participativa. Lo que habría es centralismo, que es la base de la exclusión política al concentrar el poder en unos pocos electos, y a la vez, el motivo del desprestigio de la democracia representativa por más aditivos de democracia directa o refrendaria se le implante.

No hay otra forma de perfeccionar la democracia y hacerla más participativa y más representativa, que no sea acercando el Poder al ciudadano, lo que sólo puede llevarse a cabo descentralizando política y territorialmente el Poder del Estado y llevarlo hasta la más pequeña de las comunidades; es decir, distribuyendo el Poder en el territorio nacional.[45] Por tanto, sólo municipalizando los territorios de nuestros países, es que se podrá hacer realidad una democracia efectivamente participativa, para lo cual nuestros países tienen que rescatar, más de doscientos años después, lo que fue la decisión terminante de la Asamblea Nacional Constituyente francesa en aquél diciembre de 1789, y que llegó en América a plasmarse en el texto de la Constitución de la Provincia de Caracas de 1812,[46] de efímera duración, y que

43 Citado en Sebastián Martín Retortillo, en "Introducción" al libro Sebastián Martín Retortillo et al, *Descentralización administrativa y organización política,* Tomo I, Ediciones Alfaguara, Madrid, 1973, p. LVIII.

44 *Idem*, p. LIX.

45 Véase Allan R. Brewer-Carías, "El Municipio, la descentralización política y la democracia," en *XXV Congreso Iberoamericano de Municipios, Guadalajara, Jalisco, México del 23 al 26 de octubre de 2001*, Fundación Española de Municipios y Provincias, Madrid 2003, pp. 53-61.

46 Véase Allan R. Brewer-Carías, *La Constitución de la Provincia de Caracas de 31 de enero de 1812. Homenaje al Bicentenario*, Academia de Ciencias Políticas y Sociales, Colección Estudios No. 100, Caracas 2011.

hoy se traduciría en la frase de que toda comunidad rural, todo caserío, todo pueblo, todo barrio urbano, debería tener su autoridad local como comunidad política. Como se enunció, por ejemplo, en la Constitución de la Provincia del Chaco, de Argentina: "Todo centro de población constituye un municipio autónomo..."[47]

Pero por supuesto, para ello, es decir, para una reforma política de esta naturaleza, tenemos que pensar en otro municipio, para no desparramar territorialmente la estructura burocrática local, mal y uniformemente concebida que tenemos en muchos de nuestros países y que lo que podría provocar es peor democracia; para evitar lo que también se podría originar con los intentos que a veces se han realizado en algunos de nuestros países, donde al contrario de multiplicar los gobiernos locales, se ha propuesto una política de reducción de municipios, calificada hace años con acierto por el Jaime Castro, como un verdadero "genocidio municipal" al comentar el intento que se hizo en Colombia, en 2001, con el Proyecto de Ley 041/01, que proponía la desaparición de materialmente la mitrad de los 1.067 municipios colombianos entonces existentes, aquellos que tenían menos de 14.000 habitantes. Castro advirtió además, entonces, que en Colombia "los municipios son el Estado –la única presencia del Estado- en extensas y abandonadas regiones del país", por lo que lo que habría que hacer, al contrario, era "fortalecer y transformar el pequeño municipio [para] convertirlo en herramienta eficaz de una política de poblamiento territorial y de ocupación continua del espacio físico.[48]

De allí la enorme revalorización que requiere en nuestros países el tema del pequeño municipio como parte del proceso de descentralización político-territorial, para asegurar no sólo la presencia del Estado en el territorio, sino para hacer posible la participación democrática, partiendo de la necesaria diversidad que deben tener las entidades locales; es decir, todo lo contrario al absoluto uniformismo organizacional.

En fin, lo que debemos concientizar es que no hay que temerle a la descentralización política, pues se trata de un fenómeno propio de las democra-

---

47 Artículo 182. Citado por Augusto Hernández Barrera, "Objetivos inéditos de la categorización municipal" en Luis Villar Borda et al, *Problemática de los Pequeños Municipios en Colombia ¿Supresión o reforma?*, Universidad Externado de Colombia, Bogotá 2003, p. 108. Véase, además, Augusto Hernández Becerra, *Ordenamiento y desarreglo territorial en Colombia*, Instituto de Estudios Constitucionales Carlos Restrepo Piedrahita, Bogotá 2001.

48 Véase Jaime Castro, *La cuestión territorial*, Editorial Oveja Negra, Bogotá 2003, pp. 136-137. No puede dejar de pensarse en los mismos términos de "genocidio municipal," cuando se lee una noticia de enero de 2010 sobre que para conmemorar los 200 años de la Independencia, el Gobierno colombiano proyecta la abolición de los resguardos indígenas de origen colonial, retirando a los municipios respectivos los pagos compensatorios del impuesto predial. Véase en http://surcolombiano.com/index.php?option=com_content&task=-view&id=148&Itemid=121&showall=1.

cias, que por supuesto es temido por los autoritarismos. Lo cierto es que no hay ni ha habido autocracias descentralizados, siendo los autoritarismos los que rechazan tanto la descentralización política como la participación democrática, incluyendo los autoritarismos que tradicionalmente nos han gobernado bajo el ropaje del "centralismo democrático," de cualquier cuño que sea, incluso de orden partidista.

No nos dejemos engañar con los cantos de sirenas autoritarios que no se cansan de hablar de "democracia participativa," pero no para hacerla posible descentralizando el poder en el territorio, sino para acabar con la democracia representativa, imposibilitando a la vez la participación. No nos confundamos los demócratas al intentar dar respuesta a las exigencias políticas crecientes de participación democrática, con el sólo establecimiento de paños calientes de carácter refrendario o de iniciativas o consultas populares, que no la agotan en absoluto. En fin, no le tengamos miedo a lo pequeño, que territorialmente hablando es precisamente la lugarización, el pequeño municipio rural y la subdivisión municipal suburbana.

En definitiva, como dijo Santiago Ramón y Cajal, quien fue Premio Nóbel de Medicina en 1906 y quien tuvo la posibilidad de escribir un libro que tituló: *El mundo visto a los ochenta años,* - ojalá todos pudiéramos llegar a hacerlo -: "No hay cuestiones pequeñas -dijo-; las que lo parecen son cuestiones grandes no comprendidas". Y eso es precisamente lo que ocurre con la multiplicidad de municipios y la cuestión de la democracia participativa que plantea: es más grande de lo que a veces creemos, porque en ello nos va la vida de la propia democracia, representativa y participativa.

VII. EL FRAUDE PARTICIPATIVO, O LA FALACIA DE LA PROPUESTA DE IMPLANTAR LA "DEMOCRACIA PARTICIPATIVA" A TRAVÉS DEL "ESTADO COMUNAL" O DEL "PODER POPULAR" EN VENEZUELA

La Constitución de Venezuela de 1999, siguiendo la tradición iniciada con la Constitución federal Alemana de 1949, como se dijo, define al Estado como un Estado Democrático y Social de Derecho y de Justicia con la forma de un Estado federal descentralizado,[49] estructurado sobre la base de un sistema de distribución vertical del Poder Público en tres niveles territoriales (Poder Nacional, el Poder de los Estados y el Poder Municipal, art. 136), cada uno con autonomía política y debiendo tener siempre un gobierno de carácter "electivo, descentralizado, alternativo, responsable, pluralista y de mandatos revocables." A pesar de que al reafirmarse ese orden estatal tradicional, el municipio seguía en el ámbito territorial, muy lejos del ciudadano, en el mismo se formuló el principio descentralizador que solo reduciéndose el

49 Véase el estudio de la Constitución en cuanto a la regulación de este modelo de Estado Constitucional en Allan R. Brewer-Carías, *La Constitución de 1999. Derecho Constitucional venezolano*, 2 tomos, Caracas 2004.

ámbito territorial de los municipios podría conducir a hacer realidad la democracia participativa.

Sin embargo, conforme a las propuestas que Hugo Chávez había comenzado a formular desde 1999, ese orden estatal se trató de cambiar radicalmente en 2007 mediante una propuesta de "reforma constitucional" formulada por el mismo Hugo Chávez, recién reelecto en la Presidencia de la República (2006), [50] calificado como "innovaciones postreras del sistema constitucional y de derechos sociales,"[51] para el Estado democrático de derecho, en una falsa procura de lograr la llamada "democracia participativa," por un sistema de Estado Socialista, Centralizado, Militarista y Policial,[52] denominado Estado del Poder Popular o Estado Comunal, en el cual se eliminaba el sufragio como fuente de elección de los gobernantes.[53]

El trámite del inconstitucional procedimiento de reforma que se eligió, [54] fue impugnado ante la Sala Constitucional del Tribunal Supremo; pero el

---

50 Véase el *Proyecto de Exposición de Motivos para la Reforma Constitucional, Presidencia de la República, Proyecto Reforma Constitucional. Propuesta del Presidente Hugo Chávez Agosto 2007.* El texto completo fue publicado como *Proyecto de Reforma Constitucional. Versión atribuida al Consejo Presidencial para la reforma de la Constitución de la república Bolivariana de Venezuela*, Editorial Atenea, Caracas 01 de julio de 2007,

51 Véase Gladys Gutiérrez Alvarado, *El nuevo paradigma constitucional latinoamericano. Dogmática social extensa y nueva geometría del poder. Especial mención a la Constitución de Venezuela (1999)*, Tesis de doctorado, Zaragoza 2011 (consultada en original) pp. 245-332.

52 Véase Allan R. Brewer-Carías, *Hacia la Consolidación de un Estado Socialista, Centralizado, Policial y Militarista. Comentarios sobre el sentido y alcance de las propuestas de reforma constitucional 2007,* Colección Textos Legislativos, N° 42, Editorial Jurídica Venezolana, Caracas 2007.

53 Véase además, Allan R. Brewer-Carías, "Estudio sobre la propuesta presidencial de reforma constitucional para la creación de un Estado Socialista, Centralizado y Militarista en Venezuela (análisis del anteproyecto presidencial, agosto 2007," en *Anuario da Facultade de Dereito da Universidade da Coruña, Revista jurídica interdisciplinaria internacional,* Con. 12, La Coruña 2008, pp. 87-125; y en "*Revista de Derecho Público*", N° 111, (julio-septiembre 2007), Editorial Jurídica Venezolana, Caracas 2007, pp. 7-42.; y "Hacia la creación de un Estado Socialista, Centralizado y Militarista en Venezuela. Análisis de la propuesta presidencial de reforma constitucional," en *Estudios Jurídicos,* Volumen XIII, Enero 2004-Diciembre 2007, Asociación Hipólito Herrera Billini, Santo Domingo, República Dominica 2008, pp. 17-66. Véase igualmente, Manuel Rachadell, *Socialismo del Siglo XXI. Análisis de la reforma Constitucional propuesta por el Presidente Chávez en agosto de 2007*, Funeda, Editorial Jurídica Venezolana, Caracas 2007.

54 Las reformas propuestas eran de tal importancia que solo podían haberse discutido en una Asamblea Constituyente. Como lo observaron Roberto Viciano Pastor y Rubén Martínez Dalmau, "para cualquier lector de la propuesta de reforma, resulta evidente que un cambio que propone modificar sesenta y nueve

Juez Constitucional se negó a conocer de las acciones de inconstitucionalidad, considerándolas todas incluso como "improponibles,"[55] con la consecuencia de que luego de ser aprobado el proyecto por la Asamblea Nacional el mismo, al ser sometido a referendo que se efectuó en diciembre de 2007, fue rechazado en definitiva por el pueblo.[56]

Con la rechazada propuesta de reforma constitucional, como lo indicó una Magistrada del Tribunal Supremo de Justicia ya controlado por Chávez, quien participó en su preparación, se "intentaba constitucionalizar lo que podemos denominar la democracia participativa directa estructural, con base a la generación de un sistema de estructuras comunitarias de asunción de competencias progresistas."[57] Y en efecto, el proyecto de reforma constitucional de 2007, buscaba cambiar radicalmente el Estado apuntando, según las pautas para su definición que había ido formulando el propio Presidente de la República en varios discursos, en dos direcciones.

---

artículos de la Constitución vigente, y que lo hace para construir, donde antes se hablaba de una democracia participativa, una *democracia socialista* (art. 158); o que se refiere al *Estado socialista* (art. 318) donde antes sólo se hacía referencia al Estado Democrático y Social de Derecho; o que prevé que el Ejecutivo Nacional pueda regular la transición al modelo de *economía socialista* (art. 300 y disposición transitoria novena), es de suficiente envergadura para ser debatido con amplitud en el seno más democrático donde pueda acontecer este debate: una asamblea constituyente." Véase Roberto Viciano Pastor y Rubén Martínez Dalmau, "Necesidad y oportunidad en el proyecto venezolano de reforma constitucional (2007)," en *Revista Venezolana de Economía y Ciencias Sociales* v.14 n.2 Caracas ago. 2008. Véase el texto, además, en http://www.scielo.org.ve/scielo.php?script=sci_arttext&pid=S131564112008000200007.

55 Véase Allan R. Brewer-Carías, "El juez constitucional vs. la supremacía constitucional O de cómo la jurisdicción constitucional en Venezuela renunció a controlar la constitucionalidad del procedimiento seguido para la 'reforma constitucional' sancionada por la Asamblea Nacional el 2 de noviembre de 2007, antes de que fuera rechazada por el pueblo en el referendo del 2 de diciembre de 2007," en Eduardo Ferrer Mac Gregor y César de Jesús Molina Suárez (Coord.), *El juez constitucional en el Siglo XXI,* Universidad nacional Autónoma de México, Suprema Corte de Justicia de la Nación, México 2009, Tomo I, pp. 385-435.

56 Véase Allan R. Brewer-Carías, "La proyectada reforma constitucional de 2007, rechazada por el poder constituyente originario", en *Anuario de Derecho Público 2007,* Año 1, Instituto de Estudios de Derecho Público de la Universidad Monteávila, Caracas 2008, pp. 17-65. Véase sobre dicha reforma los estudios publicados en el número monográfico de la *Revista de Derecho Público* de Venezuela (N° 112, octubre-diciembre 2007, Estudios sobre la reforma constitucional, Editorial Jurídica Venezolana, Caracas 2007, 716 pp.

57 Véase Gladys Gutiérrez Alvarado, *El nuevo paradigma constitucional latinoamericano. Dogmática social extensa y nueva geometría del poder. Especial mención a la Constitución de Venezuela (1999)*, Tesis de doctorado, Zaragoza 2011 (consultada en original) p. 245.

Por una parte, la reforma apuntaba hacia la conformación de un "Estado del Poder Popular" o del "Poder Comunal," o "Estado Comunal," con una doctrina oficial "bolivariana" que se identificaba como "el Socialismo del Siglo XXI,"[58] y un sistema económico comunista, de capitalismo de Estado [59](en sustitución del Estado social y democrático de derecho regulado en la Constitución de 1999), estructurado desde los Consejos Comunales que ya habían sido creados al margen de la Constitución en 2006.[60] Las mismas ya se habían creado como unidades u organizaciones sociales con voceros *no electos* mediante sufragio universal, directo y secreto, y por tanto conformadas *sin autonomía* político territorial, supuestamente dispuestos para canalizar la "participación ciudadana," pero conforme a un sistema de conducción centralizado desde la cúspide del Poder Ejecutivo Nacional. Con ello, bajo la ilusión del Poder Popular, lo que se buscaba era la eliminación definitiva de la forma federal del Estado, imposibilitando la participación política y degradando la democracia representativa; [61] y todo ello bajo la ilusión de la supuesta organización de la población para su "participación" controlada desde la Jefatura de la Administración del Estado, a través del partido oficial único creado desde el Estado. Es decir, con la reforma constitucional que el pueblo rechazó, materialmente desaparecía la democracia representativa y las autonomías político territoriales, las cuales se buscaba sustituir por un esquema estatal centralizado supuestamente montado sobre una democracia "participativa y protagónica" que estaba controlada total y centralizadamente desde arriba, por el Jefe de Estado, en la cual quedaba proscrita toda forma de descentralización política y autonomía territorial; y que a la vez, restringía los mecanismos de participación política que están directamente regulados en la Constitución, como eran los referendos y la participación de la socie-

---

58 Véase Manuel Rachadell, *Socialismo del Siglo XXI. Análisis de la reforma Constitucional propuesta por el Presidente Chávez en agosto de 2007*, Funeda, Editorial Jurídica Venezolana, Caracas 2007.

59 Véase sobre el "Socialismo del Siglo XXI," como propuesta en cuya elaboración participó activamente Juan Carlos Monedero, véase sus trabajos publicados en Caracas, "Hacia una filosofía política del socialismo en el Siglo XXI," en *Cuadernos del CENDES*, N° 68, Año 25, mayo-junio 2008, pp. 71-106; "La reinvención de la Venezuela revolucionaria y los fantasmas del pasado," en *Revista Comuna. Pensamiento Crítico en la Revolución*, núm.1, Caracas, 2009; y "Socialismo y Consejos Comunales: La Filosofía Política del Socialismo en el Siglo XXI," en *Comuna. Pensamiento Crítico en la Revolución*, Nº 4: Del Estado Heredado al Nuevo Estado, primer trimestre de 2011, pp. 97-142 en http://www.juancarlosmonedero.org/wp-content/uploads/2012/12/Socialismo-y-Consejos-Comunales-La-Filosof%C3%ADa-Pol%C3%ADtica-del-Socialismo-en-el-Siglo-XXI.pdf.

60 Véase la Ley de Consejos Comunales *Gaceta Oficial,* N° 5.806 *Extra.* de 10 de abril de 2006.

61 Véase los comentarios más recientes en Gabriel Sira Santana, *Poder Popular, descentralización y participación ciudadana*, Centro para la Integración y el Derecho Público, Editorial Jurídica Venezolana, Caracas 2018, pp. 102 ss.

dad civil en los Comité de Postulaciones de altos funcionarios de los Poderes Públicos.[62]

Y por la otra, la reforma rechazada apuntaba a la estructuración de un Estado socialista, con una doctrina socialista y "bolivariana" como doctrina oficial, sustituyendo al sistema plural de libertad de pensamiento y acción que siempre había existido en el país y, en particular, sustituyendo la libertad económica y el Estado de economía mixta –que también había existido siempre –, por un sistema de economía estatista y colectivista, de capitalismo de Estado, sometido a una planificación centralizada, minimizando el rol del individuo y eliminando todo vestigio de libertad económica y de propiedad privada.[63]

Todo ello, sin embargo, como se dijo, fue rechazado en el referendo efectuado en diciembre de 2007, lo que sin embargo, no impidió que las propuestas fueran en buena parte implementadas en los años sucesivos, en forma totalmente irregular y al margen de la Constitución, mediante la sanción por la Asamblea Nacional de diversas leyes ordinarias, entre ellas, para solo referirnos al tema de la organización territorial del Estado, en 2007, de la Ley de los Consejos Comunales,[64] y de la Ley de la Comisión de Planifi-

---

62 Véase Allan R. Brewer-Carías, "La proyectada reforma constitucional de 2007, rechazada por el poder constituyente originario," en *Anuario de Derecho Público 2007,* Año 1, Instituto de Estudios de Derecho Público de la Universidad Monteávila, Caracas 2008, pp. 17-65. Sobre esto, Roberto Viciano Pastor y Rubén Martínez Dalmau, expresaron que "Más peligroso era el retroceso que se experimentaba en el concepto de democracia participativa, verdadero sustento del proceso de cambio en Venezuela desde 1998. En ese sentido, el proyecto aumentaba sistemáticamente todos los porcentajes de firmas necesarios para promover un mecanismo de participación popular, en algunos casos haciéndolos impracticables pues se exigía, por ejemplo, la firma de 30 por ciento de los electores de la circunscripción para activar el referendo revocatorio de cargos públicos (art. 72), el abrogatorio de leyes y decretos con valor de ley (art. 74) o la convocatoria de una Asamblea Nacional Constituyente (art. 348). En vez de facilitar la participación, en este aspecto el proyecto endurecía las condiciones para que ésta tuviera lugar de forma efectiva." Véase Roberto Viciano Pastor y Rubén Martínez Dalmau, "Necesidad y oportunidad en el proyecto venezolano de reforma constitucional (2007)," en *Revista Venezolana de Economía y Ciencias Sociales* v.14 n.2 Caracas ago. 2008.

63 Véase sobre la propuesta: Allan R. Brewer-Carías, *La Reforma Constitucional de 2007 (Comentarios al proyecto inconstitucionalmente sancionado por la Asamblea Nacional el 2 de noviembre de 2007)*, Colección Textos Legislativos, Nº 43, Editorial Jurídica Venezolana, Caracas 2007, 224 pp.; Manuel Rachadell, *Socialismo del Siglo XXI. Análisis de la reforma Constitucional propuesta por el Presidente Chávez en agosto de 2007*, Funeda, Editorial Jurídica Venezolana, Caracas 2007; y Gabriel Sira Santana, *Poder Popular, descentralización y participación ciudadana*, Centro para la Integración y el Derecho Público, Editorial Jurídica Venezolana, Caracas 2018, pp. 102 ss.

64 Véase en *Gaceta Oficial* N° 5.806 Extra. de 10-04-2006. Véase Allan R. Brewer-Carías, "**El inicio de la desmunicipalización en Venezuela: La organi-**

cación Centralizada;[65] luego, en 2008, de diversos decretos leyes que tocaron aspectos específicos de las propuestas de reforma rechazadas;[66] en 2009, de la legislación relativa al Distrito Capital, eliminándosele el carácter de entidad local autónoma de la capital Caracas, que regula la Constitución;[67] y finalmente, en 2010, de las Leyes Orgánicas del Poder Popular destinadas a implementar la rechazada reforma constitucional, [68] pero esta vez con un definitivo signo marxista, tal como resultó de la declaración del Presidente de la República a comienzos de dicho año, al asumir el marxismo,[69] el cual, como doctrina, fue incorporado ese mismo año 2010 en la Declaración de Principios del partido oficial del gobierno.[70]

---

zación del Poder Popular para eliminar la descentralización, la democracia representativa y la participación a nivel local", en *AIDA, Opera* *Prima de Derecho Administrativo. Revista de la Asociación Internacional de Derecho Administrativo*, Universidad Nacional Autónoma de México, Facultad de Estudios Superiores de Acatlán, Coordinación de Postgrado, Instituto Internacional de Derecho Administrativo "Agustín Gordillo," Asociación Internacional de Derecho Administrativo, México, 2007, pp. 49 a 67.

65 Véase en *Gaceta Oficial* N° 5.841, Extra. de 22 de junio de 2007. Véase Allan R. Brewer-Carías, "Comentarios sobre la inconstitucional creación de la Comisión Central de Planificación, centralizada y obligatoria", *Revista de Derecho Público*", N° 110, (abril-junio 2007), Editorial Jurídica Venezolana, Caracas 2007, pp. 79-89.

66 Véase sobre los decretos leyes dictados 2008 implementando la rechazada reforma constitucional, los estudios publicados en el número monográfico de la *Revista de Derecho Público*, N° 155, julio -septiembre 2008, Caracas 2009, 675 pp.

67 Véase en *Gaceta Oficial* N° 39.156, de 13 de abril de 2009. Véase en general, Allan R. Brewer-Carías et al., *Leyes sobre el Distrito Capital y el Área Metropolitana de Caracas*, Editorial Jurídica Venezolana, Caracas 2009.

68 Véase las críticas sobre estas Leyes en: Allan R. Brewer-Carías, Claudia Nikken, Luis A. Herrera Orellana, Jesús María Alvarado Andrade, José Ignacio Hernández y Adriana Vigilanza, *Leyes Orgánicas sobre el Poder Popular y el Estado Comunal (Los consejos comunales, las comunas, la sociedad socialista y el sistema económico comunal)*, Colección Textos Legislativos N° 50, Editorial Jurídica Venezolana, Caracas 2011, pp. 9-183. Véase los comentarios más recientes en Gabriel Sira Santana, *Poder Popular, descentralización y participación ciudadana*, Centro para la Integración y el Derecho Público, Editorial Jurídica Venezolana, Caracas 2018, pp. 102 ss.

69 En su Mensaje anual ante la Asamblea Nacional, el 15 de enero de 2010, el Presidente Chávez declaró, que "asumía el marxismo" aunque confesó que nunca había leído los trabajos de Marx. Véase María Lilibeth Da Corte, "Por primera vez asumo el marxismo," en *El Universal*, Caracas Jan. 16, 2010, http://www.eluniversal.com/2010/01/16/pol_art_por-primera-vez-asu_1726209.shtml.

70 Véase la "Declaración de Principios, I Congreso Extraordinario del Partido Socialista Unido de Venezuela," Apr. 23, 2010, at http://psuv.org.ve/files/tc-documentos/Declaracion-de-principios-PSUV.pdf.

Esas Leyes sobre el Poder Popular se sancionaron en diciembre de 2010, atropelladamente, luego de la pérdida de la mayoría calificada que tenía el gobierno como resultado de las elecciones parlamentarias de ese año, no sólo en fraude a la voluntad popular y a la Constitución (porque implementaban reformas constitucionales ya rechazadas por el pueblo), sino además, sin consulta popular alguna (violando el principio participativo), terminándose con las mismas de definir el marco normativo de un nuevo Estado, establecido en *paralelo al Estado Constitucional*, desconstitucionalizándolo,[71] denominado "Estado Comunal" o del "Poder Popular."

Esas Leyes Orgánicas fueron, además de la Ley Orgánica del Poder Popular, las Leyes Orgánicas de las Comunas,[72] del Sistema Económico Comunal,[73] de Planificación Pública y Comunal[74] y de Contraloría Social.[75] Además, en el mismo marco de estructuración del Estado Comunal montado sobre el Poder Popular se destacan las reformas de la Ley Orgánica del Poder Público Municipal,[76] y de las Leyes de los Consejos Estadales de Planificación y Coordinación de Políticas Públicas,[77] y de los Consejos Locales de Planificación Pública.[78] En diciembre de 2010, además, se trató de aprobar la Ley Orgánica del Sistema de Transferencia de Competencias y Atribuciones de los Estados y Municipios a las Organizaciones del Poder Popular, la cual sin embargo no llegó a ser sancionada; habiendo sido en cambio sancionada en

---

71 Véase en general sobre este proceso de desconstitucionalización del Estado, Allan R. Brewer-Carías, "La desconstitucionalización del Estado de derecho en Venezuela: del Estado Democrático y Social de derecho al Estado Comunal Socialista, sin reformar la Constitución," *en Libro Homenaje al profesor Alfredo Morles Hernández, Diversas Disciplinas Jurídicas,* (Coordinación y Compilación Astrid Uzcátegui Angulo y Julio Rodríguez Berrizbeitia), Universidad Católica Andrés Bello, Universidad de Los Andes, Universidad Monteávila, Universidad Central de Venezuela, Academia de Ciencias Políticas y Sociales, Vol. V, Caracas 2012, pp. 51-82; en Carlos Tablante y Mariela Morales Antonorzzi (Coord.), *Descentralización, autonomía e inclusión social. El desafío actual de la democracia*, Anuario 2010-2012, Observatorio Internacional para la democracia y descentralización, En Cambio, Caracas 2011, pp. 37-84; y en *Estado Constitucional,* Año 1, N° 2, Editorial Adrus, Lima, junio 2011, pp. 217-236.

72 Véase en *Gaceta Oficial* N° 6.011 Extra. de 21 de diciembre de 2010.

73 Véase en *Gaceta Oficial* N° 6.011 Extra. de 21 de diciembre de 2010.

74 Véase en *Gaceta Oficial* N° 6.011 Extra. de 21 de diciembre de 2010.

75 Véase en *Gaceta Oficial* N° 6.011 Extra. de 21 de diciembre de 2010.

76 Véase en *Gaceta Oficial* N° 6.015 Extra. de 28 de diciembre de 2010.

77 Véase en *Gaceta Oficial* N° 6.015 Extra. de 30 de diciembre de 2010.

78 Véase en *Gaceta Oficial* N° 6.015 Extra. de 30 de diciembre de 2010.

2012, con el nombre de Ley Orgánica para la Gestión Comunitaria de Competencias, Servicios y otras atribuciones.[79]

La Asamblea Nacional, además, sancionó una Ley habilitante autorizando al presidente de la República para por vía de legislación delegada, dictar leyes en todas las materias imaginables, incluso de carácter orgánico, vaciando así por un período de 18 meses, hasta 2012, a la entonces nueva Asamblea Nacional de materias sobre las cuales poder legislar. Posteriormente, con estas leyes, sin duda, se decretó una transformación radical del Estado,[80] estableciendo un Estado Socialista por el cual nadie había votado, y más bien había sido rechazado; con el agravante de que ello se hizo sin reformarse la Constitución.

Este Estado paralelo se estableció con la Comuna como a su célula fundamental, buscando suplantar inconstitucionalmente al Municipio en el carácter que tiene de "unidad política primaria de la organización nacional" (art. 168 de la Constitución), con la consecuente desmunicipalización del país.[81] Es decir, con estas leyes orgánicas, se crearon inconstitucionalmente instancias políticas destinadas a vaciar de competencias a los órganos del Estado (la República, los Estados, los Municipios y demás entidades locales), asignándole funciones políticas, pero sin asegurar su carácter electivo mediante la elección de sus representantes a través de sufragio universal, directo y secreto; sin asegurar su autonomía política que solo puede derivar de la descentralización política; y sin garantizar su carácter pluralista, al disponer que no podían estar vinculados a otra ideología que no fuera el Socialismo.

En el centro de esas instancias, como se dijo, se crearon las Comunas, a través de las cuales ese Estado ejerce el Poder Popular, el cual se concreta en

79 Véase en *Gaceta Oficial* N° 6.079 Extra. de 15 de junio de 2012, reimpresa en Gaceta Oficial N° 39.954 de 28 de junio de 2012.

80 Véase en *Gaceta Oficial* N° 6.011 Extra. de 21 de diciembre de 2010. Véase en general sobre estas leyes, Allan R. Brewer-Carías, Claudia Nikken, Luis A. Herrera Orellana, Jesús María Alvarado Andrade, José Ignacio Hernández y Adriana Vigilanza, ***Leyes Orgánicas sobre el Poder Popular y el Estado Comunal (Los consejos comunales, las comunas, la sociedad socialista y el sistema económico comunal),*** Colección Textos Legislativos N° 50, Editorial Jurídica Venezolana, Caracas 2011; Allan R. Brewer-Carías, "La Ley Orgánica del Poder Popular y la desconstitucionalización del Estado de derecho en Venezuela," en *Revista de Derecho Público*, N° 124, Editorial Jurídica Venezolana, Caracas 2010, pp. 81-101,

81 Véase Allan R. Brewer-Carías, "El inicio de la desmunicipalización en Venezuela: La organización del Poder Popular para eliminar la descentralización, la democracia representativa y la participación a nivel local", en *AIDA, Opera Prima de Derecho Administrativo. Revista de la Asociación Internacional de Derecho Administrativo*, Universidad Nacional Autónoma de México, Facultad de Estudios Superiores de Acatlán, Coordinación de Postgrado, Instituto Internacional de Derecho Administrativo "Agustín Gordillo", Asociación Internacional de Derecho Administrativo, México, 2007, pp. 49 a 67.

el ejercicio de la soberanía popular supuestamente sólo "directamente" por el pueblo, y no mediante representantes. Se trata, por tanto, de un sistema político estatal en el cual se ignora la democracia representativa violándose así, abiertamente, la Constitución de la República, y se abolió la descentralización política.

Ese Estado Comunal, sin sufragio ni representación, se pretendió estructurar mediante una deformada y maleable organización supuestamente para la "participación protagónica del pueblo" pero en la cual éste, en definitiva, termina ejerciendo la soberanía no en forma directa, sino igualmente en forma "indirecta," pero no mediante representantes electos, sino mediante "voceros," quienes sin embargo no se "eligen" mediante sufragio, sino que son "nombrados" a dedo para ejercer el Poder Popular " en nombre del pueblo," por el partido de gobierno y por instrucciones desde el Poder Central; organización que tiene la misión de ir vaciando progresivamente de competencias al Estado Constitucional representativo. Con estas leyes, entonces, se terminó de definir, al margen de la Constitución, el marco normativo de un nuevo Estado supuestamente el "Estado participativo," para funcionar en *paralelo al Estado Constitucional*, que se denominó "Estado Comunal" y que si nos atenemos a las experiencias históricas precedentes, todas fracasadas, unas desaparecidas como el de la Unión Soviética, y otros en vías de degradación como el de Cuba, no han sido otra cosa que un Estado Comunista, para el cual se adoptó al Socialismo como doctrina oficial pública, impuesta a los ciudadanos para poder participar, montado sobre un sistema político centralizado, militarista y policial para el ejercicio del poder.

El objetivo fundamental de dichas leyes, como se dijo, fue la organización del "Estado Comunal," buscando suplantar inconstitucionalmente al Municipio con la Comuna, en el carácter que tiene de "unidad política primaria de la organización nacional" (art. 168 de la Constitución). En ese esquema, y siguiendo la pauta del proyecto de la rechazada Reforma Constitucional de 2007, se impuso a los Municipios la obligación de transferir sus competencias a las Comunas, vaciándoselos de competencias, y se organizaron los Consejos Comunales como supuestas instancias "de participación para el ejercicio directo de la soberanía popular," definiéndoselos supuestamente "en el marco constitucional de la democracia participativa y protagónica," como instancias de participación que permiten al pueblo organizado "ejercer el gobierno comunitario y la gestión directa de las políticas públicas" en "la construcción del nuevo modelo de sociedad socialista de igualdad, equidad y justicia social."

Sobre este vaciamiento de las competencias de los órganos constitucionales (Estados y Municipios) que, por supuesto solo podría hacerse con una reforma constitucional, la magistrada del Tribunal Supremo, Gladys Gutiérrez, incluso destacó, al analizar el "Estado participativo," que supuestamente se estaba haciendo para "transferir competencias y funciones a las comunidades y grupos vecinales organizados" considerados como "nuevas estructuras orgánicas (sujetos de descentralización) a nivel de las parroquias, las comunidades, los barrios y las vecindades."[82] Dichas estructuras, sin embargo, no podían considerarse como tales "sujetos de descentralización," pues para ello debían tener autonomía política con gobiernos locales electos mediante sufragio universal, directo y secreto, que es consustancial a la descentralización política, lo cual no era cierto. Es decir, bajo el ángulo del principio democrático representativo que se quería eliminar con dichas Leyes del Poder Popular, esos Consejos Comunales no eran precisamente órganos de representación del pueblo pues sus miembros no son electos mediante sufragio universal, directo y secreto, sino designados a mano alzada en Asambleas de ciudadanos (arts. 4.6 y 11), en las cuales solo pueden participar los inscritos en el Partido Socialista Unido del gobierno y, por tanto, controladas por este, sin que se garantice pluralismo político alguno,[83] y a través de éste por el Poder Central.

Para ello, la Leyes montaron toda una organización ministerial del Ejecutivo Nacional, que lejos de ser un instrumento de participación y descentralización – concepto que está indisolublemente unido a la autonomía política – configura el sistema como un marco centralizado sometiendo a las comunidades al control férreo por parte del Poder Ejecutivo a través de un Ministerio de las Comunas, creado como "órgano coordinador de las políticas públicas relacionadas con la promoción, formación, acompañamiento integral y financiamiento de los proyectos socio-productivos, originados del seno de las comunidades, las comunas o constituidos por entes del Poder Público conforme a lo establecido en el Plan de Desarrollo Económico y Social de la Nación, las disposiciones de la Ley, su Reglamento y demás normativas aplicables" (art. 7), al cual se le asignaron competencia para registrar y otorgar la personalidad jurídica a las organizaciones comunales. Con ello, en definitiva, se dejó en manos del Ejecutivo Nacional la decisión de registrar o no un consejo comunal, una comuna o una ciudad comunal, y ello lo ha hecho, por supuesto, aplicando la letra de la Ley, lo que significa que si están conducidas por "voceros" que no sean socialistas, no cabe su registro ni, por tanto, su reconocimiento como persona jurídica, así sea producto genuino de una iniciativa popular. Es decir, la "participación" quedó en manos del gobierno central.

---

82 Véase Gladys Gutiérrez Alvarado, *El nuevo paradigma constitucional latinoamericano. Dogmática social extensa y nueva geometría del poder. Especial mención a la Constitución de Venezuela (1999)*, Tesis de doctorado, Zaragoza 2011 (consultada en original) p. 538.

83 Con ello se confirmó uno de los temores expresados por Juan Carlos Monedero, en el sentido de que "la instauración de un sistema de partido único es una simplificación de la organización humana que asombra por su grosería." Véase en Juan Calos Monedero, Hacia una filosofía política del socialismo en el Siglo XXI," en *Cuadernos del CENDES*, N° 68, Año 25, mayo-junio 2008, pp. 88.

Una verdadera democracia participativa solo puede tener lugar en un sistema político descentralizado políticamente,[84] que pueda garantizar por ejemplo, a los miembros de los Consejos Comunales, las comunas y todas las organizaciones e instancias del Poder Popular, el ser electas democráticamente por sufragio universal, directo y secreto, y no a mano alzada por asambleas controladas por el partido oficial y por el Ejecutivo Nacional en contravención al modelo de Estado democrático y social de derecho y de justicia descentralizado establecido en la Constitución.

Es decir, la supuesta "democracia participativa" no fue más que una falacia, pues en definitiva, en ese "edificio" del Estado Comunal, se le negó al pueblo el derecho de elegir libremente mediante sufragio universal, directo y secreto a quienes van a representarlo en todos esos ámbitos. Se trató más bien de un "edificio" de organizaciones para evitar que el pueblo realmente ejerciera la soberanía e imponerle mediante férreo control central, políticas por las cuales nunca tendrá la ocasión de votar.

Por ello, las "formas de autogobierno comunitarias y comunales, para el ejercicio directo del poder" que se regularon en la Ley Orgánica del Poder Popular (art. 1), al desaparecer el sufragio para elegir sus "voceros," son contrarias a la concepción de un Estado descentralizado, por carecer las mismas de autonomía política, y no fueron establecidas para promover la participación sino para controlar a la ciudadanía, incluso con un pensamiento único, exclusivamente socialistas.[85] Esta idea de una supuesta participación

---

84 Véase por ejemplo, Allan R. Brewer-Carías, "Democracia participativa, descentralización política y régimen municipal", en Miguel Alejandro López Olvera y Luis Gerardo Rodríguez Lozano (Coordinadores), *Tendencias actuales del derecho público en Iberoamérica*, Editorial Porrúa, México 2006, pp. 1-23; Allan R. Brewer-Carías, "La descentralización del poder en el Estado democrático contemporáneo", en Antonio María Hernández (Director) José Manuel Belisle y Paulina Chiacchiera Castro (Coordinadores), *La descentralización del poder en el Estado Contemporáneo*, Asociación Argentina de derecho constitucional, Instituto Italiano de Cultura de Córdoba, Instituto de derecho constitucional y derecho público provincial y municipal Joaquín V. González, Facultad de Derecho y Ciencias Sociales Universidad nacional de Córdoba, Córdoba Argentina, 2005, pp. 75-89.

85 Véase una crítica a los criterios que hemos expuesto en contra de las Leyes orgánicas del Poder, en Francisco Palacios Romeo, "Falacias ideológicas y aporías técnicas sobre los nuevos procesos políticos de América Latina (en torno a un argumentario de Brewer Carías sobre el hecho social-participativo)," en *Actas Congreso Internacional América Latina: la autonomía de una región (XV Encuentro de latinoamericanistas españoles),* Consejo Español de Estudios Iberoamericanos, 2012, p. 615. En la primera nota al pie de página de su artículo, Palacios justificó su artículo diciendo que yo era el más conspicuo de todo este elenco de autores," o el "principal crítico del nuevo modelo constitucional venezolano," por lo que fui: "tomado como ejemplo central porque Allan Randolph Brewer es, a su vez, el autor de referencia de toda la oposición académica al modelo constitucional y de gobierno desde el inicio del proceso

sin sufragio, incluso fue aceptada por la Sala Constitucional del Tribunal Supremo de Justicia, sometida a control total por parte del Poder Ejecutivo, en una sentencia Nº 355 de 16 de mayo de 2017, en la cual llegó a afirmar que el "derecho general a participar en los procesos de decisión en las distintas áreas como la económica, social y cultural," supuestamente se ha establecido "a diferencia de la democracia representativa" "no limitándose a la designación de representantes a cargos públicos de representación popular, toda vez que lo que se plantea, en definitiva, es el protagonismo fundamental de los ciudadanos."[86] Sin embargo, tratándose de pretendidas entidades políticas territoriales como son los Consejos Comunales, la designación de sus autoridades no podría realizarse en otra forma que no fuera democráticamente mediante elección por sufragio universal, directo y secreto.

Es un error elemental, por tanto, calificar toda esa estructura de Consejo Comunales como una organización de "descentralización comunitaria," para "generar espacios de participación directa estructural, acercando a los ciudadanos los núcleos de toma de decisiones,"[87] cuando es bien sabido, como ya lo hemos expresado, que para que haya descentralización política en el derecho público venezolano, entre niveles territoriales donde se tomen decisiones, es indispensable que tanto la entidad que descentraliza una competencia como la que recibe la competencia sean "entidades políticas," lo que implica que deben tener un gobierno democrático propio electo mediante sufragio universal, directo y secreto. Este principio que es tan viejo como los estudios iniciales de derecho administrativo venezolano.[88]

---

político-constitucional en 1999. Las publicaciones académicas que recoge su web personal suman la muy significativa cantidad de mil ochenta y cinco."

86 Véase Caso: *impugnación de la Ley de reforma de la Ley Orgánica del Poder Público Municipal,* en http://historico.tsj.gob.ve/decisiones/scon/mayo/199013-355-16517-2017-11-0120.HTML. Véase los comentarios a esta sentencia en Emilio J. Urbina Mendoza, "Todas las asambleas son sufragios, y muchos sufragios también son asambleas. La confusión lógica de la sentencia 355/2017 de la Sala Constitucional del Tribunal Supremo de Justicia y la incompatibilidad entre los conceptos de sufragio y voto asambleario," y José Ignacio Hernández G., "Sala Constitucional convalida la desnaturalización del Municipio. Notas sobre la sentencia N° 355/2017 de 16 de mayo," en *Revista de Derecho Público*, Nº 150-151 (enero-junio 2017), Editorial Jurídica Venezolana, Caracas 2017, pp. 107-116 y 349-352.

87 Véase Francisco Palacios Romeo, "Falacias ideológicas y aporías técnicas sobre los nuevos procesos políticos de América Latina (en torno a un argumentario de Brewer Carías sobre el hecho social-participativo)," en *Actas Congreso Internacional América Latina: la autonomía de una región (XV Encuentro de latinoamericanistas españoles),* Consejo Español de Estudios Iberoamericanos, 2012, p. 616.

88 Véase Allan R. Brewer-Carías, *Introducción al estudio de la organización administrativa venezolana*, Colección Monografías Administrativas, N° 1, Editorial Jurídica Venezolana, Caracas, 1978, 135 pp.; 2a. edición, Caracas 1980, 133 pp.; 3a. edición, Caracas 1983, 138 pp.; *Principios del régimen jurídico de*

Es decir, conforme al régimen venezolano se descentraliza entre la República y los Estados de la federación, y entre la República y los Estados y los Municipios (art. 157 de la Constitución), e incluso entre los Municipios y las Juntas Parroquiales (eliminadas inconstitucionalmente en 2010). Todas esas entidades tienen el carácter de ser autónomas y con gobiernos electos mediante sufragio universal directo y secreto. No puede calificarse de "descentralización" la transferencia de competencias municipales, por ejemplo, a consejos comunales que no tienen autonomía política, es decir, que no son constitucionalmente "entidades políticas," y que más bien son controladas por el Poder Central. Esos llamados "espacios de participación directa estructural," en realidad no acercan "a los ciudadanos a los núcleos de toma de decisiones,"[89] más bien los alejan al ubicarse dicha toma de decisiones, en la práctica política, en la cúspide del Poder Central, en un Ministerio del Ejecutivo Nacional.

El artículo 184 de la Constitución, ciertamente dispone que la ley puede crear mecanismos abiertos y flexibles para que los Estados descentralicen y transfieran a las comunidades y grupos vecinales organizados lo servicios que éstos gestionen; pero para que pueda hablarse de "descentralización," es necesario que esas organizaciones que se establezcan en "las comunidades y grupos vecinales organizados," estén a cargo de gobiernos locales electos mediante sufragio universal y directo. Es decir, debe tratarse de "entidades políticas" gobernadas mediante los principios de la democracia representativa, que efectivamente acerquen el poder a los ciudadanos y estos puedan participar. Pero sin esa autonomía política, simplemente no se puede hablar en Venezuela de descentralización.

Por todo ello es que hemos dicho, ciertamente, como lo destacó Francisco Palacios en su crítica, que "el modelo de Estado federal y descentralizado no admitiría instancias políticas que vacíen de competencias el modelo de Estado," y ello es lo que se hace al crearse en paralelo al Estado Constitucional, un aparato denominado como del "Estado Comunal," a cuyas organizaciones deben transferirse las competencias de los Estados y Municipios; y ello es lo que se propone con las Leyes Orgánicas del Poder Popular, a pesar de que como lo afirmó el mismo Palacios, "ninguna de las leyes de Consejos Comunales hace mención al entramado competencial del Estado y mucho menos rompe la distribución competencial del mismo."[90] Efectivamente, en

---

la organización administrativa venezolana, Colección Estudios Jurídicos, N° 49, Editorial Jurídica Venezolana, Caracas 1991, 146 pp.

89 Véase Francisco Palacios Romeo, "Falacias ideológicas y aporías técnicas sobre los nuevos procesos políticos de América Latina (en torno a un argumentario de Brewer Carías sobre el hecho social-participativo)," en *Actas Congreso Internacional América Latina: la autonomía de una región (XV Encuentro de latinoamericanistas españoles),* Consejo Español de Estudios Iberoamericanos, 2012, p. 616

90 *Idem*. p. 616

dichas leyes no se menciona para nada la estructura del Estado Federal; simplemente se la ignora, como si no existiera, pero al disponerse que los órganos del Poder Público que conforman al Estado Federal deben "gobernar obedeciendo al Poder Popular" (art. 24) simplemente se desmorona el Estado Federal.

Esto significa que como las organizaciones del Poder Popular no tienen autonomía política pues sus "voceros" no son electos democráticamente mediante sufragio universal, directo y secreto, sino que, como se ha dicho, son designados por asambleas de ciudadanos controladas e intervenidas por el partido oficial y el Ejecutivo Nacional que controla y guía todo el proceso organizativo del Estado Comunal, en el ámbito exclusivo de la ideología socialista, sin que tenga cabida vocero alguno que no sea socialista; en definitiva esto de "gobernar obedeciendo" es una limitación a la autonomía política de los órganos del Estado Constitucional electos, como la Asamblea Nacional, los Gobernadores y Consejos Legislativos de los Estados y los Alcaldes y Concejos Municipales, a quienes se le impone en definitiva la obligación de obedecer lo que disponga el Ejecutivo Nacional y el partido oficial a través de las organizaciones del Poder Popular que controlan, y todo enmarcado en el ámbito exclusivo del "socialismo" como doctrina política. La voluntad popular expresada en la elección de representantes del Estado Constitucional, por tanto, ante estas leyes, no tiene valor alguno, y al pueblo se le confisca su soberanía trasladándola de hecho a unas asambleas que no lo representan.[91]

New York, febrero de 2019

91 Véase sobre esto, lo que expusimos en Allan R. Brewer-Carías, "Introducción General al régimen del Poder Popular y del Estado Comunal. (O de cómo en el siglo XXI, en Venezuela se decreta, al margen de la Constitución, un Estado de Comunas y de Consejos Comunales, y se establece una sociedad socialista y un sistema económico comunista, por los cuales nadie ha votado)," en el libro: Allan R. Brewer-Carías, Claudia Nikken, Luis A. Herrera Orellana, Jesús María Alvarado Andrade, José Ignacio Hernández y Adriana Vigilanza, *Leyes Orgánicas sobre el Poder Popular y el Estado Comunal (Los consejos comunales, las comunas, la sociedad socialista y el sistema económico comunal)*, Colección Textos Legislativos N° 50, Editorial Jurídica Venezolana, Caracas 2011, p. 82.

www.ingramcontent.com/pod-product-compliance
Lightning Source LLC
LaVergne TN
LVHW090210051026
849517LV00001B/21
* 9 7 8 9 8 0 3 6 5 4 7 4 0 *